# 廣告表示：＿＿＿＿。

## 老牌子・時髦貨・推銷術，從日本時代廣告看見台灣的摩登生活

陳柔縉 著

## 廣告表示

目次

完

# 自 序

## 看見台灣商業的現代化

陳柔縉

現在網路流行說「XX表示」，我因此得到靈感，為這本新書取名《廣告表示》。

廣告書大多數與設計、美術連結，討論設計的概念與展現的手法，但是，這本書要穿過廣告圖像，探究廣告到底想說什麼；如果，一個手機的新酷廣告，設計家熱中推敲用圖、用字與用色，這本書關注賣的是什麼品牌的手機、以什麼奇特手法行銷、帶給台灣什麼嶄新的刺激、又與社會人心拍盪出什麼樣的有趣故事。

不過，這本《廣告表示》看不見蘋果iPhone的蹤跡，因為，探索的星際不在眼前的當代，而是二十世紀前半的日本時代。

十幾年前，我輕輕推開日本時代的門，慢慢挪步進去，大意外也大驚奇，裡頭竟然一點也不乾燥、安靜。那時的台灣正劇烈蠶變，農村舊社會的外衣一層一層剝去，現代式社會的容貌一點一點浮顯，在世界文明的快舞中，台灣也能跳上幾步。於是，追尋台灣當時社會的脫舊換新，捕捉台灣生活的轉變動態，成了我十幾年來最大的興趣。

對我來說，廣告是最能說時代變化的見證人。若不是廣告，我們不會知道早在十九世紀末，台北就有咖啡店，裡頭賣餐也賣巧克力、啤酒、白蘭地；也不會知道那時的人已經大嚼箭牌口香糖；不會知道美國來的洋貨，除了箭牌，還有開利冷氣、凱迪拉克汽車、哈雷機車、勝家縫紉機、吉列刮鬍刀。放進嘴裡的，不僅有泡泡糖，還有咖哩、優格、檸檬茶，台北的啤酒屋還賣脆皮巧克力包著香草冰淇淋的美國雪糕。

而且，日本時代的廣告藏量是如此豐富。尤其是日治時期最大的平面媒體《臺灣日日新報》，發行四十七年，幾乎涵蓋整個日本時代。每天又至少有一整版專屬廣告版，各版另有大小不一的廣告。日刊之外，又有晚報。臺日報的廣告總則數實在難以細計，保守推估，應有六、七十萬則。

曾經有一整年，我把自己丟進圖書館當礦工，挖掘《臺灣日日新報》的廣告，一頁翻過一頁，不斷挖到許多寶石。慢慢，我理出頭緒，能夠顯示社會文明進展軌跡的廣告有三類：

第一，許多現今台灣人日常生活中的火紅品牌，例如屈臣氏、山葉、日立、花王、麒麟啤酒，早在日本時代已經開始形塑我們的生活情調；

第二，許多新潮、洋派的商品，像是沙拉油、咖哩、重機、口紅、口琴登陸台灣，捎來摩登的信息，激發島上民間生活面貌的蛻變；

第三，許多看似戰後才有的現代生意推銷術，像是禮券、福袋、週年慶、分期付款、郵購，日本時代已經叢出上市，商業買賣的活動因而超乎想像的活潑與現代化。

這本《廣告表示》正以此三大主題、內含一百十八個小題、超過五百張的廣告來描述台灣商業現代化的盛況。

其中，特別是第三部最有新意，觸及了

台灣生活史的一塊荒地。關於日本時期的現代化，近年來的書籍、論文研究愈來愈多，政治、司法、產業、醫療、水電、交通、教育、藝文、休閒娛樂，無所不有，但是，一般民眾每天都要碰觸的商業買賣，有哪些現代廣泛運用的推銷手段在日本時代已經出現，似乎還沒有被探討。

而這本書就從報章廣告，看到眼花撩亂的商戰；時間是過去的，手法卻完全與現代相同，譬如附抽獎券、有獎徵答、徵文比賽、均一價、飲料試喝、房車試乘、化妝品實演、料理實演。今天非常稀鬆平常的「打折」，一折代表百分之十，這個概念也從日本時代引入台灣。另一個商場上的百分之十，所謂收取一成的服務費，三〇年代的廣告顯示，台北大酒樓蓬萊閣已經實行。

事實上，日本時代商業的現代化幅度，遠超過本書能及的範圍，譬如，戰後五〇年代，台北的扶輪社努力推展不二價運動，殊不知一九一一年出版的《臺北寫真帖》裡，有一張商家的照片，「上田屋」的門柱招牌推銷著風琴、嬰兒推車和人力車，大門上方的看板早已寫著「不二價」。不過，「不二價」等商業作為，因未有相關廣告，而本書以報紙、雜誌的廣告為研究的範圍，不得不割捨，不予討論。

依台大經濟系教授吳聰敏的研究，日治以前，台灣是典型傳統農業經濟，「經濟幾乎無成長」，進入日治，經濟開始成長，「人均ＧＤＰ逐年上升」。同一時期的中國，經濟仍維持一直以來的長期停滯狀態。這種不斷成長的經濟數字與曲線，本書呈現的繽紛廣告或許正是它的具象表現。

數字上所看見的日治時期台灣經濟，以商品進口到台灣來說，一九〇〇年以前，來自中國近四成，來自日本約兩成三，此後，日本進口一路擴大成長，到了一九三〇年的後半期，已經超過八成，中國則跌到一成以下。本書廣告所見的諸多日本老牌子，早早在台灣生根，與台灣生活息息相關八十年、一百年，或許也是這些統計數字的具象化。

從日治廣告看見的商業活動，美國的身影頻繁出現；若對日治時期的認知，停留在日美敵對、兩國打太平洋戰爭、台灣人為日本到南洋打仗等等概念，恐怕難以了解。一八九五到一九四五年，台灣已屬日本國內市場，若知道日本與美國商業往來的歷史關係，將比較能夠掌握其中原因。

一八五三年，美國東印度艦隊司令佩里率四艘黑色巨輪駛抵江戶灣，要求開港，撼動了幕府，日本被迫嚴肅認識美國。一八七一年，明治政府派出「岩倉使節團」出洋考察，開始見識太平洋的彼岸之國。

而美國的一八七〇年代，因科技發明造成大躍進，正脫胎變為工業國家，不再只是產棉花、小麥的農業國。《穿越時空愛上你》電影中，一八七六年，紐約的年輕公爵即將宣布意愛人選，心卻懸掛另一個時空的女子，叔叔看他心不在焉，念他「每天想著科學」，此話正點出美國一八七〇年代的時代氛圍。日本人就在這個年代，進駐紐約，開起貿易公司，自己直接辦進出口，不再透過洋人商行。

一八九四年，美國奪下工業生產量的世界冠軍，同一年，甲午戰爭開打，日本脫離弱國之林，國外貿易大增。一八九六年，日本建構北美航路。當時巴拿馬運河未開，走北美航路從西雅圖上岸，再走中西部鐵道到紐約，比起經由舊金山要快一天，運費下降，讓美日的貿易量跳躍式增加。

一九四一年底日本偷襲珍珠港後，美國雖對日本宣戰，但從日俄戰爭結束的一九〇五年到一九四一年底為止，美日的交流極為頻繁。一九〇九年，東京、橫濱、名古屋、大阪、神戶的工商龍頭組成實業訪問團，前往美國，學回許多美式經營方法。而日本一九一二年創立ＪＴ

1930年前後的京町（今博愛路），道路兩側全是店家，主要是日本人經營的各式商店，也有台灣人開的書店、摩托車店。京町商人曾經聯合起來改造建築，街景煥然一新，現在還留有當時改建的樓房。

B（日本交通公社），積極招攬外國觀光客，以一九三六年為例，春天去看櫻花的一萬四千名外國旅客，就屬美國人最多。一九二七年，美國還送一萬兩千個藍眼洋娃娃給日本，充當和平天使。這些娃娃穿蕾絲洋裝，一躺平，眼睛會閉起來，壓一壓會跑出哭聲，非常受歡迎。其中有九十三個送到台灣，博物館展示三天後，轉送各學校單位，八所台灣人念的公學校也見識了新奇的藍眼娃娃。

戰前多位美國名人造訪日本，更可以體會兩國關係緊密。一九三二年五月十五日，美國默片巨星卓別林（Charlie Chaplin）抵達東京，幾萬日本影迷瘋狂歡迎，此行本要拜見首相犬養毅，犬養卻在這一天被暗殺，最後由接任的新首相齋藤實接見。兩年後，換美國棒球史上頭號明星貝比．魯斯（Babe Ruth）訪日，一樣轟動。曾代表民進黨競選總統的彭明敏時在東京，這位十一歲小球迷「大膽地寫了一封信給他，得到了一張親筆簽名」。美國視、聽、語言三重障礙的名人海倫．凱勒（Helen Keller）更於一九三七年赴日待了三個月，從札幌到長崎，發表一百十七場講演，感動了無數的日本人。

二十世紀的前四十年間，美日的商業、音樂、體育、文化交流難以計數。即使在

一九四〇年，美國都還有海上動物園駛抵神戶港。事實上，日本入侵中國以後，維持龐大戰爭需用的石油和鋼鐵，一半以上也來自美國。

兩方開戰前，美日都是大國，商業密切。許多美國公司有日本代理商，甚且像開利冷氣、箭牌口香糖、勝家縫紉機、福特汽車，還到東京設分公司及工廠。戰前台灣許多城市已具規模，有足夠的胃納吸收眾多的新時代發燒商品，日本的分公司或代理商自然又會努力把貿易網架到台灣來。日治時期台灣所見西方舶來品，絕大多數即轉道日本之手。

讀者進入此書前，如果能先了解美日關係的歷史與結構，相信既能快嘗廣告豐富的趣味，對日本時代也會有更寬闊的了解。

另外，也要請讀者先了解，這本書的廣告主要取自《臺灣日日新報》，但也旁及《臺南新報》、《東臺灣新報》、《漢文臺灣日日新報》等媒體，出自雜誌的也有。如無特別標示來源，即摘自《臺灣日日新報》。

每一則廣告所在的頁面上方，清楚標註日期，用意在讓讀者閱讀的同時，迅速掌握廣告的時代背景。如果這個做法是理性的，那麼，廣告周邊的其他廣告或新聞刻意裁留，還原它在舊報紙的模樣，則是感性的設計，期望讓讀者也能一同、佇足、慢慢、呼吸舊時代的新氣氛。

本書完成，特別要向陳瑳瑳女士恭敬致謝。她是我北一女的大學姐，在日本時代的末期，就已從當時的台北第一高女畢業，戰後又赴日本再精進日文，長期擔任日文老師。除了日文造詣高，她出身大稻埕，小時候住過永樂町的洋樓，父親陳振能先生曾任板橋林家的「家長」（總管），也出任過台北市議員，她所見識的三〇年代繁榮，比一般老一輩台灣人要面目真切。近幾年，大學姐是我的最高顧問，除了時常打擾，請求幫忙解讀廣告與新聞裡的日文之外，日本時代的大小事物，我都會忍不住想問她一下。

也要鄭重感謝前駐日代表羅福全先生與夫人毛清芬女士。因執筆羅代表回憶錄，我深知他們博學多聞，對台灣社會有跨越戰前、戰後的了解，所以有難題時，也常去打擾，向他們求救。有一次，為了解讀近百年前三越百貨公司郵購清單上的日文草書，了解台灣人郵購買了什麼商品，他們還去問了住在日本仙台的姊姊毛燦英女士，毛家姊姊輾轉再請教了當地的古日文專家。我既感謝大家不厭其煩的熱心，也要對他們窮究歷史真實、不放過一點細微的精神，表示敬佩。

最後要謝謝麥田出版社的主編林如峰小姐。這本書的內容龐雜，編輯起來，挑戰不小，但她總是靜悄悄的，就把雜亂收拾完了或把問題解決妥當。每則廣告與每張圖片旁的圖說，也全由如峰負擔；她為求好，又靜悄悄地自己跑去找日文翻譯，把許多廣告裡的文案內容譯出，寫入圖說。她也會靜悄悄地自己另去細查資料；當讀到圖說草稿，我才知道「草山林間學校」舊址即今中山樓時，我不得不讚嘆，如峰真是作者的夢幻編輯。

完

廣告表示：

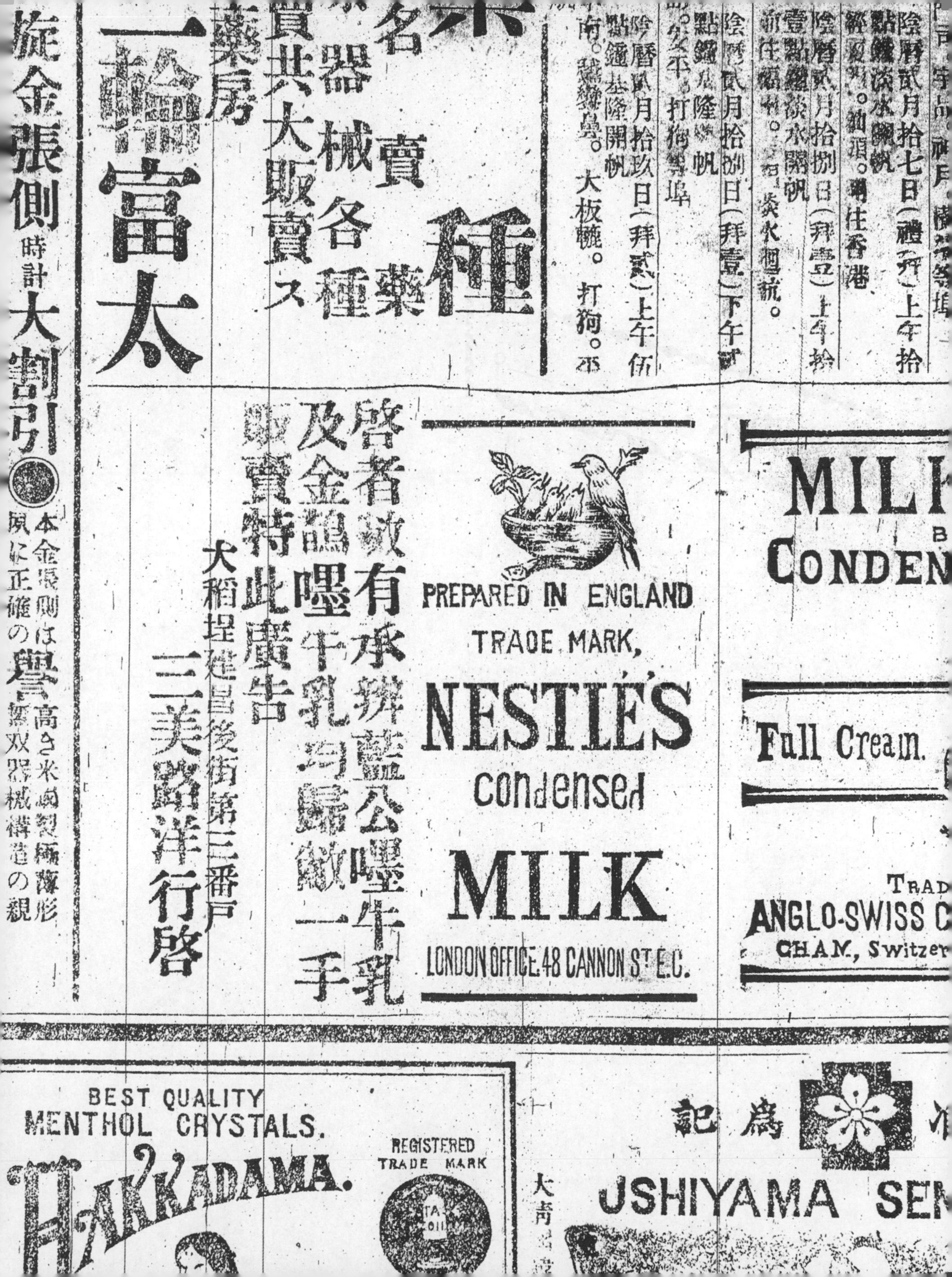

陰曆貳月拾七日（禮拜）上午拾點鐘淡水開帆
經廈門。汕頭。轉往香港

陰曆貳月拾捌日（拜壹）上午拾壹點鐘淡水開帆

陰曆貳月拾捌日（拜壹）下午貳點鐘基隆開帆
前往安平。打狗等埠

陰曆貳月拾玖日（拜貳）上午伍點鐘基隆開帆
前往澎湖島。大板轆。打狗。

名藥種
賣藥各種器械
買共大販賣ス
藥房
富太

旋金張側時計大割引
本金張側は高き米國製極薄形
夙に正確の譽無双器械構造の親

啓者敝有承辦藍公嘜牛乳
及金鷄嘜牛乳均歸敝一手
販賣特此廣告
大稻埕建昌後街第三番戸
三美路洋行啓

PREPARED IN ENGLAND
TRADE MARK,
NESTLE'S
CONDENSED
MILK
LONDON OFFICE. 48 CANNON St E.C.

MILK
CONDEN
Full Cream.
TRAD
ANGLO-SWISS C
CHAM, Switzer

BEST QUALITY
MENTHOL CRYSTALS.
HAKKADAMA.
REGISTERED
TRADE MARK

記 爲
USHIYAMA SE

老牌子・到台灣
シニセブランド
時髦貨・新登場
ファッショングッズ
推銷術・新魔法
センデンジュツ

# 屈臣氏 Watsons

市區裡，隨便一個街角，可能就會撞見一身藍綠色的「屈臣氏」。這個連鎖藥妝店二十六年前，才在台灣開設第一家門市，但其實，一百多年前，屈臣氏早已從台北的大稻埕登陸了。

十九世紀的二〇年代，有英國人跟隨帝國擴張的腳步來到東方，在澳門、在廣州開設西藥房，滿足外籍人士在遠東異地生活的基本需求。一八四一年，中國的兩廣總督琦善私自同意割讓香港給英國，英國人再隨之踏上香港，開設「香港藥房」。十幾年後，一位姓屈臣的醫生進入香港藥房擔任經理，一八七一年，他把香港藥房改名為屈臣氏大藥房，屈臣氏這個店名終於誕生。

屈臣醫生的英文全名為 Alexander Shri-ving Watson，如果用台灣的規則翻譯他的姓，應該像福爾摩斯破案的助手醫生一樣，要叫「華生」。會把 Watson 翻成「屈臣」，是因為他人在香港，所以依照粵音翻譯。

不論叫屈臣或華生，都無損英國人的經營，屈臣氏藥房很快在南中國打響名號。

據一百多年前台灣的報紙報導，清末，洋商到大稻埕收茶製茶，台灣人開始慢慢嘗試西藥，台北已有好幾家廈門人開的西藥店，像是華昌、威建、普安、同春，而「屈臣氏最為著名」。

台灣進入日本統治後，屈臣氏仍是名牌，不免撩搔外頭那些覬覦又貪婪的心。一九〇八年，大稻埕一個叫張成的警察，太太原本賣一點脂粉，有一天，竟假造了兩千枚屈臣氏白玫瑰香水的商標，被屈臣氏的經銷商潘毅卿查覺，一狀告到法院。

日本時代，一直到一九二六年，報紙還說，香港屈臣氏的藥品非常有效，「製劑適合華人氣質」，「全臺歸李俊啟氏專營」。李俊啟經銷屈臣氏的榮景，現在還可以在大稻埕鬧街找到他留下的遺跡；迪化街一段有棟三層樓，樓高處猶有香港屈臣氏的註冊商標「龍麟伴塔」浮飾，樓面下方砌貼「屈臣氏大藥房」幾個水泥字，似要捉緊時光，不願退席。

然而，相隔一年，香港屈臣氏首度正式授出台灣總代理權，不讓各藥店分別進貨販售，總代理商卻非李俊啟的屈臣氏大藥房，而由巫世傳經營的「神農氏大藥房」得手。一九二七年是「屈臣氏」三個字在台灣很弔詭的一年；招牌「屈臣氏大藥房」的店不僅不能賣屈臣氏的藥，還去東京與香港本店大打商標官司。而香港屈臣氏的新歡「神農氏大藥房」，和「屈臣氏大藥房」竟然相距不遠，同樣位於永樂町二丁目，兩家老闆還都是彰化溪湖北上打拚的同鄉。八十幾年後的今天想起來，還讓人不禁幫他們感覺好尷尬呀！

完

**左圖**｜1935 年台灣博覽會
設於大稻埕永樂町的分場演藝館，
左下角可以清楚看到神農氏大藥房的招牌。

**下圖**｜此圖為 1937 年，
前員林街長（鎮長）張清華（前排中）
53 歲生日在台北蓬萊閣宴飲後的紀念照，
最右立者為香港屈臣氏代理商巫世傳。

一九二七年（昭和二年）七月十日

**廣告表示：**內容強調，香港屈臣氏正式委任永樂町神農氏大藥房巫世傳為台灣全島的總代理，並宣示若擅自使用其商標，必依法追究。

本公司創立於西曆一八四一年經在香港政府註冊專製造各種西藥及化學藥品發行今自登報日起特委任臺灣臺北市永樂町神農氏大藥房巫世傳在臺灣全島總代理發售本公司特製各種中西藥品以前本公司或有許客個人或商店代售本公司所製之藥品從此已一律革除作廢本公司之商標經在日本東京商標特許局登記其形式如上所有本公司特製藥品皆附有該商標無則不是正貨倘有個人或商店未經許可而妄用本公司之登記商標者必依照法律追究

昭和二年七月八日

香港屈臣氏大藥房（有限公司）

特派全權經理人

J.A.TARRANT.

# 一九二九年（昭和四年）四月十二日

**廣告表示**：廣告中特別強調其所代理的各式丹膏丸散為「屢試屢驗之品」、「百發百中之藥」，不過由於種類太多，謹得略錄於左。而五字品名上頭，密密麻麻的文字，強調該商品的效用，「男女對病，寶爾精仙露」、「育兒必要，疳積花塔餅」，十分簡明扼要。

名卸死

名負大火傷

新竹

乙巡合格

新竹州。經于前月二十五日。舉行乙巡教習生募集試驗。登第合十二名。氏名去八日發來通達。鄧楊坤中。劉興紹。曾福去。洪朝風。彭水生。李永芳胡鼎業。楊水筆。張木魁曾振杜諸氏。

評議員會

新竹俱樂部。訂十三日下午一時。召集評議員二十名。開定期總會。協議財產處分。及設備內容擴張之件

[illegible]

新竹郡新埔庄枋樹林人吳[illegible]武坤。及同庄[illegible]如品南八[illegible]

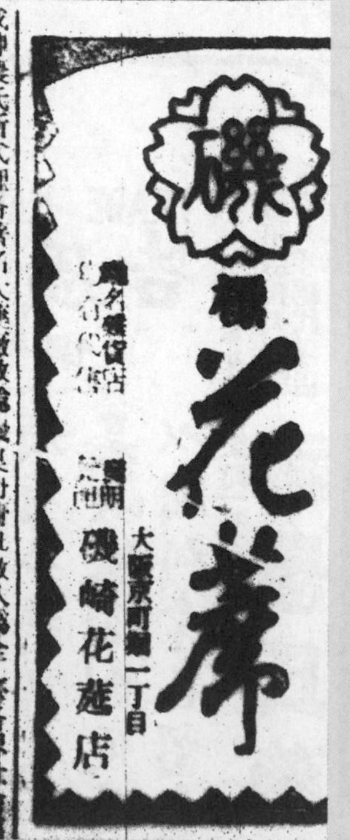


我神農氏所代理各省著名大藥廠效驗[illegible]丹膏丸散久為全臺各界社會[illegible]

屈臣氏各藥

幾怪怕力托

保爾精仙露

司各脫魚油

燕醫生濁丸

艾羅補腦汁

老牌牛肉汁

唐拾義咳丸

八造白來血

老婢調經丸

海狗補腎丸

山得爾彌地

神功濟衆水

麥精魚肝油

艾羅療肺藥

双妹化粧品

心胃氣痛散

疳積花塔餅

淋病白濁丸

烏鷄白鳳丸

廣東牛黃丸

韋廉士紅丸

臺北市永樂町市場前　臺灣總代理

神農氏大藥房

電話三五七八番　振替臺北一二一五番

# 一九三二年（昭和七年）九月十二日

**廣告表示**：位於永樂町二丁目的神農氏大藥房刊登廣告說，近日有無恥之徒以偽藥而冒本藥房以惑人，或偷印本藥房「裝潢招紙」，要大家「認明此龍麟伴塔為記，庶不致誤」。

郡守以及庄
十名。頗稱
。有由莊庶
次黃氏殷勤
五時閉會。
禮。
重德氏。大
起。連日到
往之禮。鼓
來招待郡庄
委員。以庄政

救濟演藝

臺中同聲會主催。臺中市官民有志後援。水災救濟演藝會。來十三日。十四日。午後七時起。將開於臺中座。醉月樓藝妓。及日高新舞踊團。欲出演云。

彰化　短期農講

彰化郡當局。爲圖農事振興。

又紊亂風紀　抱擁于斗六溪　決各罰拘廿五天示儆

局。每對一足隊落深處溺死。
分嚴重取
風紀之事
二時頃。
客。年二
職于斗六街
與北港郡新
二十餘。

拘三惡少　暗用樹乳弓　射石人家

嘉義市南門町人李耀東。

香港

註冊商標

歷臣氏大藥房廣告

TRADE MARK

請認明此龍麟伴塔為記庶不致悞

本药房主人由英國来華創設大药房於香港並分設代理於各省各埠自製泰西药品靈效非常發行已九十餘年矣近日世風日下竟有無恥之徒以偽药而冒本药房以惑人或影印本药房裝璜招紙以欺世影響所及生命攸關用是登報陳明俾賜顧諸君藉知一切凡購自本药房之各代理局亦須有本药房之商標方是真貨否則便是私製以圖利幸各留意

香港屈臣氏大藥房
台灣一手總代理店
臺北市永樂町二丁目
神農氏藥房

# 中將湯

中將湯明明白白是婦人藥，為什麼取了一個這麼陽剛的名字？其實，中將指的是日本傳說中的貴族之女「中將姬」這個人，跟甚麼軍官司令無關。

中將湯初代社長津村重舍。

中將姬的父親藤原豐成是天皇跟前的大臣，那時天皇的皇居在奈良，藤原家族自然也住奈良。中將姬十幾歲時，被繼母毒害，逃出藤原家，入寺為尼。而製售中將湯的津村順天堂株式會社第一代創辦人津村重舍，其母也出身奈良，娘家姓藤村，世代當醫生。中將姬逃出家門後，起初落腳過藤村家，傳授給該家族一帖藥方，即是中將湯。

## 中将湯（ちうじょうとう）

一八九三年，津村重舍把關西奈良的中將湯拿到關東去公開上市。那一年是明治二十六年，漢方完全不符合主流正確。當時，日本的西化熱正達高峰，外來品一律美稱為「上等舶來」，而新的醫療制度也指定使用西方的化學藥劑，完全輕視漢藥。不過，津村重舍硬是逆勢操作，不信良藥不能賣，在東京日本橋租了店鋪就賣起中將湯。

宣傳方面，津村重舍的想法也不同於主流。當時賣藥的邏輯，藥若有效，不宣傳，也會賣；反過來，如果藥沒效，再怎麼推銷，也是枉然，廣告根本沒必要。津村卻不做如是想，他勇於運用廣告新手法來賣中將湯，是日本廣告主的先驅之一。

譬如開張第三年，津村就在藥店門面的二樓到屋頂，架設全日本第一個瓦斯燈看板（ガスイルミネーション）。又譬如二十世紀初，所有報紙廣告都是長方或正方形，津村重舍獨具創意，想出了菱形的廣告。

也就在菱形廣告出現的世紀初，台灣的報紙開始頻繁看見中將湯的廣告了。

### 廣告表示

津村老闆的企圖心旺盛，強銷漢藥回漢人的世界，推出許多中文廣告，其中一則還自誇說，「未得子之婦人　心欲求產子　立飲中將湯　勝如拜佛也」。不過，以台灣市場來說，一開始願意寄賣中將湯的，都是日本人開的藥房。

到一〇年代，中將湯在台灣不斷有宣傳攻勢，曾送了一萬九千本「雜記簿」給台北所有的小學生，不分台灣人或日本人。等時間進入二〇年代，從當年的舊照片觀察，彰化鹿港和員林熱鬧的街上，商店的門柱都貼有廣告，行人往來，視線很難避掉大大的「中將湯」三個字，可見中將湯已深入台灣人的社會了。

完

中將湯的商標圖案隨時代演進略有更動。
上左圖為大正～昭和初期，上右圖為昭和初期～戰後，
下圖為戰後～1962 年的商標。

# 一九〇五年（明治三十八年）一月二十二日

**廣告表示**：中將湯的寄售處從北到南，有基隆哨船頭街、台北府中街、台中小北門街、台南竹仔街等地。

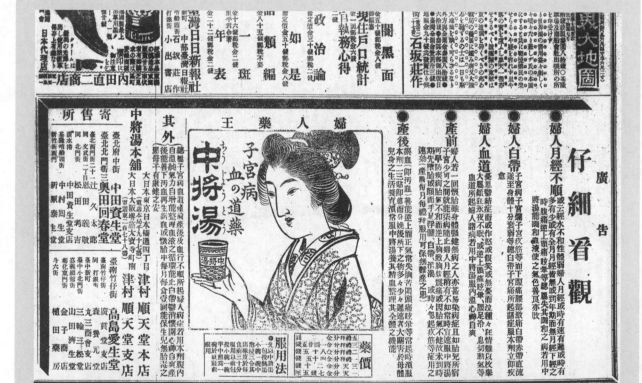

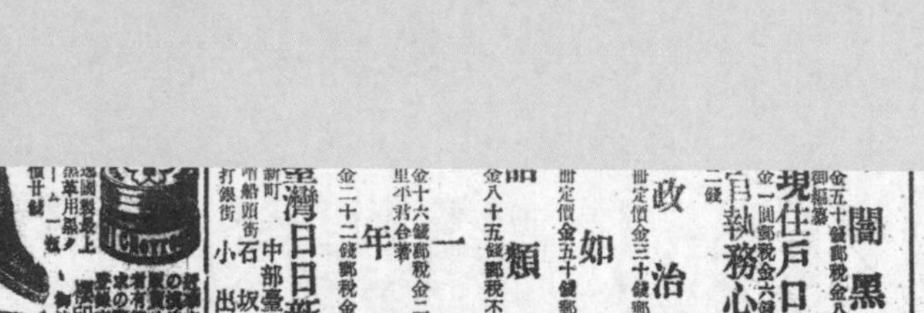

廣告

仔細看觀

●婦人月經不順　或云經水不和性體弱婦人月經或時有速有多有少或有全月月經皆無或到年期而無月經下經之時腹痛逆上頭痛眩暈等總屬失其調和之病若用中將湯能調和血液使之氣色善良亦攸

●婦人白帶　子宮病子宮爛子宮疾筋等而下腹痛腰部激痛白帶赤帶直流遂至身體十分衰弱等總白帶子宮痛所起諸症服本劑立即疾愈

●婦人血道　憂思鬱結症而或作怒或假笑或無憂而泣種々狂情大屬顛狂永夜不眠、或逆上頭痛眩暈、腰足冷、息切動氣等血道所起婦人諸病若用中將湯服內溫心神自爽

●產前　婦人若一回懷胎雖身體頗健無病之人亦甚易染病症且如子宮少可之間就能柒病隨止婦人月經稍有不如常時宜速服可早防疾病胎氣不和而逆上胸致胸膨痛或因胎氣不健或時期先墮胎或顏面手足浮腫、白帶、淋濁　或時々忽起疾筋等症用之速効（產前每月每體幷服用可保無難產之患）

●產後　瘀血（即汚血）善能逆上而正氣常失胸苦悶頭痛眩暈等常本劑二三貼即愈而今晚後所下之物多々少々遲速者大關害於母兒身之生活養育須常服中將湯養其精血整理其全體之機能

婦人藥王

子宮病　血の道藥

中將湯

其外　總體子宮病血道產前產後及血行不順所起婦人病症若用本劑腹內自溫純氣力自增能整理血液之循環能止白帶鬱消懷開心神自爽產後能善下汚血再生新血或懷胎中每月每食壹回能保生兒無胎毒之患母子有康健之安

中將湯本舖

大日本東京日本橋通四丁目　津村順天堂本店

（電話本局千九十七番）

大日本大阪堺筋大寶寺町南　津村順天堂支店

（電話東二百七十八番）

寄售所

臺北府中街　中田資生堂

臺北北門街三　奧田回春堂

臺北西門街二十一　辻久太郎

同　文武街一丁目　懸田義敬

同　北門街　松田考吉

淡水港　中田資生堂支店

基隆哨船頭街　中村同生堂

新竹街西門　新原泰生堂

臺南竹仔街　高島愛生堂

# 一九一六年（大正五年）十月四日

**廣告表示**：津村重舍的企圖心旺盛，強銷漢藥回漢人的世界，推出許多中文廣告。

載歌載舞
宴爾新婚
之子于歸
百兩盈門

世間兒女
孰不羨此樂
秉質纖弱者
深閨空抑鬱

膳莫膳莫有香
藥到病除之

中將湯在

主治功効

○中將湯善治子宮各病
○月經妄行服中將湯立効
○經來腹痛服中將湯最妙
○十七八歲未無月經者[illegible]
○[illegible]非中將湯不効
○倒經能使血脈歸正
○白帶赤帶非中將湯不治
○豫服中將湯可免小產
○產前產後中將湯不可少
○孕婦服中將湯能養血保胎
○中將湯常服易孕得子
○中將湯有固本養精之功
○中將湯能治憂鬱病

定價

二日分　二十錢
四日分　卅五錢
一週分　六十錢
三週分　一圓六十錢
五週分　二圓五十錢
十週分　四圓五十錢

本舖日本東京・大阪
津村順天堂大老藥房

各地各藥房並廣貨店均有代售

一九一八年（大正七年）
五月
十九日

**廣告表示**：盒上繪有津村順天堂於一八九三年登錄的商標，商標人物中將姬穿著一身華美的和服。

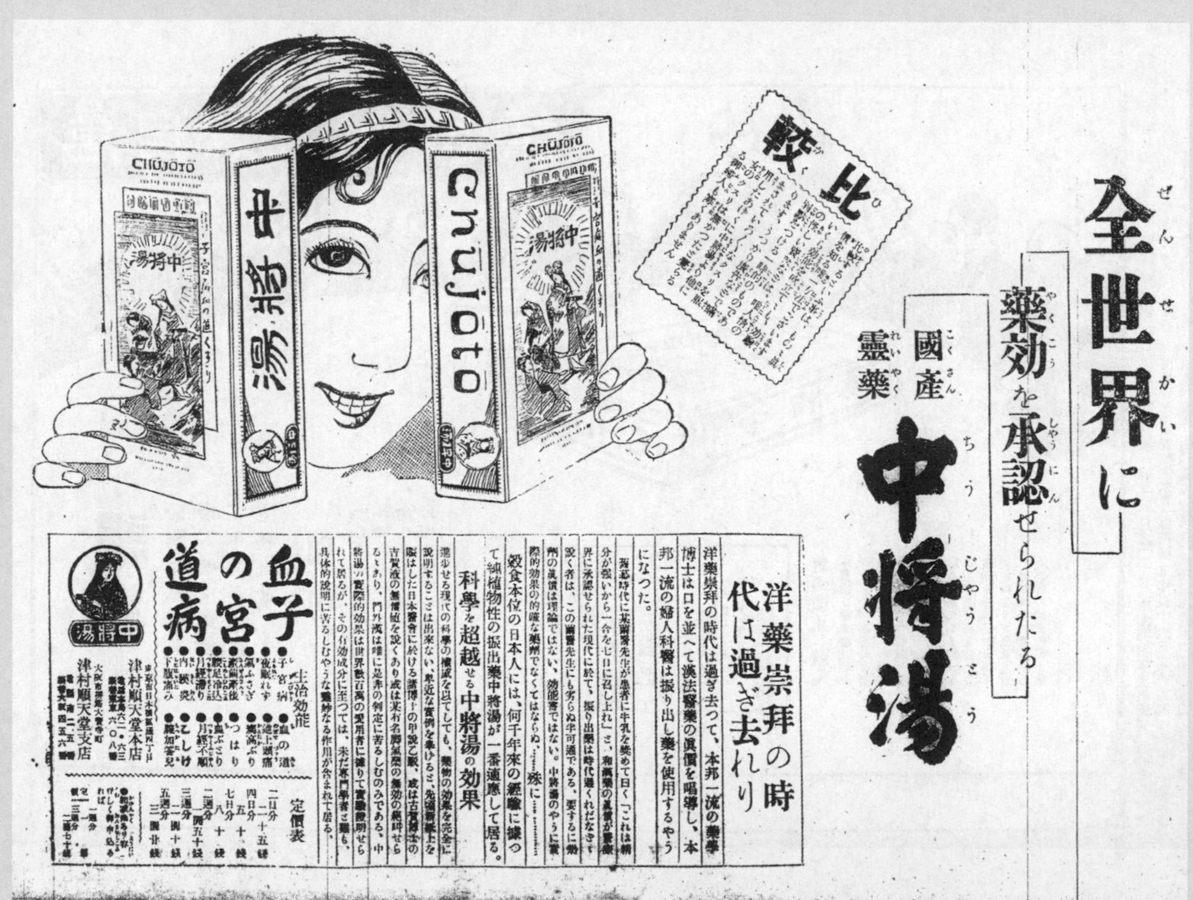

# 一九一九年（大正八年）十月二十七日

**廣告表示：**這張廣告以各國人士聚首圓桌，決議「全世界的婦人藥中，以中將湯最為出類拔萃」，理由是「原料高貴、調劑精妙且效能顯著」，傳達給消費者中將湯受到國際認可的訊息。

## 一九二一年（大正十年）七月二十三日

**廣告表示**：文案說，即使是身體強壯的人，海水浴後也容易發冷與月經不順。從廣告也可以看出游泳的風氣已在台灣漸次打開，當時女性的泳裝下擺約蓋住了半個大腿。

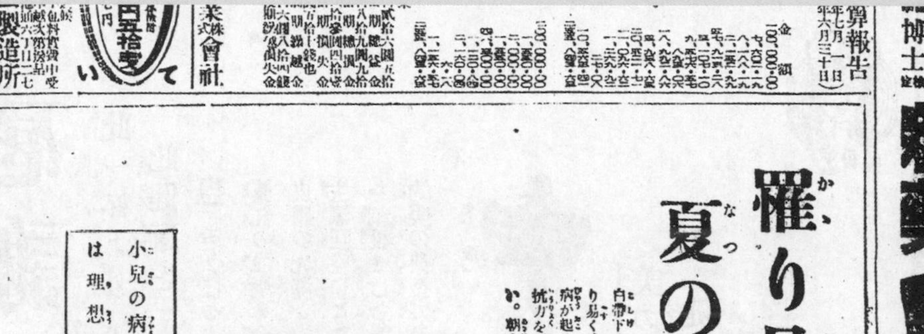

# 一九二五年（大正十四年）

## 四月十八日

**廣告表示**：創始人津村重舍勇於運用廣告新手法銷售中將湯。文案寫說，喝這一杯，身體就會健康；為了保持美貌與健康，請喝中將湯。

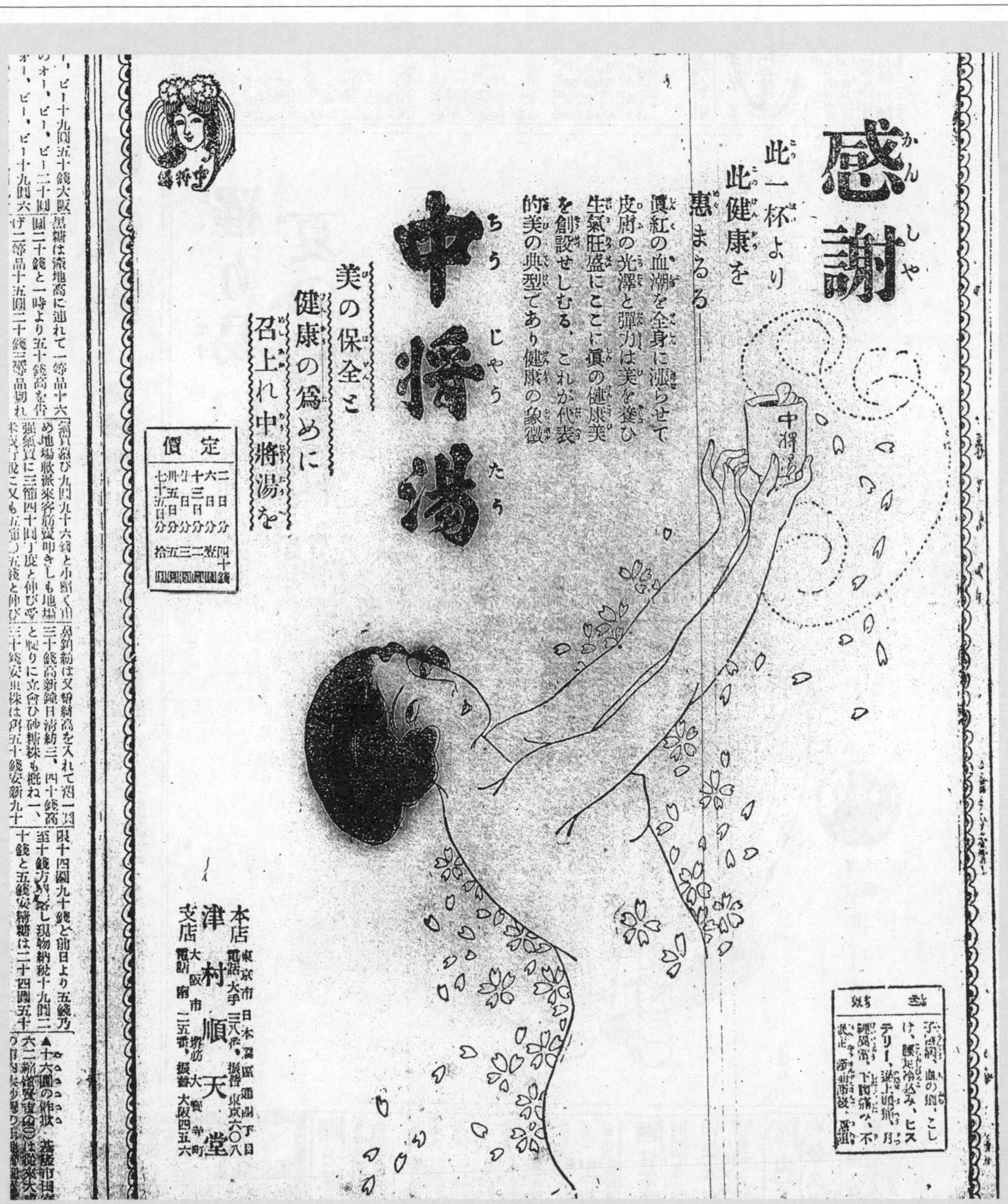

一九三五年（昭和十年）三月十八日

廣告表示：中將湯的廣告設計豐富多變，不僅是繪圖，後期還搭配真人模特兒。

女性の生命線を護る
CHUJOTO
中将湯
中將湯は春に背く婦人疾患を征服し
明朗な健康美を創造します
此の場合信用のある
中將湯で早く治療が
何より肝心です
（價定）
本舖
津村順天堂
●二日酔ノーシン●

# 武田

## 武田(タケダ)

在台灣，照顧大家健康良久的「表飛鳴」和維他命強效錠「合利他命」，都出自「武田」這個老字號日本藥廠。

武田是高齡會社，一七八一年創立於大阪，至今已超過兩百三十年。最初，得到幕府許可買賣傳統漢藥。幕府時代，並非所有人都有現代的姓名，少數貴族及特權人士才能擁有姓氏，武田的前幾代老闆都只喚做長兵衛。進入明治以後，明治天皇揭開現代化的簾幕，要把人民變成現代人，頒布法令，強制取姓，長兵衛第四代恭逢其時，一八七一年，此時創業已整整九十個年頭，新姓「武田」才正式登場。

現在大家熟悉的紅白色武田商標就來得更晚了。一八九八年登錄商標時，採用了紅色圓圈，圓中白底，放上濃勻的紅色三角形，非常幾何。據武田官網指出，三角形象徵魚鱗，跟樹木的年輪一樣，會不斷成長，隱含著吉利。

武田確實有明顯的成長年輪；明治初期，萬物洋化，武田賣了快百年的傳統漢藥，也轉向進口西藥。明治維新掀起日本產業革命，紡織、化工、造紙、製鐵、電氣瓦斯、食品工業，無不蓬勃發展，一八九五年，武田再次蛻變成西藥製造的新兵。

從舊報紙的廣告來看，日治前半期，三共製藥、星製藥都比武田深入台灣社會。二〇年代初期，武田才以整腸名藥「表飛鳴」跟台灣說哈囉。

一九三〇年代就不一樣了，武田已是資本一千八百萬圓的大會社。當時，台灣人家族親友共組的會社資本往往只有十萬、二十萬圓而已；霧峰名紳林獻堂創辦的「大東信託」，號稱金融機構，也僅兩百五十萬圓；而日本人稍具規模的株式會社，如「臺灣瓦斯」和「臺灣石綿」，才達一百萬圓而已。

三〇年代，武田一方面在台北本町二丁目(今漢口街、武昌街之間的重慶南路兩側)設立「出張所」，販賣各種成藥。現今知名的「合利他命」，日本時代還不曾見，但是，富含維他命B群的「保利他民」，已站在藥房看板上，向來往的台灣客人招手。

一九三四年，更得到台灣官方許可，武田在今天的南投竹山和台東關山種植金雞納樹，兩處農園佔地廣大，合共有一千五百多甲。

到了一九四一年春天，在台事業繼續擴大，設立子公司「臺灣武田藥品株式會社」。這時候，外頭炮聲隆隆，戰事愈往南打，範圍愈打愈大，日本許多工業向南方的台灣擴張，一九四三年，武田即增資在苗栗興設兩萬多坪工場，生產瘧疾特效藥，維他命B也在製造名單之列。

戰爭切斷了前後兩個時代，一九六二年，武田再度來台設立分公司，二〇一二年，慶祝了來台五十週年。而其實，早在八、九十年前，武田已經寫出她的台灣開拓史第一章。

廣告表示

完

台南的藥房店前上方與騎樓都掛有保利他民（ポリタミン）的看板。

# 一九二二年（大正十一年）四月十二日

**廣告表示**：一九二〇年代初期，武田才以整腸名藥「表飛鳴」（ビオフェルミン）在台灣面市。當時就有粉末與錠劑兩種形式。

腸疾患治療及豫防劑

ビオフェルミン

腸疾患の治療に對しビオフエルミンの奏効は今や全國醫家の擧げて悉く賞讃せらるゝ所、畢竟本劑中の乳酸菌の制腐作用と本劑獨特の糖化菌の腸内澱粉消化作用と一種特異の整腸作用とに因するものとす。……說明書郵呈……

【注意】本劑の聲價大なるに從ひ近時模造品を販賣するものあり、御注意を乞ふ。

（粉末及錠劑あり……全國知名藥店に販賣す）

發賣元　大阪市東區道修町　武田長兵衛商店

關東代理店　東京市日本橋區本町　小西新兵衛商店

(139)

一九三七年（昭和十二年）

二月十一日

廣告表示：武田在台刊登全版廣告，明列公司基本資料，包括在台東有金雞納樹（按，金雞納樹又稱為奎寧樹，自樹皮提取的奎寧可做為解熱與治療瘧疾的藥品）的農園。

奉祝

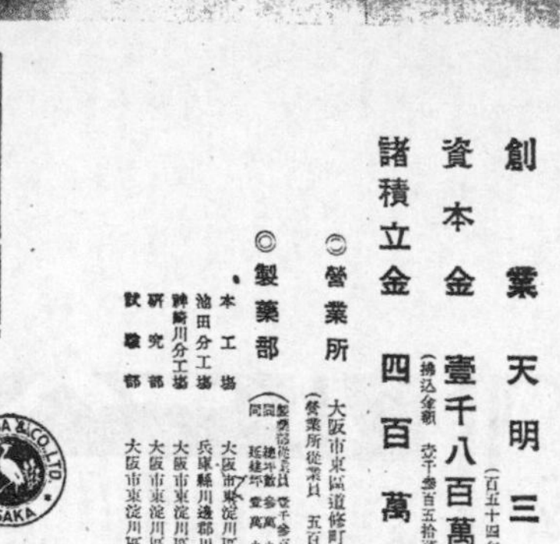

創業　天明三年（百五十四年前）
資本金　壹千八百萬圓（拂込金額　壹千參百五拾萬圓）
諸積立金　四百萬圓

◎營業所　大阪市東區道修町二丁目（營業所從業員　五百五拾名）

◎製藥部（製藥部從業員　壹千參百七拾名　同　建坪數　參萬九千坪　同　延建坪　壹萬九千坪）
・本工場　大阪市東淀川區十三西之町
池田分工場　兵庫縣川邊郡川西町小花
神崎川分工場　大阪市東淀川區三津屋町
研究部　大阪市東淀川區十三西之町
試驗部　大阪市東淀川區中津濱通

◎支店・出張所
奉天支店　奉天市春日町十三番地
臺北出張所　臺北市本町二丁目
バタビア駐在所　蘭領バタビア市　ウエストカリブナール三十番
上海駐在所　上海市五馬路　兼松大藥房內
バンコツク駐在所　暹羅　盤谷市スッナポン街
ボンベイ駐在所　印度　孟買市アウトラム街
新藥部東京出張所　東京市日本橋區本町二丁目　株式會社　小西新兵衛商店內
新藥部仙臺駐在所　仙臺市新名掛町十七番地
新藥部大連駐在所　大連市東公園町六十六番地

◎農園
武田藥草園（コカ樹栽培　約四十五町步）　沖繩縣國頭郡羽地村
チカネリー栽培株式會社
チカネリー及グンヌンバデガ農園（キナ樹栽培　約八百五十町步）　和蘭領東印度バタビア市
臺灣キナ農園（キナ樹栽培　約七百十町步）　臺灣臺東廳　チヨカクライ及タバカス社

株式會社武田長兵衛商店
大阪市東區道修町二丁目

【製造發賣品目】
醫藥品（局方藥品　新藥類）
工業用藥品・釀造用藥品

臺北出張所
臺北市本町二丁目

【直系會社】
武田化學藥品株式會社（資本金五拾萬圓）　大阪市東淀川區十三西之町
チカネリー栽培株式會社（資本金　六拾萬ギルダー　邦貨換算約壹百參拾萬圓）　和蘭領東印度バタビア市

【關係會社】
大五製藥株式會社（資本金　五拾萬圓）　大阪市東淀川區堀上通
株式會社帝國社臟器藥研究所（資本金　壹百萬圓）　川崎市大宮町
株式會社神戶衛生實驗所（資本金　壹百萬圓）　神戶市林田區二番町二丁目
二巴合名會社（資本金　拾萬圓）　大阪市東區道修町二丁目

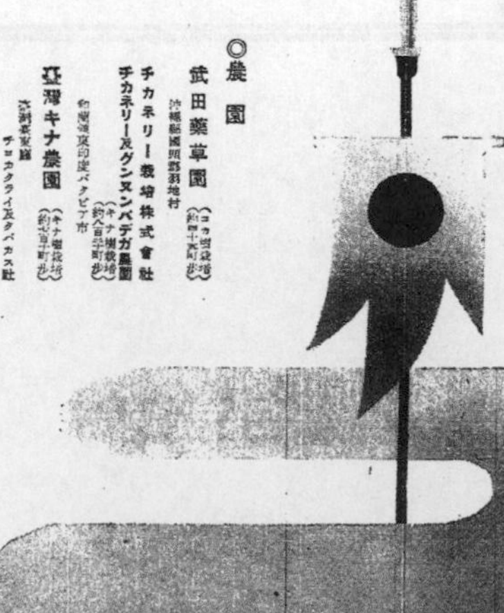

# 一九三八年（昭和十三年）

## 十月十三日

**廣告表示：**武田Saxylon（サキシロン）是家庭常備的外傷藥品，還能用於刮鬍後乾燥的肌膚，兼具治療、消毒與鎮痛三種作用。

# 一九三八年（昭和十三年）

## 十月十四日

**廣告表示：** 武田 SOVOLIN（ソボリン）是用來治療頭痛、感冒、牙齒痛、經痛等症狀，強調少量就能見效，而且沒有副作用。

# 一九三九年（昭和十四年）

## 一月二十日

**廣告表示**：武田也代理發賣其他製藥廠的藥品，男女性荷爾蒙就屬代售藥。

柳生旅日記 (99)
小金井蘆州演
若槻六郎繪

新理貼付劑
ママーの膏藥
（本名ママープラスター）
大木合名會社

初老期
男性ホルモン
エナルモン

月經不順
女性ホルモン
オバホルモン

發賣元 武田長兵衛商店

# 一九三九年（昭和十四年）五月二十七日

**廣告表示**：保利他民號稱能補血、滋養、強壯，療養患者要增進食慾、營養與體力，建議服用此胺基酸製劑。廣告還以圖配文，羅列出療養時應注意的事項，像是注意膳食、適度運動、遵循醫囑等，幾乎佔了一半的篇幅。

# 龍角散

# 龍角散（りゅうかくさん）

廣告表示

目前衛福部限制旅客帶藥品回國當土產，限制名單不到二十項，龍角散即在列，不准攜帶超過六小盒，從中可看出台灣人愛好龍角散的程度。

龍角散超過兩百歲了，證明老藥也可以不老。

龍角散來自日本東北地方的秋田縣。一八五七年，三十二歲的佐竹義堯接掌秋田藩，成為藩主。四十幾歲那些年，幾次都因為生病，無法從東北邊的秋田，到西邊的京都出公差，而改派重臣代理。有一次必須從東京回秋田安撫災民，也一樣不得不抱病返鄉。原來，這位佐竹藩主深受氣喘之苦。這時候，秋田藩的御用醫生藤井家族，正傳到第三代的藤井正亭治，他學了西洋醫學，就根據第一代藩醫藤井玄淵的藥方，研磨成粉末，醫治藩主，並取了藥名，龍角散便誕生了。

為什麼叫龍角散？龍指「龍骨」，角指「鹿角霜」，是龍角散的重要成分，也都是中藥材；龍角為古代大型哺乳動物犀牛或大象的化石，鹿角霜是鹿角處理過後磨成的骨粉。

誕生後的龍角散，很快遭逢朝代變局；明治開啟，日本兩百多個藩被廢，藩內的人必須自謀生路，於是，一八七〇年代初，藤井家族選在東京創業自立，賣起龍角散。

二十幾年後，龍角散磨得更細了，台灣也被割為日本領土的一部分。從舊報紙廣告看，一九一〇年代，台灣已可以買到龍角散。二〇年代，可看見大家熟悉的銀色金屬盒子包裝。三〇年代，街庄大路邊，目光掃過，總會瞄到「龍角散」的看板。

老藥不老，不過，老藥有老藥的持重，龍角散變化幅度始終很小。像藥粉小盒，八、九十年未變，長久深入民間，所以，今天在日本訂做金屬容器，「龍角散缶」自成一項，跟工場師傅說，一講就通。

日本有點歷史的會社，公司名的字體或商標字體多歷經幾番改造。一開始採用漢字，之後，往往被片假名或英文取代。但龍角散的商標一直未變，一直是書法的捲軸，內寫「龍角散」三個字，也一直維持隸書體。日本時代所見的龍角散廣告，也反映出這種不變感。一般品牌廣告，有長有短，有大有小，有胖有瘦，龍角散廣告從一〇年代到三〇年代，幾乎都是細長橫條，宛如報紙版面的腰間皮帶，而且，滿是文字，圖案多半迷你，偶爾見到圖案稍大，便會一驚，有新鮮感。

龍角散和台灣的因緣，除了守護台灣人的喉嚨一百年，還跟目前營業額最大的台灣藥廠「永信藥品」有淵源。永信的創辦人李天德出身貧苦，父母賣麵維生，他小學畢業就去糕餅店當學徒，後來受老師鼓勵，到大阪留學，半工半讀，自關西高商畢業。回台進台中大甲街役場（鎮公所）當小雇員。戰爭結束，李天德已二十三歲，還跟醫藥絲毫沾不上邊。

直到一九四九年，北上進入開平貿易公司，開平正是當時龍角散的總代理。李天德每天受龍角散薰染，三年後，下決心創業，回大甲開永信西藥行，做藥品代理與批發，才有今天的永信。

完

# 一九一七年（大正六年）十二月五日

**廣告表示：**龍角散的商標一直是書法的捲軸，內寫「龍角散」三個字，也一直維持隸書體。廣告中大而明顯的「たんせき、ぜんそく薬」，表示能有效治療痰咳與氣喘。

たんせき
龍角散
ぜんそく薬

龍角散の偉効

たんせき
ぜんそく

南洋の砂糖護謨寶庫

南洋製糖株

細野傳次郎

男の生殖器病

遊んで居ても財産が殖え

# 一九二五年（大正十四年）一月十一日

**廣告表示**：龍角散廣告從一〇到三〇年代，幾乎都是細長橫條，宛如報紙版面的腰間皮帶，且滿是文字，圖案多半迷你，偶爾圖案稍大，便會有新鮮感。

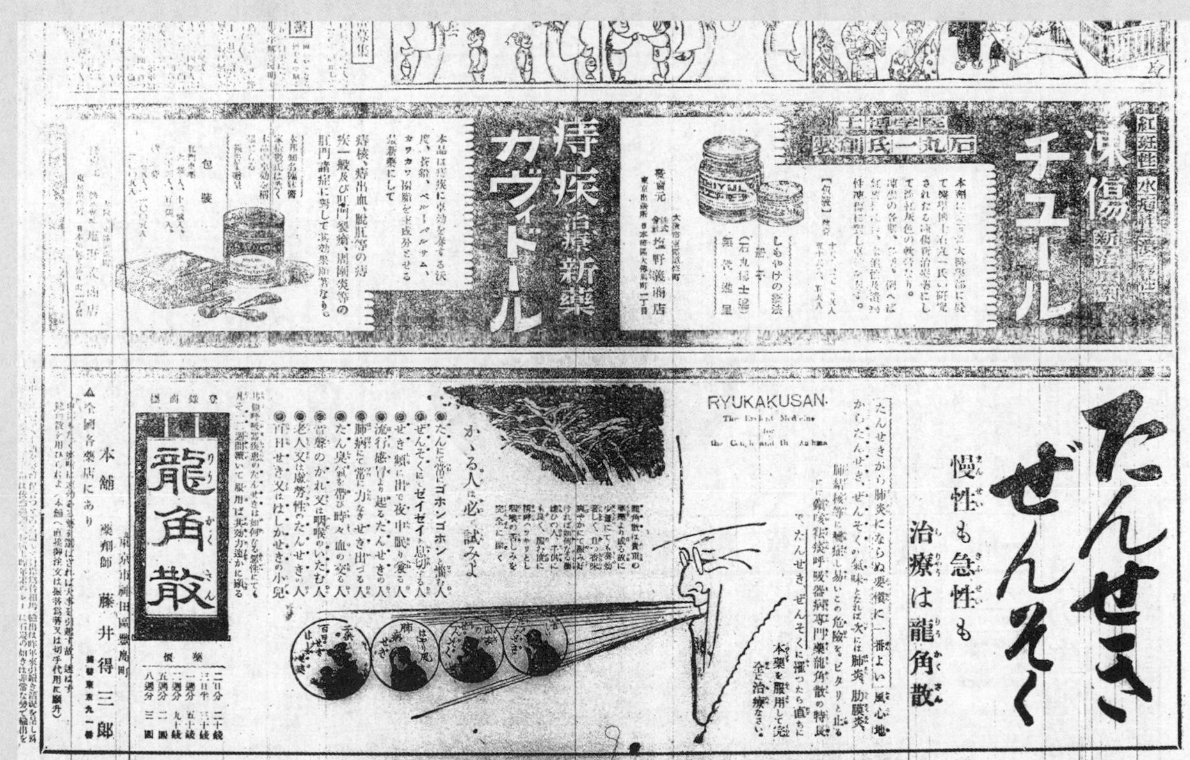

# 一九二八年（昭和三年）

## 三月十一日

**廣告表示**：文案說，要注意感冒引起的痰咳與氣喘可能形成併發症，而龍角散是用來鎮咳去痰的最高權威藥劑，服用就能在安全線內。

たんせき
ぜんそく

一服て乘越ゆ
安全線！

たんせき、ぜんそくの變症を防ぐ龍角散

登錄商標

龍角散

たんせきぜんそく

安全線

かゝる人は必ず試みよ

●たんにて常にゴホンゴホンと惱む人
●ぜんそくにてゼイゼイ息切れする人
●せき頻りに出でゝ夜オチオチ眠り兼ぬる人
●流行感冒より起るたんせきの人
●肺病にて常に力なきせき出づる人
●たん臭氣を帶び時々血の交る人
●聲のかれ又咽喉のいたむ人
●百日せき又はしかせきの小兒

本舖　藥劑師　藤井得三郎

▽全國各藥店に有り△

# 一九三〇年（昭和五年）三月十九日

**廣告表示**：文案寫說，「春天雖然來臨，但仍有寒意。龍角散一服，一效千金！」，一旁的圖畫人物張大嘴巴，好像在為此高聲宣傳。

たんせき
ぜんそく

早春！　けれどもまだ寒い
龍角散一服、效千金！

かゝる人は必ず試みよ

● たんにて常にゴホンゴホンと惱む人
● ぜんそくにてゼイゼイ息切する人
● せき頻りに出て夜オチオチ眠り兼る人
● 流行感冒より起るたんせきの人
● 肺病にて常に力なきせき出づる人
● たん臭氣を帶び時々血の交る人
● 音聲のかれ又は咽喉のいたむ人
● 百日せき又はしかせきの小兒

▽全國各藥店に有り△

本舗　藥劑師　藤井得三郎

ナイス
赤毛染

# 一九三四年（昭和九年）二月二十一日

**廣告表示**：文案寫說，「關在門內的咳嗽跑到外面，就成了群眾的咳嗽。一個傳一個，群眾傳給群眾。就像肺炎、肋膜炎、肺結核的傳播一樣。」龍角散要大家注意在公共場所，會有互相傳染的危險，不過有龍角散的人，就不用擔心。

ラヂオ　今日の番組

秋季大手合戰譜

家庭から街頭へ

たんせき　喘息　百日咳　（良藥）

家庭の咳が街頭に進出すると群衆の咳となります。個から個へ、群から群へと咳は傳播いたします。卽ち肺炎、肋膜炎、肺結核が傳播しつゝあるのと同じことです。

龍角散は實に、家庭にも街頭にも最も信頼し得る常備藥であります。

龍角散

龍角散の適應容體書

東京市神田區豊島町　本舗　株式會社藤井得三郎商店

母乳代用內外第一品

宮田の自轉車

アサヒ號　パーソン號　サンライス號　國華號　ギヤエム號　日の出號　太陽號　旭光號

商工省理化學研究所　鈴木農學博士

野球ルールの研究　ローリーゲーム

# 一九三五年（昭和十年）四月十八日

**廣告表示**：龍角散用可愛的詩，來表現服用龍角散可以戰勝痰咳與氣喘。文案寫說，「春天來了，來到哪裡了，來到田野了，來到喉嚨了，來到山裡了，來到胸口了，花朵開了，鳥歌唱了，一起玩、一起跑……設定目標全力衝刺，加油抵達終點，健康的決勝點！」

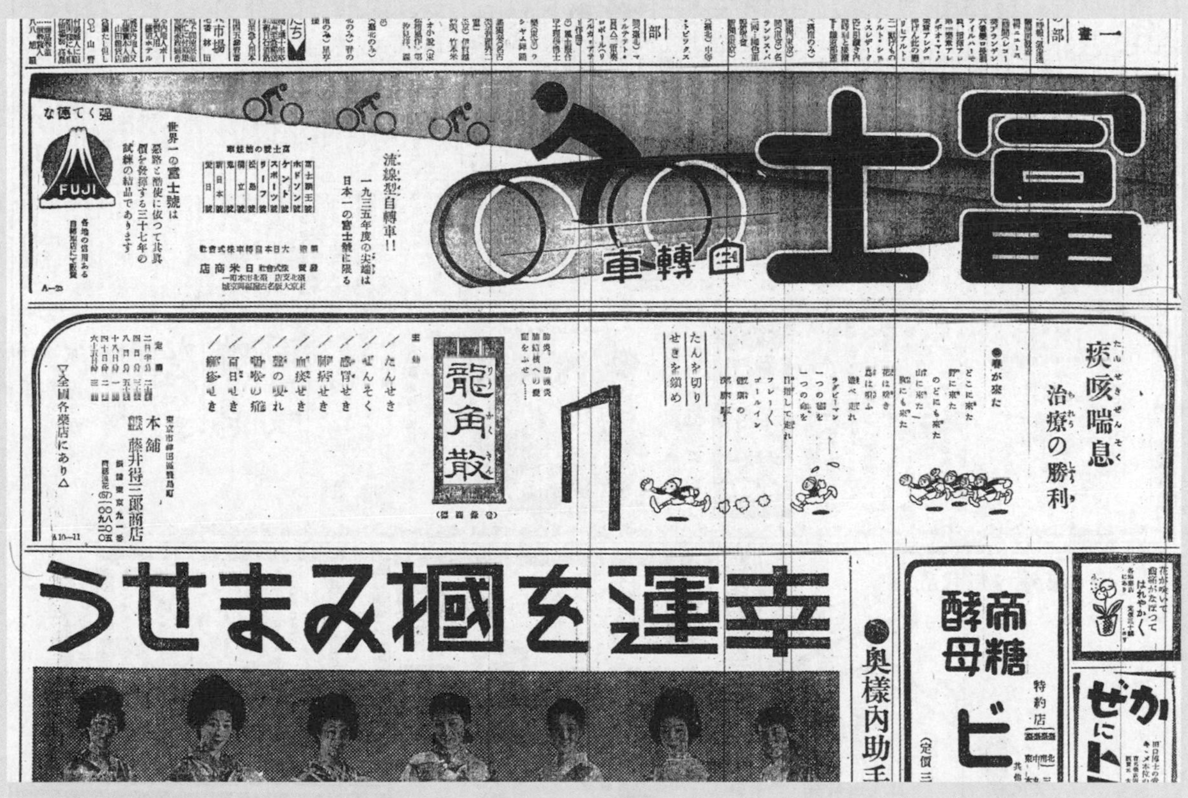

# 仁丹

# 仁丹（じんたん）

仁丹雖來自日本，一百多年前問市，其中卻有台灣給的靈感。

一八九三年，廣島出身的年輕人森下博在大阪開了一家「森下南陽堂」，做藥物的原料批發，也自製一些芳香劑和美容的「美白丸」。一年後，日本和中國打了甲午戰爭，中國吃敗仗，又隔一年，雙方議和，將台灣賠給日本。治台之初，日本軍方號召各種職業的民間人士同赴台灣，森下博或許緣此而有一趟台灣行。他隨軍隊登上台灣，發現島上居民都會口含一種涼涼的東西，以抵抗濕熱瘴癘之地的各種傳染病，回日本便開始研發類似的保健藥品。一九〇五年，紅紅的、顆粒狀的仁丹就上市發賣了。

將新商品取名「仁丹」，正與森下博的台灣經驗有關。他在台灣看到民間把藥丸叫做某某「丹」，如法炮製。取「仁」一字，倒未聞與台灣有關，而是因儒家有所謂五常，「仁義禮智信」，仁為五常之首，藉此強調道德。

森下博很會宣傳，也是日本近代最早善用廣告的大商人之一。一百四、五十年前，日本人剛脫離鎖國，仍不知「廣告」為何物。萬元日鈔上的肖像人物福澤諭吉，因出洋歐美兩次，帶回許多新觀念新做法，啟蒙了明治前期的日本人，迎向西化。其中，一八八三年，福澤諭吉在《時事新報》曾寫社論告訴日本商人，買賣生意要成功，就是要商品廣為人知；除了店要開在人多的地方、架看板、布置店面、商品要吸睛，還要積極做廣告。福澤諭吉介紹的西方生意術，森下博都吸收了。

一九〇〇年，推出梅毒藥的時候，森下博在各大報紙整版整版刊登廣告，全國各地街頭巷尾也大貼海報。到一九〇五年換仁丹登場，手法更大氣派，營收的三分之一都放在廣告上。

## 廣告表示●

台灣戰前的日本時代，仁丹自然也是報紙廣告的常客。仁丹廣告特色鮮明，一九一〇與二〇年代，廣告內必定附帶一則「金言」，寫上世界各國的格言。明明廣告在強調仁丹是旅行必備，搭船坐車不可或缺如何如何，旁邊仍要來上一句金玉良言「潔淨的心是幸福的要素」。更曾經推出純箴言的廣告，內容除了商標，別無其他，只有一句醒目的格言。

仁丹風行台灣，二〇年代，幾個揹藥兜售的日本籍小販，竟想出一個詐術，不花一毛錢，一堆仁丹就到手。他們在全台行騙多次，有一次騙到台中，知道學校將辦遠足活動，在午後四點放學前後，故意打電話給藥房，自稱是學校職員，因學生遠足，要訂仁丹兩百包。因「旅行帶仁丹」已透過廣告深植人心，藥店店員不疑有他，持貨前往，看見一位穿西服的人站在門口，就誤以為是老師。騙子收下仁丹後，未馬上付款，反而要店員回去拿收據來。隔天，店員拿了收據再到學校，才驚

## 一九〇五年（明治三十八年）七月二十日

**廣告表示**：仁丹標誌初登場。頭頂大禮帽，禮服上還有華麗的垂穗肩章，搭配嚴肅無笑的面容與兩撇翹鬍子，他真正的身分其實是外交官。仁丹二字旁，還註明此配方為醫學博士三輪、井上兩位先生所協同研發。

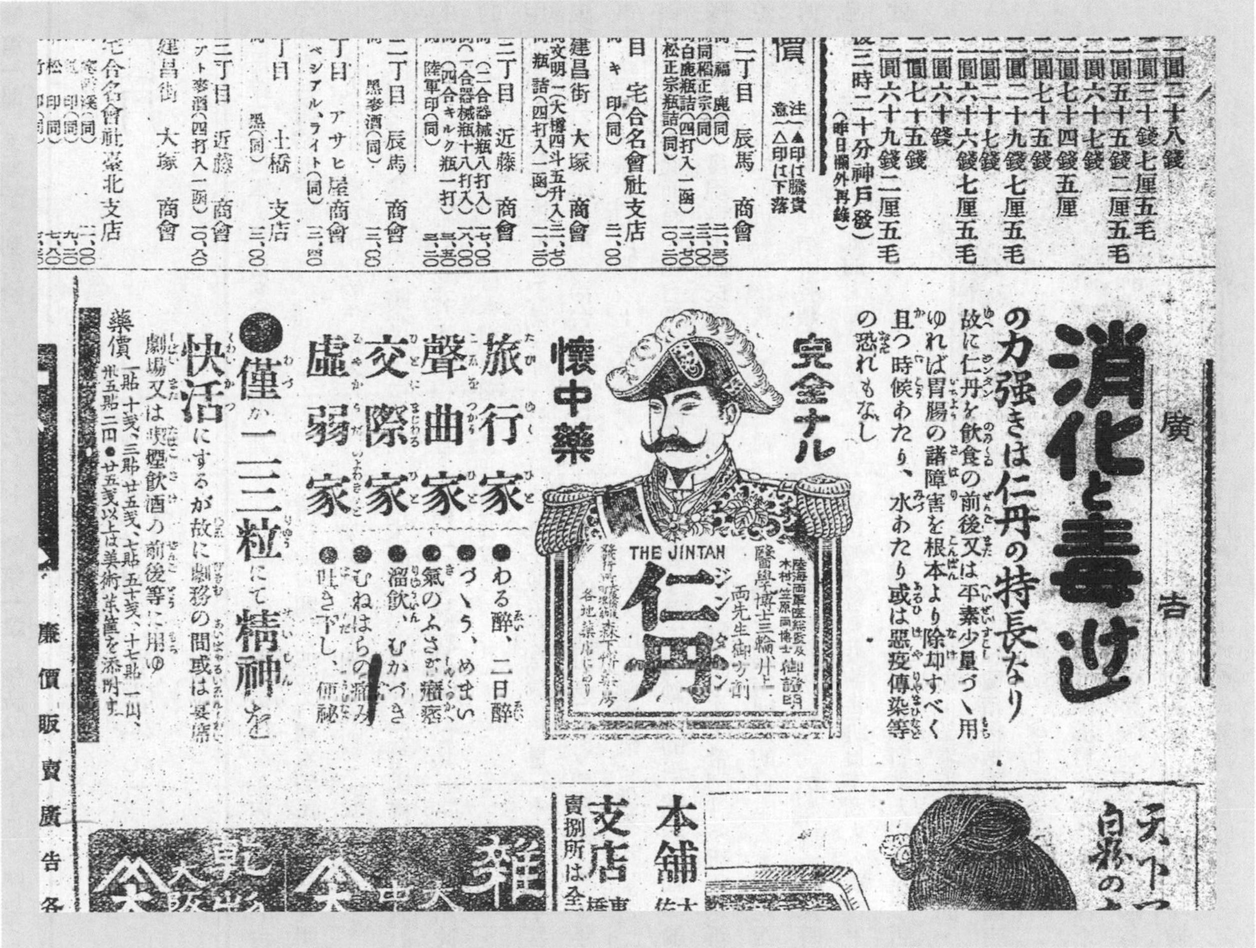

廣告

消化と毒消のカ強きは仁丹の特長なり

故に仁丹を飲食の前後又は平素少量づゝ用ゆれば胃腸の諸障害を根本より除却すべく且つ時候あたり、水あたり或は悪疫傳染等の恐れもなし

完全ナル懷中藥

旅行家　聲曲家　交際家　虛弱家

THE JINTAN 仁丹

●僅か二三粒にて精神を快活にするが故に劇務の間或は宴席劇場又は喫煙飲酒の前後等に用ゆ

覺上當。

仁丹創辦人森下博擅長廣告行銷，他的商標策略也與眾不同。一百多年前，當他要推銷治療梅毒的藥「毒滅」時，竟然畫上普魯士鐵血宰相俾斯麥的側臉頭像，兩者八竿子打不著，但廣告文案寫得巧妙，「俾斯麥是知略絕世的名相，毒滅是唯一殺黴的神藥」，藉類比俾斯麥，來哄抬自家藥的身價。

輪到仁丹新登場，森下博又創造出一位大人物模樣的標誌。此人頭頂大禮帽，身穿大禮服，華麗的垂穗肩章，搭配嚴肅無笑的面容，唇上兩撇鬍子，鬚尾往上翹，意外帶來一點滑稽。當然，滑稽是百年後的現代觀點；在鬍子大流行的明治時代，翹鬍子既雄風，也威儀，活潑滑稽絕非森下博的立意。

據日本仁丹的官網指出，森下博的孫子曾問他，仁丹商標那個穿大禮服的軍人是誰，他笑著回孫子，那不是軍人，而是外交官，「仁丹正是藥的外交官」。外交官在世界跑，森下博希望仁丹也像外交官，行銷全世界。

到今天，森下博在天上一定嘴角掛著笑，仁丹確實跨出日本，至少在台灣，「翹鬍子仁丹」仍深印在一般人的腦海裡。

完

一九一九年（大正八年）

十月三十日

**廣告表示**：現在是旅行的好時節，旅行袋裡別忘了「仁丹」，搭船坐車不可或缺「仁丹」，用來代替於草也很適合。

# 一九二〇年（大正九年）

## 三月十二日

**廣告表示**：標題說，賞花時當然也要將仁丹隨身攜帶於懷袖之中。

消化と毒けし

仁丹

花見の袖よ　懐よ是非……

仁丹をお忘れなく

金言

忍耐と時間とは何物をも征服す

伊太利俚諺

米國製 コロンビヤ自轉車

新入荷

WESTFIELD MFG. CO. Columbia WESTFIELD, MASS. U.S.A.

米國製コロンビヤ自轉車

東洋總代理店

三津輪商會

△特約店御希望ノ御方ハ御申越被下度候▽

臺灣特約店

山一商行

一九一七年（大正六年）三月二十三日

**廣告表示：**森下博秉持廣告益世的理念，自一九一四年起在仁丹廣告中加上世界各國的格言。當時，還有用來裝金言的收集盒，買大包裝送的就愈精美。

## 一九二〇年（大正九年）九月十三日

**廣告表示**：仁丹廣告特色鮮明，一九一〇與二〇年代，廣告必定附帶一則金言。這則格言是說，有善良的本心，自有愉快的面容。

# 一九二〇年（大正九年）七月二十一日

**廣告表示**：仁丹引用古羅馬哲學家塞內卡（Seneca）的話，「火試鍊金，苦難試煉勇者」。

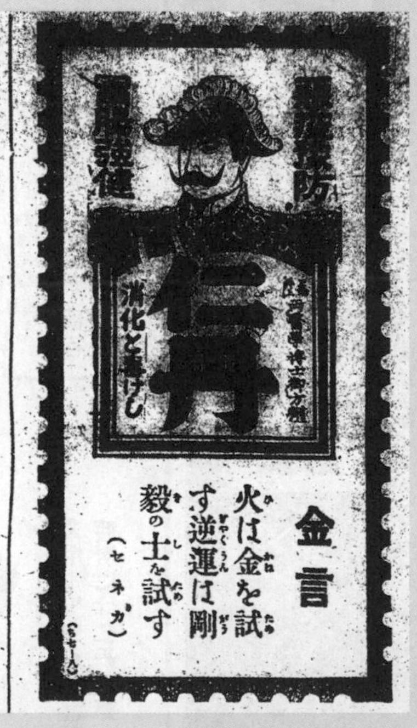


天賞

興味ある福引景品進呈（七月一日より擧行）

近時一般民衆の生活に著しく更新の氣勢を生じ候折柄本堂は新時代的生活にふさはしき裝身具室內裝飾品等を提供致すべく茲に恒例大賣出しを擧行仕候是等は在歐米特派員の直送に係る最新流行の金銀時計寶玉類を始め本堂特製の美術應用貴金屬諸品を差加へしものに候へば新嗜好の御選擇に副ひ候事と確信仕候尚中元御進物諸品をも澤山陳列致置候間何卒陸續御來觀御用命の程奉冀候　敬白

本同の大賣出し中本堂の商品御購求の御方へは左記の割合を以て一品毎に即時福引景品券を進呈す（福引券は一本もカラクジなし）

一九三四年（昭和九年）

三月

十三日

**廣告表示：**總是只露出半身的翹鬍子仁丹難得露出全貌。

ハギレ卸（商社進呈）
●人絹、朱子、四綾、絹ポプリン
●友仙毛斯綸、金巾、其他服地用
（新規小賣開業者親切御指導仕候）
大阪市南區瓦屋橋東詰
津村合資會社
電話大阪南二四八九番
振替大阪一三八三三番

通信教授 尺八バイオリン
マンドリン及ハーモニカ琴三味線
以上各別規則書進呈僞物注意
福岡市中島町二二大日本家庭音樂會

のらくろ運動靴
のらくろ運動靴
のらくろ運動靴
のらくろ運動靴
のらくろ運動靴
神戸御蔵通三ツ矢ゴム

金物卸問屋
家庭用金物 大工道具と打刃物
其他金物百貨卸時に揃ふ
御仕入れは勉强大阪一
大阪南區安堂寺橋西詰
商報進呈
正登乃物本舗 大野合名會社

りん病
世界一療法
酒も自轉車も勞働も止めずして自分でヒミツ簡單安全に再發せぬ様退治し得られキキメ有し
説明書無代進呈ハガキで申込あれ
發賣元 新竹客雅一〇八 新富堂
代理店 臺北市西門町 大光堂
同 臺中市寶町四 川村商店
同 臺南市本町三 藤田商店

仁丹のんで
元氣に遊び
愉快に勉强
仁丹
スポーツや勉强遊戯の
疲勞には仁丹が第一

一九三四年（昭和九年）

七月二十八日

**廣告表示：**仁丹也曾推出特別版包裝，華麗珊瑚色的圓柱形容器裡裝的是添加了玫瑰香精，散發馥郁香氣的仁丹。

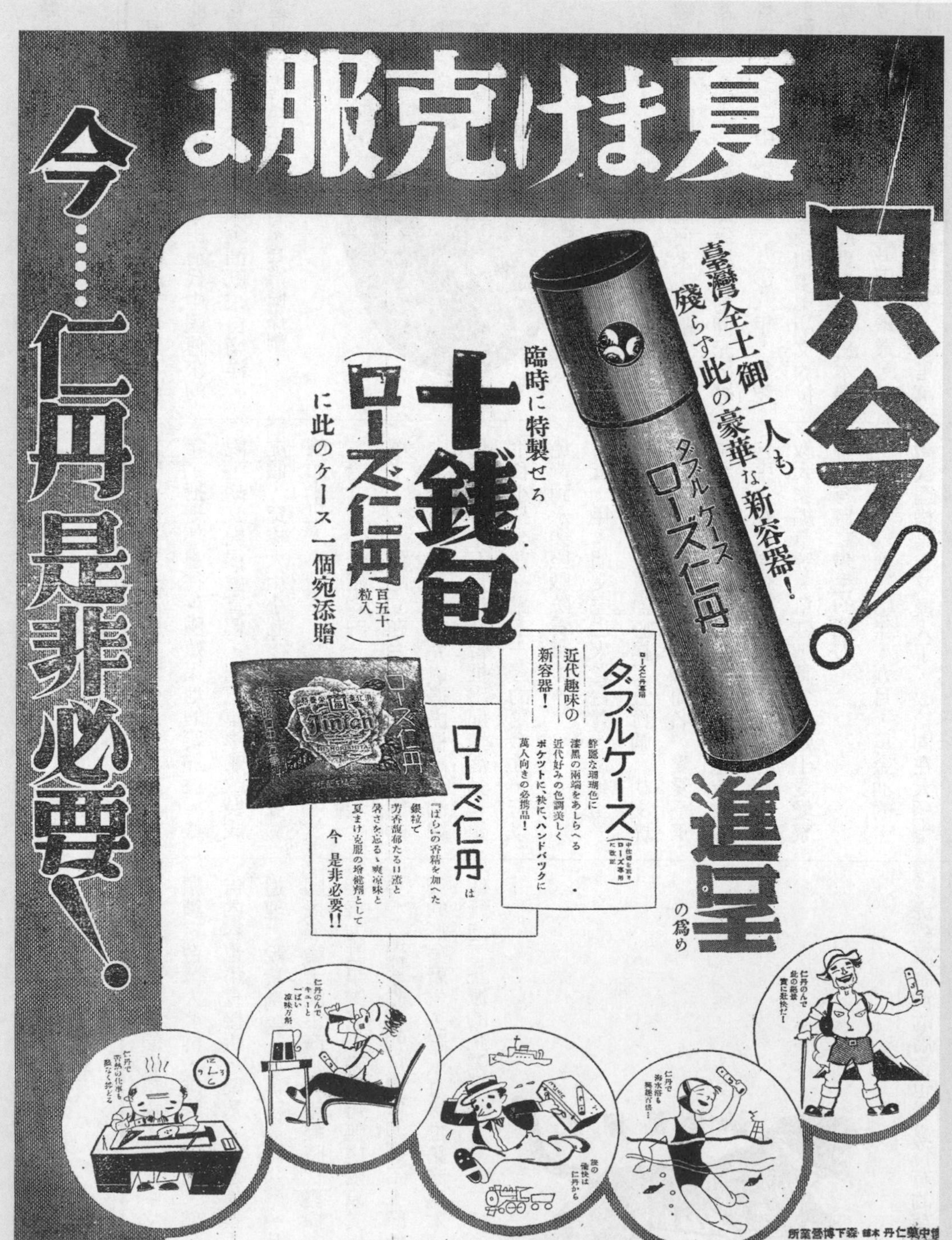

# 虎標萬金油

## Tiger Balm

現代人看虎標萬金油這種漢方膏藥，可能猜測台灣本土品牌或由清代中國傳來的老藥，事實上，虎標萬金油既來自南洋，還是日本時代才出現的家庭常備搽劑。

看創辦人名為胡文虎，就知道萬金油的罐子蓋子上的老虎所謂何來了。胡文虎祖籍福建永定，父親離鄉僑居緬甸仰光，經營「永安堂」中藥行，一九〇八年，父親去世，二十六歲的胡文虎和弟弟胡文豹接掌永安堂。隔年，胡文虎到泰國、日本轉了一圈，視野大開，了解中西藥業，回仰光後，研發出好幾種藥，其一就是萬金油。

一九二〇年，一罐萬金油已讓胡文虎成為仰光首富，但他企圖遠大，一九二六年，把總部遷往英國殖民地的新加坡。據說，胡文虎很會宣傳，把汽車車頭改裝成虎頭，穿梭大街小巷，還發出猛虎嘯聲，噱頭十足。

一九三〇是確知的一年，萬金油出現台灣了。今天仍屹立在台北大稻埕迪化街的中藥名店「乾元」，率先取得虎標萬金油總代理，當年五月，還曾推出促銷活動，學生和小孩來買一罐三十錢的萬金油，可以免費到永樂座戲院看電影。

這一年，胡文虎也來過台灣，還參訪了艋舺的愛愛寮，熱心捐了五百圓。胡文虎在東南亞一直以散財行善聞名，愛愛寮正是台北早期的慈善機構，創辦人施乾收容乞丐，親自幫忙刷洗身體、幫忙理髮，也教大家編草笠、草鞋，讓乞丐走出愛愛寮時，有自立謀生的能力。

同樣是一九三〇年，九月，萬金油的台灣代理權馬上又換人了，改給同在大稻埕的楊裕發商行。虎標萬金油的報紙廣告也開始出籠。

### 廣告表示

萬金油的廣告頗有特色，一律中文，明顯鎖定台灣人客群，排除日本人。部分廣告內容也不直接訴求藥效，而是大談人生道理，說教勸善，要人惜取光陰，「凡屬國民無論士農工商須於年輕時代發揮其智能努力其事業老來晚景可無慮安享其娛樂矣」。這種訴諸品行道德的廣告，頗像今天的形象廣告，雖未直接推銷商品本身，卻營造了正派的企業形象。

虎標萬金油的廣告也表露特有的草莽氣質。譬如一九三一年，有台灣人賣某某油，冒稱是胡家的兄弟，胡文虎氣得登

「無恥者之無恥」的廣告，大罵「冒姓假名。認人作父。其人格之墜落。固令人齒冷。而招搖混騙。漁利殺人。其罪更不容於誅。」

不知道是否脾氣難和台灣商人對盤，一九三四年，虎標永安堂公開在廣告上把總經銷楊裕發商行臭罵一頓，不歡而散。換了一家吉祥藥房，仍不吉祥。隔年六月，胡文虎索性在台北市太平町三丁目（今延平北路二段之南京西路到民生西路之間）設立永安堂的臺灣支店，並派新加坡本店的職員長駐管理。

一九三〇年代，虎標萬金油已聞名全台，南北偽造品叢出，藥房同業紛紛推出山寨版，有「猩標萬金油」、「番頭標萬金油」，不一而足。四〇年代初期還出現「萬人油」。連楊逵一九三六年的小說《頑童伐鬼記》，萬金油都「入鏡」了。

一九四五年八月戰爭結束，十月，國民黨第一批官員來台接收，三、四個月後，虎標萬金油的公司迅速在台「復業」。報紙上的復業啟事指出，「停業迄今已逾多載」，意謂日治末期，萬金油一度退離台灣市場。顯然，短暫的空窗無損虎標萬金油的大名，現在我們才會對萬金油仍然如此熟悉。

完

# 一九三〇年（昭和五年）十二月十三日

廣告表示：一九三〇年代，虎標萬金油已聞名全台，南北偽造品叢出，藥房同業紛紛推出山寨版，有「猩標萬金油」、「番頭標萬金油」，不一而足。虎標便刊廣告，「警告」消費者認清標誌再購買。

一九三〇年（昭和五年）

十二月

三十一日

**廣告表示**：虎標的廣告頗有特色，一律中文，明顯鎖定台灣人客群，排除日本人。部分的廣告開頭便是大談人生道理，說教勸善，訴求商品藥效反倒是其次了。

次劉黃二君。亦相繼謙詞。是夜適値生日會。亦在隣室宴會。野村署長。花輪行政係長。顏國年。顏欽賢諸氏。特到祝賀會場。各擧杯爲劉黃二君祝賀。並祝當會發展。席中紅裙勸飲。並有會員餘興數番。九時過散會。

▲東石郡朴子獵友會員。多係官公吏。者番利用冬期休暇。去二十八日午前六時。向各地出獵。至翌二十九日午後三時歸朴。假公會堂。爲成績審査場。探點後。開獲物試食會。

▲南崗俱樂部。定每月開講演會一次。去三十夜。在悅舞臺。開迷信打破講演會。來春初旬則擬開通信講演。

▲臺南州下國黌生。同窓會訂來四日午後六時。假市內醉仙閣旗亭爲會場。舉春季會。會費每名二圓。現由當番幹部梁永齡。陳心慈外數氏準備。中入所臺南商工業協會云。

詩壇

庚午歲晚　熊本　東船山

錯つたまゝの姿勢で微動だもしなかつた。そればかりでなく仙吉が薄氣味悪い臺詞の一齣を了わつたとき、彼女は魚籃の方に振り返つて、這ひ寄る蛇の姿を見ながら、につと白い齒を見せて笑つた。その上その笑ひはちつとも不自然のものではなかつた。親しみの笑ひであつた。その證據には、然うした溫かい笑ひと共に、彼女は蛇に向つて、宛で古馴染の友達にでも

わたしはお前達が大好き、むさい男ばかりが揃つた此の中で、お前達が却つて人間らしく人懷こい氣

まうとした。

「あゝこれ——」

たまりかねた觀世が、切なさう

登錄商標

# 努力

諺云（少年不努力老大徒傷悲）蓋乎光陰之易逝欲努力而言也凡屬國民無論士農工商須於年輕時代發揮其智能努力其事業老來晚景可無慮安享其快樂矣安堂之虎標八卦丹功能養氣血長精神助消化壯脾胃服之自能返老還童且可以治下列諸症

**八卦丹**　內科心氣腹痛●中風中痰●霍亂吐瀉●潤喉止渴　外科跌打刀傷●手足腫痛●脚疤濃水

臺灣總經理　臺北　合資會社　楊裕發商行

**虎標永安堂**

病、痔疾

痰花、胃腸

健康へ一

冷え性の御方に

一流の百貨店　藥店にあり

一九三一年（昭和六年）

六月

二十一日

**廣告表示：**屢被假冒的虎標氣到刊登廣告痛罵假藥奸商「經此揭穿看彼尚有何顏見人」，還說這種行騙行為真是罪大惡極。

# 無恥者之無恥

## ——冒姓假名揑稱係文虎兄弟借藥行騙其罪不容於誅——

經此揭穿看彼尚有何顏見人

本堂由先父開設。迄今已五十餘年。先父生余文虎文豹兄弟二人。自先父歿後。店務均由余兄弟二人親自管理。所製虎標萬金油等藥。遍名遐邇。世界風行。近聞有無恥之徒。常在省港臺灣等地。將某某油向人宣傳。揑稱製該藥者、係余兄弟。藥力與萬金油一樣云云。似此冒姓假名認人作父。其人格之墜落。固令人齒冷。而招搖混騙。漁利殺人。其罪更不容於誅。本堂對此。除呈報省港臺灣各地官廳隨時訪拿外。並特報鄭重聲明。先父只生余兄弟二人。萬金油從無另用別名。揑稱爲余兄弟者。原是騙棍。望各界人士。勿爲所惑。幸莫大焉。

**注意**（臺灣唯有揚裕發商行係本堂之總經理其餘均是冒名者也）

**虎標永安堂胡文虎豹同啓**

# 一九三三年（昭和八年）三月二十九日

廣告表示：虎標氣歸氣，仍需要耐心，教人分辨什麼萬金油與頭痛粉才是「真的」。

## 虎標永安堂緊要通告

本堂心存濟世、創製虎標萬金油頭痛粉八卦丹清快水……等藥銷行全球、活人無算、治病神效、有口皆碑、然人心不古、奸商因而生心、不惜以惡劣原料製成假藥、欺騙世人、摧殘生命、用者不察多墮其術中、幸天網恢恢疏而不漏、所有假造僞冒本堂藥品者、無不被破獲成擒慘罹刑罰、牟利未達、縲洩隨之、可恨亦復可憐、最近又有無恥之徒、假造虎標萬金油頭痛粉在臺灣各埠偸售、其內外標籤形、完全倣印、極其相似、一不留神、即難分別、魚目混珠、害人不淺、玆將眞藥與假不同之點、列舉如次之

**虎標萬金油**

| 眞的 | 假的 |
|---|---|
| （一）油質嫩滑氣味芬芳 | （一）油質粗濁氣味惡濁 |
| （二）研底虎形清晰 | （二）研底虎形不似虎而虎頭虎尾均作假形 |
| （三）仿單用水印虎標紙印成 | （三）仿單無水印 |
| （四）仿單胡文虎照相清晰 | （四）胡文虎照像模糊不清 |

**虎標頭痛粉**

| 眞的 | 假的 |
|---|---|
| （一）粉質嫩滑 | （一）粉質粗糙不知用何毒物研成 |
| （二）仿單用水印虎標紙印成 | （二）仿單無水印 |
| （三）仿單胡文虎照像明晰 | （三）仿單胡文虎照像模糊不清 |

本堂自發現此類假藥後、經即嚴加偵緝、想不日可以破獲、蓋貪利害人、爲天理所不容、即幸而暫時逍遙法外、亦將禍延子孫獲利僅在於一時、慘罰直垂諸後代、嗟彼奸商胡不思之甚耶！胡不畏法律、不避天譴耶！本堂因恐假藥流毒臺灣、害斃人命、特此通告、幸採辨虎標藥之藥行及購服諸君、留意辨別眞僞、庶不致誤！

中華民國廿二年三月廿八日

新加坡 仰光埠 虎標永安堂大藥坊

臺灣總經理 臺北楊裕發商行

# 一九三五年（昭和十年）一月四日

**廣告表示**：虎標萬金油在台灣的總經銷一波三折，從一開始的中藥名店乾元，迅速換成同樣位於大稻埕的楊裕發商行，隔沒幾年，又轉給吉祥藥房代理。

臺灣日日新報　（金曜日）　第一万一二

賀正
老庚種苗園
臺中州北斗郡田尾庄打簾
羅老庚

ダンダンは風の妙藥
發賣元　東京小石川區音羽町大通　信生堂藥房
代理店　大阪東區淡路町二丁目　大木合名會社
同　支店
▽各藥店に販賣す

精工舍電氣時計
英工社電氣時計
中村電氣時計
マツダ電氣器具
臺灣總代理店
合資會社　鐘野時計舖
臺北市榮町參丁目　電話八貳壹番
同　納品部　千歲町南門支店

虎標萬金油
TIGER BALM
謹賀新年
仰光・星嘉坡
虎標永安堂大葯坊
臺灣一手總經理
吉祥藥房
臺北市太平町一丁目（電話一八九三番）

お正月に御婦人や御子達御老人の大喜び！

謹賀新年

う
ひ致します

# 一九四一年（昭和十六年）五月十五日

廣告表示：山寨版萬金油造型與正牌十分類似。從廣告字句中也可以看出時代背景，當時日本正野心侵略東南亞。（《興南新聞》）

高麗参
朝夕一服
永保健康
總經理 三井物産株式會社
一手販賣元 捷榮合資會社

淋病　内服短期療法の確立！

狂奔するが、時間と治療費を徒費するばかりで病勢はチリ／＼と悪化し遂に永久に淋菌の取れぬ慢性となる。これがツイ最近までの淋病治療の實情であつたが、化學の進歩は有難い内服劑で淋病が短期に全治するに至つた。二基性アミド劑を主劑とする強力リベールの出現がそれだ。

強力急速療法　リベールの殺菌力は全く物凄いもので一旦内服するや血液に混つて腑内を循環し病巣深部に巣喰ふ淋菌を殲滅するので運のよい患者は一日半、遅くも三乃至五日で尿は清澄化し、淋糸は消失し、症状除去となつて短期間に呆氣なく全治するといふ、實に痛快極まる効果である。而も淋菌から起る睾丸炎、膀胱炎、攝護腺炎、婦人科疾患等をも一擧に片附けてしまふ。尚ほ強力リベールは淋疾のほか左記諸症に著効を奏し廣く治療界に推奨されてゐる。

主治　急性淋病・慢性淋病・淋毒性關節炎・膀胱炎・腎盂炎・中耳炎・扁桃腺炎・丹毒・蓄膿・歯槽膿漏

製造發賣元　竹村製劑所　大阪市東區南久太郎町　振替大阪三六〇番

二基性スルフォンアミド綜合劑　強力リベール錠

# 曼秀雷敦

## メンソレータム

曼秀雷敦就是古早的面速力達母，在台灣是人人通曉的老牌子。

但她多老呢？一百年前，買不到，九十年前，買得到了。而且要去今天的台北市重慶南路一段買，當時，那裡有一家「資生堂藥鋪」，剛從日本進口，店老闆特別登廣告強調，面速力達母是「米國製」，也就是美國來的洋藥。

台灣的知名老商品，像是明治巧克力、中將湯、龍角散、奇應丸、花王、森永等等，以日系居多。面速力達母的血統比較特殊，來自美國，取道日本才登陸台灣。

十九世紀末，堪薩斯州人威廉・海德（William Alexander Hyde）成立一家 Yucca 公司，製造刮鬍膏和香皂，後來也生產感冒糖漿。海德注意到感冒糖漿中薄荷的效用，研究許久，一八九四年，跟現在一樣冷冷的十二月，海德推出這個熱了百年的居家藥品。主成分為薄荷（menthol）和凡士林（petrolatum），於是結合兩個單字，命名為 MENTHOLATUM。

二十世紀初，美國的基督教青年會熱中海外傳教，年輕的大學畢業生紛紛到東方來，籃球就是隨著這股宗教熱忱引介到東方。面速力達母也一樣，由一位叫佛利斯（William Merrell Vories）的美國人傳來。

一九〇五年，佛利斯受聘為日本滋賀縣立商業學校的英語老師，就像馬偕在台灣以醫療傳教，佛利斯主張信仰和事業兩立並榮，除了興學、開辦醫院，他也當建築師，設計了知名的大丸百貨和許多大學建築，也和日本人合夥做生意。

佛利斯和面速力達母的創辦人海德同鄉，都來自堪薩斯州，一九二〇年，他便進口面速力達母到日本販賣。到了日本的 MENTHOLATUM，以日語片假名譯為「メンソレータム」，念音近似中文的「棉縮類盪木」，中老年兩代台灣人嘴裡的面速力達母就是念日文音來的。戰後因應國民黨政權，才又譯出「面速力達母」這個詞，後來再改成現在的「曼秀雷敦」。

面速力達母於二〇年代來台，三〇年代，廣告頻繁不斷，總是固定出現在《臺灣日日新報》的夕刊（晚報）的第一版，是很普遍周知的商品。不過，關於面速力達母的功效用途，頭痛、燙傷、蟲咬、濕疹之外，竟然還有「痔疾」，這一點倒是有些離奇了。

世界の家庭藥

メンソレータム

廣告表示

完

# 一九二四年（大正十三年）四月八日

**廣告表示：**「資生堂藥鋪」登廣告強調面速力達母來自美國，具有不可思議的效果。不過，它並非東京資生堂的直營分店，店內商品林林總總，富含維他命C的果精、罐頭牛乳，甚至德國製的老鼠藥也賣。

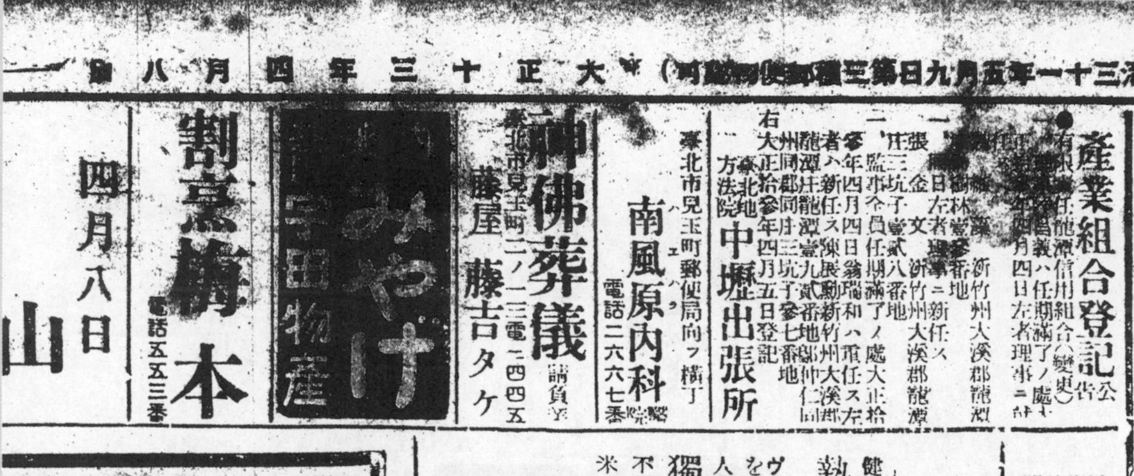

（明治三十一年五月九日第三種郵便物認可）大正十三年四月八日

産業組合登記公告

南風原内科醫院　電話二六六七番

中壢出張所

神佛葬儀請負　藤屋　藤吉タケ

みやげ　物産

割烹梅本　電話五五三番

四月八日

果蔬乾物

臺北市明石町二丁目一番地（電話二七二五番）

臺灣バナナ商會

資生堂藥報

健康の泉＝疲勞回復の素

熱帶高貴純果汁果精（ロウズマロウジユウス）

携帶用瓶金五十錢・德用瓶金壹圓

ヴイダミンを多量に含有し美味滋養に富み病中病後日常共四季を通じての無酒精好飲料にして諸食品の調味料としても至極妙

人間に害無く鼠には大毒と云ふ

獨逸製鼠トリ藥　安全メッツソ　金卅五錢

不思議によく效く

米國製家庭藥　メンソレータム（四十錢、八十錢、一圓六十錢）

小傷者又は小さい香識婦として評判の藥

化粧＝内科＝外科いろいろに用ひられます

臺北市本町一　資生堂藥鋪

電話長一七五・一一七五・三七二番振替臺北三五番

受信略語（タイホククスリ）發信略語（〇シ）

心ぞう

酒はわかみどり

# 一九三三年（昭和八年）二月十日

**廣告表示**：至今大家所熟悉的面速力達母商標登場時間是在一九五一年，不過在更早以前的報紙已經有小護士的形象標誌出現。外包裝部分，除了扁扁的鐵盒，也有直筒型罐裝。

# 一九三三年（昭和八年）三月十六日

**廣告表示**：面速力達母和其他藥品一樣，功效用途都被宣傳得「非常廣大」，除了頭痛、燙傷、蟲咬、濕疹之外，竟然還有「痔疾」。

國大使に回答

その日その日

人事

無絃琴

少年航空兵の死　(53)

桃井京次作　淺枝次朗畫

早春に散る花

世界の家庭薬

メンソレータム

寒くても健やかに
暖くても朗らかに
メンソレータムの
快調は奏でる

萬事OK

肌あれ・けが・やけど
で御座れみな可愛い
この看護婦の胸にあり
總てを癒すこの一瓶萬事OKです。

特効

肌あれ、ひゞ、赤ぎれ、外傷一切、やけど
頭痛 神經痛 痔疾 齒痛等々
化粧下、鬚そり後の保健爽快

定價　二十五錢　四十五錢　九十錢　一圓八十錢

# 一九三五年（昭和十年）四月二十四日

**廣告表示：**文案說，只要這一罐，整個春天就會過得很愉快，而且面速力達母是最適合嬰兒肌膚柔軟肌膚使用的藥品。

朗らかな人生 (24)

光明静夫作　田中比左良畫

赤十字社の救護隊

警察部長會議更に延期

人事

メンソレータム

すべてが樂しい春！
赤ちやんの
柔かいお肌には
メンソレータム
が一番やさしく
働きます

世界の家庭藥

MENTHOLATUM

獨特微妙な性能と、正しい効果によつて毛髮の悩みを悉く解消する！

新養毛料

井上醫學博士・掛札藥學士創製

フケに
痒みに
拔毛に
薄毛に
白髮に
禿頭に
若禿に
養毛に
毛生に

# 一九三七年（昭和十二年）十一月二十一日

**廣告表示**：面速力達母因應季節，推出不同的廣告。文案寫說，如果等到凍瘡出現，再處理就太遲了，從現在開始，出門時，就要搽面速力達母。

外相が確認

浮標のごとき女 (143)
尾崎士郎作
梁川剛一畫

世界之家庭藥
しもやけのお手當は今のうちから！
霜をみて
しもやけの
お手當は
おそいでせう
今のうちから
顔 手 足
外に出てゐる
お肌を特に
お大切に！
メンソレータムの
御愛用！
メンソレータム
近江セールズ株式會社
日本メンソレータム本舗

# 一九三八年（昭和十三年）六月十七日

**廣告表示**：廣告提醒說，「要為仲夏做好準備！太陽會一點一點地燒灼肌膚」，顯然曬傷時也可以使用面速力達母。

事變被害調査の開始を命令

愛情の一群 (163)
村山知義 作
伊東顯 畫

その日その日

無絃琴

人事

眞夏にお備へ下さい！

太陽がじりじりとお肌をやく
眞夏もすぐ眼の前です
陽やけしてからのメンソレータムより
陽やけの先廻りにメンソレータムの御愛用が肝要です

MENTHOLATUM

メンソレータム

日本メンソレータム本舗

## 一九四〇年（昭和十五年）三月十九日

**廣告表示**：「在外面開心玩的孩子，哭著回家的孩子，搽了面速力達母的孩子。」面速力達母主打受傷時，拿來塗抹傷口也相當有效，是家庭必備的良藥。

# 資生堂

## 資生堂（しせいどう）

日本化妝品名牌資生堂（SHISEIDO）起步之初是一家藥房，來台灣之初，也由一家藥房代銷她的化妝品。

資生堂誕生極早，福原有信原本是海軍病院藥局的藥局長，一八七二年，在東京日本橋創辦日本家第一家西洋藥局。當時知名的醫學博士松本順擷取中國易經坤卦的「至哉坤元、萬物資生、乃順承天」，幫忙取了「資生堂」這個大器的店號。資生堂很快也成為製藥商，生產牙膏之外，一八九七年可說是資生堂化妝品的元年，推出了第一瓶紅色的化妝水。

紅色化妝水問世前一年，台北城內也跑出一家「資生堂支店」，老闆中田銀三郎得到日本資生堂的容許，打著她的旗號，當起資生堂的台灣總代理，化妝品和藥品都賣。

二〇年代，東京資生堂在台灣的化妝品銷售獨立出來，委由台北一家有歷史的大店「盛進商行」總批發。資生堂社史曾留下一張老照片，一九二八、二九年間，台北組織了宣傳隊伍，不到十歲的赤腳男童雙手扶著長長的竹竿，竹竿上飄著大布條，寫著「資生堂石鹼」（香皂），另有幾個香皂大模型，由幾個無法判斷年紀的人罩住上半身，再加上腳踏車、簡單花車，就是齊聚在盛進商行的門口，浩浩蕩蕩準備遊街去。

等到一九三七年四月，資生堂正式在台北設立「資生堂臺灣販賣株式會社」，資生堂化妝品和香皂早已是市面常見的牌子，有許多台灣籍客人。一九三五年，台南鹽水一位五金店老闆周丙丁買了資生堂的「雪文」（香皂），曾經抽獎中了五十圓，相當現在好幾萬圓，周老闆還隨即捐出來給當地的窮人，成就一樁資生堂和台灣人共譜的歷史佳話。

戰前的資生堂臺灣販賣會社也有台灣人職員，其中一位名叫蔡萬春，日後變成大富豪。蔡萬春戰後開創了國泰集團，帶領弟弟蔡萬霖與蔡萬才入門，兩人後來分出獨立，各自創辦了今天的霖園集團（國泰金控為其核心）、富邦集團。

蔡萬春十五歲從新竹家鄉到台北投靠姨丈，種菜、賣菜、開雜貨店，只做個人小生意，直到一九三九年二十三歲，考進資生堂台中營業所當外務員，才初識大企業。兩年的資生堂會社生活，蔡萬春建立幾個習慣，像是出差搭火車，為了節儉，買三等車廂的票，但為了彰顯大會社的體面，巧妙從一等二等車廂下車。經過資生堂的洗禮，蔡萬春雖快速升任主管，對未來也有了更大的夢想，一九四一年離職，展開邁向大老闆的攀峰旅程。

蔡萬春初入資生堂，很驚訝外頭的時局已進入戰時，衣服愈來愈被要求樸素無華，各化妝品公司的宣傳競爭卻仍然猛烈。以中日開戰的一九三七年來說，資生堂總社的行銷方法推陳出新，年初還推出「花椿會」的組織；一年間在資生堂連鎖店購買一定金額，即可成為會員，獲贈花椿會專屬的月刊，得到最新美容流行、服飾、藝文資訊。

花椿會還舉辦許多活動，像一九三八年三月下旬，正是繁花盛開時，台灣舉辦了第一次的花椿會，東京總社派出美容研究

廣告表示●

**上圖**｜資生堂的香皂化妝品，長期由台北的盛進商行代理，圖為 20 年代在盛進店前的宣傳隊伍。
**右圖**｜福原信三將資生堂轉型為化妝品公司，是株式會社資生堂（1927 年成立）的第一任社長。資生堂傳統的山茶花商標以及「資生堂」三個字都是由他親手繪製。

部部長，在北中南召開四場，講解最新流行的美容化妝術，還實地實演示範，也接受會員的詢問，對當時的台灣來說，是非常時髦而新穎的體驗。

花椿即日文的山茶花，資生堂傳統的標誌就是一朵清雅的山茶，誕生於一九一六年。當時沒甚麼國際設計公司可以委託，倒是創辦人的三子福原信三喝過洋墨水，留學美國哥倫比亞大學，學習化妝品的製造與販賣方法；少時學過畫，成年後又玩相機，頗有藝術涵養，這一年，他把自己關在房間，玻璃杯裡插一枝山茶花，不斷素描，大約一個禮拜，資生堂著名的商標「花椿」就綻放了。

福原信三的設計思維，也幾乎為戰前的資生堂商品定調；很長一段時間，廣告都以細雅的線條勾勒出西洋古典的花草，不雜不繁，展現脫俗氣質。等戰爭過去，這朵山茶花依然挺立，之前比資生堂廣告打得凶的品牌「クラブ」卻逐漸沉寂，更不用說其他一干牌子了。

完

一九三一年（昭和六年）

一月

十二日

**廣告表示**：資生堂洗髮劑主打洗後能增加柔順光澤，廣告還說「五天洗一次頭髮比較衛生」。

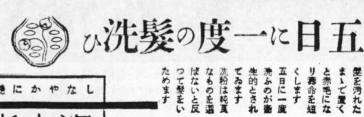

# 一九三五年（昭和十年）

## 三月十二日

**廣告表示：**資生堂雪花膏（バニシングクリーム）廣告，主打一搽上肌膚立即消失。

# 一九三六年（昭和十一年）

## 四月十四日

**廣告表示**：資生堂推出給愛用者的優惠活動「資生堂化妝品日」，每買一圓就能抽小禮物。

資生堂化粧品御愛用の皆様方御優待のため

資生堂　化粧品デー

四月一日より末日まで

資生堂化粧品一圓お買上げ毎に

もれなく粗景呈上

區域——全關西・九州・臺灣・滿鮮

東京　資生堂

## 一九三七年（昭和十二年）五月二十八日

**廣告表示**：資生堂總社的行銷方法推陳出新，一九三七年，推出「花椿會」的組織，一年間在資生堂連鎖店購買一定金額，即可成為會員。廣告下方羅列出全台各地參加活動的店家。

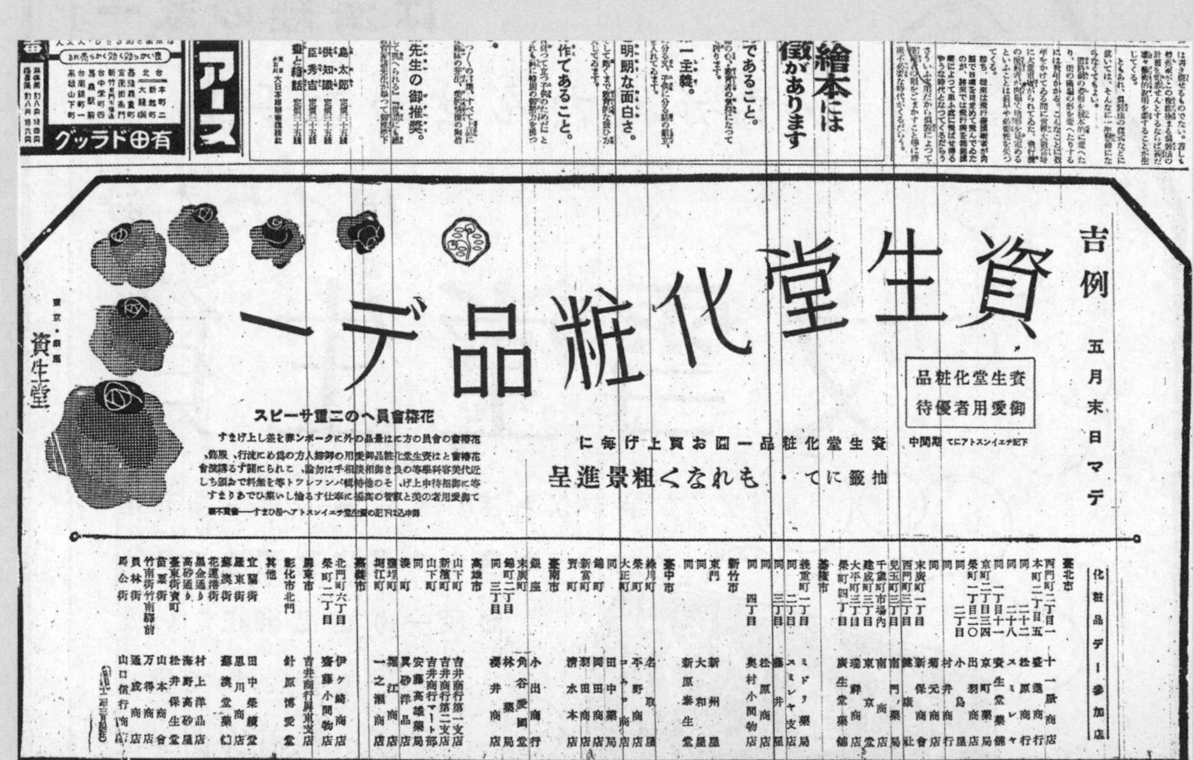

# 一九三八年（昭和十三年）十月十四日

**廣告表示**：文案大力促銷使用資生堂雪文（香皂），是多麼的經濟又實惠。

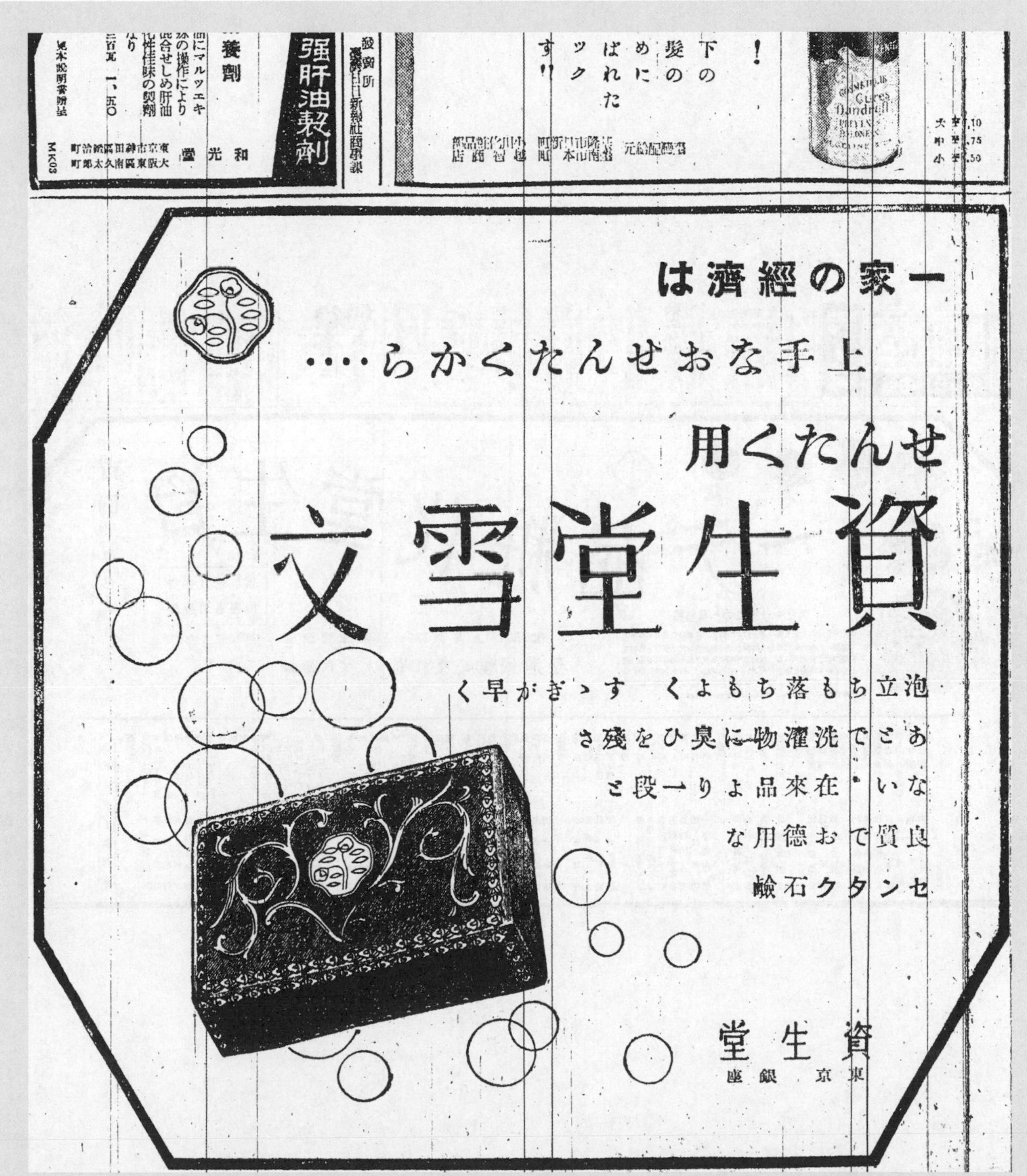

一九四〇年（昭和十五年）
三月二十四日

**廣告表示**：資生堂的保養品廣告列出了五種肌膚狀況，還搭配了頭像，叫人看了忍不住對號入座。廣告說，面色差缺乏彈力、容易有雀斑斑點等都是因為缺乏維他命，而資生堂的「乳液」（クリーム）及潤膚露（ローション）添加了維他命A、D、B、E，滲透力強，美肌效果顯著。

京都帝國大學化學研究所創製
特許
パロール
大木合名會社

ビタミンADBE含有

資生堂

スキンクリーム
スキンローション
いづれも一円（大）一円五〇セン

これらは悉くビタミンの缺乏からでありますから、ビタミンを合理的に皮膚へ補給することによつて忽ち解消して見違えるばかり艶やかな若肌になります
本品は美肌効果の顯著なビタミンADBEを完全乳化の薬用クリームに配合してありますからお肌への滲透力極めて強く忽ち組織細胞に吸收されその活動を旺盛にし理想的な健康肌をつくります

カサカサに乾いてアレ易い肌
シミ・ソバカスのでき易い肌
血色が悪く弾力のない肌
小皺が多くこわ張つてゐる肌
抵抗力が弱く纖細な肌

こんなお肌に
ビタミンを

資生堂

# 花王

花王現在有洗衣精、洗髮精、洗面乳，產品琳瑯滿目，一八九〇年面世當時，花王只是一塊「石鹼」的商品名。

「石鹼」即日文的香皂。十九世紀下半葉，日本已經有很多歐美舶來的石鹼。

一位叫長瀨富郎的二十四歲年輕人，一八八七年在東京開了「長瀨商店」，專賣一些「洋小間物」，像是洋菸、火柴、皮鞋、洋傘、帽子、咖啡和洋酒等雜貨，其中，石鹼最孚人氣，美國的「蜂印」化妝用石鹼更是大牌子。

很快地，長瀨老闆不想只當個賣外國香皂的商人，他聘請一位藥劑師協助，跨足石鹼製造業。一八九〇年，有了產品，接下來就要取個響亮的名字。當時稱洗臉用的香皂「顏の石鹼」，長瀨老闆靈光一閃，想取名「香王」，發音和「顏」一樣，都念「ka-o」。

長瀨富郎很慎重請精通漢詩的書道家永坂石埭過目，永坂先生略修其案，建議「華王」，念音和香王仍然相同。兩相激盪，因華與花兩字相通，長瀨富郎隨之再提修正案，這次兩人都點頭了，新產香皂於是拍板定案，取名「花王」。

## 花王（かおう）

著名老牌往往伴隨一個讓人難忘的商標圖案，森永有童顏天使，仁丹有翹鬍子大官，花王則是一張半月型側臉。半月臉商標也來自創辦人的發想。據說是長瀨富郎曾經進口一款鉛筆，以星月為商標，因此得到靈感。最初的花王半月臉會吹氣，吐出「花王石鹼」四個字，旁邊有星星相伴，長瀨老闆認為如此設計有高級感。之後的一百多年，商標多次易容，牌子愈老，半月臉愈變年輕；早期濃眉下垂老成，甚至有法令紋，新近所見，垂眉消失了，只剩俏麗大眼。

日本時代一開啟，花王跟著就來台灣了。一八九七年夏天，已有花王廣告顯示，在今天台北市西門町的「前島」商店可以買到花王石鹼。後來，花王固定由一家台北站前的化妝品代理商「大崎公司」經銷。一直到三〇年後期，花王才在西門町設自己的「出張所」（類似辦事處），一九四〇年更設立「台灣花王株式會社」，與台灣淵源愈來愈深。

日治末期，花王另改造了台中沙鹿的一座糖廠，成立「台灣花王有機株式會社」。當年來台的日本員工曾形容「沙鹿」，一隻鹿也沒有，但沙真的很多的地方。這個工場生產香皂和食用油，大概有三百位左右的台灣籍員工。

廣告表示

## 一八九七年（明治三十年）八月十一日

**廣告表示**：最初的花王半月臉會吹氣，吐出「花王石鹼」四個字，旁邊有星星相伴，長瀨老闆認為如此設計有高級感。（《臺灣日報》）

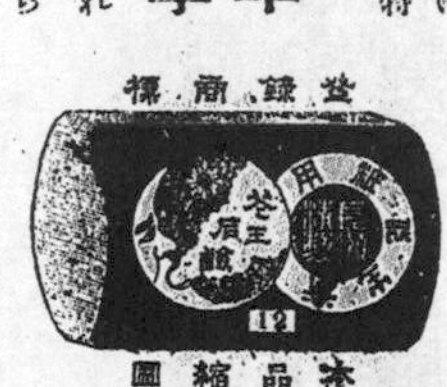

戰前台灣花王有位知名員工，即台灣第一位理學博士劉盛烈。據其回憶錄，一九三八年他從臺北帝大（台灣大學前身）畢業，留校當教授的無薪助教。花王第二代老闆長瀨社長訪台，他因教授介紹認識，感受到日本國內的商人「言行都很有禮貌」、「尊重對方的人格」，和台灣所遇的日本人實在「天壤之別」。隨後，劉盛烈便入花王，擔任研究人員。為了搜集各種油脂做研究，劉盛烈曾經給花王工場女工洗臉劑，請她們睡前把臉洗乾淨，隔天起床，以濾紙擦臉，再收回來分析。

早期花王和台灣的因緣還有一九三七年的作文比賽。花王送出大獎，要請六位小朋友同遊日本半個月，結果，吸引了全島小學生投出五千五百多篇稿子。最終得獎名單出爐，其中有兩個台灣小孩，一位是新竹竹北六家公學校（今六家國小）的郭清棟，另一位是台南市媽祖宮公學校（今安南區海東國小）的林文穎。當年從大阪玩到名古屋、東京，再轉回京都、奈良，那趟花王帶來的驚喜旅程，不知道兩位台灣小孩是否留下難忘的記憶？

完

# 一九二五年（大正十四年）

## 六月二十八日

**廣告表示**：花王商標多次易容，早期濃眉下垂老成，甚至有法令紋，面朝右方。到了戰後，半月臉才愈變年輕，並改成面朝左方。

食過▼水あたり▼時候あ
腹▼消化不良等より起る
腹痛◉吐瀉◉澁り腹◉腸
腸カタル◉胃カタルを

定價 卅錢・五十錢・一圓・三圓・六圓

本舗 東京 津村敬天堂

燈臺は海の目標

品質本位

花王石鹼

商品は市場の目標

リウマチ救濟

博愛醫院

味の素本舗 鈴木商店

獨逸郵公文を承認

政友農村振興委員會

綿布輸出減少

一九二六年（大正十五年）

十月

十二日

廣告表示：廣告人物右手指著花王的半月臉說，「說到月亮，就是花王的標誌；聽到花王，就立刻想到很好用的花王肥皂。」

新發賣

（全國寫眞材料店在）

獨逸國バイエル會社製

寫眞用色印画紙

白・クリーム・牛クリーム

赤、藍、綠、六色カビネ判

一打入　特價　金五拾錢

本店　東京、京橋、片倉ビル・支店　大阪、北濱、二ノ九〇

美篶商會

最近納入先

鐵道省、東京市役所、諸官廳會社

弊社製作の定評あるベント式金庫

別型五號　特價百四拾圓

日本發明奬勵會金庫部

月

といへば花王のマーク……花王と聞けば直ちに、石鹼として申分なきお使ひ心地を、皆様連想なさいます。

品質本位

花王石鹼

製造元　東京　花王石鹼株式會社　長瀨商會

大阪市南久太郎町　長瀨商會大阪倉庫事務所

# 一九三三年（昭和八年）三月二十一日

**廣告表示**：「生病是最划不來的事！」廣告說，日本的肥皂用量太低，而且差了德法英美國家好幾倍，並指出肥皂使用量和傳染病、嬰幼兒死亡率息息相關。

これが事實です！

病氣は一番不經濟！

日本の石鹸消費量は一ケ年一人當り僅かに一・五斤です　米國の十四斤とは大へんな相違です

日本に傳染病や乳兒死亡率の多いのも成る程とうなづかれます

御自身のため・可愛いお子さん達のため
純良な花王石鹸をもっとお使ひ下さい！

日 1.5Kg.
獨 6Kg.
佛 9Kg.
英 9Kg.
米 14Kg.

花王石鹸

純粹度九九・四%

東京・花王石鹸株式會社長瀬商會・大阪

眞に色白くなる

# 一九三五年（昭和十年）

## 三月三十日

**廣告表示**：「我們都是用它來洗頭髮！」廣告祭出女學生牌。

# 一九三八年（昭和十三年）十月二十七日

**廣告表示**：相較於資生堂洗髮劑打出的「五天要洗一次頭比較衛生」，花王則說「黑髮一個星期要洗一次！」，還教人洗頭時要先用手沾一點熱水，輕輕的洗。

**一九四〇年**（昭和十五年）

**三月十日**

**廣告表示**：「每個家庭裡都有花王的商標」，營造一種家戶必備、愛用的氛圍。

ら、忌むべき副作用がなく、又洗滌や注射や薬物の挿入等の手数を要せず
内服のみによつて、迅速に治療の目的を達成することが出来るので、
益々醫界に信用を確立し、愛用者の好評を博してゐる。

アルス藥品部

全家庭に花王のマーク

うぶ湯の時からおなじみの花王石鹼
しつとりこ艶を増す髪洗ひ　花王シャンプー
毛類を縮めずスフを傷めぬ　洗劑エキセリン
銃後の家庭清淨保健は花王製品で　がつちり護られてゐます。

花王石鹼

花王石鹼株式會社長瀨商會

# 獅王
## ライオン

每天早上，每個人都在做一個動作，彷彿國民早操，沒有麥克風放送口令，但動作整齊畫一；大家散在各自的浴室，對著各自的鏡子，卻一起在擠著牙膏。

有人擠黑人牙膏，有人擠高露潔，有人喜歡用舒酸定，但是，台灣人擠的第一條牙膏應該是獅王牙膏。

獅王牙膏來自日本，最初製造紙袋裝的齒粉，一九一一年，開始製造管狀的牙膏，跟現在一般的牙膏模樣沒有兩樣，只是當時還未發明塑膠，包裝的材質不同。那時候，台灣受日本統治，牙膏、齒粉的品牌雖不只獅王，獅王卻是日本率先使用管裝牙膏的公司，讓「擠」牙膏也可以是刷牙動作的第一式，而不再只是「沾」牙粉。

獅王歷史已超過百年，一八九一年，小林富次郎在東京神田創業，初始經銷香皂和火柴原料，幾年後跨足齒粉事業，一八九六年，獅王這個商標誕生。小林創辦人是基督徒，要推出齒粉前，他去請教了北山牧師。當年各廠牌流行用大象、麒麟和老虎為商標主角，牧師於是提了一句，「獅子的牙齒也很強壯」，小林富次郎聽進去了。不過，「獅王」是戰後台灣的稱法，日本時代，都用日文「ライオン」，念音近似「來甕」，即獅子的意思。

也因是基督徒，小林富次郎早在一九〇〇年就想出很現代感的新招，結合慈善與行銷，推出齒粉袋隨付「慈善券」；顧客買了齒粉，即可自己把慈善券捐給任何社福團體，再由該單位拿回來跟獅王的經銷店換取現金。戰前台北最有規模的慈善法人「仁濟院」，於上個世紀的一〇年代，就曾獲得不少獅王顧客的捐獻。獅王賣商品，也兼銷常識知識，除了刊登正確刷牙步驟的廣告，一〇年代還推出巡迴演講，三〇年代曾經邀請齒科博士來台，到各中小學宣導口腔衛生的觀念。

一九一〇年代，獅王在台灣已經很活躍，宣傳攻勢也非常活潑。一九一三年曾在台北開兩場電影招待會，一在今天中山堂附近的朝日座，專給日本人看，另一場在大稻埕的淡水戲館，供台灣人觀賞。日本場一開，群眾殺到，場內一下子就無立錐之地，場外卻仍有幾百人等著要擠進來。不平先由破口大罵來宣洩，愈叫罵卻愈火大，群眾打破兩片玻璃門，要強行侵入，最後，被警察逮捕，火爆場面才安靜下來。

宣傳能熱到讓民眾破門而入，當年負責籌畫的獅王職員應該在一旁偷笑吧!?

完

廣告表示

一九二〇年（大正九年）

三月

二十二日

廣告表示：獅王是日本率先使用管裝（チューブ）牙膏的公司。

## 一九三〇年（昭和五年）四月十九日

**廣告表示**：「在家愛用獅王，連出門旅行都要隨身攜帶，不論是香味還是造型，都具備現代感的好牙膏」。從廣告可以看出，獅王要大人小孩都成為他們的忠實顧客。

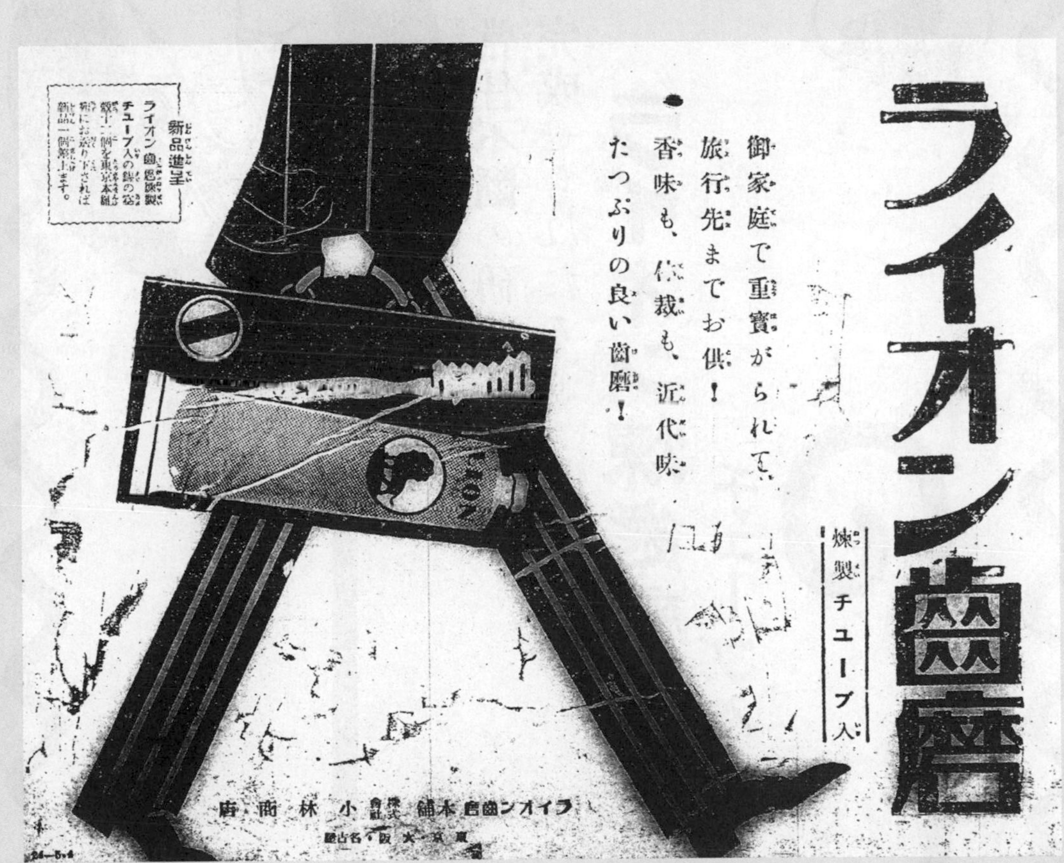

一九三二年（昭和七年）

七月十四日

**廣告表示**：當時的牙刷分成六個號形，建議依照不同年齡選用，十二、三歲用四號，七歲用五號，三、四歲幼童使用最小的六號。

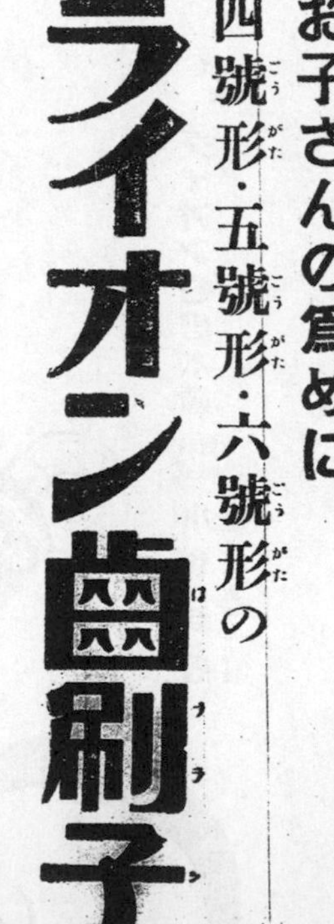


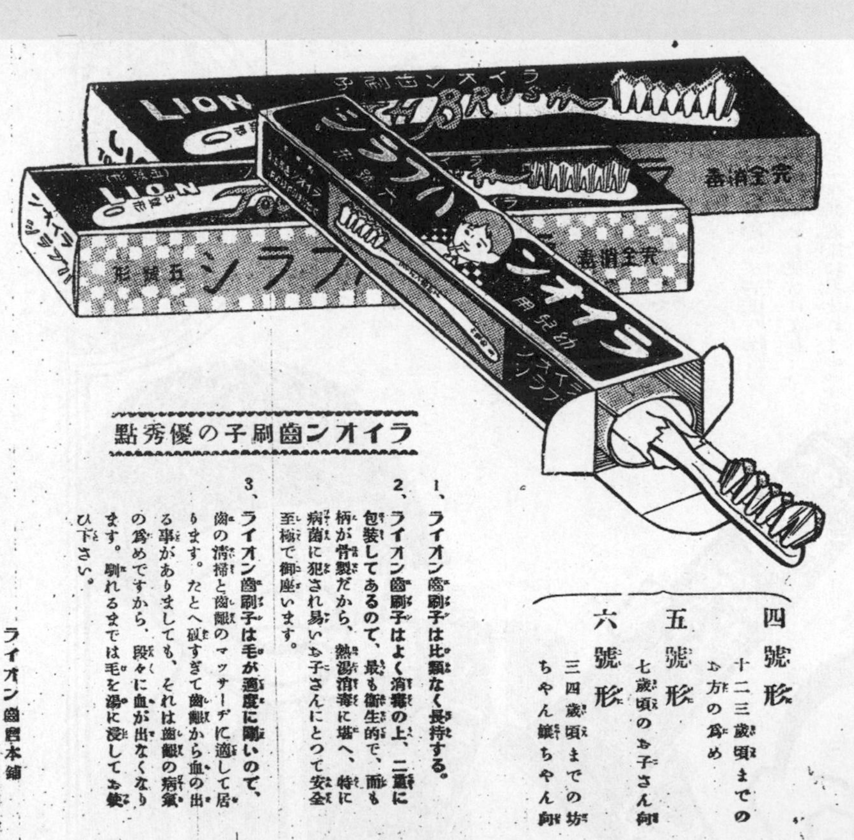

一九三三年（昭和八年）

三月十七日

廣告表示：「晚上八點，小姊弟穿著睡衣刷牙」，「早上醒來時、晚上睡覺前使用獅王強健牙齒」，廣告宣導口腔衛生的觀念。

# 一九三三年（昭和八年）

## 六月三十日

**廣告表示**：文案寫說，「我們的牙膏就只有獅王這一支！早上起床時，和晚上睡覺前用獅王，就會牙齒強壯、身體健康。」

# 吉列刮鬍刀

## ジレット

鬍子老早就是雄性大麻煩，史前的男人已經努力在用石頭去除鬍子了。據十九世紀上半葉的記載，台灣的原住民也受不了身體上的毛髮，「毛附體者盡拔之」。大約西元前三百多年，希臘和羅馬人為避免戰爭短兵相接、肉身相搏之際，鬍子被敵人抓住，去鬍也成生活的一項日常。

前輩小說家葉石濤生於一九二五年，他曾回憶說，爸爸每天都要刮鬍子，「滿臉肥皂泡」，用的是「長柄的舊式刮鬍刀」，刮個鬍子，「總要費許多勁」。他家洗面檯掛有一條「漆黑的磨刀皮」，爸爸不時要來來回回磨刀，發出嘶嘶聲。

把刮鬍子變簡單，就跟把移動速度變快一樣，一直是人類努力不懈的夢。在這條努力的路上，吉列牌刮鬍刀片提出了有效方案，讓葉石濤爸爸刮鬍子不用再那麼費勁。

十九世紀，一堆西方人不斷動腦，試圖讓刮鬍剃刀更安全便利。一八八〇年，終於首度出現當代刮鬍刀「safety razor」這個字眼，並且具備現今刮鬍刀的雛型，有刀柄、刀架和刀片，並可拆卸重組。

接著紐約這邊，有個叫金・坎布・吉列（King Camp Gillette）的年輕人，本來在瓶蓋發明人手下當推銷員。老闆有成功的經驗，把發明想得很輕鬆，鼓勵吉列也可以發明個用後即丟的東西。有一天早晨刮鬍子，吉列果然靈光一閃，夢想要來發明個用後即丟的刮鬍刀片。

一開始麻省理工的專家潑了吉列冷水，最後，他找到夢幻伙伴幫忙打造，一九〇三年，以吉列之名為品牌的刮鬍刀片誕生了。

廣告表示

兩人合作，出名之事卻被吉列獨佔便宜，實在是因為另一人叫Nickerson，這個姓不怎吉利，發音容易讓人連結到nicked skin，暗示著「有傷口的皮膚」，簡直跟刮鬍刀片大犯沖，於是，新產品就以吉列為名，包裝上的人頭像也退讓給吉列。

一九三〇年代，吉列刮鬍刀確定已傳進台灣，廣告不斷在報紙登出。當時不叫「刮鬍刀」，而是直譯英文，稱「安全剃刀」。刀片一包十枚，售價兩圓上下，若以一枚二十錢來說，足以進兩次動物園，但看不到一場電影。

刮鬍刀片用鈍即丟，不需要三天兩頭再磨刀，非常輕鬆，然而在三〇年代，卻給台北大直、中崙那邊的農民帶來多起無妄災禍。市區的男士們隨手把刮鬍刀片丟進便所，農民收取再利用，灑進田裡當糞肥，如同埋了地雷，一不小心踩中刀片，腳即割傷。當時報紙說，農人忍不住咒罵，要都市人有點公德心。

完

# 一九三三年（昭和八年）十二月七日

**廣告表示**：吉列對產品充滿自信，廣告說，吉列刮鬍刀片是剃刀界三十年以來，最大的進步，「事實勝於雄辯」，要消費者立刻買一盒，親自體驗它的價值。

をなす
領事件
に飛火か

數人が々召喚んとすの如く

の出現を見た臺中市に又復市內若竹町七ノ四六武田イトより組合營業の出願があつたので臺中署では五日附を以て右營業を許可してこれで窒文に近しかつた貸座敷營業取締規則が初めて活用された譯で全島花柳界の視聽を集めてゐた三業分立も臺中市が尖端を切つて實現を見た譯である

流質品を賣る

【屏東電話】屏東公設質舖では街營としての最後である流質品公賣を九日午後一時より同三時迄屏東會館で開催するが今回のは貸金額百四點七百九十三圓衣類百六十三點四百十二圓洋服類七十三點二百六十四圓裝身具三十九點六十九圓其他雜品五十三點と云ふ所である

日まで滯在 視察の上 出府の

〈河相達夫氏（支那公使館一等書記官）本島視察中の所六日午前十一時半出帆の商船でりい丸で歸任の途についた（高雄電話）〉

# 一九三三年（昭和八年）十二月十五日

廣告表示：刮鬍刀片的包裝上有發明人吉列的照片和簽名。

Gillette

NEW Gillette BLADE

33號セット

新型

ヂレット剃刀器

價格低廉

剃心地優秀

特別製法により耐久力遥かに大！

優秀硬質鋼を用ひ切れ味鮮やか！

エナメル引優美なる金屬製小函入

眞正ヂレット剃刀器（替刃二枚付）

ムラー・フイツプス・エンド・セラーズ株式會社

大阪市中央郵便局私書函第六十三號

# 一九三六年（昭和十一年）五月十七日

**廣告表示：**一九三〇年代，吉列刮鬍刀確定已傳進台灣，廣告不斷在報紙登出。當時不叫「刮鬍刀」，而是直譯英文，稱「安全剃刀」。

…んだし、僕のだつて
…から、確かにあの役
…に眼をつけたんだ
…の時はどう…ても

…社牧
萍

…抄

…さはつたね。あのパ
…出されて、といふよ
…ひをくはされて、宿
…たのだが、モンテカ

安全剃刀器なら信用ある
ヂレットを御使用下さい！

ヂレット工業會社が
世界に誇る
最新型剃刀器
電氣焠及法による
替ヂレット剃刄一枚付特別大奉仕！

Gillette
ヂレット
二十五號セット
¥1.20

日本政府特許番號 一〇二二一六
一八一三七九（容器新案出願中）

科學…サンプラチナ

最も新らしい化

# 一九三七年（昭和十二年）
## 五月
## 二十四日

**廣告表示**：吉列請大家試用這款最新型的刮鬍刀。廣告說，「角度的正確關係著鋒利程度，只要使用一次就會知道吉列的鋒利度。而且，價格超值，加贈可替換的刀片。」

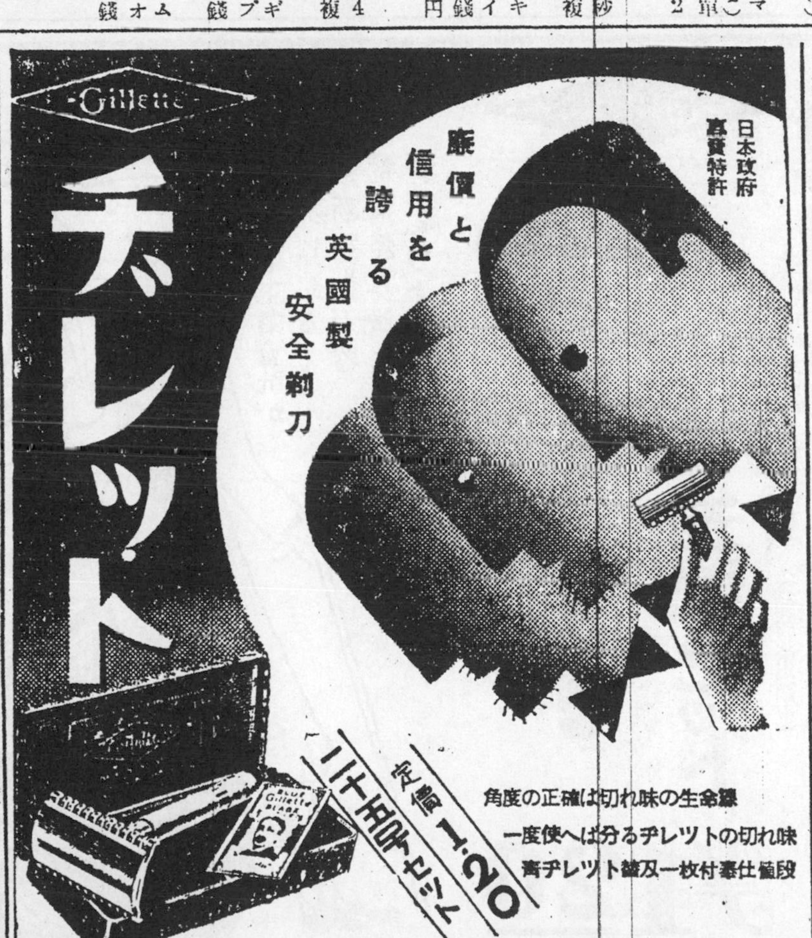

## ●金鳥

# 金鳥（きんちょう）

想想，蚊香是記憶裡很妙的怪物，似乎跟甚麼東西都無法成類或併比。綠綠的，兩圈糾纏，取用時動輒就斷，常叫人洩氣。卻又在離地五公分的海平面，擺出螺旋的姿態，把自己燃成夏夜裡的灰，裊裊飄散讓人安心的白煙。

現在，蚊香慢慢少了，好像不大用了。但是最老牌的金鳥蚊香，幾十年前在電視廣告高唱「金鳥、金鳥」的聲音，跟綠油精、大同的宣傳歌一樣，依然深刻在腦海。

那隻啼叫的金鳥不真是一隻鳥，而是一隻羽毛光鮮的公雞。原因就在金鳥來自日本，而日文的「鳥」有兩意，是鳥又是雞。一九一〇年，創辦人上山英一郎汲取中國《史記》「寧為雞口，勿為牛後」，自我勉勵不落後，創造出紅冠公雞的商標。

一〇年代，台灣就看到金鳥的廣告了，那時的商標不似今天是單純紅色雞首圖案，另加了英文字，標榜是「蚊子殺手」。二〇年代的廣告也特別強調金鳥是日本蚊香界的始祖。

金鳥是蚊香界的始祖，
商標上還有英文字「最厲害的蚊子殺手」。

上山英一郎出身關西一個種柑橘的農家，從慶應義塾（今慶應義塾大學）畢業後，一八八五年回鄉準備做橘子外銷的生意。有一天，美國舊金山市植物會社社長阿莫（H. E. Amoore）訪問日本，慶應的創辦人福澤諭吉介紹他們認識，上山贈自家園子的蜜柑、竹子、棕櫚等種苗，對方禮尚往來，回美國後，也寄各種樹苗來。美國社長信中特別提點上山英一郎，中間有一袋叫除虫菊的種子，在美國，許多人種這種植物成為巨萬富翁。

日本蚊香和金鳥的百年事業宏基便從這句誘人的美國話開始。

美國人只把除虫菊磨粉，燃燒驅蚊，但是，上山英一郎有一次到東京，在本鄉區的石川屋旅館邂逅一位線香店的小老闆伊藤，他一邊跟伊藤說話，忽然靈光一閃，開始模仿線香，做成棒狀蚊香。棒型蚊香細長，燃煙不足，常常要一起點很多枝，英一郎的太太有點苦惱。發明的創意往往來自麻煩，有一天，她喃喃說：「把棒線香做長一點、胖一點，再彎成漩渦狀，不行嗎？」蚊香才開始會轉圈圈。聽太太的話，好處多多，華德・迪士尼也是順從太太的主張，把米老鼠取名米奇，響亮至今。

上山夫婦的兒子上山英三，曾於日治末期來台，是臺灣銀行最後一任日本籍「頭取」（總裁、董事長），所以，金鳥蚊香跟戰前台灣的淵源，不僅僅只有蚊香。

完●

## 一九二〇年（大正九年）

### 七月十五日

**廣告表示**：金鳥廣告「蚊取線香」（かとりせんこう）和「蚤取粉」（のみとり粉）兩種產品，畫面顯示用了之後，便不會受到蚊子和跳蚤侵擾，最右邊一句是「請務必試用看看」。

防は
全が
要件

●是非！一度!!試用って見て下さい

「他に類のない
專賣特許
殺虫液製の」

かとりせんこう
金鳥香
のみとり粉

商標

本舖
薄荷腦
薄荷油
薄荷玉
樟腦
除虫菊

大阪市西區土佐堀三丁目
大日本除虫粉株式會社
電話土佐堀六二六番
振替口座大阪九一〇番

來れ＝攻法諸彥　時は＝今

一九二二年（大正十一年）六月九日

廣告表示：金鳥一再強調自己是日本蚊香界的始祖。廣告中，傘面上寫著「相當有效」。

臺北地方法院

桃園出張所

商業登記公告

苗栗出張所

新竹支部

法人登記公告

臺北地方法院

藍綬褒章下賜

緑白淡賞拜領

日本始祖

金鳥香 かとりせんこう

金鳥のみどり粉

大阪西區土佐堀三丁目

大日本除蟲粉株式會社

振替大阪九一〇

品質本位

源泉製劑

（詳細說明書進呈）

一管八錠五管入一函四圓八拾錢（送料四拾錢引替料五拾錢）

發賣元　大阪市東區道修町二　松井吉郎商店

輸入元　神戶市元町二ノ九八　柏商會

冷藏庫

臺北市表町二丁目十番地

製造販賣　岡本商店

電話（長一八〇五番）

各種看板

迅速ニ製作又ハ塗替致シマス

臺北市紙帶元園町

吉田看板店

電話三二七一番

競爭入札公告

一水道用鉛管　內徑二分ノ一吋　三萬呎

東京市日本橋區檜山町

植村合名會社

御望みに依り簡易輕便の食事設備あり

日より

浴場開業

# 一九三五年（昭和十年）八月二十四日

**廣告表示**：三〇年代的廣告，可以看到點金鳥蚊香時已有支架了。廣告說，金鳥蚊香「耐燒又實惠」，還有各式各樣的小人站在五線譜上唱著宣傳歌「去年也用金鳥……今年也用金鳥……我們是金鳥黨」，是最有效的「金鳥螺旋線香」。

# 麒麟麦酒（キリンビール）

## 麒麟啤酒

台灣在清朝統治後期，中國紹興酒最暢銷。日治後，日本人把啤酒帶進來，初期便有「啤酒屋」的蹤影。一開始台灣人喝不慣，據當年報載，因為啤酒「寒冷不合於口。風習上之嗜好幾稀。」但過了十幾年，一九〇七年的報紙改口說，台灣人漸漸用啤酒招待客人，慢慢也喜歡喝上幾杯了。

這時候的台灣，已經有惠比壽、朝日、櫻花、札幌等等日本廠牌的啤酒，其中麒麟啤酒可說是日本第一瓶本土製啤酒。

對日本來說，啤酒本是洋物，最初有個挪威人跑到美洲，歸化為美國人，名叫威廉・柯普蘭（William Copeland），後來，他又跑到日本橫濱的山手。幕府末期開放山手地區給外國人居留，許多西洋新物因而循此地傳入日本，除了網球和西洋洗衣法，還有啤酒。這位美國人曾跟隨過德國技師學會釀造啤酒，十九世紀後半，當他在山手發現清冷泉水，就創辦日本第一家啤酒工場，既供應旅日的洋人，也外銷到上海，那裡也有一大群西方人等著啤酒撫慰鄉愁。

一八八五年，這家啤酒廠改組為「日本釀造株式會社」，三菱財閥加入為大股東。三年後，貼著麒麟商標的啤酒就誕生了。動頭腦想到麒麟的人叫莊田平五郎，是三菱的重臣，娶財閥開創人岩崎彌太郎的外甥女。他說，「西洋啤酒都以狼和貓之類的動物為商標，我們也用東洋的靈獸麒麟吧！」

不過一開始，商標裡的麒麟太小，隔年，東京美術學校漆工科第一期的學生「六角紫水」設計出新麒麟，飛飄的頭鬃與尾毛，加上鮮紅肚子、黃金鱗背，雄壯多多，沿用至今已超過一百年。麒麟是幸福的象徵，一九〇七年，公司名稱索性再改成「麒麟麥酒株式會社」。

一八九五年，日本開始統治台灣，麒麟啤酒跟著進台灣了。不過，一直到一〇年代，都不是台灣的第一品牌，落後給惠比壽啤酒和朝日啤酒。二〇年代，麒麟啤酒換代理商，台灣全島經銷權歸日本人名店「近藤商會」。此時，麒麟啤酒跟台灣人有了進一步的關係，嘉義市巨富陳際唐被選為當地的經銷商，他曾在「宜春樓」設宴款待紳商名流，請大家快飲麒麟啤酒，藉機宣傳。

啤酒商的宣傳攻勢不止於此，日本時代，市街鬧區的酒家餐廳和西洋食堂，一個個的樓面和看板，除了自家的店名，其他顯眼的位置，全被各品牌啤酒佔走。麒麟啤酒當然不例外，酒商還加碼送大酒樓巨幅掛畫。送什麼樣的畫呢？畫中正有一隻麒麟，這是毫無疑問的。

完

廣告表示

一九二一年（大正十年）五月六日

**廣告表示**：日本時代就有廣告引用權威人物的話背書，譬如「啤酒不是酒，是藥」，這是「禁酒國美國檢察總長最近發表的最有想法的意見」。

# 一九二七年（昭和二年）

## 三月十一日

廣告表示：麒麟啤酒公告說，為了統一製造販賣，從元月起改成直營，原本的經銷商明治屋的社長與員工也全部轉入本社。

# キリンビール

弊社製造キリンビールの儀は明治二十一年以來株式會社明治屋を以て一手販賣致させ居り不一方御愛顧に預り居候處今般時勢の進展に鑑み製造及販賣を統一し本年一月一日より本社に於て直接販賣致候事に相改め候間從來と同樣御引立之程奉懇願候尚株式會社明治屋社長磯野長藏は其儘本社專務取締役として營業部を擔任し又同社麥酒部店員は殆んど全部本社に入社營業部に勤務致取引上に就ては從來と別段相違無之候此儀併て御含置被成下度此際永年の御眷顧を鳴謝仕候と共に右御挨拶申上度如此御座候　敬具

昭和二年二月

麒麟麥酒株式會社

工場

橫濱市外生麥　橫濱工場
兵庫縣神崎　神崎工場
仙臺市小田原　仙臺工場

營業所

東京市丸ノ內　東京支店
橫濱市北仲通　橫濱支店
仙臺市小田原　仙臺支店
名古屋市中區鐵砲町　名古屋支店
大阪市東區平野町　大阪支店
京都市河原町三條下ル　京都出張所
神戶市榮町五丁目　神戶出張所
福岡市下西町　福岡支店
門司市東本町　門司出張所
小樽市稻穗町　小樽出帳所
京城府南大門通　京城支店

一九二九年（昭和四年）

五月四日

廣告表示：麒麟不只啤酒，一九二八年還開賣碳酸飲料檸檬蘇打（キリンレモン）。這則廣告直接放上英國醫學博士阿布斯諾．連恩爵士說的話：啤酒可能是你喝過最好的飲料了。

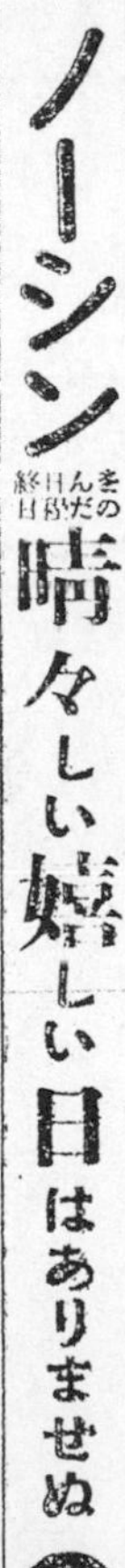

●朝!!ノーシン
晴々しい嬉しい日はありませぬ●

"Beer is as good a drink as you can possibly have."–

Sir W. Arbuthnot Lane,
President,
The New Health Society,
(Liverpool Post, 22/3/28).

キリンレモン
清涼サイダー
飲料シトロン


宮內省御用達

麒麟麥酒株式會社

## 一九三四年（昭和九年）
### 九月 四日

廣告表示：麒麟啤酒的商標是東洋靈獸，不過，現實中「キリン」指的是長頸鹿。這則廣告在上野動物園長頸鹿入園一週年時推出，還畫了兩隻長頸鹿喝啤酒，文案寫說，「少爺、小姐，我們來慶祝長太郎君、高子小姐身體健康」。

# 一九三五年（昭和十年）

六月

二十九日

**廣告表示：**麒麟啤酒與汽水是暑中問候、中元送禮最適合的禮品，還有一打、半打整箱裝。

# 一九三六年（昭和十一年）五月二十四日

**廣告表示**：「啤酒一大壜的營養等同於四斤半的牛肉」，後頭還註明這來自於「英國政府衛生調查委員會」的報告。

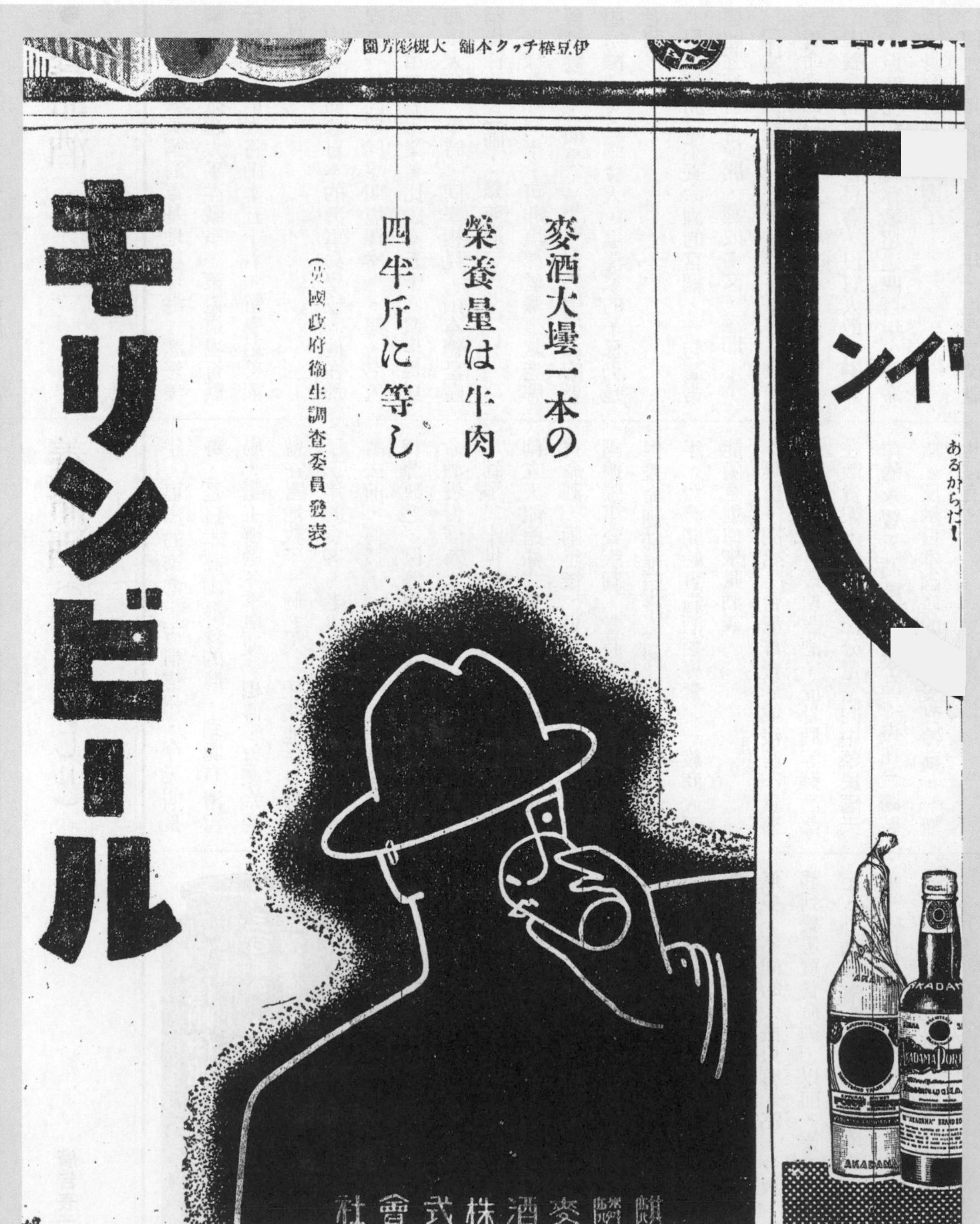
キリンビール
麥酒大壜一本の
榮養量は牛肉
四半斤に等し
（英國政府衛生調査委員會發表）
麒麟麥酒株式會社
あるからだ！

# 養命酒

日本偷襲美國海軍基地珍珠港，激怒美國宣戰，掀起太平洋戰爭，策畫這場奇襲行動的海軍大將山本五十六，留學過美國哈佛大學。

山本最初念日本的海軍兵學校，他在那裡有一位同期同學叫塩澤幸一，第一名入學，第二名畢業，比山本五十六還早晉身海軍大將。平時，同學相見，山本總是暱稱塩澤幸一「喂！養命酒」。

這樣稱呼同學，可非塩澤愛灌這款老牌藥酒養生，而是，養命酒正由塩澤的老祖宗釀造，直到今天，塩澤家的子孫仍是老闆。

現在打開日本養命酒的官網，一句廣告標題強而有力橫開，翻成中文，意即——

「江戶三百年
養命酒四百年」

喝養命酒會不會長壽，沒有人敢拍胸保證，但商品和品牌存續超過四百年，養命酒本身絕對堪稱長壽了。

四百多年前的一六〇二年，塩澤宗閑就造出養命酒，比德川家康幕府開啟還早一年。塩澤的家鄉，古稱信州，今天叫長野，是日本高山最多的縣，到處有滑雪場，還主辦過冬季奧運。相傳，塩澤宗閑曾在雪地救了一個老人，並讓他在家裡當了三年的食客。老人為了報答救命恩情，離去前，傳授了一方藥酒。山村裡，醫療資源缺乏，保健強身的藥酒更形珍貴，養命酒慢慢廣為人知。

## 養命酒（ようめいしゅ）

到了二十世紀的一九二三年，塩澤家族創立天龍館株式會社，以現代化方式經營養命酒，兩年後，更踏出長野，向日本全國擴張事業版圖。當時，台灣屬於日本，但養命酒卻進不了台灣的門。一九二三年，台灣開始實施酒類專賣，一般商人不能隨意進口來賺酒錢。

專賣一開始，台灣專賣局並沒有不賣藥酒，五加皮、玫瑰露酒、虎骨酒等藥酒都在販賣架上，甚至部分還是向中華民國天津的永豐玉酒廠購買成品，再在台灣裝瓶。反倒日本國產的藥酒受到冷落，一瓶也沒有。

直到一九三二年，專賣局才輸入養命酒，並選在聖誕節當天，台灣各地一起上市。那時天氣冷颼颼，正需要藥酒溫暖身體。此後，養命酒一直是日本產藥酒在台灣的唯一品牌，進口額也跳躍式攀升，到第八年，已經增加快十倍。

養命酒來台已超過八十年，八十幾年來，養命酒的商標和瓶身模樣等等改變無多，不同的大概只有一點，今天，我們都到藥房買養命酒，以前，要去專賣局指定、外頭掛著一個「酒」字看板的賣店，那裡才找得到養命酒。

完



廣告表示

一九三三年（昭和八年）十月二十日

廣告表示：一九三二年底，臺灣總督府專賣局（今台灣菸酒公司）才輸入養命酒。廣告文案訴諸權威，左上角的文字「六十多位醫學博士聯合推薦」。

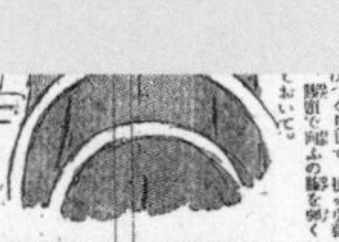

無理な仕事で

根氣が衰へた時に

何よりもよい

著述家　邦枝完二

一日に何枚まで書く者を健筆家といひ、幾枚まで書く者を遅筆家といふのか、その區別はあまりはつきりしてゐないやうだが、僕などは、相當文章を練る癖があるせいか、さう速くは書けない。先づ遅筆家の部に入るべきであらうと思ふ。

が、それにしても、どうにも筆が運ばないとなると、妙に腹の中がいら〳〵して來て、近所の家から洩れて來るラヂオまでが、矢鱈に癇に觸つて堪らなくなることがある。

そこで僕は氣持を轉換させるために、机から離れて庭へ出るか、好きな浮世繪の軸を懸け換へて、床に見入るかするのであるが、實をいふと、忙しい雜誌社の人などを次の間へ待たせておいて、浮世繪に見入つてゐることも、かなり氣が差すし、甚だ困惑する場合が少なくない。

近頃僕はそうした場合、『根氣』の素だといつて知人から奬められた『養命酒』をやることにきめてゐる。元來僕は下戸だし、酒は迷惑の方なのだが、これは至極口當りがいゝので、ウヰスキー・グラスに一杯ぐらゐは、寧ろうまさを味ひながらやれるのだから面白い。

僕は『養命酒』の廣告をしてやる義理もなし餘計なことをいふ必要はないのだが、利くことは確かに利く。目下、サンデー每日に連載してゐる『江戸役者』の續篇『京菱團十郎』などは少なくとも三分の一は『養命酒』が書かせてくれるのだと思つてゐる。

信州鹽澤家三百年家傳秘法

日・米専賣特許―各博覽會金牌受領

赤マムシ酒

臺灣總督府專賣局發賣　指定滋養酒

高山藥草　七種合釀

養命酒

醫學博士（六十餘氏）實驗御推奬

信州伊那の谷　鹽澤家養命酒本舖

# 一九三七年（昭和十二年）

## 十月八日

**廣告表示**：養命酒以圖文廣告強調，喝養命酒可以迅速恢復精力，在日本三大急流之一的天龍川操控竹筏的船夫，都是靠這一瓶「深山仙酒」消除疲勞。

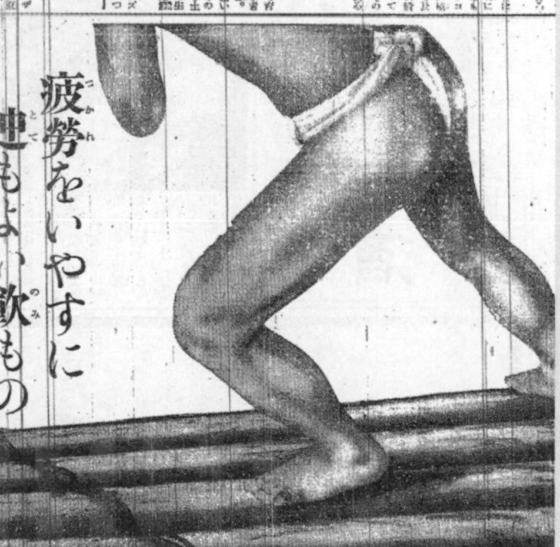

# 一九三七年（昭和十二年）十二月五日

廣告表示：新年就用養命酒做為屠蘇酒。古代中國於農曆正月初一會飲用屠蘇酒，象徵延年益壽。

臺灣酒煙草賣出聯合會

商業登記公告

年末年始の御贈物には（化粧箱入）

お正月の御屠蘇に

養命酒を

# 一九三八年（昭和十三年）八月三日

**廣告表示**：三百年歷史、塩澤家傳的養命酒「可以消除疲勞，增強體力」、「對氣虛的人、身體容易衰弱疲倦的人最適合了」。

信州伊那の谷・特産
三百年の塩澤家傳
貴重藥草活性成分
養命酒

根氣が衰ろへ身體が倦い人には迚もよい

どんな良い機械でも、油を注がずに常用すれば、故障を起すのと同じ道理で、いくら丈夫な身體でも、餘り無理に酷使して、而も榮養の補給が缺乏すると、いつとはなしに體力が衰ろへて、根氣がなくなり少しの仕事でも疲勞を覺え身體が倦く、どうしても無理が利かなくなる。

こんな状態をつゞけても身體は少し疲勞が出た位と思つて我慢をしてゐると、遂に體力の消耗から、身體に故障を起し取り返しのつかぬ病氣になる恐れがある。から、いくら丈夫でも、うんと働いた後には、體力の消耗を補給する爲に、滋養強壯劑の養命酒を朝晩愛飲することをお奬めする。

日頃養命酒を愛飲してゐる人は、異口同音に疲勞が忘れたやうにとれて、どことなく體力が強くなると喜ばれて居るから、根氣體力の衰ろへた人、疲勞倦怠の人、胃腸の弱い人など、是非お試し下さい。

滋養強壯劑として
根氣薄弱の人
胃腸衰弱の人
不眠息切れの人
神經衰弱の人
病後衰弱の人
呼吸器薄弱の人
虚弱體質の人

つかれをやすめ
體力を強くする

無代進呈

養命酒本舗天龍館
養命酒本舗出張所

送風機排風機及各種耐酸用排風機
専門製作設計
株式會社 大阪送風機製作所

無料でお知らせ
ぜんそく

# 一九三九年（昭和十四年）四月二十八日

**廣告表示**：文案強調，養命酒是來自深山的祕方，能夠長命、養命。早上一杯，晚上一杯，「每日都愛飲」。

（195）柳生旅日記　小金井蘆州演　若槻六郎繪

救急　治病　保健

小兒良藥　樋屋奇應丸

ハシカ流行

強健なる肉體と明快の頭腦は朝夕養命酒の愛飲から生れる

信州伊那の谷特產

慶長以來鹽澤家傳秘法

滋養強壯　養命酒

＝高山貴重藥草合釀＝

**製法由來**　科學や理窟を超越して、三百年前の慶長年間に造り創めた家傳養命酒の秘製法が、今日、米國政府にまでも專賣特許となつたのは、世界に誇るべき日本の大發明である。

**深山仙酒**　現代の藥劑は、都會の工場で、卽座に原料を調合し、機械で容易く出來るが、養命酒ばかりは、山高く水清き海拔三千尺の信州伊那の谷の天然自然の風土氣候の中に特產する。

**効能神秘**　產地も製法も、世間の藥劑とは、全く趣が異つて居るから、從つて違つた別の眞價を有することは當然の結果で、理窟で分らぬ實地の體驗は、世に神秘的靈能と言はれて居る。

**朝の一杯**　一日中、元氣快活で倦怠疲勞も知らず、腦力體力を增進し、面白く能率が進む。

**夕の一杯**　深更まで、勉强、執務しても頭が疲れず、就寢するとグツスリ安眠し、翌朝は氣分が明朗。

**毎日愛飲**　血液の循環が旺盛になり、血を殖し肉を肥す。從つて忙しく心身を過勞する人も衰弱なし。

信州特產　養命酒

無代進呈

藥用　クラブ歯磨

この強力な殺菌力

# 三得利

## サントリー

四角杯裡的大冰塊突然輕輕一動，溶在威士忌裡，這是三得利（SUNTORY）廣告令人難忘的一幕，觀眾甚至不得不深深記得裡頭以日語念SUNTORY的聲音——「三偷力」。

SUNTORY之名包含兩個來源，「TORY」是創辦人鳥井信治郎的姓「鳥井」的「鳥」字發音，SUN指鳥井先生懷有舊情的「太陽」。他在生產三得利威士忌之前，曾產製戰前著名的「赤玉」葡萄酒，「赤玉」即指太陽。一九二〇年代初期，這款葡萄酒非常成功，橫佔全日本洋酒市場的百分之六十。

不過，鳥井信治郎跨足威士忌，卻是出師不利。一九二〇年以前，在英國蘇格蘭以外的地區生產威士忌簡直是無稽之談，鳥井身旁的反對聲浪因之四起，他卻態度堅決，先請三井物產株式會社代覓英國的釀酒技師，再親自從南到北找尋適合的釀酒地。經過六年努力，一九二九年四月，日本第一瓶本土產威士忌終於誕生。

新品誕生是一回事，銷售成績是另一回事。一開始，喝了三得利的人反應不佳，都說酒有煙燻焦味。一九三七年，三得利拿出十二年份的威士忌，裝入押有龜甲印的長方瓶，再次向市場叩關，終於征服了日本人的舌尖。

台灣初嚐三得利，並非戰後一九九四年政府開放日本烈酒進口時；遠在一九三七年以前，七年份的圓瓶威士忌和十年份的扁方瓶威士忌，已經現身台灣的餐桌。

一九三〇年代，三得利的廣告散布報紙各角落，而且中日文都有。從一九三四年的中文廣告看，當時稱威士忌為「韋士記」，三得利則以福佬話翻譯成「山杜利」，並特別標榜日本國產酒「遠勝過外國品」，有一則廣告還說，

「鬥技終了
祖國醇酒
與英國韋士記之
香味比較
更芳香優勝」

現在，巷口超商、市郊賣場、都會酒店，到處在賣三得利威士忌。日本時代中期以後，酒的販賣權全歸總督府專賣局，三得利只在有小賣權的商店才買得到。更且，三得利可沒有因專賣而特別得利，因為專賣局賣的威士忌並非只此一家，以台灣社會繁榮巔峰的一九三五年來說，市面上共有十四種不同品牌的威士忌。



廣告表示

完

## 一九三四年（昭和九年）

### 三月二十一日

廣告表示：三得利特別標榜日本國產酒「遠勝過外國品」，「價值確好，並非偶然」。

私製紙牌
罰金萬餘圓

臺南州北門郡北門庄蚵寮吳添作。年四十一。渠無官憲之許可。自昭和七年

淡水郡石門庄頭圍人。洪阿猜。年三十三。同日午前十時。縊死自宅。死因不明。現調査中。

十年ウ井スキー
—角瓶—
サントリー

風味品質
遠勝外
國品
價值
確好非
偶然者

瀟雅微醉　淸爽醇酒
即席可飲　一任稱意

S254

最優良高級品

# 一九三四年（昭和九年）五月二十四日

廣告表示：台灣初嚐三得利，並非戰後一九九四年政府開放日本烈酒進口時；遠在三〇年代，七年份的圓瓶威士忌和十年份的扁方瓶威士忌，已經現身台灣的餐桌。

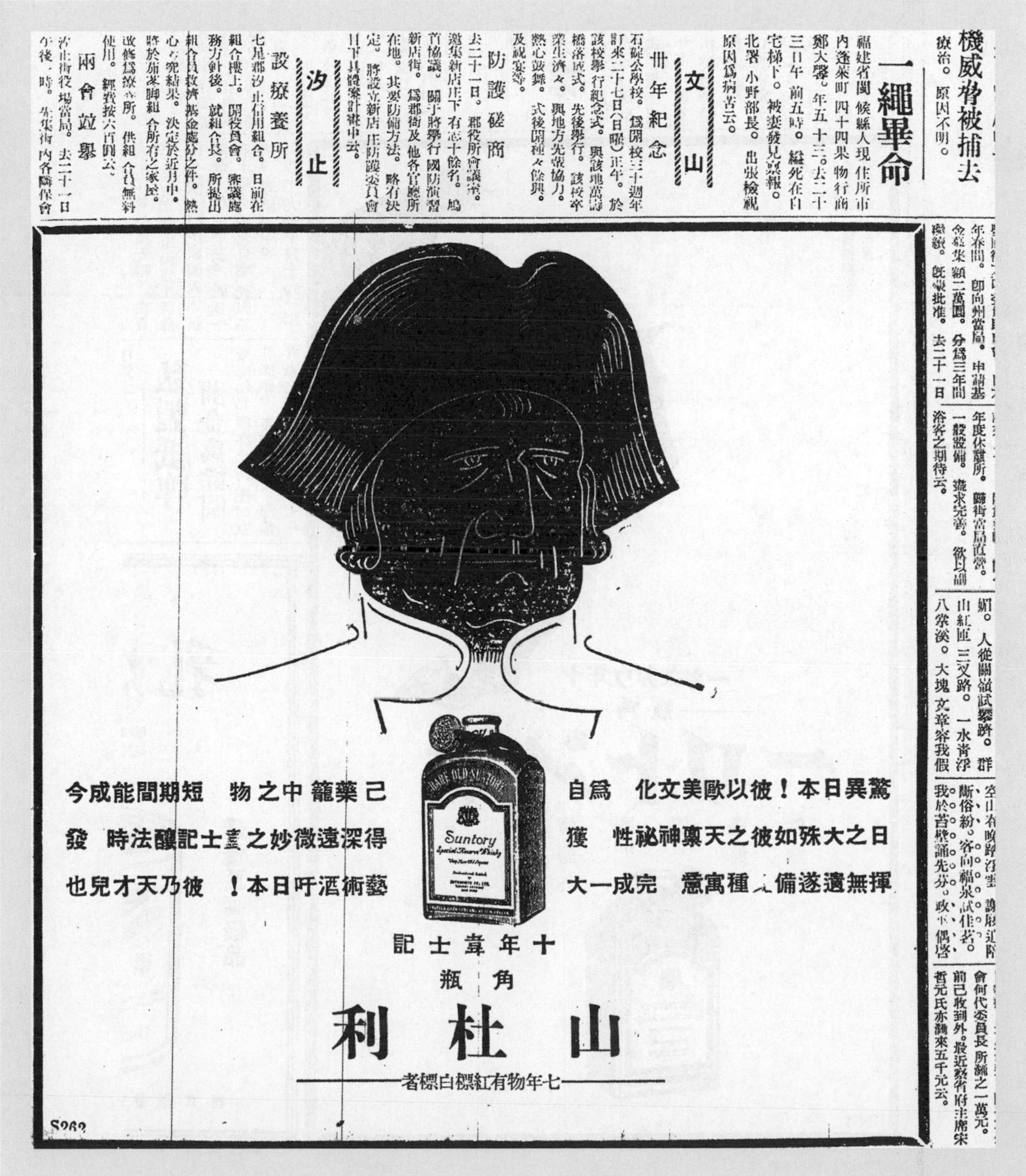

機威脅被捕去

療治。原因不明。

一繩畢命

福建省閩候縣人現住所市內蓬萊町四十四果物行商鄭大馨。年五十三。去二十三日午前五時。縊死在自宅梯下。被妻發見急報。北署小野部長。出張檢視原因為病苦云。

文山

卅年紀念

石碇公學校。為開校三十週年。訂來二十七日（日曜）正午。於該校舉行紀念式。與該地萬壽橋落成式。先後舉行。該校卒業生濟々。與地方先輩協力。熱心鼓舞。式後開種々餘興。及祝宴等。

防護磋商

去二十一日。郡役所會議室。邀集新店庄下有志十餘名。嶋首協議。關于將舉行國防演習在地。其要防備方法。為郡街及他各官廳所新店街。將設立新店庄防護委員會定。略有決目下具體案計畫中云。

汐止

設療養所

七星郡汐止信用組合。日前在組合樓上。開役員會。審議應務方針後。就組合長。所提出組合員救濟基金處分之件。熱心之究結果。決定於近月中。將於茄苳脚組合所有之家屋。改修為療養所。供組合員無料使用。經費按六百圓云。

兩會並舉

汐止街役場當局。去二十一日午後一時。先集街內各隣保會

年春間。即向州當局。申請基金募集額二萬圓。分為三年間繼續。既蒙批准。去二十一日

年度休憩所。歸街當局直營。一般設備。儘求完善。欲以副浴客之期待云。

媚。人從關嶺試驟蹄。群山紅匝三叉路。一水青浮八棠溪。大塊文章容我假

空山暮晚路浮雲　謁廟近階、、。。。。。。。。斷俗紛。客向福泉試佳茗。。。。。。、、、我於苔壁誦先芬。政平偶啓

會何代委員長所施之一萬元。前已收到外。最近藝術府主席宋哲元氏亦滙來五千元云。

RARE OLD SUNTORY
Suntory
Special Reserve Whisky

驚異日本！彼以歐美文化為自己藥籠中之物　短期間能成今日之大殊如彼之天稟神祕性　獲得深遠微妙之臺士記釀法　時發揮無遺遂備種々寓意　完成一大藝術酒吁日本！　彼乃天才兒也

十年韋士記

角瓶

山杜利

——七年物有紅標白標者——

S262

一九三四年（昭和九年）

十月

二十二日

**廣告表示**：日本第一瓶本土產威士忌誕生於一九二九年，起初市場反應並不佳，經過改良後，市場慢慢打開。三得利的廣告充滿自信說，鬥技終了，我們國產酒的香氣，比英國威士忌更棒。

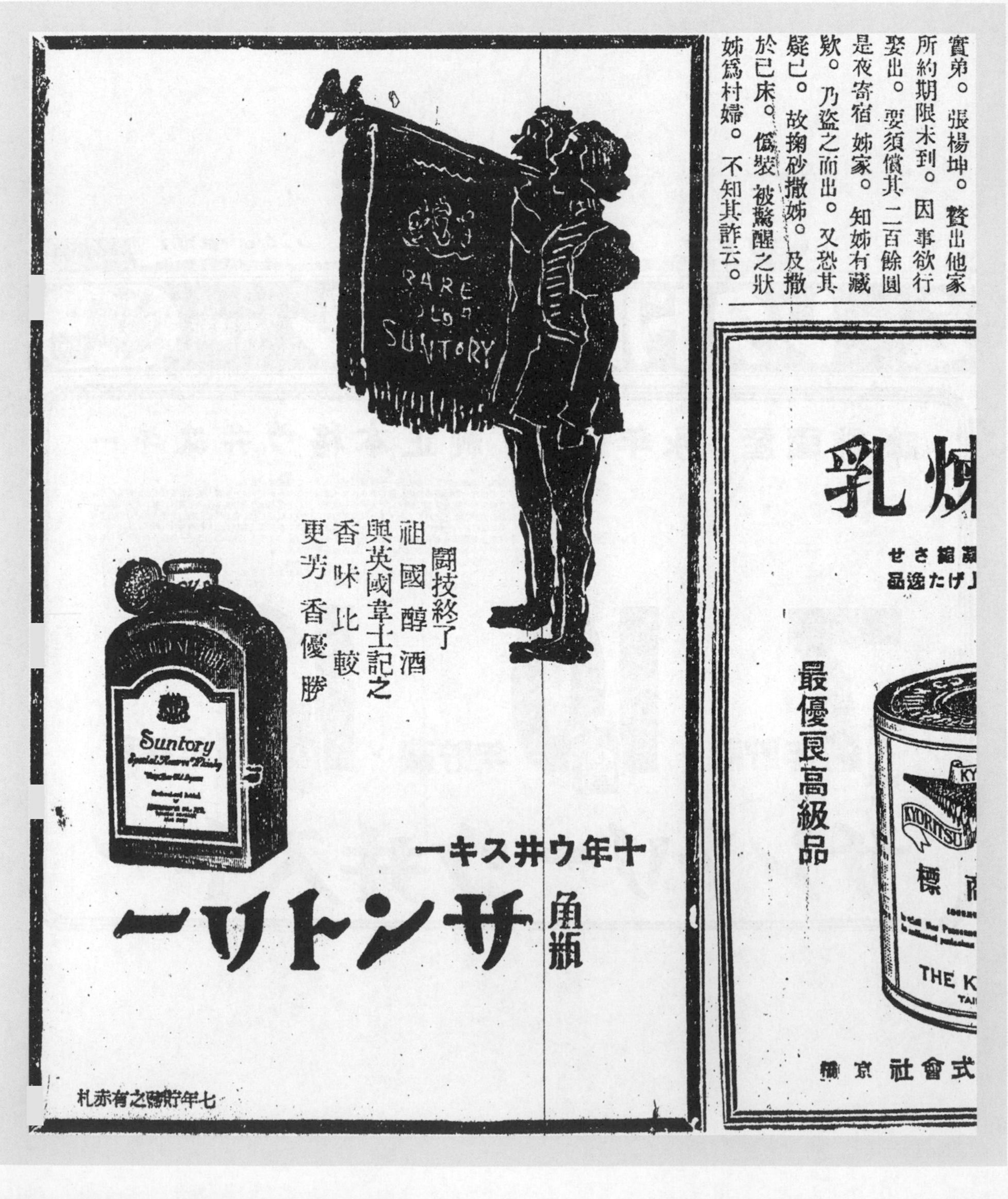

賓弟。張楊坤。贅出他家所約期限未到。因事欲行娶出。要須償其二百餘圓是夜寄宿姊家。知姊有藏欵。乃盜之而出。又恐其疑已。故掬砂撒姊。及撒於已床。僞裝被驚醒之狀姊爲村婦。不知其詐云。

鬪技終了
祖國醇酒
與英國韋士記之
香味比較
更芳香優勝

十年ウ井スキー

角瓶 サントリー

七年貯藏之有赤札

煉乳

最優良高級品

一九三八年（昭和十三年）

十月

二十二日

**廣告表示**：三得利的廣告散見報紙各角落，而且中日文都有。圖中還可以看到一九三七年誕生的龜殼紋「角瓶」威士忌。

# 可爾必思

## カルピス

廣告表示

老牌子跟佛教有淵源，這件事很稀奇；很稀奇的這件事，就發生在可爾必思上。

可爾必思的創辦人姓三島，出身日本佛寺家庭，父親是大阪教學寺的住持，因而有一個佛僧味的名字「海雲」。三島海雲小時候念京都西本願寺文學寮（今龍谷大學的前身），也屬佛教教育的系統。

可爾必思的日文為「カルピス」，念音近似中文的「卡路闢似」。三島海雲命名時，也帶著佛教的思維。カルピス的前兩個字，取自日文的「鈣」（カルシウム），與佛教無關。後兩個字就有關了。佛經裡有所謂「五味」，從最高依序下來，分別為醍醐、熟酥、生酥、酪、乳。三島海雲本來要從五味的梵語找靈感，但醍醐味的梵語，發音不夠響亮清楚，退而改從第二位的熟酥（サルピス）入手，摘取後兩個字「ピス」。

話說回來，三島海雲是家中長男，本來應該依日本佛寺文化，接掌住持，但他滿懷雲遊之心，到中國北京當老師、開洋行做雜貨買賣。待在中國十幾年後，遇上辛亥革命，一九一二年清廷滅亡，他的資產盡付流水。

一九一五年回到日本重新開始，三島海雲想起在中國的那段期間，期間遇日俄戰爭，曾因負責供應軍馬，前往內蒙古。他發現蒙古包的門口常備酸乳，蒙古人可以長時間騎馬而不需休息，體能一極棒，與酸乳必有關聯。

行萬里路，對創業往往大有啟發。人到了異國異地，打破既有的認識，總能刺激出更多的可能。森永平一郎到美國舊金山的公園，偶然瞥見牛奶糖的包裝紙，才有後來的森永牛奶糖；森下博到台灣，才有後來的仁丹；三島海雲也因內蒙古的遊歷啟發，才有後來的可爾必思。

三島海雲開始研究乳酸菌，一九一九年，脫脂乳加入砂糖發酵後，再添加當時日本人缺乏的鈣，創出一種新型態的飲品，可爾必思成為日本第一瓶「乳酸菌飲料」。

一九一九年七月七日，可爾必思的大日子來了，這一天正式開賣，對三島來說，日本已經全面實施新曆，舊曆的節慶直接移植，所以，新曆七月七日是七夕，非常容易記憶。

一九二二年春天，日本知名清酒「櫻正宗」的進口商台北的石黑商會，這時也代理了可爾必思。廣告主要訴求，喝了可以

## 一九二五年（大正十四年）五月十八日

**廣告表示**：可爾必思含有乳酸菌，具有整腸效果，能夠「大補精血」。廣告還教人飲用方法，冬天熱飲時，要在熱水中加入原液，才能保留氣味與效果。當時，可爾必思的外觀較接近養命酒的造型，穩重厚實。

三橋町共同墓地。為臺北市之先驅者。其墓碑既荒廢。而例年于五月十八日

□作消息

王維城。葛樹屏輩。實辦公者。只政務參謀兩人員。政務處長爲白堅內分秘書軍需機要三秘書股長楊雲史。軍需長爲姚安。機要股長爲文緒。而電務股則附屬機要股。此政務處之組也。參謀處則分參謀副軍械交際數股。總參議張席珍。實即參謀處長參謀股長爲張方儼。副股長爲葛厲卿。軍械股爲杜節義。交際股長爲庭。副參謀處之組織也。限於經濟困難。且值閑時代。尙無公可辦。又所辦處辦公人員。合計不五十名。其蕭條寂漠可矣。宿衞士卒約有三營。數不滿二千。槍枝尙全彈亦足。惟實砲機關槍爲匹則無有。要之。此區數營士卒者。用以保衞氏個人安全。饒有餘裕。

產婦人科內科　荒川

◎諸君請試

最新式的

美味整腸、大補精血的

滋强飲料

カルピス

「用法夏天用原液加涼水七倍而用冬天用滾水七分加原一分滴下而飲須先下滾水然後加原液爲妙如反用滾水沖泡則氣味必失減少其効力矣」

發賣元　株式會社辰馬商會

◎到處經銷處均有發售

「長命」。到一九二五年，銷售就已打開，並更換代理權給另一酒商「辰馬商會」，三島海雲曾經為此來台北，在梅屋敷旅館（今國父史蹟紀念館）招待四十幾位銷售商。

二〇年代初期，可爾必思的廣告攻勢凌厲，幾發都打中大眾心理。像是三島海雲有位學弟，名叫「驪城卓爾」，在中學教日文，當他喝了可爾必思，覺得酸酸甜甜，正是「初戀的滋味」，三島馬上拿來強打廣告，感染力迅速漫延。

一九二三年，三島海雲又有創新，向國際徵選海報，結果湧進一千四百多件參賽，他眼光獨到，選擇第三名的德國設計家的小黑人圖案。這一年九月一日東京大地震，人心浮惑，小黑人歪著小頭，用吸管喝著可爾必思，滑稽得惹人發笑，意外平撫了災後哀傷惶恐的心靈，可爾必思銷路更加大開。

可爾必思當然也在短短時間打入台灣社會。據義美食品公司的老董事長高騰蛟的回憶錄指出，他生於一九二二年，長於台北的大稻埕，童年的時代，大人喝青草茶、石榴水或泡茶喝，小孩喜歡檸檬汽水和彈珠汽水，外來飲料最有名的就是可爾必思了。

完

一九二五年（大正十四年）

六月

二十六日

廣告表示：標題強調，可爾必思是「爽快夏天的滋養飲料」。

## 一九二五年（大正十四年）十月二十八日

**廣告表示**：這則生動的漫畫廣告作者是戰前有名的漫畫家宍戸左行。裁判先是看著擲鐵餅的選手說「這沒希望了」，「哎呀！在喝可爾必思」，「哇——破紀錄了」。（《臺南新報》）

# 一九二七年（昭和二年）十月二十八日

**廣告表示**：每個小士兵身上都揹著一個字母，合起來就是可爾必思的英文「CALPIS」。廣告圖案由童畫家武井武雄執筆，文案是可唱之曲，由日本有名的童謠詩人西條八十所作。

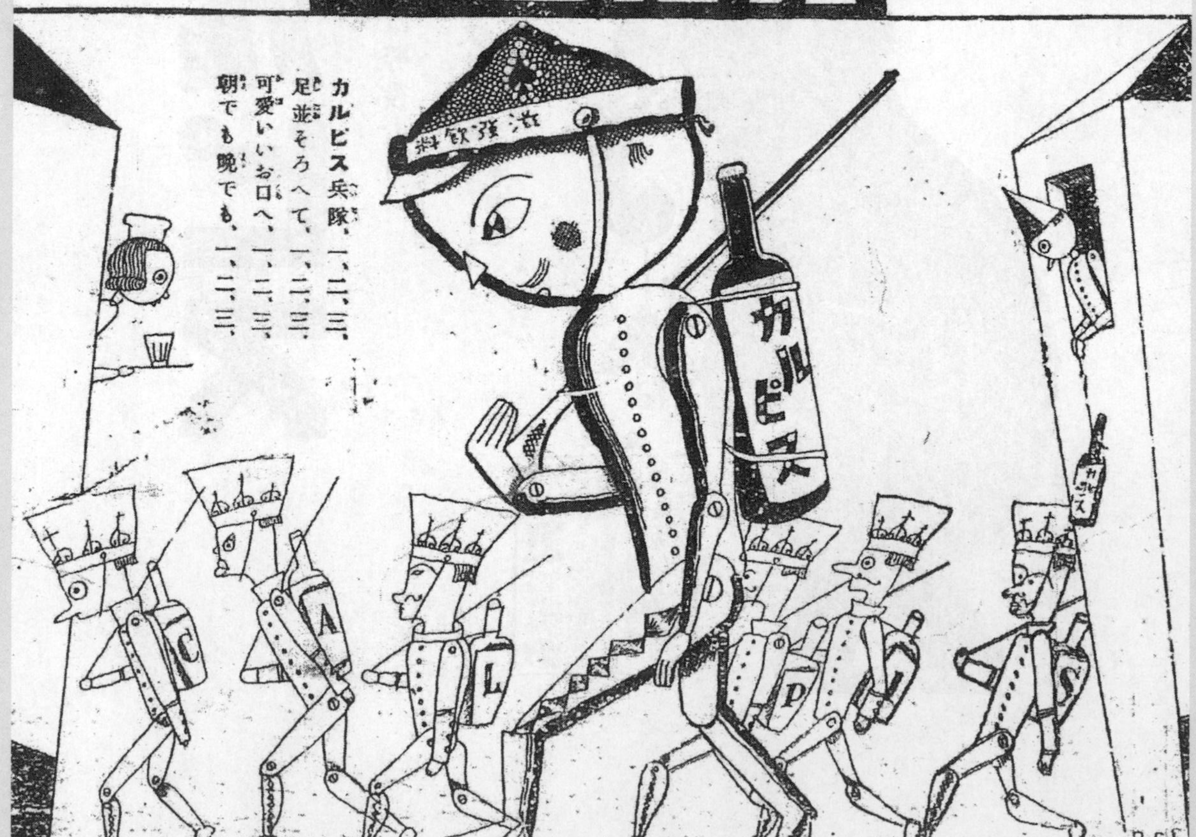

# 一九二八年（昭和三年）

## 六月十六日

**廣告表示**：墨索里尼說，「人生是勞役的」；可爾必思說，「喝可爾必思是快樂的」。廣告文案引用了歷史人物名言，並做了對比。

# 一九三六年（昭和十一年）五月二十六日

**廣告表示**：可爾必思標榜含有鈣質、乳酸、葡萄糖等小朋友成長需要的成分，喝了才會在身高比賽中脫穎而出。

醫院
X光線新設 內科 兒科 小林醫院 臺北大和町電話四貳（入院附設）
花柳病科 大栗病院 臺北新起町一
寫眞
カメラ界に雄飛す メイコーカメラ 臺北京町 電四〇九〇 トウゴー
時計眼鏡
學生優待 メガネ專門金光堂 兒玉町貳 電話九五八番
料理屋
壽司天ぷら 魚文 鄉通り 電一五一八
生そば 壽し 辨金京町店 電話四四番九番
洋服
拾ヶ月拂 洋服相談社 ●會員組織●規約進呈●末廣町一
菓子商
アイスクリーム 冷葛饅頭泡雪 新起町一 電話二九三九 佐の家
雜件
組立式の 洋服タンス 月賦取扱 臺北市榮町参 日本樂器木工部
特許 商標 弁理士 岸喜鑑 事務所 龍口町参ノ拾 電話貳八七
紳士的 好職業 三線電療機 則學技術指導 三立社
新職業 パーマネント 電氣燙斗 實地指導 臺北新起町二 三立社 電機工作所
商品券 電ワ 御不用物 高價買受 本町三 電参六貳六 三成社
科學的 相人觀 運命判斷 東京木村相學院門人 臺北市大正町五條入口 鐘文禎
姙娠調節 避姙の常識送呈 切手三錢を要す 臺南局私書函五〇號 保健協會

身長競ベシマショ・カルピス

飲ンデ……………

オ母様方ヘ：
カルピスハカルシウム・乳酸・葡萄糖其他オ子様ニ必要ナ成分ヲ持ツ絶好ノ飲料デス

愛兒の發育を護る滋強飲料

# カルピス

新發賣粉白粉（十二色）六十錢

# ●雀巢　ネッスル

廣告表示●

克寧奶粉是雀巢的，鷹牌煉乳也是雀巢的，再加上雀巢咖啡、雀巢檸檬茶、雀巢美祿巧克力麥芽飲品；在喝的世界，雀巢陪我們很多也很久了。四十幾年前，我在高雄的郊區小巷渡過童年，就是大玻璃罐裝雀巢即溶咖啡教我初識了甚麼叫咖啡。

雀巢從很遠的地方來，一八六七年，亨利・雀巢（Henri Nestlé）在瑞士創設公司，生產混合牛奶、小麥和砂糖的嬰兒食品。創辦人姓Nestlé，即德文的「鳥巢」，他的家徽上就有鳥巢的圖案，添上小鳥媽媽和她的幼雛，雀巢的百年商標巧妙成形，完美貼近商品的屬性。

雀巢的產品後來不斷擴大，也生產十九世紀中期美國人發明的煉乳。早在一九〇六年，就有報紙廣告顯示，台北的「三美路洋行」取得了雀巢煉乳的台灣銷售權；只是當年翻成「金鵲」，不叫「雀巢」。

當年台北的外國人洋行集中在大稻埕，總共八家，英商、美商各半。三美路與知名的德記洋行都屬英商。八家洋行買進賣出，各做各的貿易，但是，茶業為其最大的交集，有七家洋行以茶買賣為主，唯一的例外就是三美路，報紙說，「與茶業無關係」。

洋行裡頭，主事老闆一定是洋人，底下搭配一位通曉台語、英語的台灣「買辦」。三美路的買辦叫黃東茂，他生病，請的是英國醫生，而且到家裡看診；他住的是歐洲風的洋別墅，位於淡水竿蓁林的小山坡上，比茶商陳朝駿在圓山的別莊（即今台北故事館）還氣派；黃東茂也是第一位有汽車的台灣人。

一〇年代，在台灣可以看見的雀巢產品更多了，除了給離乳嬰兒和虛弱老人吃的「Milk Food」，還有雀巢牛奶糖；現在聽起來有點新奇，也有點錯愕，懷疑是否誤植，不是森永或義美才有牛奶糖嗎!?

話說回來，戰前的日本時代，雀巢跟台灣關係最深的並非牛奶糖，而是鷹牌煉乳。

鷹牌煉乳源自十九世紀中期的美國，一八八〇年代，差不多劉銘傳擔任巡撫那幾年，開始風行到台灣。從此跨越日治到戰後，始終雄霸台灣，穩居煉乳品牌的第一名。

鷹牌本該與雀巢無關，然而，雀巢早已國際化，在世界各國分設公司，曾到紐約建立工廠，直搗鷹牌的美國市場；雀巢善於化競爭為合作，後來反而取得鷹牌煉乳公司在日本的產銷權利。因此，一〇年代在台灣買到的鷹牌煉乳，外包裝只見美國原公司Borden's的字樣，等到了二〇年代，就加印上雀巢公司的名字了。

完●

# 一九〇六年（明治三十九年）三月八日

廣告表示：上個世紀初，位於大稻埕的三美路洋行就代理了雀巢煉乳。《漢文臺灣日日新報》

富太

種藥各種機械販賣

時計大割引

啓者敝有承辦藍公嘜牛乳及金鵲嘜牛乳均歸敝一手販賣特此廣告

大稻埕建昌後街第三番戶

三美路洋行啓

PREPARED IN ENGLAND

TRADE MARK,

NESTLE'S

condensed

MILK

LONDON OFFICE 48 CANNON S^T E.C.

MILK

CONDENS

Full Cream.

TRADE

ANGLO-SWISS CON

CHAM, Switzerlan

BEST QUALITY

MENTHOL CRYSTALS.

HAKKADAMA.

REGISTERED

TRADE MARK

准爲記

USHIYAMA SENK

# 一九一三年（大正二年）一月三日

**廣告表示**：廣告強調雀巢煉乳由英國公司生產製造，而且是英國皇室和陸海軍的愛用品；中間圖的文案則說，「這孩子喝雀巢煉乳長大，所以擁有拉得動火車的力氣」。

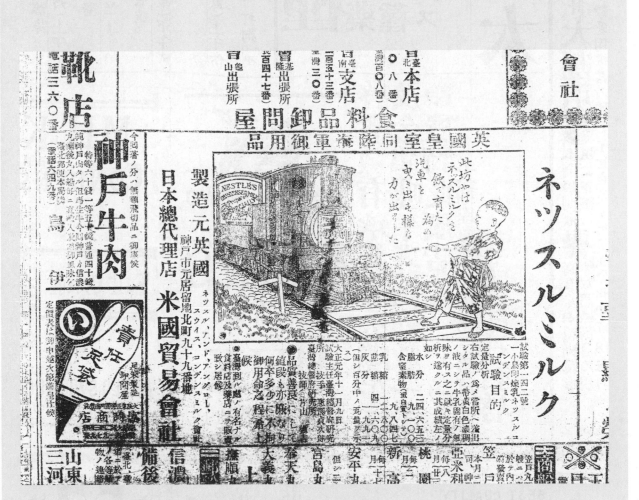

ネッスルミルク

英國皇室同陸海軍御用品

此坊やはネッスルミルクを飲て育た為め汽車を曳き出す樣な力が出ました

試驗第一四二號 一小島印煉乳ネッスルコンデンスミルク

試驗目的

定量分析

右試驗ノ為メ當所ヘ差出シタル品ハ帶黃白色濃稠ノ液ニシテ牛乳固有ノ氣味ヲ有ス之ニ就キ定量分析ヲ遂クルニ其成績左ノ如シ

水分 二四、六五三
脂肪 九、一〇〇
含窒素物（蛋白質トシテ） 九、八四七
乳糖 一二、六〇〇
蔗糖 四一、六〇九
灰分 一、九九一
（但シ百分中ノ瓦量ヲ示ス）

大正元年十一月九日
臺灣總督府研究所
試驗主任臺灣總督府研究所技手 惠澤貞次郎
臺灣總督府技師 片山 德吉

●品質善良にして値段も亦廉なり何卒多少に不拘大義御用命之程希上候

●臺灣到ル處ノ有名ナル食料店及藥店ニテ販賣致シ居候

製造元英國 ネッスル、アンド、アングロー、スウイス、コンデンスミルク會社

日本總代理店 米國貿易會社 神戸市元居留地北町九十九番地

一九一四年（大正三年）十一月十日

廣告表示：雀巢產品ネッスルフード以「英國國王」愛用做為宣傳手段。

# 一九一七年（大正六年）十一月十八日

廣告表示：雀巢也生產牛奶糖（クリームキャラメル），行銷到台灣。

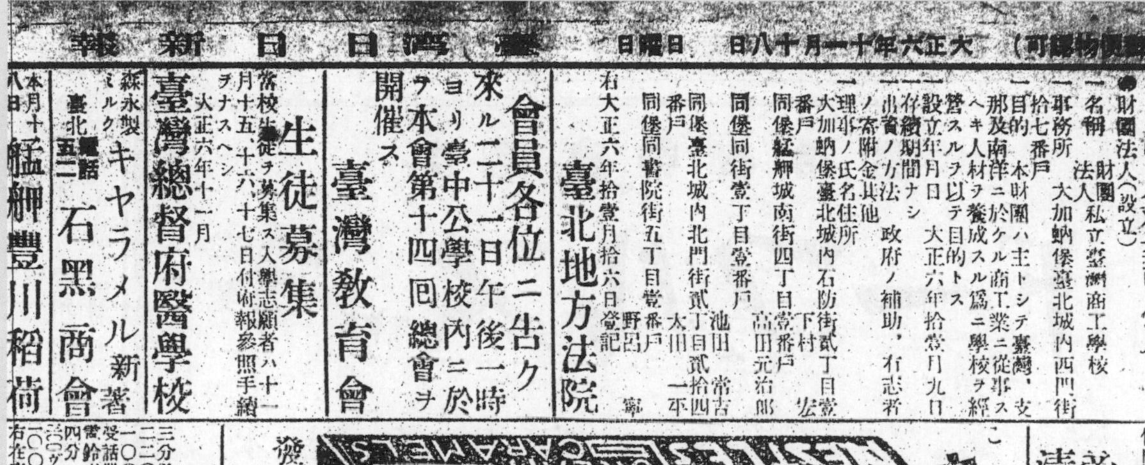
臺灣日日新報 大正六年十一月十八日 日曜日

法人登記公告

臺北地方法院

會員各位ニ告ク

來ル二十一日午後一時ヨリ臺中公學校內ニ於テ本會第十四回總會ヲ開催ス

臺灣教育會

生徒募集

臺灣總督府醫學校

森永製ミルクキャラメル新著

石黑商會

帝國共濟株式會社清算事務出張所



特價品提供

今回臺北三板橋庄土名大竹圍範多商店鐵工所ヲ臺北鐵工所ト改メ高竹次郎ヲシテ業務ヲ擔任セシメ從來通機械製作等ノ營業ヲ繼續シ此際一層奮勵可致候何卒倍舊ノ御引立ヲ以テ御用命被下度右申上候也

大正六年十一月十七日

臺北北門口街 合名會社鈴木商店臺灣

範多商店臺北出張所

鳥山壽二

金側時計 其他の品名を印刷したるものは引換に景品

銘酒旭印

日本芳釀株式會社

賜天覽

# ●箭牌 リグレー



箭牌口香糖的故事要從香皂開始講。

箭牌的創辦人威廉・瑞格理（William Wrigley）原來是「香皂之子」，爸爸在美國費城產銷香皂，他年輕時就必須駕馬車，載著香皂去各地兜售，批給小商店。

一八九一年，十九世紀再過九年就要結束，二十九歲的瑞格理選擇在不同的城市自立，他去到芝加哥。當然，起步賣的還是自己最熟悉的香皂。

為了刺激買氣，瑞格理先生免費附送烘焙用的發粉。他很快感覺到發粉比香皂實用受歡迎，就改賣起發粉。賣一賣，免費送口香糖，又發現顧客更愛口香糖，他立馬再換跑道，追上這項更熱門的商品。

當時美國社會一般人都認為，口香糖屬於「女性限定」的食物。這位滿懷壯志的年輕商人企圖打破既有的印象，解放年輕人和一般大眾的心。一八九二年，他開始生產口香糖，只不過，現代人熟悉的箭牌系列並不在第一波商品名單裡。

一八九三年，箭牌口香糖出現了，最先登場的卻不是現在最熟知的青箭（Doublemint），而是水果口味的黃箭（Juicy Fruit）。幾個月後，薄荷味的白箭（Spearmint）才接著面市。青箭則晚到一九一四年才跟上。

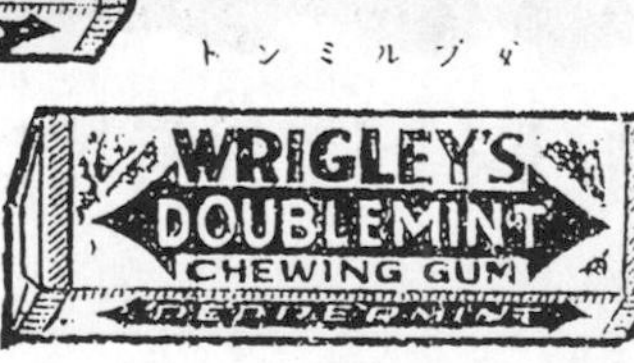


箭牌三雄到齊，隔年，射往東方的日本，再隔一年，箭牌在東京銀座創立日本分公司，同年，台灣人也吃得到箭牌口香糖了。

台北知名貿易公司「石黑商會」主要進口日本清酒「櫻正宗」，一九一六年，也代理了箭牌。一九二二年，一度易手給高雄堀江町（今鹽埕區）的批發商「中島商店」，一九二七年，台灣總代理權再換手，這次給了「近藤商會」，是日本清酒「白鶴」的代理店家。日本時代，歐美產品在台灣似乎有個特色，代理權總是不斷更換，無法穩定長久，福特汽車、雀巢都有類似情形，甚至到最後告上法院、不歡而散。

那個年代，渴望品嚐新奇的箭牌，要付出的代價是一包五片十錢。台灣人早上愛吃的杏仁茶配油條，才需一錢，所以，當年一包箭牌口香糖跟十碗杏仁茶加十個油條擺在一起，大小完全不能比，價格卻相等。

當然，箭牌口香糖當年的魅力不能做今

## 一九二二年（大正十一年）七月十二日

**廣告表示**：箭牌有青、白、黃箭三種招牌產品。一八九三年，箭牌口香糖出現了，最先登場的卻不是現在最熟知的青箭，而是水果口味的黃箭。幾個月後，薄荷味的白箭才接著面市。青箭則晚到一九一四年才跟上。

日想，單看那時候的廣告用力強調是「咀嚼的菓子」，就很新奇、很吸睛。一直到二〇年代，台灣普遍不清楚甚麼叫口香糖，箭牌的廣告都還要把最基本的「吃法」囉唆一遍，告訴消費大眾，箭牌口香糖不是普通的糖果甜點，不能吃一吃就吞進肚子；吃一片，可以嚼兩、三個鐘頭，甜甜的滋味才會慢慢淡掉。

箭牌並宣稱口香糖有許多功效。嚼口香糖的過程，可以把殘留牙齒的髒東西帶走，讓口氣清香；可以止渴、幫助消化、鞏固牙齦；更妙的，來上一片，就不怕暈車、暈船了。

二〇年代，箭牌另在廣告裡標榜他們的工廠有殺菌消毒，全程經過幾十段作業，也全部自動機械製造，完全不沾到任何工作人員的手。快一百年前，食品業已如此進步，不愧是文明先進國。

不過，說也奇怪，從一〇年代到二〇年代後期，台灣所見的箭牌口香糖，外觀完全保留美國本土的包裝，全是英文字，但報紙廣告所見，卻一點都沒有「米國」兩字的蹤影，似乎無意打美國貨的宣傳牌。

完

## 一九二二年（大正十一年）七月二十日

**廣告表示**：二〇年代，台灣普遍不清楚甚麼叫口香糖，箭牌的廣告都還要把最基本的「吃法」囉唆一遍，告訴消費大眾，箭牌口香糖是「咀嚼的菓子」，不是普通的糖果甜點，不能吃一吃就吞進肚子。

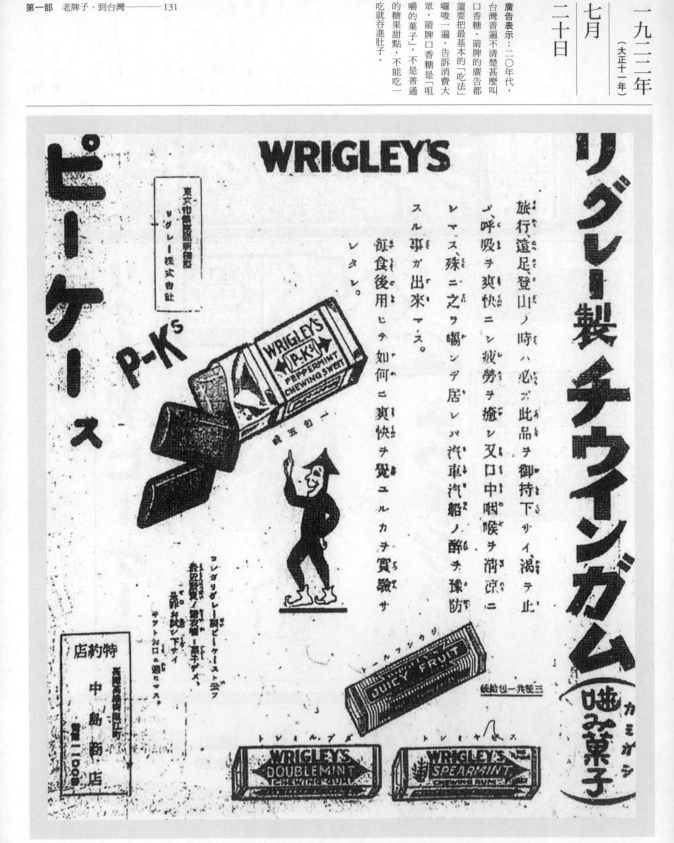

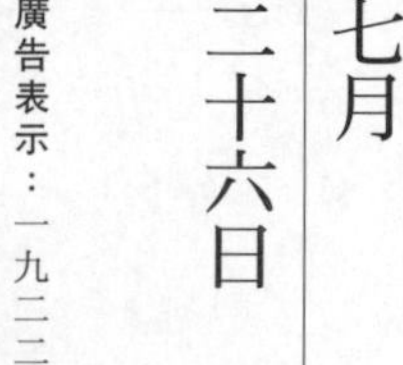

一九二二年（大正十一年）

七月二十六日

**廣告表示**：一九二二年，堀江町（今鹽埕區）的中島商店加入經銷陣容，高雄人也吃得到箭牌口香糖了。當時，箭牌口香糖已有糖衣顆粒型。

ビオラキシン

整腸消化緩下劑

廣告料は物價に轉嫁して之を高める如く考へらるゝも廣告の效果は必ず販賣高を增加せしむる結果却て物價を低めるものなり

リグレー製ピーケース

一包五錢

新製品ー糖衣噛ミ菓子

呼吸ヲ清涼ニシ消化ヲ扶ク。

又汽車汽船ノ酔ヲ防グ。

WRIGLEY'S P-K's PEPPERMINT CHEWING SWEET

ジウシフルート

WRIGLEY'S JUICY FRUIT CHEWING GUM THE FLAVOR LASTS

スピヤミント

WRIGLEY'S SPEARMINT CHEWING GUM THE FLAVOR LASTS MINT LEAF FLAVOR

ダブルミント

WRIGLEY'S DOUBLEMINT CHEWING GUM

チウインガム

左ノ三種ハ既ニ世界到ル所知ラザル人ナク其効果亦普ク知ラル、所ナリ

東京市京橋區銀座通新橋際　リグレー株式會社

特約店　臺灣高雄街堀江町　中島商店　電話一一〇〇番

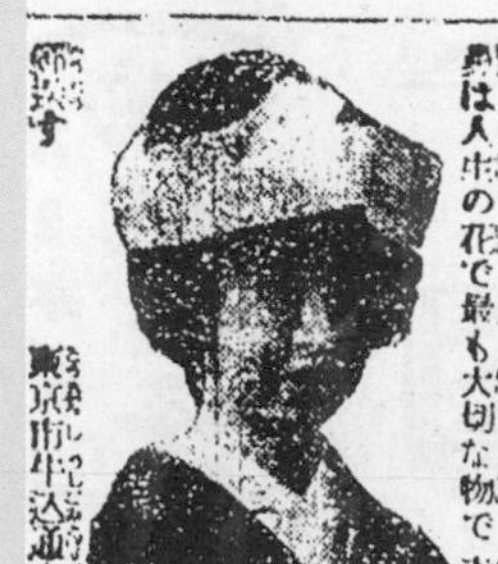

一九二七年（昭和二年）
六月十日

廣告表示：箭牌宣稱口香糖有許多功效，可以把殘留牙齒的髒東西帶走，讓口氣清香；可以止渴、幫助消化、鞏固牙齦；更妙的，來上一片，就不怕暈車、暈船了。

リグレーのチウインガム
ピーケ

皆さんに驚く可き氣持を與へます。

三包　拾錢

運動家にも、病弱者にも、老ひたる方にも、若き方にも、有益なるお菓子として名聲ある事をお解りになるでせう。

消化を助け、渴を止める、呼吸を爽かにし、汽車汽船の醉ひを防ぐ。

毎食後お忘れなく必ずお嚙み下さい

P.K.

WRIGLEY'S JUICY FRUIT CHEWING GUM THE FLAVOR LASTS

リグレーのジウシーフルートチウインガム（果實の美味）一包　拾錢

臺灣發賣元　臺北　臺南　近藤商會

# 明治

## 明治（めいじ）

這本書談的老牌子都是外來品種，明治（meiji）也不例外，如假包換的日本製造；但明治與眾不同，她「根在台灣」。那是很久以前的故事了。

一九〇四年，台灣落入日本統治之手已經九年，總督府的「臨時臺灣糖務局」來了一位技師，三十五歲，叫相馬半治，他曾是留學歐美三年，研究砂糖和石油。相馬目睹台灣產糖，民間製糖的技術卻還停留在舊時代，兩年後，他脫下公務員的身分，當起老闆，在台南麻豆創辦「明治製糖株式會社」。明治製糖即孕育今日明治的母體。

戰後，明糖被國民政府接收併入台糖公司，現在台糖的總爺糖廠、溪湖糖廠、佳里糖廠，原來都屬明治製糖所有。

一九一六年，相馬半治把事業觸角伸向糖業的下游，再創「東京菓子株式會社」，只是，東京菓子設在東京，不在台灣。

七年後，關東大地震嚴重摧毀東京，卻也帶來復甦的新興氣象，甜甜的小零食更能撫慰受創的城市心靈，隔年，東京菓子跳躍式大幅成長，九月一日震災週年，東京菓子改名明治製菓。

明治最經典的商品牛奶巧克力於一九二六年誕生，巧克力身上的摩登元素，與翻新的社會氣氛一拍即合。一九三〇年代，明治成功雕塑「明治即巧克力」的印象，奠定大眾巧克力的名牌地位。

不過，日本時代並沒有「巧克力」三個字，大家都用日文「チョコレート」，念起來聲音近似「丘口類—豆」。曾經在一九二九、三〇年間，台灣的明治嘗試把巧克力翻譯成「糖餅條」、「飴乳餅條」，看來並沒有成功。

明治チヨコレート

戰前，明治的產品不僅僅只有巧克力，煉乳、牛奶糖、糖果、餅乾、紅茶，無所不做，還生產紅豆罐頭，一種適合旅行遠足攜帶的綜合水果罐頭也有，裡頭還加寒天和紅豆。

戰前，明治製菓已發展出類似今天連鎖咖啡店的經營型態，三〇年代中期，全日本已展店超過三十家「賣店」，台北賣店於一九三〇年開幕，地點選在最繁榮的榮町，今衡陽路雙號那一側。就像現在的咖啡店一樣，賣自家巧克力、糖果，也賣三明治和咖啡。

明治製菓賣店三層樓高，在當年就算氣派高樓了。白色外牆，樓面最上方，描出明治商標「Meiji」，j的長尾巴還盪到e的下方，展露現代藝術感。更厲害的，這幾個英文字母到晚上還會大放亮光，是台灣的第一個霓虹燈廣告。

明治賣店時髦無法擋，特別獲得文化人偏愛。台灣文藝家協會來這裡開會；台灣詩人協會在這裡成立；「台灣音樂欣賞之夜」從三樓飄送樂音；著名小說家、演劇家呂赫若在一九四二、一九四三年的日記，也多次記載在這裡和朋友聊天、吃午飯、「互相談論出版的事」。

完●

明治製菓賣店的開幕，
位置就在最繁榮的榮町。
店面有三層樓高，外觀氣派。

# 一九二九年（昭和四年）五月七日

廣告表示：明治不只巧克力，還有煉乳（メリーミルク）等產品，一九二七年開始製造發售。

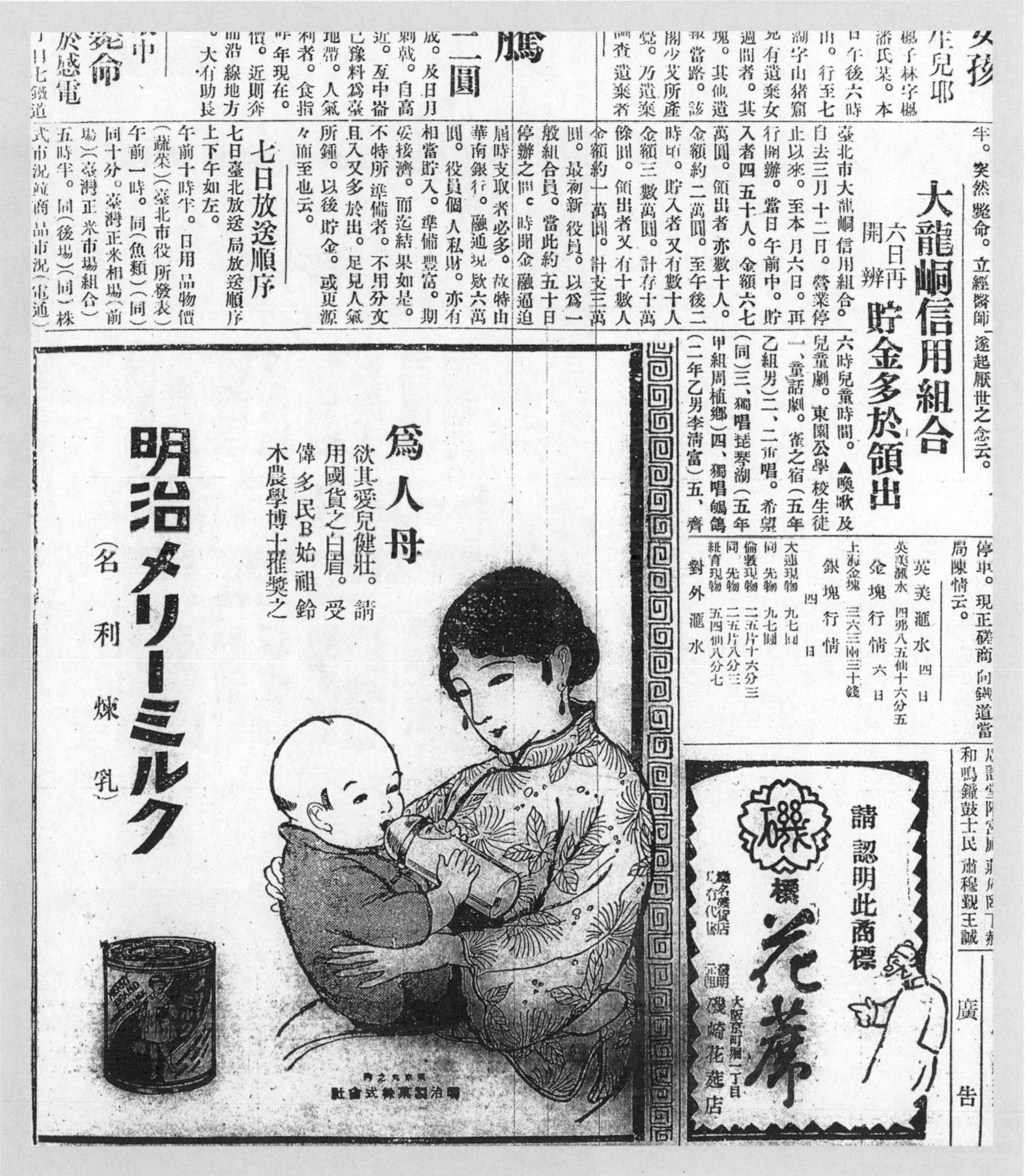

## 大龍峒信用組合
六日再開辦　貯金多於領出

臺北市大龍峒信用組合。自去三月十二日。營業停止以來。至本月六日。再行開辦。當日午前中。貯入者四五十人。金額六七萬圓。領出者亦數十人。金額約二萬圓。至午後二時頃。貯入者又有數十人。金額三數萬圓。計存十萬餘圓。領出者又有十數人。金額約一萬圓。計支三萬圓。最初新役員。以爲一般組合員。當此約五十日停辦之間。時聞金融逼迫。屆時支取者必多。故特由華南銀行。融通現款六萬圓。役員個人私財。亦有相當貯入。準備豐富。期妥接濟。而迄結果如是。不特所準備者。不用分文。且入又多於出。足見人氣所鍾。以後貯金。或更源々而至也云。

## 七日放送順序

七日臺北放送局放送順序上下午如左。午前十時半。日用品物價（蔬菜）（臺北市役所發表）午前一時。同（魚類）（同）同十分。臺灣正米相場（前場）（臺灣正米市場組合）五時半。同（後場）（同）株式市況商品市況（電通）六時兒童時間。▲唄歌及兒童劇。東園公學校生徒一、童話劇。雀之宿（五年乙組男）二、二重唱。希望（同）三、獨唱琵琶湖（五年甲組周植鄉）四、獨唱鵓鴿（二年乙男李清富）五、齊

對外滙水
英美滙水　四日
英美滙水　四弗八五仙十六分五

金塊行情　六日
上海金塊　三六三兩三十錢

銀塊行情　四日
大連現物　九七圓
倫敦現物　二五片十六分三
同　先物　二五片八分三
紐育現物　五四仙八分七

爲人母
欲其愛兒健壯。請用國貨之白眉。受偉多民B始祖鈴木農學博士推獎之

明治メリーミルク
（名利煉乳）

東京丸之內
明治製菓株式會社

請認明此商標
磯標
花蓆
發明元祖　磯崎花蓆店
大阪京町堀一丁目
各地名產店
代理店

廣告
和鳴鐘鼓士民肅穆覲王誠

# 一九二九年（昭和四年）五月八日

廣告表示：明治的中文廣告說，明治製菓的巧克力餅乾真好吃，而且是好吃到連舌頭都要吞下，請大家一定要試試看。

明治チヨコレート

明治製菓的チヨコレート（餅干）眞好食

連舌都要吞下的好食

實要一食試看吞下

明治製菓株式會社

其蹤跡。迨至四月廿四日被萩尾、劉金榮兩刑事捕入新竹郡警察課究問。昨七日以誘拐竝詐欺罪。送致法廷待究。

## 北署非常搜查　犯罪四十七件

北警察署。値最近伏見宮殿下御來臺。爲一掃管內不良分子。爰於六日午後十時。命署員全部出動。至七日午前一時。搜查管

## 出刃傷人頭背　加害者亦被數童擊傷頗重

臺中州大甲郡沙鹿庄鹿寮蔡心匏之子。通稱曰彰。年十六七。去六日。午後五時頃。有同庄人陳權之次男陳聰。年二十。在山坡園中作業。爲除花生豆雜草。擲彰畑地。一說彰口出不遜之言。致相口角。彰竟出利刃。斬傷悉之頭部二傷。背部二傷。均寸許。家人聞報。急舁往沙鹿新喜分院治療。而聞彰斬悉當時。有同庄柯蚶之子振年十六。陳良之子恭年約十歲。陳成金之孫客人年約十五六三人。覩悉被斬傷。怒圍擊彰傷亦重。當地警官聞報。急赴現場查證。竝召諸關係者到派出所訊問情由云。

住。祇應極目送歸鴻。

次韻　施梅樵

行路人休嗤笨伯。移山我不讓愚公。少年意氣方英銳。何用高飛羨塞鴻。

送別施梅樵先生　薛玉田

肯許程門同立雪。得教鄉子喜談天。相思一紙時憑寄。好結三生翰墨緣。

次韻　施梅樵

明知分手無多日。何用傷

# 一九二九年（昭和四年）

## 五月三十一日

**廣告表示**：明治巧克力餅乾，不論芳香、色澤、氣味或光彩，都超越其他同類產品。

近代人最嗜好之標的

明治チョコレート

（餅干）

論其芳香・色致・氣味・光彩等

東京丸ノ內

明治製菓株式會社

## 對小公校宣傳衛生

### 為講話及映畫

臺北市衛生課。就市中之室扶斯豫防。及蠅油蟲驅除。便所消毒。漁菜消毒豫防注射獎勵等方面。傾注全力。至若番。對各學校兒童。爲關于夏季衛生講話。講演者爲渡邊衛生課長。題爲夏季衛生法。自三十一日開始。時間自午前八時。至九時。小公學校生徒。四年生以上。又同夜七時。至十時。在校庭。開對父兄及生徒。其他一般。衛生宣傳之活動寫眞。劇目如羊戲。惡疫哭破守不休。其他餘興劇。日期如左。

# 一九二九年（昭和四年）十一月三十日

廣告表示：明治曾嘗試把巧克力翻譯成「糖餅條」。

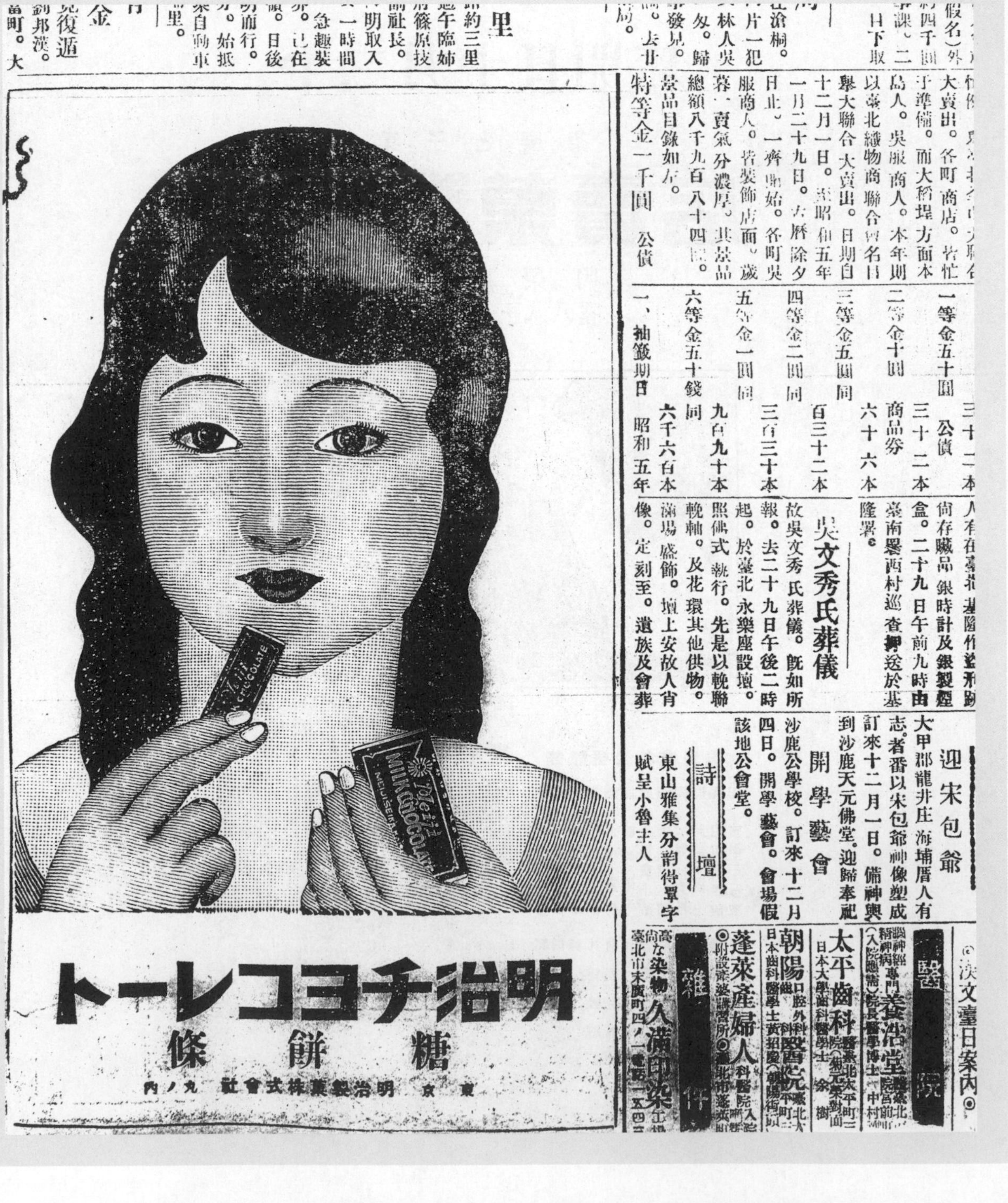

大賣出。各町商店。若忙子準備。而大稻埕方面本島人。吳服商人。本年則以臺北織物商聯合會名目舉大聯合大賣出。日期自十二月一日。至昭和五年一月二十九日。在曆除夕日止。一齊開始。各町吳服商人。若裝飾店面。歲暮之賣氣分濃厚。其景品總額八千九百八十四圓。景品目錄如左。

特等金一千圓 公債

一等金五十圓 公債 三十二本

二等金十圓 商品券 六十六本

三等金五圓 同 百三十二本

四等金二圓 同 三百三十本

五等金一圓 同 九百九十本

六等金五十錢 同 六千六百本

一、抽籤期日 昭和五年

倘存贓品銀時計及銀製煙盒。二十九日午前九時由臺南署西村巡查押送於基隆署。

## 吳文秀氏葬儀

故吳文秀氏葬儀。既如所報。去二十九日午後二時起。於臺北永樂座設壇。照佛式執行。先是以輓聯輓軸。及花環其他供物。滿場盛飾。壇上安故人肖像。定刻至。遺族及會葬

## 迎宋包爺

大甲郡龍井庄海埔厝人有志。者番以宋包爺神像塑成訂來十二月一日。備神輿到沙鹿天元佛堂。迎歸奉祀

## 開學藝會

沙鹿公學校。訂來十二月四日。開學藝會。會場假該地公會堂。

## 詩壇

東山雅集分韻得覃字

賦呈小魯主人

Meiji MILK CHOCOLATE
明治チヨコレート
糖餅條
東京 明治製菓株式會社 丸ノ內

一九三〇年（昭和五年）十二月十日

**廣告表示**：明治製菓賣店的開幕廣告，還附有地圖，位置就在最繁榮的榮町。店面有三層樓高，外觀氣派。

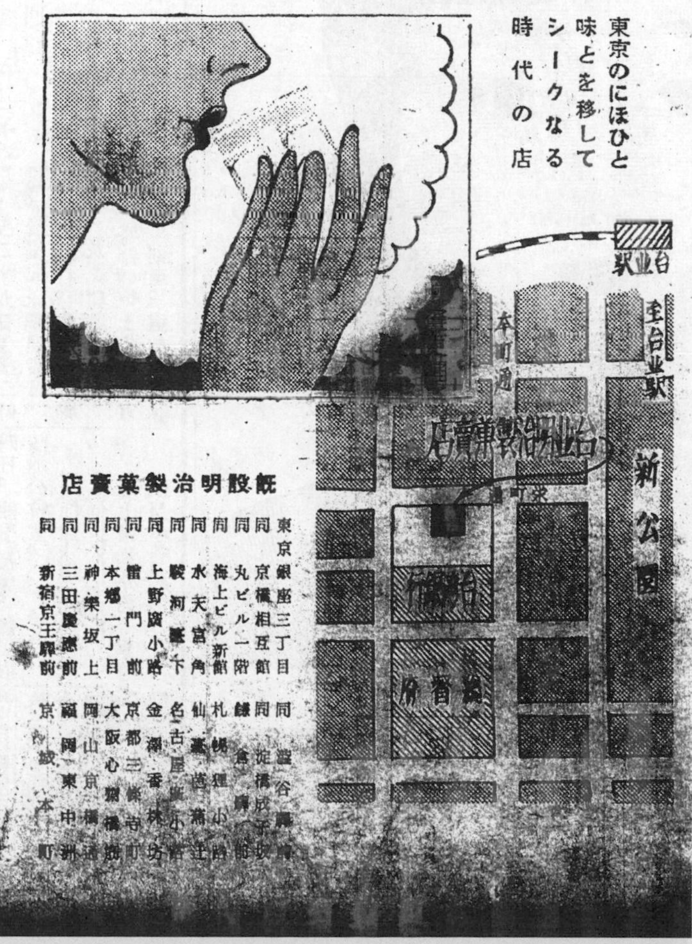

一九三五年（昭和十年）

一月

四日

**廣告表示**：明治最經典的商品牛奶巧克力於一九二六年誕生，巧克力身上的摩登元素，與翻新的社會氣氛一拍即合。廣告說，明治牛奶巧克力是「駛向健康的流線型超特急火車」。

## 一九三六年（昭和十一年）三月四日

**廣告表示**：明治登廣告強調，明治牛奶巧克力是「美與健康的近代食品」，不但能促進血液循環，還有豐富的營養素，對身體好處多多。

# 森永

## 森永（もりなが）

十九世紀最後一年，森永太一郎在東京開了兩坪大的小店，卻做著大夢，希望有一天，日本到處風行洋菓子。

太一郎的夢並非毫無邊際，他為了賣日本陶瓷，去過美國。銷售成績不理想，有一天，坐在舊金山的公園長椅，瞥見地上躺著一張小小的牛奶糖包裝紙，他靈光一閃，決定留在美國學做西式甜點，將來就要在日本賣這些西洋的糖果、餅乾、棉花糖、巧克力。十一年後，一八九九年，他真的回國掛起「森永西洋菓子製作所」的招牌。

30年代，森永於台北今館前路東側上的販賣株式會社，店面兩邊的看板，右邊寫「牛奶糖」，左邊寫「牛奶巧克力」。

依目前所知資料，在森永最初的十年中，台北的石黑商會一九〇八年就曾經登廣告，宣傳森永的奶油巧克力（チョコレートクリーム），森永與台灣的接觸來得頗早。

一九一一年，另可看見米糖麵粉雜貨的大盤商「吉野屋」販售森永的香蕉糖、堅果；同樣一九一一年，在今天的台北市延平南路這邊，有一家「石田庄七臺北支店」，搶日本人送禮高峰的中元節檔期，也推銷各種森永的洋菓子，還說，不知森永洋菓子的人落伍了，未嚐過森永洋菓子的人又是何其不幸。

不過，那些年，尚未有證據顯示，台灣已有森永牛奶糖的蹤跡。其實，森永早已生產牛奶糖，只不過還不是我們熟悉的黃色小紙盒，而是以馬口鐵盒包裝，市場接受度尚未打開。一直到一九一四年三月，日本舉行大正博覽會，森永在上野公園設攤，以黃色紙盒內裝二十顆糖，意外賣得強強滾，森永牛奶糖從此定裝，而且至今已超過一百年。

### 廣告表示

森永牛奶糖春天三月問世，同年十一月台灣就有廣告，南北共有七家日本人的商店可以買到，包括基隆一家、台南四家和台北兩家。到了一九二七年，創辦人森永太一郎來台遊訪，據他向記者說，全台灣賣森永產品的商店，台灣人開的有兩千家，日本人經營的也有數百家。他到了阿里山上，發現一家台灣人開的店內，有賣森永的糖果，台灣老闆的日語還很流利，讓他非常感動。可見森永在日本時代已經遍布全台灣各角落。

戰前，除了牛奶糖風行，森永在幾項產品都走在時代的前端，現在的官網指出，森永巧克力是日本「國產第一號」，一九一八年就發賣牛奶巧克力，比明治巧克力還早八年。

森永奶粉也是拿日本第一，一九二〇年就開始生產了。這罐奶粉持續到戰後，是台灣最受歡迎的進口奶粉品牌，現在的中年人不少是吃森永奶粉長大的；奶粉罐上，那個額上別著花、嘴下吊著鈴鐺的牛頭，相信能夠誘發不少人的懷舊情緒。

完

## 一九一一年（明治四十四年）

### 八月十五日

**廣告表示**：森永的特約店「石田庄七臺北支店」，搶日本人送禮高峰的中元節檔期，廣告中間的文案強調「還不知道送什麼的人，現在就決定送森永洋菓子吧」。

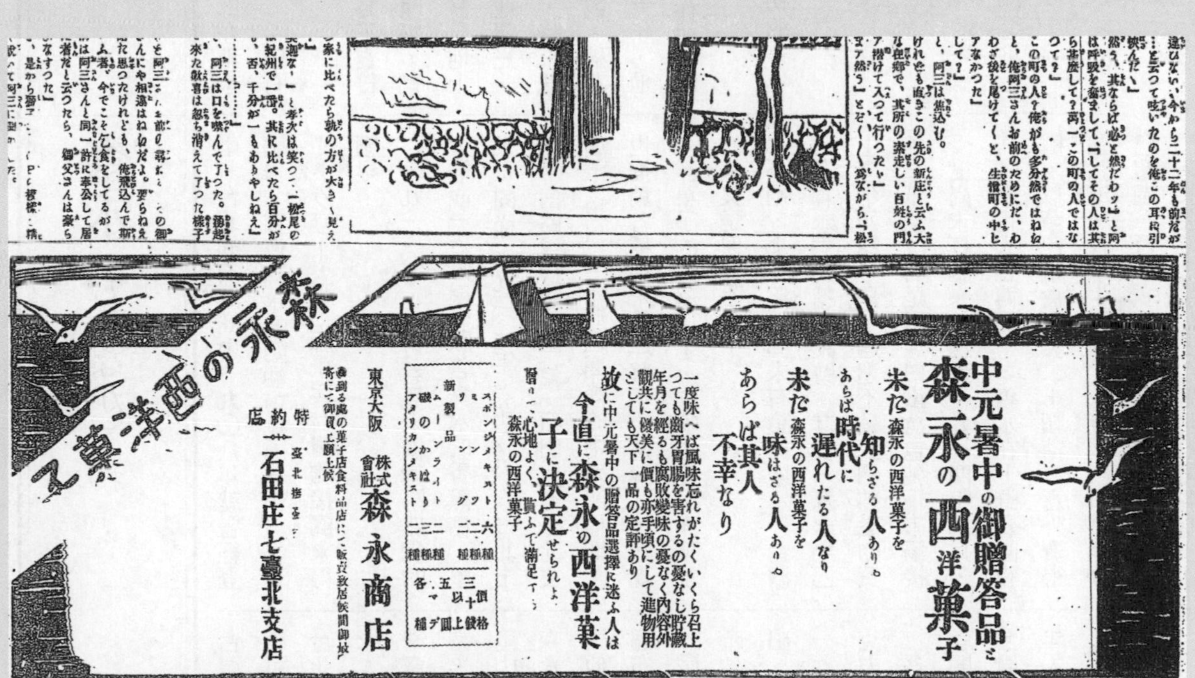

一九二〇年（大正九年）

九月二十一日

**廣告表示**：森永牛奶糖的廣告，很明顯標示「菸草（タバコ）代用」，可以替代香菸。翻成現代白話說，嘴巴閒著無聊，要抽菸不如嚼牛奶糖。

# 一九二八年（昭和三年）十二月十四日

**廣告表示**：「想要不怕冷，就要吃森永巧克力！營養是雞蛋牛奶的三倍，兩千一百六十卡路里」。現在人看到這麼高的熱量大概會馬上縮手吧。

# 一九三〇年（昭和五年）十二月十五日

**廣告表示**：「送禮應該送百分之百的真心」，各種包裝精美的產品塞滿了版面。

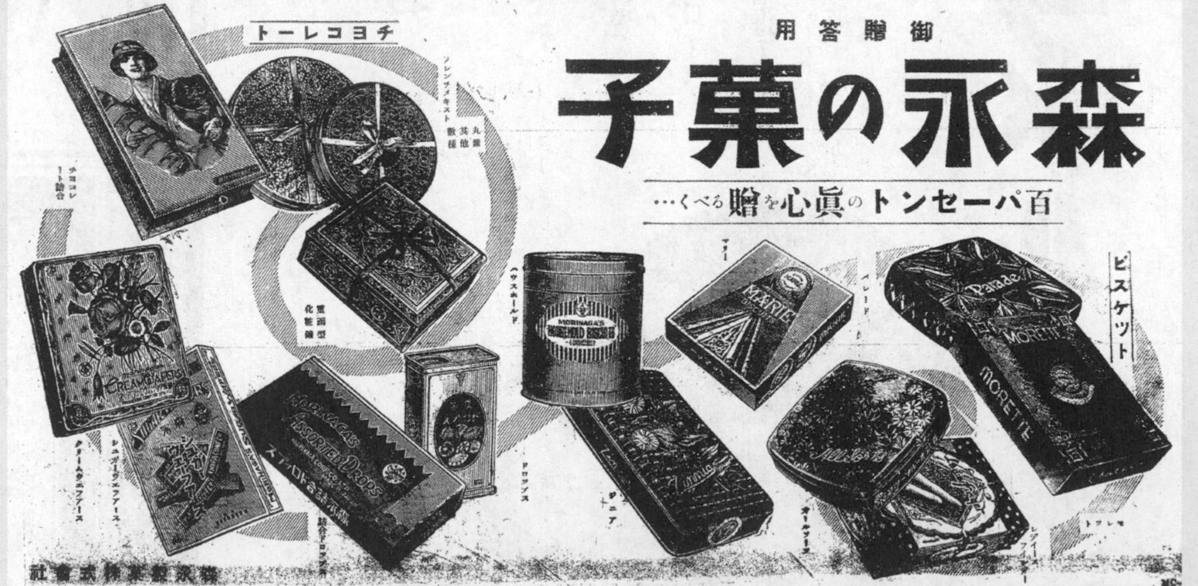

# 一九三一年（昭和六年）五月十八日

**廣告表示**：「咦!?變大盒了。」森永牛奶糖派出可愛的小朋友當模特兒，示範增量百分之二十的新包裝。

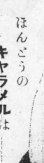

# 一九三三年（昭和八年）二月二十一日

廣告表示：「你為什麼看起來這麼開心？為什麼一直這麼有活力？你該不會是每天吃了什麼東西吧？」廣告刻意用提問的方式呈現，引起好奇心。

臺北本町二　電二七九五　河合樂器

下宿屋
高等下宿　便利な一場所にあり　確實勉強いたします　臺北本町三　電三〇二五　太陽館支店

高等理髮
江上理髮館　御子供様を御待ちしま す　臺北京町三　電二一〇二番

料理屋
うまい洋食は　カフエー銀鳥　京町部通り　電二九三七

陶器
陶器一式　松尾陶器店　臺北京町一丁目　電二九五六番

ラヂオ器械
ラヂオ組立改造修理、セード著荷　日の丸電氣　臺北明石町　電一六二〇

特賣　三球十六圓　五球三十五圓　六球遠距離六十圓　臺北本町前　高砂無線商會　電話三九四

雜件
靴下製造　機械販賣並に製造方法一切無料教授　海山郡板橋街　萬美商會

黒燒　係太郎麺　イボダ麺　山生魚　其他黒燒類一切有　臺北市若竹町二ノ一三　石崎黒燒舖

淋病　洗滌藥　タルリン
●藥液が直接患部に達するから快速に良効の成績を得る！
各藥店にあり　價…五十錢　壹円

七色のハミガキ

とうして そう
嬉れしそうなの？
どうして いつも
元氣 なの？
毎日何か喰べるんぢやないの？

森永チヨコレート

C—8

若さに輝く…

一九三五年（昭和十年）七月七日

**廣告表示**：左下角的牛奶糖包裝已經是現在我們熟悉的模樣。

# 一九三八年（昭和十三年）

## 十月

## 十九日

**廣告表示**：森永菓子專門店（キャンデーストアー）的徵人廣告，招募女性收銀員一名，條件是「女學校畢業，容貌秀麗端莊，年齡要介於十八歲到二十五歲之間」。

還

た住民も安心して
ある

入選するとは思はなかつた、兎に角出品して見ようと決心して出したので入選した事は全く郷原先生（元臺北第三高女教諭）の指導の賜と思つて感謝して居る若い時から登山が好きで去年の十月太平山に登りヒントを得て書いたものです

には死藏金がもつとくある筈で是非協力を願ひたいものだ、對岸への進出は準備万端怠りなくやつてゐる、尚加藤監查役は來月初め渡臺する筈であつたが昨夜汽車中で卒倒し急逝した、判らないものだね

けふの天氣
△北部地方
北東の和風晴後驟雨
△昨日の氣温
最高　二五・九度（午後二時）
最低　一八・二度（午前八時）
（臺灣氣象臺發表）

…から
…出はない
…府では準備に着手

…府外務部、殖產局より、野菜、米、食料を香港に供給…事務官が主とし…に忙殺され、香港…あり次第發送し得…であるが、今の…總督府よりも何等

…北州警務部では二十日午後二時より公會室にて商工會議所議員並に各實業團體代表約卅七名の參集を求め經濟警察座談會を開催し經濟警察組織並に機能に就いて普及徹底を圖ることとなつた、尚主催者側からは佐々木警務部長を始め警務部、南北兩署經濟警察關係係員、州市勸業課、府商工課地方課等

森永キャンデーストアー（榮町）
女子販賣係募集
レヂスター係
女學校卒業、容姿端麗ノ方
年齡十八歲ヨリ二十五歲マデ
本人履歷書御持參
面會日　二十二日（土）午後一時ヨリ同五時マデ
面會場所　本町二丁目二〇番地
森永製品臺灣販賣株式會社

大高

一九三九年（昭和十四年）

一月

二十日

**廣告表示**：森永為了吸引小朋友注意，還發行過免費刊物。廣告說，「變有趣的小學生繪本《漫畫學校》每月發行，詳細規定請參見森永牛奶糖盒內說明。」

一九三九年（昭和十四年）二月十七日

**廣告表示：**森永的開店廣告，字體和圖案都相當可愛。新店即將開幕，位於榮町四丁目，靠近今衡陽路、中華路口，廣告說，店內備有明亮的喫茶室，歡迎闔家大小前來。

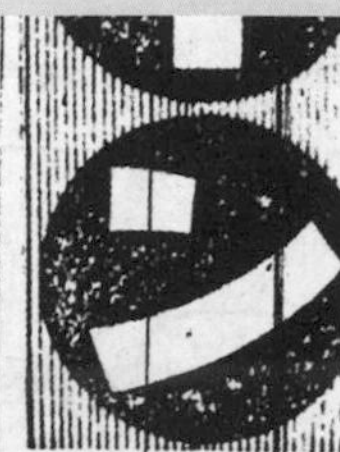

"男子にも魅力がほしい" ランランチックは　この要
求に合せて　潑刺　生春の第一線上　さんさんと降り
そそぐ陽光の如く　あまねき讃仰の息ぶきに生きる

二月十八日

開店

國民体位の向上を目指して！

榮養の總動員が始つて居ります　森永の名にかけて造られた數々の食品は必ず皆様のお氣に召す事と存じます　明るい喫茶室ではお家族連れで樂しく御利用頂けるよう輕いお食事を取揃へて居ります

森永キャンデーストアー

台北市榮町四丁目

電話　二、八七三

●一筆啓上　頭痛にノーシン！　火の用心●

一九三九年（昭和十四年）

五月十四日

**廣告表示**：吃森永牛奶糖可以得到拿第一的元氣！仔細看，圖片上方的萬國旗中，德國國旗正是納粹的旗幟，反映出當時的世界局勢。

## 一九四〇年（昭和十五年）

## 三月三十日

**廣告表示**：一九四〇年，日本扶植汪精衛在南京成立政權，商業活動也被捲入政治漩渦；森永在廣告中表達支持之意，說要與汪精衛攜手，共築亞洲新秩序，讓世界刮目相看。

汪精衛氏へ

今日の來るのを僕達はどんなに待つたことでせう「仲よく一緒に進もうね」とかうして手を握つた上は新しいアジアを築いて世界をアッと言はせてやりませう！

五錢・十錢

品質改惡　絶對反對！

森永製菓株式會社

森永牛奶糖

モリナガミルクキヤラメル

## 雪印

現在對雪印產品的最大印象是奶粉，但八十幾年前，當她初到台灣，帶來的是奶油和起司。

跟一般熟知的森永、明治、花王等等日本老牌比起來，雪印年輕許多，一九二五年才在北海道誕生。當時還不叫雪印，而是一家集合乳牛業者組織起來的公司「北海道製酪販賣組合」，隔年改名，加了三個字，「北海道製酪販賣組合聯合會」，名字有點長，簡稱「酪聯」。

酪聯的領袖人物黑澤酉藏，出身茨城縣的農鄉，體格小，十幾歲報考海軍兵學校，曾因此被刷掉。一九〇五年，年輕的西澤到北海道開創未來，原想當每月領固定薪水的上班族，但第一個求見拜託的人卻丟給他一個意外的答案，「去養牛如何？」

日本於明治初期開始鼓勵民眾移墾北海道，請來美國人當顧問，給了一個方向，北海道不能種稻，要種小麥，要吃麵包，要開牧場養牛。到一〇、二〇年代，北海道牛乳已供應四方，包括生產牛奶糖聞名的大公司森永。

## 雪印（ゆきじるし）

一九二五年，黑澤酉藏已經在北海道養牛二十年了，他帶領同業創立酪聯，生產奶油，第二年，給奶油取了名字「雪印」。

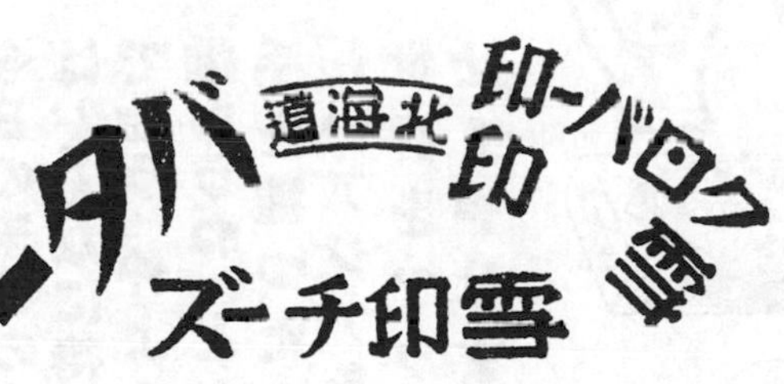


廣告表示

戰後，有一波公司更名，像台灣的黑松汽水、日本的可果美、龍角散、味之素，他們的公司名原來分別是「進馨商會」、「愛知トマト（番茄）製造會社」、「藤井得三郎商店」、「鈴木商店」，但是，最火紅的商品名號響亮，反而以紫奪朱，篡了公司舊名的位。酪聯也一樣，戰後被改稱雪印。

依目前所得資料，一九三〇年代才見雪印到台灣。一九三六年台灣有雪印的廣告，也推銷起司，但明顯以奶油為主力。廣告說，如果寄明信片去，寫上廣告所在的報紙名稱，就免費贈送精美的奶油料理書。還強調吃雪印奶油很健康，富含維他命A，消化吸引率接近百分百。現代人聞油就怕，唯恐發胖，看這種廣告大概「很抖」。

奶油原是洋物，麵包蛋糕餅乾都要用到。台灣跟隨日本統治的步調西化，奶油在日本時代早已普遍，市面上既有西方舶來品，也有日本產的「明治」、「極東」等廠牌，台北也有牧場自製奶油，雪印當年的競爭對手不少。但一九三九年，雪印生產的新產品マーガリン（瑪琪琳），天然牛油和食用油脂各半混合而成，在四〇年代，就沒有敵手了；台灣官方記錄乳製品價格時，瑪琪琳只有雪印一家而已。

完

# 一九三六年（昭和十一年）十月二十八日

**廣告表示**：北海道製酪販賣組合聯合會於一九二五年成立，隔年生產奶油商品，取名「雪印」。

結婚機構(69)
細田源吉作
大橋月皎畫

雪印チーズ
1936
北海道 雪印 クローバー印 バター

今年も亦
皆様の
健康の為に
バターの
御常食を
おすゝめ
申上げます

バターは
ビタミンAの塊
消化吸収率
九八・九%

新聞名記入
ハガキにて申込下さい
和洋バター料理美本
無代進呈
北海道製酪販売組合聯合会

化膿性腫物の
予防と治療に
セナチゾールパスタ

一九三六年（昭和十一年）

八月二十七日

**廣告表示**：把廣告所在的報紙名稱記在明信片上，就免費贈送精美的和洋奶油食譜。

北海道

雪印 クローバー印 バター

雪印チーズ

健康に!!

バターはこんなに良いもの

バター一封度は牛乳七升から出來

バターはビタミンAの塊
消化吸收率 九九・八％
風味嗜好榮養 一〇〇％

食べるだけ血となり肉となります
お弱い方やお児様方には
絶對的な滋養品です

新聞名記入
ハガキにて御申込下さい

和洋バター料理美本

無代進呈

北海道製酪販賣組合聯合會

本社 札幌市苗穂町

秋蒔き新種子

カタログ進呈

到着

臺灣種苗公司

臺北市大正町二ノ十八

中央

クリーニング商會へ

電話一八九一番へ

商品券

旭屋支店

味美

歌

涼風九月にふさはしい名盤揃ひ！ぜひお聞き下さい！

# 一九三八年（昭和十三年）十月十三日

**廣告表示**：雪印的文案寫說，「秋天到了，食慾旺盛，想吃得健康，請吃雪印奶油；而且雪印奶油富含維他命A，消化吸收率接近百分百。」

時局に目覺めた保護少年の話（三）

は如何に

したか？

批評と紹介

北海道
雪印バター

秋!!
これからが食物の身になる時
健康の爲に
バターを召上れ
バターはビタミンAの塊
消化吸收率九九・八%
食べただけ血となり肉となる

雪印チーズ

無代進呈

新マツダランプ

で九百

この時局下に
新マツダランプ
こゝにあります

我國メートル燈
ツダランプに置
す。これを電氣
となりまして、
プが採用せらる
節約額は九百万

さあっとコロン！

見る程に生々し

# 味之素

味素大大改造了東方世界的烹調，而全世界第一罐味素就是「味之素」。

味之素來自日本，一百多年前的二十世紀初，東京大學留德的池田菊苗博士吃了太太煮的湯豆腐，引起池田教授好奇，最後，他發現是昆布裡的化學成分「穀胺醯胺」(glutamine)，讓湯豆腐甘甜。於是，他找企業家鈴木三郎助合資，一九〇八年，共同取得專利，開始把發現商品化，並將這種空前的新調味料稱做「味精」，商品名為「味の素」。一九〇九年五月，市面上開始可以買到瓶裝的味之素。

依據日本味之素官網記載，一九一〇年五月在台灣設置了特約店，但實際上，台灣報紙廣告卻證明，一九〇九年八月，也就是味之素在日本開賣沒幾個月，台南已有一家「萬貨商會」，以特約店的身分，早開始賣起味之素了，當時的廣告還宣稱味之素比鰹魚、昆布美味五十倍。

官網所提的一九一〇年，應是指台南的大貿易商「越智商店」的職員岡部徹剛好到東京蜜月旅行，下榻的旅館湊巧在味之

## 味の素（あじのもと）

素本店附近，他又被店前的招牌吸引進去，連續幾個「非生意性的意外」，讓岡部徹當場買斷兩千圓的貨，帶了幾千瓶味之素回台南，促成了味之素在台灣的大流行。

味之素快速征服台灣人的胃，一九一四年，鈴木老闆的兒子鈴木三郎奉命到台灣拓展，他直覺在台灣賣得好，絕對也能打入中國市場，立刻跳上小貨船，航向福州。一開始也被看扁，覺得味素這種東西賣不起來。但鈴木小老闆一路從南到北，掃過杭州、南京、漢口、北京、天津、大連等城市，投石問路，慢慢建立基礎。味之素的社史曾因此說，台灣是「大陸進出の基礎」。

等到二〇年代，味之素在中國大做海報、看板宣傳，也為中國量身訂做無數的報紙中文廣告，反而把這些廣告直接拿回台灣使用，刊登在日文報紙的漢文版上。

廣告裡，盡是中式打扮的男女，處處充滿中國的元素，明顯與當時的台灣人和台灣社會不同。文案也散發中國風，例如一個中國小娃兒央媽媽買味之素，她說「媽媽啊、這程子別的家裡都使用了味之素做了好菜、說是那樣兒的菜都可以做好味兒……」。一九二七年，味之素舉辦隨罐附獎的促銷，登在《臺灣日日新報》的中

## 一九〇九年（明治四十二年）十月九日

廣告表示：味之素在日本開賣沒幾個月，一九〇九年八月，台南已有一家「萬貨商會」以特約店的身分賣起味之素了。廣告說，味之素是由池田博士所發明，並擁有專利字號。

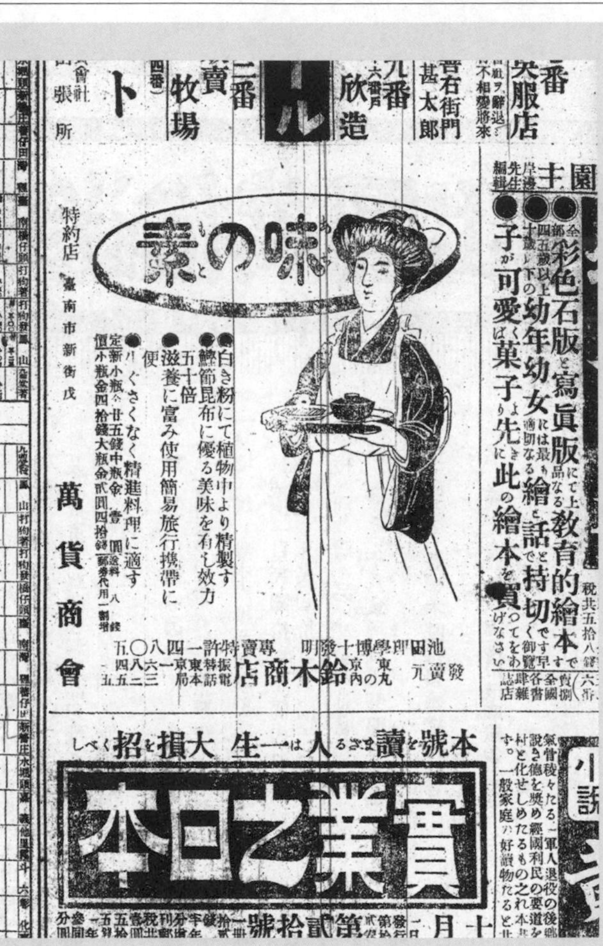

文廣告，更印著活動日期「自民國拾六年陽四月壹日至民國拾六年陽六月末日」。中台通用，無疑是戰前味之素廣告的一大特色。

味之素於戰前拓點遠達美國紐約，如近鄰的台灣，自然不會長期放給別人代理，一九二九年二月，就在台北市本町三丁目、今天重慶南路與開封街口設立台灣出張所（支店）。

味之素大受歡迎，除了民間偽造層出不窮，雜牌也叢生，「味の心」、「味の富」、「銀の味」、「旭味」，企圖以一字之差舀到一點甜湯。但味之素的地位難以撼動，市有率高到近乎獨佔。直到一九四五年日本敗戰，味之素才不得不暫離台灣。

戰後初期，台灣廠商趁空檔而奮起，味精工廠成熱門產業，但消費者還是難忘味之素，有商人不惜違法走私進口，逼得台灣廠商於一九五二年組織「調味粉工業同業公會」，政府因而曾經明令禁止味之素進口，還嚴格取締走私。

台灣味精幾個知名品牌，味王、味全、味丹，名字必有味，包裝和圖案花紋還一概神似味之素；看來，擋得了味之素的商品，擋不了味之素的元祖魂。

完

# 一九二七年（昭和二年）七月十一日

**廣告表示**：味之素的隨罐附獎促銷廣告中，活動日期是以「民國」而非西曆或日本紀年標示，顯然中台通用廣告。

耑為酬謝
特賣小罐 味の素

惠購諸賢台覽夙承　眷顧紛臨殊深啓者味の素出售以來幸蒙各界歡迎遠近群援以致名馳中外遐邇通用遂成社會必須之品敝行今特提出拾萬圓作為獎品以酬　諸君惠顧之雅意而示鳴謝敬請　詳閱左記規章倍加　垂顧則實敝行祝禱者也

一、數量　小罐味の素……八拾四萬罐
此小罐開蓋處、均貼印「特別贈獎小罐」字樣、以為標記

一、地域　日本內地臺灣朝鮮滿州及樺太

一、期日　自民國拾六年陽四月壹日　至民國拾六年陽六月末日

一、特別贈品（對於出售總數）
頭等……十八金瑞設士斐耶隸手錶　五百個
貳等……裝桐木匣特製雜樣化粧品　五千匣
參等……最新式龐德帶玻璃鏡銅粉盒　參萬個

一、普通贈品　特製毛巾……八拾四萬條
每購小罐一個、即附毛巾一條、一無遺漏、購買之時　請從代售處領取為盼

一、交換方法
特別贈獎壹等、貳等、參等、交換券均分別封入罐內、開罐時、須特別注意　如無此券者、即係未中特獎、敬請原諒

一、交換期限
至民國拾七年陽八月底止、過期無効
民國拾六年陽四月壹日

▽惟因貨數有限祈為貨脫之先請賜　台購是荷

註冊商標

日本東京京橋區南傳馬町壹丁目拾貳號
本舖 股份公司 鈴木商店

AJINOMOTO
(SAVOURY SALT)
味の素
MANUFACTURED BY
S.SUZUKI & CO.LTD
TOKYO JAPAN
MADE IN JAPAN

（小罐味の素縮圖）

## 一九二八年（昭和三年）四月二十八日

**廣告表示**：一九二〇年代，味之素在中國大做宣傳，也為中國量身訂做無數的報紙中文廣告，甚至直接拿回台灣使用。這則廣告以三格漫畫幽默畫出味之素具有神效，可以促進夫妻感情和睦。

一九三二年（昭和七年）

七月

十八日

**廣告表示**：現代婦女若不與時俱進，不用捨味之素就落伍了。

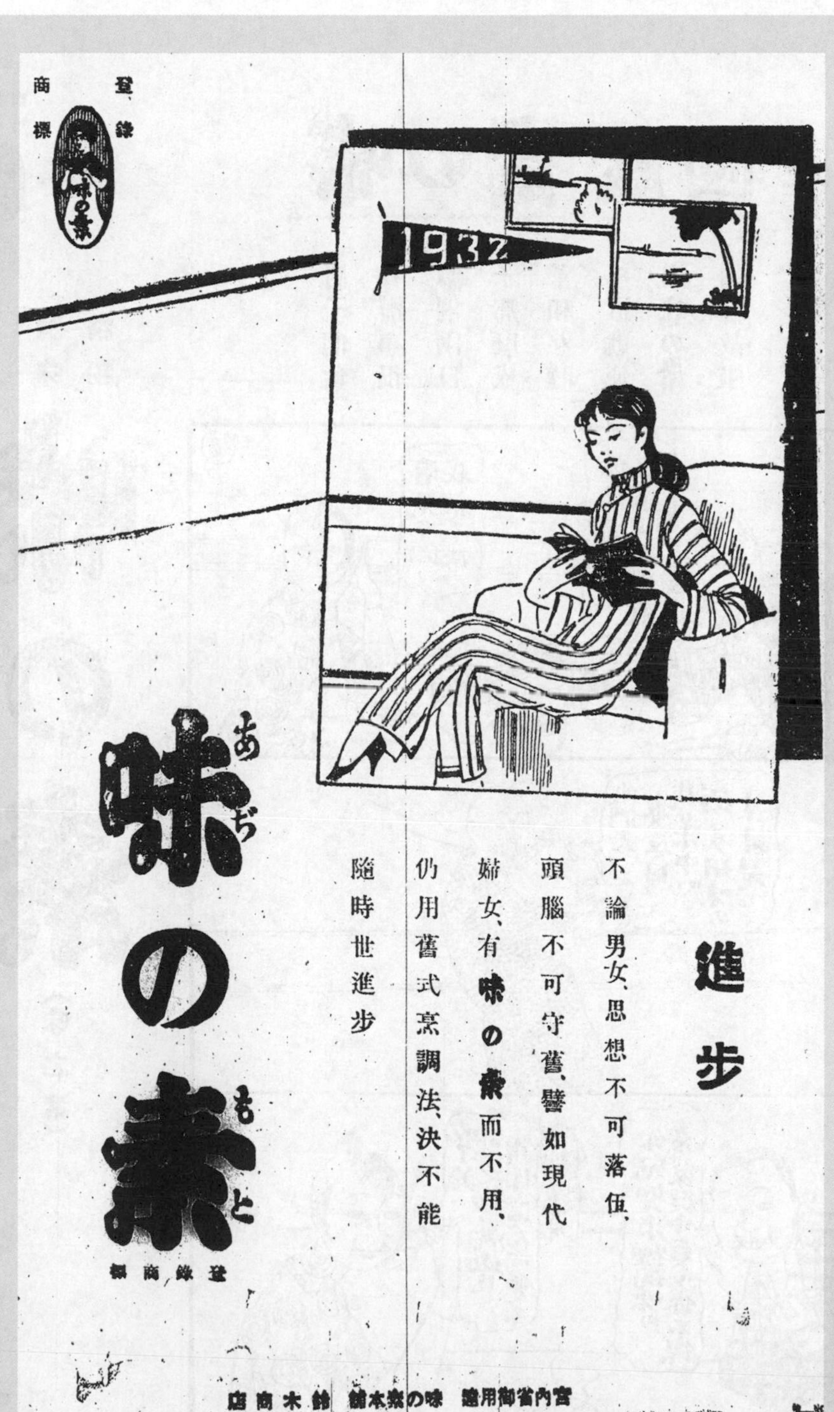

# 一九三四年（昭和九年）

## 三月

## 二十七日

**廣告表示：**日文「八方美人」（はっぽうびじん）其實是長袖善舞、八面玲瓏的意思，這裡則是取其字面之意，還畫了八種不同類型的女性，表示味之素跟什麼都能搭！

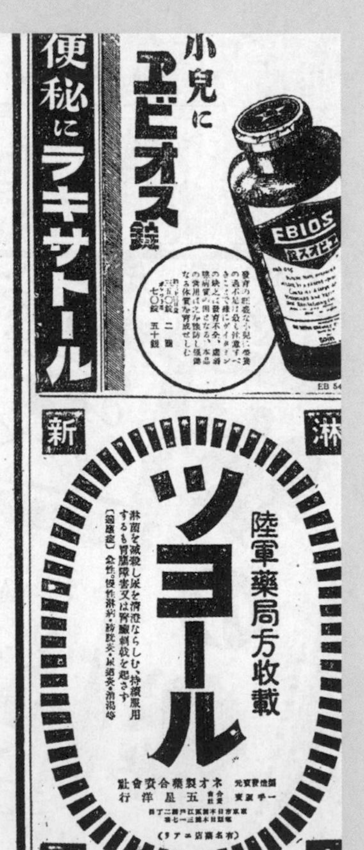

一九三六年（昭和十一年）

八月五日

**廣告表示**：廣告圖用各種體育活動來表示「戰鬥的意志，來自於食慾」，而味之素能讓人胃口大開。

# 龜甲萬

## キッコーマン

廣告表示

去東京，若飛機從成田機場降落，第一步踏上日本的土地不是東京，而是千葉。千葉縣最北的城市野田是古來著名的醬油產地，江戶時代東京全靠這裡供應，老牌醬油龜甲萬即誕生於此。

八世紀，日本才從中國學得醬油的作法，十六世紀，千葉才開始做醬油。野田地區主要有兩個產製醬油的家族，一次世界大戰後，為避免無謂競爭，高梨和茂木兩家的八支系統於一九一七年聯合成立「野田醬油株式會社」。各支的產品標記有兩百多種，最後選定茂木佐平次這一家的「龜甲萬」為統一商標。

千葉著名的香取神宮位於「龜甲山」，加上「鶴者千年、龜者萬年」的概念，茂木家族創出龜甲萬的標誌，六角形的龜甲內有一個萬字，寄意久遠。

龜甲萬來台已超過百年，一八九七年，日本統治台灣的第三年，當台北城尚未拆毀，台北市容還維持著清朝統治的模樣，多數台灣家庭還自釀烏豆醬油時，日本人著名清酒商「辰馬商會」已經落腳大稻埕淡水河邊的建昌街（今貴德街），代銷大豆釀造的「龜甲萬」醬油了。

到二〇年代末期，日本進口到台灣的醬油，龜甲萬佔了一半。利之所在，台灣南北的八家特約經銷店井水亂犯河水，價格不一，惡性競爭。一九二九年初，各經銷店找出一個根本解決辦法，合組「龜甲萬醬油販賣株式會社」，社址在今重慶南路一段彰化銀行旁邊。

戰後一九六四年，日本總公司那邊才把野田醬油株式會社改名「キッコーマン」（念做 ki-ko-man，即龜甲萬）醬油株式會社，殊不知，台灣這邊早三十五年前已率先以「龜甲萬」為名。

「龜甲萬醬油販賣株式會社」一成立，台北即出現令人側目的CEO，因為他是台灣人。龜甲萬是日本來的醬油，八家經銷店的老闆全是日本人，新龜甲萬會社的取締役（董事）和監查役（監察人）也清一色日本人，但支配人（總經理）卻是正港的艋舺人。此人叫黃鐵，是台灣第一位農學博士、蔣經國內閣的副閣揆徐慶鐘的岳父。

自從黃鐵掌龜甲萬經營的軍符，宣傳手法開始明顯在地化，廣告充滿濃濃的台灣味。他任總經理未滿四個月，一九二九年五月就出現純閩南語發音的漢文廣告。之後，也刊出唱著歌仔戲的廣告。

喜逢農曆鼠年正月初一，廣告又見兩隻穿西裝的老鼠合抬鑾裝龜甲萬醬油，上頭寫著「大家恭禧」四個漢字。雞年派雞，牛年派牛，龜甲萬如此體貼台灣人的心，應該獲頒日本時代「揪感心」企業的獎狀才對。

黃鐵不到40歲，即擔任龜甲萬醬油販賣株式會社的支配人，活躍於商界。

完

# 一九三〇年（昭和五年）三月十五日

**廣告表示：** 廣告用純閩南語發音，大意是說，不論菜色如何，用龜甲萬烹調料理，好吃又能節省成本。

燒嶽爆發
起大音響

日本燒之嶽。十三日夜七時半起一大音響。爆發噴火。（電通豐科十四日發）

臺北州各郡
厲行種痘

新竹
市所得稅

方委磋商

評

岡山
努力種痘

畜產總會

龜甲萬醬油

◎龜甲萬醬油是各家庭不可一日無的調味料

天下一品

無論好呆菜
若用龜甲萬
好食兼省費
價錢無驚貴
調理賢安排
人客逐日來

◎大秆小秆各地日用雜貨簽、舖醬店皆有販賣

蜂香辛調味料

蜂印芥辣
蜂印佳礼粉
蜂印胡椒末

每日三餐料理好食調味不可缺之物

東京 大阪 今村商店

廣告

高產婦人科醫院

皮膚病專門 大栗巖

義英號 張英財

一九三三年（昭和八年）

一月

二十二日

**廣告表示**：龜甲萬醬油在農曆大年初一推出向台灣人拜年的廣告。

大家恭禧

天下一品

今年亦請用

醬油

宮內省御用達

野田醬油株式會社

A10

一九三三年（昭和八年）

八月

十九日

**廣告表示：**龜甲萬醬油的廣告畫了三個頂著西瓜皮髮型的可愛小女生，穿著漢服、和服與西式服裝，再搭配用純閩南語發音的廣告文說，油鹽醬總是要準備的，各家各戶都用這款準備飯菜，請大家務必試一次看看。

一九三七年（昭和十二年）

二月

十一日

廣告表示：雞年派雞，牛年派牛，龜甲萬醬油新年廣告上頭，寫著「大家恭禧」四個漢字。

# 可果美

## カゴメ

廣告表示

加拿大來的馬偕醫生，一八七七年抵達台灣。那時候的台灣人吃南瓜、茄子、菠菜、茭白筍，蔬菜種類五顏六彩，不可說不多樣。但是，馬偕引進更多西洋人常食的蔬菜給台灣人。

像是白色花椰菜，淡水河邊八里的農民一開始種，種半天，見不到幾片嫩葉，還啐罵馬偕醫生，後來才恍然大悟，原來要吃菜的花。台灣人不熟的菜還有番茄；馬偕種來給學生吃，味道太臭，大家忍不住吐出來，嫌棄地給了初到台灣的番茄第一個名字「臭柿仔」。日本人也一樣，十九世紀後半期，番茄還是西洋蔬果，沒有太多人認識，更別說運用做事業了。

這時候，愛知縣有個叫蟹江一太郎的人，從陸軍退伍時，長官西山中尉對他說，你家原來養蠶，但以後的農業不一樣了，不妨栽種西洋蔬菜試試看。西山中尉顯然嗅到明治時代日本轉向西化的趨勢。蟹江聽了他的話，一八九九年，開始種番茄和高麗菜、芹菜、萵苣等西方蔬菜。擺到市場去，其他菜慢慢賣掉，唯獨番茄像孤兒，落單在街頭。日本人跟台灣人一樣，都受不了番茄的特殊臭味。

事實上，早年番茄品種未經改良，不像現在鮮甜，洋人也不大生吃，而是熬熟成調味料。蟹江了解這一點後，朝番茄加工轉進，請教過西餐主廚怎麼做番茄醬汁（tomato sauce，非番茄汁，也不是番茄醬）。一九〇六年，研發成功，蟹江便正式設廠，加工製造番茄醬汁。兩年後，也開始生產番茄醬，成為領導品牌。

為紀念軍旅生涯，從長官那裡得到啟發種番茄，蟹江一太郎最早設計的商標是一個圓圈中有五角星星，明治時代陸軍標誌就是五角星，軍帽頂都鏽了這個圖案。蟹江創辦人一提出申請，立刻被打回票。五角星不行，那六角星總可以吧，蟹江再提出申請。這次又被退件，理由是「凡是星星的圖案都不行」。蟹江再接再厲，想出把兩個相反的三角型上下交錯，雖然六個尖角，仍有星星的影子，但模樣剛好很像手編竹籠、竹籃的花紋，日文稱「籠目」，就終於過關了。「籠目」的日文念音近中文的「卡勾咩」，英文記做「kagome」，也是台灣譯名為「可果美」的緣起。

一九二八年，台北知名酒樓「江山樓」的老闆曾在報紙上公開食譜，其中烤鴨一道，片下鴨肉之後，以吐司包夾，吐司上則要先抹番茄醬，可見番茄醬除用於西洋料理，也早已侵入中式廚房。江山樓用的是否可果美番茄醬，就無從證實了。但從報紙廣告可以確認，三〇年代初期，可果美已頻繁在台灣刊登小圖廣告，推銷愛知縣來的番茄醬和番茄醬汁。

事實上，台灣的陽光與氣溫比日本更適宜種番茄，三〇年代，屏東的番茄曾賣到中國東北的滿洲國，加工業也在台灣興起，三得利威士忌的老闆鳥井信次郎曾親自來台灣，計畫在桃園設番茄工場。真正大發展的地區是台南，栽植廣，加工盛，到四〇年代初，番茄罐頭加工廠甚至已有自動化清洗的設備。戰後，一九六七年，可果美在台設廠，一樣選擇台南，自有其道理。

完

可果美最早的商標
採用日本帝國海軍的五角星星圖案，
遭人質疑，之後變形為六角星星。

# 一九三三年（昭和八年）

## 十一月十日

**廣告表示**：可果美不只番茄醬，還有姊妹品調味料（ソース）。

明日は雨模樣

山房の五十周年祝賀　盛大に催さる

メガホン塔

あすの天氣

聯合分會の催し

各種カメラ及材料

植物寫眞

速成寫眞

時計眼鏡

和田はメガネ專門

メガネ專門　日光堂

メガネ專門金光堂

藥種商

活性炭素

紙文房具

エビスヤの萬年筆

料理屋

宴會大勉強

辨金本家

洋服

洋服と制帽

（カゴメケチヤツプの姉妹品）

カゴメソース

台灣移入元　宅商會　台北・台南・嘉義

應症

小兒用

天野

唄　音丸

西岡水朗・詩

古賀政男・曲

## 一九三八年（昭和十三年）二月二十七日

廣告表示：生產牛奶糖、奶粉為主的森永也有生產番茄醬（トマトケチャップ）。

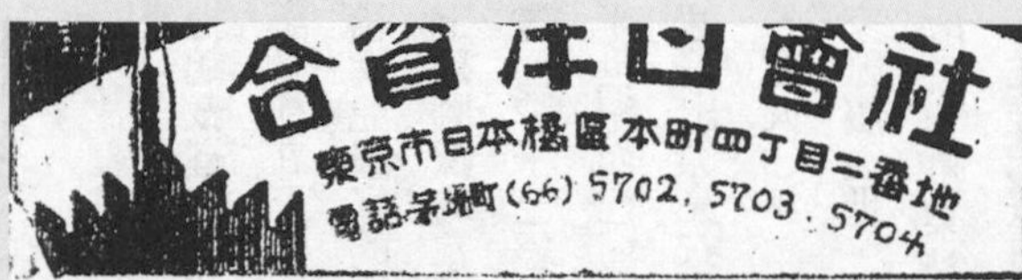


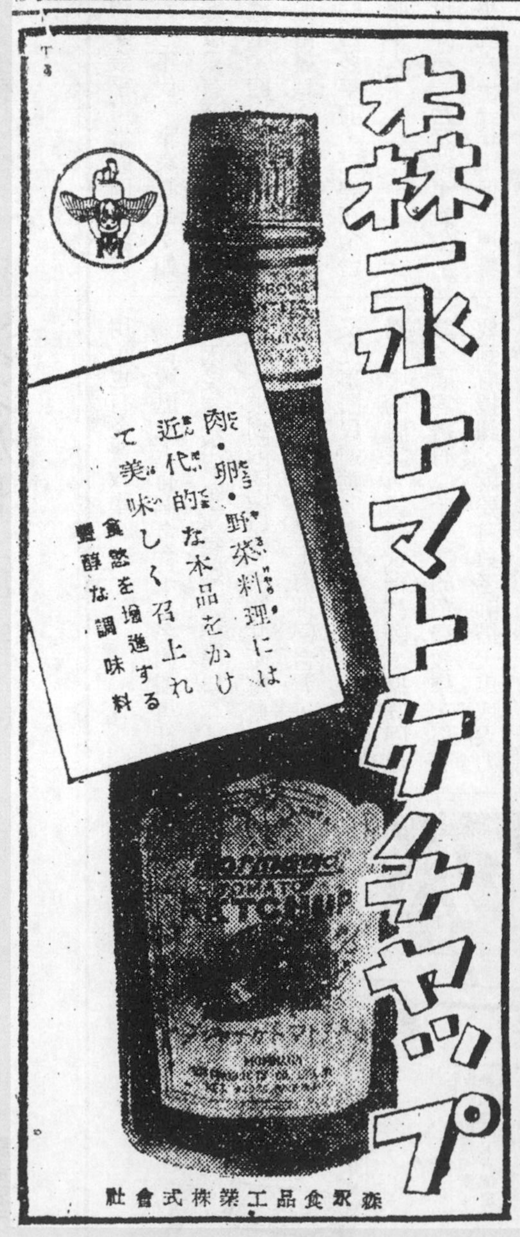


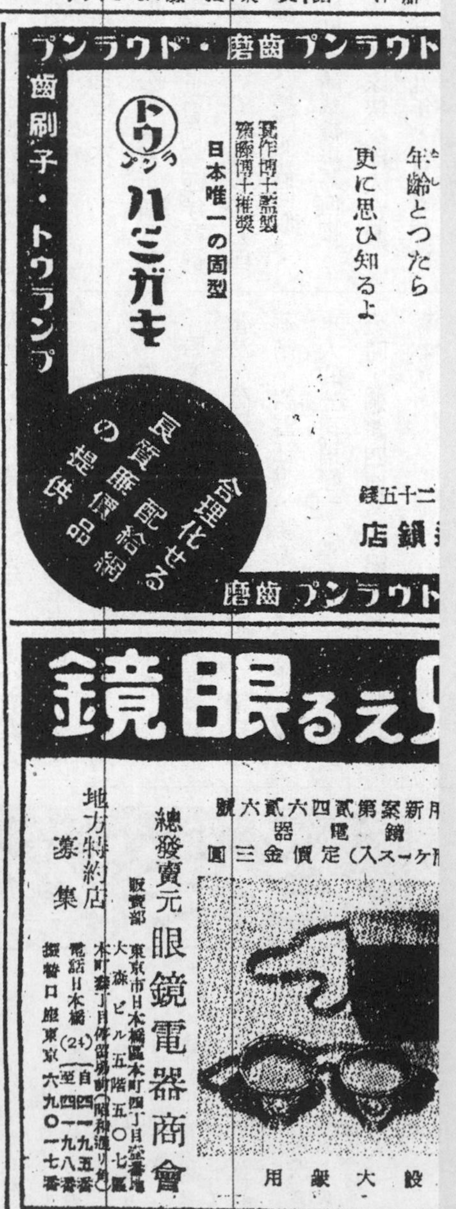

## 勝家

### シンガー

提起裁縫車，勝家幾乎可當成同義詞。縫紉機在五、六〇年代，家家必備；如果給女兒最好的嫁妝只有三件，其中一件一定是腳踩的裁縫車。四、五十年前，勝家這個牌子已經如雷貫耳。但勝家並非來台半世紀而已，一百多年前，已經在全台快速縫出漂亮衣服嚇人了。

一七九〇年，世界第一台裁縫車誕生，勝家雖屬後進，來晚六十一年，但一現身就散發明星架勢；在巴黎萬國博覽會得獎，並推出按月分期付款，積極向世界推銷。一九〇〇年，勝家抵達日本。

七年後，台南的一位公務員林世鴻到東京旅遊，在一個博覽會上看見「西洋裁縫機」，覺得「精巧絕倫」，省去許多勞力與時間，他說，「若應用於臺灣便益何似」，顯然台灣當年還極度不識裁縫車為何物。

不過，爾後十年，勝家快步深入台灣。從報紙廣告看，一九〇九年，台北支部舉辦裁縫講習會；一九一二年，全台的勝家分店已十家，甚至遠及宜蘭、屏東和南投，而且，買勝家裁縫車，既享有免費試用，也有免費教學。

台灣歷史上有個奇女子，名叫謝雪紅，曾因家貧被賣為童養媳，經歷自殺、脫逃，後來到俄國留學，成為共產黨員，曾被日本警察追捕，從上海押回台灣，後來又從事農民運動。謝雪紅二十歲時，就待過台中的勝家，擔任裁縫教師。據其回憶錄，顧客擁有二十五次的免費教學，但若要到府授課，就要自負老師搭火車或人力黃包車的車馬費。二〇年代，還少有女人騎腳踏車，謝雪紅已經騎著趴趴走，也騎去顧客家上課，因為顧客可以省下車馬費，很喜歡指定她當老師。

勝家為二十世紀初期的台灣帶進美式經營法，除了分期付款、免費試用，還採週薪制，謝雪紅說，勝家的待遇「比一般日本人的公司稍好」。她一九二一年底剛上班時，週薪四塊多，已相當一位警察的薪水。

另一個歷史上與勝家有關的人物是陳啟川，他出身高雄製糖的豪族，娶了五個太太，戰後當選過兩任高雄市長。一九二九

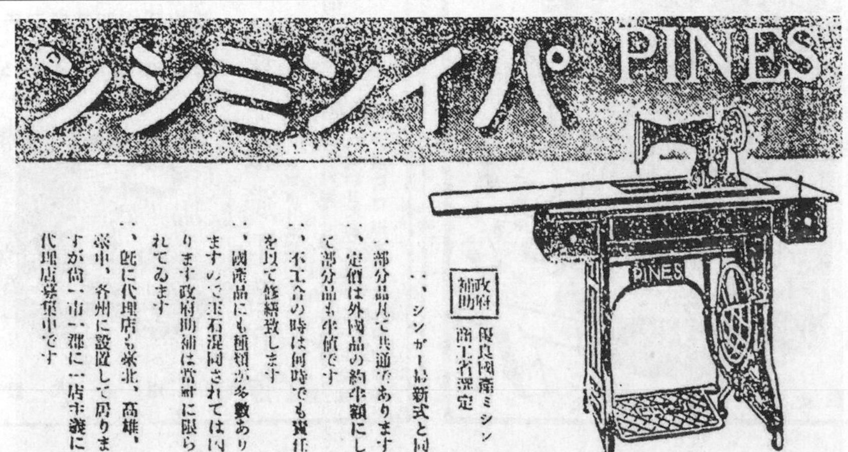


從廣告來看，當時的裁縫車品牌除了勝家，日本本土品牌也不少。

廣告表示

**上圖**｜台北城內的洋服店
把裁縫車擺在店前最醒目的位置。
**右圖**｜圖為南二女上裁縫課的情形。
**下圖**｜日本時代，
高等女學校的課程就有裁縫。

那年年底，早上九點半，三十一歲的陳啟川開著自家房車，車牌「高２２２」，載著小妾，依當時規則靠左行駛，卻已經超速。開著開著，突然，左側路邊靜止的牛車突然動了起來，陳啟川立刻方向盤往右一轉，沒想到擦撞了對面來的腳踏車，男騎士頭破血流，當場斃命。這位騎士正是勝家的日籍職員，前一天才剛找到工作，跑高雄地區的推銷業務。此時，他十四歲的長子趕來，也只能抱屍慟哭。

日本時代，勝家員工踏遍全台，留下不少故事，雖有悲劇，也有歡喜結局。八十三年前的三月天，三十三歲的勝家裁縫教師李鳳出差上課，傍晚回程路上，到豐原觀音山附近，高處傳出嬰兒哭聲，原來是相思樹上有個袋子，裝了一個男嬰和煉乳，分明是棄嬰。雖然通報警方處理，不過，小男孩最後被好心的勝家裁縫師抱回家扶養了。

完

## 一九〇九年（明治四十二年）

### 三月二十七日

**廣告表示**：早在一九〇九年，勝家就刊登招生廣告，教授如何使用新式裁縫車。

圖工及筆耕試驗ノ上採用ス希望ノ者ハ履歴書携帶來ル三月三十一日午前八時當部ヘ出頭セラルベシ（但具筆墨硯等携帶ノコト）

但シ圖工ハ日給五拾錢以上壹圓五拾錢迄

筆工ハ五拾錢以上壹圓迄ヲ給ス

三月二十五日

臺灣總督府陸軍經理部

講習生募集

四月五日ヨリミシン裁縫講習所ヲ開ク詳細ハ本講習所ニ就キ御承知ヲ乞フ

臺北北門街二丁目二十三番戸米國シンガー裁縫機械會社臺北支部內

ミシン裁縫講習所

本會第四回大會來四月三日午後四時勅使街道梅屋敷に於て開會終て懇親會相催候間御出席相成度此段會員各位へ御案內申上候

懇親會費金貳圓五拾錢御出席の有無三月三十一日限總督府稅務課內高橋龍之助野呂寧宛御通報の事

臺灣土地調查記念會

夏物

流 麻

鯱印

右ハ左記商會

# 一九一二年（明治四十五年）五月十六日

廣告表示：一九一二年，勝家分店遍及全台，遠至嘉義、屏東。廣告說勝家裁縫車可以免費試用，買就送免費教學。

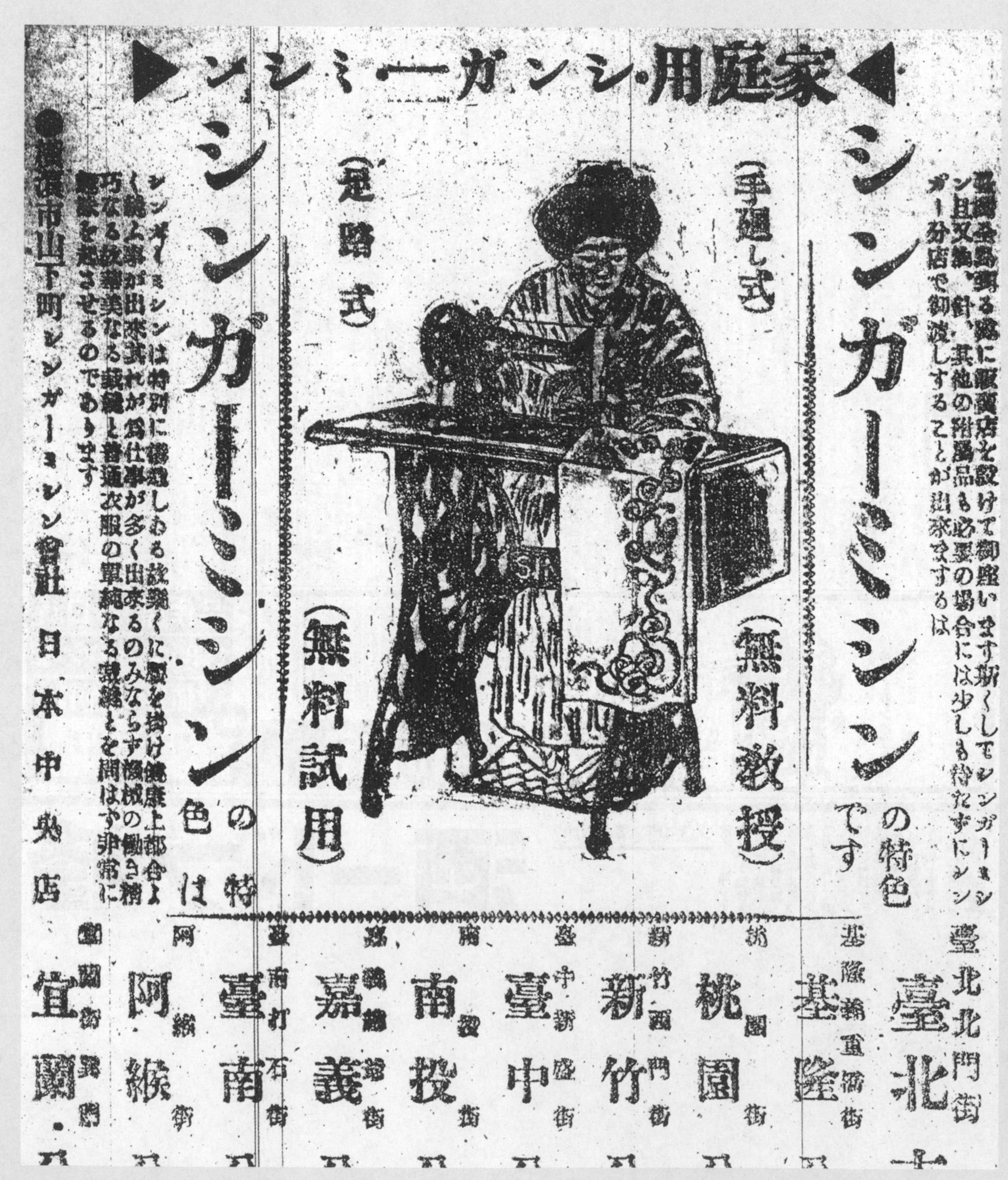

# 一九三六年（昭和十一年）

## 五月

## 二十六日

**廣告表示**：「蛇の目ミシン（Jano-me Sewing Machine）和勝家的型號相同，價格卻只有外國品的一半」，廣告同時載明急徵代理店的訊息。

南海の虹 (3)

北村小松作　小林秀恒畫

新日本の傑作品

型はシンガーミシンと同じ

値段は舶來の半値！

陸軍省御用　文部省御推奬

海軍省御用　各女學校採用

國產 蛇の目ミシン

帝國ミシン株式會社

臺灣總代理店 南國公司

體力を蓄積せよ！

蜂ブドー酒

# 一九三六年（昭和十一年）

## 五月二十六日

廣告表示：日本本土品牌PINES裁縫車，其代理店設在台北東門町，即捷運東門站連雲街一帶。

業といふ
異身同體
互間の感
い、何と
てしまひ
緩和のた
氏が代表
談を試み
緩和して
依り結局
九月三十
延長して
適宜に手
が、貨物
かつた模
幅に採み

してゐた

**東京株況後場**

【東京二十五日發】雜株の物色買が引續き行はれてゐるので後場の短期諸株は賣物一巡に下支へとなつた、短期新東は百三十三圓五十錢と三十錢高に寄り三圓三十錢を安値に引際小堅く三圓七十錢と高値に大引、新鐘、人絹株等も商品界落付に小戻り日魯、日石一圓内外高、東電は六十二圓二十錢の高値を現はした

**大株雜觀**

【大阪二十五日發】議會懸念も解消し開會後の一相場を期待してゐたが弱氣は一段と崩上げた折柄米濠の關税引上げと同時に形勢一變反動模樣となり貿易の前途懸念に買氣萎へ遅馳せの嫌氣投げ頻出して大體下押したが雜株は低金利を背景とする押目狙ひの買物存續から弱氣筋の利喰現はれ再び小康狀態となり新東も今朝一歩安値を附け五圓棒を入れた後戻り足に轉じて來た

**絲況**

大阪綿絲

PINES
パインミシン
政府補助
商工省選定
優良國産
株式會社パイン裁縫機械製作所　東京瀧野川
臺灣營業出張所　池上三藏　臺北市東門町二三六
既設販賣店ハ全島二十數ヶ所アリマスガ主ナルモノ左ノ如シ
臺北市表町　水木敬二
高雄市湊町　平井秀東
臺中市榮町　吉本繁
（販賣店募集）
模造品ありマークとミシン名に御注意

日光ペン
切手四錢封入見本請求乞ふ
◇全國文具店に有り◇
東洋精鋼會社
東京市小石川區丸山町一六

汗ばむこの頃　お出かけ前にはゼヒ一滴

廣告表示

# 日立

## 日立（ひたち）

單聽日立冷氣的廣告詞，「日本進口，非常非常稀少」，就知道日立這個品牌來自日本。但是，日立的「日」意指日本嗎？「日產」汽車源自「日本產業」，日產之日是日本，但日立之日不一樣，指的是「太陽」。

另外，常常有人列比日立市和豐田市，說兩者都是兩大工業集團進駐而發展出來的城市，事實上，其中仍有點不同。豐田汽車因創辦人姓豐田，會社才稱「豐田」，最初工場設在舉母，因豐田會社大發展，才以公司名改稱豐田市。但是，日立最初的工場設在日立村，以地緣命名，所以是先有日立村，才有日立公司。後來，日立壯大繁榮，當行政區變更和升格時，便以日立為市名。

追溯日立的源頭，要從日本戰國時期的十七世紀說起。日本民間故事裡也有一位包青天，人稱「水戶黃門」，他是德川家康的孫子德川光圀，分封領地「水戶藩」。有一天，水戶黃門站在今天日立市的一座神社，目睹朝陽從海上昇起，讚嘆此景為領地內第一」，這話原文「朝日の立ち上る樣は領內隨一」，截取了朝陽昇起「朝日の立ち上る」的兩個字，就跑出日立村的小地名來了。

到了一九〇五年，久原房之助買下日立村的礦場，他將礦區的原名「赤澤銅山」改為「日立礦山」。在這個採礦公司裡，久原老闆找來東京大學畢業的小平浪平主管電機部門，一九一〇年，小平浪平造出日本人自製的馬達，意氣風發，隔年便在久原的集團下創設了「日立製作所」，一九二〇年則完全獨立，脫離久原財閥。

日立最初來台設點的時間應是 1938 年 10 月 10 日，其台北辦事處設在大阪商船會社的辦公樓房內。

三〇年代，日立的機電器械已輸入台灣，由台北知名的共益社代為銷售，臺灣製糖會社曾買進日立的真空幫浦。共益社專營機電工程設計與施工，也販售各種鋼鐵與建築材料。

等到一九三八年，日立就自己來台灣設點了。當時在台北火車站正對面有一棟新落成不久的建築，雖然三層樓不算高，立面卻約大稻埕普通店面的六、七倍寬，隸屬「大阪商船」會社。十月十日，日立製作所五位員工就進駐三樓，成立臺北販賣所。

那時候的日立，雖然已經有能力製造電冰箱，但以一九四〇年的廣告來看，賣的並非電冰箱或冷氣，而是工業馬達、電鑽、電動幫浦、鐵管接頭和電動「熔接機」，跟一般民眾生活還有一段距離。

完●

# 一九三六年（昭和十一年）十一月十五日

廣告表示：日立雖然已經有能力製造電冰箱，不過，從戰前的廣告來看，賣的並非電冰箱或冷氣，跟一般民眾生活還有一段距離。

り通過が
ら軍司令
れる

間に何折
は留保し
易局は之
商策の一
要，貿易
に至つた

談

が左の如

巡視だが
と感じた
察してゐ
たがその
で村民は
の氣分横
れ經濟力
に見受け
三十年も
村になる

にするかについては未た何等
慮して居ない、將來東部兩廳を
一丸として州制を施行すると云
ふ問題は要するに
經濟力の如何によつて解決
せらるべき問題である、即ち州
豫算の半額以上を負担し得る經
濟力が必要なのである、人口が
如何に多くても經濟力が伴はね
ば資格がない訳である、次に臨
海道路、鋪装問題は現在でもそ
の一部分は実施して居り今後も
毎年幾分宛やる考へである

## 招待茶話會
### 臺東公會堂で
### 長官知本へ

【台東十四日發】東部地方初度巡視の森岡總務長官は廳界に於て廳長代理藤田庶務課長、諏訪警務課長の出迎を受け十四日午後三時三分台東驛着、プラットホーム及び驛前大通りに堵列出迎への官民有志各團體学校生徒に對し夫々答禮し直ちに台東神社に正式參拜後廳に到り藤田庶務課長より管内概況報告を聽取、官民代表者二十四名を接見、それより郷土館を參觀して分遣中隊を訪問、開導所、東部農事試驗場を視察、午後五時台東公會堂に於て廳下官民八十名を招待茶話會を開き新任の挨拶をなし同五十分これを終了して台東發六時三十分知本溫泉に入つた　尚十五日は午前八時知本發自動車にて南廻り道路沿線を視察し大武經由で四重溪に向ふ筈

に［illegible］此補償は同時に四角張らぬ形での上意下達にもなり大いに有意義であり所期の効果を收めてゐる▲今日課長にまでなつてゐる連中は總督の頻繁な更迭期を経てゐるので或者は七代位の總督に仕へてゐるが、此種の企ては過去に於ても皆無ではなかつたが、時節柄といひ雰囲氣といひ今日の如くぴつたりした事は無くその点課長連大に滿悦してゐるらしい、更に竿頭一歩を進めて少壯事務官にも及んだら淸新の興趣溢るといふ所であらう▲官規振粛の通牒に歴代總督も折に觸れ出してゐるが、現總督も十二日付で之を發した、總督長官更迭等の過渡期に於ては色んな言動も行はれる事でもあるから特にその必要もあるべく、併し又官吏の側でもその以前に自發的申合などが行はれてゐる所もあり、府の高等官食堂でも官用自動車の濫用禁止の申合が爲され將來も行されてゐる▲官規の自發的粛正大に結構で、かくて吏道の刷新、事務の能率も大に芽を吹いて來るであらう。

法人登記公告
●財團法人臺北仁濟院（變更）理事桑原政夫　田中國一　昭和拾壹年拾壹月拾日解職同日基隆市壽町參丁目八番地川添修平　宜蘭郡宜蘭街宜蘭字坤門壹八五番地貞方平一郎各理事ニ就任ス
［illegible］

十一月十六日より五日間



受託會社　株式會社臺灣銀行
委託會社　臺灣土地建物株式會社

## 一九三八年（昭和十三年）二月四日

廣告表示：日立雖然已經有能力製造電冰箱，不過，從戰前的廣告來看，賣的並非電冰箱或冷氣，跟一般民眾生活還有一段距離。

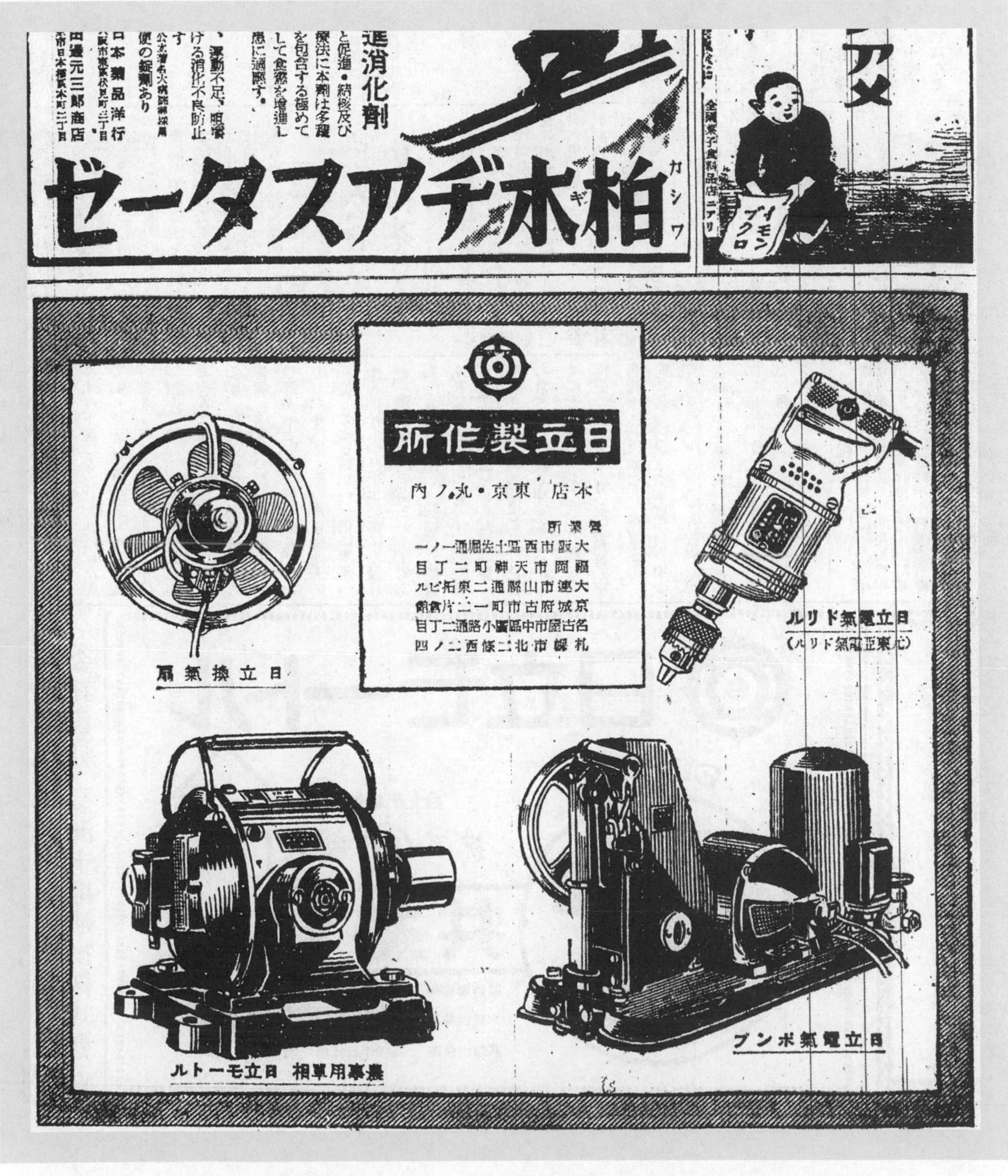

日立製作所

本店　東京・丸ノ内

營業所
大阪市西區土佐堀通一ノ一
福岡市天神町二丁目
大連市山縣通二東拓ビル
京城府古市町一二片倉館
名古屋市中區小路通二丁目
札幌市北二條西二ノ四

日立換氣扇

日立電氣ドリル
（元東亞電氣ドリル）

日立電氣ポンプ

農事用單相　日立モートル

# 一九四〇年（昭和十五年）十月二十四日

**廣告表示**：日立早期的主打商品是工業馬達、電鑽、電動幫浦、鐵管接頭和電動熔接機。

眞山青果全集
第一回配本
第一回日本文化賞受賞
元祿忠臣藏
內容
更に本書の特長は、著者多年の研究による得難い古版地圖、系圖、見取圖、其他參考圖版等實に三十五葉挿入!!

# 山葉

台灣人的音樂世界，YAMAHA是最響亮的品牌。

這幾個英文字母，我們念做「雅馬哈」，其實就是創辦人山葉寅楠的姓「山葉」的日文發音。

一八五一年，山葉寅楠生於和歌山，父親是德川幕府底下紀州藩的武士，負責天文事務。寅楠十幾歲遭逢時代大變局，幕府關門，各藩解體，他無法再世襲父親在藩內的身分工作，一個人離開家鄉到長崎，跟隨英國人學習修理西洋時鐘，再到大阪一家醫療器械製造店任職，一八八四年，又被老闆派到今天靜岡縣濱松市的支店任事。

有一天，濱松城旁濱松尋常小學校的風琴壞了，兩個月都沒有聲音，苦無專業修琴人，山葉寅楠被找去，他會修錶又會修醫療器具，總比一般人強。沒想到他一雙巧手，不一下子就修好。他看著風琴，心想這部美國製品要價四十五圓，若他來仿製，一台只要三圓；而且，明治政府推行新教育，小學必有唱歌課，學校都需要風

## 山葉（ヤマハ）

琴。山葉寅楠立刻和一個助手花了兩個月的時間，親手造出一部風琴。

不知不覺，山葉寅楠以濱松為基地，已一腳踏入造琴的世界，也讓YAMAHA成為日本國產鋼琴的元祖。

不過，山葉先生最早自製的第一台風琴，靜岡當地的學校反應有點不理想，他決定去東京找專家。那時候，他和助手一前一後，各扛扁擔一端，風琴吊掛在中間，兩個人走了兩百五十公里左右抵達東京。若換成台灣，大約已從台北走到嘉南平原。

傻勁是成功之母，山葉先生除了傻傻扛琴到東京，到了那裡，找到「音樂取調所」（今東京藝術大學前身）的留美教授伊澤修二「看診」，伊澤仍然搖頭，他還一股傻勁留下來，在那裡學了一個月的調音，填補不足。

一八八八年，山葉風琴製作所創立，一八九五年台灣落入日本統治以前，山葉已輸出七十八台風琴到英國，也賣到新加坡了。二十世紀初，山葉開始製作鋼琴，慶親王奕劻的長子載振遊日本時，訂了一部，山葉寅楠還親自去了一趟中國，給貝勒爺送琴。

至於山葉何時到台灣，目前已知的最早資料是一九一一年，台北西門的「上田屋」代理了山葉風琴。到二〇年代為止，上田屋可說是台北音樂界的重鎮，幾位音樂家

上田屋位於台北西門。

廣告表示●

# 一九一一年（明治四十四年）七月八日

**廣告表示**：日治初期，一位叫上田常吉的老闆開的「上田屋」，經銷山葉鋼琴與風琴。

組織「臺灣音樂會」，每天固定時間在上田屋授課，教鋼琴、小提琴、風琴、曼陀鈴、唱歌等，其中一位老師還是台灣第一位現代音樂家張福興。

一九二六年，山葉自己的「日本樂器製造株式會社」併購了上田屋的樂器部，設立「出張所」（分店），三〇年代更遷入台北最熱鬧的榮町（今衡陽路），山葉的名氣更廣為人知了。台北放送局（廣播電台）裡有個演奏室，來賓可以現場演奏，放送給台灣的聽眾，裡頭就購置了山葉風琴。

三〇年代山葉在台灣的廣告會強調，「為了孩子，非買不可」、「讓您孩子的情感美好、家庭和樂」，彷彿就是「學琴的孩子不會變壞」的戰前版，異曲而同工。

山葉除了賣風琴、鋼琴，口琴也是重要產品。一戰中，德國口琴被禁，山葉捉到好機會，開始製造口琴。二〇、三〇年代，台灣的山葉經常主辦或贊助口琴大賽和表演會，還有以山葉為名的口琴樂團。

鋼琴、風琴的琴身本是一項木製品，或許因為熟稔木材，山葉也介入家具製造，對三〇年代的台灣人來說，山葉不只等於音樂，也是時髦衣櫥、桌椅的品牌。我們現在為當年的山葉家具驚奇，那時候的人看到今天山葉機車滿街跑，也一定覺得很跳 tone 吧。

完

一九一四年（大正三年）

三月

六日

**廣告表示**：上田屋廣告山葉風琴與鋼琴，字體相當活潑有趣。

五拾圓券
至五八〇〇〇〇番　至六五五〇〇〇番
自九〇〇〇一番　至一〇〇〇〇〇番
自三二〇〇〇一番　至三四〇〇〇〇番
右償還元利金ハ來ル三月二十四日ヨリ當店又ハ各派出所ニ於テ仕拂可致候
大正三年三月
日本銀行臺北代理店

山葉オルガン
山葉ピアノ
鈴木ヴァイオリンマンドリン
西洋樂器一式　和洋音樂書
樂器目錄、書籍目錄は御申越次第贈呈可仕候
東京市京橋區竹川町十四番地
日本樂器製造株式會社東京支店
宮內省御用達　共益商社
特約販賣所
臺北新起街一丁目　上田屋
電話新橋三三二〇、三三二一番
振替貯金東京二一〇七〇番

書寫用　丸善最上インキ

一九一五年（大正四年）

十月十四日

廣告表示：標題寫說，為慶祝日本大正天皇即位大典，山葉推出紀念款鋼琴。

◎日本樂器製造株式會社鑒製◎

山葉 ピアノ 御大典記念品

山葉 オルガン

三木樂器店

御大典祝賀用

◎少年樂隊器（八人組）壹組金參拾圓

◎青年樂隊器（五人組）壹組金百參拾圓以上

特約店 新高堂書店

御大典の奉祝と記念

# 一九二九年（昭和四年）十二月一日

廣告表示：蝶印口琴也是山葉的重要產品。一九二〇、三〇年代，台灣的山葉經常主辦或贊助口琴大賽和表演會，廣告說，「口琴愛好者諸君，請踴躍參加」。

---

新任佐藤海……着任

大弓會

……以來大武官民間……層旺んとなり現……行しが廳裏に設……毎日練習してゐ……りをみるやうに

祭課演習

……二十八日午前九……射場に於て實彈射……が當日は秋空高……絕好日和であつた……より射擊上に對……より交互に行は……射手は遺憾なく……發揮した爲め昨……好成績を擧げて午……左記の入賞者に對……賞品授與講評があ

景品總數拾六萬本・一本モ空

聯合歳暮大賣

二景品券進呈・即時景品御渡

桑原醫院
臺北兒玉町二ノ一二 電三三六〇

御結婚記念に
最高級寫眞を
臺北京町二ノ角 電九九七番
江藤寫眞館

會葬御禮
男 吉田一正

會葬御禮
小西明

ハーモニカは蝶印
●ハーモニカ獨奏競演會開催
來る十二月十四日午後七時 於醫專講堂
ハーモニカ愛好者諸君奮つて參加せられよ!!
申込受付十二月五日限り 詳細は下記へ→
蝶印の代表品アップツーデート
山葉
臺北新起町
日本樂器出張所

筑紫漬（平貝柱味醂粕漬）
詩人白秋を生んだ水郷柳川名產！
下戸に上戸に得も云へぬ美味！
贈答用に殊に適し美裝罐入あり
發賣元 臺北市表町二ノ二 日田金明鑛泉本舖
御小賣 鈴木金明堂 電話二一八二番
藥種化粧品 有名海產諸貝罐詰品 一●一
桑枝煎（一升二合入）八十錢 一
（有名食料品店にて大賣出し）

一九三四年（昭和九年）

六月五日

廣告表示：山葉為推銷風琴，特別喊出「為了您的孩子，一定要購買一台」。

# 一九三五年（昭和十年）七月十八日

**廣告表示**：山葉在日本時代也是時髦衣櫥、桌椅的品牌，還能按半年分期付款。

南下
視察日程變更

十七日基隆入港の廣東丸にて來臺した衆議院議員團一行は同日臺北市内の視察を行ひ十八日午前八時半臺北驛發下り急行にて視察の途に就くが日程は既報のもの變更され左の如く決定した
衆議院議員團一行視察日程
△一八(木)前八・三〇臺北發(急行車內晝食)一一・五九淸水驛著(自動車、途中震災地視察)(沙鹿神岡)後二・〇〇臺中著(州廳訪問、西瓜檢査所視察)同四一〇臺中驛發(汽車)同六・四

人事

▲平山貢次郎氏(臺灣製糖專務)十七日吉野丸にて上京
▲中宮海軍中佐(馬公要港部參謀)十七日來北(夫妻)
▲岩本武助氏(衆議院議員の南洋視察團團長)外十三氏十七日來臺(鐵道ホテル)十八日午前の急行にて南部へ、一行の內三上英雄、福田寅雄の兩氏は二十日內地へ

佐太郎、三五公司小林正之介の諸氏其他、陳有學生多數、三等滿員督元氣、十八日午後一時半岸壁著の豫定(十七日新無電)

…に關して外交交渉
…人の打倒伊國熱を
輕視出來ぬために

…の由である、アメリカが從來の消極的態度を放棄して英國との協力を求むるに至つたのは同紛爭を對岸の火災視得ざる國內的情勢が發生したためと見られ消極的にせよアメリカが動き出したことは注目さる

月賦にも應ず
▲實演場 臺北榮町新公園入口
臺北市本町三丁目（電六三七番）明治旅館內
（現品　當地にあり）
株式會社　長谷川鐵工所

眼科　內科
台北市新起町三ノ五五電話三三四八
森醫院
森　三一郎

耳鼻咽喉科
台北市京町二丁目
宮島醫院
入院室完備
電話二〇六六四番

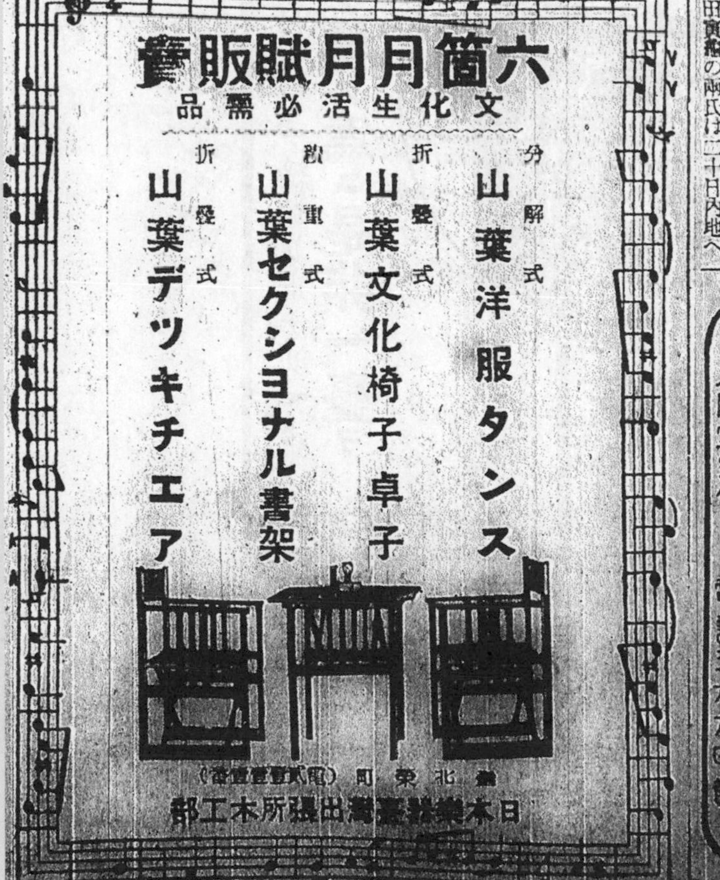

# 一九三七年（昭和十二年）一月十七日

**廣告表示**：標題強調，「讓您孩子的情感美好、家庭和樂」，彷彿就是「學琴的孩子不會變壞」的戰前版，異曲而同工。

御子樣の情操を美しく……

五十年の熟練技術
最新の科學的研究
完全無比の大工場
品質第一主義をモットーとする
製品……

山葉ピアノ

名實共世界第一流

御家庭を樂しく
明るくする……

金五百圓より金五千圓まで
現金・月賦規定御座候

日本樂器臺灣出張所　台北榮町　電二一一番

臺北唯一の仲介機關　旭屋
臺北市末廣町二丁目　電話八八番

## ●美津濃

台灣外來知名老牌子以日本居多，但說起體育用具，美國品牌反居上風；耐吉（NIKE）和紐巴倫（New Balance）都來自美國，前者創辦至今五十年，後者是波士頓的百年老牌。愛迪達則來自德國，也算老牌，已超過一甲子。歐美名牌環伺之下，日本唯獨美津濃（MIZUNO）可以並列了。

美津濃到八○年代才在台設分公司，名氣漸漸散播開來。但事實上，以日本時代的廣告滲透來看，美津濃應是當時台灣最有知名度的體育品牌了。



## 美津濃（ミズノ）

美津濃與運動體育的初接觸是棒球。十九世紀的八○年代，一位留美學生把棒球運動帶回東京，慢慢在日本流行。一九○三年，京都大學的前身第三高校的野球部和神戶的外國人在他們的吉田山運動場比賽，吸引了幾萬人觀戰。十九歲的水野利八是京都一家和服店職員，下班歸途，加入好奇伸長脖子的觀眾群中。他見識了什麼是棒球，並且愛上棒球。

三年後，水野利八和弟弟到大阪開設自己的商店「水野兄弟會社」，賣起手帕、毛巾、襯衫等小洋物，也賣起棒球和手套，這些東西都屬舶來品，日本還沒人自製棒球器材。一九一○年，水野把店名改了一下，「美津濃」正式登場；水野兩字的發音為MIZUNO，與「美津濃」發音相同，而前後兩字「美濃」正是水野利八家鄉岐阜縣的舊地名，既巧妙又有意義。

水野利八不只是個守在店內做生意的老闆而已，一九一三年，趁大阪的豐中運動場剛建好，他熱切主催了一場關西中學校際的棒球賽，有意參賽者，要到美津濃報名。聞名的日本高校甲子園棒球大賽即源於這場比賽，美津濃最可驕傲的歷史莫過於此了。

美津濃自此更緊緊貼著日本棒球運動的軌跡而發展。一九○三年，早稻田大學和慶應大學開始舉辦校際的棒球「早慶戰」，之後逐漸加入東京大學等其他四所學校，一九二五年演化成「東京六大學野球連盟」，到今天揮棒不懈，每年還在明治神宮球場揮汗開打。三○年代，美津濃就生產有六大學聯盟的指定用球，市價一顆兩圓。當時棒球用品昂貴，台灣女工採五天

# 一九二七年（昭和二年）六月六日

**廣告表示**：不只棒球相關用品，美津濃還銷售泳衣及各式運動服。

米國と取引を始める

臺灣の爆竹

本年度は二十萬圓を供給

有卦に入った臺灣爆竹會社

臺灣爆竹會社と米國シヤトルツト煙火會社ホイサン爆竹兩社は姉妹會社）との間に五の取引契約が成立して順次臺灣から米國に向け臺灣輸出する事となつた右は本島最初の試みで爆竹の海外之を以つて嚆矢とするので國の同會社はシヤトルに本いて紐育に支店があり香港も關係工場を有し從來爆竹支那から輸入し花火は技術於て世界的に認められてゐ花火を輸入し之等輸入額は百萬圓に上つてゐたが支那來動亂又動亂といふ狀態で不安多く又職爭用に爆藥をられ爆竹の供給は不足勝に……は契約高の三分の一位の供給に過ぎなかつたし



土砂を混入した不良品が……

に四日午後十時をかけ博士夫人を『主人が歸つたるやうに言へ、カリ外へ出したと穩かならぬ凄文ツリ切つたので直出た署では刑事をなさしめたがモシても言を左右に……を言はぬとかで、ある

モヒ中毒
酌婦
便所
歸り

大分縣東國東郡……當時基隆市社寮島……抱へ酌婦渡邊チヨ……十時頃市内草店尾……前を通り掛り便所……て同家に立入り此……つて家人の隙に乘……金側腕時計一箇……取したこと並に仙……

茶或台北的公車車掌工作兩天，才買得到一顆兩圓的美津濃棒球。

戰前另有一個大型國際運動會，一九一三年由菲律賓與中日兩國發起，中文稱為遠東運動會，日文稱「極東オリンピック」。一九三〇年輪到東京舉辦，仍然只有中日菲三國參加。美津濃沒錯過這一場運動大競技，大登廣告，舉辦了猜猜三國成績排名的抽獎活動。

美津濃的活力不止於此，如果一九三〇年到了大阪，還可以來一趟「觀光工場」之旅，大阪浦江町的工場大公開，可以親眼觀賞如何縫製出牛皮棒球。

二〇年代，台灣的報紙已經常見美津濃的廣告，這時候的產品不只棒球、球棒、手套、球鞋，還有泳衣、田徑賽跑上衣、運動短褲。依一九二八年的廣告所見，全台有二十七處可買到美津濃，即便花蓮、台東、鹿港、澎湖馬公也都有商店代銷。這些商店有的是百貨店，有的是書店，還有一家竟然是報社。

報館賣體育用品，在日本時代並不奇怪。台北最大的報社《臺灣日日新報》本身就另設運動器具販賣部，因自有媒體，登廣告不花錢，還成了日本時代最知名、最有規模的運動用品店。

完

# 一九二八年（昭和三年）五月十八日

**廣告表示**：從廣告右下角的分店資訊來看，全台有二十七處可買到美津濃，即便花蓮、台東、鹿港、澎湖馬公也都有商店代銷。

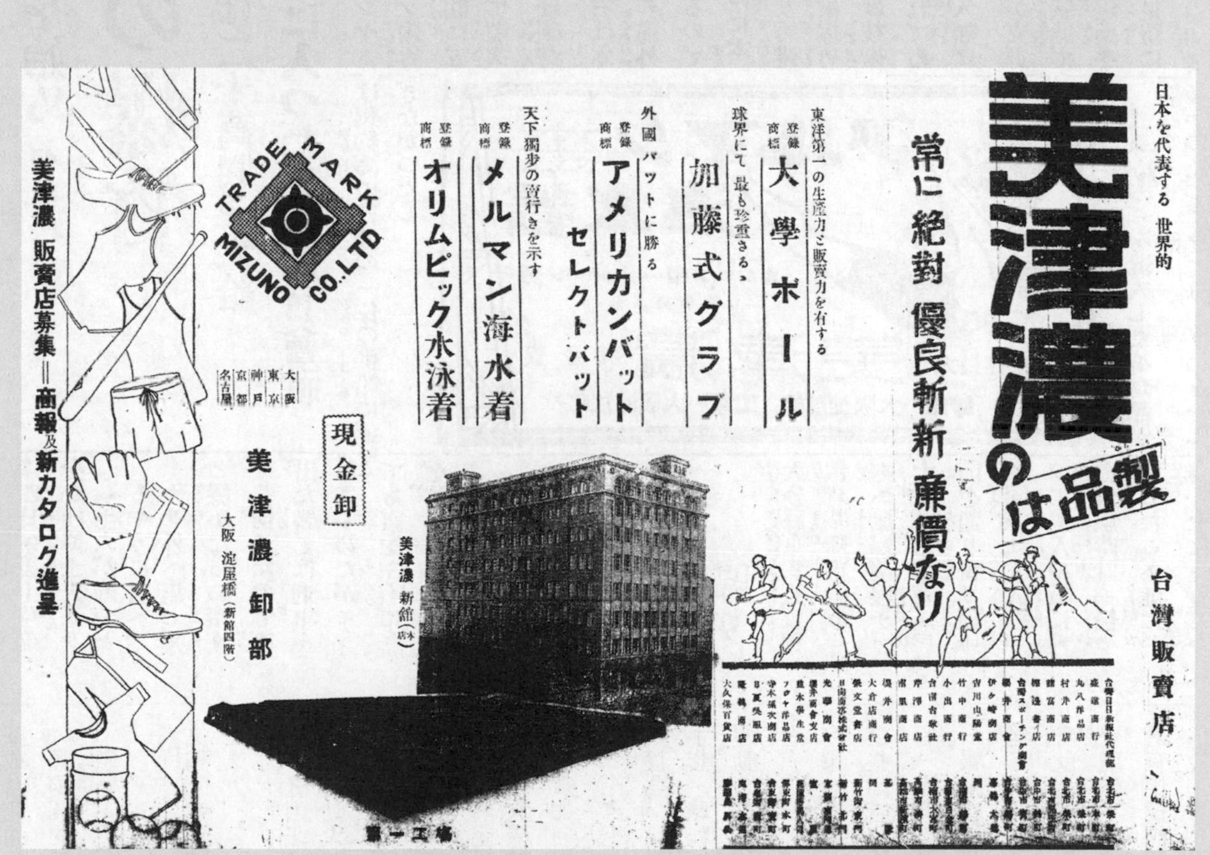

# 一九三〇年（昭和五年）

## 三月六日

**廣告表示**：美津濃的產品不只棒球、球棒、手套、球鞋，還有田徑賽跑上衣、運動短褲。

---

【福井五日發】福井市に於ける[illegible]、松井、猪野毛二派の選擧違[illegible]峻烈を極め五日迄に收容さ[illegible]の四十三名内市會議員六名[illegible]議員一名あり五日朝久中島市長を初め市會議員等五名を[illegible]調中である

### [illegible]産試驗船 白鷹丸 きのふ基隆へ

【電話】農林省水産試驗船白鷹丸（[illegible]噸數千三百二十七噸）が五[illegible]十時基隆に入港したその名[illegible]總白ペンキ塗りの優姿を大[illegible]に横附けした[illegible]から佐々波水産課長、與儀[illegible]、大熊技手、林兼商店支配[illegible]島爲吉氏その他が本船を訪[illegible]て船長中川甚藏氏外幹部に[illegible]を表し遠洋航海の勞を犒た[illegible]船は今回が新造後の處女航[illegible]速力十四節千四百馬力のデ[illegible]ル機關を設備し漁撈用とし[illegible]ーターボート四隻を搭載し[illegible]に鑵詰魚肥工場を有し總乘[illegible]八十名、内農林省水産講習[illegible]徒三十七名で十二月二十四[illegible]川を出帆し香港、新嘉坡か[illegible]ンガル灣方面を游弋し引返[illegible]

### 總損害數千萬圓

【巴里五日發】南フランスから[illegible]ロンヌ河上流地方に襲來せる百[illegible]十五年振の大洪水は四日夕以來所[illegible]を越したが死傷者極めて多數に上り總損害數千萬圓と概算された佛國政府は罹災民救護のため二百四十萬圓の臨時支出を可決した

### 東園公唱歌會

臺北市東園公學校にては來る六日（木曜）の同校創立記念日を卜し兒童唱歌會を催す由

### 臺灣クラブ 一水會 きのふ例會

【東京支局特電五日發】臺灣クラブ一水會では本日午前十一時より例會を開き午餐を共にしながら自由の談話に耽つたが五月雨氣分で内田會長を始め三十餘名の出席者に過ぎなかつた席上過般の總選擧に當選せる臺灣關係新代議士二十五名を紹介した

これを去る二十五日夕刊支局東京電報に比すれば七名の増加で[illegible]その氏名は中橋（石川）久原（山口）宮澤（長野）小山（和歌山）栗原（栃木）中谷（高知）佐々木（宮崎）の諸氏を數へてゐる、この二十五名を黨派別にすれば民政十三、政友十、國民同志一、革新一でこの二十五名の理解ある判斷は臺灣にとり重大なる影響を與へるものであらうと語つて[illegible]

[illegible]者百餘名[illegible]も二十數棟あり本年第一の大[illegible]は南佐久[illegible]の六尺に九尺のものでトラックに積んで運搬するほどの大[illegible]であつた（長野新聞）

# 一九三〇年（昭和五年）四月十七日

廣告表示：美津濃的棒球用品是代表日本的世界品牌。

## 習所開所式

【基隆電話】既報基隆國語講習所では十六日午後七時から第二公學校講堂に於て州深川内務部長加藤市尹以下臨席の下に開所式を擧行し、直に授業に取掛かつた

## 印度の反英運動

【電通ボンベイ十五日發】ボンベイ株式取引所は印度議會議長ネール氏が逮捕されたゝめ十四、五兩日閉鎖されたアーメダ・バッドでは外國品ボイコットを行ひ辯護士は擧つて法廷に出ず學校、工場及印度人の商店は閉鎖された

## 人轢き自動車

【臺南電話】臺南市西門町財元自動車商會南六二一號は十五日午後九時半頃本町四丁目で福住町一ノ三三城忠興（三）を轢き同人の右足脊その他數個所に治療十日間を要する負傷を與へ…運轉手郭江波は臺南署で取調べ中

---

上映決定

御期待の世界的大名篇大帝キネ超特作

何が彼女をさうさせたか

高津慶子主演　グレートスター　監督鈴木重吉　全十二巻

十九日晝間ヨリ公開

芳乃館

---

日本を代用する世界的　美津濃の

野球用品

大學ボール　硬皮　二、二〇　牛皮　一、〇〇

加藤式グラブ　八、〇〇

アメリカンバット　四、〇〇

野球靴　六、〇〇

野球アンダー　一、二〇

MIZUNO Official University League REG TRADE MARK

印ヒヅイ

TRADE MARK MIZUNO CO. LTD.

大阪 東京 神戸 京都 名古屋

美津濃

卸部　大阪淀屋橋

工場　大阪浦江町

電話本局　1560　1561　1106　1107　2151　2670

由自御覽御開公場工

# 一九三〇年（昭和五年）

## 五月九日

**廣告表示：**一九三〇年，第九屆遠東運動會輪到東京舉辦，美津濃順勢推出預測排名的抽獎活動，不管有沒有購買商品，都可以到指定店面參加，獎金最高有二十圓。

極東オリンピック大会記念
大賣出し

賣出期間　自五月一日　至五月廿三日

方法

一、極東オリンピック大會競技種目全般に亘り最後の優勝國名及第二位國名第三位國名を投票券の指定場所に御記入の上投函して下さい的中者多數の時は嚴重なる抽籤の下に各等級を決定致します

一、投票券は美津濃本支店及全國各地販賣店にて御買上の有無に拘らず一枚宛御渡し致します御指定投票以外適宜の用紙にて御投票下されても差支へ御座いません

一、投票期日は五月廿三日消印迄有効であります懸賞は最寄の店迄御送致ます故其所で六月十五日より六月末日迄の間に御受取下さいませ

發表　六月十五日號アサヒスポーツ誌上（但し等外は直接御通知）

賞品

一等　二十圓（美津濃商品券）　五人　計百圓
二等　十圓（〃）　五人　計五十圓
三等　三圓（〃）　二十人　計六十圓
四等　二圓（〃）　三十人　計六十圓
五等　一圓（〃）　五十人　計五十圓
等外　メルマン襷又は湯呑ミ（コツプ）三千人

美津濃本支店
全國各地販賣店

TRADE MARK MIZUNO CO. LTD

美津濃

總部　大阪淀屋橋
工場　大阪浦江町

電話本局　1580　1581　1106　1107　2151　2676

一九三五年（昭和十年）

一月

十一日

廣告表示：產品是通過一連串的實驗研究設計而成。

美津濃の

運動用品と服裝

新春を迎へて

セレクト科學研究所

～設置～

お客様の為に

絶へず商品の試驗をしてゐます

破壞抗張力試驗機

乾燥器

檢撚器

測厚機

日光褪色試驗機

強力試驗機

木材水分檢定機

摩擦試驗機

大阪淀屋橋

美津濃卸部

# 豐田 トヨタ

廣告表示

美國不僅是汽車製造的龍頭大國，一九三七年，美國社會也已經進展到四個人有一部車了。日本這邊，豐田汽車創辦人豐田喜一郎心想，將來有一天，日本也會發展到十個人擁有一部車。

豐田喜一郎很幸運，他有一位非凡的爸爸，讓他的大夢，可以踏出第一步。

喜一郎的父親豐田佐吉是木匠之子，未受正規教育，但他為發明而生，近乎自閉，不社交，每天把自己關在房間裡，唯有一枝鉛筆和一張紙陪著他。每天塗塗改改的日子，一九二四年，佐吉終於發明了自動紡織機，比舊式紡織機的生產力大幾十倍。世界最大的英國織布機製造商 Platt Brothers 拿出十萬英磅，買下豐田自動織布機在日本、中國、美國以外的製造與銷售權，這十萬英磅便成為喜一郎跨足汽車工業的第一筆資本。

豐田喜一郎先買了一部美國最熱門的「雪佛蘭」汽車，窩在紡織工廠一角拆解研究，幾年後，一九三六年，豐田車首度亮相，但亮相歸亮相，卻賣不出去。隔年日本侵略中國，陸軍需要大量卡車，拜烽火之賜，豐田倉庫裡的車突然統統出清。

一九三七年十一月三日，豐田汽車部搬出紡織廠，遷入專用的汽車工廠「舉母工廠」(今豐田市汽車廠)，豐田汽車把十一月三日定為創業紀念日。販售的腳步卻早已開始，在台灣這邊，臺灣銀行、臺電、臺灣拓植和杉原產業等大會社早在那年夏天合資創立「臺灣國產自動車株式會社」，準備迎接豐田。第一批汽車於八月下旬即已運抵入庫。

來台第一部豐田汽車進駐台北的中崙，因為這家代理商「臺灣國產自動車」佔地四千五百坪的維修工廠，設於中崙二三三番地。日本時代，朱崙、中崙周邊屬台北的「工業地帶」，有紡織等各式工場。

一九三七到三九年，美日關係漸趨緊張，但還未宣戰開打，美國車仍正常進口，從平面廣告上看，豐田的宣傳戰主打卡車，並標榜國產車，刻意與「外國車」比較，突出輪距小、價格便宜、省油等特點。

日本非產油國，一九三七年中日開戰後，喊出「一滴石油一滴血」的口號；省油不只是省錢，還意味著符合國策，確保「持久戰」的基本能量。一九三八年二月，豐田就和報社合作，辦了一場高雄到台北的四百四十五公里「走破」(跑完)，證明豐田的低耗油量。據報紙報導，測試結果驚人，一加侖可以跑到快十九公里，比外國車的十四公里要強許多。

夾著愛用國產的優勢，豐田在台灣銷售網鋪展順利，台北州警務部買豐田的救護車，花蓮鳳林郡買豐田的消防車，台北市的市營巴士也買進大批豐田客車。

日本時代，豐田隨戰爭開打而來台，隨戰爭結束而離台，但戰後輸出海外的第一部車又來台灣。一九五〇年，味全公司創辦人黃烈火搶先引進豐田，據其回憶，日治時期，台灣進口的日本車主要有日產和豐田，日產雖然名氣大，但車輛數不及豐田，他認為戰後初期當時的「豐田車在台灣佔多數，將來維修零件也是大生意」，於是鎖定豐田，拿下代理權。

完

**右圖**｜豐田喜一郎的父親
豐田佐吉是個發明家，
1924 年發明自動紡織機，
比舊式紡織機生產力大 30 至 50 倍。

**上圖**｜豐田喜一郎（前排右二）
於 1937 年獨立汽車部，
成立豐田自動車工業株式會社。

**左圖**｜豐田於臺北商工展覽會中
展出自家生產的汽車。

**左圖**｜隨著戰事擴大，石油缺乏，
30 年代後期台灣便湧出各類以木炭驅動的瓦斯車。
1938 年，豐田木炭瓦斯車試車，
從台北開到高雄進行長距離運行測試，
最後在高雄州廳前合影。

# 一九三八年（昭和十三年）二月五日

**廣告表示**：從資料來看，銷售豐田汽車的「臺灣國產自動車株式會社」昔日位於台北市表町二丁目，即今館前路上。

廻る天府輪
クチクと
懷中時計の臟腑を見れば

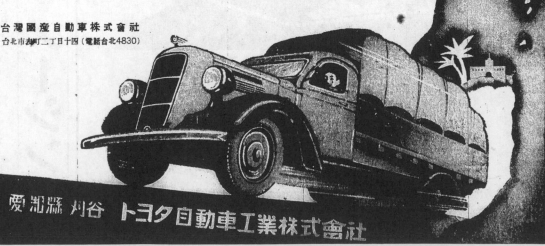

續 世界相場の心臟

定價五十錢
すばらしい大實行
今スグお求め下さい

国産トヨタ

日本人の頭と手で製作されたトヨタ・トラツクは我國情にピツタリ合つた性能を有してゐます。積載力の增大、機構の堅牢、燃料の經濟は申すまでもなく、潤澤なる部分品の供給を以て完全なるサービスを提供する眞の經濟車であります。何卒御愛用の程切に御願申上ます。

台灣國產自動車株式會社
台北市表町二丁目十四（電話台北4830）

愛知縣 刈谷 トヨタ自動車工業株式會社

# 一九三八年（昭和十三年）二月六日

廣告表示：豐田以繪圖說明因為只有製作費與組裝費，省去了中間的船運、關稅等費用，所以比外國車便宜。

# 一九三八年（昭和十三年）二月七日

廣告表示：豐田的宣傳戰主打卡車比同型的外國車輪距短，承重率高，比較經濟。

爽と歸り
夫も掻拂ひの常習者

本人も數日前員林街吳齒科醫院の自轉車を盜み永靖市場内にて白米一斗を失敬、附近住民の疏菜を窃取する等不正を働きすずしい顔をしてゐたのが警官の耳に入り小坂加茂、林、陳四刑事は躍氣となつて嚴探中の所去る四日午後十時頃家宅搜査にて眞相が判明した、陳清讃夫妻は目下引致されて取調べ中であるが女の自轉車窃盜を檢擧したのは全島でも珍らしくさすがの係員も舌を卷いてゐる

不衛生村
九十パーセント

講堂で家庭慰安を兼ねて學藝會を開催、軍國調タップリのプログラム四十番を繰つて興趣は絶頂し午後九時散會、父兄は大滿足の態であつた

國語講習所
研究會
十三日に開催

【台中電話】第五回州下國語講習所研究會は來る十三日午前十時より清水公…行はれる…

長及び職員等約一百九十名で當日の發表事項は次の通りである
一、國講の現狀に鑑み之が指導經營上刷新改善を要すと認むる具體的事項
一、戰時體制下にある時國講として採るべき具體的方策
一、國講修了者の指導法案

奉納武道大會
申込は九日限り

彰化市體育會では戰時體制下に迎へる意義深き建國祭奉祝行事の一として來る十一日午前九時半から武德殿で奉納武道大會を開催、大に民心を鼓舞し國民精神の昂揚に資することとなつた、開催要項次の通り

一、演武
△大日本劍道型△武德會柔道型△居合△銃劍術試合△柔劍道少年部個人試合△劍道團體試合△柔道團體試合△特別個人試合

二、團體對抗試合
1 出場團體は彰化市管内とす
2 選手は正選手五名、補缺二名
3 警察關係の正選手は二段以下有段者二名、無段者三名とし補缺は同等以下の者と交替することを得ず
4 劍道は三本、柔道は一本勝負とす

…を見るよりといふ事情でさうなれば市勢に依る料金どころかおッそろしく高いガス代となること必定▲今までが餘りに好過ぎたんだから之からは文明人的計量制度に多少訓練されるがよからう——と市當局もこんな見解らしい。

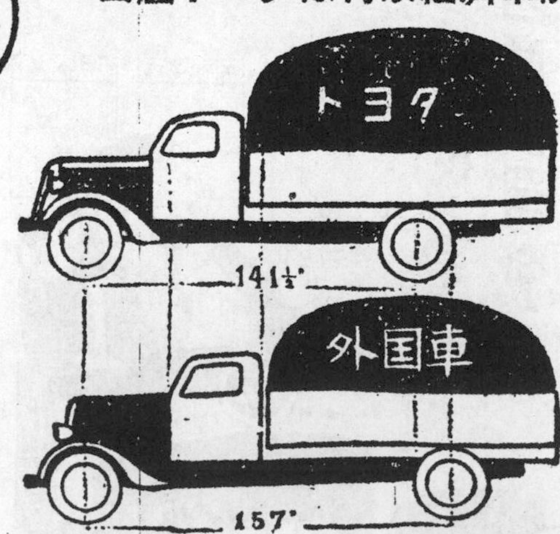
（問題その二）
國產トヨタは何故經濟車か
トヨタ
141½"
外国車
157"
（答）　積載力が大であります
國產トヨタ・トラツクはホイールベース（輪距）が141½吋で外國車の157吋型と同等の積載力を有して居ります。

グンぐ伸ばす酵母の力
帝大中村博士
專賣特許

# 一九三八年（昭和十三年）二月十二日

**廣告表示**：左右兩張圖形成強烈對比，用豐田車的公司業績蒸蒸日上；中間的日文意思是，「不管怎麼比較，都是國產的豐田比較好」。

な癩病患者
部を隔離
樂生院内に住宅を建設して
臺南州下から一掃

不足の教員は
内地から招聘
土屋視學が出張

電話賣買並金融

# 一九三八年（昭和十三年）五月三日

**廣告表示**：廣告用曲線圖示意，「同樣一加侖，豐田可以跑最遠」。

千萬擔に易々と突破

相馬半治氏談

三菱系の

隔世の感

（寫眞は相馬氏）

製糖 廿五年

十年間は維行苦行

移民事業の

社礎確立し

臺東製糖常務 重森確太氏

五十萬擔 社有地が特に多い

## 同じ1ガロンでも一番多く働くトヨタ・トラック

一滴のガソリンも切符がなければ手に入りません。此の非常時局に燃料節約の自動車を選ぶ人のみが勝つのです。トヨタ自動車は他車に比して3割以上のガソリン節減をなす事は、各種のテストに、毎日の事實に依つて裏書されてゐます。國產トヨタ・トラックを御愛用下さい！

トヨタ・エンジン性能曲線

臺北市中崙　臺灣國產自動車株式會社

愛知縣 刈谷　トヨタ自動車工業株式會社

# 日產　ニッサン

廣告表示●

老牌的汽車集團，福特就是福特先生創辦的，豐田就是豐田先生創辦的，甚至現任社長還是豐田家族的子孫，但是，日產汽車的起源及發展就不這麼一直線了。

一九〇〇年，移民美國舊金山的日僑送了一部汽車給皇太子，做為新婚賀禮，緊接著一九〇三年，日本開始進口美國的福特汽車，一股汽車熱醞釀起風；橋本增治郎原是一家礦業公司的主管，曾在長崎挖到煤礦，但是，他抱著更大的汽車夢，一九一一年轉換跑道，創辦「快進社自動車工場」，日產汽車即起源於快進社。

開業三年，快進社出產第一部車，取名「DAT」，獻給三位出資人。他們的姓分別是「田」、「青山」和「竹內」，英語發音為「Den」、「Aoyama」和「Takeuchi」，各取第一個字母拼起來，就是「DAT」。

其中，田先生跟台灣就有關連了，他叫田健治郎，曾任台灣總督，而且是第一位文人總督，之前七任都是軍人。

田健治郎先前曾是九州一家煤礦公司的社長，快進社創辦人橋本即在他的麾下。田健治郎幫忙出資沒幾年，一九一九年就奉派來台灣，任內做了幾件有意義的事，除了讓台灣人和日本人結婚合法化，自古以來給罪犯打屁股的刑罰，也被他廢止了。

到了二〇年代，「快進社」走入歷史，換上有時髦感的社名「DAT」登場。一九三一年，第一部DAT的自產車誕生，取義「DAT之子」，取名「DATSON」。但英文的son搬到日文，發音卻剛好跟「損」一樣，不甚吉利，於是隔年轉了一個小彎，改為「DATSUN」。台灣與日產汽車的初相遇，就是這部有「太陽」（SUN）的「DATSUN」。

不管是一九三一年的DATSON或一九三二年的DATSUN，「DAT」這家公司都已併入「戶畑鑄物」會社。戶畑鑄物的老闆叫鮎川義介，他同時也是「日本產業株式會社」的社長，這就埋下今天日產汽車叫做「日產」的原因。一九三四年，鮎川義介整合手中的各汽車製造工場，由日本產業株式會社百分之百出資買下，終於，走過曲折分合的路，統一為一個公司，「日產自動車」也誕生了。

鮎川義介的身世背景頗硬，明治維新的重臣、外相井上馨是他的舅公，岳父飯田二郎則是知名百貨公司高島屋的老闆。當鮎川從東京帝大機械科畢業，同學都穿著西裝去大公司上班，他卻隱藏身分，選擇進入芝浦製作所（東芝的前身）當工人，日薪才四十錢，星期天還得提著便當到東京近郊的工廠見習。

鮎川後來渡海到美國的工廠實地學習西方技術，他深深相信，只要工廠的組織、作業規則整備好，日本一樣可以製造汽車，對抗縱橫日本市場多年的福特和通用等美國大車廠。由於鮎川的信念與意志，日產成為日本第一家大量生產的汽車廠。

日產於三〇年代前期開始賣向台灣。初來的汽車由建成町（今長安西路兩側）「海野商店」代理經銷，店面還是紅磚平房，就像今天有「亭仔腳」的老街一樣。剛來的車款還是小車，模樣可愛，一台一台擺在成排的平房騎樓下，更襯托出時髦，也

**上圖**｜1930 年代中期，日產的小車一部要價 2,000 圓。
**中圖**｜當時 DATSUN 的車友還組成同好會，
圖為 DATSUN Drive 俱樂部在淡水海水浴場的合影。
**下圖**｜30 年代，台北社交舞廳的時髦舞女，
開著日產小車登上汽車雜誌。

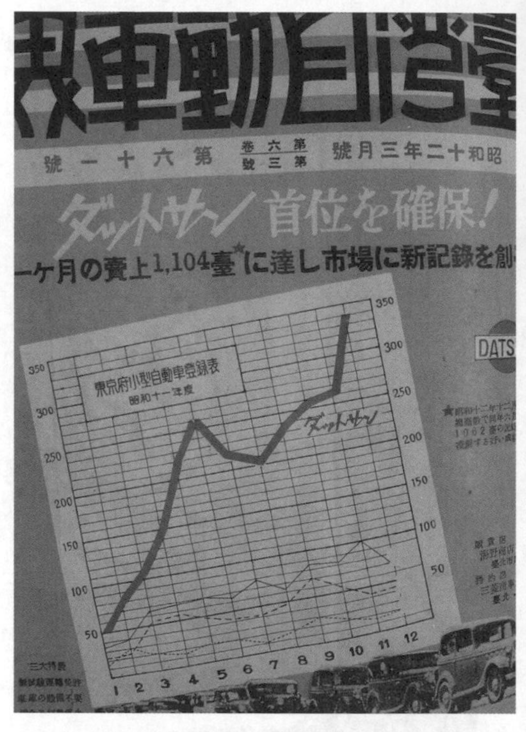


1936 年 3 月的雜誌封面指出，
小型車 DATSUN 的一個月銷售量
已衝高至 1,100 台。

難怪大稻埕穿長旗袍的藝妓和城區穿洋裝的社交舞孃，都忍不住跳上去體會駕乘的快感。

三〇年代中期，日產的小車一部要兩千圓，雖比美國福特汽車的三千五百圓便宜許多，然而當時薪水不錯的上班族，一個月才領三十圓，即便小車，買日產車仍是遙遠的奢華。

日產日益龐大，一九三七年年產大型車「NISSAN」一萬輛、小型車「DATSUN」兩千輛，於是，這一年在橫濱的總社開股東會時，鮎川義介拿出四號議案，另外成立日產自動車販賣株式會社，自己架設販路。隔年，這個新公司的專務（總經理）山本惣治便坐飛機來台，創設「臺灣日產自動車株式會社」，不再假手他人賣車。

完

# 一九三七年（昭和十二年）

## 五月

### 十五日

**廣告表示：**DATSUN（ダットサン）在台北舉辦為期兩天的新車發表會。

# 一九四〇年（昭和十五年）三月三十一日

廣告表示：NISSAN卡車與汽車廣告。

ニッサン トラック バス

臺灣日產自動車株式會社

北部營業所

南部營業所

臺中出張所

高雄出張所

臺東出張所

★完璧のサービス

東京・丸ノ内・日產自動車販賣株式會社

新鮮な若肌が！

簡單なお手入れで

素晴しい

化粧下

顔剃り後に

# 福特 フォード

廣告表示

現代人似乎必須經過學校教育，頭腦才得開發，才能發明或創作，但是，十九世紀跨向二十世紀初，沒有幾所學校，發明創新一樣如雨灑落，多不可數。

日本農村的木匠之子豐田佐吉關在家裡畫設計圖，發明了自動紡織機，賺了大錢，他的兒子接著創辦了豐田汽車。美國的農夫之子亨利．福特也一樣，沒念什麼書，靠自己摸索機械，一八九六年三十三歲，就打造出一部新型汽車。

此後，亨利福特開辦福特汽車製造公司，車款按英文字母推出，從A型車到B、C，再到F、K、N型車，等到T型車問世，銷售大成功，已是一九〇八年。台灣到一九一二年才看見第一部汽車在台北奔馳，跟福特汽車的因緣錄第一章，也就直接跳接T型車了。

一〇年代末，台北的汽車未超過五十台，台灣仍不見福特汽車的代理商。二〇年代以後，關係就熱鬧了。不僅遠至花蓮、嘉義、彰化有販售據點，一九二八年春天，甚至由台灣首富家族板橋林家取得福特總代理權。

板橋林家代理福特汽車的公司叫「日星商會」，老闆林熊徵同時也是華南銀行的創辦人。為了迎接汽車新事業，日星在今天靠近北門的中華路上建築了氣派的新樓。一開始，事業確實也很順利，在台北汽車不到一千台的年代，日星一個月可以賣出三十五部福特汽車。一九三一年，台北市要添購二十五部車，日本國產車只佔五部，卻向日星買了十部美國福特車。

日本時代，代理福特汽車的公司「日星商會」，在今天靠近北門的中華路上，建築外觀頗現代化。

好景難久，一九三二年三月有一天，日本福特總公司的美國籍副總竟然帶了幾個搬工，直闖日星的店頭，動手拆車子，即要搬走。日星趕緊找警察來，一時間，雙方僵持對峙，福特日本總公司宣稱，之前已通知日星終止代理銷售權，本來就可以拿走原屬於寄託販賣的車子；日星則主張，在營業時間來亂拆車拿車，根本是強盜。此一風波騷動，成了台北商界的熱門話題。最後，日星雖然找了三位律師力戰福特的一位律師，仍然敗訴收場。

不知道日星老闆林熊徵是節儉，還是「福特經驗」不佳，三、四〇年代，這位富豪竟然不以四輪汽車代步，而始終坐人力拉的兩輪黃包車。林熊徵身材肥胖，他的人力車要前有一人拉，後有一人扶，模樣與眾不同，總會吸引一群小孩跟在車後跑，一邊戲謔大喊，「阿肥哥哥、阿肥哥」，是戰前台北一個有趣的畫面。完

# 一九二六年（大正十五年）八月三十一日

**廣告表示**：用福特汽車配送包裹快速方便，而且故障率低，店家若用來送貨，客戶必定絡繹不絕；一台一千三百五十圓，從橫濱運送過來，在台北、宜蘭、彰化、嘉義、花蓮港、高雄等地都有代理店。

忙しく働らく速達車

經濟的の速達法は、フオード小包配達自動車に限ると、一般に認められて居ります。

フオードは御買上げに多額の金を要せず、日々の費用は僅少で事足り、且つ至つて故障の少なき車なれば、自然商店向きとして、人氣の旺なる譯であります。

フオードは取扱ひが樂で、速力も充分出ますから、晴雨に拘はらず、毎日定めの時間通り速達を實行して行けます。

殊に改良型フオード車臺は、一層價値を增加して居ります。

半噸コンマーシャル シャシー
（スターター及びバルーン タイヤ附）
金千三百五十圓
（横濱渡）

臺北　フオード特約販賣店　株式會社セール商會

# 一九二七年（昭和二年）
## 二月
## 二十六日

**廣告表示**：以「配送的花費過高，會吃掉營收利潤」做為標題，福特強調配送用車款定價至廉，且經濟實惠。仔細看，售價與前一年確實便宜了兩百圓。

**利益に喰入る配達費の問題**

**フオード配達車**を急ぎの配達に利用せられよ。その廉價、その德用、その堅牢なる構造は、配達費の節約となります。

配達機關を上手に經濟的に利用すれば、それは確に廣告ともなり、大に販賣を促進いたします。定價至廉の**フオード配達車**は、非常に能く働き、客先の氣受を良くして、買入れ値段に充分の戻りを見せます。配當の多い確實無類の小投資物とは、この事であります。

既に十年以上に渉つて、世界的に廣く用ゐられ、且つ再々繰返し註文に接して居る事實は、如何に**フオード**配達車が世界の商工界に珍重されて居るかの證據であります。

今回、新規取附けの**ホーリー**式熱板噴霧器（**ホーリー、ホツト、プレート、ヴアポライザー**）により、**フオード**配達車は、燃料一ガロンにつき四、五哩餘分に走りますから、從來よりも一層御德用になりました。

半噸コンマーシャル　シヤシー
（スターター及バルーン　タイヤ附）
金千百五十圓　橫濱渡

日本フオード自動車株式會社
橫濱市綠町四番地

（修理工場）副代理店　臺北　宜蘭　新竹　嘉義　花蓮港　高雄　基隆
臺北フオード特約販賣店　株式會社　セール商會

萬國各藥店ニ有リ

一番よくきく　アレ止は
クラブ美身クリーム
クラブ洗粉

テニス用
臺日靴

一九二八年（昭和三年）三月二日

廣告表示：福特新車賞車會的報紙全版廣告。

ツードア セダン
二千三百圓
いよいよ新フオード自動車が出ました
臺北市表町貳丁目八番地
（本日より五日迄三日間 株式會社セール商會に於て陳列公開）
詳細は今日最寄の特約販賣店にて
どうぞ！
フエートン
千七百圓
横濱渡
ロードスター
千六百七十圓
横濱渡
クーペー
二千三百圓
横濱渡
スポート クーペー
二千三百五十圓
横濱渡
フオードア セダン
二千四百圓
横濱渡
トラック シヤシー
千八百圓
横濱渡
弊社は數年前より此新車の製作に沒頭して居たのであります。此數ケ月間皆様は種々世間の噂を耳にし殊に此數日間には新聞其他の刊行物で色々な記事を目にされた事と思ひます。今日こそ何を措いても半日を割愛されて新車の驚くべき明細事項を御研究の爲に御來臨下さい。さうすると、新車が時代の要求に適應する様に立案され創造された全然嶄新優秀な自動車であつて、端麗、快速、靜粛、安全、經濟、乃至其の耐久性や乘心地等の點に於て、格安車として到底想像も出來ない無數の特徴を具有して居る事がハッキリと御會得が參ります。新車の出現は今日を以て自動車工業界に一新紀元を劃するものであります。何となれば新車は其外觀並に出來上りが頗る嶄新である而已ならず、其機械的設計に於ても亦空前のものであるからです。其傑出した特徴の大部分は全く弊社の獨創であり中には自動車機構上前人未發の新案も含まれて居ます。而して其低廉な價格は豐富な資源に由る大量製產の反映であり新車の公表と相俟つて劃時代的な壯擧として欣快に堪へません。
此卓越せる新車の背後には千五百萬臺の自動車製作に費した過去十九年間の貴き經驗が潜んで居り一方自動車工業界に冠絶せる潤澤な資財は新車の相續財產であり同時に生得權であるのであります。弊社は製產原料品に對する資源を所有し、一切の部分品を社內に於て自製し更に其の營業方針は薄利多賣を理想として居る結果新車は著しく低廉となりました。若し此の大方針に準據しなかつたならばずつと高價なものになる筈なのであります。
そこで皆様に切望致します。どうぞ良く新車を御調べ下さい。そして同級の他の自動車と、外觀美——乘心地——快速力——出足の敏速さ——自在な操縦——各速度に於ける好調——登坂力の強大——運轉費及び維持費の康少——比類なき耐久力等を御比較下さい。さうすれば必ずや今日は正に自動車工業界に一新紀元を劃した記念すべき日である事を乾度是認なさるに相違ありません。同時に皆様の御要求を滿足する自動車は此新フオード自動車であると云ふ事が御得心になります。
次の特徴に特に御注意下さい
低床優美な外觀、四種の塗色選擇御自由　時速五十五哩乃至六十五哩　非常に敏速な出足
四十馬力 四輪制動裝置　標準選擇式變速機　水平式震動吸收裝置
ガソリン壹ガロン當り二〇哩乃至三〇哩　盗難豫防の錠前　維持費の低廉と確實性
新フオード自動車の標準裝置
スターター　鋼製スポークホヰール五本　ウインドシールドワイパー
スピードメーター　ガソリンゲージ　ダッシュライト　後照鏡
リーヤアンドストップライト　オイルゲージ　グリース壓力注射器、小道具一式
日本フオード自動車株式會社

一九三〇年（昭和五年）

三月二十五日

**廣告表示**：福特新一代計程車（タクシーキャブ）分成五人座的標準型，以及可容納七人的改造款，價格相同，標準型還加裝了司機與乘客之間的隔板。

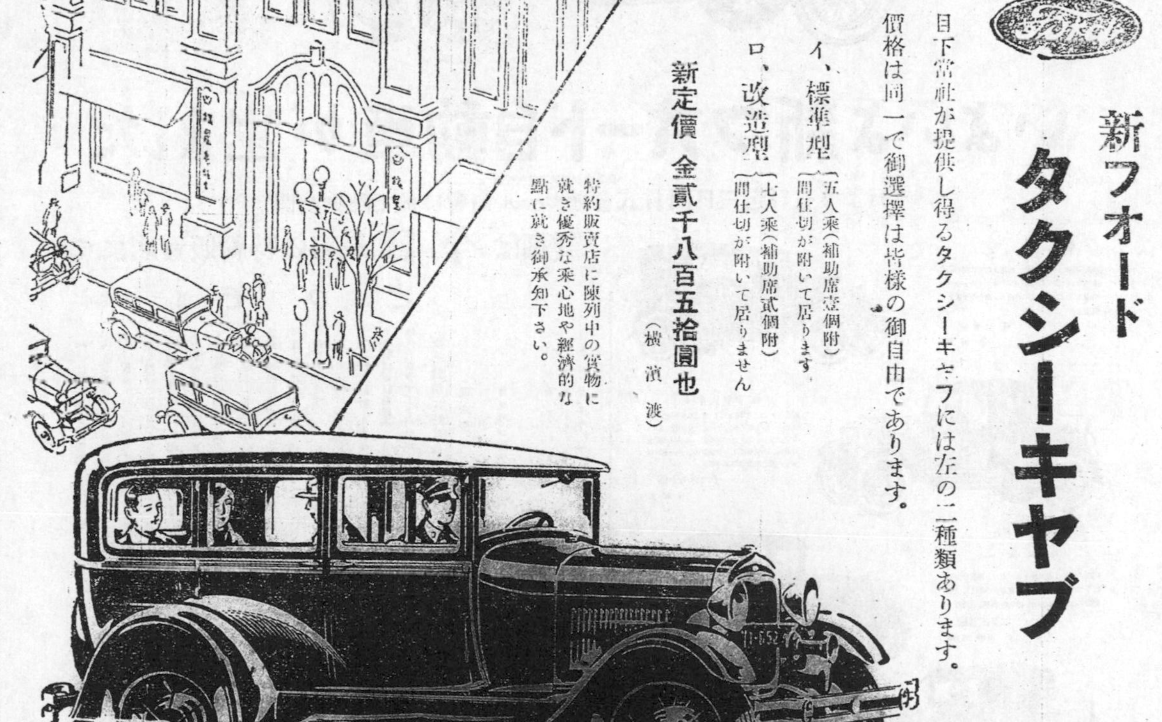

新フォード
タクシーキャブ
目下當社が提供し得るタクシーキャブには左の二種類あります。
價格は同一で御選擇は皆樣の御自由であります。
イ、標準型（五人乘（補助席壹個附）間仕切が附いて居ります
ロ、改造型（七人乘（補助席貳個附）間仕切が附いて居りません
新定價　金貳千八百五拾圓也（横濱渡）
特約販賣店に陳列中の實物に就き優秀な乘心地や經濟的な點に就き御承知下さい。
臺北特約販賣店　日星商事株式會社
副特約販賣店
臺北 臺中 臺南 花蓮港 高雄

## 一九三二年（昭和七年）十二月二十五日

**廣告表示**：從廣告左下的圖示來看，福特在結束日星商會的代理權後，交由日本自動車株式會社特約經銷，營業所就在後火車站。

### 特約販賣店新設御披露

今般臺灣に於けるフォード特約販賣店として日本自動車株式會社臺北出張所を指定仕候

就いては各位の御便宜を相計るべく新店舗を左記の場所に設置致しフォード製品の販賣及びフォード サービスに關して最善の努力を盡し各位の御滿足を期すべく存居候間何卒倍舊の御愛顧を賜り度此段御披露旁々御依賴申上候　敬具

フォード特約販賣店
日本自動車株式會社臺北出張所
臺北市上奎府町二丁目二十八二十九番地

日本フォード自動車株式會社
横濱　子安

Ford

### フォード特約販賣開始御挨拶

今般臺灣全島に於けるフォード特約販賣店として日本フォード自動車株式會社との間に契約締結を完了仕り候上は　顧客本位を旨として鋭意努力　大方の御期待に副ひ度存じ候間折角御愛顧御引立の程奉懇願候

猶　營業所を左記に移轉仕り候へども電話番號は從前通りに御座候條何かと御用命を賜はり度候　敬白

昭和七年十二月

北
東
西
南
建成町通
市バス停留所
日本自動車株式會社臺北出張所
專賣局煙草工場
大平町通
台北裏駅
台北駅表口
北門・臺北

フォード特約販賣店
日本自動車株式會社臺北出張所
新營業所　臺北市上奎府町二丁目二十八二十九番地
（臺北裏驛前）電話三八七六

# ●哈雷

## ハーレーダビッドソン

廣告表示●

步入中年，男人渴望再一次捕捉青春，讓他們「淪陷」的，有一種「誘惑」叫哈雷。

乍看哈雷機車公司的英文名「Harley-Davidson」，會以為與某一位叫哈雷的戴維森先生有關，其實，兩個都是姓，代表了兩位創辦人。中文名為「哈雷」，是讓另一個創辦人寂寞了。

哈雷和戴維森兩人小時即玩伴，哈雷大一歲，哈雷十五歲時還去腳踏車工廠工作，後來更精進，念了大學機械系。大學期間，類似賈伯斯在加州的自家車庫創立蘋果公司、組裝第一批蘋果電腦；一九〇三年，哈雷和戴維森也是窩在威斯康辛州戴維森家後院的木造倉庫，兩片木門簡單寫上公司名字「哈雷摩托車」，最後，他們就在不到五坪的空間，打造了第一部哈雷。

世界第一部摩托車於一八八六年在德國上路，而摩托車奔馳於台灣路上的最早紀錄是一九一三年。到了二〇年代，摩托車在台灣的角色豐富得超乎想像。商家騎來送米；郵差騎來送電報；警察也買來塗成紅色，方便取締交通違規；新竹的戲院請人騎摩托車到街上撒上海戲班的免費票；台北西門町的腳踏車店也開始出租摩托車，供人嘗鮮玩耍。一九二三年，日本皇太子來台巡視，更趕緊買了兩部摩托車供太子的警衛用。這些新時代的交通工具中，確知有名牌摩托車「印地安」（Indian），但不確定是否有哈雷。

就目前所得的最早資料，可確定的是一九二七年八月，台北城內一個姓「能勢」的人登了小廣告，說有新型十六馬力的哈雷要讓售，意者請電「二一〇〇」。

再來就是一九二九年，有人正式代理哈雷進口來台販售了。

代理哈雷的是台灣人，而且還來自嘉南平原。日本時代，絕大多數西洋品牌由日本商人進口，台籍商人進口哈雷可說是異數。這位奇特的商人叫林振源，家鄉雲林西螺，曾於一九一〇年代到東京念獸醫學校，一九一三年拿到總督府的執照，是台灣獸醫界的前輩。不過，林振源後來改做生意，三十五歲在台南市創立廣合洋行，代理美國的福特、Hudson和Essex等汽車，也進口摩托車。

三〇年代台灣的摩托車有許多歐美廠牌，哈雷和印地安最為普遍，屬車林中的一級品。汽車教練場也教騎摩托車，以台北最大的教練場來說，他們只教這兩牌的車子。

哈雷是今日男人狂野豪情的大玩具，過去的哈雷，也曾為台灣年輕女性展現摩登與不羈。前駐日代表羅福全的阿姨陳好有一本老相簿，貼滿大約一九三〇年前後的黑白照片，記錄的都是她在嘉義的絢爛青春。裡頭就有三張一組照片，她和一位年輕男孩與一位手帕交姐妹，共騎了哈雷。一下子他當騎士，一下子換她們駕駛；兩位女孩子還交換衣裝打扮。有一張兩位小姐的合影，只見羅代表的阿姨穿高跟鞋，襯衫打了絲質領巾，頭戴帽子和類似現代的大蛙鏡，雙手握著長長的哈雷手把。她的密友則坐在摩托車附掛的小車裡，穿著毛皮大衣，毛絨絨的領子和袖口，彷彿就是電影裡的豪門名媛。

完●

80 幾年前，前駐日代表羅福全的阿姨陳好一身勁裝，
雙手駕著相對雄壯的摩托車，摩托車前方油箱上可清楚看到哈雷的英文字樣，
堪稱是台灣的摩登女。

# 一九二九年（昭和四年）
## 五月十八日

**廣告表示**：在西方電影才會看見的載人三輪摩托車，一九二九年，西螺人林振源經營的「廣合洋行」已有進口，台北亦設有分店。

堅牢で安全
快速で靜肅
旣に定評あるハーレーダビッドソンは他に比肩し得るものを持ちません。
自信をもつて皆樣に御すゝめすることが出來ます。
型錄贈呈
部分品豐富
尙今回本島に代理店が設けられました
宜しく御記憶下さいます樣御願ひ申上げます。
MOTOR HARLEY-DAVIDSON CYCLE
東洋總代理店
ハーレーダビッドソンモーターサイクル販賣所
東京・大阪・大連
臺灣代理店
廣合洋行
本店 臺南市大正町三丁目六番地
支店 臺北市本町三丁目一番地


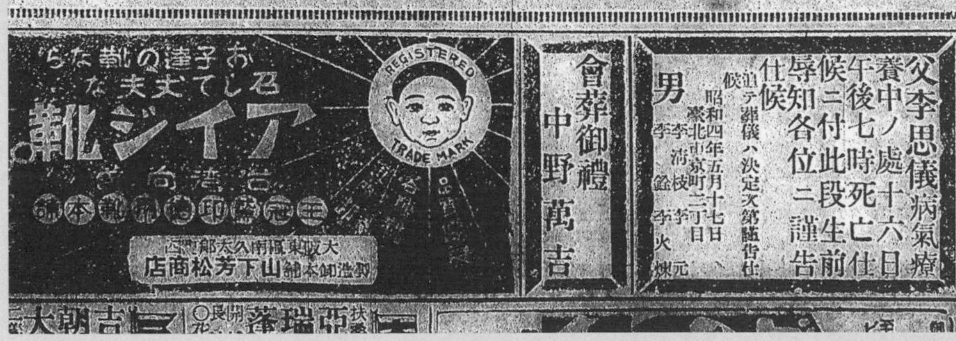

# 一九二九年（昭和四年）

## 九月二十五日

廣告表示：一九三〇年款的哈雷是劃時代的產品，並羅列出各種改良後的特徵。

# 一九三〇年式發賣!!

# ハーレーダビッドソン

一九三〇年型

| | |
|---|---|
| 一二〇〇 c.c. ツヰン | VS型 |
| 七五〇 c.c. ツヰン | D型 |
| 五〇〇 c.c. シングル | C型 |
| 三五〇 c.c. シングル | B型 |
| 一人乗サイドカー | LT及LS型 |
| 二人乗サイドカー | QT型 |
| 荷物用中型シャーシー | MC型 |
| 荷物用大型シャーシー | MWC型 |

愛乘家各位の御來店を歡迎。
御報次第實物供覧。
カタログ進呈。
部分品完備。

一九三〇年式ハーレーダビッドソン
劃期的大改良の主要點
二十馬力型の大改良!!

◇リカルドーヘッドモーターの採用……（強力二倍。迅速なる出足。機械的騒音の絶無／バルブ磨合とカーボン掃除の容易）
◇前、後輪及サイドカー車輪は着脱式共通……（パンク修理の時間と勞力が省く事絶大）
◇クラッチは摩擦板九枚に增加……（動作は輕快、磨滅は僅）
◇ブレーキは悉く擴張式大型採用更にサイドカーブレーキの取付……（制動作用絶對信賴）

各車共通の大改良!!

◇フォークはドロップフォーヂ鋼の新型……（强度數倍）
◇フレームの地上間隙增加……（如何なる惡路にも平氣）
◇盗難防止裝置の新設計……（路上の保管極めて安心）
◇ゼネレーター擴大、低速度に於て自動的發電增加……（夜間の走行安全）
◇サドルタンク新型……（サドル位置低下し極めて乘り易い）
◇リムは新型、スポークは太口……（從つて車輪は甚だ頑丈）
◇バルーンタイヤ……（大型二七吋×四吋／中型・小型二五吋×四吋乘心地は益々佳良）

以上の他尚數多き特徴を有す。

For 1930

東洋總代理店
ハーレーダビッドソン
モーターサイクル販賣所
東京、大阪、大連

臺灣代理店
廣合洋行
臺北市本町三丁目
臺中市驛前

# 一九三一年（昭和六年）
## 八月　二十八日

**廣告表示：**文案寫說，一九三二年的哈雷在內部構造有大幅度的改良，是一款三百五十cc的輕量車；此外，哈雷一千二百cc的機型備有獨特的倒車檔裝置。

# 一九三六年（昭和十一年）

## 七月二十三日

**廣告表示**：從廣告來看，日本哈雷株式會社除了自產七百五十cc的摩托車，也開始生產一千兩百cc的國產車。

明治（赤罐）

簡便で廉價な國産優良粉乳！

コナミルク

母乳の代用に！お料理に！

明治製菓株式會社

「あなた」「頭が痛い」「ノーシン」があるよ

國産 1200c.c.

一二〇〇cc型 運搬車 乗用車 各型

七五〇cc型 三輪車

型錄贈呈

弊社國産車一二〇〇cc型は國産の最高標準車であります、然もその萬能の性能、操縦の堅牢、維持の經濟は各位の御確認下さる處です。

ハーレーダビッドソン
モーターサイクル株式會社

東京・赤坂區溜池町二十番地
大阪・此花區上福島南一丁目
福岡・福岡市下小山町二十六
大連・紀伊町四十二

大阪商船

# 普利司通

# ブリヂストン

路上常可見到輪胎大廠牌「普利司通」的白底看板，橫著斜斜的黑色英文字「BRIDGESTONE」，唯獨第一個字母「B」左上貼了一枚紅紅的三角形色塊。現代感十足的標誌，卻載著超過八十年的歷史。

普利司通的來路有點戲劇性，日本老闆做輪胎之前是賣「足袋」的。

日本女人男人穿正式和服，除搭配夾腳的鞋「草履」，腳還要穿白色布襪包住，那雙白襪就是「足袋」。

創辦人石橋正二郎原來是成功的「足袋」製造商，會轉而生產輪胎，就好比做襪子的三花棉業，突然轉彎要投入輪胎業一樣，聽起來有點跳針。但對石橋正二郎來說，兩個截然不同的產品，卻有個共通點，都使用了橡膠。

1932年，普利司通在汽車專門雜誌《臺灣自動車界》刊登廣告，標榜「凌駕於舶來品之上，品質優良的國產貨」。

二十世紀初，石橋足袋賣得嚇嚇叫的時候，有同行開始幫足袋腳底縫上一片橡膠，變成一種新式鞋子，勞動者穿起來，比穿草鞋方便，但縫線容易磨損，不夠耐久。

一九二二年，正二郎的哥哥德次郎到東京逛三越百貨公司，買了一雙美國製網球鞋，石橋兄弟得到靈感，是否膠底足袋也可以不要縫，直接黏貼上去。正二郎馬上跑去大阪拜訪專業橡膠技師，再經轉介認識另一位專門技師森鐵之助，聘請到社研發。短短兩個月，就成功了。新創的足袋送給三井集團一千位礦工試用，結果穿起來走坡也不滑，頗受好評，隨即推出上市。現今日本稱膠底足袋為「地下足袋」，就是石橋兄弟當年給新商品取的新名詞。

二〇年代，石橋也開始生產膠鞋。當時，日本人已大量轉穿洋服，日式穿著減少，但搭配洋服的皮鞋又太貴，膠鞋因而有了存在的空間。一九二四年，三千坪工場燒燬，石橋重建一個大二十倍的新工場，並學福特汽車大量生產的模式，拉高產能，催迫自己把市場通路擴大到中國和朝鮮。

二〇年代中期，昭和時代已開始，日本更加現代化，汽車滿街跑，車主偏愛舶來的美國車雪佛蘭、福特、別克、道奇，連帶也愛用進口輪胎。石橋正二郎看好汽車成長的趨勢，國產輪胎是必走的路，有意投入輪胎業。身旁所有人都潑冷水，唯獨九州帝大的教授君島武男留過美，專攻橡膠製造，熱切願意合作一試。

一九二九年，石橋的足袋會社下，增設輪胎部，員工不再另找，全用原先做膠底足袋的同仁，並向美國購買生產機器。隔年，普利司通的第一個輪胎誕生了。普利司通非常重視這個生日，跟台灣人把時辰視為命運的密碼一樣，社史仔細記載，一九三〇年四月九日午後四點，第一號輪胎出生。

新生的孩子該取甚麼名字呢？西方的輪胎廠牌，從Dunlop到Goodrich，都習慣用創辦人的姓氏為廠牌商品名。石橋正二郎順應商場流風，也以自己姓的英文來命

一九三八年（昭和十三年）

五月二日

**廣告表示**：普利司通輪胎（ブリヂストンタイヤ）的老闆石橋正二郎，其實是從做日本布襪「足袋」起家。

ブリヂストンタイヤ

BS

絶大なる耐久力を有し

舶來品を凌駕する

優良純國產品

製造元　ブリッヂストンタイヤ株式會社

臺灣總代理店　臺灣用達株式會社

臺北市濱町貳ノ貳　電話參壹參貳番

名。「石橋」本該翻譯成「Stonebridge」，但考慮念音順口，前後對調，改為「Bridgestone」。

普利司通輪胎問世沒多久，就銷來台灣了。三〇年代初期，台灣出了一本汽車專門雜誌《臺灣自動車界》，一九三二年，年輕的普利司通就在這本雜誌刊登廣告，參與車界的蓬勃發展。依廣告所說，普利司通派了一位業務代表駐在台北市的本町（今重慶南路一段兩邊）。三〇年代後期，則由日本人會社「臺灣用達」取得台灣總代理權，這家公司位於今西門町、武昌街二段和峨嵋街之間。

現在知名的「台隆手創館」，由台隆集團第三代經營，其第一代創辦人黃崇西在日本時代就擔任過「臺灣用達」的主管。由於這段因緣，戰後，黃崇西的台隆實業自然成為普利司通輪胎的代理商，只不過，早年稱「石橋輪胎」，沒人知道「普利司通」為何物。

三〇年代的台灣，最常見的輪胎廠牌並非普利司通，橫濱輪胎（YOKOHAMA），才是汽車雜誌封面的常客。而來自愛爾蘭的老牌輪胎Dunlop的市佔率也極高，台灣人車商「張東隆商會」即有銷售。當年，普利司通可是後起之秀，仍在拚命「苦鬪」中。

完

山下傳吉
大阪市道修町三丁目
奥田回春堂
電話三三七
恩田潛龍堂
廣貫堂支店
岩本普及堂
丈尺量目ノ確實ナルコトヲ保證ス
臺灣一手販賣特約店
臺北 鎮西組本店 電話三六〇番
基隆 鎮西組出張所 電話二八番
臺南 鎮西組出張所 電話三八番
MURAI BROS. CO., LTD.
FINEST
Golden Colour
TOBACCO
TOKYO, JAPAN.
SUN-RISE
MURAI'S
SUN-RISE
TRADE MARK
CIGARETTES
MANUFACTURED BY
MURAI BROS. CO. L'T'D.
TOKYO, JAPAN.
我律列鬆來斯
胃病
胃弱諸症根治之良劑
最新
臺灣全圖
臺灣總督府官房文書課御編
定價

老牌子・到台灣
シニセブランド
時髦貨・新登場
ファッショングッズ
推銷術・新魔法
センデンジュツ

# 口香糖

## チウインガム

廣告表示

戰後，每個世代各有自己年少記憶的口香糖。

一九五〇到七〇年代，每個台灣小孩都知道中國華懋化學公司生產的白雪公主泡泡糖。一九六一年，白雪公主泡泡糖還首度外銷到港澳，五十萬盒在三天內就被搶購一空。當年商人見機，仿冒取利，市面上因而跑出一堆山寨版，銀河公主、金河公主、百雪公主、白雯公主，公主雲集，好不熱鬧。

排第二位的夢夢口香糖，出生於一九七一年，由一家與現在的統一集團無關的「統一糖果公司」和日本鐘紡公司合作生產。知名的箭牌口香糖則於一九七八年開始在台設分公司，兩年後，並與統一糖果公司開發本土品牌「飛壘」口香糖。

一般人可能不認為再往前的台灣長輩有所謂的「口香糖記憶」，但不少老先生受訪指出，小時候嚼過泡泡糖，有人還說，「那時有兩、三個牌子」。從出土的老廣告看，印象裡那一列口香糖隊伍果然幾十年排錯隊；殿後的箭牌才該站在記憶的最前頭。

箭牌口香糖創辦人威廉・瑞格理（William Wrigley）原來是「香皂之子」，爸爸在美國費城產銷香皂，他年輕時就必須駕馬車，載著香皂去各地兜售，批給小商店。一八九一年，十九世紀再過九年就要結束，二十九歲的瑞格理選擇在不同的城市自立，他去到芝加哥；當然，起步賣的還是自己最熟悉的香皂。

為了刺激買氣，瑞格理免費附送烘焙用的發粉。他很快發覺到發粉比香皂實用受歡迎，就改賣起發粉，拿口香糖當贈品，又發現顧客更愛口香糖，他立馬再換跑道，追上這項更熱門的商品。

當時美國社會一般人認為口香糖屬於「女性限定」的食物。這位滿懷壯志的年輕商人企圖打破既有的印象，打開年輕人和一般大眾的嘴巴，在一八九〇年代大做廣告，改賣口香糖。進入二十世紀，頭戴著棒球帽，嘴嚼著口香糖，已成為美國人的典型德性了。

一九一五年，箭牌口香糖登陸日本，宣傳箭牌是香菸的代用品。隔年，創立日本分公司，台灣也於這一年開始看見箭牌的報紙廣告。當時，台北賣洋酒洋貨的名店「石黑商會」取得箭牌的台灣總經銷權。

一九二〇年代，箭牌口香糖換了兩次台灣經銷商，廣告仍然不少，但內容還必須從口香糖的ＡＢＣ說起，一再強調口香糖是一種用嚼的糖果。

當時，到底多少人弄懂口香糖，吃過了

## 一九二七年（昭和二年）七月四日

廣告表示：戰前，台灣人早上愛吃的杏仁茶配油條，才需一錢。一包小小的箭牌口香糖一包卻要十錢，跟十碗杏仁茶加十個油條價格相等。

青箭，無從得知，然而，進入一九三〇年代，台灣本地製造的口香糖出現了，而且還能吹出泡泡。

森平太郎於一九〇四年在台北創設「新高製菓」株式會社，生產糖果、巧克力、牛奶糖，後來也推出泡泡糖，既是台灣第一，也是當時日本國產泡泡糖的先驅。

目前所見最早的新高口香糖廣告出現於一九三一年。商品名為「風船チウインガム」，也就是泡泡糖。日文「風船」意指「氣球」，似乎意在讓消費者更容易想像嚼口香糖是怎麼一回事。不過，新高製菓會社仍然必須鄭重其事，在廣告上教導「嚼食口香糖的方法」——「嚼一嚼，讓口香糖包住舌頭，然後輕輕吹氣，就可以吹出泡泡了」。

「森」家族以台灣為基地，生意愈做愈大，在東京、大阪和大連都有工場，台北工場則位於古亭，聘用不少台灣女性員工。從老照片看，長長的桌邊，圍著二十幾位婦女，如小學生一般，併肩坐長板凳，低頭摺著香蕉糖的包裝紙盒。從包頭的髮型，一眼就很容易辨識出是台灣女性。或許，這群台灣阿嬤在辛苦工作一天後，也會丟一塊泡泡糖進嘴裡，一邊走出工廠，一邊偷偷吹泡泡，慰勞自己的青春。

完

# 一九二七年（昭和二年）

## 十月十一日

**廣告表示**：那時候的廣告一直強調口香糖是「咀嚼的菓子」。箭牌還宣稱嚼口香糖可以把殘留牙齒的髒東西帶走，可以止渴、幫助消化、鞏固牙齦，更妙的是來上一片，就不怕暈車暈船了。

源一郎の語氣は案外強くなかつた。源一郎は、隆子の死に就て流石に氣が咎めてゐた。

いや、道德の良心のといふ點ではそんなに徹えはしなかつたが、史郎が若し此の家を出て行つて、謂ふが如き復讐を計る時、史郎は果してどんな手段に出るかを思ふと彼はひどく不安だつた。もし史郎がその事實の一切を公表したならば――？亡友の遺兒を育む親切を假面にして、その頼りない娘を毒牙に掛けたといふ不倫不德の振舞

## 一九三一年（昭和六年）十一月十九日

**廣告表示：**一九三〇年代初期，台灣開始有本地產的口香糖。新高牌口香糖特別在廣告中強調擁有世界的專賣特許，也就是專利權。

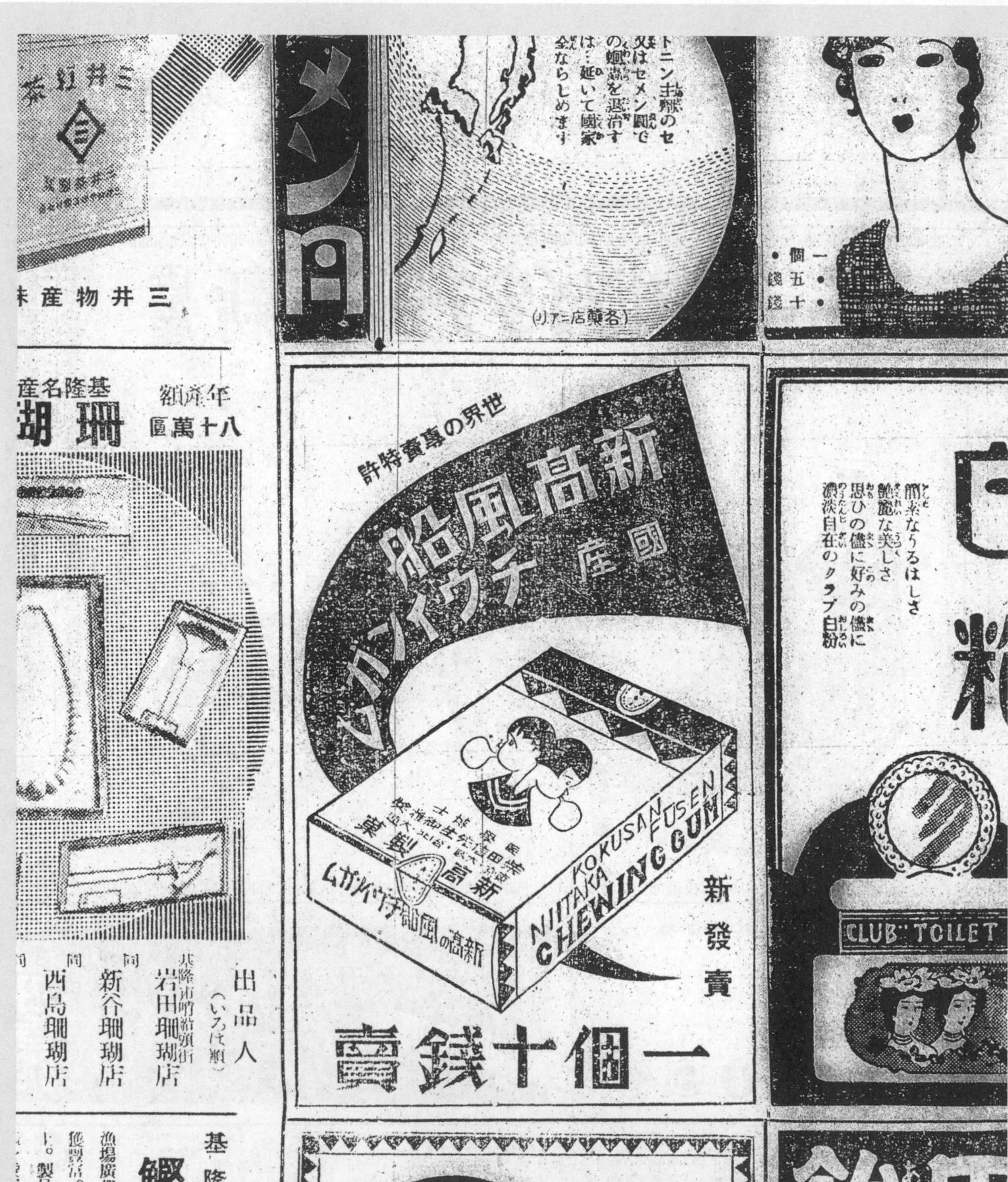

# 一九三二年（昭和七年）

## 一月

## 三十一日

**廣告表示**：新高口香糖廣告說，不論是旅行、運動、散步、看戲，泡泡糖好吃好玩，還能長時間享受這樣的好滋味。口香糖盒子上的圖案，讓大泡泡遮滿了嘴巴，非常有趣；不過上頭的英文拼錯了，多了一個I，應該是「CHEWING」GUM。

國產 新高風船チウインガム

醫學博士栗田信先生御推奬

專賣特許

たべて、おいしくふくれておもしろく、むしばを、ふせぎ、せらくわをたすく……

一包五錢

旅行に！運動に！散歩に！觀劇に！素敵 面白く長時間樂しめる

一ツ一錢

御贈答好適品

一日一錢で健康增進！

フクラマシ方

かんだあとのガムで舌をくるみ、そつといきをふきこみますと、ふくれます……

專賣特許 NIITAKA 國產

風船チウインガム

CHIEWING GUM

NIITAKA'S FUUSEN CHEWING GUM

Niitaka Seika Shokai TAIHOKU TAIWAN

臺北・東京・大阪・大連・新高製菓

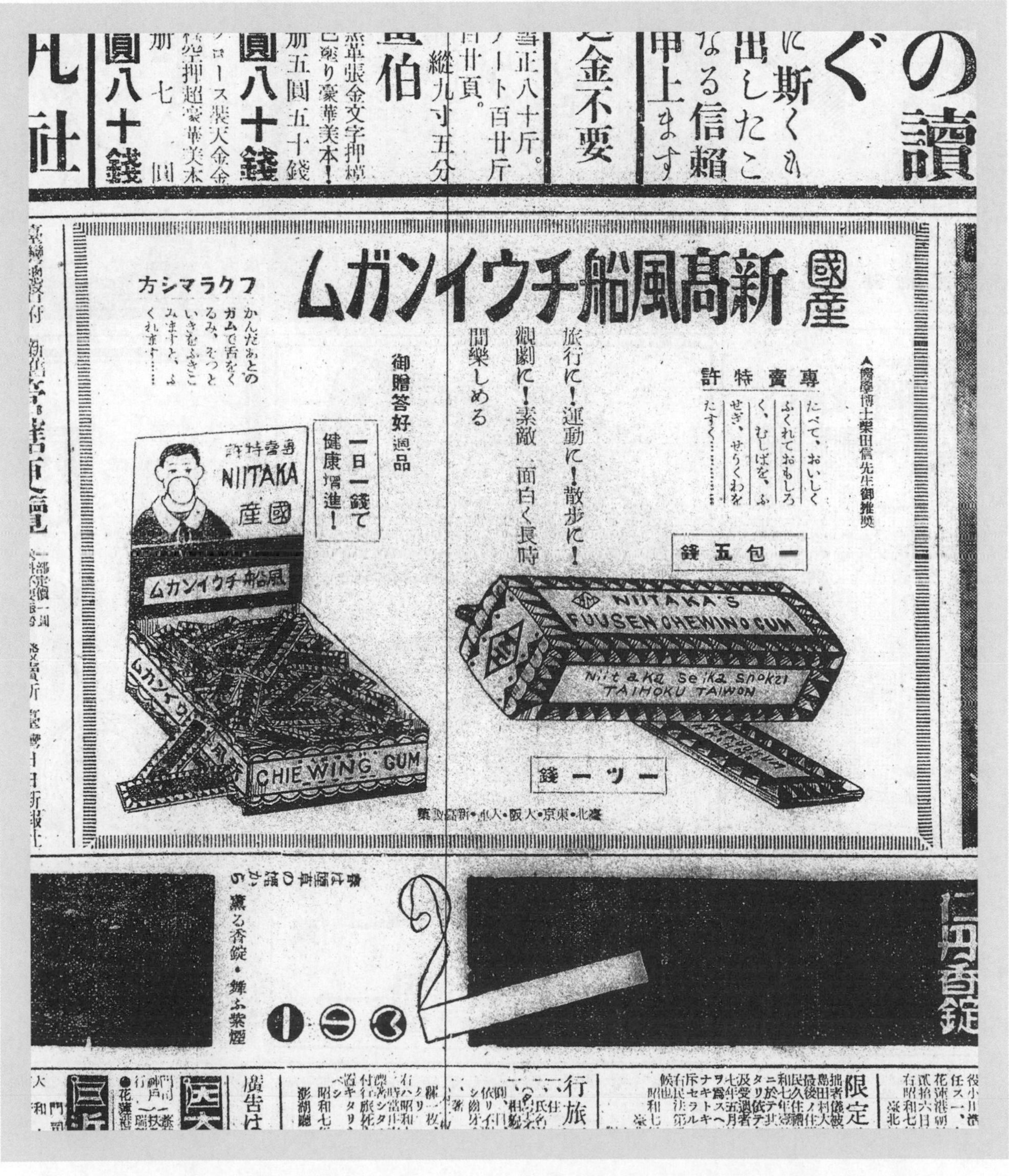

# 咖啡　コーヒー

廣告表示●

日本時代要喝咖啡，已經有很多場所與管道。首選去處，當然是咖啡店。依目前所知資料，台灣第一家咖啡店出現的時間可推到一百多年前。

一八九七年，「西洋軒」在《臺灣日報》登出廣告，除了賣咖啡，也賣西洋餐食、薑汁啤酒、香檳、葡萄酒、白蘭地，喝的巧克力，整體感覺頗似現在的西餐店或輕食店，但西洋軒在廣告的標題，明確定位自己是一家「歐風咖啡茶館」。

在西洋軒之前，台北已經出現好幾家西洋料理店。一八九五年六月十七日，日本開始統治台灣，當時的日本已全國總動員歐化快三十年，明治天皇帶頭吃牛肉、剪短髮也已經快三十年，跟著第一任總督坐艦來台的日本官兵也配帶有牛肉罐頭，因此，洋食店跟隨政治的腳步登台，並不意外。治台第一年年底十二月二十八日，就有一家叫臺灣樓的西洋料理店開張，比西洋軒還早一年多問世，但尚無資料可確證這些洋食店販賣咖啡。

西洋軒自稱茶館，這是日本明治時代對咖啡店的習慣稱呼，實則不賣茶。一八八八年，中國留美學生鄭永慶在東京上野便以茶館為名，開了「可否茶館」。可否字念做 kahi，意指 coffee，曾被認定為日本第一家咖啡店。後來另有人考證，比鄭永慶早十二年，東京淺草寺內就有所謂的「咖啡茶屋」；同樣以茶屋指稱咖啡店。

西洋軒的廣告以「西門外竹圍內」來標示地址，讀起來頗有詩意，但很難考證確切所在位置。一八九七年當時，台北還圍著石塊堆砌的城牆，尚未拆除，舊西門仍穩穩站在今中華路、衡陽路口。從西門走出城，可到艋舺（今萬華）。一八九六年的老地圖「臺灣臺北城之圖」，西門的圖案旁邊寫著幾個毛筆字「門外商家櫛比」。但這個熱鬧景象不能用現代眼光來揣想；不管城內城外，一目望去，除了有幾條矮矮的中式瓦房夾成的街道，仍是一片綠油油。無論如何，西洋軒所在的「西門外」不出今天的西門町，因此可以這麼說，台灣史上第一家咖啡店就在西門町。

巴黎最古老的咖啡店 Le Procope 超過三百歲了，伏爾泰曾在此振筆疾書，法國大革命反政府在此印傳單，有歷史的咖啡店總是有豐富的軼事可說。台灣的西洋軒，除了廣告，相關資料有限，目前僅從報紙新聞得知，一九一一年，店裡十六歲的夥計菱伊新五郎騎腳踏車撞了人。

一九三〇年代以前，市街上已經有許多咖啡店，但店內的「女給」（女服務生）可讓人摸來抱去，咖啡香裡混著風塵味。除開咖啡店，其實還有不少單純的場所可供領略這個西洋流行飲料。火車上就可以喝到咖啡。依一九〇七年的報紙報導，從台北發出的第一班火車六點半就燃煤出發，旅客「拂曉治旅裝。故或有未朝食者。或欲朝食而倉皇急遽者」，於是鐵道部準備在火車內賣咖啡和麵包。

走進臺灣鐵道旅館（Taiwan Railway Hotel），能喝到咖啡，更屬當然。鐵道旅館的建築與店號，早已隨二次世界大戰的砲火隕歿，原址代之而起的是今天台北火車站前的新光摩天大樓。一九〇八年開幕，隔年鐵道旅館的廣告就指出，套餐的最

鐵道旅館有紅磚外牆，屋頂架典雅鐵欄杆，
如戴皇冠，高貴而氣派，
是日本時代吃西餐最正式的地點，
北一女的學生也會來此學習西餐禮儀。

後，跟現在一樣，可選擇咖啡或紅茶。

台式大餐廳裡也可以喝到咖啡，最教人驚奇。一九二四這一年，東薈芳另設了簡餐型食堂「如意食堂」。說起東薈芳，可是一九二〇年代以前台北最頂級的兩家酒樓餐廳之一，不論是一九一一年，梁啟超從日本到台灣訪遊，或一九二四年，新台灣總督伊澤多喜男走馬上任，台籍紳商要人都是群聚在此，舉宴大開歡迎會。

如此的東薈芳，旗下的如意食堂開幕，便豪邁地把新菜單放到報紙廣告上，幾十種商品站成兩排，琳琅滿目。仔細看，有水餃、炒米粉，也有雞絲意麵。台灣風味十足的杏仁茶旁邊寫著「珈琲茶」。杏仁茶、蛋炒飯和清湯米粉都定價一角，咖啡也賣一角。

一九一〇到一九二〇年代之間，咖啡逐漸溢出咖啡店和餐廳，被運用到其他地方。一九一四年，報紙的家庭欄曾介紹，丟棄早上喝剩的咖啡太可惜，可拿來做咖啡寒天。一九一六年，在台北的府前街（今重慶南路）的日式菓子店「朝日堂」新發售一種雞蛋冰，報載這種冰「混合珈琲及餅。風味異常。且能耐久。定價二十錢」，是店老闆去日本取經，「自研究製法。販賣以來。頗膾炙人口也。」

台灣人也開始製造咖啡糖。日本時代台北最大的糕餅店叫「寶香齋」，位於大稻埕南街（今迪化街）。義美集團第一代創業人高番王曾供職於寶香齋二十四年。一九一七年間，台灣有一份畫報刊登了寶香齋的水果糖廣告，小男孩站在一個木箱上，箱子側面就有「精製珈琲糖」五個字。

這段大正年間，也開始有台灣人早餐喝咖啡了。台灣第一位醫學博士杜聰明在回憶錄說，他生於一八九三年，二十多歲起學森島庫太教授每天早上不吃飯，只喝牛乳和一杯咖啡。

到了二〇年代後期，一九二八年，台北市專售進口食品的近藤商會，在報上推銷粉末咖啡和粉末可可亞，強調早上一杯，「精神爽快」，晚上一杯，「元氣回復」。一九二九年，台灣人經營的商店販賣起咖啡了；包括台中的、嘉義的，甚至是屏東東港的商行。

越過了一九三〇年代，在西門町市場（今紅樓劇場）可以買到罐裝即溶的咖啡粉，台灣人開的第一家咖啡店「維特」在太平町也誕生了。喝咖啡之風已然打開，屬於中流以上生活的時髦風情。

完

一八九七年（明治三十年）

十一月

九日

廣告表示：歐風咖啡茶館「西洋軒」也賣西洋料理，還分成「特別上等」、「平均以上」等四種等級與價格。（《臺灣日報》）

入札保證金各自見積代價百分ノ五以上契約保證金落札金高ノ十トス但圓以下切上ケ圓位止メ入札者ハ二年以上此事業ニ就事スルモノニ限ル
右競争ニ付シ購買スル供給望ノ者ハ來ル十一月十三日ヨリ同月廿三日迄ニ嘉義郵便電信局會計課若シクハ民政局通信課ニ就キ仕樣書入札人心得書及契約書案等熟覽ノ上同月二十四日午前十時迄ニ營業證明書及入札保證金相添へ入札書ト同時ニ嘉義郵便電信局會計課ニ差出スヘシ即時開札ス
此契約ハ嘉義郵便電信局長志村鐺太郎担任ス
明治三十年十一月七日

嘉義郵便電信局

工事請負入札廣告

一台北ヨリ石碇街ニ至ル路線ノ内第八工區道路開鑿及橋梁暗渠トモ工事一式
此入札保證金ハ各自見積金額百分ノ五以上契約保證金ハ落札金高百分ノ十トス（但圓以下端數ハ切上圓位止）入札者ハ一ケ年以上斯業ニ從事シ其營業證明書チ有スル者ニ限ル
右工事請負望之者ハ當局土木課ニ就キ圖面設計仕樣書入札人心得書及契約書案等熟覽ノ上明治三十年十一月十日午前十時迄ニ入札保證金相添へ入札書同課へ差出スヘシ但シ即時開札ス
此契約ハ財務局長曾根靜夫擔任ス
明治三十年十一月七日

臺灣總督府財務局土木課

公告

一硫黃二山

淡水雷管倉庫貯藏

入札保證金各自見積金高百分ノ五以上（一圓以下切上）契約保證金落札價格百分ノ十以上（一圓以下切上）
右賣却ス買受望ノ者ハ十一月十日ヨリ同月十八日迄ニ財務局經理課ニ就キ入札人心得書契約書案及十一月十九日午前十時ヨリ午後四時迄ニ淡水水雷營倉庫ニ於テ現品數量熟覽ノ上同月二十二日午前十時迄ニ入札書差
[illegible]

陸軍參謀本部陸地測量部御出版

台灣全圖

廿一万分一

全拾四枚壹組
定價金九拾八錢
郵稅金六錢

本圖ハ來ル十一月十五日ヨリ發賣ス
東京市京橋區元數寄屋町三丁目一番地
陸地測量部出版地圖發行所
昌榮社 河村隆實

爲替ハ銀座郵便取扱所切手代用ハ一割增ニテ御送リヲ乞フ

十一月中ノ高花競

二千壽 若 カ
二千壽 黑助
一千壽 成吉
一千壽 種 若
一千壽 小 榮

二千壽 蔦子
二千壽 成駒
一千壽 鶴
...

城内檢番

西洋御料理

別上一圓
並上七十五錢
並等五十錢
一品十二錢

歐風コーヒー茶館

全料飲
コーヒー、チヨコレート、レーズン
クラーン、ジンジヤビーヤ（一椀五錢）其他
ブランデー等（コップ）ニテ差上候
シヤバン酒 葡萄酒

西門外
竹園內

西洋軒

東京市日本橋區室町三丁目三番地
神藥本舖
洋藥問屋

資生堂

一九〇九年
（明治四十二年）

七月
二十五日

**廣告表示**：臺灣鐵道旅館是日本時代唯一純洋式的旅館，也是吃西餐最正式的地方。一九〇九年的廣告顯示，全套西餐的主菜有兩種肉類、湯品、糕點、水果、麵包及奶油，最後一道可以選擇紅茶或是咖啡，還有外送服務。

當ホテル開業以來料理出前の義は都合により一切御斷り致居候處今般大方諸君の御勸告に從ひ御壹人前ごして肉類二種、スープ、菓子、果實、パン、バタその外紅茶又は咖啡付き金壹圓にて出前の御需めに應じ可申候間陸續御用命被仰付度此段廣告候也

臺灣鐵道ホテル
電話　五五六番　五六三番

◎使用汽
◎清、
七月十

門
毎
日

# 一九二四年（大正十三年）十月十七日

**廣告表示**：東薈芳附設的小館式食堂，廣告說店內色味多種，價格便宜，有炒火腿飯、雞絲米粉，也有咖啡、冰淇淋、草莓冰等各式點心飲料，很適合小集小飲，便利又經濟。

## 東薈芳如意食堂日本開賣

| | |
|---|---|
| 炒蓋麵 | 三角 |
| 清湯蓋麵 | 二角 |
| 雞絲蓋麵 | 二角五錢 |
| 炒米粉 | 一角 |
| 清湯米粉 | 一角 |
| 雞絲米粉 | 一角五錢 |
| 炒大麵 | 二角 |
| 清湯大麵 | 一角 |
| 炒火腿飯 | 一角五錢 |
| 炒雞蛋飯 | 一角 |
| 炒肉飯 | 一角 |
| 白飯 | 五錢 |
| 水餃 | 一角五錢 |
| 菱角[illegible] | 三錢 |
| 逍遙[illegible] | 三錢 |
| 菊花包 | 三錢 |
| 杏仁茶 | 一角 |
| 珈琲茶 | 一角 |

| | |
|---|---|
| 牛乳[illegible] | [illegible] |
| 小[illegible] | [illegible] |
| 櫻花[illegible] | [illegible] |
| 西洋[illegible] | [illegible] |
| 椰子油[illegible] | [illegible] |
| [illegible]油[illegible] | [illegible] |
| 火[illegible] | [illegible] |
| 檸檬[illegible] | [illegible] |
| 水[illegible] | [illegible] |
| 平和[illegible] | [illegible] |
| 月片[illegible] | [illegible] |
| 太[illegible] | [illegible] |
| 千[illegible] | [illegible] |
| パ[illegible] | [illegible] |
| アイスクリーム | [illegible] |
| イチゴ水 | [illegible] |

其[illegible]菓子等不一

色味多種價格便宜毋論三錢五錢[illegible]

凡小集小飲談歡敘情極利便又經濟[illegible]任自由隨意

# 一九二九年（昭和四年）一月七日

**廣告表示**：大阪谷村商店生產的S咖啡（エスコーヒー）不僅在台北有經銷商，還賣到了台中、嘉義，從商號「廣裕興」、「協東成」、「泰馨」來看，可推測是台灣人開的店。廣告說，試驗證明熱量有四〇九．四卡路里。

# ●葡萄乾

在西方，葡萄乾是很古老的食物，《聖經舊約．雅歌》已經有這樣的句子，「請用葡萄乾來補養我，用蘋果來恢復我的精神，因我為了相思，病倒了。」

從《舊約》那一邊看過來，葡萄乾在台灣可就是年輕的食物了。不過，從今天這一頭看回去，葡萄乾也有一百歲了。

進入日治時代以後，市面上一直有葡萄乾。報紙廣告顯示，至少到一九一一年，美國來的葡萄乾已經在台北的商店陳列，而且是近年才見得到的「枝附大粒」，而不是一顆一顆擠壓在盒子的葡萄乾。

到二〇年代，現在大家頗為眼熟的美國葡萄乾聖美多（Sun-Maid）漂洋過海到台灣，就屬盒裝顆粒狀了。

## レーズン

聖美多是美國加州的名牌葡萄乾。一九一二年，一群加州聖喬昆谷（San Joaquin Valley）的葡萄園合組葡萄乾公司。製作葡萄乾的方法有日曬和陰乾兩種，加州之勝和陽光不可分，葡萄乾作法自然屬後者，於是取「sun made」（陽光製造）的音而成「Sun Maid」。戰前，聖美多先到神戶和橫濱落點，才轉銷台灣市場。

名牌的商標肖像最常被好奇是否真有其人，像面速力達母的小護士，畫的是美國女明星秀蘭．鄧波兒（Shirley Temple），早期吉列刮鬍刀片上的男士正是創業老闆吉列本人，而聖美多葡萄乾標誌上，捧著葡萄的卻是普通的加州女孩。這位名叫洛琳．柯列特．彼得森（Lorraine Collett Petersen）的女孩，一九一五年在家中後院被發掘，以她為模特兒畫出商標。最初曾想讓商標女孩戴藍色帽子，後來選擇紅帽，以代表明亮的陽光。

從九十多年前的聖美多廣告來看，當時已經強推葡萄乾富含鐵質這一點。一九二三年，日本遭遇關東大地震，隨即進入重建復原的新階段。聖美多的廣告就對比說，「廢墟的復興需要鐵材，人體的建築需要鐵分」。

廣告表示●

乾葡萄（レーズン）

葡萄乾不只是營養的零嘴，也可入菜。譬如，聖美多「推薦」，壽喜燒加入葡萄乾，牛肉就會像火雞沾紅莓醬一樣美味。聖美多的廣告，還出現葡萄乾冰的食譜。先把葡萄乾泡水幾小時，加入砂糖煮二、三十分鐘後，放冷加冰即可，若再加葡萄酒或葡萄蜜，風味更棒。

早期，葡萄乾這種洋貨常拿來當年節禮品，一九二四年美國進口葡萄乾稅率被打入「贅澤品」（奢侈品），必須課高關稅，一下子提高到百分之百。一九二三年末台灣進口一千九百箱，近四萬公斤，隔年年底就被逼得萎縮到六百箱。

完●

# 一九一一年（明治四十四年）

十一月
十四日

**廣告表示**：廣告強調進口的新品來自美國加州，而且是成串乾燥、大粒的葡萄乾。

煉瓦各種　在品多數有之

今般改築御入用ニ對シ特ニ勉強可仕候間多少ニ拘ハラズ御用命被成下度候

北門外街（電話三六六番）　鮫島商行

新荷輸入

米國カリホルニヤ產

枝附大粒　干葡萄

臺北
臺南　近藤商會

●毛布●

冷氣相催シ候頃是非毛布ノ必要ヲ來シ候弊行新入荷品左記特價販賣仕候間御註文被下度候

# 一九二三年（大正十二年）四月十三日

**廣告表示**：九十多年前，聖美多（サンメード）就推出了小盒的隨身包。廣告說，「運動會、賞花、郊外踏青、春遊摘花草，勿忘攜帶清潔又衛生、美味又滋養的聖美多葡萄乾」。

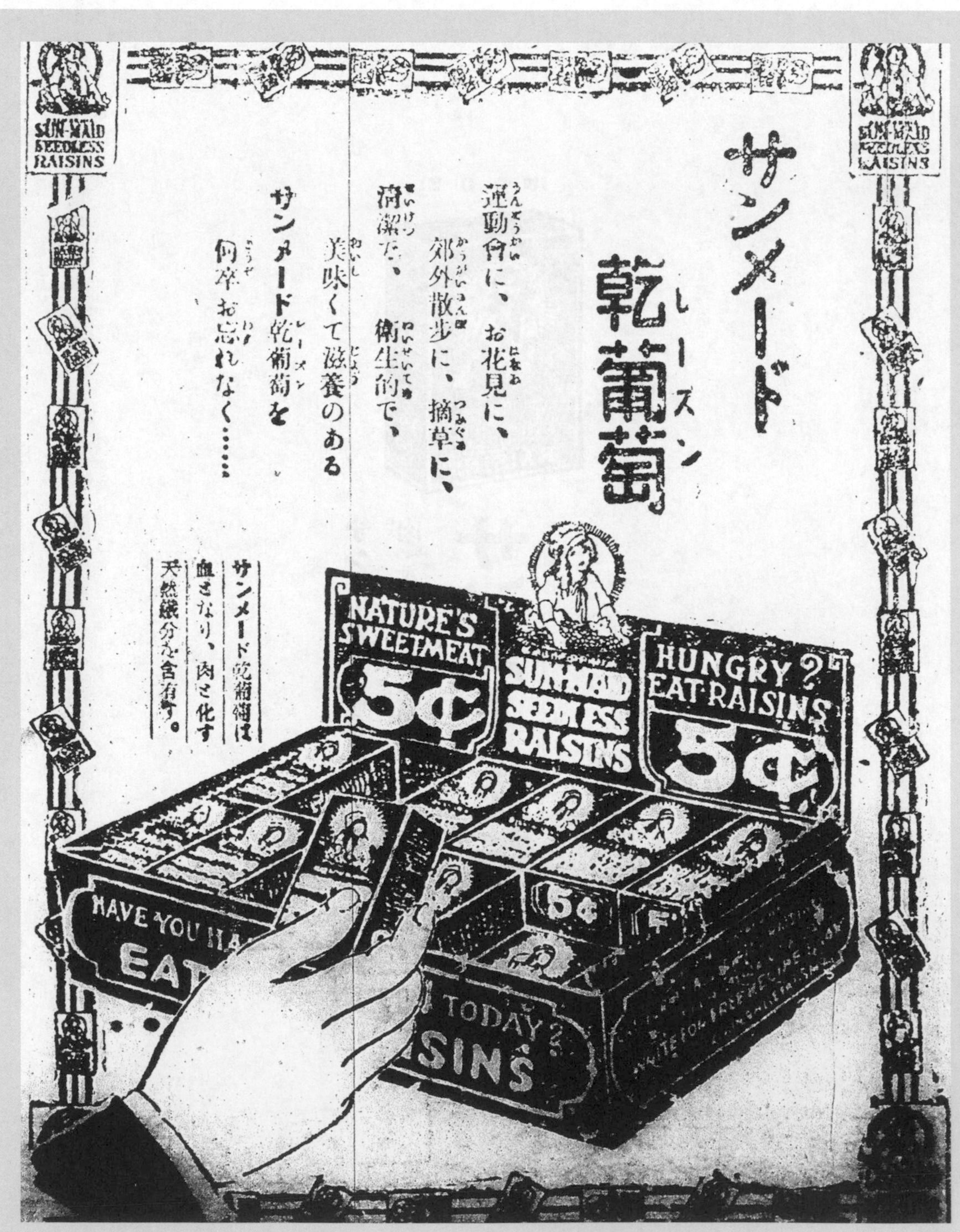

一九二三年（大正十二年）

四月二十日

**廣告表示**：加州老牌聖美多葡萄乾在市面上還買得到，包裝和九十多年前大同小異。

（登錄商標）
CALIFORNIA
SUN-MAID
SEEDLESS
RAISINS
サンメード乾葡萄は血となり、
肉と化す、天然鐵分を含有す。
サンメード乾葡萄
模擬品あり、日の出娘の
商標に御注意を乞ふ。

# 一九二三年（大正十二年）十二月二十一日

**廣告表示**：葡萄乾「對於健康恢復是最棒的，請立即購買！」強調富含天然鐵質，圖片還用吊掛鐵材的起重機增加印象。

電話二七六四番
研究所御發明
賣局御製造
ルモール
東京出張所

片瀬博士鑑査
ンューム錠
星製藥株式會社
臺北市東門町三ノ二
桂商會商品部
和田卯助商店
絲製造卸
中島商店

鐵！　鐵材!!　鐵分!!!

今　なくてはならぬもの
廢墟の復興には……鐵材
人體の建築には……鐵分

天　然鐵分を含む
サンメード乾葡萄(レーズン)は
人體復興のいの一番

今　すぐにお求めなさい！
いますぐに召上りなさい！
毎日おつゞけなさい！

SUN-MAID SEEDLESS RAISINS

サンメード乾葡萄

東京市丸ノ内仲通十二號
電話丸ノ内一七三一

どこにでも日本全國に賣つて居ります

# 一九二四年（大正十三年）三月十四日

**廣告表示**：商人推銷總是挖空心思，這則廣告以「壽喜燒與葡萄乾」為標題，用對話來點出加了葡萄乾之後，吃起來會有多麼的美味。

## 肉のスキ焼とサンメード葡萄乾（レーズン）

紳士「今日は美味しいスキ焼だ御馳走しよう……」

友人「何か新しい方法ででもやるかね……?」

紳士「マー見て居給へ……サー……出來たヤッテ見給へ」

友人「コレハ美味しい………一体どうしたのかね…?」

紳士「至極簡單なのだ牛肉な煮ながら此のサンメードレーズンを少し入れるのさ……」「西洋ではローストターキーやダック等にシェリーを付て喰るのさ同じ意味だよ……ふ、、」

友人「之れは善い事を教はつた友人にも宣傳しよう……」

# ●優格 ヨーグルト

打開一九三八年的《臺灣日日新報》，三月六日頭版下方，有一個牧場的大廣告，這家牧場「臺灣畜產株式會社」就在今天台北市八德路一段3C街南邊一帶。廣告寫著，優格「席捲臺北」，並一一列出「愛用家」的名單。

兩百三十七位優格訂戶，有完整姓名，看得出是台灣人的有九位，其中不少知名的上流人士。李昆玉留學美國，在哥倫比亞大學攻讀銀行學，三〇年代是美商標準石油的北台灣總代理；黃炎生是法官轉跑道的臺北州議員；陳逸松律師更是風流倜儻，一派紳士作風，會穿白西裝、戴毛料蝴蝶結、拿拐杖、去西餐廳吃牛舌，以能辯聞名，一九三五年當選台北市會議員。

廣告訂戶名單中，有姓無名，可推論為台灣人的則有五位，住在大正町的「杜殿」（杜先生），應是住大正町一丁目三十番地的杜聰明，他是台灣第一位醫學博士。

此時優格一瓶十二錢，訂一個月的話，一瓶優待價十錢。和一碗油麵三錢比起來，吃掉一小瓶優格等於到圓環吃掉四碗麵，優格算是貴的，難怪訂戶是律師富商者流。

臺灣畜產株式會社是日治時代台北最大的牛奶供應商，
有第一和第二兩座牧場，分別位於今天的舊光華商場一帶，以及中山女中附近。
這張合照中，後排員工穿的「法被」上，一邊就寫著「優格製造商」，另一邊則是公司名稱。

還有一非個人訂戶「蓬萊產科」，是知名的婦產科醫院，三樓高的建築位於今寧夏路和民生西路口，一樓總是停著一部一九三四年份的福特汽車，顯得非常氣派。院長張文伴的長子、前台大醫院外科教授張寬敏（一九二六年生）受訪指出，那時候優格已「非常普遍」，「糊糊的，非常酸，小時候覺得很難吃，但是大人說吃了很健康」。

的確，當時的廣告除了強調優格是「胃腸病の神」，還標榜適用於糖尿病、結核病、預防高血壓，連孕吐也有效。事實上，優格如夢似幻的神藥性格，從一九一二年傳入就已如此，而且有過之而無不及，那時候的報紙都說優格是「長生不老劑」或「長壽養老劑」。

現在優格做得甜甜的，超市裡跟果汁、布丁、果凍擺一起，像是吃好玩的點心，最早期的優格嚴肅多了。雖然日本時代也有人說，優格不只是腸胃病人的「強壯

劑」，也是「食料品」，可充當西洋料理的食材，但一九三〇年代在台北市買優格，還是要到藥局。

事實上，台灣人一開始吃優格，就當藥來喝的。一九一二年六月十九日台灣的報紙說，「久雨不晴」，稍不注意便惹疫病，先前五天之間，台北和基隆就有二十三人上吐下瀉，十一個人死掉。這十一個人惹的病叫「虎列剌」（コレラ），就是現在所謂的霍亂。報紙寫著「山下仙太郎」死了，家族同意送給總督府醫學校的校長解剖研究；臺中月眉糖廠的「加藤力之助」來臺北染虎列剌病亡，好幾位警察趕快到他家消毒。平淡的事實敘述，讀不到一般人的驚惶，不過，買保險契約快速增加，沉靜的保險業有了意外斬獲，暗示著死亡的陰影在許多人心裡不安的晃動。

就在這個時候，總督府技師堀內次雄醫學博士把「酸乳」引進台灣。酸乳是快一百年前對優格的稱呼，最早由堀內博士指導臺北石坊街一丁目三十五番地（今重慶南路臺銀對面，經建會一帶）的「長生舍」製作販賣。據當時報紙預報，長生舍的酸乳在六月二十二日開賣，主要客戶都是醫院的病患。可以保存十天，郵送到中南部不成問題，兩個月後，銷售網便抵達台中。

初期的優格做得很酸，水水的，呈現液態，除了洋人，一般民眾很不習慣，望之怯步。一九一二年底，長生舍進行改善，酸少一點，也稠一點，接近固體了。之後，產製優格的腳步，在日本時代似乎沒有停歇。從廣告來看，一九一七年，台灣第一個乳牛牧場「柊」也加入了。柊牧場位於台北東門外，確切的地點就在永康街口的點心名店「鼎泰豐」周邊。乳牛漫步吃草的土地上，百年後，竟換成人圍圍坐、吃小籠包；時空變化，人事去來，原是一場無法預寫劇本的戲。

蓬萊產科是台北知名的婦產科醫師張文伴的診所，也訂過優格，
舊址在今寧夏路與民生西路口，
門前騎樓常停一部 1934 年份的福特汽車。

優格在世界的旅行，也沒有草圖。十九世紀末，俄羅斯醫學博士梅契尼可夫（Mechnikov）到保加利亞旅行，注意到當地高齡老人很多，祕訣就在他們常吃優格。梅契尼可夫自己開始吃優格，優格有助長壽的觀念也從歐洲擴向世界。梅契尼可夫於一九〇八年獲諾貝爾生理及醫學獎。把優格引進台灣的堀內次雄，顯然未與世界的醫學訊息脫節。

堀內次雄從一九一五年開始擔任總督府醫學校長，近代著名的小說家賴和醫生、社會運動家蔣渭水和第一位醫學博士杜聰明都是他的學生。堀內一直到戰後都還留任台灣，有人說他投身醫學教育數十年，「大家尊敬他如慈父」。一九四一年，他的學生還一起贈屋表示敬意。無巧不巧，贈屋儀式在六月二十二日舉行，正與二十九年前優格發賣的第一天同月同日。

完

# 一九一七年（大正六年）九月三十日

**廣告表示：**「柊」是台灣第一座牧場，位於今信義路、永康街一帶，於日治初期率先引進乳牛，一九一〇年代也產製優格。

YOGHURT

滋養不老

酸乳

壹罎付
金七錢

今般臺灣總督府研究所御指導の下に遺憾なき設備を以て完全なる酸乳を發賣可致候に就ては何卒御試用被成下度奉希上候

△説明書御入用の方へは無代進呈

臺北東門外

總督府御用
仁濟園御用
柊商行

電話三三番・振替臺灣五九五番

## 一九三八年（昭和十三年）三月六日

**廣告表示**：臺灣畜產株式會社的優格廣告採用「見證」的方式，洋洋灑灑列出全台北所有愛用者的名單。

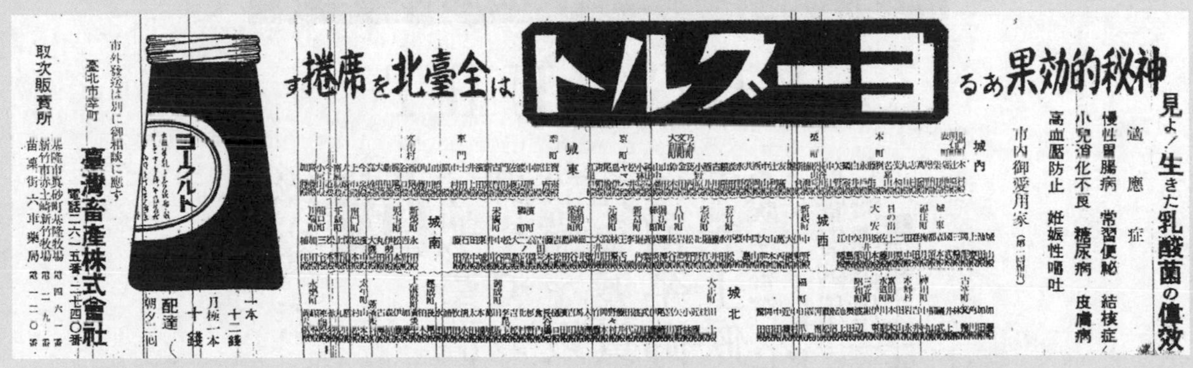

# 一九三八年（昭和十三年）五月十六日

**廣告表示**：一九三〇年代，在台北市買優格多半要到藥局。廣告在主治適應症中，提到優格具有「傷寒菌十五分鐘內，痢疾、霍亂菌兩分鐘內，全數滅絕」的神奇功效。

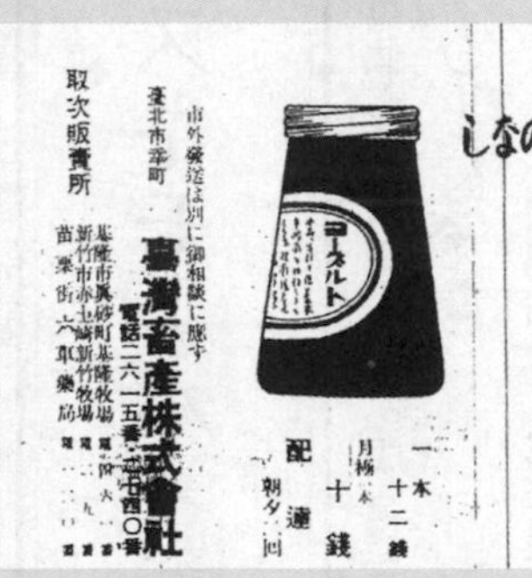

## ●雪糕

## エスキモーパイ

有一天，八歲的道格拉斯走進愛荷華州尼爾遜先生（Christian Kent Nelson）的糖果店，站在那裡，一臉猶豫，手上僅有的錢迫使他必須在巧克力糖和冰淇淋之間做一抉擇，這一幕觸動了尼爾遜，世上也才誕生了雪糕。

當今市面所見的雪糕，種類繁多，基本款是裡面香草冰淇淋，外頭滾一層巧克力，這個創意火花正來自尼爾遜老闆和小道格拉斯之間憐憫同情和天真渴望的心靈擦撞。

尼爾遜是丹麥裔美國人，本職在高中教拉丁文，糖果店原本只是副業，但為了小男孩的兩個願望一次滿足，他開始在家動腦筋。一九二〇年，尼爾遜成功製造出外層包著巧克力的冰淇淋，取名「I-Scream Bar」，而且一推出就成為鄉村野餐的迷人點心。隔年，他和巧克力商人合夥要推上更大的市場，改名「Eskimo Pie」，果然征服美國，第一批二十五萬個雪糕，一天就賣光了。一九二二年，冷冷的冰棒更加發燒，全美兩千多個製造商，每一天賣掉一百萬個雪糕，Eskimo Pie成為標記美國一九二〇年代的零食。

Eskimo Pie最熱銷時，也來過台灣，距離雪糕問世已經七年。來台的Eskimo Pie包裝，有富士山的圖案，充滿了濃濃和風，跟在美國本土的愛斯基摩人圖案不同。

Eskimo Pie來過台灣的證據在一則報紙廣告上。一九二九年五月十三日高砂麥酒株式會社刊登廣告，指其直營的啤酒屋開賣的Eskimo Pie是「珍貴的甜點」、「冷凍營養的甜品」、「全島沒有類似的珍奇菓子」，說得簡直教人想立刻衝出去嚐個究竟。

日治時代一開始，日本啤酒就大舉湧進。台灣本地一直到一九一九年才有日本商人創辦高砂麥酒株式會社，有台灣自己的啤酒品牌。戰後，高砂麥酒會社被專賣局接收，原酒廠蛻變成建國啤酒廠，原來的產品「高砂麥酒」就變成「台灣啤酒」。

無論如何，Eskimo Pie至今仍是個牌子，也還在生產冰品。

完●

エスキモーパイ

廣告表示●

一九二九年（昭和四年）五月十三日

**廣告表示**：高砂麥酒株式會社，在一九二二年開賣美國雪糕「Eskimo Pie」。這間公司即今建國啤酒廠的前身，日治時代喝的啤酒多半是日本進口品牌，高砂麥酒是當時唯一的台製啤酒。

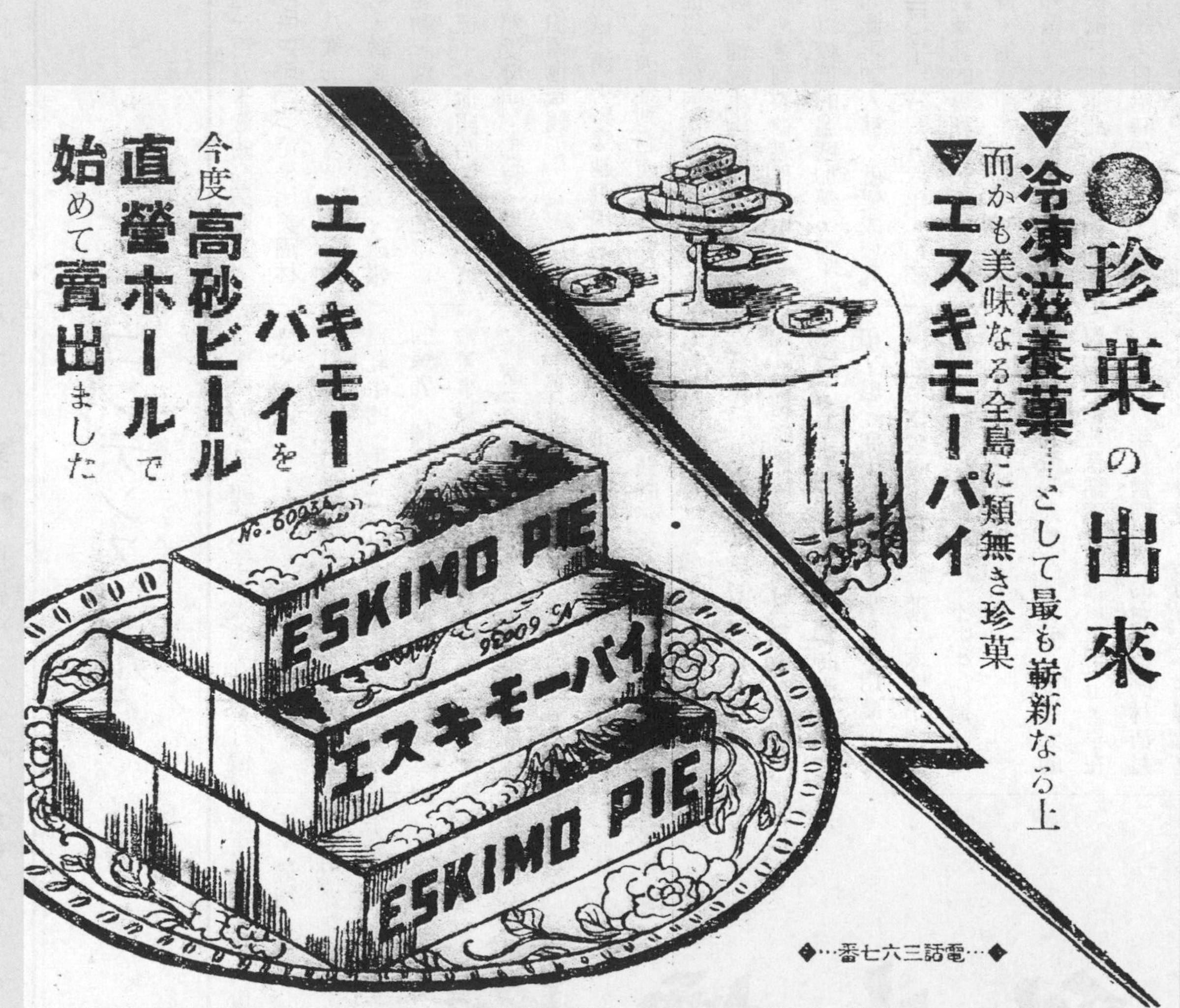

# 煉乳
## コンデンスミルク

煉乳已是超過一百五十歲的高齡產品，發明人伯頓（Gail Borden）可是比美國林肯總統還大七、八歲的古人。

伯頓生在紐約，曾到德州當農夫、辦報紙，幫助獨立運動，做東做西，年逾半百時，事業還沒個樣子。他開始像那個年代的西方人一樣，熱愛發明。那時，發明致富的例子很多，伯頓也賺錢了。

像伯頓這種男子漢，曾穿越飛揚的塵土，長途跋涉，從美東到過西部，要搞發明，很容易從思索如何保存食物下手。起初，伯頓研發一種脫水肉餅。一八五三年，他又在紐約注意到製糖過程使用真空加熱，他也嘗試以較低的溫度加熱，讓牛奶去掉水分，如此再加入糖，就變成煉乳（condensed milk）了。一八五六年，伯頓年逾半百，拿到煉乳的專利權，馬上在紐約街頭推車販賣。生意卻在郊區快速蓬勃起來，原來是郊區的牛奶無法長久保鮮。

鷹牌煉乳很快風行到亞洲，清末一八八〇年代就銷來台灣。日治時代初期，台灣報紙的商情報導，常見煉乳，美國產和日本產的煉乳品牌已經一大堆，還會打價格仗。

日治時代台灣人口中的「牛奶」，除了取自乳牛的「生乳」、罐頭奶粉，還有稠稠的煉乳。煉乳以鷹牌最受歡迎。前任海基會董事長江丙坤（一九三二年生）的傳記《拚命三郎》中，江家二姐說，江丙坤襁褓中，母親沒有奶水，一家九口窮得「沒有錢買真正的奶粉，阿坤都是喝鷹仔牌奶水；真的沒錢時，水就多放一點」。屏東豪族藍高川（曾任臺灣總督府評議員）之女藍敏（一九一一年生）於回憶訪談中也說，母親產後得了「月內風」（做月子期間感冒），無法照顧我，「大姊當時十二歲，和丫環、佣人聯合起來騙我，用鷹牌的煉乳泡給我喝，我不喝並且大哭……事後大姊說我小時候好壞，不喝牛奶還吐出來……」。

早期不少台灣人拿煉乳育兒，以今天的觀點來看，有點不可思議。事實上，早在一九〇六年，當時有名的台籍醫師林清月已經寫了大篇餵養乳兒的方法，仔細講述餵母乳與牛奶的份量、次數、時間間隔等等，最後，他婆心說了一句，直指台灣人「慣用煉乳代用」，並不妥當，「不足養育小兒」。

廣告表示●

鷹標牛乳

完●

# 一九一一年（明治四十四年）

## 八月二十五日

**廣告表示**：日治初期，日本已有許多國產煉乳，像是牛頭牌，後來知名森永也加入煉乳市場。（《漢文臺灣日日新報》）

## ▲愛兒補育之福音▼

慶賀雅顧感佩莫名近維貴店生意興隆事業維新誠是可賀也

啓者今番敝店有發賣牛首印牛乳乃係內地靜岡縣建設養畜最多牝牛之牧場搾取牛乳之成分及精製之砂糖製造精良品質風味至極優美實因有經驗斯業之技師多年研究而成牛酪風味絕佳營養之分豐富勿論氣候遷變可保無腐敗之虞能堪久貯遠勝於外國所製煉乳倍加優等多矣但純良牛乳之品質如左記內務省衛生試驗所之分析表便得明晰其詳也

現今海關稅率改正增加已見施行而外國所製煉乳價格增加未免濫製不良粗品設有輸入將來有害於衛生之慮弊店有鑑於此援爲內國特選良善之品以應江湖諸君不時之需惟此牛頭標牛乳誠爲煉乳的模範新鮮卓越價格廉宜希望光顧一試便知言之不謬則榮幸多矣

COW'S HEAD BRAND
CONDENSED MILK
牛首印コンデンスミルク
牛首印（牛頭印）コンデンスミルク
TRADE MARK
商標　登錄
煉乳
FULL CREAM, FULL WEIGHT
GUARANTEED BY
G. KONISHI
OSAKA & KOBE

報告

牛首印煉乳定量分拆表寫

依賴人　大阪市東區道修町二丁目　小西儀助

第二五五號

一牛首印煉牛乳　一種

右定量分拆並衛生上害否試驗

左記之品色白帶黃稠度氣味皆無異狀若將水混合能成乳白濁液即徵兩性之反應今遂分析之本品所含百分中之主要成分檢出如左

| | | | |
|---|---|---|---|
| 水分 | 貳六、貳參〇〇 | 乳糖 | 壹四、九貳〇 |
| 脂肪 | 八、六一〇〇 | 蔗糖 | 參九、五四九 |
| 含窒素物 | 八、六九五 | 灰質物 | 壹、九九六 |

爾他防腐劑有害性物質等全無檢出

明治四十四年五月二十二日

內務省大阪衛生試驗所

所長　衛生試驗所技師　中山松治（印）

主任　衛生試驗所技手　森茂（印）

牛首印牛乳
純良赤門葡萄酒　發賣元　（キ）小西儀助洋酒部

本店　大阪市東區道修町二丁目（電話本局長二三〇番、長二三一番、長二三二番）

支店　神戶市元町通六丁目（電話二七四八番）

臺灣代理店　（東）東西藥房大阪出張所

本店　臺北大稻埕南街三十三番戶（電話七六七番）

出張所　大阪市東區瓦町二丁目三十三番地（電略トサ）

# 一九二六年（大正十五年）

## 一月二十五日

**廣告表示：**日本產的喇叭牌煉乳宣稱與母乳沒什麼兩樣，是乳中之精，用來養育嬰兒，滋養豐富，肯定長得肥壯。

無異母乳　乳中之精

皷吹標煉乳

ラッパミルク

營養第一
新鮮一等

喇標牛乳
用育嬰兒
滋養分富
肥而壯之

洋酒食料品
罐詰煉乳
直輸出入商

發賣元
吉川商店
神戶市元町通四丁目

○各食料品店皆有販賣

一九三〇年（昭和五年）一月十八日

廣告表示：「鷹標煉乳來台銷售四十多年」，從廣告的日期回推，鷹牌在當時已是老牌子。

飛鷹老牌煉乳

ミルクの王はワシミルク

EAGLE BRAND
GAIL BORDEN
Trade Mark of The Borden Company Reg U S Pat Off
Gail Borden
NESTLE & ANGLO-SWISS CONDENSED MILK CO.
THE BORDEN COMPANY

鷹標老牌煉乳來台灣賣有四十外年人々稱賞滋養真多最好給嬰孩食極快大又無論何人欲身体勇健亦算第一無較好的補品

認明老牌　謹防假冒

醫院。陷于瀕死重傷。

取消一則

本報十二日朝刊嘉義通信

持斧劈死其內緣妻陳詹氏西。年五十。關該殺人事件公判。十日臺北地方法院刑事合議部開廷。由

校長會議

臺南市小公學校長。於去十五日午後一時。在南門小學講堂。開月例會。

援便有足用如常營業希望遠近顧客一層睞勿爲恍說所惑幸甚

臺北市　株式會社　李金燦參莊啓

一九三四年（昭和九年）

十月二十一日

**廣告表示**：「鷹標能養成強壯兒童，是母乳不足之母的無上珍品」。其中還有一句日文標語，意思是鷹牌煉乳為牛乳之王，對自家產品相當有自信。

鷹標牛乳

ミルクの王はワシミルク

鷹標牛乳能養成强壯之兒童、助母乳之不足分父母之劬勞誠育嬰無上之珍品也、本乳於過去五六拾年間堪稱爲唯一無二之健康兒養育者誠煉乳中之最良品、富於滋補而不但含有牛乳中各種之滋養分且最易消化、爲幼弱乳兒之最適榮養品、無含有害微菌而絕對安全、比之他種煉乳堪以保存長期、此即其所以爲市上最良之煉乳也、冒牌劣貨不少、購時請必指定鷹標牛乳

洋藥店及食料品店均有發售

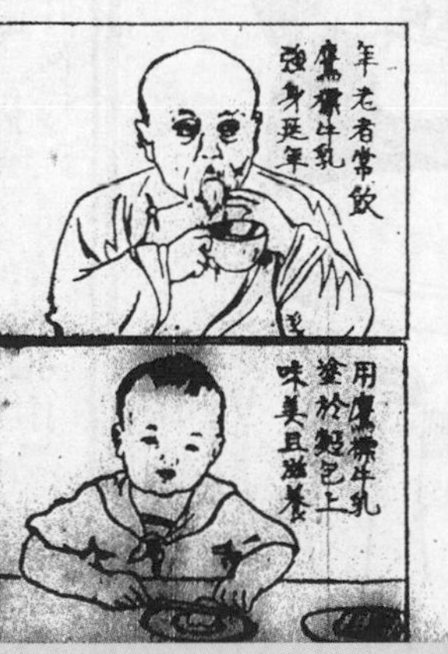

# 一九三四年（昭和九年）六月三日

**廣告表示**：煉乳不只能用來育兒，塗抹在麵包上更是美味滋養，年長者經常飲用，還能強健身體，延年益壽。

親夫自首于文山郡

文山郡新店庄安坑字樟樹窠三七番地廖炳木。去三十日。往觀新店保儀大夫遶境祭典。不在中。其妻江氏。乘隙于深夜十二時許。與情夫海山郡中和庄南勢角字頂南勢角人呂昭舜。同衾中。炳木歸家觸見。昭舜急由後門逃走。廖執草鎌。從背後追擊。昭舜身負重傷。昏倒在地炳木從容自首于郡警察課現被留置。由筑紫刑事主任。詳細取調中云。

一九三五年（昭和十年）

六月八日

廣告表示：鷹牌煉乳（ワシミルク）銷售全球，逐漸出現在地化包裝，除了將罐面的飛鷹圖改日文，瓶身還有「限在日本帝國內發售」的字樣。

舊
新
罐面浮形變更
招牌絕無改變
鷹標牛乳
育兒最良
EAGLE BRAND
CONDENSED MILK
GAIL BORDEN
FULL CREAM
ワシミルク
CONDENSED MILK
EAGLE
GAIL BORDEN
BRAND
THE BORDEN COMPANY
今回爲圖益加適合本邦市場之起見、鷹標牛乳罐面浮形變更與下圖同樣、雖有此浮形之變更然其內容品質並無分毫之差異、特祈知悉焉。
藥店及食料品店均有發售

# 一九三六年（昭和十一年）十一月二十三日

**廣告表示**：鷹牌煉乳的老標誌內有英文「Gail Borden」，正是煉乳發明人的名字。白鬚老翁說，他一出生就喝鷹牌煉乳，果然是個超老的老牌子。

一九三七年（昭和十二年）

三月十七日

**廣告表示**：雖然鷹標煉乳的廣告多已中文化，不過廣告左方的「附罐票大景品」，景品二字為日文，指的是罐身標籤內印有贈品券，可兌換現金十錢到五圓不等，並註明產品可以在西藥房和雜貨店買到。

ミルクの王はワシミルク
鷹標牛乳
甜蜜生活
鷹標牛乳乃是全脂煉乳其品質之優良、斷非市上一般雜牌劣乳所敢望其肩背也、其氣味之馨甜且甘蜜者亦爲煉乳界中之最高位、爲一般男婦老幼所愛飲、故欲度甜蜜生活者非多飲鷹標牛乳不可
洋藥店、什貨店及食料品店均有發售
附罐票大景品發售
景品券印在罐標裏面　景品由販賣店奉呈
各罐最高自五圓起、以下二圓、一圓、十錢其他種々均有薄呈
EAGLE BRAND
GAIL BORDEN
BORDEN COMPANY
RF 24—36

# 檸檬茶

## レモンティー

廣告表示

現在連不見經傳的小廠商也能生產即溶檸檬茶，但八十、九十年前，遙遠的戰前，很難想像會有這種東西。不過，一九二二年初，報紙廣告證明，沖泡即有的檸檬茶已在台灣珍貴上市。

廣告指出，這種新產品以錫蘭紅茶為原料，茶中加入檸檬和砂糖，只要舀一茶匙，沖泡開水，有歐洲風味的檸檬茶立刻可以香溢上桌。

製造商「日本茶精株式會社」來自大阪，一九二〇年創立。隔年，拿著一位中澤理學博士萃取茶的新發明，來台推廣，台灣營業部還設在南投的草屯。但後來仍把即席檸檬茶委託給大貿易公司「岩崎商業」，畢竟岩崎商業是台日之間大宗物資買賣的老手，收購台灣糖和米回日本既是熟練，把日本新發明的茶賣來台灣，也比日本茶精自己拓點要上手。

不過，老天不開生意必賺的保證班，沖泡即有的檸檬茶似乎沒有引領風潮。岩崎商業二〇年代後半期已退出台灣市場，日本茶精更不見蹤影了。投入新生意而崛起的，早已寫進名牌的故事，而更多是被人遺忘的殞落的夢。即溶檸檬茶的流行要等到戰後才來。

完

世界飲品的發展，
在1920年代初期出現了即溶檸檬茶，
岩崎商業曾代理進口到台灣。

LEMON TEA

レモンティー

レモン入紅茶

茶碗一盃な紅茶々匙に入れ之れに熱湯を注げば香り床しい「レモンティー」が出來ます

臺灣總代理店
岩崎商業株式會社各支店出張所

大阪市東區内本町二丁目
日本茶精株式會社大阪出張所
本社 宇治　出張所 東京

## 一九二二年（大正十一年）二月二日

**廣告表示**：廣告上方洋式盛裝打扮的一對男女，無疑要把喝檸檬茶與文明摩登做連結。文案提到，這是一九二一年末的珍貴發明，以檸檬砂糖調味的紅茶，只要舀一茶匙沖泡熱水，就能即刻享用充滿歐洲風情的飲品。

# 咖哩　カレー

咖哩飯是現代日本的「國民食」，但咖哩何時、何人傳入已經無法準確查考，只知約略是十九世紀後半的明治初期由英國商人傳入橫濱。

台灣也一樣，難有精確證據。但是，比日本明治時代還早的一八六五年，英國人必麒麟（W.A. Pickering）被派任台南安平海關的主管，後來他追憶日常在海關的食物，有硬梆梆的水牛肉、瘦巴巴的家禽肉，還有「田雞咖哩」。

一八九五年，進入日治後，咖哩便以矯健的身手擠進台灣的時髦飲食圈。一九〇九年，台北知名的西洋料理店「玉山亭」在報上刊登啟事，為慶祝遷移及創業十週年，推出特餐咖哩飯，一份二十五錢，價格不算高。

同樣是一九〇九年，高等女學校（今北一女）剛創立五年，建了兩層樓的木造宿舍，這時住了三十九位年輕女學生，由兩位舍監照顧看管。每五人用十張榻榻米的房間。三餐要自己煮，每室每天一人掌廚。報紙記者找出她們二月六日到十二日的一週菜單，九日星期二的中午，就吃咖哩飯。

接下來的一〇、二〇年代，台灣人開的酒樓菜單也看得見咖哩。艋舺頂新街（今西昌街）的「平樂遊」一直是日治初期艋舺的最大中餐廳，生意興隆，曾經紅到遭人覬覦；平樂遊的店面是租來的，有人就向房東出高價，取而代之，然後在原地照樣開餐廳，招牌還掛「平樂園」，以一字之差，企圖魚目混珠，結果，只得到訕笑，而平樂遊依然是平樂遊。

穩居艋舺第一的平樂遊，一九一五年在雜誌登廣告，列了七道招牌菜，八寶蟳盒、蔥燒拉雞、雪白素雞、燒雞丸、八寶菜、五柳居魚，最後一道就是咖哩料理「加里炒雞」。

大稻埕的「江山樓」比平樂遊晚生，但名氣更盛。一九二七年，老闆吳江山在報紙食譜大公開，其中，也有一道「加里小雞」。馬鈴薯先切塊炸過備用，以豬油炒蔥、辣椒和麵粉，再撒入咖哩粉，炒到咖哩香味四溢，加入雞肉和馬鈴薯，最後加高湯、醬油，小火煮三十分鐘，江山樓的咖哩雞就完成了。

咖哩粉顯然早已是台灣普遍的調味料，而戰前的報紙確實也可見多種品牌的廣告。日本最早的國產咖哩粉品牌「蜂咖哩」於一九〇五年問世，三〇年代，她的標誌

1930年前後的台北市沅陵街，有家名為「廚房」的食堂門前就立著「廚房咖哩」（キッチンカレー）20錢的招牌。

蜜蜂已在台灣的報紙飛來飛去。

現在知名的日式咖哩「佛蒙特」，日本時代也銷到台灣。只是當時還沒有咖哩塊，也還沒有佛蒙特之名。

佛蒙特咖哩由日本好侍（House，ホウス食品株式會社）生產，這家公司一九一三年創立時只販賣製藥原料，二〇年代初期受託為顧客代工製造咖哩粉，才機緣踏入咖哩的世界。一九二六年秋天發賣粉末狀即席咖哩，客人買回家，自己就可以簡單做出咖哩飯。三〇年代初，台灣就可見好侍的廣告，標榜做出一盤咖哩飯「只要兩錢」。

這麼多咖哩品牌如魚游進台灣，自有那麼大的市場湖海。一九三〇年的台北市沅陵街，當時大家稱之為「都通」，從博愛路這頭望進去，「キッチン」（廚房）食堂的招牌寫得好清楚，親子丼三十錢，日式豬排飯也是三十錢，自家特調的「廚房咖哩」則賣二十錢。

沅陵街、博愛路口斜對角的國泰世華銀行舊址，戰前矗立著台北最大的百貨公司「菊元」，一九三二年開幕，五樓上有餐廳；因為場所高級，那裡的咖哩飯最是讓老台北人一邊抬著下巴一邊回味了。

完

一九二五年（大正十四年）

五月

十五日

廣告表示：咖哩罐頭的廣告文案寫說，「你看就是這樣，你只要有一碗熱騰騰的白飯，就可以吃到一盤有牛肉和蔬菜的咖哩飯」。

コノ通り

たゞ温かい御飯さへあれば牛肉も野菜も皆はいつてゐるホントの美味しいライスカレーが直ぐ召上れます

美味滋養即席

ラジャーカレー

特約店　臺北表町　大崎公司

到る處食料品店に有り

本舗　井吉商店　大阪

甘い物の過食には……

浮腫型
衝心型
脚氣

# 一九二五年（大正十四年）七月二十三日

**廣告表示**：「如果你想幫魚和菜調味的話，可以用這款咖哩粉」，咖哩粉顯然早已是台灣普遍的調味料。

## 竹篦で紙幣を釣る　奇拔な新案竊盗術

段々せち辛くなると同時に手段も奇拔なる犯罪が行はれるも…州竹山郡竹山庄の許鳳朝…に巧妙なる紙幣釣りとも…犯罪手段を案出して夫る六…竹山、能高の二郡下に亘り…行し何れも成功して居る…先づ竹笠の中に一本の竹…込んで置き豫て竹篦の先へ…ある膠華を塗り付けそして雜貨屋に行き何か品物を買ふ風を見せかけ竹笠を店内の大金櫃の上へ置くのであるが店員の隙に乘じソロ／＼笠の下へ手を差入れ竹篦を金櫃の孔に差込み金櫃の中の紙幣を釣上るのであるが此手で能高郡埔里街の陳銀和外九軒の雜貨店から釣上げた紙幣は積り積つて八十圓餘となつたが目下臺中檢察局で嚴重取調中（臺中電話）

## 白根山大噴煙

群馬、長野の國境なる白根山は數日來噴煙しつゝありしが二十一日未明大音響と共に盛んに噴煙を始め草津溫泉は浴客の登山を禁止した（二十一日高崎發）

お魚や野菜の味附に

# スキートカレー

なまぐさを消し
美味を增し
食慾を增進す

夏期の好食料

時節柄何れの御家庭でも盛に用ゐられて居ります
全國各食料品店にあり
粗惡品ありスキートカレーに御指命を乞ふ

徳用罐　一圓六十錢
中罐　六十錢
小罐　三十五錢

東京ノーブル商會

外山月報進呈
東京市神田區裏神保町二番地
電話大手六五九一番
振替東京四六八八八番

# 一九三一年（昭和六年）十一月二十三日

**廣告表示**：好侍食品現在是全球最大的咖哩品牌，三〇年代的廣告標榜做出一盤咖哩飯只要兩錢，不僅味道好、營養價值高，又能快速完成。

この二つが增加の原因である。昭和昨年の今頃は年末資金の爲銀行から借入れを餘儀なくされたが今年は反對に銀行に十萬圓ばかり預金してゐると

## 年末年始の費用を獻金

【臺中電話】臺中市內の各學校職員から年末年始の費用を節約して獻金として獻金を申出たものは一中二百五十圓、二中二百圓、商業學校二百五十圓、臺中地方法院二百圓、一小百圓、二小七十圓、高女五十圓にして伊黑臺中第三大隊長は感心しつつ右獻納金の手續をしたと

## 新竹

水利組合理事
竹郡水利組合理事田林左衛門氏は今回優遇し其跡を前……長、佐藤今朝松氏が變つたが……

新發
食式卓上用アルコール厨爐
體裁優美・堅牢・經濟・輕快
燃料變性アルコール火災絕對安全
青焰
強熱

ハウスカレー
たった二錢!!
一皿二錢で
味よく
榮養價よく
手早く
出來る
全國各地食料品店
乾物店公私設市場
にてお求めを乞ふ

# 一九三五年（昭和十年）

## 十月十七日

**廣告表示**：蜂（ハチ），也就是今日本食品大廠Hachi的前身。廣告右方的文案寫說，「不變的好味道，蜂的四佳品，洋食調味只用蜂」，大力促銷咖哩粉、芥末、胡椒、即食咖哩等四種產品。

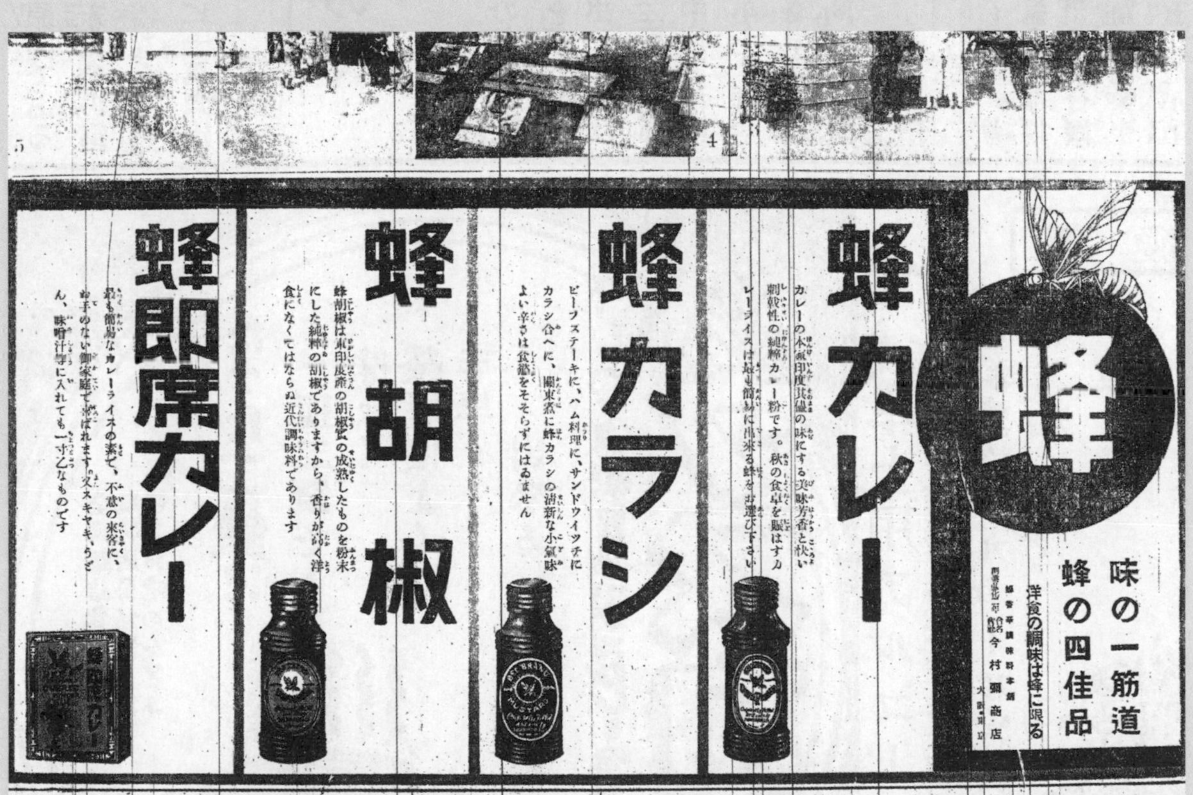

# 一九三八年（昭和十三年）

## 九月二十四日

**廣告表示：**這則廣告主打，「即食咖哩界的三種代表商品，咖哩的精髓在於香氣」。

家庭と婦人

秋こそ兒童の衛生

お母さま方の責任は重大

醫學博士　丸山芳登

身の上相談

營養料の作り方

位は貯藏出來る

日の丸ベンチヤン (19)

下川凹天

最高級

スキート・カレー

一般向

カレー・モナーカ

徳用向

アポロ・カレー

即席カレー界の三代表品

カレーの生命は香りにあり

三種それぞれの特長を持つて居ります

全國有名食料品店及各地デパート食料品部にあり

本舗　ノーブル商會謹製

臺灣特約店　株式會社　宅商會

日本ソース界の草分け

イカリソース

# 沙拉油

## サラダオイル

台灣人講「沙拉油」，是因日本人創了「サラダ油」一詞，「サラダ」就是「沙拉」。日本人所講的沙拉油，則是大豆、芝麻、菜籽等植物搾取的食用油。

造詞者大倉喜八郎來歷不小，是日本近代一大財閥。當庚子賠款最後一屆留美學生胡光麃在一九二二年見到他，形容「喜八郎時年已八十六，身軀矮小，黑髮無鬚，穿著和服，簡直像個老太婆。」也難怪胡光麃沒好話，大倉發了許多戰爭財，像一八七四年攻打台灣南部牡丹社，以及一八九四年中日甲午戰爭，他都是陸軍御用商人，負責供應糧食和軍伕。

大倉喜八郎的事業龐大，觸及貿易、營建、旅館等諸多行業，還曾在台灣創辦「新高製糖」，現在台糖大林廠原先就是新高的嘉義工場。大倉另一個公司「日清豆粕製造」，較不惹眼，原先進口中國豆餅，一次大戰後轉為製造大豆油，並改名「日清製油株式會社」。二〇年代，引進德國機器和技師，造出更精純的大豆食用油，在低溫也不會凝結。德國博士技師說，在歐美，都用這種油和醋拌沙拉吃。大倉喜八郎一聽，就取名「沙拉油」，商標還是兩把交叉的西餐刀子和叉子。

日清沙拉油於一九二四年發賣，是否賣到台灣，目前無明確資證。倒是一九三八年，美國玉米油名牌MAZOLA曾連登了廣告。MAZOLA於一九一一年創立，現在台灣稱為「萬歲牌」，七十幾年前登的日文廣告，油罐包裝上雖有「CORN」（玉米），更標明是沙拉油。

柴米油鹽，油是日常烹調必須品，煎煮炒炸，又無一不與。日本時代，台灣人多用花生油和豬油。而據霧峰豪族林獻堂一九四四年日記所載，一位日本官員暗地來要花生油，林獻堂很納悶，日本人「素稱不食油，何故亦向人求油也」。可見，日本人飲食清淡，用油少，沙拉油市場更加有限。

戰後，台灣人還零買花生油、白絞油（再經脫臭等處理，即成沙拉油），直到一九七〇年代，瓶裝、桶裝的大豆沙拉油才盛行起來。

完



廣告表示

# 一九三八年（昭和十三年）五月十五日

廣告表示：已有百年歷史的料理油品牌MAZOLA（マゾラオイル），一九三八年的廣告即標榜「無論沙拉、炸物、天婦羅都可以用這種油」。

## インフレ時代到來

…丸に乗船渡來したが、兼附者は六月初旬の豫定、尚同氏より在台官民各位へ宜しくとの傳言が本社宛届いた

### 古陶器の鑑定【新竹電話】

日下來竹中の陶器界の權威者加藤一技師は苗栗街石山陶器工場で實地指導を行つてゐるが來る二十七、八、九の三日間に亙り新竹市内鄭鴻源、何彰飲外數氏愛藏の古陶器の鑑定をなすと

### 勇士遺家族に見舞金を【基隆電話】

基隆市遺家族後援會では十四日午前十時から在郷軍人會、愛國婦人會の幹部と共に數班に分れ市内出征軍人遺家族を歴訪し見舞金を贈呈して懇に慰問した

## 健康週間　臺北市で豪華な催し

市場の清掃
第三日豫防實践日　衛生課、警察官、保甲聯合、一般市民にて腸チフスの豫防注射、竹籔の整理伐採をなす
第四日保健施設利用日　衛生課、市内各醫師、同齒科醫師會にて市診療所の開放（本週間中毎日午前九時より午後五時迄）市民無料
健康相談所の開設
第五日公衆衛生日　一般市民、所管官廳、警察官にて公衆衛生の普及徹底をなす
第六日鍛錬日　一般市民各種團體にて登山、遠足、ハイキングの奬勵實施、各種運動の實施をなす
第七日　反省日

…附屬醫院長等の案内の下に展覽會を觀覧、橫川教授以下諸教授の説明で普通では象牙の塔に深く秘められた興味深き學術上の諸材料を熱心に見物した、因みに同展覽會は十四日に次いで十五日は午前九時より開場し同六時に閉會する事になつてゐる（寫眞は展覽會場の小林總督）

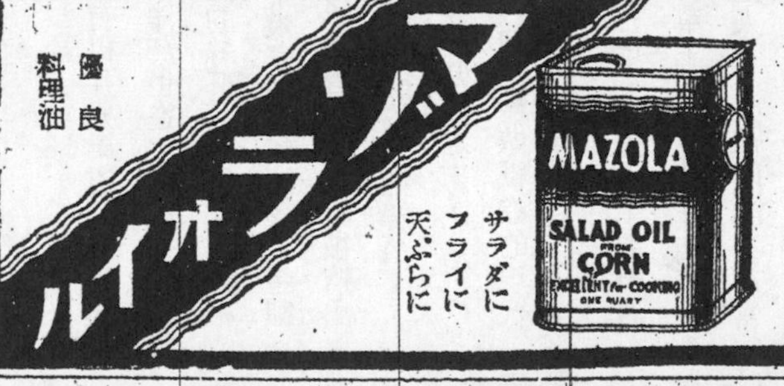

マゾラオイル
優良料理油
サラダにフライに天ぷらに
MAZOLA
SALAD OIL FROM CORN
EXCELLENT FOR COOKING
ONE QUART


### 巧みな偽造紙幣　神戸市で五枚發見

【神戸十四日發本社支局特電】僞造紙幣は暫らく顔を見せなかつたが最近又復神戸市内にて引續き五枚も發見された、犯人は…

…られる由

### 北京語講習

昭和倶楽部主催第三回北京語講習會は本月十六日より開會するが希望者は市内太平町二丁目の臺灣…公會事務所宛に申込まれたいと

### 酵母劑の特賣宣傳

エビオス本舗田辺商店の出原…氏は十日來臺しヴイタミンB酵母劑特賣のため十四日臺北市から全島に亙つて宣傳を開始した

## 臺日ニユース　第五十二報を上映

五月十四日夜より市內常設館、大世界館、國際館、タイゲキ、第二芳乃館にて台灣日日新報發声ニユース第五十二報を上映
一、皇后陛下行啓（日赤、愛婦兩總會）
一、輝く支那海の提督（長谷川中將入京）
一、東京大會の父（嘉納翁逝く）
一、時の話題
A、伊太利經濟使節
B、アラビア王子
C、赤ちやん競べ
一、建艦計畫着々實現（米新鋭艦の進水式）
一、ロンドンへ七十五分（新鋭機処女飛行）
一、…ル大統領始球式（野球シーズン開幕）

▲內臺線上り便『筑波』號十四日

# ●香菸

## 煙草（たばこ）

台灣人抽菸已經好幾百年了。十六世紀，航過島嶼南邊海域的歐洲船，讓原住民見識了吞雲吐霧之妙。原住民開始種菸葉，乾燥後細碎成菸絲，也會雕刻竹根，做成菸斗。

現代式的小盒裝紙卷香菸就來得晚了。即便是日本，遲至一八九一年才有村井兄弟商會率先國產。

一八九五年後，台灣進入日本統治，初期因香菸尚未被官方收為專賣，民間公司大作宣傳，有一段香菸廣告的繁華期。

村井兄弟商會正是其中的大戶。特別是創辦人村井吉兵衛曾去過美國，採購菸草原料之外，也見識了洋人的包裝宣傳。村井脫開和風，走國際路線，菸盒裡裡外外都寫英文。吉兵衛給香菸取的名字也都是HERO（英雄）、SUN-RISE（日升）、HONEY（親愛的）、HOME（家）、LUCK（幸運），而不是其他日本牌子起用的「白牡丹」、「菊世界」、「羽衣」（天上仙女所穿衣服）。而且，村井兄弟的廣告登得頻繁，包裝圖案直貼上去，在文字居多的報紙廣告版裡，彷彿開個人演唱會，光都打在他身上。

日治初期，不只有村井兄弟這類日製洋風香菸，美國的純洋菸也進口台灣。清代以來島內加工製造的絲菸大受打擊。大稻埕與艋舺原本有十幾家商店，販賣「金麒麟」、「石麟」等牌子的香菸，此時被擠出城區市場，只剩山間村莊的人抽絲菸了。台灣人菸商發展已到強弩之末，一九〇四年便有人突破重圍，轉做紙卷的現代香菸。

但一九〇四、〇五年，日本本土與台灣接連實施專賣，菸草王如村井吉兵衛者，都必須拿補償金走人，一般民間的香菸當然也沒戲唱了。台灣的香菸全部改由總督府專賣局進口與生產；現在大家講得很順口的「松菸」（松山菸場），就是專賣後的產物。

日本時代，專賣局販售許多不同牌子的香菸，以三〇年代來說，台灣本地生產的以「RED」（紅）最暢銷，日本進口的屬「敷島」最受歡迎。一九三二年，曾有一款日本製的婦人菸草「麗」輸入，念音近似中文的「烏拉拉」，特別在舞廳、酒樓、咖啡館設櫃販賣，直攻時髦尖端的女性。

一九三五年，台灣專賣局推出的「曙」，也成市場新星，一包十支香菸，只花十錢。一九四一年的新品「白鷺」，則要兩倍錢，難怪前輩小說家葉石濤曾說，白鷺「在日本時代是最高級的」。

葉石濤於戰爭末期當二等兵，在部隊長旁邊供差遣。他曾藉口部隊長要喝紅茶需要糖，向倉庫領出一斤糖。糖珍貴如黃金，他拿到雜貨店換香菸，回來「就躲在房間裡抽，快樂得很」。

當我幫著葉石濤偷偷痛快的時候，似乎也感覺到背後有董氏基金會抿著嘴、皺著眉、搖著頭。

香菸在日本時代的地位，恐怕讓董氏基金會更頭疼。一八九九年底，歲暮時節，廣告說，香菸是送給「貴顯紳士」的最佳過年禮物。戰前，台灣男士踏進理髮廳，也會被獻上一根菸。

今天的台北火車站前、館前路口，一九

# 一八九九年（明治三十二年）十二月十日

**廣告表示**：香菸在日本時代被當成一種重要的社交媒介，仗著紳士掐捏在指間，還被稱為「社交の王座」，頗為威風。

〇八年一棟歐式建築風的「臺灣鐵道旅館」，經營手法一概西式，一樓配置幾個休閒空間，除了讀書室、撞球室，還有比讀書室大的「喫煙室」，讓男士們抽菸、應酬、好說話。

台北中山北路上的國賓飯店，英文名卻是「大使旅館」（Ambassador Hotel），看來是創辦人黃朝琴對自己年輕外交官生涯的寄情；曾任台北市長和台灣省議長的榮光，似乎遠遠不及。

戰前，黃朝琴離開台南鹽水家鄉，放棄日本國籍，成為中華民國的外交官。黃朝琴是富公子，外交部裡的長官對他說「你的派頭比我大」，把銀質香菸盒送給他。結果，長官遇到重要外交場合，又反過來跟他「借用」銀菸盒。

銀菸盒裡，裝的當然是香菸，外交官秀出銀菸盒，彰顯身分，但接下來真正要緊的是掀開盒子、遞菸。香菸就像繩圈，是要丟出去綁住眼前人，往自己拉近。

戰前的香菸，像獅子背後的老鼠，仗著紳士掐捏在指間，被稱為「社交の王座」，頗為威風。不過，日本時代其實也早知道吸菸有害健康，也禁止未成年人吸菸。衝著這一點，董氏基金會或許可以鬆一下眉頭了。

完

# 一九〇〇年（明治三十三年）一月二十五日

**廣告表示**：標題寫說，這是「世界第一高尚的紙卷菸」。村井兄弟商會販售的香菸脫開和風，走國際路線，給香菸取的名字也都是洋風的HERO（英雄）、SUN-RISE（日升）、HONEY（親愛的）、HOME（家）、LUCK（幸運），在台支店就位在基隆哨船頭街，今義一路一帶。

世界第一高尚紙巻烟草

京都村井兄弟商會製品

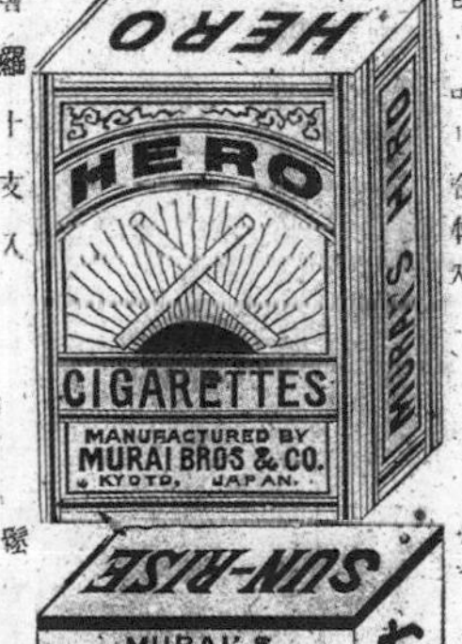


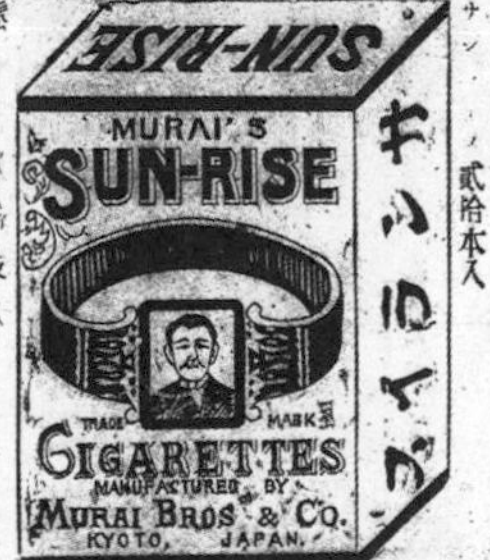

賣捌所全國到ル所ニアリ

基隆哨船頭街五十二番戸

村井兄弟商會出張店

# 一九〇〇年（明治三十三年）五月十六日

**廣告表示**：左方的兩行文字意思是，為慶祝皇太子（後來的大正天皇）大婚，以特別優惠的價格販賣三款鷲印紙卷菸草，以資紀念。

鷲印紙巻煙草

青鷲印

白鷲印

金鷲印

御慶事奉祝之紀念トシテ特別非常ノ割引ヲ以テ販賣ス

台北府前街二丁目

代理店　菅野商行

# 一九〇一年（明治三十四年）一月一日

**廣告表示**：除了村井兄弟商會出品的香菸包裝裡外都用英文，其他日本品牌多走本土路線，會用金牡丹、白牡丹、菊世界等具濃厚東洋風情的名字。

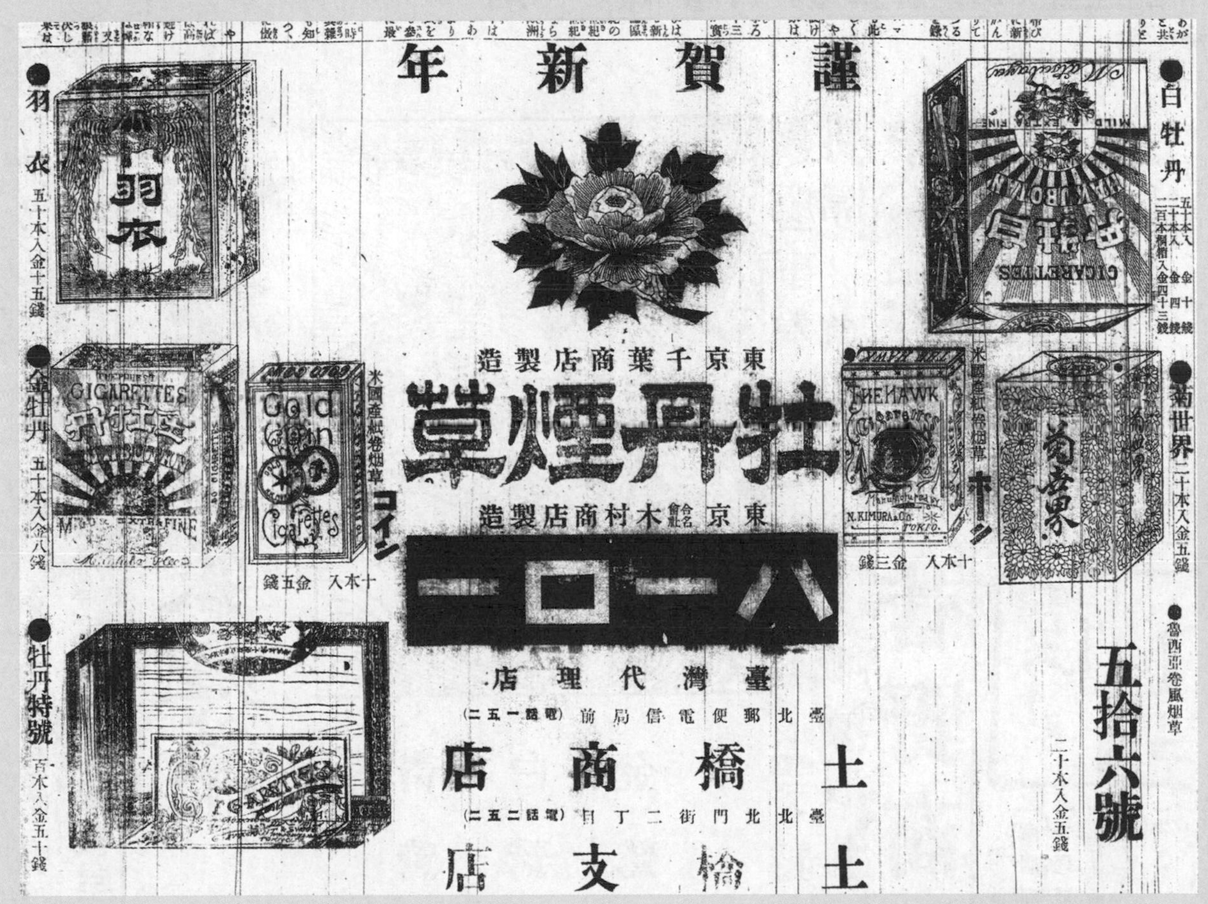

# 一九〇二年（明治三十五年）一月二十一日

廣告表示：上個世紀初期，著名的美國香菸品牌「PIN HEAD」每包定價四錢。

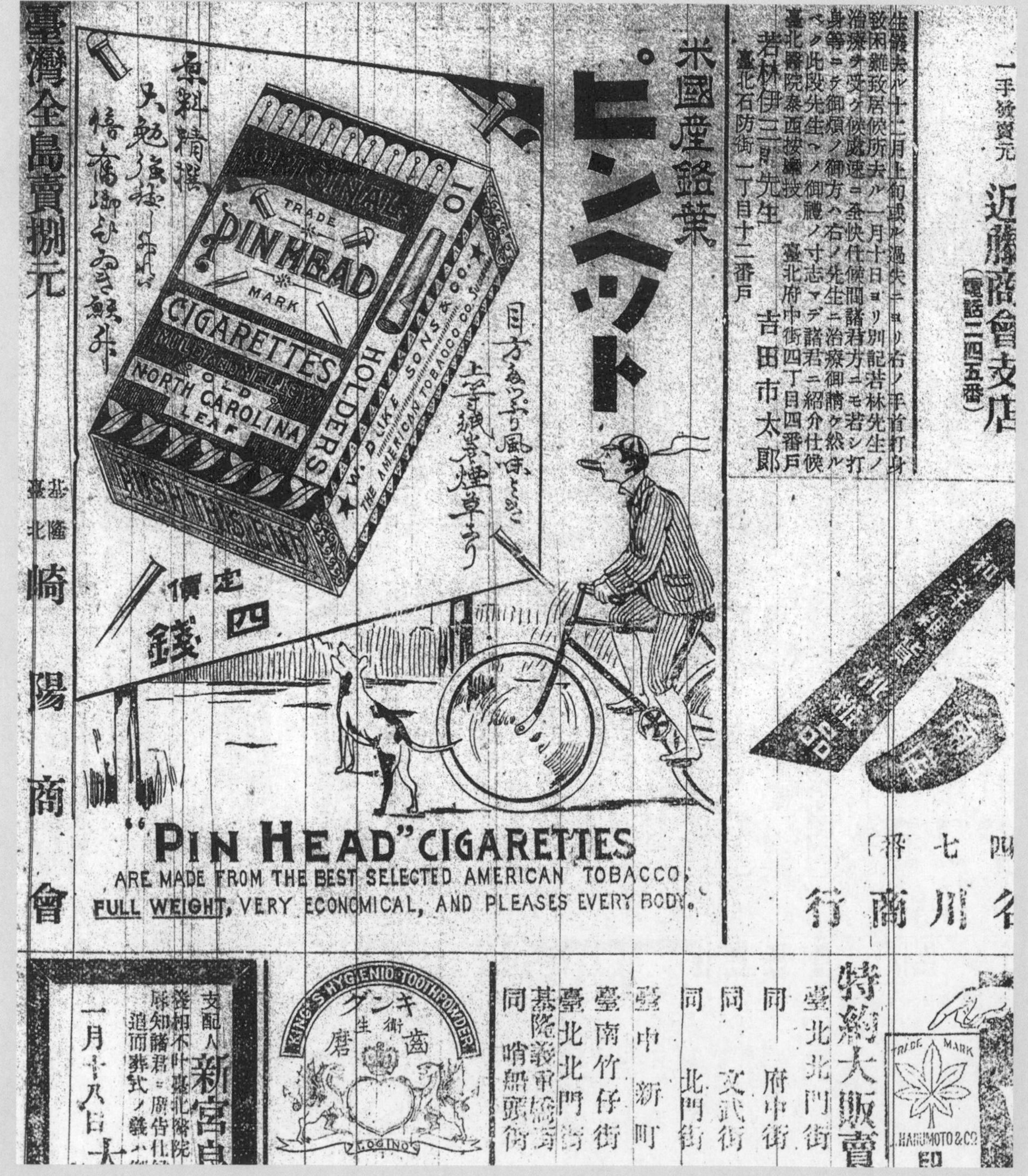

# 一九〇三年（明治三十六年）四月十七日

**廣告表示：**廣告中的香菸品牌「俾國滑」、「烏律啄」，即ピーコック（PEACOCK）、オールド（OLD）的台語音譯。外包裝設計營造出一種高級的質感。

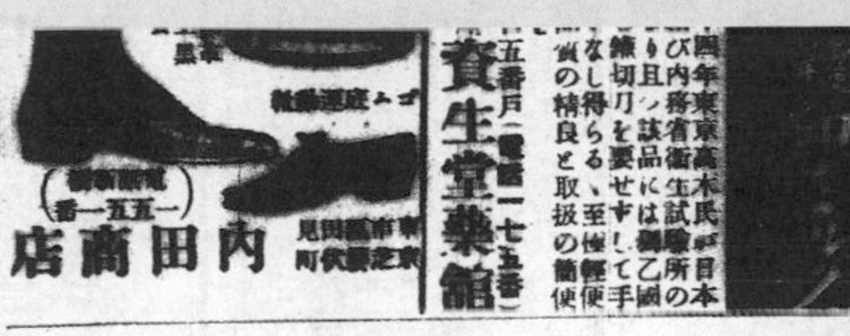


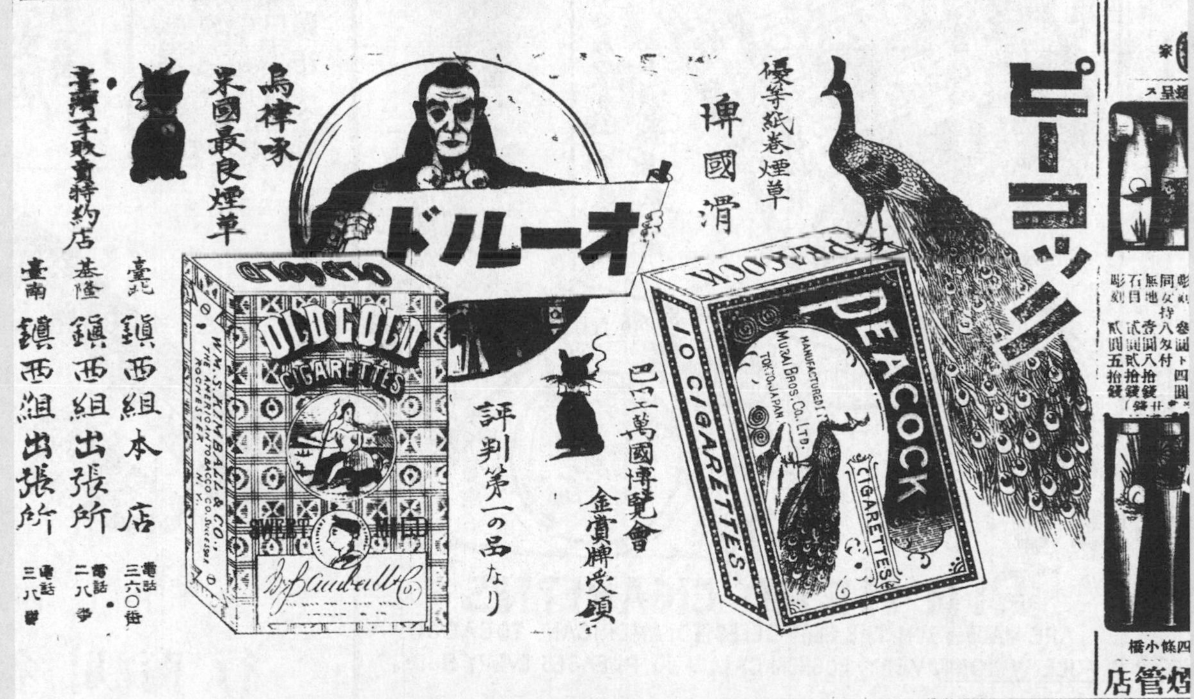

# 一九〇三年（明治三十六年）

## 九月八日

**廣告表示**：廣告中的香菸品牌「我律列」、「鬆來斯」，即ゴールド（GOLD）、サンライズ（SUN-RISE）的台語音譯。

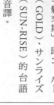

保養自今禁酒ス

海貯蓄銀行員　山下傳吉

J.HARUMOTO&CO.
印

丈尺量目ノ確實ナルコヲ保證ス

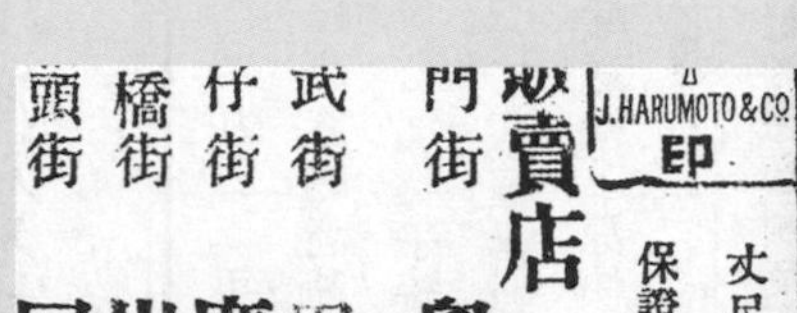

販賣店

門街　奥田回春堂　電話三七

武街　恩田潜龍堂

仔街　廣貫堂支店

橋街　岩本普及堂

頭街　回生堂藥店

ゴールデン　我律列

サンライス　鬆來斯

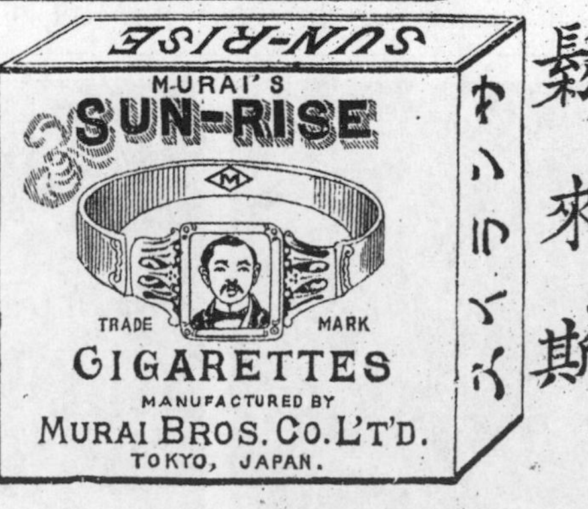


臺灣一手販賣特約店

臺北　鎮西組本店　電話三六〇番

基隆　鎮西組出張所　電話二八番

臺南　鎮西組出張所　電話三八番

胃

散

病

胃弱諸症根治之良劑

臺灣總督府官房文書課御編

最新臺灣全圖

定價拾錢（郵送費不要）

◉縮尺百二十萬分一　彩色刷、印刷精確明晰

# 冷氣機

## 冷房（れいぼう）



一九三二年九月三日星期六週末，霧峰豪族的老爺林獻堂找人一起到三越百貨公司吃午餐、購物，他在日記寫道，「在三越聽新邦樂演奏會。其劇場有冷風輸送機，涼快異常，較之他室有十五度之差……」。吹個冷氣，慎重其事寫進日記，想必因為新鮮，因為，台灣那時候還沒有建築裝設冷氣系統。

一九〇二年，美國的威利斯・開利（Willis Carrier）發明了冷氣裝置，人類開始有能力在室內調製自己想要的溫度。十三年後，開利創辦知名的開利冷氣，冷氣裝置很快向世界吹送，三〇年代終於也到台灣了。

一九三三年的夏天，台灣奇熱，創十二年來第二高溫。酷暑示威之後，台灣有了第一個建築要裝冷氣系統。

在臺北新公園（今二二八公園）門口左前方的日本勸業銀行台北支店（戰後變成臺灣土地銀行總行，現改為臺灣博物館的土銀展示館）新廈落成，兩百一十四坪的一樓營業廳，有一百一十二尺長的櫃台，三十八個窗口，搭配淡淡的乳白色調，堂皇氣派。當年的報紙說，這個台灣最早裝冷氣的建築，冷空氣可傳送到地上六公尺以下的各個房間，溫度也可以自由調節。

緊接在勸銀台北支店之後，台北許多大建築紛紛裝設冷氣，公會堂（今中山堂）之外，西門町的「國際館」電影院（戰後改建為萬年大樓）、「大世界館」電影院（位於今成都路上）和大稻埕茶商陳天來出資興建的第一劇場，都以冷氣為號召，招徠電影客。

一九三七年，大世界館電影院裝了冷氣，就曾經大力宣傳，把冷氣裝置的照片放到報紙電影廣告上，強調採用開利冷氣。大世界館會裝美國的開利冷氣，因為開利冷氣一九三〇年已到日本創設分公司，取名「東洋」開利工業株式會社，東洋開利在台灣又有三處經銷店。

大世界館電影院在廣告裡還標榜，館內常態溫度總保持在「七十五度」。現代人看到七十五度，人概頭就昏了，七十五度豈不比熱浪還高溫嗎!?事實上，台灣社會在

**右圖**｜日本勸業銀行台北支店於 1933 年落成，是台灣第一座裝設冷氣系統的建築。

**左圖**｜1933 年，勸銀台北支店新廈落成，裝了最先進的冷氣系統。報上說，冷空氣可傳送到地上 6 公尺以下的各個房間，溫度可自由調節。

一九三三年（昭和八年）九月九日

**廣告表示：**廣告裡的冷氣外觀像個電話亭，跟現在的商用立式冷氣相去不遠；製造商「海野商店」另設有自動車部，銷售美國的克萊斯勒汽車，以及日本的日產汽車。

コートックス式
冷房兼暖房機
外觀
構造堅牢にて取扱頗る簡便
外觀裝飾的優美高尚典雅
內部
貴賓室・應接室・食堂
宴會室・劇場・大廣間
に必要
製造元
發賣元
臺北　德海野商店
電話三一八、二七二〇番
室內の換氣・溫度・濕度を調節

日本時代採用華氏溫度，而華氏七十五度約等於攝氏二十四度。

台灣濕熱，沒有人不愛冷氣。一九三六年，葉榮鐘正擔任《臺灣新民報》的記者，一到夏天，每日上午先和兩、三位同事到總督府找官員聊天、找消息，中午一定去附近的菊元百貨店五樓吃飯，最後轉赴西門町的國際館看電影，午後三、四點才進報社。葉榮鐘回憶說，去戲院，意不在看電影，而是去睡午覺，因為國際館是台北最早裝冷氣的電影院，電影「並不比冷氣機更有魅力」。

除了整座建築裝置大型冷房設備，三〇年代也已見室內單一空間裝設冷氣機。一九三五年，西門町的料亭「梅本」花了三千多圓裝冷氣，又是台北第一家裝冷氣的日式酒樓，報社趕快去採訪，還登了照片。穿和服的女侍站在榻榻米上，輕扶一個像矮櫃的深色東西，就是冷氣設備。

一九三〇年代，不少走在時髦最前線的咖啡廳也裝設冷氣來增添魅力。咖啡廳裝甚麼型態的冷氣機，無從得知，但是，不一定跟梅本的矮櫃型冷氣同款。一九三三年的一個冷氣廣告顯示，也有冷氣像個電話亭，呈方柱模樣，跟現在的商用立式冷氣相去不遠，可見當時存在各種不同的冷氣裝置。

完

# 一九三六年（昭和十一年）八月十一日

廣告表示：一九三〇年，美國開利冷氣公司到日本設立「東洋開利（キャリア）」，當時，在台灣可以洽裝的地方有三井台北支店等三處，高進商會且為協力施工的店家。

一九三七年（昭和十二年）

六月四日

**廣告表示**：戰前，台北多家電影院已裝有冷氣，並以此招徠觀眾。西門町的電影院「大世界館」利用電影廣告的近半篇幅，搭配實景照片為證，強調館內已裝有開利冷氣系統。廣告右下角的開利日文應該是誤植；左上方的日文「五日封切」，則意指五日開演。

廣告表示

# 電冰箱

## 電氣冷藏器（でんきれいぞうき）

日本時代的台灣社會，一般人認知的冰箱是木身箱子、放冰塊的非插電式冷藏器，不過，在社會的另一個階層，電冰箱也已經悄悄登台運轉了。

近代的冰箱雛型由美國人雅各．柏金斯（Jacob Perkins）於一八三四年建立，運用蒸發壓縮揮發性液體冷卻。一九一一年，美國奇異（GE）公司製造了兩台最早的家庭式電冰箱。一九一〇年代到一九二〇年代初，電冰箱有種種革新的發明和品牌，但是，當時的冰箱都必須把馬達和壓縮機另外放在地下室或廚房的隔壁，和廚房裡的冷藏箱分開。一九二三年，富及第（Frigidaire）發展出第一台一體成型的電冰箱。

富及第於一九一六年創建，美國南方的老一輩人還會以Frigidaire稱呼電冰箱，而不說refrigerator。一九二六年，台灣迎接的第一個品牌就是富及第的電冰箱。

從二〇年代台灣的廣告來看，富及第的家庭用電冰箱像今天一樣，純白外殼，有許多型款，單門的、雙門對開的都有，但圖畫模樣頗像一座六尺高衣櫥。廣告文案則走溫馨路線，強調為了可愛的孩子，不要讓他們吃到腐敗的食物，防止不必要的危險，電冰箱是一家人健康幸福不可缺的設備。

當年如果有個台灣人要買電冰箱，必須到今天台北市館前路臺灣博物館前的合庫商銀那裡，找一家叫「柴田自動車商會」的車商，他們除了販售美國雪佛蘭汽車，也是富及第電冰箱的台灣總代理。

到了一九二九年，在台灣買電冰箱，多了一個嘉榮華（Kelvinator）可供選擇。嘉榮華和富及第一樣，都是電冰箱演進史一定著墨的名字。一九一八年，嘉榮華發明自動式電冰箱。代理進口的共益社在台北市西門外的新起町（今長沙街兩側）。很快有顧客上門，根據報紙報導，臺北帝大（台灣大學前身）、新高旅館和專賣局的煙草酒工場買了嘉榮華電冰箱。

一九三四年，《臺灣婦人界》月刊曾有報導，某個禮拜天，女記者到臺灣電力株式會社的業務部長（業務經理）後藤曠二家裡採訪。她看見吸塵器、烤麵包機、洗衣機、電鍋等等，最後，客廳角落還有一個像保險箱的東西，原來是電冰箱。女記者得知電冰箱最上一層可以製冰時，覺得帥呆了，但聽到要五百圓（一般上班族月薪在十幾圓到三十圓之間）才買得到時，頓時又憂鬱起來。

電冰箱遠在庶民生活之外，距離一些台籍富商家的廚房倒很近。張超英在回憶錄《宮前町九十番地》裡就說小時候家裡有稀奇的電冰箱。不奇怪的是，他的祖父張聰明在台北近郊有煤礦，銷到上海、香港各地，非常富裕。

冷藏器

完

## 一九二八年（昭和三年）

### 四月八日

**廣告表示：**一九二六年，台灣已進口美國電冰箱富及第（フリッジデヤ）。

# 電氣冷藏器フリジデヤ

## 食料品貯藏問題の解決

肉屋、魚屋、料亭、生物商等は最新式電氣冷藏器フリジデヤの利用に依り、食料品の貯藏問題を譯なく解決して、充分顧客の御滿足を得られます。

本器を据附ければ、從來のやうに兩三日分以上仕入れが出來ないといふ不便が除かれ、同時に色々の肉を一時に澤山仕込む事が出來るのであります。

何卒御來店の上、この電氣冷藏器が如何に便利徳用なるかを實地御點檢下さらん事を願ひます。

日本一手發賣元　米國貿易會社

東京市丸之內東通五號（三菱仲一號館）

支店　橫濱・大阪・神戶

臺灣臺北市表町三四・三五・三六・三七番地

電話　柴田自動車商會　柴田泰賢

一九二八年（昭和三年）
五月
二十八日

**廣告表示**：廣告的標題寫著，「為了您可愛的孩子，家庭必備富及第」。文案內容提到，電冰箱可以讓最容易腐敗的食物保存多日，並保有新鮮風味，還可以做冰塊、果凍和日本特有的菓子水羊羹。

# 可愛い御子さんの爲に
# フリジデヤは家庭に必要な調度

一家の御健康は日常お攝りになる飲食物と頗る親密な關係があります。

最新式電氣冷藏器**フリジデヤ**は、最も腐敗し易い食物を數日保存しても、毫も其風味と新鮮とを失ふ虞れはありません。

特に可愛い御子供さんの爲には、食物の腐敗から生ずる不慮の危險を豫防しますから、本器は御一家の保健と御幸福との爲に缺く可らざる調度であります。

**フリジデヤ**は又飲料用の綺麗な角氷を造つて呉れる外に、氷盆内に於て、お好みに應じてゼリー・水羊羹等を造つて呉れます。

特約販賣店

台灣台北市表町三十四・三十五 三十六・三十七番地

**柴田自動車商會**

電話 八三四（長）三三四

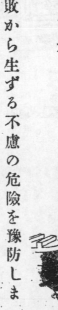

# 一九二八年（昭和三年）六月二十四日

**廣告表示**：近九十年前的廣告中，「夏天不可或缺的家具」富及第電冰箱模樣像極了衣櫥。代理商柴田商會其實是一家進口車商，位於台北市表町，今館前路合庫商銀現址，販售美國雪佛蘭汽車。

夏期に必要な文化的調度

電氣冷藏器フリジデヤを御求めになるなら今が絶好の時期

スヰッチを一寸廻せば自由自在に澤山の氷が出來る自働式電氣冷藏器、氷を買はずに氷以上に冷えた旨しい飲食物を何時でも召し上る事の出來るフリジデヤを御求めなさるなら、今が絶好の時期です。暑さは日一日と加はつて參り、御註文は目下殺到中です。御買上げが一日遲れゝば、一日皆さんの御損となるのであります。弊社の陳列室には有ゆる用途に適する色々の最新型が列べてあります。御都合の宜敷折に御立寄下されば、係の者が實地御說明致します。又御葉書にて御一報下さるか、或は電話にて御申込下されば早速店員を伺はせます。

特約販賣店　臺灣臺北市表町三十四・三十五・三十六・三十七番地

柴田自動車商會

電話　八三四（長）三三四

# 一九三六年（昭和十一年）

## 五月二日

**廣告表示**：戰前台灣有一種非插電的冰箱，使用紅酒軟木塞相同的材料（日文寫成「炭化コルク」）阻隔空氣，冰箱只需放冰塊，就可以冷藏食物。

あすの天氣

潮汐

各地溫度

一九三七年（昭和十二年）六月八日

**廣告表示：**戰前的非電氣冰箱也進化到使用白色烤漆鋼板。廣告強調，放置少量的冰塊，也能有良好的冷藏效果。

# 瓦斯爐

## ガスコンロ

一八五一年，倫敦大張金碧輝煌的水晶宮，舉辦World Fair（萬國博覽會），號召全世界各國把先進的發明拿來競秀，瓦斯爐就在博覽會上公開亮相了。

台灣進入二十世紀後，全島各地不時傳出「瓦斯噴出」的消息，大家對瓦斯並不陌生。現在使用的「瓦斯」一詞，其實是日文漢詞，源於英文gas的譯音。

一九一一年，台灣開始有瓦斯公司，供應道路點燈，也提供家庭用燃料。雖然一直到二次大戰後初期，多數庶民的料理工具仍停留在柴煤燒灶，但文明卻不斷在另一條路上向前奔跑；到一九三〇年代，台灣已經有許多餐廳跨越瓦斯爐，用電鍋烹調神戶牛肉和壽喜燒了。

從廣告看日本時代的瓦斯爐，有像現在路邊攤還用的生鐵單嘴瓦斯爐，也有跟現在幾乎同一模子打造的家庭型瓦斯爐。爐上的置架，也跟現在一樣，有六隻凸起的腳。

而瓦斯爐與熱水器的知名廠牌「林內牌」，日本時代就來過台灣。一九二〇年，「林兼吉」和「內藤秀次郎」兩人以姓名第一字合組「林內商店」，生產各種瓦斯相關器具。嘉義的「安藤商會」隨即取得台灣總代理權，一九二四年並開設了台中分店。

完

廣告表示

寶用新案特許

アルコール瓦斯發生器

本器の特長

燃料比較標準

特約販賣店大募集

製造發賣元　柴田商店

1930年代的瓦斯爐已和今天一樣，有6隻腳的置架。
廣告文案寫說，「酒精瓦斯爐（アルコール瓦斯發生器）
燃料為酒精安全無虞，使用時能保持手部清潔，
不殘留異味，不會故障。
一升的水約10分鐘就能煮沸，
基於節省支出、愛用國貨的考量，懇請各家庭務必使用」。

廣告右側的圖案和現在路邊攤常用的單嘴瓦斯爐沒什麼兩樣。

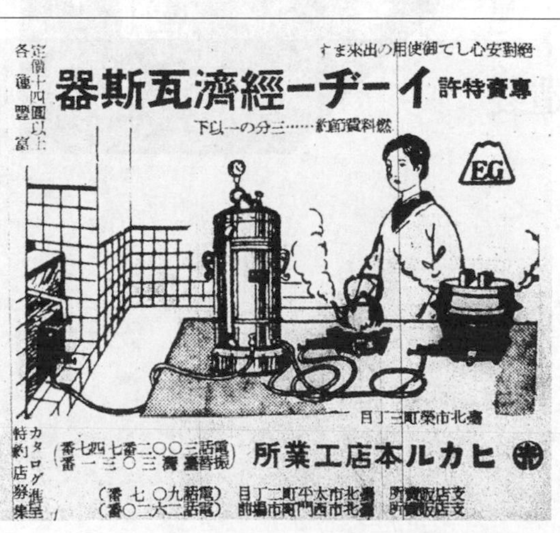

# 一九二四年（大正十三年）三月十八日

廣告表示：林內瓦斯爐（石油ガスコンロ）標榜「節省燃料無可匹敵」，「節省時間媲美一位女幫傭」。

最新式
特許
石油瓦斯コンロ
（附屬品永久販賣）
御注意　類似品あり弊商會發賣品のマークに御注意を乞ふ
御申越次第カタローク進呈す

燃料の節約第一なり

時間の經濟は女中一人に匹適す

特許第五三五四一號

論より證據一度御使用あれ

本器の宣傳は家庭から家庭へ

元祖林內式石油瓦斯發生器臺灣總代理店
嘉義街大通
安藤商會
電話一五四番
振替臺灣一九九一番

代理店
新竹街東門外
林田商店
電話四五七番

地方販賣店大募集す

一九三一年（昭和六年）

五月二日

**廣告表示**：八十幾年前，自日本進口的新型瓦斯爐外觀和現在的相去不遠，定價九圓三十錢，相當於一般上班族薪水的一半到三分之一，所費不貲。從左下角的文字來看，當時也已出現液化瓦斯。

會社の瓦斯より經濟な

臺灣製變性アルコールを燃料とする

# 家庭瓦斯發生器の發明

コンロ

最も手輕に使用出來る大衆向き家庭瓦斯であります

自働式改良形

（定價九圓三十錢）

用途

▼御家庭向の炊飯煮焼きは勿論、營業向供膳用として又はアパート、ビルヂング事務室の必備品としても化學實驗、醫療消毒、乾燥熱器、藥局沸煎用としても、キヤンプ、舟遊び、ピクニツクの御携帶用として重寶此上ありません。

他の燃料と比較試驗表左之通り

| 器具種類 | 燃料種別 | 米一升ヲ炊クニ要スル時間 | 米一升ヲ炊クニ要スル費用 |
|---|---|---|---|
| 瓦斯器 | 瓦斯會社（市內 市外） | 一七〇 | 一三三 |
| 電氣コンロ | 電熱 | 四〇 | 二八二 |
| 石油コンロ | 日本石油 | 二六〇 | 一二八 |
| 木炭用器 | 木炭 | 三三〇 | 三三〇 |
| 家庭ガス發生器 | 變性アルコール | 一五〇 | 一二〇 |

初めて經濟化せられたる變性アルコールは最近臺灣總督府令け經濟的燃料として變性を許可し從來の高價なる酒精造石稅の免除をなした爲め內地消費に就きては從來市價の五分ノ一以下の安價を以て得らるゝに至りました

當所は此の新燃料を應用する燃器の硏究に當り獨創的新規の考案により吾國最初の發明として經濟的使命を果し發賣に係るもので從來の瓦斯や電氣は敷設に莫大の經費を要します然るに本器は何の設備も要せず（マッチ）一本で要領が得らるゝ上に其火力と熱と時間と經費節約の多大なる點は本器の特長で燃料が變性アルコールなる故取扱上手綺麗で簡便經濟なる事が又特長であります

特約店募集

臺北市及ビ臺灣全島各地ニ特約店設置ス小高鐵工所顧問富田榮太郎氏各地出張中ニ付希望者ハ至急同人出張先御申込被下度候

臺灣全島總代理店

臺北市榮町四丁目一番地

小高鐵工所

電話二七八八番

東京市芝區柴井町四十二番地

國產液化瓦斯工業所

電話芝四七二八番　振替東京六八一二一番

## 一九三五年（昭和十年）

## 六月二十八日

**廣告表示：**新式瓦斯機的台灣代理店「李仲義商行」由台灣人經營，既進口美國石油，也曾是福特汽車的南部代理。

世界的國產發明

# 文化瓦斯機

費用は市內瓦斯の三分の一以下

（炊事用　風呂用　工業用　營業用
暖房用　燈火用　醫療用　外一般）

一、本機は極めて簡單なる自動裝置なるも市內瓦斯に比し遙に熱量強き瓦斯を使用の都度即時容易に何人にも發生せしむることを得（本機標準型は瓦斯發生量一時間約一五〇立方呎）

一、本機は室內、屋外隨所に持ち運び自由にして鉛管又はゴムパイプにより數百尺の距離に於て大小各種器具を數個同時に使用することを得

一、本機は瓦斯會社と同樣の器具を使用することを特徵とす。

一、本機は最新科學を應用したるものなるにより驚くべき經濟的性能を有す。

一、本機は市內瓦斯に反し無臭無害なる完全燃料瓦斯を發生せしむ。

一、本機は取扱容易にして堅牢優美且つ火氣絕對安全なることを生命とす

臺灣一手販賣元　李仲義商行
臺北市日新町貳ノ一〇
電話長　壹八九五　四四八四

製作元　東京瓦斯機製作所
東京市京橋區銀座西七ノ五
電話銀座長參四壹八・三四一九

（カタログ說明書呈ス）

廣告表示

# 鋼鐵家具

## 鋼鉄家具（こうてつかぐ）

一九〇〇年，日本統治台灣的第六年，總督府廣散請帖，邀全台一百五十位前清的舉人、秀才，齊聚台北，一方面表示新政府對舊貴士紳的敬重，傾聽意見，一方面也意在展示新政府的進步與不同，讓這些地方領袖回鄉後能夠代為宣達。

吳德功三月八日從彰化出發，看見滿田的大菜花，色白如銀。百餘年前的自然一樣，但當時過溪還要依賴轎子；所以，費了六天的功夫，終於才到台北。

官方安排一連串的參觀，當吳德功到警察宿舍，他腦海的雷達掃瞄到異常的訊息，他在日記寫下，「床以鐵枝做成」。

台灣傳統家具非竹即木，日治後，加入了西化的因子，開始有轉變，金屬家具進入屋內了。例如一九二九年，社會新聞報導了有個十九歲的陳姓小賊，家住台北市永樂町，頻頻到附近的乾元藥行（仍位於今迪化街）偷人蔘，再銷贓給隔壁太平町的藥房，前後換得三百多圓，以今天的價值看，起碼好幾十萬元。這麼多的不當獲利，他買了許多東西「與其愛妓阿美」，其中就包括了衣櫥、蚊帳和「銅床」。

現代家具世界裡的椅子，對中國、日本而言，都是舶來品，日本接受的時間尤其晚。當中國唐宋已經有精雕細製的木椅，日本到十九世紀的幕末時期，仍不見椅子的角色。榻榻米的生活型態，讓日本人一直慣習跪坐。要到明治維新，西化之風才把日本人吹上椅子。

日治前，台灣家具本來就有中式木椅，進入日治後，引入了歐美背呈圓弧形的「曲木」椅子，也開始有可以折疊收攏的椅子。但形式有變，質料仍以木材居多。若去請教台籍的長輩，他們印象裡日本時代生活中的桌椅，家裡是木頭的，學校是木頭的；木窗、木門，大學教授研究室的屏風也是木頭的。金屬家具對他們來說有點陌生。但從報紙廣告卻發現，鋼鐵家具在日本時代已經來了。

今天台北市重慶南路一段書街那邊，有家「山下商店」，一九〇一年在台創業，到三〇年代已是有名的機械五金店，並以台灣為基地，擴張到東京和滿洲的奉天。台灣一有民航，老闆山下博信就是大客戶，經常搭飛機跑來跑去。

一九二九年，山下商店登廣告說他們是大阪「日本鋼鐵家具」公司的特約店，品項繁多，鋼鐵椅子就有十四種，書架、卡片盒、辦公事務桌不說，鋼鐵製衣櫃大小從一人用到九人用都有。如果要訂做，也可以為顧客量身設計。

鋼製、銅製家具曾經新穎、珍稀、時髦，但日治末期，日本戰況由盛轉衰，半強迫民間「捐獻」各種金屬資源，家裡的金戒指都不得不拿出來，鋼鐵家具也逃避不掉，光彩硬被戰火燒融。

1937 年，東京資生堂的美容室已使用鋼管家具，相當時髦。

完

一九二九年（昭和四年）
一月
十四日

**廣告表示**：廣告中間標註說，日本來的鋼鐵製家具種類有「特許（專利）鋼鐵椅子、複式與單式書架、衣櫥、辦公桌、捲簾」等，由位於本町二丁目（今重慶南路、武昌街一帶）的山下商店代理。

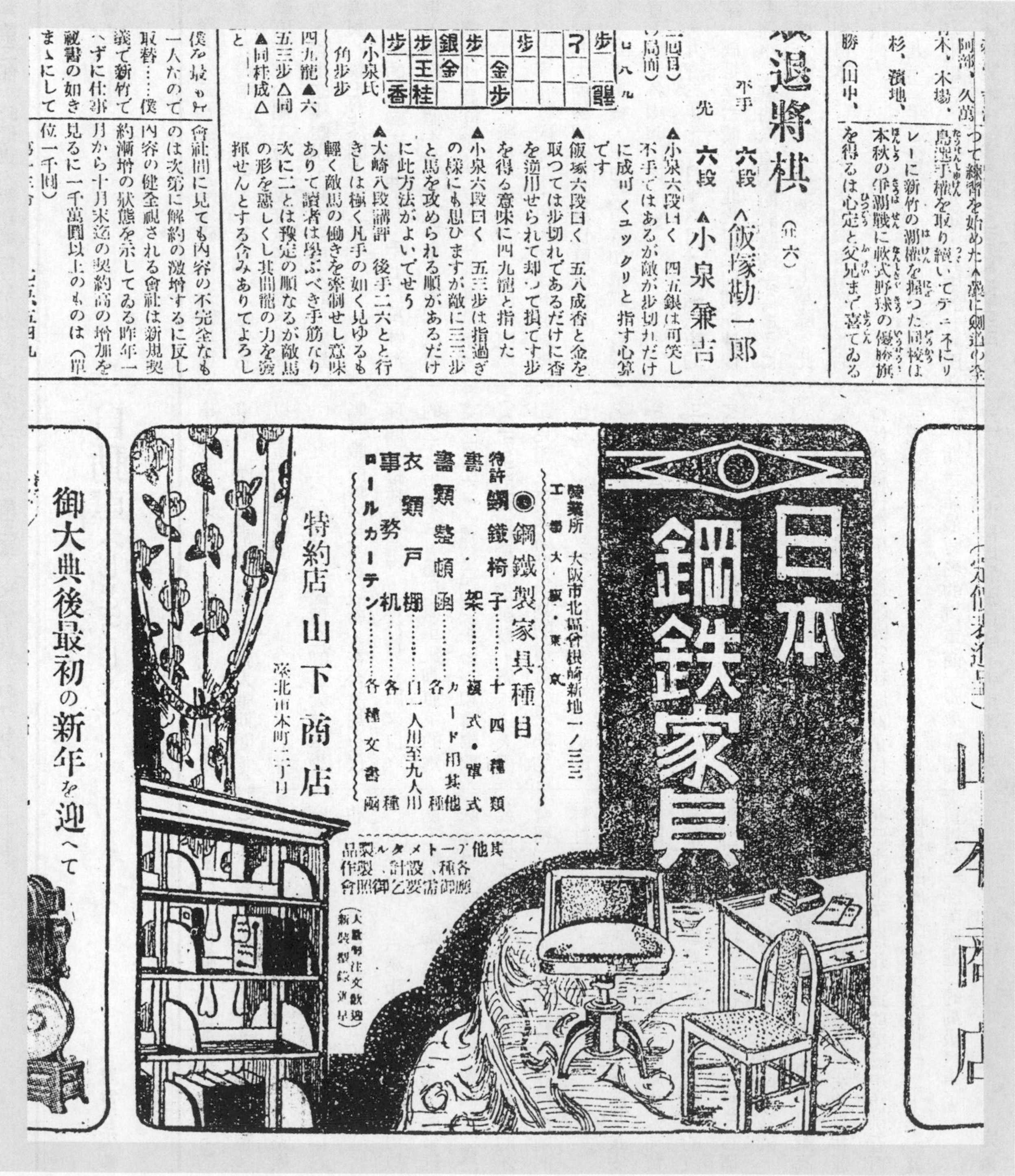

---

將棋（十六）

平手　六段　＜飯塚勘一郎
先　六段　▲小泉兼吉

▲小泉六段曰く　四五銀は可笑しい不手ではあるが敵が歩切れだけに成可くユックリと指す心算です

▲飯塚六段曰く　五八成香と金を取つては歩切れであるだけに香を逆用せられて却つて損で寸歩を得る意味に四九龍と指した

▲小泉六段曰く　五三歩は指過ぎの様にも思ひますが敵に三三歩と馬を攻められる順があるだけに此方法がよいでせう

▲大崎八段講評　後手二六と行きしは極く凡手の如く見ゆるも輙く敵馬の働きを牽制せし意味ありて讀者は學ぶべき手筋なり次に二と〔?〕は豫定の順なるが敵馬の形を惡しくし其間龍の力を發揮せんとする含みありてよろし

---

日本鋼鉄家具

營業所　大阪市北區曾根崎新地一ノ三三
工場　大阪・東京

◉鋼鐵製家具種目

特許鋼鐵椅子……十四種類
書架……複式・單式
書類整頓函……カード用其他各種
衣類戸棚……自一人用至九人用
事務机……各種
ロールカーテン……各種文書函

其他ブートメタル製品
各種、設計、製作
御需要願、乞御照會

特約店　山下商店
臺北市本町二丁目

御大典後最初の新年を迎へて

山本商店

廣告表示

# 汽車

## 自動車(じどうしゃ)

從一九二五年，基隆煤礦大王顏國年環遊十五國兩百二十多天，考察了九處著名礦區和三十個工廠，驚奇無數，返台後受訪，報紙的標題說，其中最驚人的見聞是美國的礦工竟然開汽車上班。

當年的美國，總共有一千七百萬輛汽車，平均六個人就有一部車。美國汽車工業如此高度發達，始於一八九六年。一八八五年，雖然地球上第一部使用內燃機的汽車在德國誕生，但大西洋的彼岸，美國五大湖邊的汽車跑得比歐洲神速，一進入二十世紀，出口汽車就如飛碟，長驅直入世界各國的市街。

一九一二年十一月十六日，美國汽車的第一碟抵達台灣；台北火車站前那一棟像歐洲小皇宮的鐵道旅館訂購的Jackson 32型搭了船，這一天靠港，登上基隆。此後到日本時代結束，美國汽車橫霸台灣的馬路。

一九一三年之後幾年，台灣出現過兩、三家租車店，一九一八年，其中的「神田商會」開始代理美國 Willys-Overland 汽車。當時，Willys-Overland 是美國第二大車廠，僅次於福特，二次世界大戰期間，以生產軍用吉普聞名。

一九二〇年代，美國現在的三大汽車集團，戰前無一在台灣缺席，在台灣都有代理商。福特不消說，福特員工出來自立的Gray也來台。通用汽車集團旗下的別克（Buick）、龐蒂克（Pontiac）和雪佛蘭（Chevrolet）更是大張旗鼓，廣告三天兩頭見報。克萊斯勒集團的道奇（Dodge）也在二〇年代登台。一些現在已然消失的名牌，像一九二九年全美第三大車 Hudson、Willys-Overland 旗下的小車 Whippet，以及別克生產線裡曇花一現的 Marquette，也都曾搶進台灣。

日本時代的汽車代理公司，多數是日本人經營，台灣人也有。華南銀行創辦人、板橋林家的大地主林熊徵曾開設日星商會代理福特汽車，後來因糾紛而停止代理權。

早期台籍最有名的汽車商「張東隆商會」由台北大稻埕的張東紅、張東榮、張東華等兄弟合作經營，代理通用集團下的Oldsmobile和龐蒂克的北台灣經銷權。一九三六年的報紙曾報導，張氏兄弟家族龐大，老少有六十九人，很早就進口石油，砂糖買賣也屬台北業界先驅。

日本時代，台灣市場的開放性也可以從一個叫「廣福公司」的汽車代理商來玩味。日本時代的日本人公司多叫「商會」或「株式會社」，中國人或部分台灣人的才會稱「公司」。廣福公司就是福建鼓浪嶼的林姓家族經營。

一九二九年，位於台北市大正町（長安東路一段與林森北路周邊）的廣福公司貿易部開始進口歐美商品，印第安納州的汽車Elcar就由廣福代理來台。Elcar售價五千三百五十圓，敞篷車也要四千多圓，同年雪佛蘭賣不到三千圓，Elcar可謂高級車款。當時一般台灣職業男女的月薪還在三十圓上下掙扎，這些美國車彷彿五百層樓高的摩天大樓，或許爬個二十年，就買得起一部美國進口的高級汽車了。

完

日本時代，
台籍最有名的汽車商
「張東隆商會」，
由張東華（中坐者）
與兄弟合作經營。

張家來自八里，
早期銷售海產，
後來到神戶
做砂糖買賣成巨富，
觸角伸向石油與肥料。

# 一九一八年（大正七年）四月七日

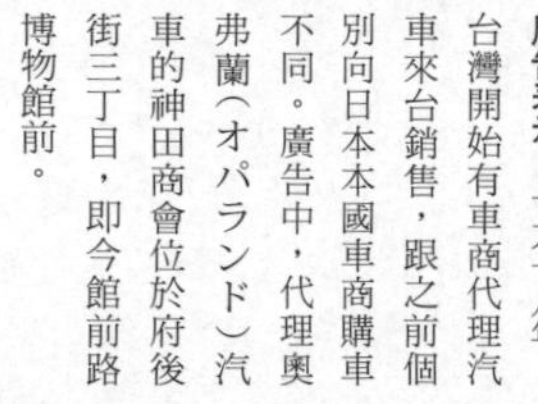

**廣告表示：**一九一八年，台灣開始有車商代理汽車來台銷售，跟之前個別向日本本國車商購車不同。廣告中，代理奧弗蘭（オパランド）汽車的神田商會位於府後街三丁目，即今館前路博物館前。

Overland
TRADE MARK REG.

世界的
標準車

オバランド號

代理店設置御披露

本島ニ於ケル自働車御愛乘各位ノ御利便ヲ謀リ且ツハ平素ノ御愛顧ニ酬イン爲メ今般臺灣ニ於テ尤モ古キ歴史アリ經驗ト信用ヲ有スル神田自働車商會ヲ代理店ト致候間弊店同樣御愛顧御引立ノ程希上候

大阪市東區北濱三丁目
島商店自働車部

臺北府後街三丁目
臺灣代理店 神田自働車商會
電話一四〇五番

大正七年式幌型函型各種澤山著荷仕居候代理店披露ノ爲メ特ニ此際勉强可仕候間御用命被仰付度候說明書無料送呈可仕候

WILLYS-OVERLAND, Inc.
Toledo, Ohio, U. S. A.

## 一九二四年（大正十三年）十月十七日

**廣告表示：**一九二〇年代，汽車的輪胎還很瘦薄，輪輻與馬車相似，底盤也較高。廣告裡，「三共株式會社」台灣分店進口的 Gray（グレー）汽車，是個現已消失的牌子，原由一群福特離職員工創設，當時還生產過 Star 汽車。

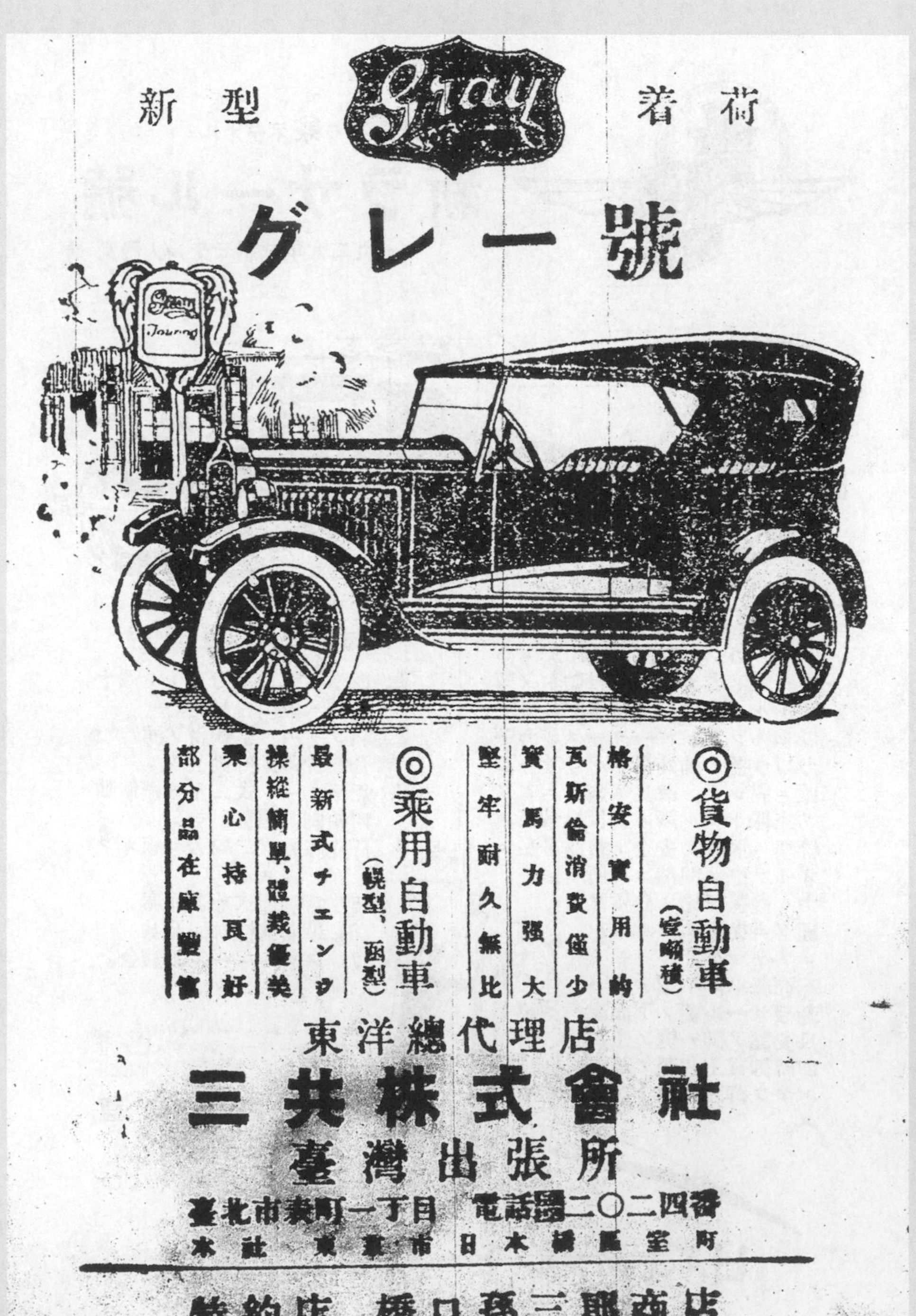

# 一九二八年（昭和三年）十一月二十五日

廣告表示：「巴商會」除了代理別克，也進口凱迪拉克於一九二七年推出的設計師車款 LaSalle（ラサール）。巴商會自動車部門位於大和町二丁目，即今中華路、武昌街到漢口街一帶。

安全ト贅澤トヲ兼ネテオル

新ラサール號

一九二九年式新モデルノ發賣

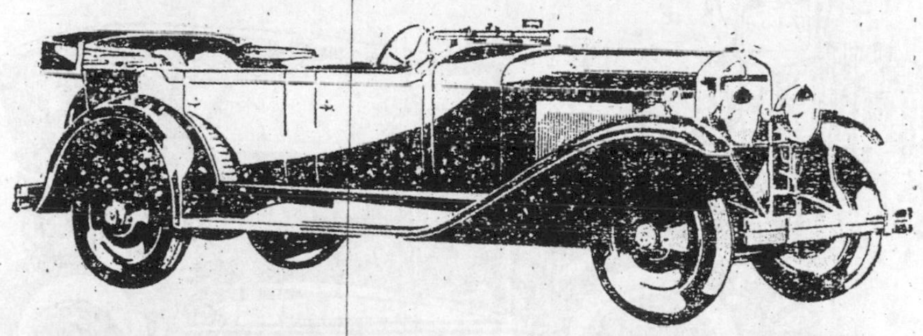

生活程度ノ高イ鑑識力ニ富メル方々ハ當然其乘用車トシテ善美ヲ盡セル高級自動車ヲ望マレルニ相違アリマセン。

ゼネラル・モータースガカデラツク號ノ姉妹車タルラサール號ニ對シテ、改良ヲ施スニアタリ主眼トセル所ハ、世界最高ノ標準ニ照シテ安全ト贅澤ノ點ニオイテ毫モ間然スル所ナキ優秀無比ノ品質ヲ顧客ニ提供セントスルニアリマス。

高級車御希望ノ方ハ新ラサール號ノ下記改良要點ヲ御一覽ノ上、即時御買上ノ榮ヲ賜ハルヤウ御願ヒ申上ゲマス。

新ラサール號ノ改良要點

1... 從來ヨリモ強力ナレル九十V型八氣筒發動機。
2... 新ラサール號獨得ノ同時嚙合無音移動傳動裝置。
3... 新ラサール式二重機械作動四輪制動機。
4 碎片防止式二枚合セ板ガラス。
5... 新調節式前部座席。
6... 最新式塗飾ト裝具。
7... クロミユーム張鍍金。

日本ゼネラル・モータース株式會社
ビウイク、オールヅモビル
カデラツク、ラサール
ゼネラル・モータース・トラツク
臺灣販賣店

巴自動車商會

臺北市大和町二丁目八

日本ゼネラル・モータース株式會社

# 一九二九年（昭和四年）三月十日

廣告表示：Nash（ナッシュ）來自美國威斯康辛州，創辦人Nash自通用集團獨立創業，生產中價位汽車。台灣代理商之一「廣洋商會」位於太平町（今延平北路），由王朝文經營。

# 一九二九年（昭和四年）

## 四月十二日

**廣告表示**：台北的柴田商會刊登龐蒂克汽車新發售的廣告，當時的台灣車市顯然並未與最新車款脫節。

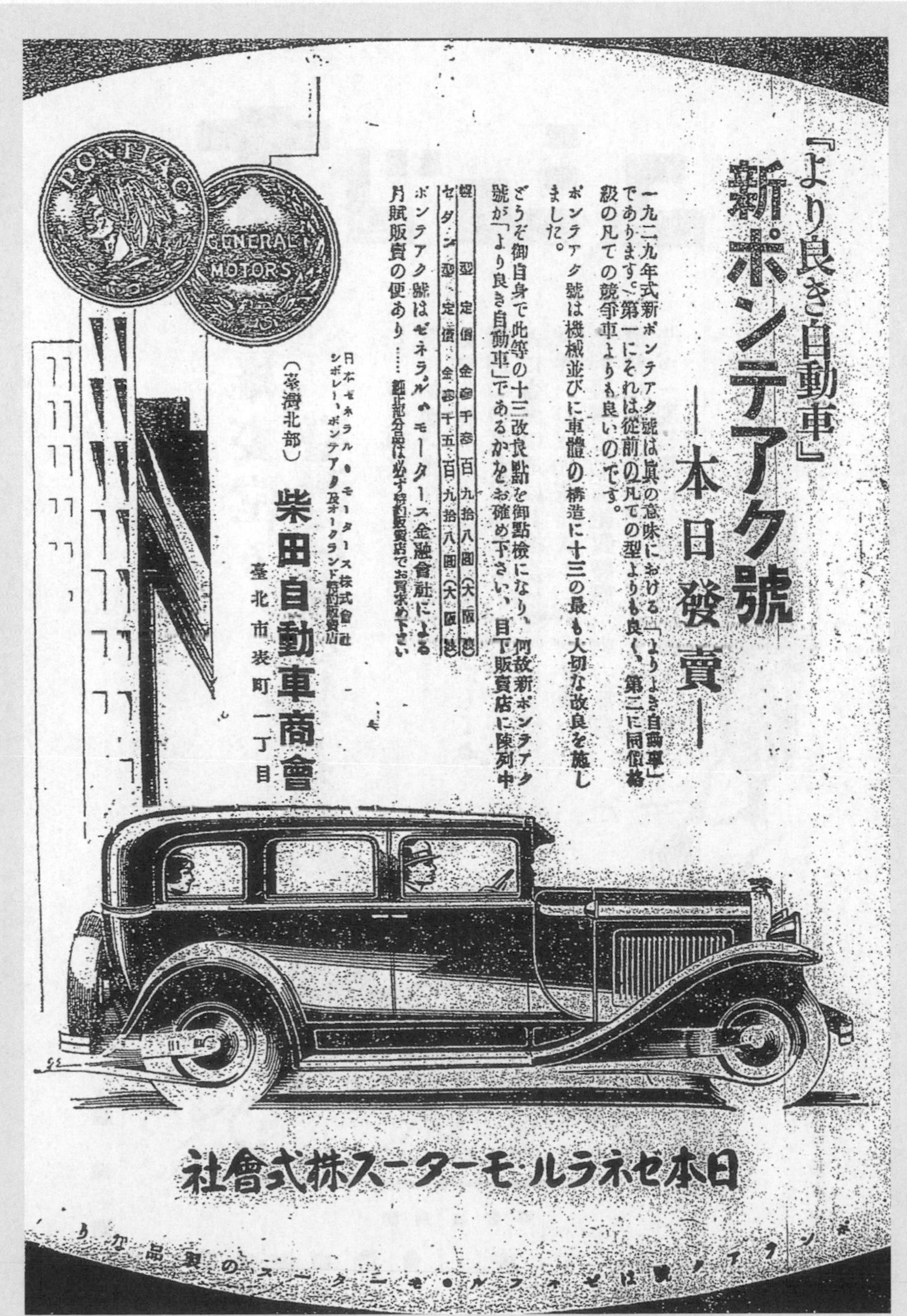

# 一九二九年（昭和四年）五月三日

廣告表示：二〇年代末期，汽車輪蓋出現流線設計，車身仍維持內斂方正的造型。廣告兩側的標題寫道，「雪佛蘭（シボレー）是通用汽車（ゼネラルモーターズ）的產品」。

シボレー號はゼネラル・モータースの製品なり

## 製品の背後に此資源あり

### シボレー號は其好適例

ゼネラル・モータースの無限なる資力と完備せる組織は、一九二九年式新シボレー號六氣筩車に依て雄辯に物語られてゐます。

從來のシボレー號を根本的に改造して六氣筩車となすに要せる時日は、自動車工業の歷史上最短のものであります。

のみならず此新車を製出するためには、四年間の長年月に亘つて科學的並びに機械的研究を繼續しました。其間ゼネラル・モータース研究實驗所と試驗運轉場とにおいて、百餘種の試作發動機に對して絕えず徹底的の試驗と實驗とを行つたのであります。

更に驚くべき事は此「四氣筩車値段の六氣筩車」が、殆ど從前と同一値段で賣出されたことであります。之れはゼネラル・モータースの莫大なる材料購買力と全世界に亘る販賣組織を以てして初めて可能になつたのであります。

日本ゼネラル・モータース株式會社

●ノーシン常に頭腦明快人生の歡喜を味ひ申居候●

第五版出版廣告　臺北州聯合同風會編纂

白粉ニ鉛分があるか

アルボースノフアム

割烹 梅の家　割烹 梅屋敷　御料理 田伍作　割烹 丸新　割烹 日本亭　御料理 蔦喜樂　割烹 魚金　割烹 新喜樂　割烹 梅本

# 一九二九年（昭和四年）

## 十二月二十日

**廣告表示**：一九二九年，廣福公司新設貿易部進口歐美商品，並於同年進口Elcar（アルカー）汽車來台；廣告強調是「臺灣全島唯一直輸入」，意指不像其他車款是從日本分銷，而是直接自美國進口，省去了中間費用，售價更便宜。

臺灣全島唯一ノ直輸入最新式實用的高級車

『エルカー』ノ出現

ELCAR

弊公司ハ時代ノ進歩ニ伴ヒ且ツ最近本島ニ於ケル交通發達ノ顯著ナルニ鑑ミ茲ニ最新式實用的優秀車ヲ最モ低廉ニテ各位ニ提供スベク米國『エルカー』自動車會社臺灣總代理店ヲ引受ケタリ由來本島內ニ使用セラル、各種ノ自動車ハ殆ンド全部內地大小輸入商ノ手ヲ經テ輸入シタルモノナルニ反シ弊公司ハ直接米本國製造元ヨリ輸入スルヲ以テ多大ナル中間費用ヲ節約セラレ從テ其節約額ダケ各位ニ安價ニ提供シ得ルハ勿論ナリ之レ即チ弊公司ノ廣福主義ヲ實行シ得タル所以ニシテ相互利益ノ爲メ御愛顧ニ堪ヘザルナリ敢テ萬一ノ言モ誇ノ事實ニ若カズ左ノ値段ト車ノ實質ハ最モ雄辯ニ這般ノ事情ヲ說明セリ

エルカー車ノ三大特長

外觀裝飾色彩ノ優美、構造ノ堅牢乘心地爽快操縱ノ容易及安全耐久力等ハ勿論ナリ

（一）最新式ノ冷却裝置、オイルブレーキ

（二）惡道路ニ耐ヘ得ル無震動「シヤシー」ノ使用

（三）點燈、警笛ノ操縱裝置ヲ『ハンドル』ノ一箇所ニ集ム

右ハ本年ノ三大特長ニシテ弊公司ノ最モ誇リトスルトコロナリ

基隆渡値段（大阪渡ニアラズ）

一九三〇式75型大幌付

セダン型金五千參百五拾圓

幌型金四千四百五拾圓

島內各地ニ確實ナル代理店ヲ設置ス、希望者ハ至急申込レタシ

尚弊公司ハ自動車ノミナラズ自動自轉車、タイヤ、各種ノ器械器具、油類、雜貨等ノ輸入及島內特產品等ノ對外直輸出ヲモ開始シ廣福主義ニ則リテ相互利益ノ前提ニテ對外取引仲介ニモ應シ可申候間御引立ノ程奉願候也

臺北市大正町一條通リ

電話長八三長二九二〇、一四二八

（福）廣福公司貿易部

# 一九三六年（昭和十一年）二月五日

**廣告表示：**一九三六年的龐蒂克新款具備「走破」（跑完）十萬哩（約十六萬公里）的耐久性，不管乘坐的舒適度、經濟效益，都達到現代科學的極致。

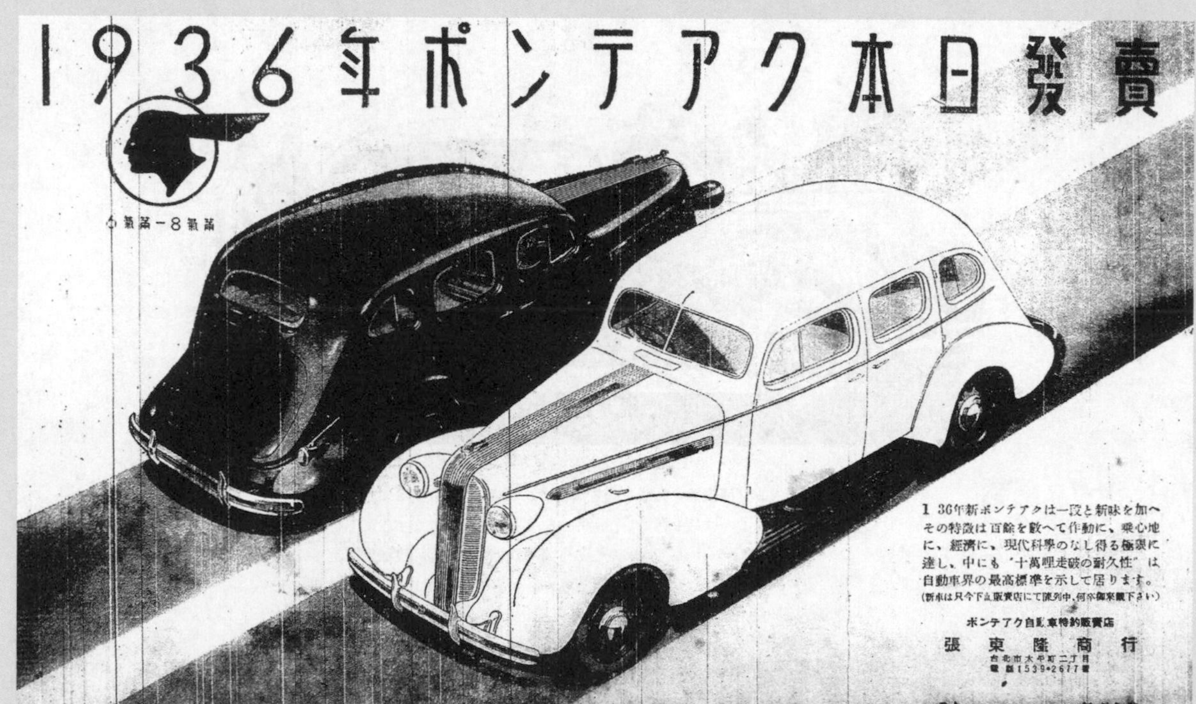

# 一九三六年（昭和十一年）二月二十三日

**廣告表示**：三〇年代的汽車廣告總少不了穿西裝、戴洋帽的紳士，和披著毛皮大衣、穿長禮服的淑女做為陪襯。Oldsmobile（オールズモビル）的這則廣告也不例外。

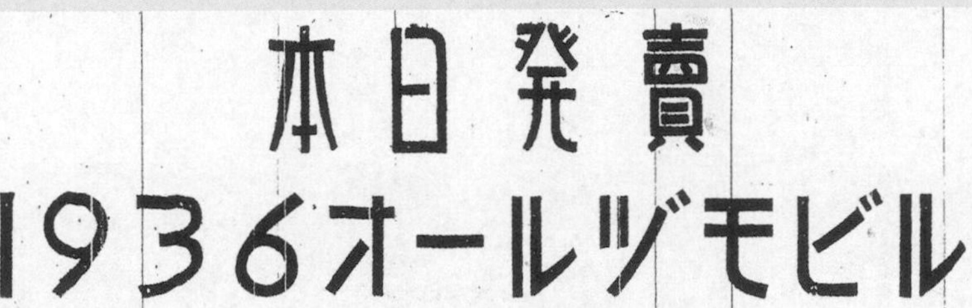


6氣筩－8氣筩

正しい均整をもつ近代的な流線美、完璧を誇る諸機構、素晴らしい作動と乘心地、どの點から見てもオールヅモビルは最も進歩した一點の申分なき車であります。併し、斯様な實際的の大價値は決して一朝にして成就されるものではありません。自動車工業界に最も古き歴史と尊い經驗とをもつて、年毎に確實な進歩を加へて來たオールヅモビルにして初めて成し遂げらるゝものであります。1936年オールヅモビルは凡ゆる點に新味を横溢させ、その上に信頼性と經濟に於て傳統的の強味を見せて居ります。何卒逐一御檢分の上、御試乘下さい。必ずその眞價を會得して戴けることゝ信じます。

只今新車は右の販賣店にて陳列中、何卒御來觀下さい。

オールヅモビル自動車特約販賣店

**張東隆商行**

台北市太平町二丁目
電話1539・2677番

ニー・アクションの乘心地

タレット・トップの流線美

中央操作式ステヤリング

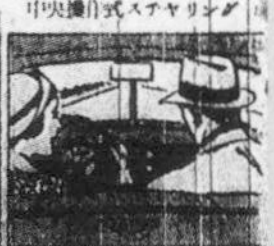

日本ゼネラル・モータース株式會社

# 一九三六年（昭和十一年）

## 三月八日

**廣告表示：** 廣告裡的兩部車，左邊是別克（ビウイク），右邊是豪華名車凱迪拉克（カデラツク）；當時的日文拼音與標誌與現在的略有不同。

一九三六年（昭和十一年）

六月二十日

**廣告表示**：雪佛蘭強調卡車經濟省油，將跑一趟青森到鹿兒島，總長三千公里，並辦猜獎活動，讓大家預測會花多少加侖的油。

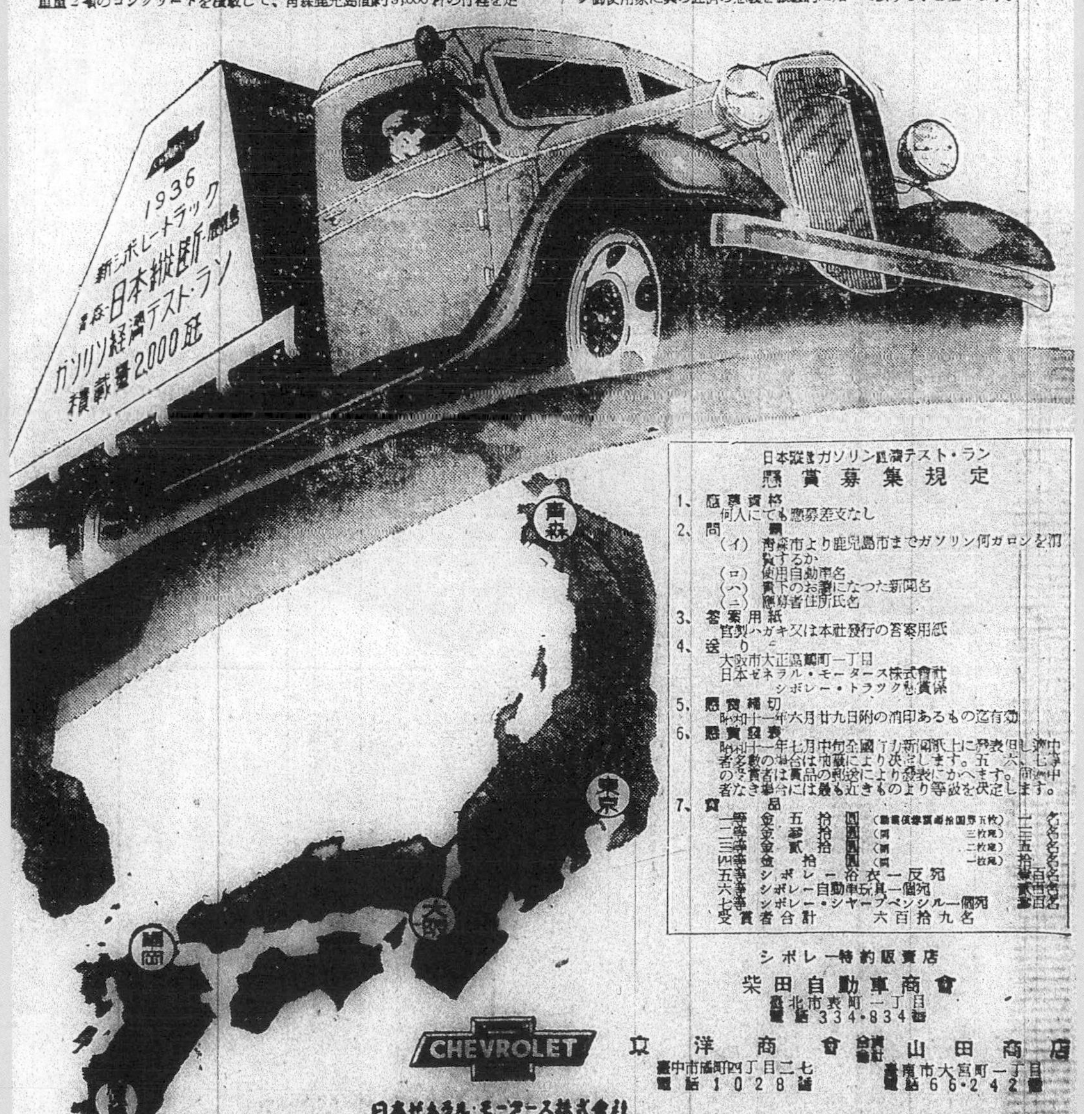

# ●摩托車

一八八六年，世界第一部摩托車在德國上路；一九一三才是台灣摩托車的元年。

這一年的九月十五日早晨七點，一個姓島中的腳踏車店老闆，騎機車到臺灣神社（已經毀棄，原址即圓山飯店）參拜。過一下子，另外三個腳踏車店老闆到明治橋（今圓山橋）會合，四個日本人騎四部摩托車往南出發，下午五點到新竹，已是夕陽西斜。

現在一個小時的車程，百年前竟然花了十個鐘頭，關鍵原因在於當時全台汽車不到十部，南北聯絡道路尚未闢建，往來全靠一九〇八年建成的縱貫線火車，騎摩托車南下，一條條東西向的河川溪流成了最大的阻礙。報紙說，四位駕駛騎到流經現在新竹竹北、湖口的鳳山溪，溪水深約兩尺，無船可渡，「乃以車荷于肩上。徒涉而過。」

# 自動自転車（じどうじてんしゃ）

讀到這裡，不要以為四個日本老闆人人身高六尺四，體壯力強，可以把摩托車扛在肩上；當時所謂的摩托車只是腳踏車加掛一個馬達，可比現在輕巧許多。日文的腳踏車稱為「自轉車」，最初摩托車就叫「自動自轉車」，這也是為什麼最早玩摩托車的是幾位腳踏車店老闆。

前台北市長、台灣省議會議長黃朝琴回憶在一九一八年以前，年少喪父，就在台南鹽水家鄉管理一百五十多甲的田產，「派頭十足，並自備機器腳踏車代步，那時臺灣除我之外，只有臺北施福隆有機車」。這位最早期的台灣機車車主，當時也做腳踏車的批發生意。

從報紙廣告看，一九一〇年代，僅知Smith Motor廠牌的摩托車有進到台灣。Smith Motor摩托車是英國人在一九一〇年所創，四年後上市，車身是亮麗的紅色，馬上造成英國大流行。美國的A.O. Smith曾買下製造權，銷到台灣來的Smith Motor摩托車即產自美國。

一九一九年台灣的報紙就有報導，二十二歲的林天送在西門町工作，有一天大中午的，騎著摩托車呼嘯過街，後頭還載了兩個人。到今天的紅樓劇場前，和十八歲日本人騎的腳踏車撞上，「雙方大破損」。報紙說得很清楚，林天送騎的正是Smith Motor。

一九二〇年代，摩托車在台灣的角色豐富起來了。台北艋舺有人騎來送米，速度快好多。台北新店有人做起摩托車載客的生意。新竹一家戲院請來上海戲班登台，先叫一部摩托車到街上撒入場券，撿到的人可晝夜看免費戲。皇太子訪台，官廳特別買了兩部來前導。台北十五名警察被找去學騎摩托車，將來好管理交通秩序。西門町的腳踏車店也開始出租摩托車，一小時三圓五十錢。一個護士要工作七天才掙得這個錢，騎摩托車來去兜風，固然瀟灑，卻也非常奢侈。

一九二〇年代下半，各種國際知名機

世界一
B.M.W.
自動自轉車

廣告表示●

## 一九一八年（大正七年）五月一日

**廣告表示**：台灣最早出現的摩托車像極了加了馬達的腳踏車，由台灣最老牌的腳踏車商「魁輪舍」於一九一七年代理進口。廣告說，史密斯馬達「不踩踏板就能達到時速三十哩」、「不論任何海外製造的腳踏車都能輕鬆裝設」。

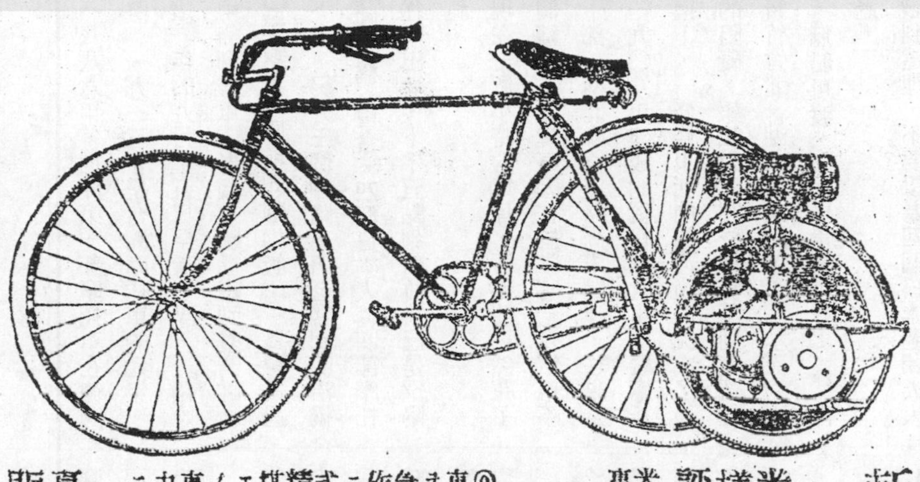

斬新奇拔ナ
最新發明
米國デモ一種ノ魔法ノ様ナト評判サレツヽアル
米國エーオースミス會社製
專賣特許
スミス
モーターホヰール
◎本機械一度出現サレテヨリ自轉車ノ能力無限ニ擴大サル◎ペタルヲ踏ムヲ不要一時間速力三十哩緩急隨意◎英米何レノ自轉車ニモ造作無ク取付ケラレ◎一升ノ揮發油デ優ニ五十哩ヲ走ル◎發動機ハ四衝程式一馬力半高歐發電機付各部機械精巧絕對ニ故障起ラズ永久使用ニ堪エ
スミス快走車
是ニ前記ノ機械ヲ利用シタル輕便小形自働車ニシテ運轉簡易二人乘一時間速力二十哩◎非文明的不經濟的抱俥ニ代ル最適品交通界ノ革命兒ナリ
臺北北門街三丁目（電話一二一四）
臺灣一手販賣元
魁輪舍


車品牌紛紛來台設代理店。一九一〇年代到一九三〇年，最大廠牌的摩托車，美國的印地安（Indian）和哈雷（Harley-Davidson）、德國的DKW、BMW先後來台。英國Rudge-Whitworth較有名的Rudge Four也曾進口，是三百五十cc、有四汽門、四段變速的重型機車。

再加上日本國產品牌，三〇年代的摩托車界更熱鬧了，有全島的摩托車大賽，也有台灣人開的機車專門店。台北市京町（博愛路兩側）的機車店「進輪」，報紙稱是台灣摩托車界的重鎮，老闆王有成才三十來歲，已在高雄設分店，高雄州警務部就跟他買過三十幾台日本國產摩托車。進輪會社不僅賣摩托車，也有技術人員負責修理；台灣現在滿街機車店，那些師傅的師祖的師祖，或許可以追溯譜系到進輪。

四〇年代初期，美日戰火連綿，但台北市太平町（今延平北路）六丁目的大橋頭，還有日本人騎著日本國產摩托車，表演特技。

戰前的摩托車界熱鬧歸熱鬧，但以當時台北市的統計來觀察，摩托車數並非隨著時間一路擴張成長，而是從二〇年代逐漸增加，到一九三一年達到高峰，之後便往四〇年代緩步下滑了。

完

一九二六年（大正十五年）

一月

十九日

**廣告表示**：Rudge-Whitworth為英國製機車，Rudge Four為其知名的重型車，馬力三百五十cc，有四汽門、四段變速。

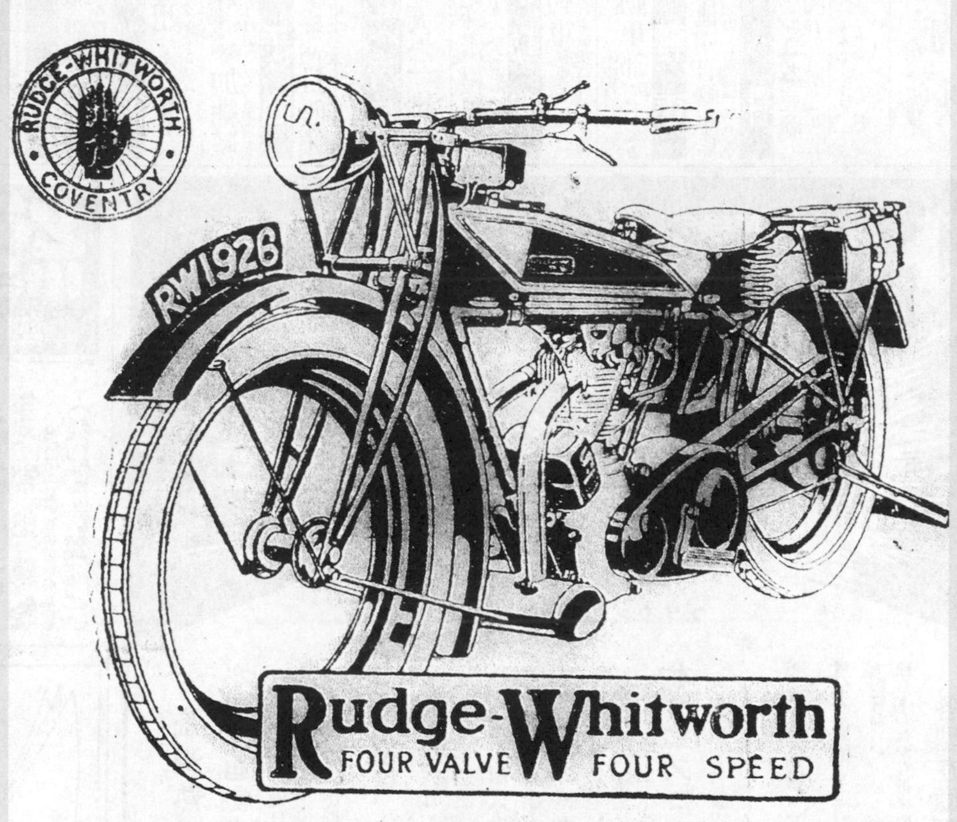

# 一九二八年（昭和三年）四月十八日

廣告表示：來自英國的SCOTT水冷式機車，最適合炎熱的台灣騎乘，擁有出色的性能，能應付攀登或是公路賽。

水冷式スコット

596c.c. & 498c.c.

フライングスクヰレル型

臺灣熱帶地に於ては
水冷式自動自轉車が適するか!?
空冷式自動自轉車が適するか?
殆んど總ての自動車飛行機が水冷式なる理由は。
諸賢の既に熟知の事と存じます。

山岳登攀に、道路競走に
最も偉大なる成績を有し
絶對に過熱する事無く
無比の耐久力と
偉大なる出力と
消費量の經濟と
爽快簡易なる走行とを以て
現在の輪界に燦然たる

水冷式スコット車は
東亞佛利加登山競走にさへ
最も偉大なる成績を持續して居ります

灼熱の臺灣に試乘せられて
其の眞價を評せられん事を乞ふ。

大阪驛前に於て最も心地好き最も經濟な弊商會指定旅館を開設致しましたから御來阪の節は御立寄下さい御取計ひ申上げます

各型在庫部分品豐富
（型錄進呈）

日本總代理店
英國製水冷式スコット自動自轉車
英國製チヤターリー自動自轉車
各種附屬品直輸入直接廉價販賣

合資會社 昭和商會

販賣所　大阪市北區櫻橋交叉點　電話北五〇五番　振替大阪壹壹六番
輸出入部　大阪市北區東梅田町廿六番地　電話長北一五五〇番　北五六六三番

# 一九二八年（昭和三年）・七月七日

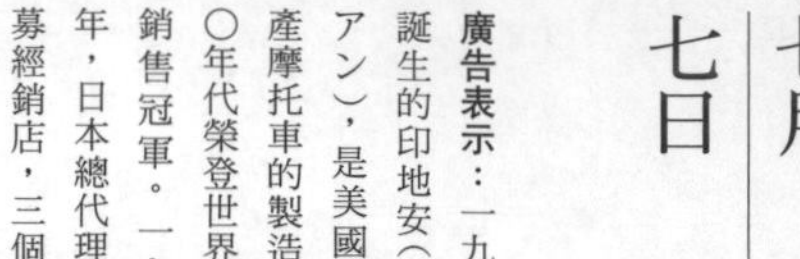

**廣告表示**：一九〇一年誕生的印地安（インデアン），是美國最早生產摩托車的製造商，一〇年代榮登世界摩托車銷售冠軍。一九二八年，日本總代理來台招募經銷店，三個月後，台灣人經營的廣合洋行就開始登廣告賣車了。

世界最完備の自動自轉車

インデアン

Indian

インデアン車は、時代の要求に適應せんとする不斷の研究努力に基き、今回スカウト型に左の如き大改良を加へました。低床優美、最も乘心地良きスカウト型に一層の御愛顧を懇願致します。（型錄送呈）

新型の特徴

◆流線型タンク
◆スポート型ハンドル
◆ブレット型ヘッドライト
◆サドル二重スプリング
◆ロングフレーム採用

最新型荷着

各地競走優勝成績

五月廿七日東京洲崎にて　一級車一着　石田　豐雲　二級車一着　仁井田　仁一
六月一日名古屋にて……　二級車一着　仁井田　仁一　一級車一着　石田　豐雲
六月三日明石に於て……　一級車一着　石田　豐雲　二級車一着　仁井田　仁一

東洋總代理店輪入發賣元

二葉屋株式會社

東京市四谷區信濃町十番地
大阪出張所・大阪市東區本町一丁目

臺灣代理店

廣合洋行

臺南驛前　電話八四一番

# 一九三〇年（昭和五年）

## 二月

## 十三日

**廣告表示**：德國DKW、BMW摩托車在戰前也銷售來台，代理進口的「秩父商會」刊廣告說，BMW摩托車是全世界最棒的，秩父宮殿下（大正天皇的第二皇子）也愛騎這款車。秩父商會位於下奎府町，今承德路二段、日新國小一帶。

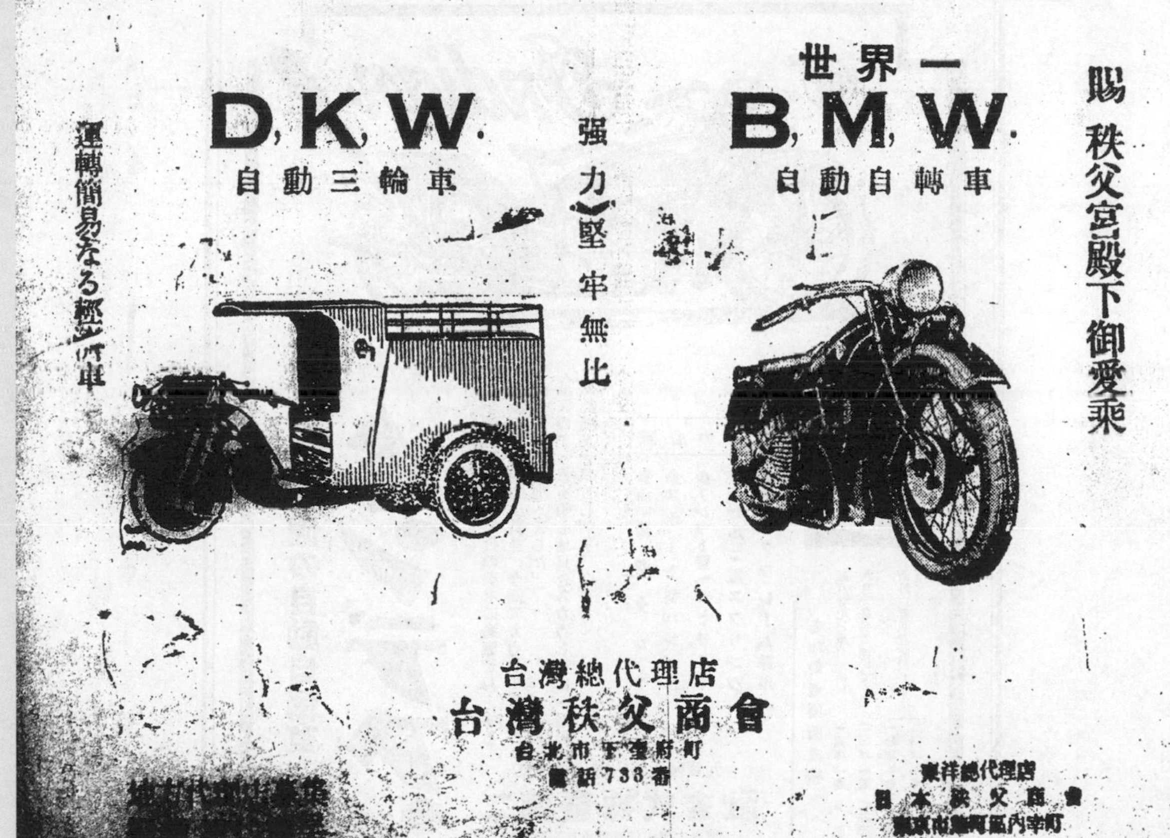

賜 秩父宮殿下御愛乘
世界一
B.M.W.
自動自轉車
強力堅牢無比
D.K.W.
自動三輪車
台灣總代理店
台灣秩父商會
台北市下奎府町
電話733番
東洋總代理店
日本秩父商會
東京市麴町區内幸町

# 速克達
## スクーター

眼前滿街跑的兩輪機車，台灣人稱之「摩托車」，英語報紙卻不會寫「台灣的摩托車很多」，他們會說「台灣的速克達（scooter）很多」。摩托車（automobile 或 autobike）和速克達都是裝了引擎的兩輪式交通工具，但不同的是，速克達的引擎和輪子都比較小，而且座位下有置物箱，駕駛時，雙腿可合併，雙腳放在平板上，不像騎摩托車必須跨坐。

速克達在二十世紀初開始出現，歐美陸續有生產，日本則毫無動靜，戰後才自產本土速克達。

話說如此，日本時代，速克達曾讓台灣驚鴻一瞥。大阪的中央貿易株式會社於一九二五年來台北「出張販賣」，也就是跨海特賣會。地點就設在本町的日式旅館「攝津館」，原址於戰後依舊經營旅館，即今重慶南路一段口、消防隊隔壁的華美大飯店。

依中央貿易株式會社前一年刊登的廣告所示，最早來台灣的這一款速克達為英國的 Smith Motor 公司出產。現在的日本已然摩托車的製造王國，而論起其摩托車引擎的族譜，Smith Motor 塗得紅紅的引擎正是始祖。

完

廣告表示

文案寫說，史密斯馬達是「無須電力的全速輕量發動機」，有眾多優點，像是不論何種陡坡都能攀越、無噪音振動、費用極少、重量僅止於五貫、婦女也能操縱自如等等。

## 一九二五年（大正十四年）二月二十五日

**廣告表示**：日本的中央貿易株式會社以跨海特賣會（出張販賣）的方式來台北賣速克達（スクーター，念做「斯庫達」）。

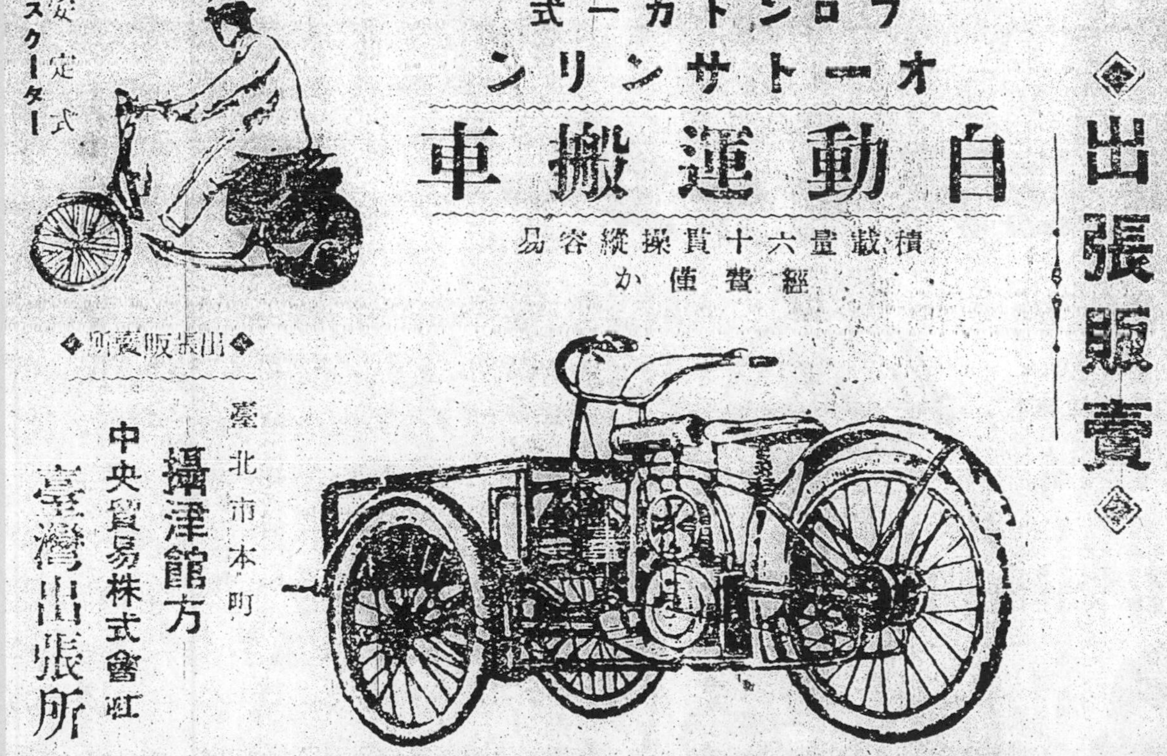

出張販賣
フロントカー式
オートサンリン
自動運搬車
積載量六十貫操縱容易
經費僅か
安定式
スクーター
出張販賣所
臺北市本町
攝津館方
中央貿易株式會社
臺灣出張所

# 嬰兒推車

## 保姆車（うばぐるま）

大人要有車，小孩也要有自己的交通工具，讓他們能快速移動。十八世紀，一位英國的公爵這樣想著，就請建築師威廉・肯特（William Kent）來幫忙動腦筋。一七三三年，威廉呈給公爵一個像貝殼的推車，嚴格說是縮小版的拉車，因其設計要小馬或狗兒來拉嬰兒車。

慢慢地，嬰兒車在歐洲貴族圈散播，也慢慢有許多改造與創新。十九世紀上半葉以前，嬰兒車終於有把手了，意味嬰兒車已改由父母親來「推」。一八四〇年代，英國維多利亞女王買了嬰兒推車，推著嬰兒車逛來逛去變成上流社會的象徵。

一八八九年，另一個威廉給嬰兒推車帶來革命性的改變。美國的威廉・理查森（William H. Richardson）改良了推車，嬰兒不再只能向前方看，座籃調整一下，嬰兒也可以向內看著父母。之前的推車前兩輪像連體嬰，必須連動，後兩輪也是，理查森卻讓推車的四個輪子各自轉動，嬰兒車三百六十度旋轉時，迴轉半徑較小，推起來更流暢。

一九二〇年代，因為一次世界大戰結束，嬰兒潮來襲，嬰兒推車在西方年輕家庭逐漸成為普遍的育兒用具。

在台灣，一九〇九年就有美國進口的折疊式嬰兒推車。進口商是台灣最大的報社《臺灣日日新報》。報社賣嬰兒推車有點奇怪，不過，如果知道此社還賣過味素、運動器材和運動衣，跟雜貨店一樣，也就見怪不怪了。

報社的廣告稱嬰兒推車為「保姆車」，有清晰的車子圖案，其鋼骨結構和橡膠輪胎，模樣跟現今所差無幾，彷彿有人惡作劇，把今天的圖片貼到一百多年前的報紙似的。

廣告還說，在小孩睡覺時，折疊式的推車可以放平，下雨時，又有遮篷。這些推銷字眼，現在讀起來，沒甚麼稀奇。不過，廣告指嬰兒推車能讓幼兒到戶外呼吸新鮮，有益健康，倒讓人有幾分意外的趣味。嬰兒推車對現代父母來說，好像只是減輕抱重、避免膝傷的便利工具，似乎已然忘記以嬰兒觀點來看推車的功能了。

一九三〇年代，台灣一般市街所見，既有簡單型的推車，進口折疊式也不算稀奇了。位在今台北市重慶南路一段的中島商會已在婦女雜誌登廣告賣嬰兒推車，說是可以折疊、攜帶自由、進貨很多云云。

1930年代，
在台北市本町（今重慶南路）
賣的折疊式嬰兒推車，
售價10圓半到14圓半之間，
相當於一般人半個月薪水，非常昂貴。

完

# 一九〇五年（明治三十八年）

## 七月六日

**廣告表示**：廣告稱嬰兒推車為「保姆車」，上田屋老闆上田常吉同時也賣人力車、山葉風琴。

御進物用商品切手發賣仕候

神戸ワ井マーク商會代理店

清酒白鶴

カブトビール

特約店

臺北　近藤商會支店

（電話二百四十五番）

●籐製小供車（丈夫専一）金二圓九十錢ゟ

●木製椅子車（バネ完全）金五圓ゟ

●網製保姆車（旅行便利）金七圓ゟ

●専賣特許三輪自轉車（鐵工完全）金四圓二十錢ゟ（市三尺長サ五尺五寸）

聖路易萬國大博覽會銀牌受領

東京品川　千代田織御簾　自二圓四十一錢至二圓五十四錢

從來ありふれたる上方製浪花簾と譯けが違ふ

教育傘新着　特に十四五才女持も御座候

臺北新起街一丁目

上田常吉商店

ドクトル石鹸

# 一九〇九年（明治四十二年）

## 五月二十三日

**廣告表示**：一九〇九年，台灣已進口美國折疊式嬰兒推車，代為販售的《臺灣日日新報》廣告說，「粗製濫造的車體會對幼兒血液循環、腦部震盪造成莫大影響」，圖中推車的模樣（鋼骨結構和橡膠輪胎）和現今所差無幾。

賣買代辨

▲米國輸入折疊式保姆車

保姆車を使用し幼兒に戶外の新鮮なる空氣を呼吸せしむるの有益なるは申すに及ばざる所と存じ候乍去粗造の車體は幼兒の血液循環と腦の震盪に至大の關係ありて尤も

(一)折疊式保姆車の圖

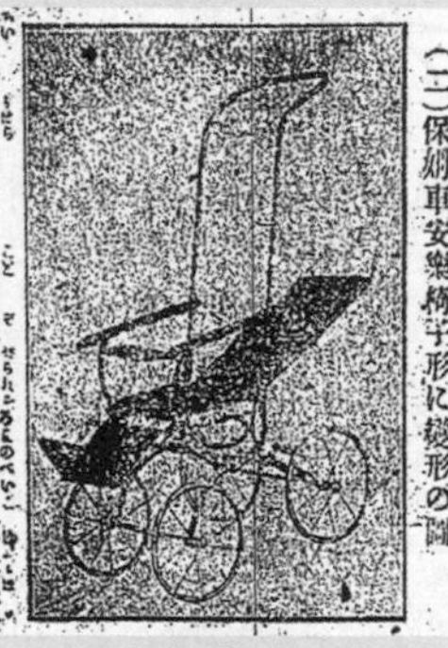

(二)保姆車安樂椅子形に變形の圖

注意を拂ふべき事と被存候此米國輸入保姆車は折疊式にて目方僅に二貫目內外骨は鋼鐵製車輪はゴムダイヤ入又幼兒睡眠の際は安樂椅子形に變じ日傘は前後に動き雨天の際の雨除けも用意あり

(三)折疊式保姆車を嚢に入れたる圖

A號B號の二種ありてB號には大中小の三種これあり候代金は拾壹圓乃至四拾五圓迄御入用の方は御照會下され候はゞ詳細申上候

御照會は返信料同封御註文は代金御送付買次現品は便船一往復間御猶豫の事

臺灣日日新報社　代辨部

# 一九一一年（明治四十四年）

## 七月十日

**廣告表示**：一九一一年，廣告所見的日本製嬰兒推車已有一人座與兩人座的選擇。

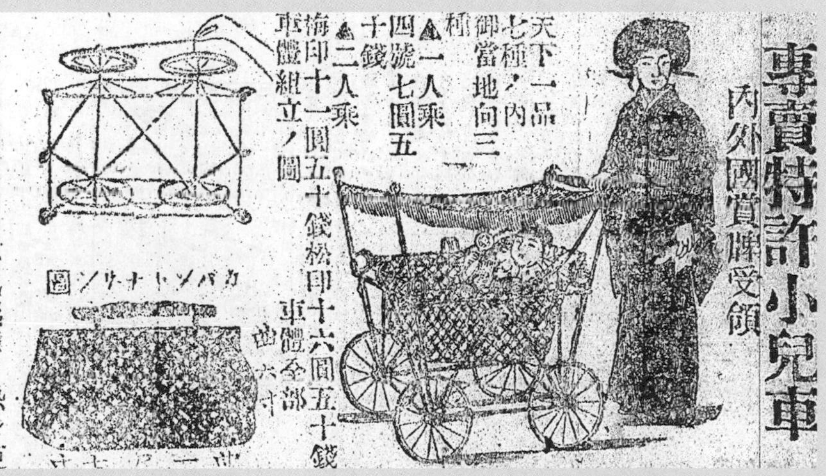

# 賽馬

# 競馬（けいば）

時髦有趣的娛樂，只有賽馬這一項，我們輪給阿公阿祖，他們在日本時代已經看過、玩過、賭過了。

台灣自古無馬，就跟從無原生的大象、獅子一樣，因此晚到一九一四年，仍有原住民初見到馬，曾形容為「無角之牛」。但到十九世紀後半，馬偕醫生在艋舺看過馬賽，馬兒全沒轡和鞍。

有賣馬券的第一場賽馬於一九二八年在台北熱鬧登場。馬券在市內指定的三十間商店發賣，日本人開的店佔十七家，台灣人的店有十三家。馬券一張五角，中彩最高五圓，不能兌換現金，而是給「商品券」（即禮券），持往三十家店換所要的物品。

一九二八年之後，一直到一九四三年，賽馬像日本櫻花，九州開完，關西開，關東開完，北陸開一般，每年在全台七個城市輪番開賽。台北、新竹、台中、嘉義、台南、高雄和屏東，年復一年，每地一年兩、三場，每次賽期兩天、三天、五天、六天不等，但各地比賽絕不會撞期。

日本時代以日文的「競馬」稱呼賽馬。

各地競馬開催概要

| 地別 | 競馬場 | 開催月日 | 登錄馬數 駈歩 | 登錄馬數 速歩 | 出走馬數 駈歩 | 出走馬數 速歩 |
|---|---|---|---|---|---|---|
| 臺中 | 臺中市外大肚山 コース 1,6000m | (1) 九月 4 | 194 | 48 | 102 | 31 |
| | | (2) 5 | | | 96 | 25 |
| | | (3) 11 | | | 91 | 28 |
| | | (4) 12 | | | 88 | 27 |
| 新竹 | 新竹市赤土崎 コース 1,000m | (1) 十月 2 | 206 | 50 | 80 | 26 |
| | | (2) 3 | | | 87 | 21 |
| | | (3) 9 | | | 110 | 29 |
| | | (4) 10 | | | 91 | 26 |
| 嘉義 | 嘉義市堀川町 コース 1,000m | (1) 十月 23 | 199 | 51 | 78 | 34 |
| | | (2) 24 | | | 79 | 27 |
| | | (3) 30 | | | 78 | 29 |
| | | (4) 31 | | | 63 | 23 |
| 臺南 | 臺南市桶盤棧 コース 1,000m | (1) 十一月 6 | 186 | 48 | 66 | 27 |
| | | (2) 7 | | | 63 | 24 |
| | | (3) 13 | | | 69 | 26 |
| | | (4) 14 | | | 74 | 24 |
| 高雄 | 高雄市前金 コース 800m | (1) 十一月 27 | 186 | 47 | 67 | 25 |
| | | (2) 28 | | | 65 | 25 |
| | | (3) 十二月 4 | | | 56 | 23 |
| | | (4) 5 | | | 64 | 27 |
| 屏東 | 屏東市六塊厝 コース 1,500m | (1) 十二月 11 | 184 | 45 | 59 | 24 |
| | | (2) 12 | | | 66 | 30 |
| | | (3) 18 | | | 67 | 31 |
| | | (4) 19 | | | 75 | 32 |
| 臺北 | 臺北市水道町 コース 1,000m | (1) 十三年一月 8 | 193 | 48 | 88 | 36 |
| | | (2) 9 | | | 96 | 32 |
| | | (3) 15 | | | 102 | 31 |
| | | (4) 16 | | | 106 | 33 |
| 計 7 地 | 延 | 28日 | 1,348 | 337 | 2,226 | 774 |

1930年代，全台灣有7處競馬場，其中又以台中市大肚山的規模最大，跑道長度（コース）比別處大上十幾倍。

各地設的競馬場，現在都已改做不同用途。像台北競馬場曾有四個地點，最早在圓山運動場（今中山足球場），也曾在練兵場（今青年公園）、川端町新競馬場（今同安街附近的河堤公園），最後到北投，就是今天的復興崗政戰學校。屏東的競馬場也一樣，戰後之初先被軍隊接收，現在變成屏東市的凌雲國小。

廣告表示●

日本時代，有許多名流的休閒興趣是騎馬。

馬券價格有一圓、兩圓、五圓不一，中彩金額最高的則有五十圓。可以單純進去觀賞而不賭馬，以一九三〇年圓山運動場來說，入場門票只要三十錢，跟看一場電影所費差不多。

過去競馬之盛，或許可從洪日盛的回憶一窺。他的父親洪清瑞小時候揹著父母的神主牌到新竹市區學藝，後來在東前街開「日盛堂」鞋店，因為新竹有競馬場，經人推薦給騎士（當時稱「騎手」）做馬靴而有名氣起來，曾是新竹市納稅第二名。

日本時代，競馬優勝設有「總督賞」，甚至總督會蒞臨競馬場。一直到一九四四年，也都還有競馬廣告，顯示賽馬活動不受戰爭影響。

過去，騎馬是時髦休閒，軍隊還會把老馬拍賣出來給民間騎乘玩樂。依一九三〇年代名人錄的記載，有四十二位台灣名流的休閒興趣是騎馬，醫生居多，像一九九六年民進黨提名的總統候選人彭明敏，他的醫生伯父和醫生爸爸都愛騎馬。一九二三年生的彭明敏在回憶錄《自由的滋味》也說，他小時候父親在台中大甲家裡養四匹馬，有馬伕照顧，「他會在大清晨騎馬到遠處出診，這在台灣是很不尋常的事。我清晰的記得有一天他騎馬狂奔回家，後頭有一匹憤怒的水牛一路追趕他。」

日本時代結束，競馬曾經有存續的機會。一九四五年八月，戰爭結束，十月下旬，國民政府任命的台灣行政長官陳儀抵台接收，此時，依當時的台北市長黃朝琴回憶錄記載，一部分日人和台灣人，以歡迎陳儀為名，「大登廣告」，要在北投競馬場開賽，「二時馬票竟銷售一空」。

陳儀卻毫不領情，不讓「馬照跑」，二話不說，直接打電話給黃朝琴，下令馬上停辦，夭折了戰後第一場賽馬。從此，一場賽馬都不再有了，徹底從台灣消失。

完

一九三四年（昭和九年）

五月二十五日

**廣告表示**：台北的賽馬場地前後有四個地點，廣告中的「川端町」馬場在今同安街外的新店溪河堤。

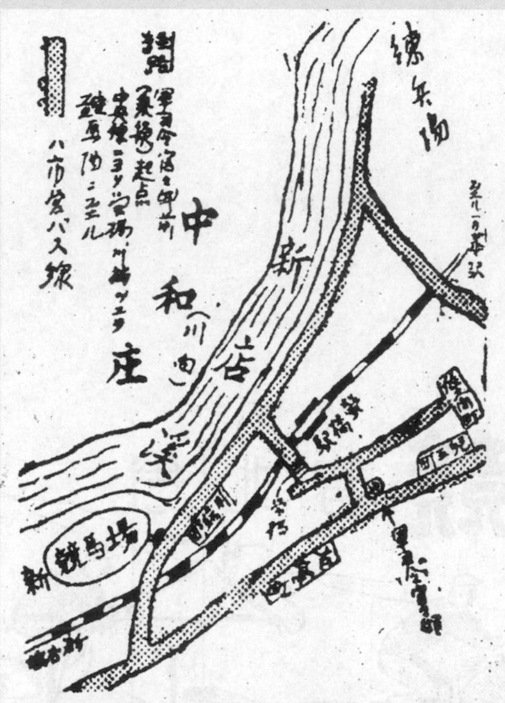

一九三七年（昭和十二年）

六月二十五日

**廣告表示**：馬券價格有一圓、兩圓、五圓不一，中彩金額最高的則有五十圓，也可以單純進賽馬場地觀賞而不賭馬。

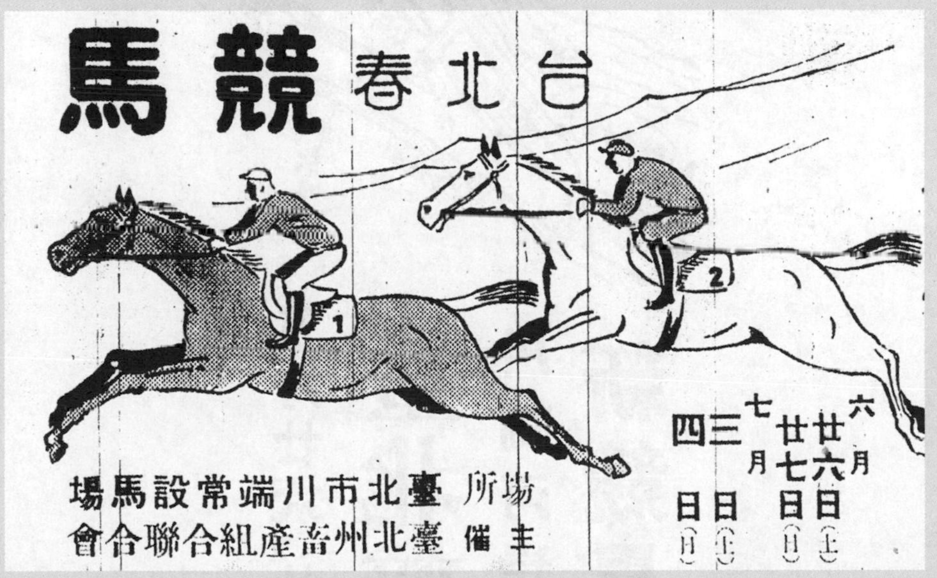

# 一九三九年（昭和十四年）六月十四日

廣告表示：台灣過去競馬興盛，從廣告來看，遇到賽馬季，火車會加開班次，出了車站又有公車接駁到賽馬場。

## 新竹春競馬

六月十六日(金)
十七日(始政記念日)
十八日(日)
二十三日(金)
二十四日(土)
二十五日(日)

春季競馬臨時列車運行時間表（六月十七・十八日 廿四・廿五日四日間）

| | | | | | |
|---|---|---|---|---|---|
| 臺北驛發 | 午前 | 八時四十五分 | 新竹驛發 | 午後 | 七時三十分 |
| 桃園驛發 | 午前 | 九時三十三分 | 桃園驛發 | 午後 | 八時四十七分 |
| 新竹驛着 | 午前 | 十時三十五分 | 臺北驛着 | 午後 | 九時三十分 |

新竹驛下車局營バス連絡

勝馬投票券　五圓
最高配當　五十圓

主催　新竹州畜產會

# 外國電影

## 外国映画（がいこくえいが）

一九四〇年前後，台南後壁有位小學生是這樣渡週末的。醫學博士楊孔昭（一九二八年生）回憶童年說，星期六下午，他常從後壁搭公車到嘉義市找朋友，一起去郵便局旁邊的夜市小吃，然後看電影。嘉義有「嘉義座」、「電氣館」兩家電影院，他們喜歡看武士時代劇和戰爭片。走出電影院，再買少年雜誌、漫畫書，禮拜天就沉醉在這些課外書裡。

台灣大學第一位台籍女學生杜淑純（一九二三年生）記憶中的暑假，常到台南和幾個爸爸的醫生朋友家庭，結伴出遊，「到運河划船、看風景或去戲院看電影，晚上一起吃美味點心」。一九三四到三八年讀北一女的藍敏也說，那時主要的課後活動就是看電影。

看電影可說是日本時代最普遍的大眾娛樂。老一代台灣人的回憶錄裡，總少不了心情豐盛的一段電影經驗。

長老教會總幹事高俊明牧師（一九二九年生）曾回憶童年說，他的父親當西醫，喜歡運動，也擅騎馬，所以最喜歡看的電影正是《泰山》，「泰山電影在台南放映，父親就帶全家老小去看。泰山是我們的英雄。」

其實，不只是泰山，美國的巨星卓別林，也已登上台灣。日治末期，美國西部電影《驛馬車》在台轟動上演，牛仔明星約翰．韋恩（John Wayne）初露頭角的模樣，台灣觀眾也看見了。

在台南市文獻會創會委員黃天橫的回憶裡，以前中學生多半不愛看日本片，喜歡看西方的文學片和音樂片。三〇年代後期他讀台南二中（今台南一中）時，改編自賽珍珠文學名著的《大地》和描述音樂家舒伯特一生的《未完成的交響樂》，留給他最深刻的印象。

不過，許多西方電影男歡女愛，畫面激情，學校對中學生看電影因而有種種限制。學校要求看電影要穿制服，還必須三天前提出申請，甚麼時候、去哪家戲院看、跟誰去看甚麼片子，都要一一交代清楚。陪同看電影的那個「誰」，只准是媽媽姐姐，不可以是哥哥爸爸，畢業自北一女的藍敏說：「表哥尤在禁止之列。」

整體來說，日本時代台灣能看到的電影應有盡有，除了日本製電影，洋片和中國片也多如繁星。從小說家呂赫若的日記來看，即使一九四二、三年的戰爭期間，他還看過德國片《卡門狂想曲》，以及法國片《罪與罰》、《法蘭西座》和中國卡通片《西遊記》等等。

世界電影工業起源於法國，盧米埃（Lumière）博士兄弟經過長達二十一年的研究後，一八九五年，在巴黎一家咖啡廳，手搖著電影放映機，向世界公開他們的偉大發明，現代電影就開始了。電影放映機很快穿透東方大陸，從印度的孟買、中國的上海，傳到日本的大阪和東京。電影誕生那一年正當台灣割讓給日本，相隔五年，台灣便經由日本人之手，見識了盧米埃的電影機和電影。

一九一八年第一次世界大戰結束前，日本進口電影以法國片最多，德國片居次。之後，隨著美國參戰走強，外國電影開始以美國片居首位。台灣的電影生態跟

新竹「有樂館」的身分特殊，
是一家新竹市役所（市政府）
由官方經營的電影院，
門前立有「有樂館」食堂的招牌，
裡頭還兼營餐廳。

隨日本的氣候發展，因此，以一九三七年度來說，進入台灣的影片，日本電影固然最多，佔六成五，但美國電影也已達兩成八，其他歐洲和中國電影加起來不到百分之五。

話說回來，日本時代，台灣人多有看電影經驗，但如果票選那段時間多數人印象最深的電影，答案卻可能不是歐美片，而是中國的無聲電影《火燒紅蓮寺》。一九二五年生的名作家鍾肇政說當年自己「也是電影院的小小常客」，經過比一甲子還久的時間，許多影片模糊褪色，唯獨《火燒紅蓮寺》，還「留有微微印象」。

一九三一年的報紙曾形容《火燒紅蓮寺》名震全島，「妖光劍影。騰雲駕霧。大博好評」，不禁讓人想起一則軼聞；北京一個專放西方電影的戲院找留英博士辜鴻銘題匾，這位垂辮留洋的碩儒告訴來者，可給四個字：「怪力亂神」。

完

一九三六年（昭和十一年）

一月

二十四日

**廣告表示**：標題說，《泰山》（類猿人ターザン）是全台最有趣的節目。票價五十錢算是一般人消費的起的娛樂。

一九三六年（昭和十一年）

八月

四日

**廣告表示**：日本東寶映畫的直營戲院國際館刊登兩部影片廣告，右邊是由法國影星Danielle Darrieux主演的電影，文案寫說「在狂想曲般的國度匈牙利，偶然結下的一夜情緣」，顯然是部文藝愛情片。左邊則說，「讓人心曠神怡的廣闊南美山間原野，絕妙非凡的輕歌劇，懷舊特效電影」，由美國喜劇演員Joe E. Brown擔綱演出。

一九三九年（昭和十四年）

五月

十三日

**廣告表示**：日本時代後期，美國電影的廣告圖案比前期來得多采多姿。廣告左下角說，《馬可波羅（マルコポール）的冒險》是斥資五百萬美元的大片。

## 一九四〇年（昭和十五年）四月三日

**廣告表示**：美國電影《狂徒淚》（汚れた顔の天使）的廣告以星星綴飾框邊，散發出一種美式風格。左下角的「松竹直營台劇（タイゲキ）」即「台灣劇場」的簡稱，由日人船橋武雄經營，戰後被國民黨黨營事業接收，改名中國戲院。

# 一九四〇年（昭和十五年）

## 八月十八日

**廣告表示**：埃羅爾・弗林（Errol Flynn）主演的《羅賓漢冒險記》（ロビンフッドの冒険），於發行兩年後才在台灣上映。當時大作廣告說「痛快無比，絢爛無比」，又稱本片老少咸宜，六歲以上都會覺得有趣。

# ●波蘭芭蕾舞團

## ポーランドバレエ

一百二十幾年前發生的中法戰爭期間，基隆社寮島（今和平島）的平埔族人跟法軍混了一段時日，據英國商人陶德說，他們學會講「Monsieur」（先生）打招呼，也學會以法式的聳肩來表達不知道或無奈。

一九一六年的報紙也曾報導，俄羅斯美人「馬利耶」曾在高雄「大張豔幟」，又轉到嘉義西門外的妓院，台灣的官方後來給她藝妓的執照。

一九二三年以後，扣除日本人、中國人和韓國人，在台北市的外國人才首度破百，往後十幾年，一直在五十到百人間浮動。在那個沒有電腦和電視的年代，對台灣人來說，真眼目睹西方人的神采還是十分有趣、非常刺激。

一九三七年春天，露西和阿絲塔兩人住進大稻埕的旅館，沒幾天就被記者找上，還拍了照片登在報上，形容這兩朵「異國の花」是「金髮の二美人」。

戰前的五十年間，西方人在台灣的活動遠超過想像，除了傳統印象的傳教、行醫和做洋行買賣，其實還有各式各樣的面貌。一九三一年，就有波蘭人的芭蕾舞團來台表演。

開演當天，報紙有簡單的廣告，附上罕見的英文，指為「著名波蘭芭蕾舞劇」（Famous Poland Opera Ballet），感受不到強烈的熱度，但前一天的報紙消息就不一樣了。報紙說，台北這個「島都異常衝動」，在台的外國人都要出動觀賞，「人氣定見沸騰」。

波蘭舞團的表演節目包括跳舞、名曲獨奏、單車特技和全團歌舞劇，可見不是純芭蕾舞表演而已。

報紙還特別點出西方表演團體的不同處，「因係外人（外國人）。正七時開幕。正十時罷演。確實厲行」，這跟當時一般團體傍晚五點或六點開演的習慣不同。

表演場地「榮座」的外觀。

完●

一九三一年（昭和六年）

六月

二十五日

**廣告表示**：從廣告來看，波蘭芭蕾舞團在西門町的榮座演出。

FAMOUS POLAND OPERA BALLET. 本日初日

ポーランドバレー大演藝團　於榮座

# 海外旅行團
## 海外旅行団（かいがいりょこうだん）



日本用許多辦法統治台灣，日治前期勸誘台灣人到日本旅行，就是其一。總督府除了優待免費搭船，還發給費用，引發一波波到日本「內地」的觀光潮。旅客既有農村的官僚士紳，也包括山間的原住民。

到了一九二〇年代，台灣幾個豪族開始有人到更遠的歐美旅行。基隆煤礦顏家的顏國年、板橋林家從事保險業的林熊光、霧峰林家的林獻堂父子，個別獨自展開壯遊。在那種年代，他們出遠門都以半年、一年計，親友既有歡送會，也設洗塵宴，迎接平安歸來，並聆聽彷彿天方夜譚的西洋見聞。

由旅行社招攬、自費自發的現代式旅行團則在日治中期逐漸出現。一九一六年，輪船公司「大阪商船」主辦了南洋旅行團。旅客如金榜提名，名號在報上公布。前台泥董事長辜振甫的大哥辜皆的就參加了這個團。

現在日本最大的旅行社ＪＴＢ（Japan Tourist Bureau，日本交通公社），戰前二〇年代開始在台北設支部，可說是台灣最早期的旅行社。日本的海外旅行歷史上，ＪＴＢ具有開路先鋒的地位。創立人木下淑夫畢業自東京帝大，大學念土木工學，研究所念法律和經濟，又留學美國，見識不凡。日俄戰爭後，日本頓時崛起，整個國家積極向外，木下淑夫期望外國人能理解日本，到歐洲考察觀光之後，決定辦國際型旅行社。他的觀光藍圖打動鐵道廳總裁平井晴二郎，一九一二年，創辦了ＪＴＢ，開始有系統招攬海外客人，不斷在日本以外城市設立分店。

一九二八年，ＪＴＢ曾招攬台灣人參加一個日本旅行團，全程共十八天，玩大阪、京都、奈良和東京四地，團費一百圓，大約一般人四、五個月薪水，不算便宜，還是「異常踴躍」，有四十六個人報名。

隔年報紙廣告又載，ＪＴＢ有繞日本沿海的郵輪旅行團要出團，二十幾天的行程，團費更貴到一百四十圓。一九三五年三月的一個日本團，則出現兒童團體價，一人九十圓，不到大人的八成，可見旅行商品和內涵愈趨豐富。

ＪＴＢ一直到一九四一年還很活躍，台北支部設在北門外、今延平北路一段的鐵道部內，台北最大的百貨公司「菊元」、高雄最早的百貨公司「吉井」和火車站內都設了據點，全台分駐點共有十幾個。

要買各種海外票，可以到台灣第一家大型百貨公司菊元。

完

一九二九年（昭和四年）

七月二十六日

**廣告表示**：JTB登廣告招攬日本團旅客，團費、行程與人數都條列得很清楚，上面還強調此團搭的是大家熟知的「亞米利加丸」（アメリカ丸），也是當時的豪華遊輪。

日本一周視察團募集

お馴染の巨船アメリカ丸で

海の旅……

順路……基隆—長崎—宮津（天の橋立）—函館（大沼）—小樽（札幌）—大泊（豐原）—千島—横濱（東京日光）—大阪—基隆

出發歸著……八月十三日基隆發、九月二日大阪にて解散の際大阪商船の連絡切符を差上げます

團費……百四十圓

募集人員……百名

締切……八月七日

詳細に就てのお問合せは鐵道部内ジャパン・ツーリスト・ビユーロー臺北支部へ（電話部內一二五番）

主催……ジャパン・ツーリスト・ビユーロー大連支部

申込所……ジャパン・ツーリスト・ビユーロー臺北支部（臺北市泉町一丁目）

# 一九三一年（昭和六年）三月十二日

廣告表示：戰前，台灣到日本的航線都是從基隆出發，途經九州門司港，到神戶上岸，旅客再搭乘火車前往東京等地。門司與本州的下關隔著狹窄的海峽相望，所以廣告圖把兩地記作「關門」。

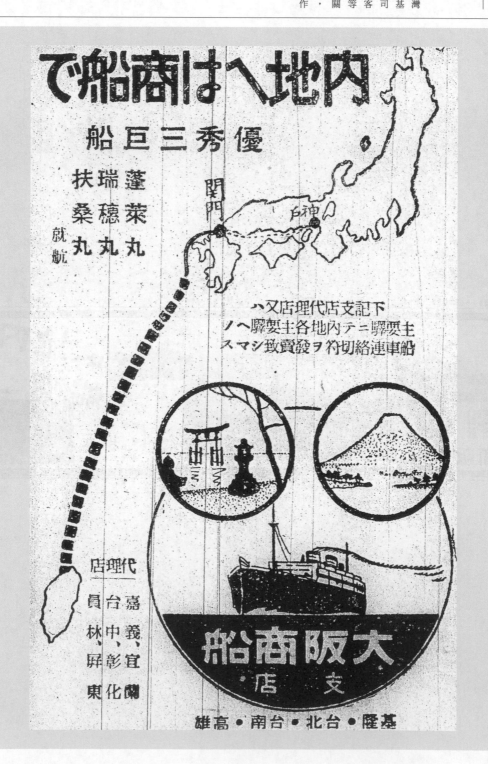

內地へは商船で

優秀三巨船

蓬萊丸
瑞穗丸
扶桑丸
就航

關門

神戶

下記支店代理店又ハ
主要驛ニテ內地各主要驛ヘノ
船車連絡切符ヲ發賣致シマス

代理店
嘉義、宜蘭
台中、彰化
員林、屏東

大阪商船
支店

基隆・台北・台南・高雄

# 一九三八年（昭和十三年）三月三十一日

**廣告表示**：一九三〇年代，已有民航機往返台日之間，但兩地商旅參訪主要還是搭乘輪船。廣告標題意指，「到內地（日本），就是要搭大阪商船」。

廣告表示●

# ●馬戲團

## 曲馬団(きょくばだん)

一九一〇年以後，到一九四〇年代初期，除了歐洲偶來的義大利馬戲團，台灣幾乎常態性可以觀賞到日本的馬戲團。

日本幕末的一八六四年，美國一個馬戲團跨海到橫濱，日本第一次見識西洋的馬戲團。明治以後，洋團續來，另一方面，日本傳統雜技藝人到海外表演，兩相糅合，一八九〇年代開始出現好幾個「曲馬團」(日語的馬戲團)。

馬戲團的大型動物要搭船，風險不小，一九一〇年來的江川千吉一座，就有兩匹馬死於旅途。同一年來台的矢野馬戲團，航海途中遭遇強風，一樣有三隻毛栗鼠不堪旅程而死亡。矢野最終於十一月十五日借用了新起街市場(今西門町紅樓劇場)內的相撲所開演。每天早上九點開張，到晚上十點才打烊，營業時間非常長。

入場的觀覽費不貴，在一般人可以負擔的範圍。一般人收入場費二十錢，十歲以下兒童對折，只收十錢。三十人以上的團體，每名更只收八錢。同那一年，幫人擔扁擔的苦力和抬轎轎夫，一天工資都是四、五十錢。可見看動物表演還不算高不可攀的奢華休閒。何況，動物表演在那時並非天天等著人去看，機會難得。

或許因此之故，和台北隔一條河的板橋公學校，有高大山、呂傳灶、俞石獅、林石金等六名學生藉來台北買筆墨之便，順道參觀了矢野動物秀。

一九二一年，義大利馬戲團則帶給台北能轉球的熊、大象能用長鼻子捲起鼓棒，配合樂隊的節奏打鼓。

目前居世界三大馬戲團之一的木下馬戲團，由木下唯助於一九〇二年創辦，曾於一九一八年底轟動抵台，一九一九一整年在台灣各地巡迴表演，掀起一陣陣看馬戲團的熱潮。台北廳的六百個警察、大稻埕婦人會的兩百位女性同胞都去看了。宜蘭原來「娛樂機關絕少」，難得有此歐美體育式的技藝表演，所以開演後，更是「俱見滿座」，大家從蘇澳、羅東、頭圍紛紛趕來。

木下馬戲團的陣仗大，有一百多名團員，馬有十二匹，最惹人注目的熊，也有七隻之多，依記者側寫，熊可「作人立狀。後腳站地。前腳持棍而舞。左右迴旋」，還可以駕車。馬技部分，一男一女騎上馬背，可以兩腳，也可以一腳站立，驚險刺激，贏得觀眾喝采。

戰前的馬戲團一如今天，表演內容除了動物兄弟姊妹上場，也有叫人目瞪口呆的真人特技。以木下馬戲團來說，一九二七年再來台灣，除了海狗和大象，還有十五歲可愛少女在鋼索上騎單輪車、木下獨創的空中大飛行特技。

馬戲團成了日本時代滿普遍的娛樂活動，即使戰時，一九四三年，霧峰林家的老爺林獻堂還能有閒情去看馬戲團。一九四二年，台北大橋頭這邊，也有日本馬戲團表演「巨猿」騎摩托車。

帶大猿猴來表演的是池野馬戲團，日本時代來過台灣的日本馬戲團另有柿岡、神風、嵯峨田、金丸，不一而足。

報紙曾以速寫、照片呈現各馬戲團的表演，似乎是一條很好的線索，讓想像可以循線飛回去，感受當年的盛況。

完●

# 一九二七年（昭和二年）三月十六日

**廣告表示**：木下馬戲團（サーカス）在報上刊登廣告，詳列節目內容，黑色大字的文案寫說，有海狗及大象的大型演出、東洋卓別林的滑稽表演，還有十五歲可愛少女在鋼索上騎單輪車，以及空中飛行特技。表演場選在台北市末廣町（今西門町中華路一段、武昌街一帶）的空地。

日本アームストロング

古今獨步 世界無比の大曲馬團

賜台覽 今上陛下が 皇太子殿下 にましませし當時の光榮

各皇族殿下 世界各國皇帝陛下 各國大統領閣下

御挨拶

本年は日一日と暖かさに向ひ皆様にも御機嫌よく入らせられ何よりとお歡び申上ます [illegible]

木下曲馬團 團長 木下唯助 謹白

實物

オットセイと象の大演技

滑稽 東洋チャップリン出演

世界唯一の梯子の曲乘

餘興（木場） 安來節 娘子連總出演

◎本大象の曲藝と [illegible]

可憐なる十五歳の少女 金線上の一輪車曲乘 世界的の名譽を冠せられたる

英國式最新體育運動

今や郊外運動の盛な時未だ東洋に於て演ぜられたる事なき精神無比の體育妙技を皆様に供す

●馬術の部 ●體育の部

其外 ●猛獸曲藝

●猛獸 [illegible] の曲藝 ●大象二頭の曲藝

●ラクダ二頭の曲藝 ●オットセイの曲藝

其他演藝種目十餘種悉く嶄新を極む

木下サーカス團の特別餘興として加へたるオットセイ演技は巨萬の費用を投じて今回特に御覽に入れることゝなつたものです

空中大飛行術

日本アームストロング獨創

妙技鬼神をして驚倒せしむる [illegible] 世界無比なりと絕叫す

◎三月十六日初日 晝夜興行 午前十二時より 午後六時より

入場料

一等 金二圓也

二等 金一圓五十錢

三等 金一圓也

立見席 金五十錢

◎小人各等 [illegible]

臺北市 末廣町空地に於て

主催 狩野興行事務所

木下サーカス演藝團

# 一九四二年（昭和十七年）

## 七月十一日

**廣告表示**：在世界各地舉辦皆獲得超高人氣的池野大馬戲團來了，將帶來大猿猴表演。大猿猴價值五萬圓，在當時堪稱是天價。（《興南新聞》）

世界一週興行到る處

絶大なる人氣を博した

◎五萬圓の怪價名猿が

富士號オートベイ冒險曲乘

◎曲藝●舞踊●其他

池野大サーカス團來る

七月一日ヨリ太平町六丁目 大橋通 開新

入場料 一等六〇 二等四〇 セン（税共）

晝一時ヨリ夜七時ヨリ二回興行

# 魔術

## 奇術（きじゅつ）

台大畢業生黃柏翰曾獲台灣魔術冠軍，二〇一四年受邀到好萊塢的魔術城堡表演；在他之前，劉謙更已紅遍中國。劉謙與黃柏翰魔術有成，他們的台灣前輩，最早可是一群小女生。

近代台灣人會西洋魔術，可追溯到一九〇九年。這一年，日本明治時代的魔術奇葩「天一」來台表演，這時候，他的徒弟天玉留下來，台灣戲院老闆高松豐次郎把他找進自己的公司「同仁社」。

天玉本名叫川喜田正一，當時才二十五歲。隔年就和大稻埕一個叫沈塗粒的台灣人合作，在六館街二丁目七番戶（今塔城街和迪化路口、俗稱布料街一帶）開「臺灣演藝社」，找十一到十六歲的台灣少女去學魔術。台灣最早學習西洋魔術的人很可能就是這一群小女生了。

1901年，高松豐次郎首次來台灣放映電影，兩年之後組織同仁社，是日本時代前期的戲院大亨。

師傅叫天玉，於是這群魔術界新鮮人分別被取名玉如意、玉裡紅、玉麗花、玉翠娥、玉荷花。一九一〇年七月，她們就在高松豐次郎開設的朝日座戲院登台演出。之前，也曾在大稻埕的媽祖宮前，熱熱鬧表演給自家同胞看過。

之後，再有聽聞台灣人學魔術，已經是一九二九年了。當時報紙指出，彰化田中的詹楓，公學校畢業後，曾到北京和名古屋，研習各種魔術，「數年前歸臺。到處開演。甚博好評。」

至於看魔術表演，對生活在日本時代的台灣人來說，似乎不算不平常。

蔡廷棟（一九一九年生）在回憶錄《回想八十八》說，小學時，學校帶他們去台南宮古座戲院看過魔術表演，演出者叫「天勝」，「他們表演人躺在那裡，切成兩半的魔術，真把我嚇壞了。」

天勝是天一的女弟子，去過美國演出，名透全日本。一九〇九年，天一來台灣表演，三年後去世，天字號的徒子徒孫接棒，仍不斷到台演出；其中就以天勝最炙手可熱。天華也曾受邀，另有天右、天左等人。

日本時代還來了幾位中國的魔術師。一九二〇年春天，韓鳳山來台造成大轟動，報紙報導得熱鬧非凡，讚嘆不已。連日本人自己看了，都說「優於天勝天華」。

韓鳳山最被津津樂道的奇術是飛行碗。一般用長竿子耍碗，韓大師用扇子搧碗，碗飛來飛去，還飛下舞台，撞上觀眾的頭，觀眾要抓要拍，卻不可得。另一絕活，吞進兩顆如雞蛋大小的圓球，他跳一跳，兩球碰出聲響。要吐出來的時候，作勢卡住，然後吞劍取出。

報紙分析，日本天字號的魔術師承襲西洋，多要利用道具，登台姿態婀娜多姿，再佐以歌劇、舞蹈。但觀韓鳳山的魔術，「棹一巾一。獨身登壇。又不使人幫忙。其單純處正其實力處。」搭配韓大師的日文翻譯，藝名叫「卓別林」，吟唱的聲音語調都酷似日本人，講得又很滑稽，也讓記者讚不絕口。

完

一九〇九年（明治四十二年）
二月
十四日

**廣告表示**：松旭齋天一與天勝是明治時代著名的魔術師。這則廣告說，「天一是世界奇術界泰斗……他會使出什麼樣不可思議的手法，以及發會如何驚天動地的魔術，無須贅言，敬請到場觀賞」。

三慶賜天覽之榮

世界的大魔術 松旭齋天一師竝松旭齋天勝孃 出演

天一師は現代に於ける世界奇術界の泰斗にして廣く歐米に漫遊して苦心經營更に神出鬼沒の怪腕を揮ひ其如何に驚天動地の魔術なるやは玆に贅言を要せず幸に觀覽の榮を賜はらん事を希ふ

二月十五日より向十日間

午後五時開場 午後六時開演

入場料
特等一人 貳圓
一等一人 壹圓五拾錢
二等一人 壹圓
三等一人 五拾錢
右之外中錢等一切なし

臺北演藝場 主
敬白

# 一九〇九年（明治四十二年）

## 二月二十五日

**廣告表示：** 一九〇九年，日本明治時代的魔術奇葩天一來台表演。廣告說，從開演第一天就爆滿，所以即日起，臺北演藝場的節目都將換成魔術表演。

# 天一奇術の日延

初日以來連夜大入の爲め向四日間（廿八日迄）日延本日より演藝の全部を取替へ御觀覽に供す續々御來場あらん事を

藝題

| 藝題 | 演者 |
| --- | --- |
| 一ピンブローク | 天德 |
| 一烈火スパーロー | 天昇 |
| 一生花の現出 | 同 |
| 一水中美人の現出 | 天一 |
| 一空中飛行の銀貨 | 天松 |
| 一十字架男女變化術 | 天一 |
| 一空間劍留カード | 天玉 |
| 一夢幻のダンス | 天勝 |
| 一百鬼夜行の術 | 天一 |
| 一飛行のまり | 天勝 |
| 一玉手箱 | 天絹 |
| 一電氣應用噴水の術 | 天一 |
| 一悲劇大魔術恩と情 | 總員 |

臺北演藝場

一九二五年（大正十四年）十一月二十六日

**廣告表示**：標題寫說，為回饋鄉親的支持，將舉辦「天勝回國紀念演出」。表演內容右方有森永牛奶糖的字樣，頗有今日廣告贊助商的意味。

# 一九二五年（大正十四年）十一月二十八日

**廣告表示**：廣告人像是女魔術師天勝。文案寫說，天勝是香水之王「オリヂナル」的愛用者；香水廠商幫忙宣傳魔術表演，也順便推銷自己的產品。

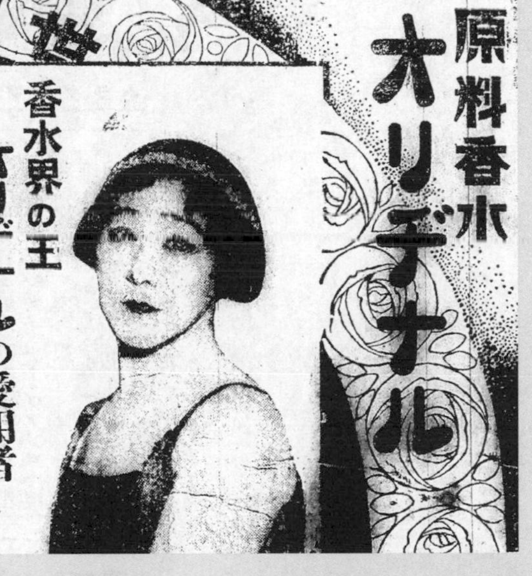

## 留聲機

日本統治台灣後的第四年，大約五、六月之交，有個廣東人帶了一把琴到台北的大稻埕，落腳一家茶館就開演起來。入場要收費，索銀一角。此人自彈自唱，能唱小生，也可以扮花旦腔，丑角戲也能來一段。但這還不是最吸引人的。

據報紙說，裡頭另有「奇觀」。廣東人在表演前，會先叫眾客官看過來，結果，有聞演聲，卻不見誰在唱。誰在唱？沒人在唱，而是一部機器在唱。他跟觀眾介紹，這個神奇的唱機叫做「蓄音器」。

報紙沒說大稻埕的人是否被蓄音器驚嚇到，但是，往後的十來年，各地不斷上演蓄音器驚遇記。台東的原住民就觀察體會入微，曾經說這個東西不是人，也不是動物，沒有心臟，卻能發出妙音，實在是個鬼東西，太恐怖了。

二次世界大戰後，有所謂電唱機，一部機器可放出兩個聲音，一個來自廣播電台的節目，另一個來自唱片。但在日本時代，兩者分屬兩種機器。前者叫「ラジオ」（音似「拉機歐」），後者就是「蓄音器」。

## 蓄音器（ちくおんき）

黑膠唱片（日文做レコード，音近「雷寇豆」）就是要放在蓄音器上，手轉搖桿，黑盤轉動，樂音才會隨之流洩而出。

或許，也可以說蓄音器是電腦的學長。

在蓄音器降臨人間以前，聽音樂，一定要LIVE，真人與真人面對面，才能聆賞；在蓄音器之後，收音機、錄音機、電視、電影、電腦，全是音樂的複印機，親臨現場不再必要。

中文稱蓄音器為「留聲機」；一九一二年的報紙曾報導，台灣「流行留聲機始於明治四十年」，換句話說，零星火花出現的蓄音器，到了一九〇七年，有了明顯的第一波熱潮。據報載，當年，臺北和臺南銷售了六十二臺，多是「酒樓鐘錶店或俱樂部」購買。

從廣告上看，一九〇七年確實有商家大手筆宣傳。現在迪化街一段、城隍廟那邊，當時叫南街，街中有一家布莊「裕興」，本來就從對岸中國進口許多絲綢紗

蓄音器は贅澤品にあらず

「圓滿なる家庭には必ず蓄音器を備ふ」

蓄音器はニツポノホン製

「ユーホン號に限る！」

▽威大なる販賣力……

今や既に五十萬臺を賣盡せり

廣告表示

## 一九〇七年（明治四十年）十二月四日

**廣告表示**：位於大稻埕的裕興布莊廣告說，自家布料一應俱全，還兼售上海英商謀得利公司發賣的新式唱戲機。（《漢文臺灣日日新報》）

啓者敝店現有辦到上海英商謀得利公司發售之新式唱戲機聲比戲檯上更響且包永遠不壞實爲蓋世無雙之品並有淸國各埠流行之各色寧綢羃本縐紗織就漳絨羃本袍料馬掛料褲裡料海虎絨雪衣其他冬天布色等貨俱備諸君賜顧即請移玉自當格外從廉特此廣告

臺北大稻埕南街三十六番戶　裕興謹告

費用而不稍吝者職此故也於是乎爲本島人商業諸君圖厥便利特於漢文新報設專務之廣告係雇用前記之人每日趨候有欲廣告者希即委囑之爲荷

臺灣日々新報社

絨，這時也辦到上海的新鮮貨「唱戲機」，裕興布莊拍胸宣稱，「聲比戲檯上更響」，而且「包永遠不壞」，「實為蓋世無雙之品」。裕興還說，其銷售的留聲機由上海的英國洋行「謀得利公司」發賣，事實上，十九世紀末，也是謀得利把第一部留聲機賣入中國。

一九〇九年，蓄音器風行更廣了，因為，可以花小錢嘗新，租到蓄音器，享受個幾曲。心動的人可以去台北八甲街，今天萬華區龍山國中與桂林路之間，有一位姓村田的日本老闆，他賣美國製的蓄音器，價格從三十八圓到一百六十圓不等，換成現在的價格感，可是好幾萬到一、二十萬元。但用租的只要一圓半，就可以欣賞到十二曲，遇上請客、聚會，聽蓄音器是絕佳的餘興娛樂。

這時候的留聲機外型華麗，下頭小方箱，長出大喇叭，模樣宛如一朵盛開的百合花。但進入二〇年代，花兒不見了，徒留唱針與搖桿。到了三〇年代，外型再次演化，所有外露的全被收納躲進一只方箱。

從歷史的角度看，蓄音器外型演進，符合輕、薄、小、方便攜帶的機械發展定律，但蓄音器留給後人懷念的身影，卻似乎只限於有花朵喇叭的第一代版本。**完**

# 一九〇九年（明治四十二年）

## 四月十四日

**廣告表示：**早期必須把唱片放在蓄音器的轉盤上，透過如百合般的喇叭流洩出美妙的樂音。當時，蓄音器的價格從三十八圓到一百六十圓不等，售價高昂，但用租的只要一圓半，可以欣賞十二首歌。

新形ニッケル放入十三號十四號著荷

蓄音器販賣

貸出

和洋樂器商　村田譽三吉　敬白

實業之世界　六卷四號

三田商業研究會

書籍器械樂器　吉岡寶文館

一九一二年（明治四十五年）

五月一日

廣告表示：上田屋不只經銷山葉鋼琴與風琴，還代理日本蓄音器商會製造的留聲機。

會社の特色

の利益配當附保險は生命保險と貯蓄を兼
險に株式相互の折衷にして契約者の爲め
多く且安全なり
の利益配當附保險は被保險者の旅行、職
爭等に對して割增を附せす其他凡ての點
大なり
は四十五年三月一日以後の契約に對して
險を要せす解約拂戻金を當然保險料に振
期間經過の者をして效力を存續せしむる
に於て專ら行はるゝ延長保險を實施せり

會社臺北支店

振替貯金口座（臺灣一二三）

長瀨干城

開店披露

臺北新起街壹丁目
特約販賣店　上田屋商店（電話四三一番）
（目錄御申越次第進呈）

謹啓時下向暑之候各位愈々御多祥奉賀候扨而每々御引立ヲ蒙リ感謝ノ至リニ存候尙今般弊商會業務擴張ニ連レ右上田屋商店ト特約シ斬新ナル器械及音譜等益々御便利ニ御用相願ヒ申ス可キニ付キ當店同樣御愛顧御引立ノ程奉懇願候

臺北撫臺街一丁目
株式會社日本蓄音器商會 敬白
（長電話九三一）

# 一九一四年（大正三年）

## 一月

## 八日

**廣告表示**：日本蓄音器商會一九一四年登廣告，標榜「自家留聲機產品音色好，堅固耐用，在日本全國有五十家分店以及四百家特約商店，現在要往中華民國發展」。

# 一九二一年（大正十年）

## 四月二日

**廣告表示：**「講到賞花，就是櫻花；提到留聲機，就是日蓄。為什麼會賣這麼好呢？」

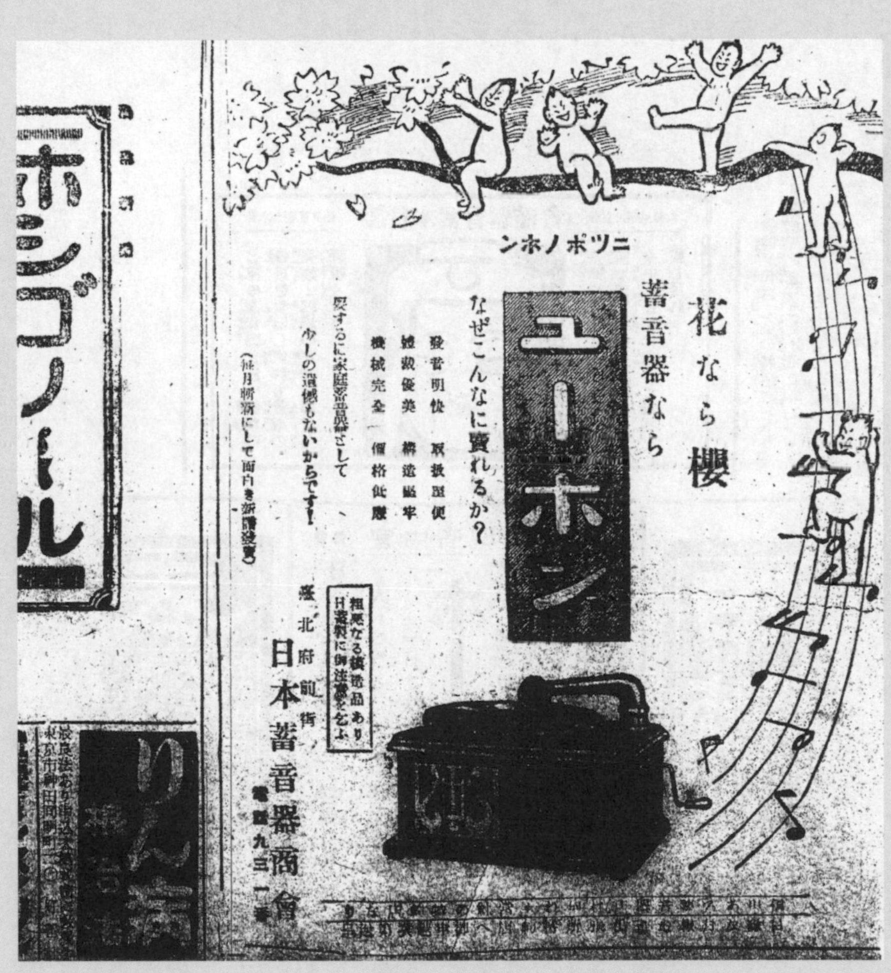

# 一九二二年（大正十一年）

## 十月二十九日

**廣告表示**：「留聲機不是奢侈品，家庭圓滿必備留聲機。留聲機就只有日本蓄音器商會「NIPPONOPHONE」（ニッポノホン）這一台。已銷售五十萬台」。

# 一九二八年（昭和三年）

## 十二月

## 十二日

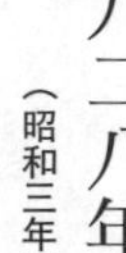

廣告表示：進入二〇年代，有大喇叭花型的留聲機不見了。

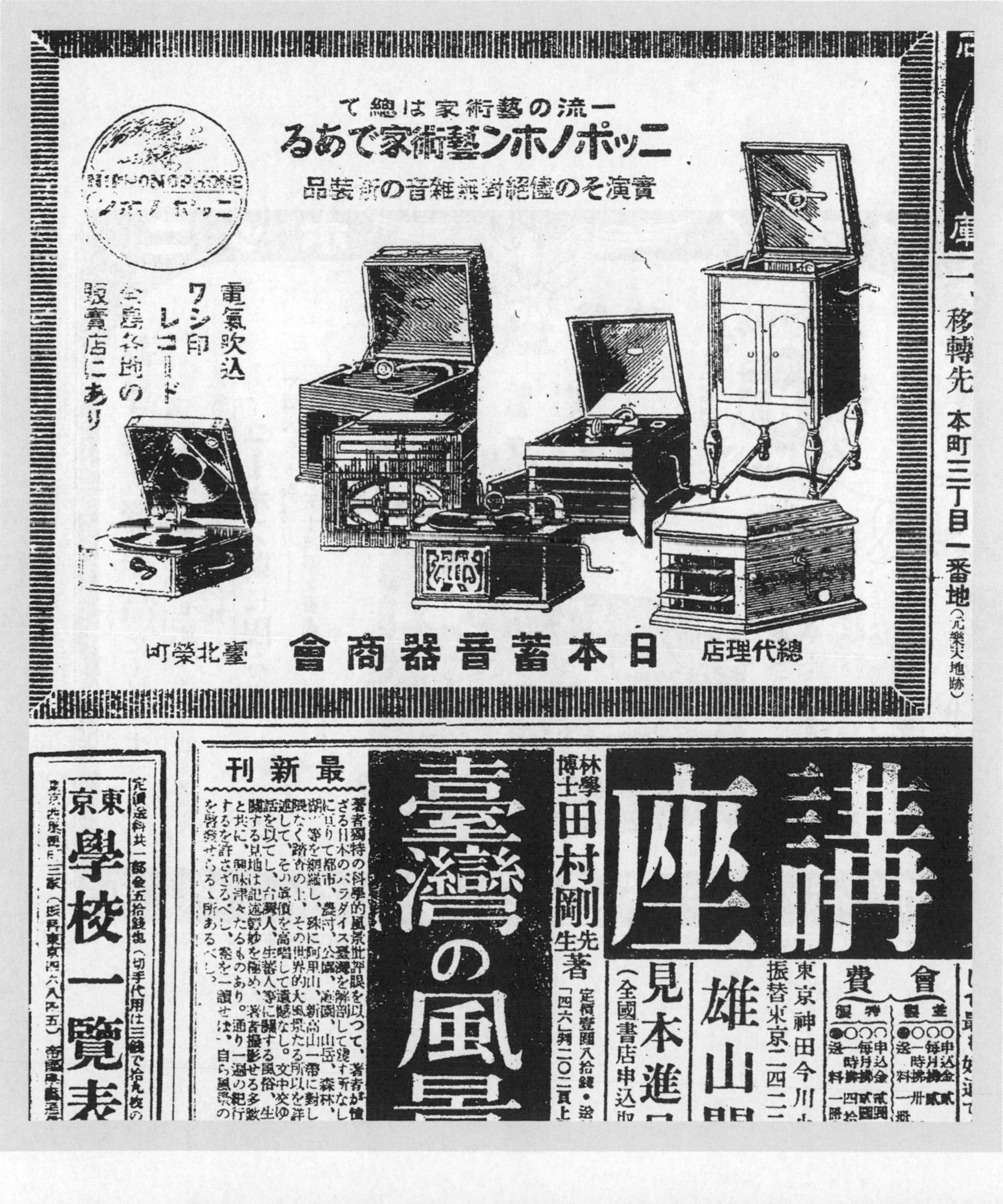

# 一九三四年（昭和九年）

## 三月十三日

**廣告表示**：這是一則美白乳液的廣告，不過可以從廣告右下角看到當時留聲機外型已進化到攜帶方便的形式。

本版完成

のお孫さんが
帝劇「鷺娘」に出演

春の星座廻り
山本清

臺灣日日新報

ほんのり色白くなる・ミルキーローション

レートフード

春朗か！

父はヒゲそり後……に
母はカクシ化粧……に
姉はお化粧下地……に
妹は養肌整容料……に

本品を愛用して
團欒の春朗か！

一瓶一家

[illegible]も用途のひろい、最も價格の安い、
[illegible]乳白美容液、五倍にうすめ
[illegible]化粧の効果です。

東京・平尾賛平商店

一九三六年（昭和十一年）

九月一日

**廣告表示：**三〇年代，一台大眾款的留聲機售價數十圓，換成現在的價格約莫好幾萬元。

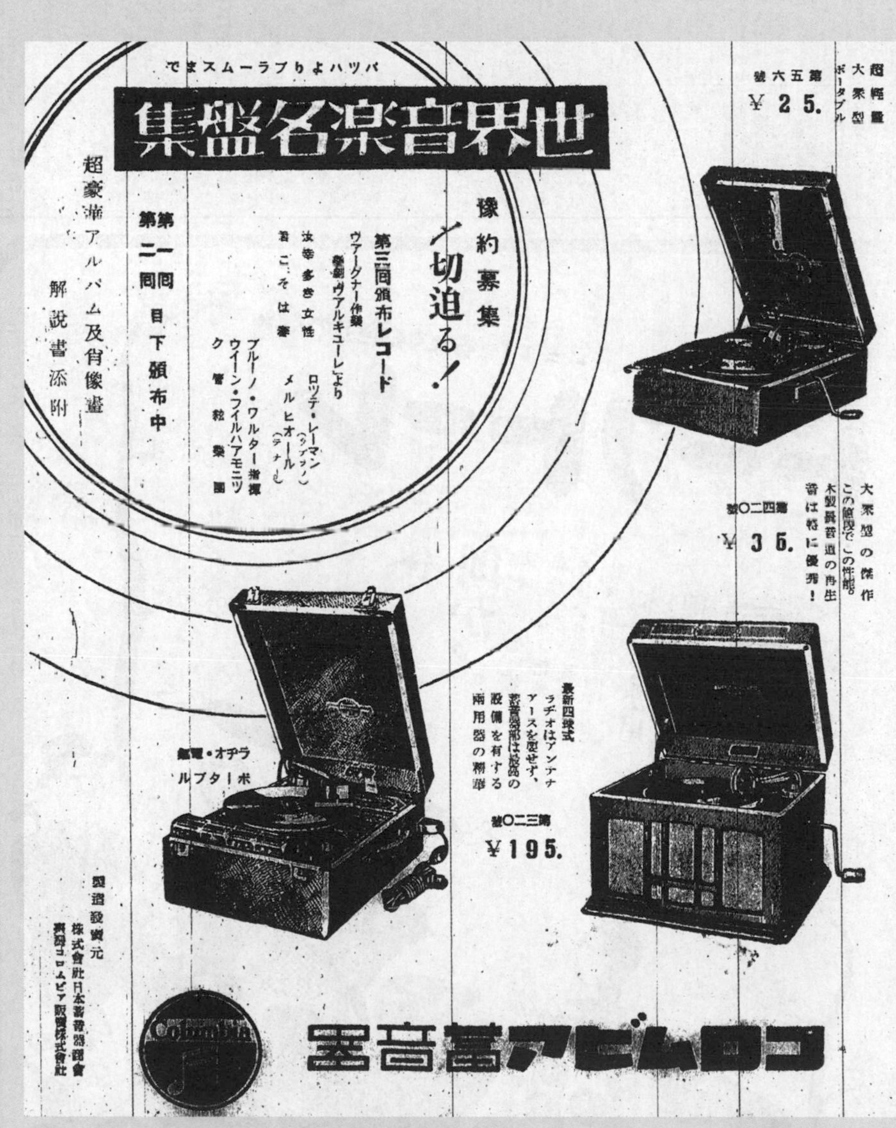

# 一九三七年（昭和十二年）六月二十日

**廣告表示：**文案強調，古倫美亞（コロムビア，Columbia）留聲機完美融合了「構造、材質、生產」這三點製作而成，我們敢說其它產品絕對做不來。

ルグ氏逝く

本社の電話番號

あすの天氣

今晩の映畫

國際館
芳乃館
大世界館
新世界館
タイゲキ

交通局遞信部

約二十分間は市内不通になります

變更後は總て新しい番號に依り

電話貳六四貳番
自働式改正番號
家庭元組　東陽製菓部

生徒募集
公認　東洋自動車講習所

臺日案內

書籍　常用語辭典
醫院　性病科　永吉病院　小林醫院
內地土產　桐田のパインアプル　冷し西瓜は桐田　おみやげ品　タンス　三共舍
樂器　樂器賣買
蓄音器　蓄音器月賦賣出
寫眞　寫眞機と材料　カメラ新古交換買入
ラヂオ器械　コタクローム　電氣蓄音機特賣
時計眼鏡　和田のメガネ專門　メガネ　日光堂
料理屋　壽司天ぷら　魚文　生そば　辨金京町店

金融　電話　商品券　商品券・債・電話　金融
藥種商　喘息　ワンカ　吸入に酸素　月やく
雜件　文化卓子椅子　岸喜鑑　コークス　木炭　平戸の指味噌　冷ビール冷西瓜　ヒノデ便所香水　ベニヤ　運命鑑定　玉突臺　現品特賣　玄米精乳　牛乳　電話低利貸金　佛壇盆提灯

蓄音器はコロムビア

機構・材料・生産

Columbia

第二三〇號　Y 135.
第四五二號　Y 50.
第二一三號　第二一四號　Y 65.
第二〇三號　第二〇四號　Y 40.

疲人の食物

新鮮な野菜サラダを召上れ

## 黑膠唱片

## レコード

如小提琴的弓與絃，兩相廝磨，才有琴聲；留聲機也要黑膠唱片一起運動，否則，各自獨立，只是各自沉默之物。

日文到一九一〇年代，還稱之為「音譜」，後來才稱「レコード」，台灣民間則叫它「曲盤」。

日本時代，唱片面貌已經非常繁盛多彩。例如新竹北門的外媽祖宮（今長和宮）普渡，當地人稱「眾街普」，近年仍熱鬧非凡，有萬人湧入吃「擺桌」的盛況。而一百多年前，一九〇八年的農曆七月，商家不只辦桌，依報載，還「張幕結壇」、「懸掛書畫」、「排列古玩」，有三、四家店前，並「召妓唱曲」，昆茂和昆泰兩家店口，則擺留聲機，播唱中國京戲。

日本於明治末期的一九〇七年開始自產黑膠唱片。一九一四年，日本蓄音器商會的台北負責人岡本樫太郎帶了十幾個人到東京錄製客家採茶歌謠唱片，台灣人的聲音首次進到那片圓圓黑黑的薄盤裡面。

翻舊廣告還可以發現，一九一七年，台灣人已錄了語言學習唱片。這個已快百年前的聲音出自柯秋潔，當年他已經四十九歲。日本統治台灣第一年，總督府學務部開始找台灣學生進新學校念日語，好不容易在士林勸進了六個學生，其中一位就是二十七歲的柯秋潔。幾個月後，柯秋潔和朱俊英因日語程度最好，被帶到東京見學旅行月餘。一九〇八年柯秋潔再到東京進修，之後便留在東洋協會植民專門學校（今拓植大學前身）教授台語，當年他錄的教學唱片內容就是日臺會話。

二〇年代，唱片降到一枚三十錢、五十錢，在那個沒有電視、網路等影音娛樂的時代，唱片更加熱門了。二〇年代，台灣本土音樂唱片也紛紛出籠，日本公司曾派人來台，請出台北大酒樓江山樓與東薈芳的藝旦，連同彈琵琶、拉二胡、敲銅鑼的樂師群，收音灌錄傳統謠曲的黑盤。

三〇年代初期，唱片熱來到新高點，依一九三二年報載，台北市內的唱片店如雨後春筍，多達五十幾家。

從三〇年代的報紙廣告看，世界流行的音樂唱片，從交響樂、吉他到爵士，台灣都不缺。貝多芬、莫札特的頭像頻頻出現；推銷法國作曲家的歌劇《卡門》，比才的畫像下寫著，「莊麗、甘美！比才不滅的傑作！」；推名指揮家托斯卡尼尼、史托考夫斯基出場，也如介紹鄰居，毫不生澀勉強。

現在有各種形式的新歌發表宣傳，以前也有類似的作法。一九二九年，台灣教育會選歌特製了一張台灣歌謠的唱片，新盤要發表，選了一個夏夜，在台北火車站前高級的鐵道旅館開招待會，供相關人士賞評。隔一晚，再到新公園（今二二八公園）涼亭式的音樂堂，裝擴音器，向一般民眾大公開。

廣告表示●

未完成
交響曲

## 一九一三年（大正二年）四月十六日

**廣告表示：**一九一〇年代初期，已經有台灣人在店裡賣起新奇的唱片了，其中又以屏東的林進興走在最前端。

戰前有許多台灣各地為名的創曲，《台北小唄》、《大稻埕小夜曲》、《阿里山小唄》、《高雄シャンソン》（高雄香頌），都出自日本人之手。台灣人也不多讓，有一批新時代的作曲作詞家以及歌手應勢崛起，錄製了大量的台語流行歌唱片。

一九三五年，陳君玉、廖漢臣還曾發起成立組織，每個人繳會費五十錢，在大稻埕的咖啡店一邊喝咖啡，一邊切磋。

當年台灣的創作人會緊貼著時事和大眾生活情感來編歌。一九三四年發行的「街路的流浪」，沒幾個月就散發一萬枚唱片，報紙都說「相當流行」。歌詞中就有一段，「不是大家歹八字，就恨天公無公平，日時遊街去，暝時睏路邊，哎呦，哎呦，無頭路的兄弟。」

這樣的哀嘆曾讓官方不舒服，認為浮動人心，但依法卻又不能沒收，最後只能做做樣子，禁賣解說書了事。

不過，有一種台灣人創作的唱片，報紙稱之為「黑貓黑狗盤」，三〇年代初期，就被直接勒令禁賣了。內容如何不得而知，但「黑貓」、「黑狗」當時意指作風大膽豪放、穿著拉風時髦的年輕男女，推測起來，可能歌詞男歡女愛，有讓保守社會臉紅之虞，因而被官衙紅筆一揮，批示違反良俗，掃進不見天光的倉庫。

完

# 一九一七年（大正六年）

## 十月十六日

**廣告表示**：一九一七年，台灣人錄製了語言學習唱片，以台語發音教授「國語」（日語）。錄唱片的柯秋潔是最早接受日本新式教育的台灣人，後來到東洋協會殖民專門學校教授台語。

一九二六年（大正十五年）十二月十七日

廣告表示：歌仔戲唱片在戰前發行量不少，汪思明和溫紅土是當時著名的唱將，也是演員、作曲家。

一九三二年（昭和七年）

六月

二十三日

**廣告表示：**成立於一九一〇年的「日本蓄音器商會」是當時最大的唱片製造商，後來與古倫美亞唱片合併，發行過無數台灣創作歌謠與日本演歌。《臺南新報》

映畫小言

# 一九三三年（昭和八年）

## 二月 十七日

**廣告表示：**當時台灣人聽的本土音樂唱片有新劇、歌仔戲、笑料、採茶歌，以及原住民音樂等。

# 一九三六年（昭和十一年）

## 一月

## 十四日

**廣告表示**：古倫美亞唱片在台灣發行的歌謠曲盤中，有日本著名的童謠詩人西條八十填詞的曲目；廣告在四張Ａ士牌面按上曲目，設計相當特別。

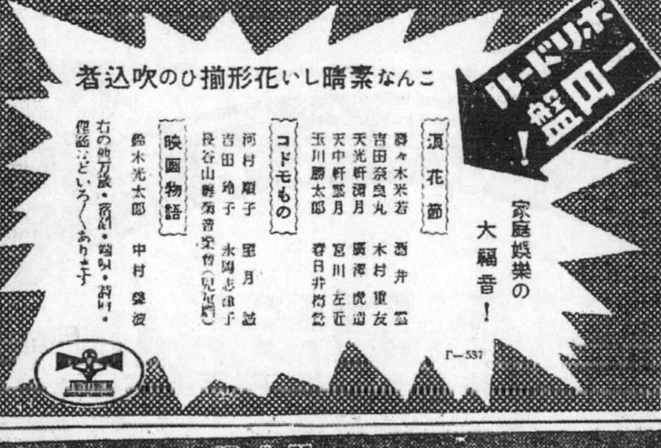

一九三七年（昭和十二年）

十月

三日

廣告表示：推銷法國歌劇《卡門》（カルメン），比才（ビゼー）的畫像下寫著，「莊麗、甘美！比才不滅的傑作！」

# 一九三八年（昭和十三年）一月十六日

**廣告表示：**廣告賣的是西班牙吉他音樂。文案說，這是由世界九大吉他手演奏、空前絕後的吉他專輯，要追尋吉他音樂的真髓從這張專輯開始也不為過。

業の柏丸
沖で遭難
長と水夫長の死體發見
船體は顛覆した模様

原田專務語る

門松の代金を
團長と山分け

紗帽山へのハイク締切る

# 一九三八年（昭和十三年）

## 五月

## 十六日

**廣告表示：**托斯卡尼尼（トスカニーニ）指揮的〈田園交響曲〉，是一張他人絕對模仿不來的完美唱片，也是錄音中的名演奏。廣告左上角可以看到美國 Victor 唱片（ビクターレコード）的標誌。

基隆壽公で學級增加

あすの天氣

今晩の映畫

大世界館

第二芳乃館

國際館

新世界館

K—59

大トスカニーニ指揮の完璧絕對盤！

ベートーヴェン

田園

第六番ヘ長調

交響曲

ビクターレコード

絕對他の追隨を許さぬ錄音と名演奏・批評家は擧つて推奨

東寶映畫「田園」交響樂」に錄音

トスカニーニ指揮 B・B・C交響樂團

十二吋赤五枚 全曲アルバム入解說書附

金十九円廿五錢

# 一九三九年（昭和十四年）八月二日

**廣告表示**：標題寫說，舒伯特（シューベルト）的〈未完成交響曲〉點燃了現代性之感，有著清新無比的表現！

# 口琴

## ハーモニカ

無意間，他打開爸爸的抽屜，發現一把口琴，沒見過的東西，很新鮮，「就拿起來練習吹吹看……，一吹及一吸之間，發出很亮麗的聲音」。爸爸說，原本是想無聊時，自己練習用的，既然他喜歡，就送給他。從此，他天天把口琴帶在書包裡，自己找簡譜來練習，暑假牧牛，也「騎在牛背上吹著口琴」。

前林務局官員陳繁首與口琴初接觸的那一天，大約一九三九年，當時小學四年級，人在屏東。

島嶼北端，台北社子這邊，一九二八年左右，郭維租醫生當時五、六歲，在公學校教書的爸爸花了一圓三角買了口琴給他，他高興得天天手不離琴。

從兩位老先生的回憶錄和傳記，可一探日本時代，台灣一般家庭與孩童接觸到口琴的因由及普遍程度。

口琴傳入台灣的腳步，一九二二是痕跡最鮮明的一年。因為那一年十一月，三十一歲的川口章吾受台北組合基督教會邀請來台一個月，在各地舉辦口琴演奏。

臺南新營公學校校友組成的口琴樂團，曾在放送局（廣播電台）演出，也曾在全島口琴比賽獲得優勝。

一九一〇年代，德國製口琴在日本漸趨流行，但當時口琴多被看成「小兒の玩具」或「不良少年の樂器」。川口章吾十歲邂逅口琴，但他改創口琴，並編出許多演奏曲，組織合奏團，還上廣播電台演奏，口琴的音樂性大為提高，也造成一九二〇年代的大流行，被奉為日本的口琴之父。

川口章吾初冬帶來的種子，快速在濕熱的台灣沃土萌芽，「後川口的時代」，學校有了口琴樂團；南北的夜晚，常有青年口琴演奏會；全島性的口琴比賽召開時，前輩小提琴家李金土就坐在評審席。連金山那邊的磺港漁村，也飄揚口琴樂音；那是地方上的職員組成口琴隊，繳稅期間巡迴演奏，以口琴柔性催促納稅。

廣告表示

ハーモニカ

完

# 一九三〇年（昭和五年）五月二十一日

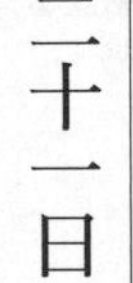

**廣告表示**：一九二〇年代，口琴蔚為流行，森永順勢推出口琴包裝的巧克力，並舉辦兌獎活動。廣告左下角的兌換規則寫說，「兩款森永口琴巧克力分別集外包裝三十枚與一百枚，就可以得到真正的口琴」。

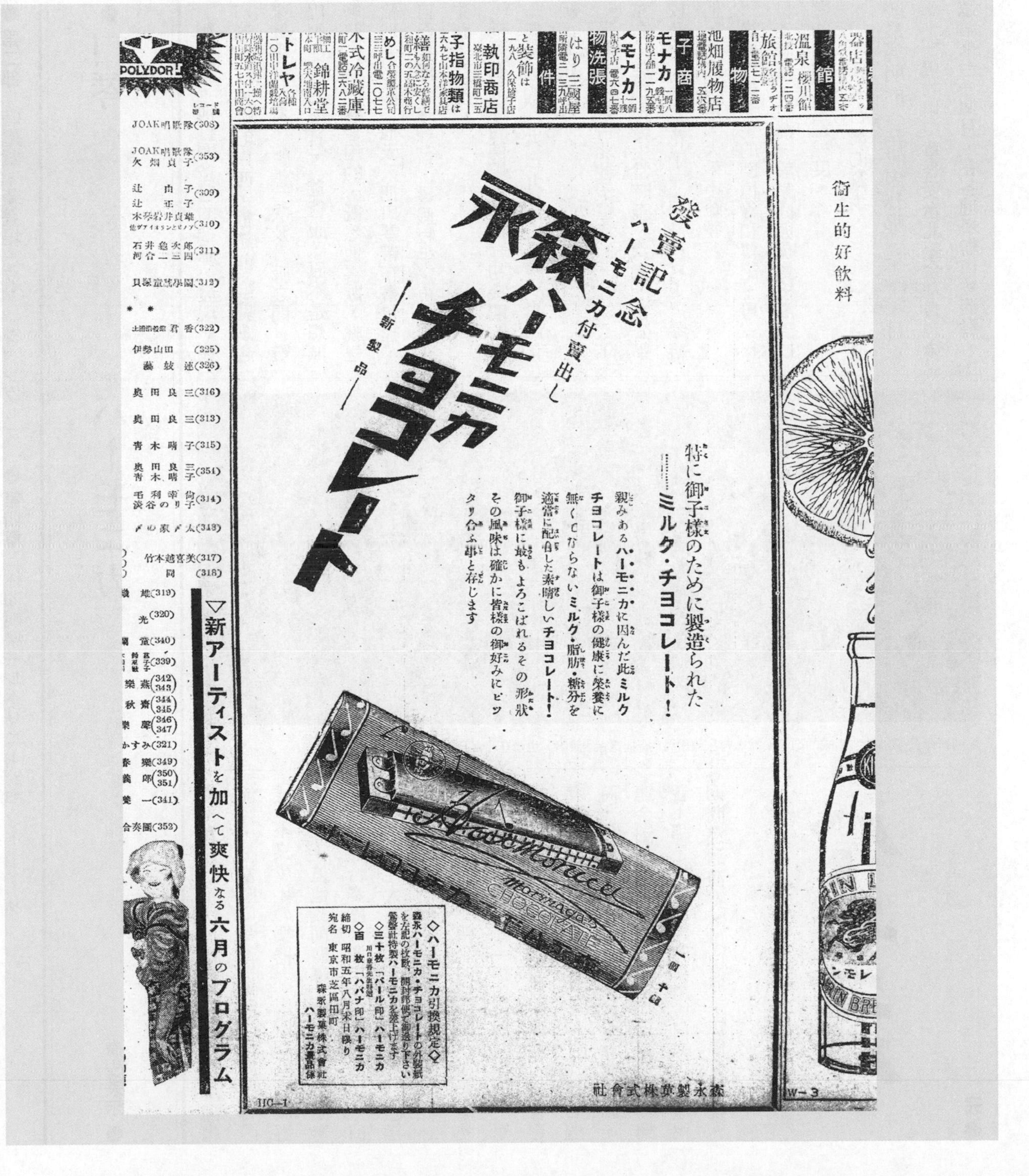

發賣記念
ハーモニカ付賣出し

森永ハーモニカチヨコレート

—新製品—

特に御子樣のために製造られた
ミルク・チヨコレート！

親しみあるハーモニカに因んだ此ミルクチヨコレートは御子樣の健康に榮養に無くてならないミルク・脂肪・糖分を適當に配合した素晴しいチヨコレート！

御子樣に最もよろこばれるその形狀 その風味は確かに皆樣の御好みにピッタリ合ふ事と存じます

一個十錢

◇ハーモニカ引換規定◇
森永ハーモニカ・チヨコレートの外装紙を左記の枚數、開封郵便で御送り下さい 當發社特製ハーモニカを差上げます
◇三十枚「パール印」ハーモニカ
◇百枚「ハバナ印」ハーモニカ
締切 昭和五年八月末日限り
宛名 東京市芝區田町 森永製菓株式會社 ハーモニカ景品係

森永製菓株式會社

▽新アーティストを加へて爽快なる六月のプログラム

衛生的好飲料

# 帆布鞋

## スニーカー

廣告表示

看次頁這則一九三三年刊登在台灣報紙的廣告，那些不就是此刻最夯的膠底帆布鞋嗎？

對很多人來說，今天的帆布鞋是六〇年代的復古、「中國強」球鞋的重現，殊不知，戰後的已經是戰前日本時代的復古了。原來流行像碗裡的彈珠，一下往前跑，一下子也會「倒退嚕」。

帆布鞋既非台灣本土鞋，也非仿自日本，而是美國的原生種商品。這當然跟美國人發現橡膠硬化的方法有關。一八四四年，康乃狄克州出生的固特異（Charles Goodyear）先生實驗時，誤放了硫黃，意外發現橡膠因此可以硬化、耐熱、防水。不過，當初並沒有馬上發覺這項發現多麼可貴與影響深遠。橡膠商品開始大量製造時，固特異已先於一八六〇年去世。所以，像是知名的固特異輪胎公司於一八九八年創業，只是以固特異先生之名為名，兩者並沒有任何關連。

膠底鞋也是十九世紀晚期才開始在美國生產。台灣在日治初期的一八九八年，

臺中二中的籃球部合影，可清楚看見鞋帶交錯成排的帆布籃球鞋模樣。

已有日本人的鞋店進口西方「舶來」的橡膠運動鞋。當時膠底運動鞋的英文為plimsolls，而非現在講的sneakers。一九一〇年代，膠底帆布鞋大量面市，走起來不再像以前一樣嘎嘎響，一位廣告公司業務員靈光一閃，想出sneakers這個字，因為英文的sneak意指「偷偷溜走」。

前台大醫院、醫學院院長魏火曜（一九〇八年生）的父親是大報社《臺灣日日新報》的漢文版主編，他小學時卻只穿草鞋，而且還「常常捨不得使用」，多半赤腳上學，「我上中學後才有運動鞋，卻非常滿足」。魏火曜口中的珍貴「運動鞋」，日本時代以日文漢字寫做「運動靴」，就是現在的膠底帆布鞋。不同的是，現在一雙帆布鞋幾百塊錢可以解決，以前就沒那麼簡單了。

完

一九三三年（昭和八年）

一月

十一日

廣告表示：圖中左上那雙像「中國強」的鞋，是當時標準的籃球鞋，有天然橡膠鞋底。

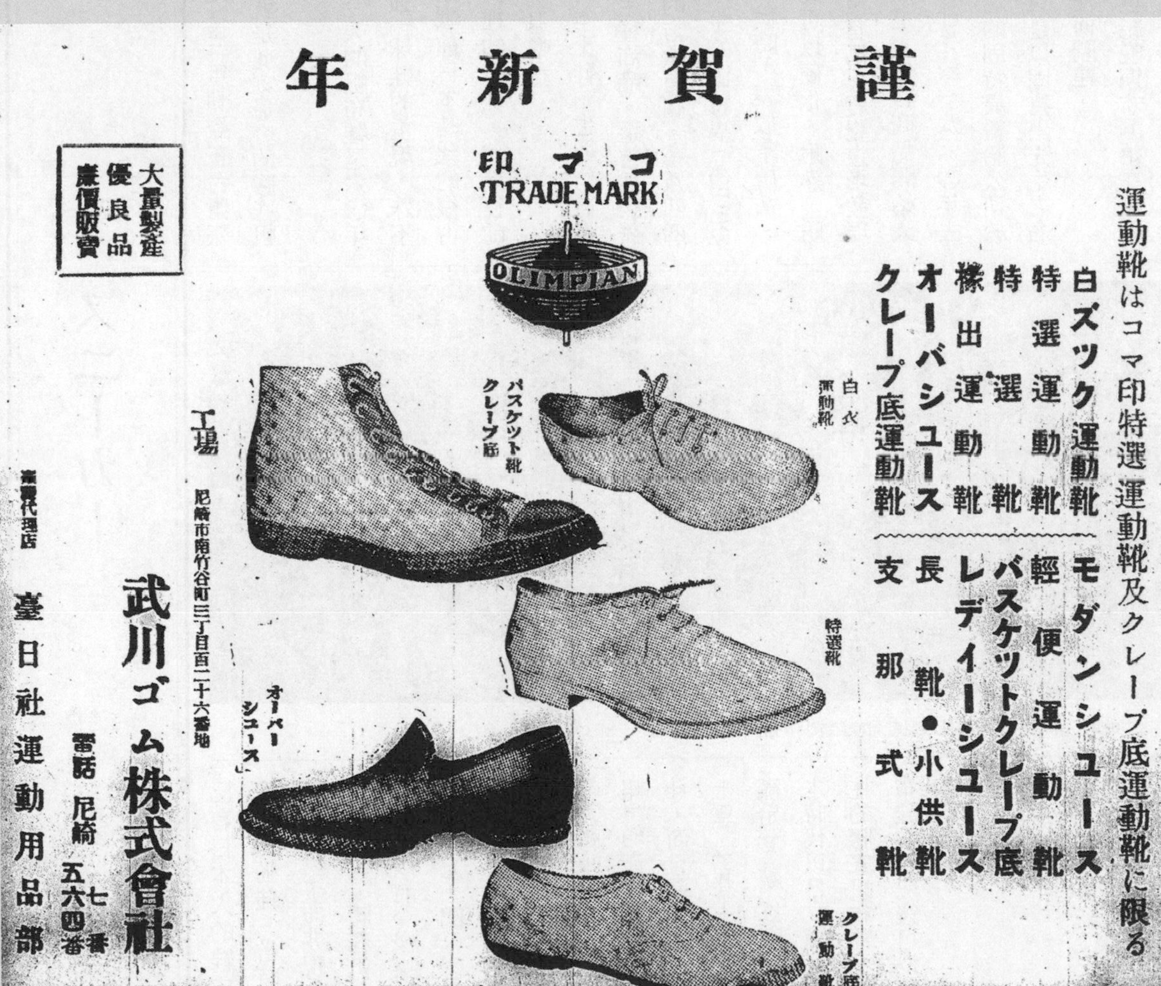

# 紳士帽（しんしぼう）

## 男士帽

美國電影《回到未來III》裡，男主角馬提從一九八五年跌回一八八五年，收留他的主人很奇怪他為什麼沒戴帽子，他隨口回答：「我忘記戴了！」一旁的女主人正準備幫馬提倒水，聞言馬上納悶說：「怎麼會有人忘記戴帽子!?」

這一小段對白可以看到十九世紀帽子在西方社會生活中的角色，在那時候，男士們人手一帽，走到哪裡，戴到哪裡，幾乎不可能發生什甚麼忘記戴的情事。

時空換到一八八五年的台灣，清朝光緒還是台灣人的皇帝，販夫走卒農民不戴帽，只戴斗笠或纏布巾，商人士紳才穿長袍馬褂，頭戴瓜皮帽。

日本人來了以後，一開始，台灣上層男士不免戒慎觀望，把瓜皮帽丟到一邊。過幾年，有點鬆懈了；據一八九九年報載，日本政府聽任自由，所以遇到喜慶，台灣人又把瓜皮帽戴起來。

話雖如此，流風吹拂，最是難擋。日本在一八六八年明治維新，全面西化後，武士原本的烏帽子全丟了，開始戴起西方流

帽子是日本時代「社交界的旅券」。
1937年，稻江信用組合（今瑞興商銀）的員工合照，
前排為台北的名紳富商，不是持圓頂硬禮帽，就是拿著中折帽。

稻江信用組合創立滿二十周年記念
昭和十二年十月二十日

周合發商店

林投帽
大甲帽
大甲蓆

販賣元
臺北艋舺直興街十番戶

林投帽與大甲帽，
是以纖維強韌的林投葉與大甲藺編織而成，
為台灣早年重要的出口產品。

行的紳士帽。台灣難擋潮流，一九一〇年代起，全面性跟著流行各式各樣的西式帽子。當時，宜蘭就流行過戴「打鳥帽」（即鴨舌帽，日文做「鳥打帽」）。一九一三年，報紙說宜蘭各地近年來，「勿論上下流社會之輩。長幼之人。皆戴打鳥帽」，「甚至村莊之人。亦多購買此帽」。一九二五年，嘉義三個台籍酒樓妓女，假扮男裝，混進別的酒家找陪酒女郎，戴的也是鴨舌帽。

日本時代有幾種常用男帽，正式場合戴的是大禮帽和山高帽（bowler hat）。日治時期小說家張文環在〈閹雞〉文中，形容大禮帽如「水桶般」。山高帽則是諧星卓別林戴的那種帽子，圓圓的帽頂，非常可愛。少數官紳參加授動等官方活動或上流的男士當新郎時，這兩種禮帽才會派上用場。

日常生活戴的帽子種類更多一點。除了打鳥帽，用大拇指、食指和中指合作脫戴的「中折帽」（soft hat），從二〇年代就很流行。硬硬、帽頂平平的麥桿帽（日治時又叫カンカン帽，也叫ヘルメット），因用植物纖維編成，屬於夏季用帽。

花蓮傳教師李水車（一八九五年生）的女兒在其傳記中形容他文質彬彬、注重儀表，冬天戴「呢帽」，夏天穿白西裝，頭戴「白盔帽」。所謂呢帽，即中折帽，白盔帽即麥桿帽。前高雄市長楊金虎（一八九八年生）則在《七十回憶》形容自己去相親時，穿白西裝，戴麥桿帽，「亦是一表青年」。

另外，看日本時代留存的影像，員林正在整理椪柑的年輕人，頭戴著鴨舌帽；盲人算命仙腳穿著中式布鞋，頭卻戴著中折帽。日本時代，男人戴帽之普遍，似乎已接近電影「回到未來III」的十九世紀文化；不戴帽出門，反而有點奇怪。

戰前日本仿傚西洋，把帽子看成是「社交界的旅券」，台灣亦復如此，帽子更且是追上時代潮流的證物。如果要從影像判別戰前和戰後社會的不同，圖像中的男士帽子是一個精準的密語。

完

一九一八年（大正七年）
二月
二十七日

**廣告表示**：近一百年前，台灣就很流行戴「打鳥帽」。廣告標題寫說，「幽雅高潔為梅香!!瀟灑高級為『日出向鳥印』帽子」，並要大家認明商標，不要買錯。

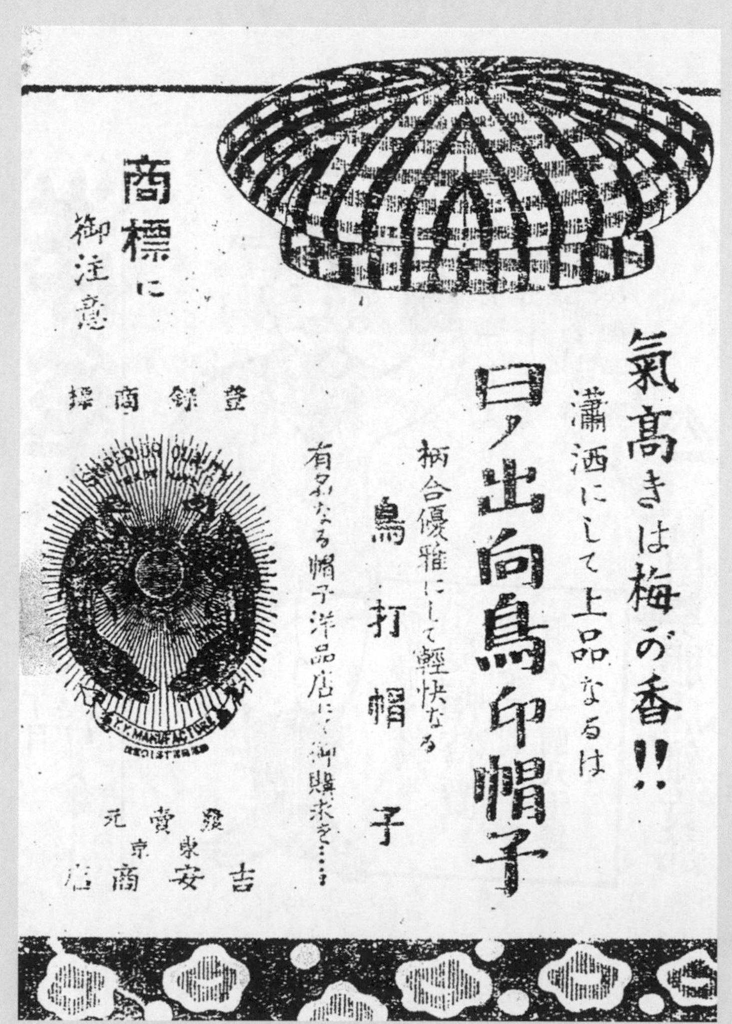

# 一九二二年（大正十一年）

## 四月一日

**廣告表示**：用植物纖維編製、硬挺的麥桿帽，屬於夏天用帽，一頂要兩、三圓，大約薪水的十分之一。

洋傘
臺北市本町二丁目
日進洋傘店
電話四六六番
弊店最初の試み
夏帽特價
特　金二圓八十錢
價　金一圓八十錢
均一
◉四月一日より
賣出します
◉良き品を眞の特價
ぜひ御一覽を
臺北市本町一丁
福田吳服店雜貨部

# 一九三三年（昭和八年）
## 五月七日

**廣告表示**：廣告特賣麥稈帽的村井商會就位於今衡陽路上，招牌醒目。

---

の交渉を提議

協議會の

は疑問
當業者の外國
貿易熱旺盛

代表歸佛

界の逸材

地方部長異動

司法省の異動

地方長官會議の日程

井口貞夫氏
本島を視察

解傭廣告
新莊街役場

# 一九三四年（昭和九年）

## 三月二十五日

**廣告表示**：第一印象非常重要，無論怎麼穿著打扮，都不能不在乎帽子，不管去哪裡，請別忘了攜帶「社交界的通行證」。

と、一般虛弱者が一日僅かの服用量にも拘らず、漸次に體重の增加を來すといふ事は、取りも直さず消化吸收作用の亢進につれて、日常の食物から榮養を充分に吸收す

### 虛弱兒童の體質改造

東京府のあるセッツルメントの仕事に從事し、多數の虛弱兒童に親しく接してをられる江草何先生は『腺病質な子供には日光よりも、空氣よりも、運動よりも榮養品が一番必要であり、大切である』と、醫業と社會時報四十八號に發表されてゐます。

さういふ兒童に必要な榮養品としては、澤村博士の「[illegible]わかもと」などが理想に近いもので、現に東京市富士見小學校醫の南木博士らも、多數の虛弱兒童にこれを與へて、食慾增進、發育促進、體質改造、頭腦明晰等の著るしい效果を得て、大變滿足してをられます。

…る、新しい榮養健進の基礎を打ち建てられたからなのです。

澤村博士の「[illegible]わかもと」は、から云ふ理論と實驗の上に立つ、最も優れた[illegible]として、一般虛弱者や虛弱な幼兒の體質强化には勿論、脚氣、結核、胃腸病等、一般虛弱治療上に、優れた效果を認められてをります。

紳士よ！何處へ出掛らるゝにも

社交界（ソシアル）の旅券（パスポート）を忘れず御携帶下さい

世界の名品

ボルサリノ帽子

第一印象が如何に大切であるかを心得居らるゝ近代紳士は整裝上まづ何を措いても帽子に關心を拂はれます。

ボルサリノ帽子こそは人格教養をより好く明かに立證し、行かるゝ處紳士として濶歩を許さるゝ旅券です！

Borsalino

ORIGINAL HOUSE FOUNDED IN 1857

春物新着

全國一流の帽子店百貨店、洋品店のみにて一齊販賣

優良なる製品は

# 一九四〇年（昭和十五年）

## 三月二十六日

**廣告表示**：「問題不在頭上還是在眼睛上，就算尺寸相符也不能算是帽子，適合你的才是。」

## 錄影機

一九二五年，台灣的報紙出現一個標題「拔目のない本島人」，講的可不是甚麼拔掉眼睛的血腥新聞；若翻譯成中文，標題就會變成「精明的台灣人」。

原來是有個台灣人去台北榮町最有名照相器材店「西尾商會」（原址為今重慶南路和衡陽路口的金石堂書店），買了一部家庭用的錄影機，定價一百二十圓，加上膠捲兩、三圓，大約花掉一般人半年薪水，然後掉頭走了。

花得起錢買錄影機的老爺少爺所在多有，神不知，鬼不覺，沒留下姓名字號離去，應該不值得大驚小怪。不過，妙的是這位不知名的老兄，後來抱著一尺高的錄影機跑去「南署」（台北市有南北兩警察署，南署位於今中山堂旁邊的台北市警察局所在地），要警察發給他許可證，准他拿著這部新奇機器，晚上到人潮聚集之處，每人收個一錢、兩錢的觀賞費。

新聞到此沒有下聞了，不管這位老兄是否如願以償，卻可以確定，早在二〇年代台灣人已經玩起錄影機了。

## 8ミリカメラ

現代人看錄影機好像是初來乍到，不出二、三十年。中年以上一、兩代，要找幾張小時候的照片，到處搜搜找找，可能最多出現在畢業紀念冊。平民家庭難得有一部照相機，何況錄影機。

事實上，一九二三年起，美國知名的照相機公司「柯達」（Kodak）就已推出home movie camera，日文譯成「家庭映畫攝影機」，外滾一層黑色皮革，上方有手提皮帶，像個手提小皮箱，唯獨前方有個突出的鏡頭。柯達從三公斤多一點重的A型到B型、BB Junior型到K型、M型，不斷改進推新。一九三二年換20型登場，大小已像小學生的四角便當盒，隔年，台灣就看見柯達映畫攝影機的廣告了。

依廣告所示，柯達20型起價一百九十五圓，若加上一捲八厘米寬的底片六圓，幾乎就等於小學教員半年的薪水，買得起、有雅興玩這種奢華逸品的人自是有限。

當然，除了美國柯達，台灣人還是有別的選擇。像法國的百代公司生產的小型錄影機，一九二九年的價格是六十五圓，底片也才一、兩圓，都比柯達便宜很多。

目前，保藏完善的台灣戰前非商業錄影片極為稀少。名攝影師鄧南光因生於新竹北埔的富裕家庭，一九三五年從東京回台定居，在博愛路開照相機器材店，也玩起八厘米的映畫錄影機，拍了超過六十捲的影片。其中一捲名為「漁遊」，還拿去日本參賽得獎。另有一捲記錄了長子在台北幼稚園的運動會，真實捕捉了七十年前幼童天真玩鬧的畫面。

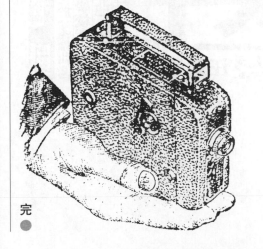

廣告表示

完

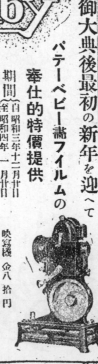

# 一九二九年（昭和四年）

## 一月

### 十四日

**廣告表示：**法國百代生產的小型錄影機 Pathé baby（パテーベビー），一九二九年的價格是六十五圓，底片也才一、兩圓，都比柯達便宜很多。

會社間に見ても內容の不完全なものは次第に解約の激増するに反し內容の健全視される會社は新規契約漸增の狀態を示してゐる昨年一月から十月末迄の契約高の增加を見るに一千萬圓以上のものは（單位一千圓）

| | |
|---|---|
| 第一生命 | 七五、五四九 |
| 千代田 | 七三、二五四 |
| 明治 | 七〇、九四〇 |
| 日本 | 五九、〇〇〇 |
| 共濟 | 二九、〇九九 |

等で殊に三井・住友等が創立後三四年間に於て躍進してゐるのは如何にも信用の厚薄を物語るもので あるかく大社の躍進と小社の衰退等早晩保險會社の合併を見る事とならう

## 西貢盤谷航路

今一應試驗的配船

【大阪特電十二日發】大阪商船ては昨年十月末大華丸を西貢盤谷に配船し成績次第で定期を復活せしむる意向であつたが依然として思はしからず盤谷では積荷皆無西貢で幾分船腹を滿たす事が出來たのみの成績不良であつたけれども今一度試驗的配船をする事になり本月二十日阪神發江蘇丸（五千噸）をして同航路に就航せしむる事になつた排日貨の狀況は相變らず緩和の模樣もないが荷役は以前よりも多少容易の見込みであると

Pathé Baby

御大典後最初の新年を迎へて

パテーベビー㊟フイルムの

奉仕的特價提供

期間〔自昭和三年十二月廿日／至昭和四年一月廿日〕

家庭用小型活動寫眞機

パテーベビー

映寫機　金八拾円

特價フイルム〔大巾一二円／小巾一円〕（㊟フイルム數千種あり）

撮影機　金六拾五円

但し特價品組數に制限あり既に申込殺到につき賣切の節は期間中と雖も特價販賣中止致します

詳細は各販賣店にお問合せを乞ふ

臺北市榮町　西尾寫眞機店

臺北市榮町　双葉寫眞機部

臺中市寶町　岡崎寫眞館

臺南市西門町　國清寫眞館

輸入元　大阪　伴野商店

防寒　スエ　グラン

ゴム　ラ

一九三三年（昭和八年）

九月十六日

**廣告表示：**依廣告所示，柯達（コダック）20型起價一百九十五圓，若加上一捲八厘米寬的底片六圓，幾乎就等於小學教員半年的薪水。

# 一九三三年（昭和八年）十月二十一日

**廣告表示**：柯達錄影機從上個世紀二〇年代就出現了，一開始外觀大得像皮箱，三〇年代廣告所見，已小到可以讓人一手掌握。

8ミリ　家庭映畫撮影機
シネ-コダック

聞いて、見て、使つて驚く
8ミリの經濟さ、畫質の良さ、
小型、輕便さ……
題材豊かな秋、今こそ8ミリを
お試みになる絶好シーズンです

映畫の製作費は
約16ミリの $\frac{1}{3}$

撮影機はf・3・5附　20型……一九五圓
映寫機は　25型……一五五圓
その他各種
フヰルムは映寫効果絶大なる微粒子パンクロ
（16ミリ百呎と同一の働ある）
25呎一巻　現像付　六圓

一九三三年（昭和八年）十二月二十七日

**廣告表示**：要拿起柯達Cine-Kodak的八厘米家庭映畫攝影機拍下動態畫面，八十幾年前的代價從兩百圓起跳，這個金額拿來看電影的話，可以看好幾百場。

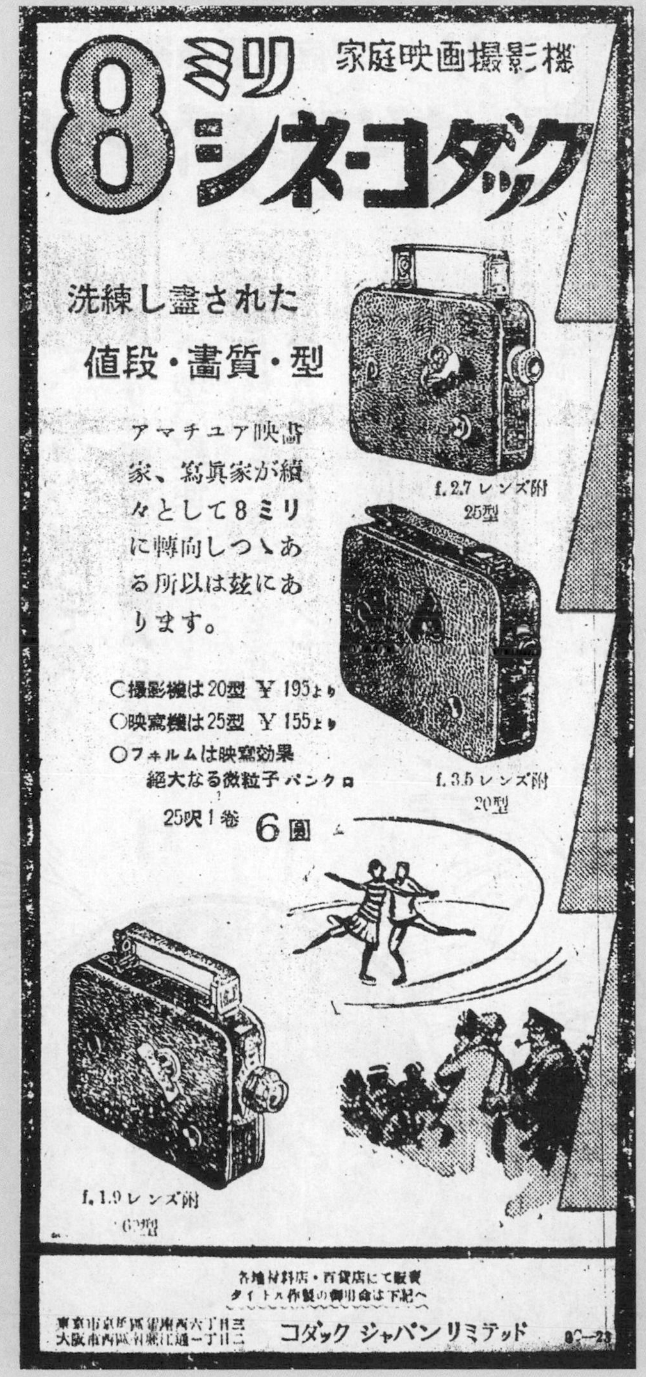

## 自動鉛筆

## シャープペン

五十歲以上一代，自動鉛筆是他們中學以後的新文具。但時代的舞台放大到全世界，自動鉛筆其實是一個快兩百歲的老東西。

一八二二年，英國人就發明了自動鉛筆。之後，有各式各樣的改良版，有拿專利的超過一百多個。一九一五年，日本發明家早川德次再加創新，自動鉛筆開始大眾化。

一九一五年當時的自動鉛筆都用一種叫「賽璐珞」（celluloid）的塑料製造，乒乓球就是典型的賽璐珞產品，可以想見這樣的自動鉛筆多麼脆弱。早川德次九歲開始當精細金屬工藝的學徒，拿過西服皮帶環的專利，十九歲就自立創業，依然發明不輟。早川因精於金屬，改用金、銀和鎳來製造自動鉛筆，馬上又獲得專利。

早川的金屬自動鉛筆雖然堅固，但冬天時顯得冰冷，初始銷售不佳，但出口到歐美後，反而熱回日本。細膩的金屬跟大正時代的民主開放氛圍一拍即合，金屬自動鉛筆從冰冷一變而為尖端。

早川德次把當時發明的自動鉛筆，取名Ever-Ready Sharp Pencil，以日文片假名標示。因風靡一時，日本繼起的一堆自動鉛筆，都叫「シャープ鉛筆」，也就是Sharp Pencil。到現在，日本人還管叫自動鉛筆「シャープペン」，念音近似英文的sharp pen。

早川德次的公司戰前原名「早川金屬工業株式會社」，到一九七〇年元旦改稱シャープ（SHARP），即淵源於此。感覺「SHARP」之名很熟悉嗎？沒錯，就是生產液晶電視的那個「夏普」。早川從戰前就製造真空管收音機、航空無線通信機械，戰後初期也跟美國技術合作，研發電視，很早便已從文具製造業跨足家電工業。現在的夏普也轉進電子業，生產面板。

戰前台灣的自動鉛筆廣告曾出現於一九二三年，不是早川牌的，而是化妝品名廠「中山太陽堂」的產品。中山太陽堂以化妝品牌クラブ聞名，旗下也設文具部，生產鋼筆與自動鉛筆，另立新品牌「プラトン」，也就是古希臘哲學家「柏拉圖」之意，確實也以柏拉圖頭像為醒目的商標。

從廣告可知，在台北市京町（今博愛路兩邊）的「比壽屋書店」買得到自動鉛筆，非柏拉圖就是。

比壽屋店賣的是一種有顏色筆芯的自動鉛筆，稱之「機關筆」，可能譯自英文的自動鉛筆「mechanical pencil」，刻意區隔市場稱「シャープ鉛筆」的自動鉛筆。廣告還很誇張宣稱，這種有藍、紅、深紫三色筆芯的自動鉛筆發明以來，鋼筆店陸陸續續關門大吉。



廣告表示

完

# 一九二三年（大正十二年）四月二十日

**廣告表示：**一八二二年，英國發明了第一隻自動鉛筆；到了一九一五年，早川德次開始打造金屬筆身的自動鉛筆。中山太陽堂生產的柏拉圖牌廣告宣稱筆芯可伸縮自如，不必再麻煩削鉛筆，也不怕被折斷，十二支筆芯能寫三十萬字。

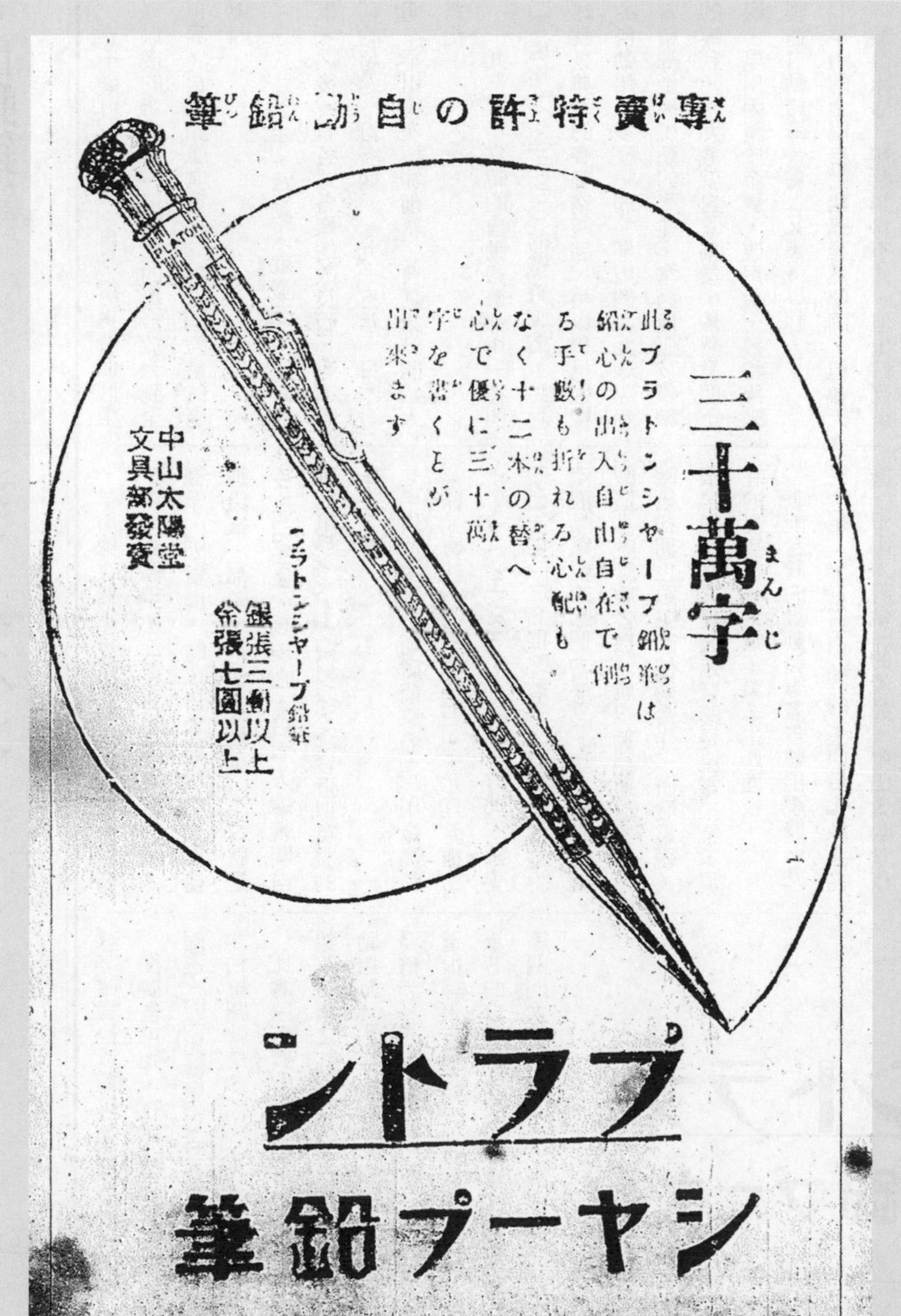

一九二三年
（大正十二年）
五月
二十日

**廣告表示**：「機關筆為鋼筆再升級，筆芯常保尖銳且伸縮自如，內附十四支自動更換筆芯。一年份三十錢」。另外，廣告最下方的文案指出，「近來出現許多外觀長度酷似自動鉛筆使用的筆芯仿冒品，請各位顧客注意」。

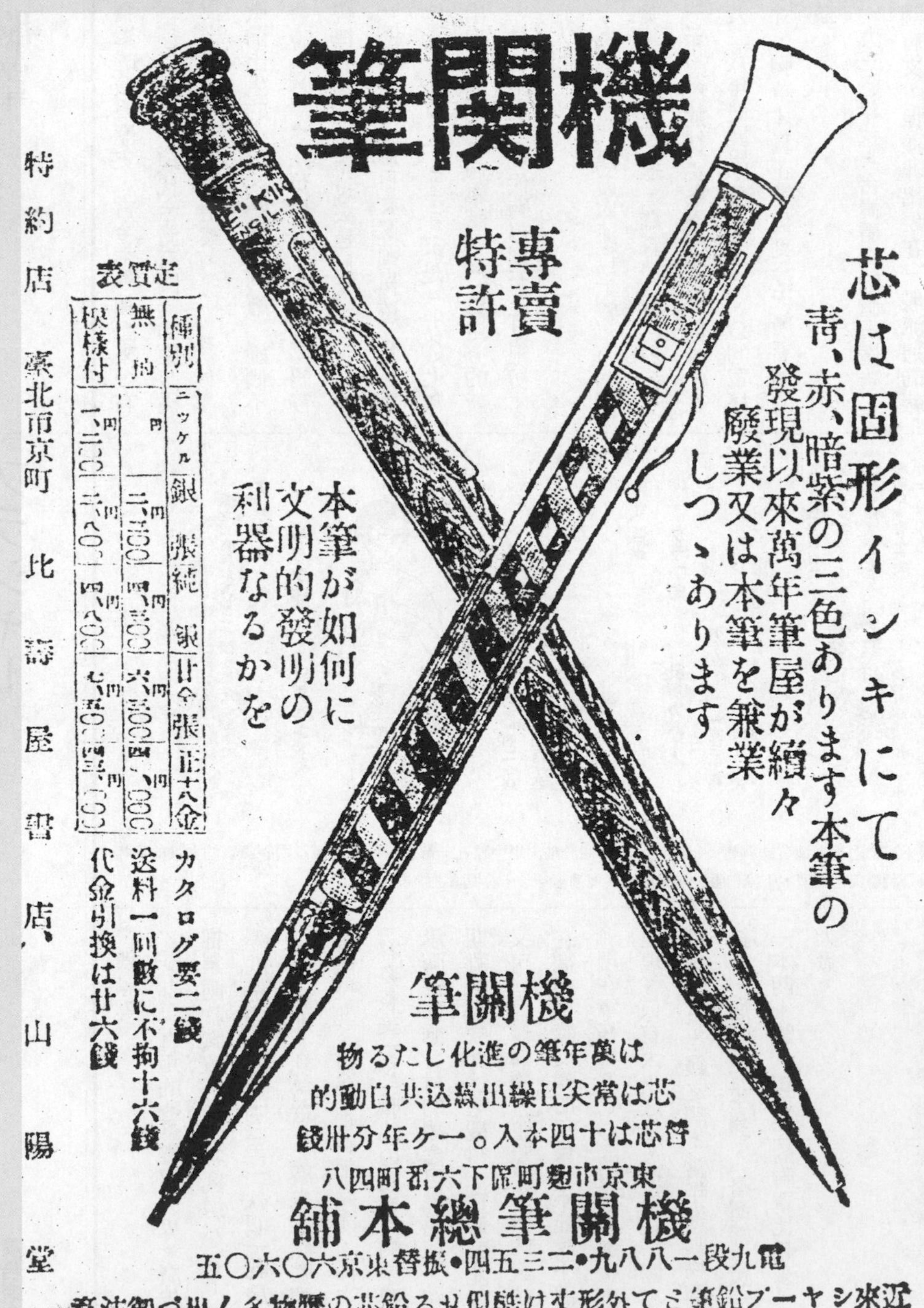

# ●胸罩

## ブラジャー

胸罩的演變歷史，古今中外加起來，有一「拖拉庫」。跟現代台灣有關聯的應該從「布拉夾」這個聲音開始談。

戰前出生的小姐、媽媽、阿嬤，她們不大會說「胸罩」，「布拉夾」才是她們語言系統裡的胸罩。布拉夾是日文「ブラジャー」的念音，這個日文又源自法文的英語單字brassiere。brassiere又是一九〇七年才出現在美國時尚雜誌《VOGUE》的新字。換句話說，現代胸罩遲至上世紀初才來到人間。

一九二〇年代西方大流行平胸，有個俄裔美籍的女性伊達・羅森莎（Ida Rosenthal）不怎麼痛快，反要雕塑女性曲線，在一九二八年發展出A、B、C、D的罩杯尺寸，胸罩才真正進化到今天所看到的模樣。

一九三〇年代，台灣看見的胸罩廣告，有圖有文，但並非出現在一般流通的報紙，而是一九三四年創刊的女性雜誌《臺灣婦人界》。婦人界雜誌社下設商事部，兼賣各種家用新穎商品，像冰淇淋機、收音機等等。

臺北市内無料其他二十錢を要す。

容姿整美

クラブ印　乳房バンド

乳房バンドなして胸部の美容を整へましたならば洋裝和裝ともにスッキリとした感じのよい御姿を快活な御氣分になります。

定價　小形　一圓二十錢　大形　一圓四十錢

美容衛生

クラブ印　乳房カバー

乳が滲出でお召物を汚さず乳房の不潔物の附著を防ぎ胸部の美容を整へ外出車中の授乳簡便にして女性の奥ゆかしさを增す嗜み深き御婦人の必需品であります。

定價　小形　一圓三十錢　大形　一圓五十錢

**上圖**｜「防止乳房不潔物附著，還有助調整美化胸型，設計便於外出車中哺乳，留意提升本身優雅嫻靜氣質的女性的必需品」，「穿上乳房束帶調整美化胸型，不論和服、洋服都能展現俐落身形，心境隨之輕快自在」。

廣告表示

一九三五年的《臺灣婦人界》廣告上，推銷兩款胸罩，一稱「乳房バンド」，直譯就是「乳房帶」。另一款叫「乳房カバー」，意即「乳房罩」。廣告雖然強調胸罩方便授乳，可維護胸部潔淨，卻也出現「容姿整美」和「胸部の美容」的字眼，顯示胸罩修飾身材的觀念已經出現。在同一期雜誌也賣女性短襯裙，宣傳既能保暖，又可「貞操擁護」；胸罩美胸的說法出現在襯裙保護貞操的年代，不能說不前衛。

現在罩杯ABCD的尺寸標準，則尚未出現，只有大小之分。價格在一圓二十錢到一圓五十錢之間；當年進動物園要十錢、一瓶啤酒五十錢、《臺灣婦人界》雜誌一本四十錢，和現在的胸罩比起來，不算太貴。

戰前保守的年代，報紙上也看不到什麼胸罩廣告，只有30年代的婦女雜誌才得一瞥。早期胸罩強調美姿，也講究衛生功能。

完●

# 口紅（くちべに）

## 口紅

日本時代，報紙有各種現代化妝品的廣告，有的直接推銷產品，有的推廣美容常識，指導如何化妝的也有。一九一六年，美妝知名品牌クラブ登廣告，圖解美人化妝術，總共有八個步驟，最後要畫胭紅和白粉，卻不見搽口紅。一九二八年的廣告顯示，化妝的步驟更多，但口紅仍不是主角，連配角也沒沾到邊。到了一九三七年，廣告宣稱的「正確化妝法」只剩五個步驟時，口紅反而出現了；乳霜、白粉、胭紅之後，口紅居第四，最後畫眉毛，就大功告成。

人類唇妝的歷史悠久，可推至三、四千年前，但直到一九一五年，才有現代口紅金屬圓管的外包裝。這時的口紅側邊有小桿，可推動口紅上下，卻不能讓她轉圈圈。一九二三年就不一樣了，美國人發明可以旋轉推升的裝置，現代模樣的口紅終於定型。

現代口紅來得這麼晚，或許可以說明一〇、二〇年代，口紅為什麼會缺席化妝品廣告。

事實上，查閱日本時代最大報紙《臺灣日日新報》，初次提到「口紅」兩字，也已是一九三一年。三〇年代，金屬圓管狀口紅的廣告就紛紛出籠了。「風鳥」牌口紅出品五種顏色，還聲稱可以維持十二個小時以上。

口紅加入化妝陣容，成為生力軍，女性生活平添不少曼妙，不過，沒幾年光景，便遇上一九三七年中日開戰。日本一步步踏進一步步升高的肅殺世界，很快喊出了「贅澤」是敵的口號；贅澤即中文的「奢華」。

一九四〇年，高雄民間組成尖兵隊伍，到街上進行「贅澤廢止運動」，就是要打擊一切浮華敵人。他們到最熱鬧的商街走一走，發現台灣人比日本人奢華，特別是適婚年齡的台灣小姐，三五成群，身穿美艷服裝、頭燙髮、臉胭紅、唇口紅，闊步過街，硬是讓贅澤廢止運動破功。

在苦難中，口紅愈受歡迎，已有前例。美國一九二九年起連續三、四年的經濟大蕭條，銀行倒、工廠關、失業大，一堆人自殺，愁雲慘霧中，口紅銷量反而逆勢成長。經濟學家叫這個看似不太邏輯的現象「口紅效應」；愈不景氣，生活愈苦，愈想偷點小幸小福。台灣在二戰末期，生活更清苦，大家更愛看電影，戲院廣告比承平時期也更繽紛。

一九四三年，南投竹山的醫生楊招璧收到徵召令，遠派菲律賓和新幾內亞當軍醫，跟家裡失聯。隔年躲過海上砲襲，安全回到台灣。這個時刻，他特別買了一樣禮物送給久別的妻子美治，就是口紅。

穿過槍林彈雨的男人，給思念的人買一條口紅；戰火下的女人，為失了血色的唇上紅妝，都只因那鮮豔的一抹紅，可以暫時蓋過外頭覆天罩地的灰色吧！

完

廣告表示

# 一九一六年（大正五年）

## 十一月

## 六日

**廣告表示**：一九一六年，美妝知名品牌クラブ登廣告，結合自家產品，圖解美人化妝術的步驟，但卻未見搽口紅。

化粧傳授圖解　其二　貴婦人令孃之卷

美人となる近道

貴婦人令嬢實驗　美粧俱樂部應用

| 順序 | 化粧品名 | 美しいお化粧の仕方 |
|---|---|---|
| 一 | クラブ洗粉 | |
| 二 | クラブ美身ゼリー | |
| 三 | クラブ美の素白粉 | |
| 四 | 牡丹刷毛 | |
| 五 | 水刷毛 | |
| 六 | 濡タオル | |
| 七 | クラブ頬紅 | |
| 八 | クラブ粉白粉 | |

クラブ化粧品代理店　臺北　盛進商行

クラブ化粧品代理店　臺南　越智商店

一九二八年（昭和三年）

七月四日

**廣告表示**：廣告的最上方指出化妝的順序；步驟比一〇年代更多，但口紅仍不是主角，連配角也沒沾到邊。

お化粧の順序
クラブ洗粉
クラブ白粉
クラブ頬紅
若く美しくおなり遊ばせ
クラブ白粉の高雅な化粧美に依つて……
純無鉛のトイレット
クラブ白粉
現代の御婦人に文化的な色彩を與へるのはクラブ白粉の純眞な化粧美であります
カテイ石鹸本店謹製

一九三六年（昭和十一年）十一月二十日

廣告表示：三〇年代，金屬圓管狀口紅的廣告紛紛出籠。

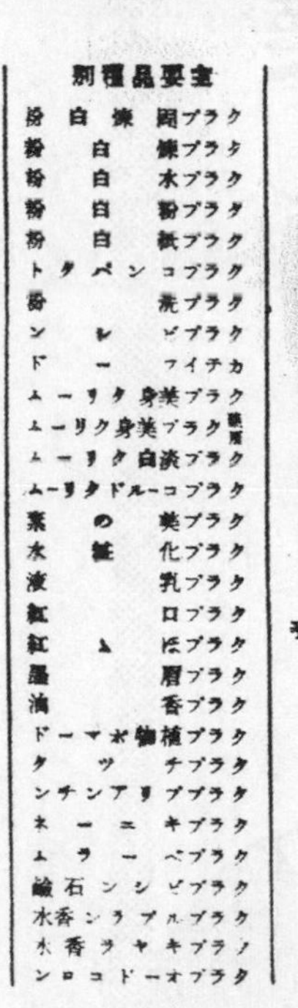


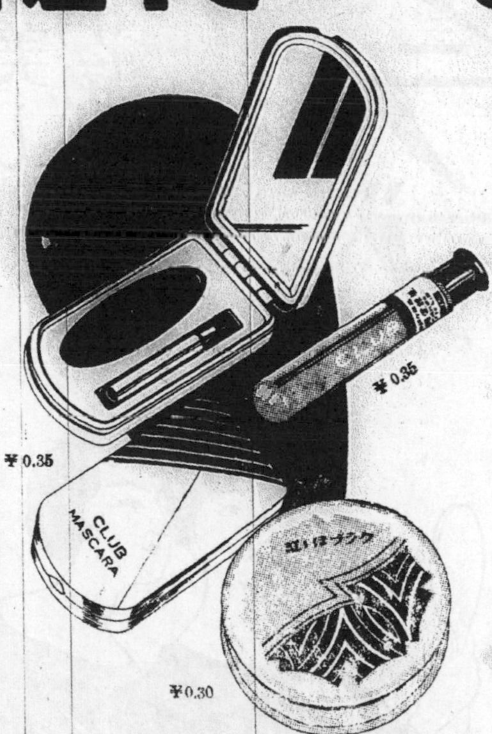

# 一九三七年（昭和十二年）十二月三十日

**廣告表示**：到了一九三七年，廣告宣稱的「正確化妝法」只剩五個步驟時，口紅反而出現了；乳霜、白粉、胭紅之後，口紅居第四，最後畫眉毛，就大功告成。

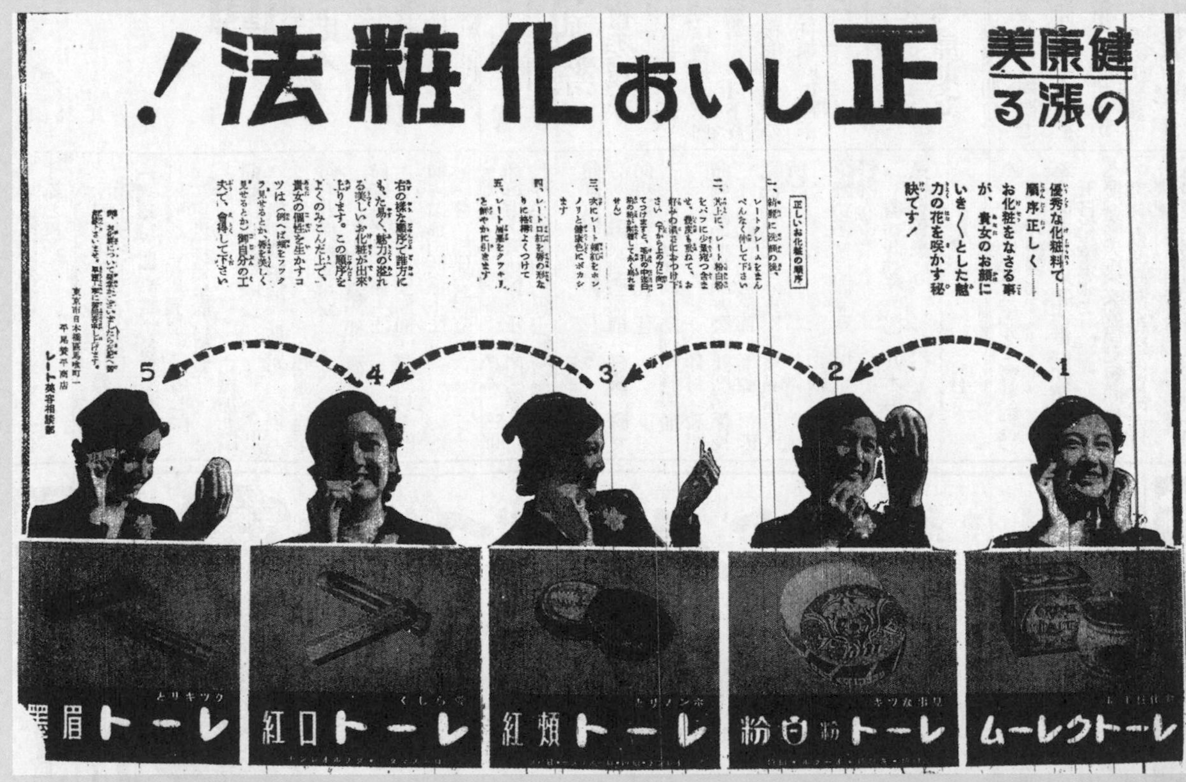

# 一九三八年（昭和十三年）十月七日

**廣告表示**：標題寫說，「你知道口紅和腮紅嗎？附著力好、不結塊、香氣佳，只要用過一次就會愛上！」

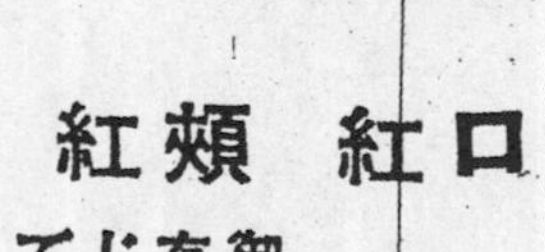

貝で八十圓
溪州小の"爆彈"貯金

うぞ御國のために立ちますやう何んなりともお使ひ下さいますやうお願ひ申上げます

溪州小學校兒童代表

東港郡守様　林　虎彦

移民村視察
きのふ協會委員が

【高雄電話】五日創立總會を開いた高雄州移民協會では會長高原内務部長及び小野田勸業課長以下各委員は移民の声を直接聞き今後の諸施設に資すべく六日朝屏東郡下各移民村を視察した

遺家族懇談會
十一日高雄、屏東で

【高雄電話】高雄市軍事扶助會、愛婦分會及び郷軍分會の三團體では銃後後援強化週間中の十一日を選び午前中には屏東市で、午後からは高雄市にて夫々遺家族懇談會を開催するが當日は職業補導、…

高雄警務部異動

【高雄電話】高雄州警務部では六日附警察官幹部異動を發令した

人事

山口屋小動物園

ハイキングコース（臺北近郊編）

# 一九三八年（昭和十三年）
## 十一月
## 二十九日

**廣告表示**：風鳥牌口紅出品五種顏色，一支要價三十八錢，聲稱可以維持十二個小時以上。

一九三八年（昭和十三年）

十一月

二十九日

廣告表示：同前頁。

**大阪期米前場**

二期丸糯白米　三六七
二期在來玄米　二三九
合計　一六八、二四五
新米（二日分）三七一車四、五八二瓲

| 寄 | 中 | 引 |
|---|---|---|
| 三六、〇五 | 三六、〇八 | 三六、〇六 |
| 〇一 | 六、〇七 | 〇六 |
| 〇〇 | 六、〇〇 | 〇三 |
| 九八 | 五、九八 | 〇一 |
| 九二 | 九二 | 五、九九 |
| 九〇 | 九三 | 九九 |
| 九一 | 九七 | 六、〇〇 |
| 九九 | 九二 | 六、〇〇 |
| 九七 | 九二 | 五、九九 |
| 九三 | 九三 | 九七 |

**東京期米前場**

| 寄 | 中 | 引 |
|---|---|---|
| 三六、八九 | 三六、四五 | 三六、三〇 |
| 七六 | 三一 | 一七 |
| 八九 | 四五 | 三〇 |
| 七六 | 三一 | 一七 |

**神戸期米前場**

| 寄 | 中 | 引 |
|---|---|---|
| 三四、九〇 | 三四、八九 | 三四、八八 |
| 八二 | 六九 | 七九 |
| 九〇 | 八九 | 八八 |
| 八二 | 六六 | 七〇 |

**東京銘柄**

| | 當 | 中 | 先 |
|---|---|---|---|
| 期近東 | 不申 | 不申 | 不申 |
| 期丸糯 | 同 | 同 | 同 |
| | 一五、六〇 | 一五、三九 | 一五、四三 |
| | 五五 | 三一 | 三九 |

**東京銀行實株**

| 銘柄 | 値 | 銘柄 | 値 |
|---|---|---|---|
| 銀 | 五三八、〇 | 同新 | 三六七、五 |
| 金 | 一九四、〇 | | |
| 銀 | 九五、五 | 同新 | 二四、九 |
| 銀 | 九八、七 | 同新 | 七二、〇 |
| 銀 | 八八、三 | 同新 | 二三、八 |

**東京國債前場**

| | 寄 | 引 |
|---|---|---|
| 五 | 一〇三、五〇 | 一〇三、五〇 |
| 四 | 一〇三、五〇 | 一〇三、五〇 |
| 四 | — | 一〇二、九五 |
| 四 | — | 一〇二、九五 |
| 甲六年 | — | 三七八、五〇 |

| 銘柄 | 寄 | 中 | 中 | 引 |
|---|---|---|---|---|
| 商船 | 六二三 | 二三 | 二五 | 二二 |
| 郵船 | 六一七 | 一六 | | |
| 日魯 | 五七五 | 七六 | 七九 | 七四 |
| 水産新 | 三六七 | 六三 | 六七 | 六三 |
| 日石 | | 一六五〇 | | |
| 日立 | 八二〇 | 一六 | 二五 | 一六 |
| 鋼管 | 八六三 | 六三 | | |
| 満業 | 六七五 | 七五 | 八三 | 七四 |
| 倉絹新 | 四九四 | 九一 | 九四 | 九一 |
| 倉絹 | 六八一 | 七三 | 八一 | 七三 |
| 帝人新 | 九〇七 | 〇二 | | |
| 帝人 | 一一八 | 一九 | 一八 | 〇六 |
| 東新 | 二六九 | 六六 | 七七 | 四四 |
| 宇電 | | 三九四 | | |
| 東電 | 五四八 | — | | |
| 日物 | 九二四 | 一六 | 二四 | 一六 |
| 空業 | 七九九 | — | 九九 | 九九 |
| 電工 | | 六一三 | | |
| 日曹 | 六〇六 | 六〇〇 | 〇六 | 三九三 |
| 満鐵 | 五九六 | — | | |
| 東レ新 | 七八六 | 八一 | | |
| 日レ | 七五六 | 五五 | 五六 | 五〇 |
| 鐘紡新 | 一四四四 | 四四 | 五〇 | 三〇 |
| 東紡新 | 一五六三 | 六〇 | 六五 | 五三 |
| 日鐵 | 七五一 | 五一 | 五二 | 四五 |
| 大株 | 七四八 | 五四 | 五八 | 四八 |
| 大新 | 七〇一 | 〇四 | 〇八 | 七〇〇 |

**大阪長期前場**

| 銘柄 | 寄 | 中 | 引 |
|---|---|---|---|
| 大株 | 七四、八 | — | 〇、四八 |
| 大新 | 七〇、九 | | 五、八八 |
| 東株 | 二七、三 | | 〇、八八 |
| 鐘紡 | 一四一、六 | | 七、三五 |
| 帯人 | — | 一〇 | 七、八八 |
| 同新 | — | 八 | 七、八八 |
| 満業 | 六八、五 | | 〇、九八 |
| 鹽糖 | 六〇、九 | | 九、〇九 |
| 同新 | 一九、六 | | 〇、四六 |
| 瀧糖新 | — | | 五〇、〇四 |
| 沖糖 | — | | 二〇、〇五 |
| 商船 | 六一、六 | | 一、六六 |
| 同新 | 二五、六 | | 五、八八 |
| 郵船 | 六二、四 | | 三、六六 |
| 同新 | 四六、一 | | 六、三六 |
| 日鐵 | 七五、五 | | 五、三三 |
| 日石 | 六六、六 | | 六、四四 |
| 同新 | 六四、七 | | 四、八八 |
| 台電 | 四〇、〇 | | 九、九九 |

**神戸豆粕前場**

| | 寄 | 引 |
|---|---|---|
| 十二月限 | 五、三七 | 五、三七 |

# 禿頭藥

## 育毛剤（いくもうざい）

台灣對許多東西的形容，講法稍嫌粗略了一點。福佬話的「紅紅」，既可以是橘紅色，也可以是大紅色，反正透著亮亮的紅光，都算「紅紅」。「青青」也一樣，既是藍，也是綠。而對於禿頭，我們的形容詞也顯得貧乏；前禿、後禿、地中海禿，好像沒別的分類了。

日本時代的禿頭藥廣告發揮創意功力，把禿頭分類並命名，傳神又幽默，頗值得一觀。

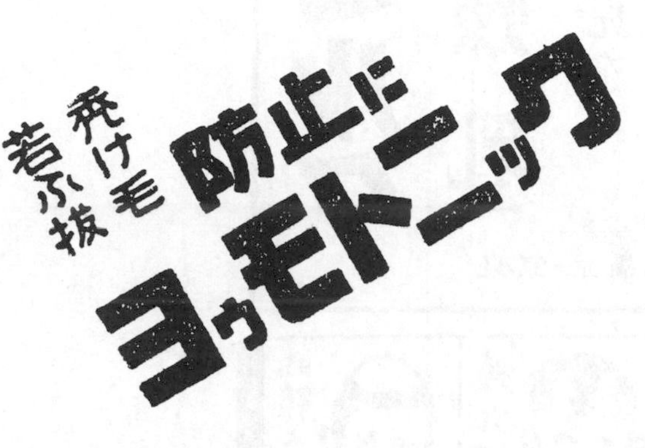


以一九三九年刊載在台灣的廣告來說，從左到右列了八種禿髮類型：

第一種禿頭，只剩幾根毛髮，一絲一絲平行，整齊如「絹絲瀑布」。

第二種，頂上一小撮，彷彿「孤城落日」，好不淒涼。

第三種，稀稀疏疏，如飄落一地的松樹針葉。

第四種，如鐘乳洞裡一滴一滴附積而成的鐘乳石。

第五種「總退却型」，好像年輕濃密的頭髮不敵歲月，打敗仗之後大撤退一般，從頭頂的戰場退光光了。

還有第六種，只剩一排隊伍。

第七種像鬼剃頭，叫「亂七八糟型」。

最後一種像極日本傳統故事裡的妖怪「河童」；雖然沒有鳥頭、龜殼，頭上卻同樣框了一圈頭髮，中間全空。

廣告裡賣的是著名藥廠三共製藥的ヨウモトニック，一九二二年推出，非常受歡迎，後來這個藥品名成為一般禿頭藥的一種代稱。

完

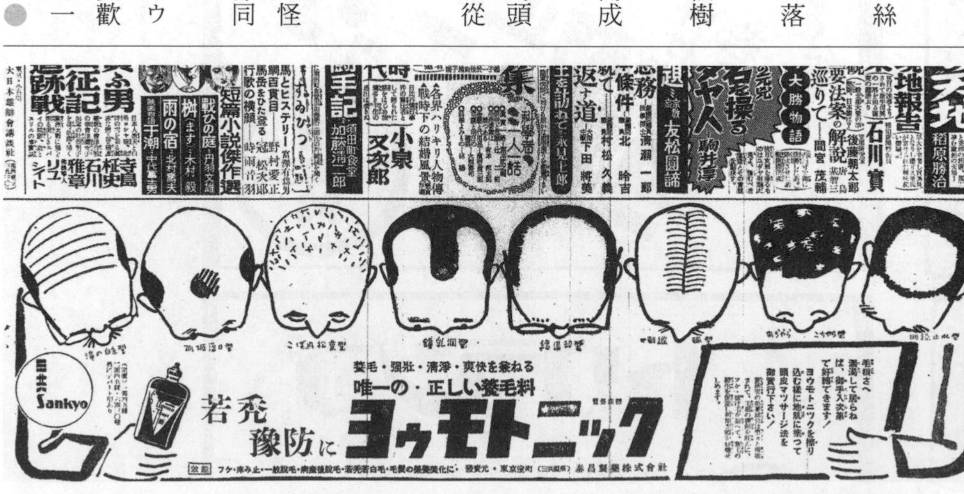


1939 年的禿頭藥廣告，從頭頂看 8 種禿髮類型。方框內的文字還教人使用方法，滴下養髮液時，要充分按摩頭皮。

# 一九三六年（昭和十一年）五月二十四日

廣告表示：日本時代的禿頭藥廣告對禿頭的分類與命名傳神又幽默，圖左上角的是「睡帽型」（ナイトキャップ），只有頭頂毛髮茂密，像是戴了頂小圓帽，另外還有鐘乳洞型、明鏡止水型等。

一九三九年（昭和十四年）
二月
十六日

**廣告表示**：圖中，各種禿髮的人聚在圓桌前，對於使用三共製藥的ヨウモトニック達成共識，結成同盟關係。除了暗示眾人一致認同外，也意指不管是哪一種禿，都有效果。

# 膠囊

## カプセル

一八三三年，一位法國的藥學系學生Mothes發明膠囊，隔年，Dublanc做了一些改進。這時的膠囊像魚肝油球，軟軟的，呈圓粒狀。一八四六年，硬膠囊出現，一八六五年，現代人吞服的兩截式膠囊已經誕生。不過，十九世紀，膠囊的運用率低，等到二十世紀一開張，固體藥和粉末狀藥廣為使用，劑量精準，吞服容易，膠囊就愈來愈普遍了。

一九二五年，在《臺灣日日新報》看到膠囊的廣告了。廣告說，「囊狀オブラート」讓「不好吃的藥變得容易下嚥」。「囊狀オブラート」的オブラート，日語發音近似「歐布蠟多」，即英文的oblaat，台灣人叫「蕃薯紙」，是一種可食的澱粉紙。幾十年前吃糖果，外頭會包的半透明薄紙，吃下立刻融掉，無礙消化，就是オブラート。在膠囊還未普遍前，醫生開的處方藥粉，都包在オブラート裡。所以，廣告才會把時新的膠囊形容為「囊狀」的オブラート。

不過，年過九十的老醫生受訪指出，戰前沒有印象使用膠囊，都是用オブラート這種澱粉紙。

完

廣告表示

飲みにくい薬がらくに飲める

囊狀オブラート

專賣特許 第五〇三三〇號

特約店 武田長兵衛

發賣元 服部勤成堂

全國有名薬店に有り

武田長兵衛商店
即知名藥廠「武田藥品工業」的前身，創立於1925年。
在此之前，武田家已傳了5代，代代襲用武田長兵衛之名，第一代便以賣藥起家。

# 一九二五年（大正十四年）一月二十一日

**廣告表示：**一九二〇年代，出現了膠囊廣告。廣告說，囊狀蕃薯紙是一種柔軟有彈性的膠囊（カプセル），讓「不好吃的藥容易下嚥」。

# 脫毛劑

## 脱毛剤（だつもうざい）

廣告右方的標題說，「展現肌膚本貌的夏天！本產品創造脫毛之美的全球潮流」，文案還強調「夏天穿著輕裝，腋下的濃毛有礙『處女美之發揚』，使用脫毛劑才是美手美腿的現代方法！過多的毛髮可以立即清除，使皮膚光滑如鏡」。

脫毛劑 エヴクレーム

廣告表示

現在愛美必備的脫毛藥，日本時代的田邊製藥公司已經在報上推銷了，強調只要三分鐘，一根不留。

脫毛劑可說是時代產物。在全身包得無一處見陽光的時代，脫毛劑毫無用武之地。到了一九二〇、三〇年代，台灣社會逐漸開放，受西式新教育的年輕女性進入職場，開始拋頭露臉，穿起洋裝和泳衣，手腳解放而裸露在外，手毛腳毛變得礙眼，脫毛劑就普遍起來了。

進入一九四〇年代，戰事愈趨激烈，日本對各種物資原料進行控制，脫毛劑不容易取得，報紙開始登載專家的偏方，既省錢又無化學藥物的副作用。

譬如手臂多毛的，可用老掉乾燥的絲瓜絡。洗澡的時候，切下三寸的絲瓜絡，拍軟之後，洗澡時，擦拭手臂，可以擦斷一些手毛。

麻繩也是去毛的好材料。用木棍把麻繩打一打，變軟以後，再揉成團，就可以在泡澡時擦拭。一週後，手毛變軟，就很容易拔除。

完

# X光

## X線（レントゲン）

和台灣割日同一年，世界首度發現X光。一八九五年，德國教授威廉・倫琴（Wihelm Rontgen）不知道怎麼稱呼一個前所未見的新射線，便以未知數「X」命名。

倫琴教授第一張拍出來公開的片子是太太的手。如骷髏的手，一點都不漂亮。現代人看到這樣一張X光片子，跟看到蘋果、橘子一樣，再平常不過，但是，放到一百多年前，可是眼珠子會掉下來的奇聞。特別是西方傳統有三夢，在天空飛、可以看穿隔壁、能夠看見穿隱身衣的人；X光射線似乎圓了一夢，可以透視一切東西似的。

全球為新發現的X光騷動不已，各種訛傳滿天飛。報紙曾傳說X光可以看穿衣服，穿甚麼都會被看光。此說嚇壞一堆賢妻良母，商人馬上推出防X光的內衣，竟然也得逞了。

X光帶給醫學世界的變化更是猛烈而快速，一八九六年，蘇格蘭人第一大城格拉斯哥的醫院率先用於醫療，構建了全球第一個放射科。台灣的腳步追得很快，一九〇二年，陸軍所屬的臺北衛戍病院（位於今台北市和平醫院現址）就已經引進「X光線寫真機械」。

當年二月二十日中午一點，總督府的高官和駐台北的各國領事共幾十個人，被衛戍病院很慎重請去參觀X光機。一位姓肥田的軍醫從頭蓋骨的子彈說起，還讓大家看人的各部位骨骼，動物的也看，最後還透過X光，看箱子裡的金屬器物，觀客無不驚奇連連，直呼不可思議。

衛戍病院之後，各地進用X光設備的時間不一。臺北醫院（台大醫院前身）於一九一三年裝設了更新型的X光機器，臺南醫院於一九一四年，臺中醫院於一九一九年，臺東醫院於一九二九年新裝時，已採用日本的國產機器了。

上個世紀初，世界已經發現，X光固然有助了解體內器官的變化，但過多也會惹禍。愛迪生一知道X光，馬上拿來東實驗西測試，但很快就停手了，因為公司一位同事常手拿X光管，結果招來癌症。

戰前台灣也發生過第一線人員受害事件。臺北醫院的理學治療科醫長（近似放射科主任）花室憲章是一九三〇年代台灣X光權威，曾創立「臺灣光線學會」，卻在一次治療病患時，誤傷了右手，唯恐致癌，一九三六年黯然回東京治療。當時的報紙僅以「犧牲」一辭，對花室博士的貢獻和病情，輕淡表達了敬意與關懷。

完

廣告表示

在今沅陵街上，曾有紫外線治療院。廣告宣稱照射紫外線可治療慢性胃腸病、慢性皮膚病、坐骨神經痛、白斑等症狀，而且不必擔心復發。

# 一九三〇年（昭和五年）

## 二月十三日

**廣告表示**：日本時代，羅東的嘉普醫院也曾刊登廣告，表示院內有眼科、內科，並備有X光機，設備齊全。

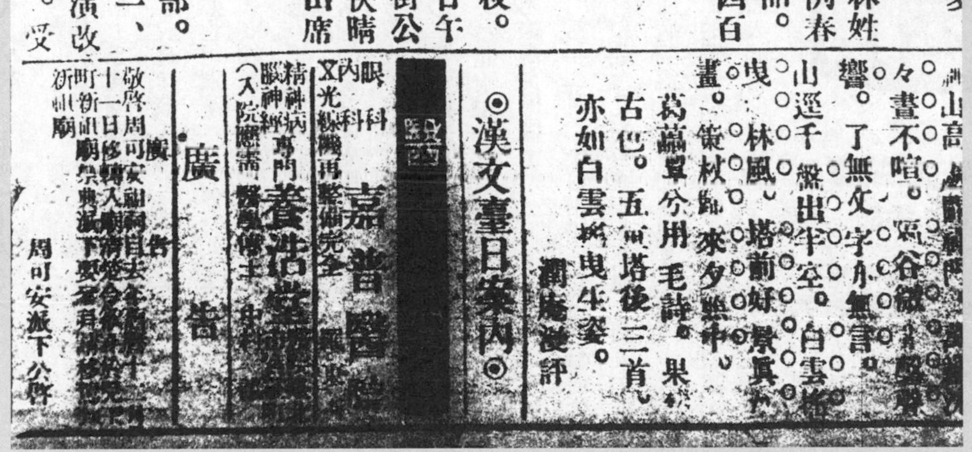

◎漢文臺日案內◎

嘉普醫院

眼科　內科

X光線機再整備完全

養浩堂

精神病　神經　專門

（入院應需）

廣告

周可安派下公啓

一九三三年（昭和八年）

五月七日

廣告表示：西尾商店位於台北市榮町（即現在金石堂城中店，仍保有原始建築），以賣攝影器材與周邊商品聞名，X光底片（フィルム）就能在這裡買到，可見X光機在使用上已相當普遍。

月）西田滋二
木美代子（三
月（四ヶ月）

加へ
座談會

之吉氏一行は視察を終り來科學で森市尹等官民二十餘談會に臨み內に及ぼし臺南西螺米が獨立てゐるのは有一層有效にす調製の改善にき更に正米市普及し一同晚した同氏一行臺南驛發列車

新竹州湖口庄業五ヶ年計畫日に依り各農六時より九時左の要項を談

一、和興小組北勢第二、波十日鳳山崎第十一日番子長宅、十二日十三日長岡長宅、十四日

催、事業の發展について意見の交換を行ふが臺灣產業組合協會臺北州支會から平田主事が出席し產業組合精神の講演會をなすこととなつた

## 小學生激增　臺南州新營郡

白河庄小學校兒童は從來は三十名未滿であつたが本年度は安溪寮、後壁、番社、前大埔方面より入學兒童が增加し將に五十名を突破せんとしてゐるが敎師二名で全部複式敎授は甚だ遺憾として父兄側は是非一名增加して貰ひたいと郡當局へ陳情したが豫算の關係上父兄側の要求通り實行出來ないので大に頭を惱ましてゐる

## CB團の遠征

【臺中電話】目下臺中に來征中のCB野球團は六日午後二時より水源地グラウンドにて臺中SP團と七日午後一時半よりオール臺中團と試合を行ふ

## 防彈チヨツキ　臺南署著

【臺南電話】ギヤングが作らした護身用防彈チヨツキ二著臺南署へ五日朝警務局から送られて來た署員一同代る代る身につけて矢でも鐵砲でもさあ來いと力んでゐる

## 學校荒の賊

と金久サ其一木價格二十五圓の盜難あり臺南署の篠田、河田、張、陳四刑事が犯人搜查の結果隣家の羅吉方の女中張氏嬌（一〇）が忍び込んで盜み出したこと判明金とクサリは全部發見押收同女を引致取調べ中である

## 朝顏會

【屏東電話】屏東園藝同好會では七日午前六時屏東會館で朝顏と花卉盆栽の陳列會を開き即賣もする

## 話のたね　一錢が積つて六十萬

滋賀八幡小學校では百年後五十萬圓の敎育基金造成と一面兒童に貯蓄思想涵養を目的に去る明治四十三年四月から兒童職員一齊に每月一錢宛を貯金し二十四年後の今日既に六千圓（元利とも）の多額に上つた所へ同所宇津品小學校兒童六百名が今回合併されたので百年後には六十萬圓近くに激增する豫定となつた、で今から七十六年後の同町は敎育費の負擔は殆ば皆無となり敎育施設の充實がらくらく出來るので町民はいよいよ朗かである

## 人事

△竹下臺中州知事　八日から三日間行はれる地方長官會議出席のため七日午後四時五十分發列車で上北の筈（臺中電話）
△小濱內務局長　彰湖視察中であ

根岸鄉子他數名がマスター愛好者の爲に唄ひ踊り拔く—
東京松竹少女歌劇
と
流行歌手
ナンバーワンの
タイヘイレコード
專屬
丸山和歌子
來演
バニシングの
マスターバニシングはさらつとしてお化粧がとてもいゝわ
破天荒の大招待會！
發行の切符に限りがあります
賣切れない間にお早く……
サラつと伸び消へてしまふクリーム
に化粧が崩れます マスターバニシ
日本の口紅ではマスターが一番だと思ふわつけてから色が冴えて長くもつの
プログラム
一、アコーデオン獨奏 タイヘイ專屬 長內端
曲目 一、東京ラプソデー 二、ダイナー
二、獨唱 タイヘイ專屬 丸山和歌子
アコーデオン伴奏 長內端
曲目 一、ボエマタンゴ 二、セレナーデ
三、タンバリンの踊り 濱守禮子
四、タンゴ 根岸鄉子 濱守禮子
五、パソドウブル 根岸鄉子 濱守禮子
六、トウダンス 根岸鄉子 濱守禮子
七、ホツトチヤズ 根岸鄉子 濱守禮子
八、流行歌 タイヘイ專屬 丸山和歌子
アコーデオン伴奏 長內端
曲目 一、私がお嫁に行つたなら 二、何處までも一緒だわ 三、女の純情
九、ルムバ 根岸鄉子 濱守禮子
十、P・C・L特作トーキー 坊ちやん 八卷
公演場所
臺北 四月二十日 晝、夜 新世界館
新竹 四月廿一日 夜 有樂館
嘉義 四月廿二日 晝、夜 嘉義座
臺南 四月廿三日 晝、夜 宮古座
高雄 四月廿四日 晝、夜 高雄館
屛東 四月廿五日 夜 屛東座
臺中 四月廿七日 晝、夜 臺中座
基隆 四月廿八日 夜 基隆劇場
以上豫定に付多少の變更は有るかも知れません
申込規定
販賣店でマスター香粧品

老牌子・到台灣
シニセブランド
時髦貨・新登場
ファッショングッズ
推銷術・新魔法
センデンジュツ

## 買就送你玩日本

## お買い上げで日本にご招待

廣告表示

家父生於一九三五年，生性儉樸，當幾十年的小店老闆。一九八〇年代初，奶粉公司辦抽獎遊泰國的活動，他中了獎，終於才在四十幾歲時，第一次搭飛機出國觀光。

日本時代，也有像父親這樣的幸運兒。送顧客出國玩一趟，畢竟跟送個小鬧鐘不一樣，能夠手筆這麼大的，都屬大公司。星製藥株式會社是戰前日本不小的公司，在台北設有分店，產品多元，除了藥、化妝品，還有番茄醬、蠟筆、冰枕、體溫計和牙刷等等。一九二五年，星製藥株式會社就推出買就送你玩日本的活動。當然不是無條件奉送，必須買足一圓的商品，送一張抽獎券，然後再抽出幸運得獎者。

隔年春天四月，得獎的人果真組成「星觀光團」出發了，從東京的明治神宮，玩到京都、奈良和大阪，全程前後快三個禮拜。

事實上，早在一九一三年，就有販賣進口腳踏車的日本「日米商店」及其台灣合作商家一起送顧客玩日本。當年一月起購買腳踏車，四月就可以參加日本二十天的旅行團。船費及吃住費用都歸日米商店，參加者只需繳報名費五十圓。

非常有趣，此次活動專為台灣籍客人而辦。當時距離現在已經一百多年，不少台灣男人雖已剪掉辮子，服裝仍守舊式，所以，才會規定大家一律穿傳統漢裝。

結果，此行只招到十三位客人。

一九三四年，福特汽車的台灣代理商也辦相同活動促銷，出手大方多了，只要前一年九月到十一月購入一部車，就直接招待遊日本。一部福特汽車動輒超過三千圓，而到日本的船票，三等艙只要二十圓，一等艙也不過六十五圓，兩者差距懸殊，車商當然要比腳踏車商大方了。

結果，三月，福特汽車商的日本觀光團出發時，共有二十九人參加。

完

運のよい人は僅か
一圓の御買物で
花の内地の觀光が
出來ます

# 一九一三年（大正二年）三月十四日

**廣告表示**：一九一三年，已經有商家祭出買就送玩日本的活動，還特別限定本島人才能參加，而且「只有五十個名額」。不過，到了截止日那天，報紙說「應募者殊寥寥」，反應不如預期，後來沒買腳踏車的人只要貼補旅費，也能參加。

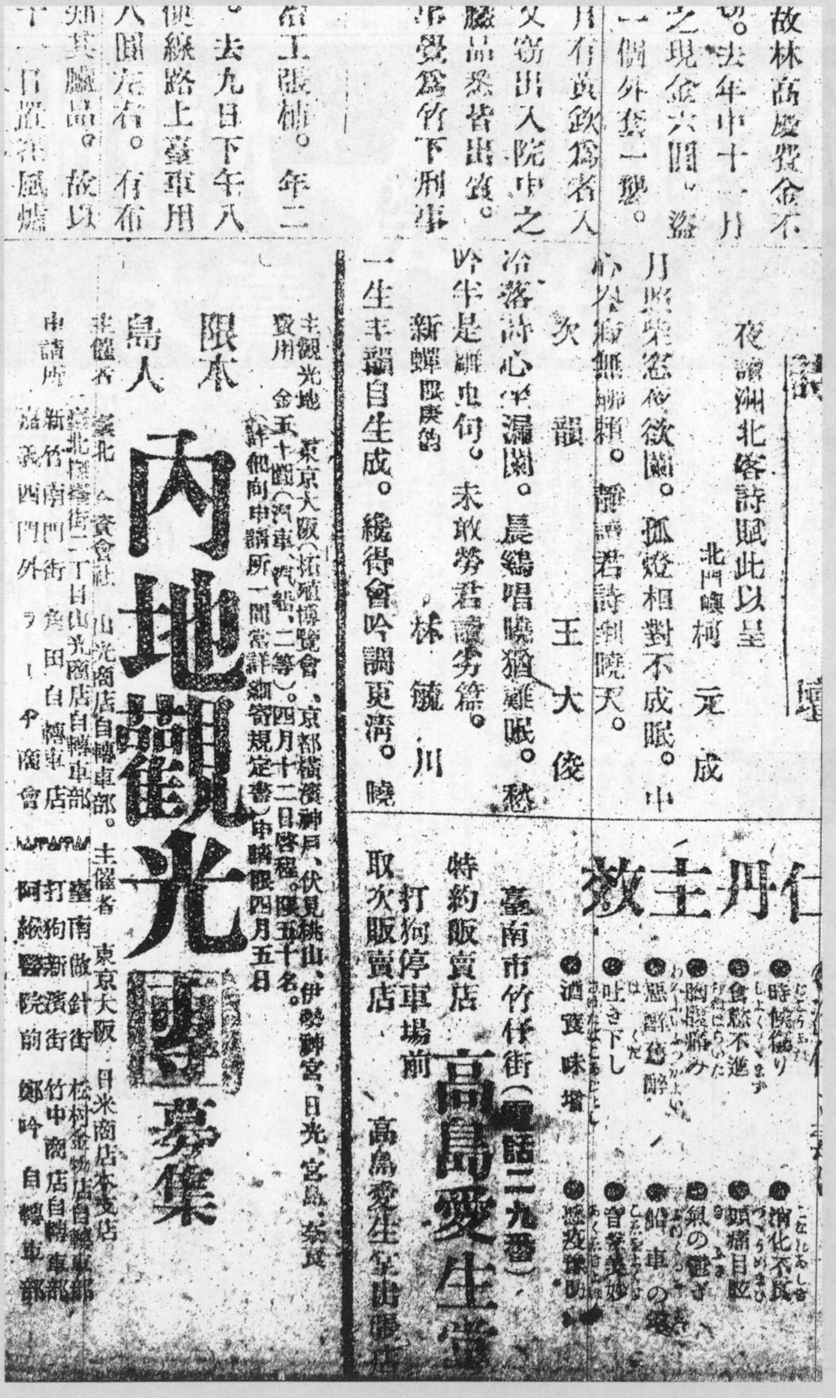

限本島人

內地觀光團募集

主觀光地　東京大阪（拓殖博覽會）、京都、橫濱、神戶、伏見桃山、伊勢神宮、日光、宮島、奈良

費用　金五十圓（汽車汽船二等）。四月十二日啓程。限五十名。詳細向申請所一閱當詳細規定書。申請限四月五日

主催者　臺北合資會社山光商店自轉車部。主催者　東京大阪日米商店本支店

申請所　臺北府後街二丁目山光商店自轉車部　臺南做針街松村金物店自轉車部　新竹南門街角田自轉車店　打狗新濱街竹中商店自轉車部　嘉義西門外ラー商會　阿緱醫院前鄭吟自轉車部

## 一九二五年（大正十四年）六月二十三日

**廣告表示**：一九二五年，星製藥刊登了全版的促銷大廣告，側邊標題寫說，「運氣好的人只要花一圓買我們的藥，就可以去內地觀光」。右下標題則說，「上述藥品全部都是在完全無污染的空氣中製造的」，另外還放了一張觀光路線圖，可以看到預定旅遊地點還包括星製藥的兩處工場，不忘緊扣行銷目的。

(六) 大正十四年六月二十三日 臺灣日日新報 第九千二十三號 (第三種郵便物認可)

# 內地觀光 ★藥 抽籤券附

# 大賣出し

**運のよい人は僅か一圓の御買物で花の內地の觀光が出來ます**

一 星製藥株式會社は創業以來『本社は親切第一を主義として營利事業を經營しつゝ社會奉仕をなし、その並行の可能を世界に示さんとするにあり』と云ふ本領第一條の實現に努力して來た事は普く認められる所であります。

二 本社の製品は其品質に於て種類に於て製產高に於て日に月に進步しつゝあります。是れ卽ち從來の愛星各位も新たなる顧客各位も共にホシに共鳴しホシの製品を信じて御買上下さる賜と信じ厚く御禮申し上げます。

三 今回冷凍製品の發明を機とし新に低溫工業株式會社を興し是れを星製藥本社に合併し一躍莫大の資本金を擁する大會社となつて世界に雄飛する日も遠くない事と信じます。

四 玆に從來の御高庇に酬ゆる爲め且は、今後益々御愛顧を賜はらんが爲め本日より本年末迄、臺北州、新竹州、の特約店並に開拓販賣員からホシ製品御買上高金一圓每に『內地觀光抽籤券』一枚を進呈致します。下記の通り各種の製品があります、何本御買上げ下さいます樣お願い致します。

五 抽籤は大正十五年一月二十日臺北市大和町星製藥出張所に於て各市郡別に嚴正に行ひ、一月二十五日の臺日紙上で其の當選番號を發表致します。

六 觀光は明春四月帝都櫻花爛漫の好時節に幸運の各位を以て「ホシ內地觀光團」を組織して下圖の各地名所舊跡を御案內致します。

七 益々信用あるホシの製品を御愛用下さいます樣幾重にもお願ひ申し上げます。

**ホシの製品**

一 賣藥 百三十餘種
頭の先から足の先まで總べての病氣に對して、それぞれ優れた効能ある藥が揃つて居ります。

二 新製劑及び滋養劑 三十餘種
キニーネ製劑をはじめ、効力顯著な新製劑及び滋養强壯劑の權威ある製品。

三 化粧品 三十餘種
美と衛生を兼ね備へた理想的お化粧料として舶來品に優ると云ふ評判を得て居ります。

四 食料品 數種
ホシお茶・ホシソース・ホシトマトケチヤツプ・ホシミンツ・ホシチヤンポリー・ホシコナミルク・ホシピーナツトバター等風味佳良、滋養豐富の製品。

五 學用品 數種
ホシ繪具・ホシクレオン等色が正しく甜めても毒にならないので兒童教育上頗る好評。

六 衛生器具類 數種
ホシ氷嚢・ホシ氷枕・ホシ湯たんぽ・ホシ吸入器・ホシ齒ブラシ・ホシ體溫計等何れも衛生上の必需品。

一粒 ★ 切
くすりはホシ
星製藥株式會社

此の看板のある店で販賣して居ります。

**上記の製品は總て塵一つない洗つた空氣の中で作られた最も衛生的のものであります。**

○觀光豫定地
一 東京
二 星第二工場
三 京都
四 桃山御陵
五 奈良
六 大阪
七 星大阪工場
八 神戸
九 門司

主催
星製藥株式會社
臺北 新竹 州元賣捌所
同 市郡元賣捌所
同 特約店

# 一九三六年（昭和十一年）二月二十一日

廣告表示：化妝品品牌「マスター」的回饋廣告，活動辦法說，買產品就可以參加抽獎，其中特等賞除了可以得到「一日清遊券」，還有獎品可以三選一，讓你有玩又有拿！

大奉仕大賣出し中

マスター愛好者

一日旅行清遊券

特等賞　七百名
清遊券　壹枚
A 銘仙座蒲團　五枚
B 御婦人用文机　壹臺
C 本場御召銘仙　壹反

壹等賞　貳千壹百名
A 御婦人用化粧ケース　壹個
B 晴雨兼用洋傘　壹本
C 履人朱塗鏡臺　壹臺
D 高級帶止　壹個
E 革製ハンドバック　壹個

貳等賞　四千貳百名
マスター香粧品進物函　壹個宛

參等賞　七萬名

四等賞　洩れなく

規定

マスター ラッキー セール

何故お肌が衰へるか

1+1=3

獨逸特許 スキンホルモン性 ラセラン配合

新製 マスター水白粉

フランスペルレー博士創製 クエンミルキー應用

マスター壹番 化粧液

# 吃巧克力送電影票

## チョコ食べて映画を観よう

廣告表示

一九三八年，小說家東方白生於台北大稻埕，那時中日戰爭已開打，進入所謂的「戰時」。但東方白說，自有記憶起，父親「他從來就沒有過一禮拜不上電影院的」。

一九三六年，一位神父在台灣教務報告中說，他們到嘉義布道宣講，連續多日，前三天民眾超過四千，「最吸引他們的是電影」。神父讚嘆道，對他們來說，電影放映機簡直「價如黃金」，少了它，必然號召不了這麼多民眾。

日本時代的娛樂項目不像今天繁多，自一〇年代開始，電影逐漸成為生活休閒的新選項，到三〇年代已是日常娛樂的主力。商人當然要投其所好，動腦思考，如何結合生意與電影。送電影票，變成促銷的好辦法。

早在一九一五年，森永製菓株式會社就曾招待看免費電影。帶著十錢一包的牛奶糖，不能是空盒，打開沒吃完的也無效，必須是「嚴封」，就能直接入場。

一九一八年，獅王牙膏公司也給「愛用者」觀賞專屬的免費電影。只要拿著兩包獅王齒粉，無論大小，小孩則必須帶著大包裝的齒粉一包，才能證明是愛用者。到了戲院入口，檢票員看過後，在齒粉袋上蓋印，便可入場。

一九一六年，大稻埕南街（今迪化街一段、民生西路以南）的台灣人名店「東西藥房」也招待客人看電影，方式進步多了，使用了入場券，不需再帶藥品驗明正身。

當時，台北有一家叫同仁社的公司，老闆高松豐次郎經營許多事業，對台灣都是新鮮初體驗，像是買車來當巴士載客。他也熱中電影，建了戲院「朝日座」，還拍影片，到處播放。一九一六年，日本統治台灣滿二十年，舉辦大型紀念活動，高松豐次郎的同仁社就出動拍攝新聞紀錄片，其中，東西藥房也入鏡了。待要在朝日座放映時，東西藥房便廣告周知，買藥五角以上，即可免費看這部影片。

大稻埕那邊的東西藥房送電影票，古亭這邊的南門藥房也愛送電影票。不過，南門藥房限特定商品，「福福蚊香」要買五盒才有此優待。

位於台北城中的咖啡名店「明治製菓」也多次送電影票。在活動期間，只要到明治製菓台北店喝咖啡或買巧克力、糖果，買兩圓以上，即送一張價值七十錢的入場券，看最新的美國電影《100 Men and a Girl》（日本譯作「オーケストラの少女」，香港翻成「丹鳳朝陽」）。

商家各有習慣的電影院，南門藥局每次都送芳乃館的票，明治製菓偏愛國際館。明治製菓以咖啡店聞名，走洋派路線，內部裝潢也最摩登，如果招待常客主顧看日本古裝時代劇，打打殺殺，與店風也不對調。而國際館內裝豪華，有冷氣設備，也是一九三五年才落成的新戲院。明治製菓與國際館調性相通，客群也應該多有重疊，選擇國際館，有其必然之理。

完

# 一九一五年（大正四年）十二月十四日

廣告表示：森永為了推銷新口味，曾招待免費看電影（當時稱「活動寫真」）。只要帶著未開封的、十錢一包的新產品「薄荷牛奶糖」（ミンツキャラメル），或者五錢的兩包，就能直接入場。

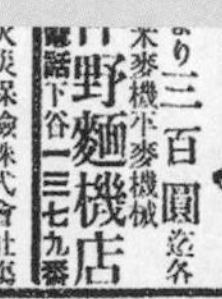

タカヂアスターゼ

高峰博士發見　胃腸諸症特効

森永ミンツキャラメルデー

御持合セノ新製品森永ミンツキャラメル拾錢一函（五錢ナレバ二函）嚴封ノ儘御持參左記會場入口ニテ御示ニナレバ

活動寫眞無料觀覽ガ出來升

會場　新高館

日時　今晩五時開場

森永ノキャラメルハ如何ナル方法デ製造セラルヽカ皆様ヲ森永ノ工場ヘ御案内シタモ同様ナ寫眞ト共他嶄新ナル寫眞ヲ御高覽ニ供シ升

森永製菓株式會社主催

但シ滿員ノ節ハ乍遺憾入場御斷致シ升（空函及消印付無效）

森永製菓株式會社臺灣特約店（いろは順）

臺北　石黑商會　　基隆　井手商店

臺北　西村商會　　臺南　西村商會支店

臺北　吉野屋商店　臺南　矢頭商店

臺南　小村商店

小兒用大學目藥

十歳以下の小兒の眼病には特に研究配劑せる小兒用大學目藥を御用ゐあれ。

# 一九一六年（大正五年）
## 六月二十二日

**廣告表示：**近百年前，藥房也加入送電影票的行列。大稻埕的「東西藥房」廣告說，購得敝號所製造藥品一定金額以上，就贈送電影招待券。

量之炭酸瓦斯。則如泉水之流於凹地。或爲池。或爲湖。各隨其地之形。故凹地與岩穴或地室。常爲炭酸瓦斯之貯藏所。其當眼觀鼻嗅。均不能知。不幸偶履其地。則命不能保。瓦斯之湖。世界皆有。爪哇之所謂死谷者。是其一例也。該谷爲舊世界火山噴火孔之跡樹木鬱蒼。地勢極低。自谷底裂處。時有多量炭酸瓦斯噴出。該瓦斯不能散。常聚谷中。如有動物履其處。不論爲人爲虎爲犬爲豕。皆氣絕以死。谷中白骨纍纍。又在亞美利加西部。亦

**贈送**共進會活動寫眞**招待券**廣告

啓者爰集同仁社仿活動寫眞紀念共進會之光景擬於六月二十一日起至二十五日止在於朝日座處撮影此次敝號轉移新築店屋合仿在內倘蒙諸君購得敝號所製造藥品（按定價壹圓五角以上壹等）壹圓以上貳等五角以上參等各贈送招待入場券一張謹此佈告

臺北大稻埕南街四十二番戸電話七六七

**東西藥房主人謹告**

私立**大栗病院** 入院隨意 內外科

臺北新起街 電話六五〇

皮膚病 梅毒 泌尿生殖器病 肛門

肺病 古賀氏液注射療法 痔疾 無痛注射療法

梅毒血清診斷應需

右擔當院長 醫學士大栗

# 一九一八年（大正七年）

## 五月 二十一日

**廣告表示**：只要拿著獅王齒粉證明是愛用者，就能夠觀賞專屬的免費電影，有喜劇、動作片等。

優待愛用獅子齒粉者開無費觀覽活動寫眞會

五月二十二日 二十三日 二十四日 三日間自午後七時開會

在臺灣新舞臺（淡水戲館）

映寫種目

舊劇 和泉屋治郎吉（四卷） 活劇 黃金窟（二卷）

泰西活劇 雲之上 喜劇 小沙奇衛柔卓馬隊

新派大 盃（三卷） 笑話 虎之皮

教訓劇 此子此母 滑稽 戀及橋

大活劇 鬼爪 實寫風景 閼西爾川及瀑布

滑稽之七變化

獅子齒粉本舖及工場作業實況

御注意 獅子齒粉中袋入近附之什貨店化粧品店藥店其他到處皆有願爲購取

場所有制限願早來臨若滿員則不得已謝絕入場

來觀之時爲證明其爲愛用獅子齒粉者須携有獅子齒粉新製中袋入二個或大袋二個但小兒則大袋一個在會場入口相示將該袋蓋觀覽可之印即返還之

映畫如前所記若爲時間所許必多映出以供快覽

# 一九三一年（昭和六年）七月十八日

**廣告表示**：一九三〇年代前，電影多稱做「活動寫真」，之後才叫做「映畫」。可爾必思表示，為了感謝消費者的支持，購買經濟瓶就送一張，中瓶的兩罐也有送，只是數量有限，請就近購買。

美味爽快滋强飲料
カルピス

カルピス映畫の會

御愛用家への感謝・觀覧券贈呈

中元暑中御贈答の時季にのぞみ聊か平素の御愛用に酬ゐる爲め左記に依りカルピス映畫の會を催します。

日時　七月廿一日より廿三日まで晝夜三日間

場所　台北市　第一世界館

觀覧券は七月一日から七月廿三日までの間にカルピス御買求めの方に洩なく贈呈いたします

カルピス徳用壜　一本に付一枚

カルピス中壜　二本に付一枚（各等共通）

但し數に限りがありますから賣切れぬ内に最寄の店で御買求めを願ます。

カルピス發賣元　株式會社　辰馬商會

美味爽快滋强飲料
カルピス

## 一九三七年（昭和十二年）五月十三日

廣告表示：南門藥房限買特定商品，像是「福福殺蟲液」、「福福感冒藥」等，要滿六十錢，才送電影票。

---

理想持越高　八・〇〇
內訳　政府所有　五・〇〇
　　　民間所有　三・〇〇
差引過剩米　一・八〇

右の如く理想持越高八百万石と見るも尚百八十万石の過剩米を算し天災期に入るまで米價は大した變動はあるまいと見られる

▲常見秀夫氏（台中弁護士）十二日來北（朝陽號）
▲近藤喜惠門氏　十三日富士丸にて來台
▲眞下芳太郎氏（尼ヶ崎王冠株式會社社長）十二日內地へ

### 阿部大將基隆出發

【基隆電話】來台中であつた阿部大將は十二日午後一時十三分着列車で來基、商船會社樓上で少憩の後午後二時出港直前第一岸壁繫留中の商船盛京丸に乘船、佐々木重砲兵聯隊長、中島要塞參謀、同じく加藤副官、小林憲兵分隊長、明渡陸軍病院長、守屋運輸部出張工長、高橋陸上、東水上兩署長、近江時五郎氏その他關係者の見送りをうけてサロンで乾杯、同二時半福州へ向つた

### 米 第三次發表

農林省第三次……一日現在內地……は別項の如く……の增加を示し……次發表の府縣……

### 御警衛打合せ

警務部長打合會は十二日午前八時半より[illegible]見警務局長以下警務局各課長及五州警務部長出席の上三階貴賓室で開催された、[illegible]局長より御警衛に關する一場の訓示の後御警衛に關する指示事項、注意事項につき[illegible]警課長が説明を為し終つて[illegible]岡總務長官が特に臨席し懇切なる訓示があつて打合會を終り正午鉄道ホテルで會食[illegible]

秩父宮同妃兩殿下には去る四月イギリスのアルパイン・ダイニング倶樂部の晩餐會に御招待を受けさせられ御出席あらせられたこと、外電の通りであるが、この倶樂部員たるには學識名望ある社會的地位の高い人で、同時に山に對する知識を豐富に持ち而も實際に山岳を踏破した者でなければ倶樂部員たり得ぬ事になつて居る▲秩父宮殿下には先にオックスフォード大学に籍を置かせられ、その御勉学中に台湾にも深い緣故のある登山家槇有恒氏をお召しになり、その御案內でアルプス連峰の幾つかを親しく御踏破遊ばされた、また內地では日本アルプスをも御征服になつた御經驗もあり、かた〲同倶樂部の名譽會員に推擧を受けさせられたものと拜察する▲この報道に接した台灣山岳會の人々はイギリスの山の權威者達の間に「日本の山の宮樣」として宮が國山岳界を代表あらせられたやうに感じ[illegible]

シナ　チク

---

# 一九三七年（昭和十二年）

## 十二月

### 十五日

**廣告表示**：一九三七年，明治製菓賣店改裝後，曾招待顧客看電影。不論點心或喫茶，消費每滿一圓，就送價值五十錢的電影票，且一年內皆可使用；即使未滿一圓，消費每十五錢也有一張補助券，集到七張也能兌換電影票一張。

新竹州の賞與
總額二十五萬圓

オ號を獻納
在留邦人から海軍へ

北署主催で
弔式を擧行
矢文の勇士・川西上等兵

辜顯榮氏の遺骸臺灣に向ふ

# 一九三八年（昭和十三年）

## 三月十七日

廣告表示：明治在台北賣店改裝的隔年，同樣消費滿額就招待看電影，而且是國際館首輪上映的影片。

# 一九三九年（昭和十四年）

## 四月

### 二十五日

**廣告表示：**南門藥房促銷蚊香，推出買「福福蚊香」五盒，就送芳乃館電影招待券一張。

福福蚊取線香

人畜無害効力絶大

福福

福福印かとり線香大特賣

御買上げ五函に對し

芳乃館御招待入場券一枚呈上

四月一日より……六月三十日まで（三ケ月間）

台北　南門藥局

電話三五六三・四五九四・六二四三番

# 買就招待看表演
## お買い上げでショーにご招待

廣告表示

二〇一三年，寶塚歌劇團首度來台公演，大受歡迎。其實，台灣人對寶塚式的歌劇團並不陌生，三〇年代，寶塚歌劇多次在全日本國電台連播時，台灣大眾可以透過「拉機歐」（收音機），用耳朵感受寶塚的華麗和氣勢。一九三五年春天，與寶塚同性質的「松竹少女歌劇團」更曾來台，造成轟動。

松竹少女歌劇團來台，其實是應邀商演。一九二九年經濟大蕭條，台灣也低迷幾年，商人無不削尖頭苦思對策，臺灣專賣局賣菸賣酒，就以贈品帶動買氣。一九三四年，整體景氣好轉，酒的銷量較前一年多一成五，菸也多一成，菸酒商更想出一個豪邁的推銷術。當時，歌劇團流行，有「關西寶塚、關東松竹」的說法，台灣的日本酒商就出面張羅，好不容易把松竹歌劇團請來。然後，對顧客蜜語，說是「謝恩」，其實是把高人氣的松竹當成紅蘿蔔。想看松竹，必須在指定的兩個月期間，「先」買一圓以上的菸酒，大約一包十支的香菸，要買個五包、七包，才能拿到抽獎券，然後，打開抽獎券，裡頭才「可能」有入場券，當然也可能一打開，只槓到龜。

台灣菸酒商雖出乎利，卻也盡乎力，松竹歌劇團從來只在東京和大阪演出，到台灣來，卻幾乎巡迴全台，屏東和宜蘭都去了，實在感心。台灣於是揚起一陣松竹少女歌劇熱，霧峰大族林家的林獻堂和親友共十人，也趕了台中場次，他並在日記寫道，「觀者擁擠幾無坐位」。

寶塚一九一四年在關西創立後，演繹出特殊的表演風格，全日本各地仿傚者眾，清一色以「少女歌劇團」為名。松竹即於二〇年代創立。一九二〇年，台北的日式旅館「竹の家」老闆館野弘六也倡立了「高砂歌劇協會」，招募了台灣本地十到十五歲的小女生，初試啼聲，還演了吳鳳的故事，不過，終究曇花一現而已。

二〇、三〇年代，日本好些少女歌劇團陸續跨海來台灣，有「關西」、「東京」、「日本」、「羽田」、「高松」等等，但人氣都不及松竹。一九三七年，松竹少女歌劇團又來，這回受化妝品牌マスター的邀請，一樣為了商演。只要購買五十錢化妝品，可拿到「參加券」，演出當天，卻必須現場再買化妝品，然後持新購品的空盒一個，連同參加券，才能換得「入場券」。

許多公司採用招待看表演的推銷法，森永製菓會社、香水公司都請過日本魔術界的天團「天勝」。那個年代，台灣能有更多機會接觸藝文節目，部分也拜商業手段之賜。

完

# 一九二七年（昭和二年）六月六日

**廣告表示**：一九二〇、三〇年代，日本好些少女歌劇團跨海來台灣巡迴演出，「東京少女歌劇團」就是其中之一，廣告還秀出主要團員的照片。

一九三四年（昭和九年）

十二月

二日

**廣告表示**：專賣局廣告說，「為了答謝顧客平日的愛護，特別邀請到平日絕對不會在東京及大阪專屬劇場以外的地方演出的『松竹少女歌劇團』一行九十人，為台灣的各位舉行回饋公演……可是劇場座位有限，所以只能用抽籤的方式，希望您能幸運抽中。」

## 全島支部野球戰 臺北代表快捷 CPもろく敗る

13——2

## 高雄州最初の蕃人國語演習會 五十歳の老蕃も出演

平溪分教場 二日開校式

派出所建築計畫

喜んで退出

交通安全實施

自動車を連ね防火の宣傳

支部發會式

不良少年

## 空前の酒煙草屋の大奉仕（酒煙草御買上一圓毎に抽籤券一枚贈呈）

## 松竹少女歌劇部 奉仕開演

平素の御愛顧に酬いる爲謝恩奉仕のオールサーヴイスを提供する事に致しました、御存知の通り東京、大阪の專屬劇場以外には絕對に出演しない松竹少女歌劇部一行九十名の招聘に成功したのも臺灣の皆樣への奉仕開演だからです、御買上の皆樣へ御觀覽に供し度いのですが何分劇場が狹いので勢ひ抽籤で御觀覽券を差上る事にいたしました、此の空前の御幸運を御抽當て下さい

**開演は二月中旬から三月中旬迄の豫定であります**

| 賣出區域 | 臺東、花蓮港、澎湖ヲ除ク全島 |
|---|---|
| 賣出期間 | 自昭和九年十二月五日至昭和十年一月五日 |
| 抽籤月日 | 昭和十年二月七日 |
| 當籤發表 | 二月九日、臺日、臺新、新民報紙上 |
| 入場券引換所 | 抽籤券發行各小賣店 |
| 引換期日 | 臺北、基隆、新竹、臺中管内自二月九日至二月十五日、其他ノ管内自二月十九日至二月[illegible] |
| 觀覽場所 | 臺北、基隆、新竹、臺中、嘉義、臺南、[illegible]東、宜蘭 |
| 觀覽日時 | 入場券表示ノ日時ニ限ル、一枚一人 |

# 臺灣酒煙草賣出聯合會

# 一九三五年（昭和十年）

## 二月

### 十六日

廣告表示：松竹少女歌劇團受惠比壽啤酒（エビスビール）公司的邀請，來台演出。

文獻進呈

動脈硬化症の治療に「ピポアポ」錠

（六〇錠入約六日分金一圓七十錢）

エビスビール

ユニオンビール

渡臺歡迎!!

松竹少女歌劇團一行

若さと

健康とを

君に捧ぐ

品質優秀な

わが二大ビール!

三ツ矢サイダー・リボンシトロン製造元

宮內省御用達　大日本麥酒株式會社

南京虫退治に

アース

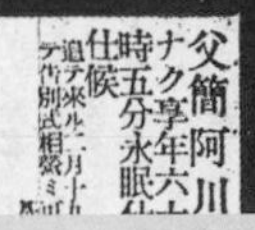

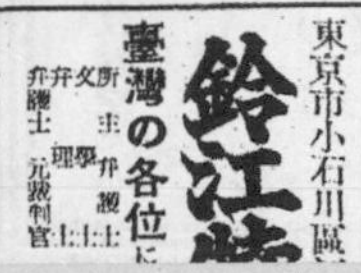

クボタ

# 一九三七年（昭和十二年）四月八日

**廣告表示**：「獻給マスター的愛好者，空前的大招待會！」一九三七年，松竹少女歌劇團受化妝品牌的邀請，再度來台商演。拿到入場券的方法寫在廣告左下角，想看還得消費兩次才行，懂得先用較低的門檻請君入甕，真是聰明的廠商。

男裝の麗人

二代目ターキーとして今帝都で素晴らしい人氣者

根岸郷子他數名がマスター愛好者の爲に唄ひ踊り抜く

東京松竹少女歌劇

丸山和歌子

と來演

全臺灣マスター愛好者に捧げる

破天荒の大招待會！

バニシングの眞の意味！

公演場所

サラつと爽か！お化粧下に！榮養に！

マスタークリーム

バニシング

一九三七年（昭和十二年）

四月九日

廣告表示：森永製菓也用「招待看表演」的推銷法吸引顧客。只要買森永巧克力滿一圓，就送一張「名流競演會」的入場券，表演場地在臺北公會堂（今中山堂）。

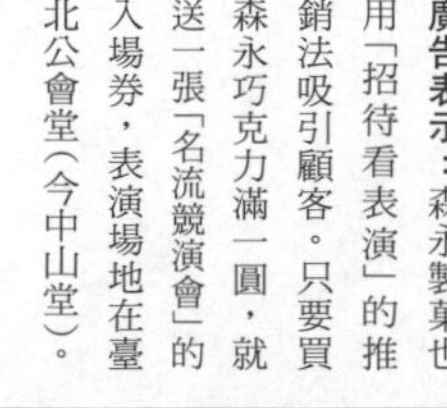

**一九三八年**（昭和十三年）

**十一月**

**十五日**

**廣告表示**：仁丹同樣請來少女歌劇團進行演出，表演內容呼應了當時日本向外擴張的戰爭氛圍。

# 日本少女歌劇座公演

來る十七日より向ふ五日間大公開

台北市大世界館にて

十一月廿二日ヨリ 二十三日迄二日間　新竹市 宮古座
十一月二十四日ヨリ 二日間　屏東市 屏東劇場
十一月二十六日ヨリ 二日間　高雄市 高雄館
十二月三日ヨリ 二日間　臺中市 臺中座

絢爛豪華

グランドレヴュー「輝く日本」二十景　初め

軍人レヴュー「あゝ戰友」五景　外に

唄とをどり、コメデー等の大好評劇上演

昭和の常識

今こそ、國民總意のもとに

持たねばならぬ

二大國策を指示せる容器進呈

防共容器

防共精神を強化する爲に特に世界地圖を浮出させた鋼クローム製の美くしくて丈夫な容器

銀粒仁丹

五十錢に添附進呈

体育容器

銃後の強化はまづ体育／その精神を徐々喚起する爲にはこのゴルフ型体育容器が最適です

銀粒仁丹

五十錢に添附進呈

映畫・觀劇・人混みに
禁養・口臭・毒消しに
頭痛・眩暈・風邪引に
腹痛・下痢・傳染病に

仁丹

## 新しい結晶の發見

ガラス工業界に「革新」

## 胚芽米の科學

## 構成の美

## 太平洋十七番目の大海溝發見さる

冷え性に！

內から溫まる

血を增す

血行を良くする

博士御推奬

葡萄酒

これはカロリー高き滋精酒——体內のいでゆとでも申しませうか　お飲みになると五体の芯からホカホカと溫まり寒さもどこへやら逆ものびのびとした快適な氣持になりますなほそのうへ

血液循環を良くする働きもあり　血液を豐かにする鐵分をも有して居り　また身体を急速に元氣づける

赤玉ポートワイン

## 免費化妝

## 無料でメイクアップ体験

二〇年代，台灣化妝開始導入現代專業技術。

二〇年代，女權被談論，職業婦女出陣，「獨立自由」成為流行語，這些抽象的新概念，具象到女性的臉龐，便要有一張呼應時代的新面貌。一九二六年四月一日當晚是歷史值得記錄的一夜。戰前知名的日本化妝品公司「中山太陽堂」有一群美容師來台宣傳，「講演西洋最近第一流行化粧整容法」，引發台北貴婦人圈一陣騷動；報社三樓表演的現場，日本名媛貴婦滿座。

餘波也震動到台灣人聚居的大稻埕那邊。三位貴紳的太太和女兒感到興趣，特別邀請美容師到家裡，並把百來位上流婦女找來一起觀摩。三位發起人之一的葉白女士，是名紳許丙的太太，皮膚白皙，有英國血統，是藝文界名人許博允的阿嬤，也是華南金控千金林宛嫺的外曾祖母。

同一年暑夏有一天，報紙報導一開頭就說，「整容美粧。固為婦人之生命」。接下去才講真正的新聞，大稻埕的神木洋行二樓，來了一位美野久子小姐，她供職的大阪中山整容美粧研究所，也屬中山太陽堂。若買她們的クラブ系列化妝品一圓二十錢，可換化妝券，七月一整個月，每天早上七點到午後三點，都能給美野師傅免費化妝。如果沒拿化妝券就跑去，付五十錢，美野小姐也可以邊幫忙化妝邊傳授技巧。

以免費化妝券促銷化妝品的做法，三〇年代愈趨成熟。這時候的台北，特別在繁榮的城內、西門町，出現十幾二十家「美粧院」，少數稱「美容室」，她們化妝，也美髮、美爪。台灣婦女已經很熟悉的中山太陽堂，一九三二年就和各家美粧院合作，只要買一項化妝品，就奉上一張免費「美顏術優待券」，到任何一家美粧院都可以得到服務。

中山太陽堂在免費化妝的廣告上列了合作店家，名單如下：

・伊藤美粧院（大和町二丁目，今中山堂旁）
・市橋美粧院（大和町二丁目，今中山堂旁）
・稻垣美粧院（都通，今沅陵街）
・ハラ美粧院（本町四丁目，今重慶南路

廣告表示

個性的美粧法の御相談に、この機會、是非一度美粧院へ

一九三二年（昭和七年）
九月
二十三日

**廣告表示**：「獻給想要變美的婦人們……免費化妝服務，島都（按，指台北）率先嘗試的技術，趁這個機會請務必前來。」中山太陽堂和各家美粧院合作，推出買化妝品，就送一張免費「美顏術優待券」。從廣告左下方可以看到合作店家多位於城內，屬日本人聚集的地區。

美しくありたい御婦人に
夏やけや、秋風で、
一年中で最も化粧くづれのした時
美顔術無料サービス
島都最初の企て
個性的美粧法の御相談に、この機會、是非一度美粧院へ
クラブ堂級化粧品を
一個御買上毎に
クラブ式
美顔術優待券
十月十日まで
一枚宛謹呈致します
有名化粧品雜貨店に販賣しております
下記美粧院・何處へでもお出で下さいませ
皆様の御出をお待ちしてゐる美粧院
伊藤美粧院（大和町二）
市橋美粧園（大和町二）
稻垣美粧院（都通り）
ハラ美粧院（本町四）
はなふさ美粧院（大和町三）
鴨川美粧院（西門町三）
米田美粧院（末廣町一）
高砂美粧院（表町一）
寶塚美粧院（新起町三）
彌生美粧院（有明町）
中野結髮所（千歲町）
小林美粧院（新起町）
美粧倶樂部（本町一）
ミツワ美容倶樂部（都通り）
新橋結髮所（壽町一）
須藤美粧院（西門町）
鈴木美粧院（入船町）


一段頭）
・はなふさ美粧院（大和町三丁目，今延平南路、開封街口附近）
・鴨川美粧院（西門町三丁目，今成都路）
・米田美粧院（末廣町一丁目，今中華路、峨嵋街口附近）
・高砂美粧院（表町一丁目，今館前路、博物館附近）
・寶塚美粧院（新起町三丁目，長沙街、康定路口附近）
・彌生美粧院（有明町，今桂林路一帶）
・中野美粧院（千歲町，今南門市場附近）
・小林美粧院（新起町，今長沙街二段）
・美粧俱樂部（本町一丁目，今重慶南路一段、襄陽街口附近）
・ミツワ美容俱樂部（都通，今沅陵街）
・新橋結髮所（壽町一丁目，今西門町西寧南路北段）
・須藤美粧院（西門町）
・鈴木美粧院（入船町，今環河南路、長沙街口附近）

現在台灣正處化妝沸騰的時代，單單指甲彩妝都足以支撐開店，藥妝店的生意更勝藥房。從前述的美粧院名單可以看出，原來，台北市的城內與西門町正是近代女性投入化妝的最前線。

完

# 買就免費搭火車

## 無料で鉄道乗車体験

廣告表示

跟台灣人大年初一要「行春」一樣，日本人在新曆元月一日這一天，也要「初詣」；去神社參拜，感謝舊的一年平安度過，並祈求新的一年順利。現在初詣的最盛地點是東京的明治神宮，參拜人數往往超過三百萬。

日本時代，台灣有幾十萬日本人，血液裡的文化基因也一樣催著他們新年要跑神社。台北的首選初詣神社當然是規模最大、地位最高的台灣神社，地點即今圓山飯店。以一九三六年的台北市來說，當時行政區域未包括松山、北投、士林、內湖，人口並不多，大約二十九萬，其中，日本人有八萬多。新年全家總動員，對這個城市來說，也夠熱鬧的。

到台灣神社的大眾交通方式，除了公車，還有淡水線的火車。淡水線一九〇一年開通，捷運淡水線即沿著這條舊鐵道開設。因此，八十年前，火車若從台北開出，經過「大正」（位於長安西路口）、「雙連」兩站，就到「圓山」，台灣神社也近在眼前了。

就在一九三六年的年末，森永牛奶糖的台灣分公司看準初詣大動員的人潮，推出「新春慶團圓，免費搭火車到台灣神社初詣」的優惠活動。森永這時不推銷牛奶糖，而是主攻牛奶巧克力。大人只要帶著十錢巧克力的包裝紙一張，小孩帶著五錢巧克力的包裝紙兩張，從台北、大正、雙連三站任何一站上車，就可以兌換到圓山站的單程車票。

完

新春の樂しい團欒は

初詣で台湾神社へ！

円山まで汽車賃

無料（ただ）

大人はモリナガミルクチョコレート（十錢）の包裝紙一枚を小人は同じく（五錢）の包裝紙二枚を臺北・大正・雙連の各駅出札口に御持參下さい、円山行切符と引換へます

●往復御希望の方は包裝紙を倍加願ひます（雙連驛を除く）

●大人・小人の包裝紙の混同使用は出來ません

●一度引換へた切符は現金拂戻し致しません。

●先着一萬名樣限り

昭和十二年元日より三日迄（朝五時から三十分每に發車）

REGISTERED TRADE MARK

森永ミルクチョコレート

Morinaga

森永製品臺灣販賣株式會社

森永推出「巧克力包裝紙換車票」活動。
活動辦法寫說，想拿到來回票的話，包裝紙加倍即可，
不過車票不能拿去換現金，而且名額限前一萬名。

# 收集包裝紙換現金　包裝集めて現金もらおう

讓消費者動手「收集」，換點小利，是現在大小商店普遍採取的策略；蓋上一個小戳章，給一張小貼紙，奉上集點卡，剩下的空白格，就等著顧客再上門了。集滿點，可以換得貴賓卡，以後消費打九五折，或者，可以便宜換購特定商品，或者，兌換一道價值三百四十元的主菜……，到處消費，到處拿到集點卡，似乎是現代生活的一大特徵。

戰前三〇年代，台灣也可以看見許多集點活動。一九三六年，買明治巧克力，包裝紙背面有點數，收集到一百點，就可以到任何菓子店換價值五錢的明治巧克力或牛奶糖。

台北的進口商辰馬商會代理白鹿煉乳，一九三四年舉辦短期促銷，六月五日到八月底，凡是收集大罐白鹿煉乳的商標與包裝紙各五枚，各小賣店可以十五錢買回。

大阪有名的糖果餅乾公司固力果（グリコ），一九三四年也推出收集活動，贈品很特別。只要拿著十張固力果的「切手」（按，無法判斷是特製郵票或某種票券），即送筆筒，十五張就送名漫畫家田河水泡的紙芝居作品。日本的紙芝居是拿連續的畫片講故事。從廣告上看，固力果送的紙芝居做成電影院的模樣，而上演的戲碼正是田河水泡一九三二年起連載的漫畫《神州櫻之助》。

廣告表示

集15張固力果的「切手」，就送連環畫劇。廣告說，這是將《少年倶樂部》（按，講談社於1914年創辦的雜誌）中大家熟悉的「神州櫻之助」第二次的武者修行經過，變成有趣的紙上劇……請大家趕快入手。

グリコの切手十五枚で
紙芝居（トツセ）を進呈
少年倶樂部でおなじみの『神州櫻之助』二度目の武者修行を、面白い紙芝居に仕組みました。次から次へ活躍するのが、樂しみです。早く手に入れて下さい。

完

一九三四年（昭和九年）

六月

五日

廣告表示：標題寫說，「白鹿煉乳回饋愛用者，集大罐裝的商標與包裝紙各五枚，就能向購買的店家換現金十五錢。」

供給數量

【東京四日發】四日の代理店會議にて決定した精糖及び耕地白糖の分糖供給案に依る六月以降の供給數量は次の如し（單位千擔）

△精糖

本年度供給數量　四、〇〇〇
四、五兩月製造數　七八一
六月以降供給數量　三、二一八
六、七兩月供給數量　七四〇
八、九兩月同　六九〇
十、十一兩月同　五六〇
十二、一兩月同　七一八
二、三兩月同　五一〇

△耕地白糖

本年度供給數量　一、八〇〇
三月までの賣出　一〇〇
差引　一、七〇〇
前期殘高　四
島內消費　一一六
差引內地供給分　一、五八七

五月中の對外貿易概算

【東京四日發】大藏省發表、五月中の對外貿易概算左の如し（單位千圓）

輸出　一九一、八六六
輸入　二二九、八九四
計　四二一、七六〇

シナチク

公使……石と會見

中川總督

一九三六年（昭和十一年）

九月一日

廣告表示：明治巧克力包裝上有「懸賞附」（附抽獎活動）的字樣。蒐集點數達一百枚，就能換價值五錢的明治巧克力或牛奶糖。

# 買車送竊盜險

## 車は盜難保険付き

廣告表示

日本保險業隨著明治維新而展開。最初因幕府解體，舊幕府的朝臣參考歐美人壽保險的做法，出資組成「偕樂會」，彼此扶持，同志有喪，至少可給遺族一些照顧。一八八〇年，偕樂會員達到五百人時，改稱「共濟五百名社」。

等十五年後，台灣歸於日本統治，島內仍然沒有保險。才翻一年，一八九六年，日本人經營的「石田商會」插旗大稻埕，開始代理東京帝國海上保險株式會社。此後台灣的保險業就五顏六彩，連豬仔都可保了。

一九〇〇年七月，大稻埕人林望周就開辦了「臺灣家畜保險株式會社」，才半年，就有一萬零六百多頭豬和一頭牛、一頭羊納保，保額十萬多圓，收的保險金三千多圓。

日本時代，保險業興盛，但多人壽、火災、海上貨物保險。去買日常生活物品，老闆附送保險的就少聽聞了。一九二六年，台灣出現廣告宣傳買腳踏車送竊險，顯得非常新奇；如果腳踏車被偷，保險公司會再理賠同樣一部。

這家推銷手法新奇的公司果然來頭不小，宮田製作所在十九世紀就已開始生產自轉車，難怪在廣告上會自稱是日本「自轉車工業の元祖」。事實上，大正天皇與現今明仁天皇，祖孫兩代，小時候都騎過宮田的腳踏車。

完



1926年，宮田自轉車的廣告左下文字說，「就算被偷，也可以從保險公司拿到同樣的替代車」。

## 緝凶懸賞

懸賞金付き

商界除了開拓利益，也要維護既有在手的利益，過去與今天都是一樣的。

權利受損，商人恨得牙癢癢，有時會發出屬於商場的通緝令；他們沒有司法警察，但有銀彈，於是，他們會登廣告重賞，號召一般人來幫忙抓凶手。

一九二六年四月，報紙一角的廣告寫著「懸賞」兩字，只要通報行蹤而捉到，報酬金即高達「壹千圓」，約當今天的好幾百萬元；如果本人能捉到壞蛋，則賞金加倍到兩千圓，實在太具吸引力了。

廣告有一張菱形照片，裡頭的人叫翁瑞禮，正是臺灣米出口公會請求大家「代捕」的傢伙。照片看起來，翁瑞禮穿立領洋服，不像普通盜賊，反有幾分公學校老師的模樣。原來，他在桃園平鎮經營「土壟間」，收購農民的稻米，碾米後，再交給貿易商，出口到日本等地。通常，土壟間的老闆在地方上都算得上有錢人了。翁瑞禮確實也出身龍潭的望族，但曾玩股票失敗。

三月底，三十五歲的翁瑞禮本該照舊例，轉交十一家台北大稻埕的米商三千三百袋圓糯米，送進基隆港的倉庫。但他偽造了好幾家運送公司的文件，讓米商誤信糯米已入庫，即把現金交給翁瑞禮，合起來高達六萬圓。有米商的資本才五千圓，卻被騙走七千圓，災情之慘重，可想而知。

騙取六萬圓巨款潛逃的案件，震驚商界，警察當然「偵騎四出」，全島布下天羅地網。十幾天過去，線索無半絲，人已如黃鶴。以前沒有網友「肉搜」，米商不得不自己出手，祭出高額懸賞金。

米商廣告裡，翁瑞禮的年齡都弄錯了。過去的老社會資訊鬆散，一切都顯得無力回天。翁瑞禮就這樣在天涯的某個海角樂享騙來的白花花銀子了。

不同於米商，味精的元祖發明廠商「味之素」，所受的損害非來自「一條大代誌」，而是來自四面八方、細小、無時間性的仿冒與偽造。一九〇九年，味素一在日本上市，沒幾個月，台灣也開賣了。等到一九一七年，味之素的台灣代理店「吉野屋」已經受不了了，登廣告懸賞，凡發現舉報偽造味之素的，即贈一百圓；如果發現路上走販賣冒充的假貨，也酬謝三十圓。

登懸賞廣告緝凶，看起來是無法之下的法子，多半商人安自己的心而已。不然，翁瑞禮早該在牢裡了，而想搭著味之素的招牌，順風牟利的人，也不會像台鐵的火車，一班接一班，讓味之素從一〇年代煩到三〇年代。

完●

# 一九一七年（大正六年）十一月三十日

**廣告表示**：味之素的台灣代理店「吉野屋」登廣告說，因為賣得太好，一直被仿冒，所以要懸賞追緝偽造者。

[illegible]。德於歐洲。欲
法預備軍事。於東洋
[illegible]利權。亦必與俄法
三國形勢。 非惟如
如鼎立。 更不啻唇
[illegible]焉。詎三國因日俄
略知俄兵力矣。獨
[illegible]熟悉俄國內政。以
兵不足畏。交戰三年
又及法知俄之兵力。
足恃。前雖與俄同盟
[illegible]不設一計。俾俄當
國。顧我日本。 初謂
東洋之完全。不可不
戰。英亦若謂欲膺懲
不可不與大俄。爾
[illegible]見俄。國之大。兵之
日本則曰。 於東洋
兵赴敵者。唯日與俄
國衝突。東洋大亂。
提携。 東洋大治。然

五十元也。

▲又是輸送營出發　閩省新編輸送營五營。其一營二營五營。均於日前開往漳州。茲聞日昨又有輸送三營營長王紹芳。於昨日奉軍署令。已開赴下游云

▲沙堤鄉募欵造橋　西關外沙堤鄉。 地廣人衆。頗稱殷富。該鄉后部亭岸。有溪濶十餘丈。兩岸行人往來不便。近該鄉人士。提倡募欵造橋。數日之間已鳩集千餘元。 即時興工。 現橋礎已成。遂於舊曆初五日上梁。不日當可告竣云。

▲海工程師蒞閩　閩省費稅務司。 因開濬閩港。特電延上海濬浦路總工程師海德生來閩。計劃一切

乎。若無誰[illegible]之者。則[illegible]之物耳。於是我神論起。

小說

●傾國恨（潤）

第三十四回

既而抵一室。電灯復明。室中之裝置。臥榻。至爲精美。榻前有棹。置兩椅子

▼アイボリ　▼ケント
▼鳥ノ子　▼赤名刺
▼ツル　▼甲厚紙
其他いろ〳〵
△見本及定價表ハ御一報次第御送附可仕候
臺灣日日新報社
販賣課

懸賞廣告

近來爲味之素消路旺盛每聞有奸商輩[illegible]
將僞造品假冒「味之素」名稱販賣於各地[illegible]
茲特懸賞如左不問何人發見即照左記金
額賞與決不食言此佈

金百圓也　贈僞造者發見者
金參拾圓也　贈行商人發見者

東京京橋區南傳馬町一丁目
味之素本舖　株式會社　鈴木商店

臺北府中街三丁目
味之素特約店　吉野屋商店
電話一一六九番

# 一九二六年（大正十五年）

四月十日

廣告表示：米商被照片中的人騙走現金六萬圓，不堪損失，於是刊登懸賞廣告緝捕。不過當時的資訊並不發達，要易容藏匿感覺也很容易，最後還是讓嫌犯逍遙法外了。

慘傷情形。實令。獨鄭州開封留商巨紳。從中無恙。李雲龍有一師一旅之與岳衝突。西行李軍同行者。意外。故當爲時已有兩萬餘人。岳督過河以後晉軍。確有截。岳爲日後調已赴新鄉又開效調到石家莊。既然束手。不如由氏發洋十萬。三日由北岸到二千人。祇以。更恐爲陝軍繞走出關。吃盡始到榮陽汜水。

兵。其苦可想。並近由河北來者。尚絡繹不絕也。李強硬手段。將其軍中所存。取洋十箱。第閘內中紙幣浪向蓬壺。奉迎封庭起。民貴衛生又莫慶

## 懸賞

懸賞君之像

左記之人正要捕捉若有知其踪跡者乞即代捕或是至急通知是荷

住所　新竹州中壢郡楊梅庄　滿坡字埔心四番地

姓名　翁瑞禮

年齡　三十一歲

種族　廣東、客人（但國語及福建語亦能）

身長　約五尺六寸

特徵　色稍白、眉下有小斑

通知場所　臺北市北警察署（或各地方之警察官派出所）

報酬金　一金壹千圓也（知本人現時之所在即辦通知使我等能捕得之時自當贈呈）

一金貳千圓也（能捕得本人交出之時自當贈呈、但有受他人通知而捕得者其通知報酬金當由捕得受賞者分與）

但受賞資格者有數人之時其金額當照人數均分

懸賞期間　大正拾五年四月貳拾五日爲止

懸賞報酬金贈呈所　臺灣米穀移出商同業組合事務所

大正十五年四月十日　臺北市港町一丁目二番地

臺灣米穀移出商同業組合謹白

# 附送卡片

## おまけカード

廣告表示

一九六八年，「乖乖」誕生，從此，台灣人的童年零食記憶，乖乖都要佔一角。

乖乖不只甜，討小孩喜歡，大利器是附送許多小玩具、小文具。一九八〇年，附送圓規、尺和三角板，一九八三年，附送三國演義小漫畫書，一九八七年，當時流行打彈珠，打開乖乖，就有迷你彈珠台。其他不同的年代，還推出小汽車，需要動手組裝；而塑膠製的小跳跳蟲，指壓背上，放開手指，就會往前跳。

除了乖乖，八〇年代以後，許多糖果餅乾產品也會附送小丸子卡片、芭比卡片。健達出奇蛋更是直接把立體拼圖等小玩具包在巧克力蛋裡。

買東西附送小東西這件事，上個世紀一九一〇年代，日本知名的森下仁丹已經大手筆玩過了。

仁丹是當時廣告的超級能手，一九一八年又有新花樣。四月，仁丹在台灣報紙刊登全版「新發賣」的廣告，買一包二十錢的仁丹，內容量是過去十錢一包的兩倍半，聽起來已經頗吸引人，但這不是重點。廣告強推的重點在於附送全日本幾百個名勝古蹟的風景卡片，卡片背面並有景點說明。

日本時代，已經非常流行風景明信片，旅行當地，買一張，馬上寫一小段信，付郵寄給親友，也是旅程的必要儀式。買仁丹送風景卡，基本上吻合當年的文化偏好。風景卡片另外有個強點，仁丹不是印個十種，而是搜羅了幾百個各色觀光勝地，如此一來，每個人潛在的收集癖都被騷引出洞了。仁丹廣告就誘說，這些風景卡片慢慢收藏，一張一張放入相簿，就是一本有趣的日本名勝「寫真帖」了。

幾年前，台灣瘋狂收集 Hello Kitty 磁鐵的盛況，想必就是仁丹當年附送小卡片的夢想。

完

1918 年，仁丹為產品新包裝刊登全版廣告，「附名勝古蹟的卡片及金言容器，一包 20 錢的仁丹終於推出了」，除了強調卡片可以蒐集成「寫真帖」，卡片背面還有趣味的說明，可做為地誌參考用，是絕佳的教材。

新發賣

名所カード

仁丹 二十銭包

及金言容器付

全國各地の藥店に於て

愈々發賣

仁丹名所カード

# ●福袋　ふくぶくろ

廣告表示●

戰後，台灣的商戰中，要到九〇年代，「福袋」才浮現。到現在，大家已經完全了解福袋的遊戲規則，而且，即便一家服飾小店，都可能透過臉書促銷，告訴粉絲，將送出少少的幾個福袋。

對消費者來說，買福袋，多半會揀到便宜。便宜中，又像買了彩券，可能有意外的驚喜與意外的失落。

福袋源自日本，事實上，台灣人在日本時代已經體驗過福袋的趣味。一九一〇年底十二月，八角形、紅磚的新起街市場（今西門町的紅樓劇場）內，有家「井上商店」，就賣出福袋，每袋二十七錢。

一九一七新年的第二天，與新起街市場隔街對望的臺灣日日新報社，午後，眾人雲集，他們就是來搶福袋的。福袋裡有不同的獎品等級，一等到六等，不外清酒、白米、醬油、滷粉等日常用品。台灣人鄭老成就抱走二等，獎品卻是他抱不走的；白米一百二十公斤，得找個拖車來載才行。

一九二二年，台北城內京町（今博愛路）的文具大店「小塚」，也在年末推出「文具福袋」，分一圓與兩圓兩種。小塚還特別放「誘餌」，預告每十袋就有一支高級鋼筆。有如此十分之一機會的福袋，真叫人想去買來賭賭運氣。

一九三八年，森永牛奶糖的台灣分公司設計的福袋活動別有特色，每個福袋賣二十錢，裡頭藏了三種好運，其一是當時流行歌的歌星藤山一郎的表演招待券五百張。福袋裝的不只是吃穿之物，也有音樂欣賞了。

藤山一郎畢業於東京音樂學校，三〇年代就出了名，一九三八年二月應邀來台灣登台表演兩週。當時唱的《酒は涙か溜息か》，戰後被翻唱為台語歌《秋風女人心》。其他台語歌《男性的純情》，也源自他的歌曲。

完●

森永福袋の中には三つの
幸運がかくしてあります

1、藤山一郎アトラクション招待券が當る場合（於大世界館）

2、森永野球遊引換券が當る場合（五〇〇枚封入）

藤山一郎アトラクション五百名御招待

森永福袋セール幸運探し

一袋 二十錢

3、森永時計バッヂ！これだけは漏れなく全部の方に當ります

森永福袋は市内の菓子店にあります。

森永製品臺灣販賣株式會社

1938 年，森永牛奶糖福袋每個 20 錢，以福袋中藏有名歌星藤山一郎的表演招待券做為賣點。

# 一九二三年（大正十二年）十二月十三日

**廣告表示**：福田商會吳服店在歲暮年終登廣告說，一如往年，從十五日開始賣福袋，有十五圓、十圓、五圓等三種價格。

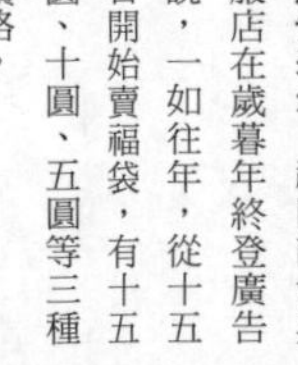

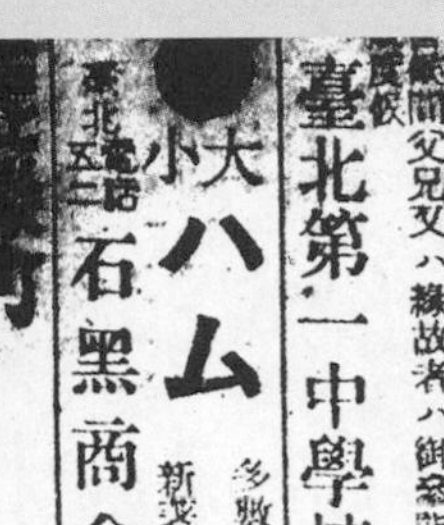

臺北第一中學校
大ハム
小
多數
新着
石黑商會


奧本
電話三三五六番

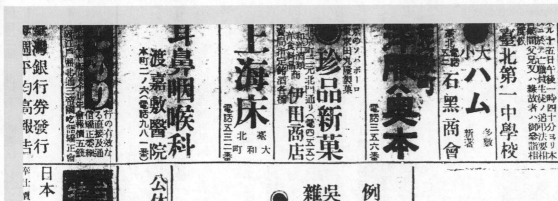

珍品新菓
伊田商店

上海床
臺北 大和町
電話五三二番

耳鼻咽喉科
渡嘉敷醫院
本町二ノ六（電話九八一番）

臺灣銀行券發行高報告

例年の通十五日より
呉服
雑貨
福袋賣出し
◉十五圓 ◉十圓 ◉五圓
臺北市本町一丁目
福田商會呉服店

公休日に付き本日休業仕候
艋舺貸座敷組合

日本一
一圓廿錢以上
三圓五十錢迄
月桃草履
臺灣纖維工業所製作
發賣元
高山商會

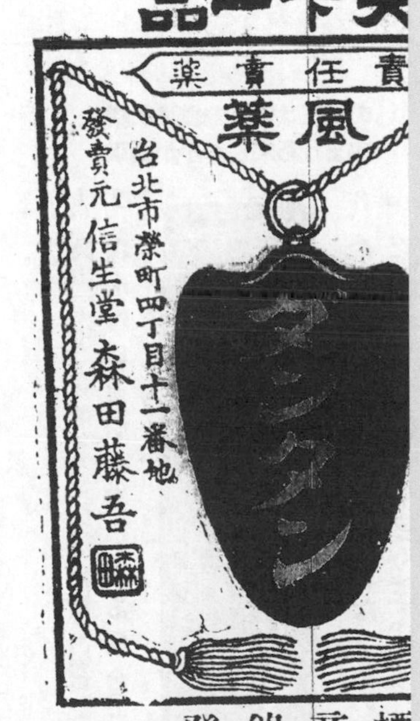

天下一品
責任賣薬
風薬
台北市榮町四丁目十一番地
發賣元信生堂 森田藤吾
標商錄登


株券無效公告

長壽圓

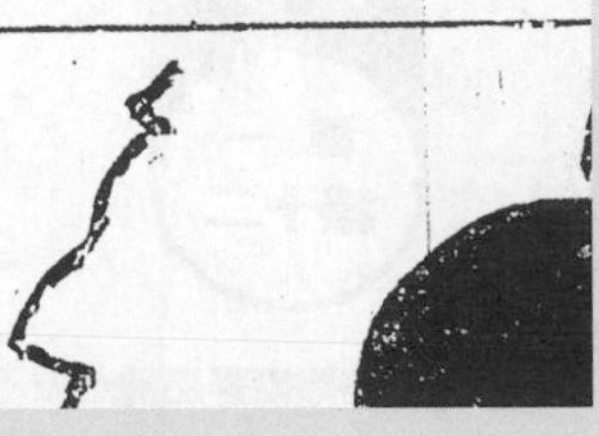

# 撕開包裝紙有獎
## 開ければ当たり

日本時代，罐頭產品已經琳琅滿目。海產罐頭有鮭魚、鰻魚、螃蟹、蠑螺，日本傳統食物有「福祿漬」，台灣水果有鳳梨、鳥梨、芭樂，甚至木瓜都已裝入罐頭。

當時，罐頭材質一樣是馬口鐵，外頭再繞包裝紙。

賣罐頭的商人想要玩送獎品的促銷活動，人家可以把抽獎券或小獎品放進紙盒，但是，總不能把小小張的中獎紙券丟進罐子，和鮭魚、芭樂一起泡在水裡或湯汁裡；有些罐頭產品就是本質不容許。從報紙廣告看，三〇年代，商人找出辦法了，市面上出現罐頭煉乳把獎品藏在包裝紙的新招。

戰前行銷最廣、知名度最高的煉乳品牌「鷹牌煉乳」，以及明治製菓的女兒標煉乳，都在外包裝紙的裏側，印上各種獎額。一九三六年，明治煉乳包裝紙內的抽獎金額有五圓、一圓、五十錢等。一撕開，馬上可以在店家換取現金，給買煉乳添加許多樂趣。

如果撕開看見上頭寫著五圓，那就更有趣了；因為，五圓拿到大稻埕去吃加了肉片的湯油麵，可以吃一百碗。

完

明治メリーミルク
（女兒標煉乳）
レッテルで大當り景品！

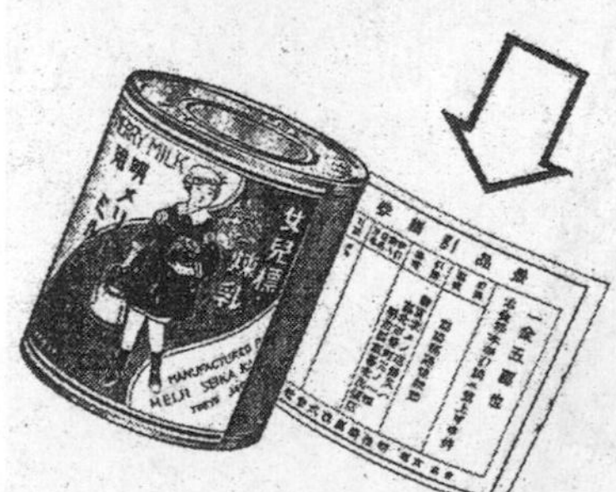

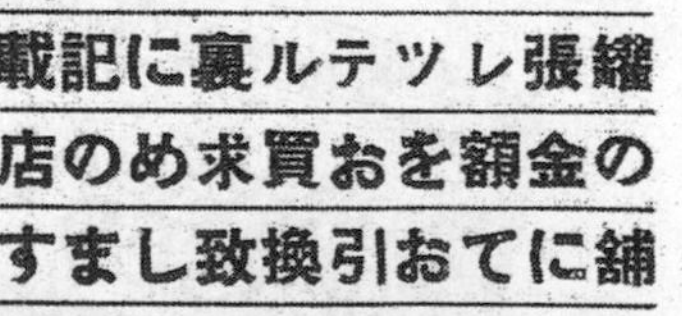


母乳代用內外第一
品質優良價格低廉

內標添附景品發售！
內標所記載金額、在店舗
即時可換、景品內容豊富
且佳、務新買上是幸

東京・明治製菓株式會社

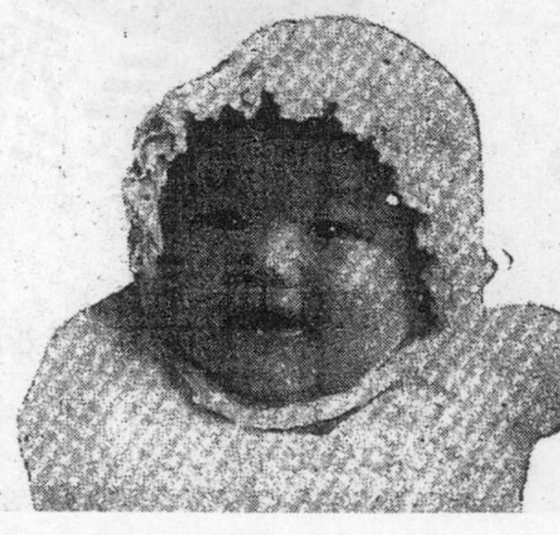

明治煉乳包裝紙內的抽獎金額有5圓、1圓、50錢，一撕開，馬上可以在店家換取現金，給買煉乳添加許多樂趣。

廣告表示

一九三七年（昭和十二年）七月二十六日

**廣告表示**：「幸運落在誰身上！」明治、森永及鷹牌煉乳都曾做過罐外包裝藏現金兌換券的活動。

幸運は誰れに！

森永ミルクの罐巻の裏に
五圓券・一圓券その他の
現金引換券があります

森永ミルク

MORINAGA'S
CONDENSED MILK
TRADE MARK
森永ミルク
Net Weight 390 Gr.
MADE IN JAPAN


榮養は新鮮にして豊富ヴイタミンに富み　愛兒の發育上理想的なり

一九三八年（昭和十三年）

三月

二十二日

**廣告表示**：賣罐頭的商人想要玩隨罐附送獎券的促銷活動，但總不能把中獎紙券丟進罐子，泡在水裡或湯汁裡。戰前行銷最廣、知名度最高的煉乳品牌「鷹牌煉乳」，就在外包裝紙的裏側，印上各種獎額。

# 開瓶有獎

## 開けると当たる

現在去大阪，飛抵關西機場之後，搭南海電車，很方便進市區。南海電車的創辦人根津嘉一郎，參與許多事業，其一是啤酒。二〇年代，他的日本麥酒鑛泉株式會社併了幾家啤酒廠，生產「ユニオン」（即UNION，戰前報紙中文版曾寫做「油尼翁」）啤酒，和麒麟、櫻、惠比壽等啤酒同一等級，屬於較好的啤酒，價格也比台灣本地產的高砂啤酒貴。

一九二五年，台灣的貿易商西村商會首次進口油尼翁啤酒。一九二九年，便在台灣辦了新鮮的開瓶有獎活動。獎品是獎金，從半圓（五十錢）起，有一圓、三圓、十圓，最大獎五十圓，等於現在的好幾萬元了。獎額就藏在瓶蓋裡。

現在的米酒、啤酒直接以馬口鐵製瓶蓋蓋著瓶口，以前不同，瓶蓋內還套一片軟木墊。所以，買了油尼翁啤酒，要記得把軟木墊挖起來，才會知道是否中獎，又是中多少金額。

西村商會準備了六十個最大獎，藏在三萬箱裡，一箱又有四十八瓶，所以是一百四十四萬瓶中有六十個機會，機率是兩萬五千分之一。

活動期間共九個月，從一九二九年的三月一日到同年的最後一天。四月初，就有人獲得最大獎了。報紙陸續報喜，台灣人多位得主也現身了，楊梅似乎中獎運盛，有劉金春和黃統兩人。另外，五十圓大獎也獎落嘉義、新竹、北港等地的台灣人。

完

廣告表示

福運券
からくじなし
付大特売
世界的優良粉乳
森永ドライミルク
罐の中に洩れなく現金引換券あり
五圓券・二圓券　一圓券以下　十萬枚
森永製品臺灣販賣株式會社

森永ドライミルク（dry milk，即奶粉），因為內容物是「乾」的，所以中獎券可以直接放進罐子裡。

一九二九年（昭和四年）
四月十七日

**廣告表示**：油尼翁啤酒開瓶有獎活動：第一重，打開瓶蓋得現金，共有四千多個名額；第二重，集內側印有「ユ」、「ニ」、「オ」、「ン」、「ビ」、「ー」、「ル」共七個字樣的瓶蓋，就可以從皮夾與扇子等贈品中選擇一樣。

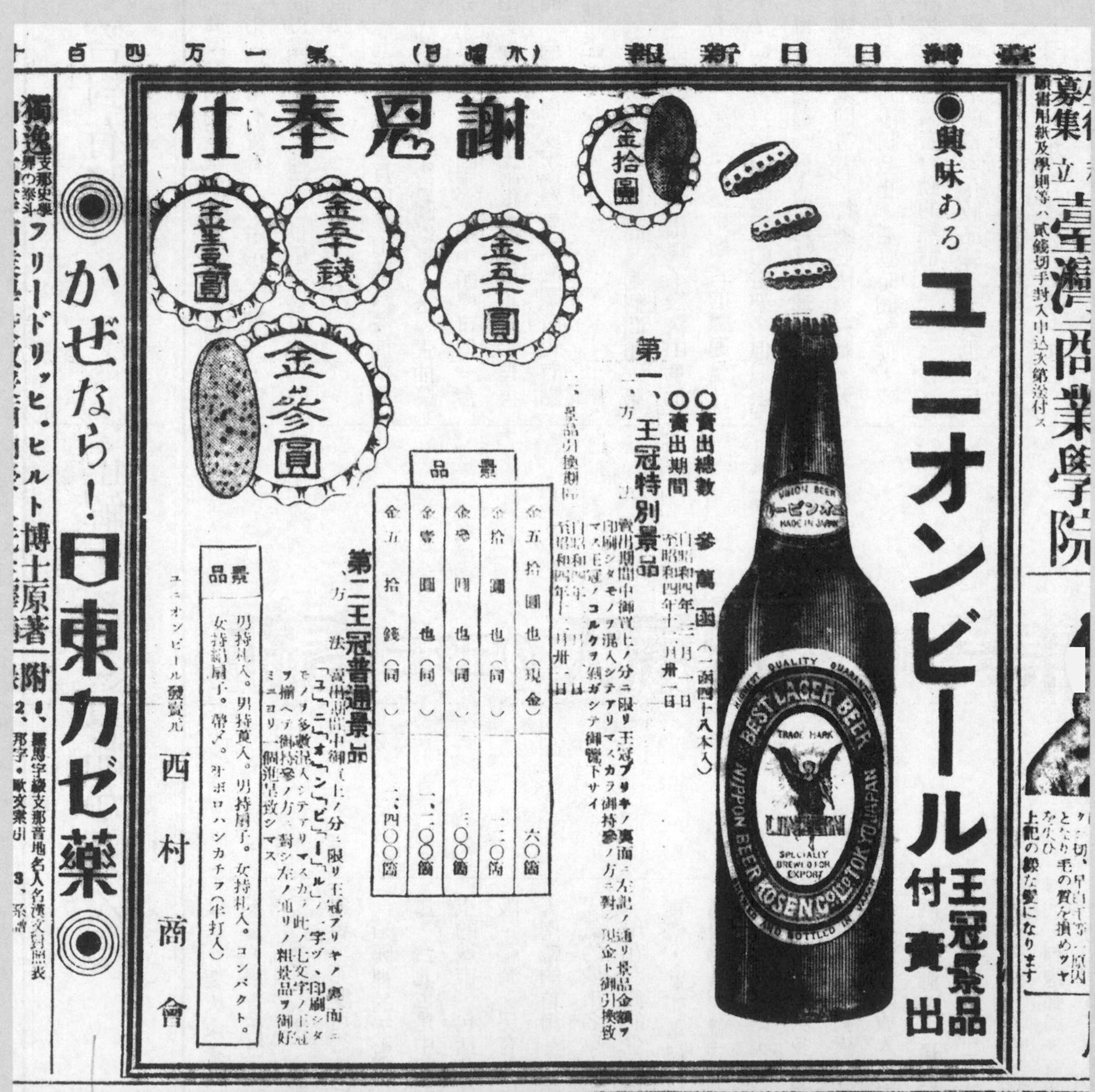

## 答對有獎

## 正解すると賞品が貰える

廣告表示

商家從消費者賺取利潤，偶爾也要互相互相，回饋消費者，不用花錢買東西，也能得點利。有一種方法是舉辦答對有獎的活動。

一九三五年三月底，山葉鋼琴推銷風琴，買風琴的金額百圓以下，送一張抽獎券，百圓以上送兩張，抽中頭獎可得一台山葉鋼琴。辦法講很久之後，廣告裡再開一個小窗，給沒買風琴的讀者也有點「糖果」。

玩遊戲似的，小窗裡問了兩個問題，第一，「在這則廣告中，出現了幾次山葉這個名字？」第二，「這則廣告的標題是什麼？」答對者送山葉特製的書架，但只限一百名，超過一百人答對就以抽籤決定。

願意應募回答者，行動要快，只剩十天左右，四月十日截止。活動時間短促，或許也能激發讀者行動的熱情。

戰前知名的日本化妝品牌クラブ也曾玩過十來天的搶答有獎活動。日本人過新曆年，因此，一九二五年十二月十九日，時序已經進入歲暮。クラブ在報上登了

新春三ケ日の天氣豫想懸賞募集

廣告，要大家猜元旦假期三天正中午的天氣。讀者在徵答的表格填上「晴」、「曇（多雲）」、「雨」、「雪」。答對者再抽出幸運者，頭獎可得家庭用的錄影機。

猜哪裡的天氣呢？有八個城市可供選擇，台北也是中間的一個，其他多日本本土的城市，包括北海道的札幌、東京、大阪、福岡。另有殖民地朝鮮的京城，即今天南韓的首爾。中國的大連、上海也在猜天氣的城市名單中。

現在台灣的生活中，還常見答對有獎的宣傳，譬如電視轉播美國職籃，讓觀眾猜對勝負，就「好禮快樂送」，送披薩、送籃球雜誌、送男士保濕凝膠，不一而足。現代做法多以網路填答送出，但是，一九二五年猜天氣時，要從報紙把表格剪下來，填好放入信封，自付郵資，要貼好兩錢的郵票，最後再用紅筆在信封寫上「新春天氣豫言」，才完成整個猜獎手續。比較起來，過程繁瑣，但純手工腳工的年代，跑跑郵局、買買郵票、寫寫字、塗塗漿糊，也頗有一番趣味。

完

# 一九二五年（大正十四年）

## 五月十七日

**廣告表示**：可爾必思也玩答對有獎，出了一道簡單的數學題，要大家算算新容量包裝有多划算。廣告說，一般兩合（約三百六十cc）裝的飲料要二十五錢，相當於一合十二．五錢；可爾必思新經濟瓶有三合六勺，定價一百八十錢，可七倍稀釋。問題來了，新經濟瓶一合究竟要多少錢呢？活動時間只有三天，答案規定要寫在郵局明信片上寄回，就有機會得到收音機、手錶等獎品。

懸賞

懸賞問題

180÷(3.6×7)=?

カルピスの新徳用壜が出來ました

カルピスはこれまでの化粧函入の大壜（二合四勺入定價一圓六十錢）でも普通の淸涼飲料に比べて割安でありましたところが新徳用壜は三合六勺入で定價が一圓八十錢ですから大壜に比べて丁度五割安になります。其の上カルピスは七倍に薄めて飲むものですから、徳用壜一壜量のカルピスが二十六錢にしか當りません。

**懸賞問題に就いて**

普通淸涼飲料は二合壜入で二十五錢、即ち一合の値段が十二錢五厘に當ります。之れに對してカルピス新徳用壜の飲用量一合の價は何程ですか。上の式に就いて御計算下さい。（但錢位以下切捨）

◇應募規定

一、？は何錢になりますか（答案は必ず御一人一答のこと）
二、用紙は郵便はがきに限る
三、此の問題を見られた新聞名を御記入のこと
四、カルピスはお湯で飲むのと、冷水で飲むのと、どちらが美味しいか、御經驗の通り御書添へのこと
お湯と水との違ひで皆樣のカルピスに對する御嗜好も種々で御座いませう。夫れを知ることは弊社にとりましては大切な事でありますから必ず御書添へを願ひます
五、締切は大正十四年五月二十日限り（日附消印による）
六、宛名は東京下澁谷カルピス製造株式會社廣告部
七、正解者中より抽籤を以て當選者を定めます
八、當選發表は大正十四年六月中旬此の新聞紙上でいたします

カルピスはカルシウムとビタミンと、蛋白質と、諸種の滋養等を原料とし之に滋養力のある乳酸菌と消化を助ける酵母菌とを加へて自然醗酵せしめた、合理的飲料でございます。

**贈呈品**

| | | |
|---|---|---|
| 一等 | ラヂオ一式（三百五十圓） | 一人 |
| 二等 | ラヂオ受話器（三十圓） | 五人 |
| 三等 | 銀側腕時計（二十圓） | 十人 |
| 四等 | カルピス新徳用壜 | 百人 |
| 五等 | 國際懸賞募集圖案繪葉書五枚入 | 一千人 |

東京下澁谷　カルピス製造株式會社（カルピス肝油製造元）

# 一九二五年（大正十四年）十二月十九日

**廣告表示**：日本化妝品牌クラブ在報上登廣告，要大家猜元旦假期三天正中午的天氣，獎品有家庭用的錄影機、兒童書櫃、音樂座鐘、鋼筆等。除此之外，在答案紙的左欄填上愛用的クラブ品名，及信譽良好的販賣店名稱，販賣店就有機會得到最高價值三十圓的クラブ商品券，頗有鼓勵店家提升服務品質的意味。

クラブ美身クリーム　カテイ石鹸　本店 中山太陽堂

新春三ヶ日の天氣豫想懸賞募集

新趣向にして興味深き新春三ヶ日の天氣豫想を懸賞にて募集致します

懸賞課題

（一）左記八大都市の内より一ヶ所丈を御自由に選定して其地に於ける新春三ヶ日の正午時の天氣豫想を御回答下さい

札幌　東京　大阪　福岡
京城　大連　臺北　上海

（二）新春三ヶ日の正午の天氣「晴」か「曇」か「雨」か「雪」かを豫想して御答へ下さい

（三）答案は此新聞を切抜いて相當欄へ夫れ〻御記入下さい

（四）封筒の上には「新春天氣豫言」と朱書せられ開き封（一錢切手貼附）にて大阪市西區水崎町中山太陽堂本店新春天氣豫想係宛に御送り下さい

（五）各地の三ヶ日の正午時に於ける「晴」「曇」「雨」「雪」は其地の觀測所の通報若くば特定觀測委員の報告に依り之を決定致します

（六）答案調査の上豫想適中者には抽籤により等級及當選を定め左記の賞品を贈呈致します

（切り取り線）

回答用紙　新聞掲載

選定地名　市　◆上の空欄へ八大都市中の一ヶ所を選定して御記入下さい

| 大正十五年 | |
|---|---|
| 元旦正午の天氣 | |
| 二日正午の天氣 | |
| 三日正午の天氣 | |

回答者　御住所　氏名

◆右の空欄へ「晴」「曇」「雨」「雪」の何れか一字を三日とも御記入下さい

御愛用のクラブ化粧品の名

◇保健、衛生、清潔、美、快感及び經濟の為め日頃御愛用のクラブの品を三種以上御記入下さいませ

クラブ化粧品の販賣店名

◇常にクラブ化粧品を御買求めになる信用ある商店の所在地と店名を御記入下さいませ

縣 市 郡 區 町 村 番地 商店

賞品

一等　家庭用活動寫眞映寫機（フィルム付）（金二十五圓）壹台宛　八名
二等　學童用書棚（金十圓）壹個宛　十六名
三等　音樂入置時計（金七圓）壹個宛　三十二名
四等　プラトン萬年筆（金三圓）壹本宛　八十名
五等　クラブ美身クリーム　カテイ石鹸（金七十錢）壹組宛　八百名
六等　クラブ煉歯磨チューブ入（金四十五錢）壹個宛　千六百名

◆答案締切　大正十四年十二月廿八日
◆當選發表　大正十五年一月下旬

愛用者優待の外

販賣店各位の優待

前記當選者の回答用紙に信用ある商店として記入せられたる商店に對して抽籤を行ひ下記の賞金を謹呈致します

賞品

一等　金參拾圓（クラブ商品券）　五名
二等　金拾圓（仝）　十五名
三等　金五圓（仝）　五十名
四等　金壹圓（仝）　五百名

クラブ白粉　クラブ洗粉　本店 中山太陽堂

# 一九三五年（昭和十年）三月三十日

**廣告表示**：山葉鋼琴舉辦答對有獎活動，廣告小窗問了兩個問題：「在這則廣告中，出現了幾次山葉這個名字？」以及「這則廣告的標題是什麼？」

ピアノが當る
景品
山葉オルガン
景品特賣
お子様のために
懸賞
壹等　山葉ピアノ　特製　八十五鍵　五臺
日本樂器製造株式會社
臺灣出張所
特約店（いろは順）
石黑樂器店
竹中商行
臺中物產支店
南里商店
並木學生堂
小林商店
寺本商店
阿緱教育購買部
朝日商會
山陽堂書店
榮文堂

## 抽獎中獎

## 抽選で当たる

住艋舺的鍾豬屎，名字有點可憐，但是，他運氣很好，一九二四年開春，就抽中報社的特等獎，報紙還刊登了他的照片。

日本時代，公司行號大量運用抽獎來刺激買氣。日本人團體性強，到哪裡都合成組織。商人來到台灣，同一條街的店家，必然組成聯盟，遇年節就辦聯合大賣出。減價是最普通的手段，抽獎也是常見的辦法，而且，積小成大，聯合舉辦的抽獎，獎額拉高，人氣也跟著炒熱。

一九一〇年代，報紙常見中獎人登報公告已領取商家的獎金，金額的文字還被放大。一九一二年，就有位國語學校（今台北市立大學前身）的學生林平正，抽中一百圓，大約可以拿來買幾十坪台北市街的土地。

大稻埕的區長黃玉階曾帶領倡導女子不再綁小腳、男人剪掉辮子，是台灣現代化歷史的重要名人。名人也要過一般生活、買東西；一九一六年有一天，黃玉階向日本人的商店買了洋酒和餐具，共花三十圓，拿到抽獎券。獎一開，頭彩「3100」，正是他的號碼，抱回一千圓。板橋林家的老爺林松壽，手上握著「3101」抽獎券，一號之差，只能飲恨。

台北商店愛用抽獎推銷，南部街庄的商店也不落人後。一九二九年，北港有位蔡水企，明天要結婚，今天才上街到布店買一件內衣，也獲一張抽獎券。大概喜事臨門，新郎運正旺，就中頭獎，得到一只金手錶，價值一百圓。

壹等當籤廣告
一金壹百圓也

一九三五年，日本時代抽獎活動的史上最大獎來了，第一特獎高達一萬圓。如果以當時中上水準的月薪三十圓來說，天上掉下一萬圓，等於可以二十幾年不工作，直接退休納涼。

那一年，十月十日將舉辦盛大的台灣博覽會，為期五十天，台北市的商家摩拳擦掌，五月，就開會決定「聯合大賣出」，從十月一日到十一月二十八日，總共五十九天，期間買一定金額的商品，即送一張抽獎券。他們丟出最大獎一萬圓的餌，希望能釣到三、五百萬的總營業額。

一券在手，機會無窮，所有人抱著美夢睡了快兩個月。二十九日這一天，就要瞬間全破，唯獨一人會摸到、抱到真正的一萬圓。瞬間戳破與一秒成真的悲喜劇選在《臺灣日日新報》（今衡陽路與中華路交叉口的新生報大樓）三樓演出。

一早，二十幾位大老闆紛紛登樓，圍著長方桌就座，其中三位台籍，乾元蔘藥行的陳茂通、德記布行的謝火爐、賣人蔘起家的張清港，他們代表了大稻埕的商家。幾位警察局長官也列席監督壓陣；難得有警察的地方，沒有嚴肅的空氣。

九點鐘鈴響，準時開始抽獎。從五獎開始抽，四獎、三獎、二獎，好不容易等小配角下台，第一女主角終於登場了。全員暫時停止呼吸，「21527」，喊聲撕破一室的安靜，台灣第一幸運兒誕生了。

報社走廊馬上貼出中獎清單，僅有號

廣告表示

碼。第一時間只知道第一特獎由新高堂賣出。新高堂位於重慶南路、衡陽路口，就像誠品、金石堂，主要賣書，也賣風琴，是日治時期台灣最大的書店。如此看來，第一特獎應該獎落愛書人。

是誰、是誰呢？記者當晚找到得主了，竟然是一位年輕醫生。醫生已屬人生勝利組，老天這個安排似乎有點偏心了。

1935年，台灣博覽會的會場上，可以看到台北市商家的廣告柱，宣傳「聯合大賣出」的抽獎活動，第一大獎現金一萬圓。

二十五歲的陳增嶽戴著胡適一樣的圓眼鏡，住在今天中山北路、長安東路附近。小書房裡，他告訴記者，他在赤十字病院（今台大醫院前身）擔任內科醫生，有一天花了三十幾圓買了東大教授吳健的「內科書」與幾本醫學雜誌，拿到抽獎券。二十九日開獎當天，其實他從醫院下班，又去了新高堂看書，聽店員說一萬圓獎落新高堂，他還開玩笑說，得主不可能是他。回家一看報，才發現正是自己。

陳增嶽務農的哥哥特別從家鄉新竹新埔來，十二月二日，一同前往台北商工會。受領的一萬圓不是支票，而是現金，難怪哥哥要陪著。離開時，警署署長也好意護送，請他們及新高堂老闆一起搭警車，到台灣銀行存入個人帳戶。

關於這筆天上掉下來的大禮物，陳增嶽請教了自己台北醫專的老校長堀內次雄和父母等人，決定分捐給各單位，包括家鄉新埔庄的小學、母校新竹中學。

陳增嶽就像現任台北市長柯文哲，新竹人，新竹中學校友，又是台大醫院的醫生。但是，後來路就不同了。戰後不久，一九四七年，陳增嶽即返鄉開設「朝宗醫院」，當起小鎮醫生，照顧鄉里了。完

# 一九〇八年（明治四十一年）一月十四日

**廣告表示**：不論是現金、白米，還是儲蓄債券，中了頭獎的幸運兒會刊登像這樣的「當籤廣告」，以茲證明。

べき限りにあらずとて否認流配中と雖も錦陵尉の禮遇事となりたりと

**巡撫新設**

豫て蒙古者となすの議ありしが今回の提議に依り內蒙古察哈爾多きが故に一官廳を設立し開墾事業最も成功を見つゝ城將軍貽穀、察哈爾都統誠遠巡撫を置き以て直隸省のする模樣ありと

**[illegible]仙所在**

仙の河內にあることを北京廣西匪徒と氣脈を通ずるを內知事に請求するやう外務に交渉せんとを求めたりと

**[illegible]陸軍の革新**

戰役の實驗に鑑み此程に至老朽者を淘汰するの必要をを以て此事を決行しつゝあ

藝上に於ける陶庵侯と早稻田伯、評論には最近一年間の政治社會外交、丁未の文壇等あり其他數篇の小說春永の好侶たるべし（月一回一部二十錢東京駒込西片町十、反省社發行）

●新公論（二三の一）　紙幅大きくなり編輯亦若干改まれり現代名士と格言は得難き金言の多くを紹介し萬報一覽五十餘篇例によつて新智識湧然、世界の漫畫日新らしきもの多し（月一回一部十五錢東京本郷東片町新公論社發行）

●臺灣（新年號）　論說欄には火田氏の迎春の辭杏堂氏の今日主義と來年叢等外二三雜纂欄には岩政憲三氏の英領海峽殖民地三井生の臺灣製茶貿易の創始者ヂョン、ドッド氏坂本氏の最も不思議なる人種等調査欄には布施太郎氏の横濱稅關事務取調要概外數項其他文藝欄漫錄欄等に收めたる文字仲々豐富なり唯た改年と共に改めたる表紙は見るに足らず

**詞林**

元旦試筆二律　岩邊　半佛

曉暾出海照蒼波。仰望扶桑佳氣多。萬里同風新歲月。千秋不動舊山河。皇威赫々兵戈息。民物蒸々億兆和。欲誌聖朝元旦慶。抽毫先草御題歌。

獨酌屠蘇三百巵。醉來壁上試題詩。墨和硯水雲浮處。句就龍門尾掉時。門有賀賓通刺去。室無妻子迓春嬉。曲肱酣臥午窓下。夢到家山萬里涯。

元旦聽鶯　許　雷　地

春風和暖歲朝清。坐愛黃鸝試曉鳴。麗舌初圓嬌一囀。百年世事此中聲。

**特別廣告**

法話すんで寺門を潛る頭巾哉　杏堂

里茶屋や遺失の頭巾掛けてある　裳汀

來る十六日より替狂言

前 **加賀騷動一度梅鉢**

切 **壇浦兜軍記**　阿古屋琴責

阿古屋は嵐守若こと實川八百升の兩人一日代りにて相勤め何れも三曲の妙技を御覽に入れ候

臺北劇場合資會社　榮座（電話百五十一番）

村井弦齋居士考案　浪花菓子 **此の花發賣**

臺北府前街四丁目角（電話九十四番）

茶問屋 **辻利茶舖**

壹等當籤廣告

**一金壹百圓也**　貯蓄債券貳拾枚

右洋物店聯合大賣出ニ際シ**盛進商行**ヨリ發行ノ番號ニ當籤シ前記ノ如ク正ニ領收候也

臺北廳大龍峒　**陳直卿**

一九〇九年（明治四十二年）
一月
二十日

廣告表示：日本人團體性強，到哪裡都合成組織。商人來到台灣，同一條街的店家，必然組成聯盟，遇年節就辦聯合大賣出，並用抽獎來刺激買氣。

書院街小南門街聯合賣出シニテ第壹等ニ當籤シ內地白米貳拾五俵正ニ受領ス該賣出シノ確實ナルヲ證ス

臺北廳大龍峒街　王慶忠

消化新藥

本品は每瓶強度一定効力永久不變なりこれ高峰博士發見の新法式に從ふ特長なり

100 COMPRESSED TABLETS
TAKA-DIASTASE
タカヂアスターゼ
Parke, Davis & Co. Detroit, Mich., U.S.A.

各地有名藥舖にあり
說明書は無代郵送す

製造元　筑前博多　松居織工場　電話九五弐番

謹告　新式治療
●臺北々門街三丁目　齒科醫士　高
元大日本齒科醫會幹事
東京豫備病院齒科部主任
橫濱齒療院副院長
歐米義齒
●本院義齒ハ無料

良煙　セム　はタバコ　はタバコの不味を

オッド革の大王
センチュリー・キッド
登錄商標
東洋總代理店　橫濱　神戶

◎毛深き人の福音
男女多毛は多大の損有自宅にて無害無痛で毛をぬき發生を止める
けのはへるをとめる
脫毛法

# 一九一四年（大正三年）二月十三日

**廣告表示**：一九一四年，臺灣蓄財株式會社的當籤廣告，刊出各組中獎號碼。廣告中另一個值得注意的地方是，左列的代理店中有多家由台灣人所經營，像是大嵙崁（一九二〇年，由臺灣總督府更名為大溪）以及牛罵頭（台中清水舊稱）。

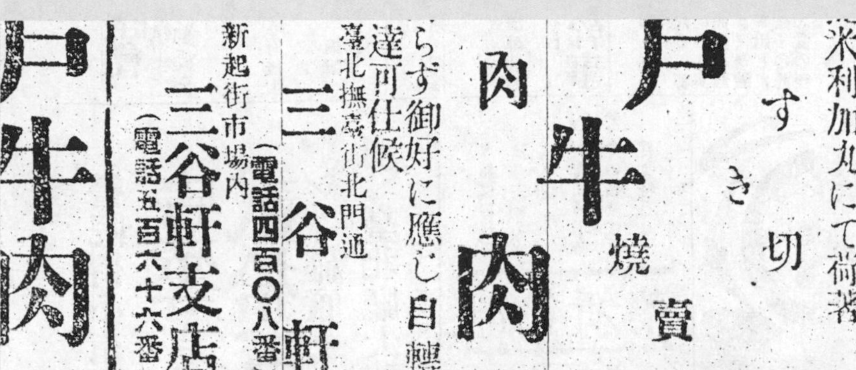

米利加丸にて荷著

すき燒
戸牛肉
切賣

らず御好に應じ自轉
達可仕候
臺北撫臺街北門通
三谷軒
（電話四百〇八番）
新起街市場内
三谷軒支店
（電話五百六十六番）

戸牛肉

當籤廣告

本社成規に依り本月十二日抽籤の結果左記の通當籤相成候此段廣告候也
追テ氏名掲載不希望の向有之候間省略致候

甲種い組第四號
甲種ろ組第八五號
甲種は組第一一號
甲種ロ組第三九號
乙種チ組第九〇號
乙種丑組第七〇號

臺北撫臺街二丁目
臺灣蓄財建築株式會社
（電話長一〇三五番）

阿緱代理店　宮添環
打狗代理店　佐々木支店
臺中代理店　前田八十松
新竹代理店　日向順諦
大嵙崁代理店　呂建邦
宜蘭代理店　林元弼
臺南代理店　佐々木紀綱
嘉義代理店　伊東義路
牛罵頭代理店　蔡敏貞
桃園代理店　簡傳
深坑代理店　張建生
蕃薯藔代理店　中榮藏

# 一九二二年（大正十一年）七月七日

**廣告表示**：神木洋行「全島展店紀念特賣中獎號碼公告」。廣告說，這是在公開場合江山樓抽出，而且有《臺灣日日新報》的記者在現場，以昭公信。

申込所 東京神田カヂ町五 東京眞容療法研究所

療法

…に老衰するのである」とはスタイ…年「取る」も氣が若く容貌音聲まで…殖器の機能を旺盛ならしむること…腦神經衰弱等も復活旺盛で生殖…し老衰者も早老者も再び人生の春…り人生無上の幸福を全ふし得るの…新發見の男女若返り法及生殖器…にて申込あれ無代進呈す（非賣品）

金貳拾圓内外

…圓より八拾圓　…圓より七拾圓　五圓内外　…圓内外　…圓内外

乘馬ヅボンコール天二圓より四五圓キヌコール七八圓よりメンコールセル新物參圓より四圓セル四五圓

以上列記の部は大略の物にて候より以上優等の品多々有之候間御入用品は御見積り價格御申添へ御注文次第引替小包にて發送申上候〇新古洋服〇外套〇毛布〇角帯〇ナッパ其他一式

（呈送表價定）

廉低格價良優質品外外

萬次郎商店

臺灣總督府土木局

新荷到著

夏天滋養飲料
◉カネションクリーム
◉ミルクメド印クリーム
有特別安價提供可致候

寶香齋煉乳部　電話四八二番

ピーオー萬年筆並ニシャープ鉛筆

全島擴張記念特賣當籤番號發表

昨五日於江山樓臺日記者立會ノ上抽籤會ヲ開催仕リ候處左ノ通リニ當籤候條謹告仕リ候也

種
特等　109
一等　105　18　147　182　100
以上各組共通

乙種
二等　308　73　50　384　96　116　317　2?1　289　70
特等　37
以上各組共通

丙種
一等　64　33
二等　66　27　72

大正十一年七月五日

發賣元　神木洋行臺北支店

至ル處ノ藥店ニアリ。

有望副業

簡單高尚日三圓位遠近男女自宅出來年中無休道具貸規定書要…錢

特約店大募集

大阪西區本田二ノ四八　朝日商會

新店川開き

七月八日午後四時ヨリ（雨天順延）

◉煙火、御前清樂、納涼船

臺北鐵道株式會社

# 一九二四年（大正十三年）十二月二十一日

**廣告表示**：在今迪化街一帶，商家組成永樂會「聯合大賣出」，頭獎有一千圓。乾元藥行就廣告說，只要在店裡買藥材，每滿一圓就有抽獎券一張，活動時間一個半月，屆時會在「永樂座」戲台內抽出獎項。

永樂會
聯合大賣出
特等金壹千圓
景品總額
壹萬九百七十[illegible]圓也
拜啓者[illegible]參
茸燕桂各種藥材[illegible]
買上金一圓各贈呈抽
籤券一枚
主義　現金交易小賣　及代金引換
均有抽籤券[illegible]
賣出期間　自大正十三年十二月[illegible]　至大正十四年一月[illegible]
抽籤期日　大正十四年一月廿八日　午前九時
抽籤場所　永樂座戲臺內
抽籤發表　大正十四年一月廿九日　臺灣日日新報
品引換期間　大正十四年三月末日[illegible]
臺北市永樂町三ノ一[illegible]
參茸燕桂[illegible]藥材[illegible]
元丹本舖　乾元藥行

# 一九三〇年（昭和五年）

## 五月二日

廣告表示：當年，七星郡南港車站的站務員劉萬財喝櫻（サクラ）啤酒，打開瓶蓋幸運獲得現金五十圓。

### 婦權案 三日本會議に上程

【電通東京一日發】問題の政民兩派提出の婦人公民權案は一日の本會議に上程されなかつたので三日の衆議院本會議に上程される筈右の委員長は末松偕一郎氏（民）に内定してゐる

### 貴院盜犯防止案委員會

【電通東京三十日發】貴族院の盜犯等の防止及び處分に關する法律案特別委員會は三十日午前十時六分開會渡邊法相より提案理由の說明ありたる後花井卓藏、山岡萬之助氏等より質問ありたる後午後零時七分散會次回は一日開會の豫定

### 貴院盜犯防止委員會可決

【電通東京一日發】貴族院の盜犯防止及び處分に關する特別委員會は一日午前十時九分より開會直ちに質疑に入り二三質問あつた後全會一致原案を可決し十一時四十二分散會した

### 失業救濟具體案提出督促の決議 鷲野、森本兩氏より提出

【電通東京一日發】三十日衆議院に於て鷲野、森本兩氏外十五名の贊成を得て[illegible]決議案を提出した

政府は其の責に任じ速かに失業救濟に關する具體的方策を決定し之を本期議會に提案すべし

決議

### 米海軍方針 上院議員の演說

# 作文畫畫比賽

## 作文や絵画コンテスト



廣告與文藝結合，辦畫圖、作文比賽，戰前已經不少。

上個世紀二〇年代，日本的化妝品公司「中山太陽堂」日正當中，開拓了新的部門，介入文具事業，生產鋼筆和自動鉛筆。一九二一年，他們想出一個跟筆接近的宣傳活動，舉辦童話劇劇本徵獎。評審陣容龐大，共九位，包括盛名的小說家菊池寬。那時候，菊池寬才三十三歲，還未創辦文藝春秋，也尚未設置芥川賞和直木賞。

童話劇徵獎廣告雖也在台灣刊登，但那個年代，台灣人受日文教育才二十幾年，能靈活運用日文寫文章，而且還是寫童話劇的腳本，根本找不出半個。所以，劇本徵選的廣告，應該不足以騷動台灣人的文藝表現慾。

台灣兒童不一樣，他們參加了不少徵文。一九二五年，一家日本品牌的香皂公司舉辦兒童徵文，台北太平公學校的鄭耀中才九歲，寫了一篇「淡水」，被評為四等，獲贈一支筆。

三〇年代更熱鬧了。徵選作文、日本俳句、上色、畫畫的廣告，爭奇鬥豔，不斷呼喚台灣的童心。

森永牛奶糖抽屜式的包裝百年未變，拉出來以後，其實是一張厚紙承載著牛奶糖。森永曾腦筋動到這裡來，要大家以此為畫圖紙，畫出「森永牛奶糖的藝術」。不得了，三〇年代初，第一回就收到十二萬件作品。森永趁勢再舉辦全國巡迴展。一九三三年，第三回開始徵件，第一回的作品就在台北各地展覽。除了小學校內放展，也沒放過台北最大的百貨公司「菊元」，曾在六樓展示了三天。

森永的勁敵明治製菓也不輸陣，一九三四年，舉辦了全日本兒童繪畫比賽，特選五名，佳作三十名，入選三百名。台灣小孩投出一千兩百件作品，結果最好成績是佳作，有三件，全出自原住民孩子的畫筆，得獎者分別是今天新北市烏來福山村、宜蘭南澳利有亨部落等地的學童。

森永送的佳作獎品是手錶，特選的獎品也只是放置在桌上的時鐘。比較起來，花王的手筆簡直超豪華。一九三七年，曾以台灣孩童為限，舉辦作文比賽，頭等獎六名，直送日本旅遊，全程十六天。最後，有兩位公學校六年級的台灣孩子與四位日本小孩搭蓬萊丸，一起享受參加廣告徵文的甜美果實。

一九三八年，獅王牙膏推出另類畫圖比賽，請來童話家武井武雄畫好兩個黑白線圖，登在廣告內，參加者只需剪下來，填上色彩，幼稚園的小孩也可以參加。看到這樣的廣告，應該會勾起戰後幾代人的懷舊情緒，我還記得七〇年代自己給米老鼠上色的畫面。

舉辦作文、上色、畫畫這類比賽的公司，他們的主產品糖果、巧克力或牙膏、香皂，都與兒童生活相關，而非大人世界的洗衣機或汽車。雖然不是透過體驗商品來贏得小消費者，但經由參賽，也能與產品感情聯結，博得好感。

完

一九二一年（大正十年）

七月

三日

**廣告表示**：日本的化妝品公司「中山太陽堂」也賣起了文具，當時就想出這種與商品結合的藝文活動。

# 一九三三年（昭和八年）四月十六日

**廣告表示**：森永牛奶糖抽屜式的包裝百年未變，拉出來以後，其實是一張厚紙承載著牛奶糖。森永曾腦筋動到這裡來，要大家以此為畫圖紙，畫出「森永牛奶糖的藝術」。一九三三年，第一回的作品就曾在台北最大的百貨公司「菊元」展出。

森永キャラメル藝術展覽會

懸賞募集「森永キャラメル藝術」は皆様の御後援により大成功を收めることが出來ました。厚く御禮申上げます。その應募作品のうちより入選優秀作を選んで御高覽に供します。巧緻な大人の方の作品は勿論、純情溢れる兒童の作品を何卒御觀賞下さい。

森永ミルクキャラメル

四月十七日より十九日まで（三日間）

會場　於　菊元百貨店六階

森永製菓株式會社

一九三三年（昭和八年）

五月

二十二日

**廣告表示**：森永第二回徵件，要小朋友發揮想像力，利用膠水、剪刀及森永牛奶糖的空盒做出有趣的手工藝品，顏料與空盒數量則不拘。

一九三三年（昭和八年）

七月十九日

廣告表示：同前頁。

# 一九三四年（昭和九年）

## 七月三十日

**廣告表示**：明治製菓也舉辦了兒童繪畫比賽，獎品除了獎牌，還有放置在桌上的時鐘、手錶與鋼筆。明治在廣告中特別提到，他們從營收提撥出萬分之一，來支持情操教育活動，沒想到收到廣大的回響，非常感謝。

明治キヤラメル

☆明治自由畫當選發表☆

暑中御見舞申し上げます。いつも皆樣の厚き御引立を蒙り難有次第で御座います。弊社は御眷顧の萬分の一にむくひ且つは情操教育の一端に資したき微意を以て自由畫の募集を企てました處、意外に多數の御應募を得まして洵に感謝にたへません。就きましては御應募の御作品を顧問諸先生御立會の下に愼重に拜見いたしました結果、左記の通りと相成りました故御了承を願ひます。

以上發表の御挨拶を申し上ぐるに當り各位の御熱心なる御助力を感謝いたしますと同時に他日復たこの種催しもの發表の際は更に一層の御聲援を御願ひ申し上げます。

特選　五名（賞品＝賞牌、置時計）

北海道空知郡岩見澤町二條十二丁目　出口松四殿
東京市深川區東元町二八　高柳正義殿
橫濱市神奈川區南輕井澤三七　野崎修平殿
三重縣四日市市濱田一五四四　吉田茂治殿
和歌山市山吹町八　山本隆一郎殿

佳作　三十名（賞品＝賞牌、腕時計）

北海道　西谷正英殿
岩手　小出陽一殿
山形　槇邦弘殿
茨城　野門克美子殿
東京　瀧谷チヅコ殿　小林和子殿
松本謹爾殿　臼井滋夫殿
神奈川　神谷賀千子殿　關幸男殿
町田善利殿
愛知　野田敏子殿　森三郎殿
新潟　竹内和香殿　上田章子殿
石川　今越外茂榮殿
福井　鈴木房子殿
和歌山　上野力殿
兵庫　西邑眞一殿
廣島　吉田典雄殿　角ヤスエ殿
森谷晋作殿　神田豕治殿
島根　青木ひさゑ殿
靜岡　清木文吉殿
熊本　相澤陽一殿
臺灣　シランノイバン殿　ヤバイノミン殿　バシカンタイモ殿
朝鮮　佐藤彩殿

入選　三百名（賞品＝萬年筆）

入選三百名樣は賞品の發送を以て發表に代えます。

●尚賞品は發表と同時に發送を開始いたします故近日御手元に到着いたすことと存じます●

東京・京橋　明治製菓株式會社

明治キヤラメル

## 一九三七年（昭和十二年）五月十四日

**廣告表示**：可爾必思組合懸賞，下方的七張圖片與「う」、「ま」、「い」「カ」、「ル」、「ピ」、「ス」七篇小短文，怎麼組編才是對的呢？將適當的組合（如廣告右上角所示）寫在明信片上寄回，就能參加抽獎，最大獎是照相機。

## 一九三七年（昭和十二年）

### 七月八日

**廣告表示**：花王舉辦作文（綴方）比賽，大手筆招待寫得最好的六個小朋友到日本旅遊，結果有兩個台灣孩子雀屏中選，分別是來自新竹的郭清棟與台南的蘇美富，可以在那年暑假玩日本。

清淨運動

# 懸賞綴方入選發表

一等　內地御招待　六名

臺北州　臺北市南門小學校（尋六）　山本篤
新竹州　新竹州六家公學校（六年）　郭清棟
臺中州　豐原郡豐原小學校（尋六）　中里幸子
臺南州　臺南市港公學校（六年）　蘇美富
高雄州　鳳山郡鳳山小學校（尋六）　三嶋文子
臺東、澎湖、花蓮港ノ三廳　臺東廳里壠小學校（尋六）　堀尾壽美子

御招待は七月夏季休暇中擧行
詳細は追て發表致します

二等　置時計　二十名

臺北州
蘇澳郡東澳分教場（六年）　黃春成
台北市旭小学校（尋六）　宮瀨洋一
海山郡土城公学校（六年）　陳氏要
蘇澳郡蘇澳公学校（高一）　李文讓
台北市好成小学校（尋六）　武藤ヨシエ

新竹州
新竹市新竹高等尋常小学校（高二）　片平恒文

臺中州
苗栗郡高上公学校（六年）　李氏月妹
新竹州銅鑼圏公学校（六年）　李萬進
台中市明治小学校（尋六）　岩川守良
東勢郡東勢公学校（六年）　林氏碧玉
台中市新富小学校（尋六）　橫山虎郎

臺南州
新營郡媽祖廟公学校（六年）　林文顯
北門郡学甲公学校（六年）　莊澄毅
嘉義市東門公学校（高一）　林氏翠霞

高雄州
恆春郡車城公学校（六年）　許氏秀菊
旗山郡旗山第二公学校（高一）　郭銳煜
同（高二）　郭高恍

臺東、澎湖、花蓮港ノ三廳
台東廳里壠ノ学校（高一）　林孝慈
澎湖廳馬公第一公学校（高二）　李氏淑子
花蓮港廳花蓮港小学校（尋六）　岡本俊彥

三等　健康メタル　一千名

氏名略・發表は賞品の發送を以てこれに替へます

審査委員
第一師範附屬小學校　池田美代治先生
第一師範附屬公學校　辻武夫先生
第二師範附屬公學校　竹下虎記先生

主催・花王石鹼株式會社長瀨商會

後援・臺灣日日新報社

一九三八年（昭和十三年）

八月一日

**廣告表示**：獅王牙膏推出著色比賽，規定用四個顏色以內。準備的獎品有手風琴、顯微鏡、地球儀及文具組等，具有教育性與啟發性。

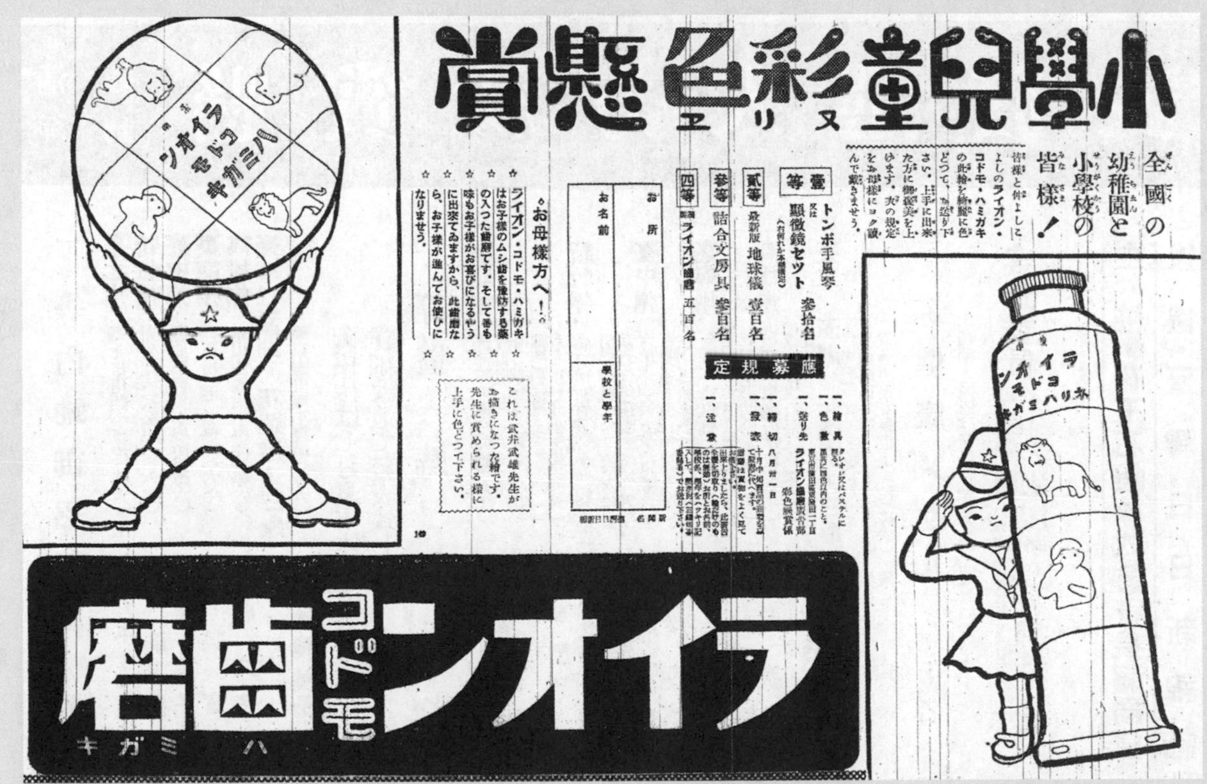

# 一九三九年（昭和十四年）一月六日

**廣告表示：**「以詩培養日本精神」，森永牛奶糖除了辦繪畫比賽，後來還徵日本俳句，不限兒童，保有童心的大人也可以參加。

詩で養へ日本精神

森永

キヤラメル俳句

キヤラメル俳句とは、子供の生活から、子供の眼で見た世界から生れる、五七五のコドモのうたです　謂はば童心俳句です　子供は勿論大人の方も童心に還つてお作り下さい

規定

一、題は自由です但し創作に限ります
一、小學生の方は學校名・學年も書いて下さい
一、用紙は官製はがき一枚一句ですが一人で何枚出してもかまひません
一、選者　佐々木邦先生
一、送り先　東京市芝區田町一の十二　森永製菓株式會社學藝部
一、〆切　一月末日・發表三月上旬
一、賞金　入選　二圓　廿五名　佳作　一圓　五十名
一、作品は返却せず著作權は當社に歸屬

作例　父さんが一番下手のカルタかな
赤とんぼ兵隊さんについてゆく
そうだちの裁縫室や蜂が舞ふ

五錢・十錢

森永ミルクキヤラメル

# 回數券
## 回数券

對中年以上的台灣人來說，有了高速公路，才有回數票。所謂回數票，用於通過收費站時的代票，省去拿錢、找錢的麻煩，用路人並沒有得到打折的便宜。

其實，台灣早在一九〇四年即開始運用回數票，也用於交通，當時以日文稱「回數乘車券」，都有減價優惠。

一九〇四年三月十五日起，台北鐵道淡水線的票價有異動，台北到北投、淡水到北投的來回票，改為三十五錢。同時發行回數票，不論台北到北投或台北到淡水，一本二十張票，可供來回各十趟，降為三十四錢；一本三十張的，降為三十二錢；一本五十張的，更減到二十八錢。回數票買愈多，愈划算。

不過，當初使用回數票有複雜的規則，譬如要記名，限本人使用，但家人可以用一次；也限制時效，必須兩個月內使用完畢，逾期就失效。

日本時代，鐵道部持續推出各種方案的回數券，其他行業也廣泛運用。台北市政府從一九三〇年五月開始市營公車系統，五歲以下免費，小學生則單趟要五錢。六月開始推出小學生的特別回數券，一本二十五回賣一圓，等於單趟只需四錢，便宜一錢。

搭火車、搭公車用回數票，一九四二年，戰火隆隆，電影業仍然蓬勃，花蓮的戲院「太洋館」也推出「映畫觀賞回數券」。

吃冰淇淋也有回數券。一九三〇年，台北市一家咖啡輕食店本來冰淇淋一概十錢，但如果買回數券，十二回只需九十錢，省三十錢。一般回數券都賣整數，這家賣冰淇淋卻有二十六回的回數券，售價一百九十錢，省七十錢。

回數券買愈多，顧客省愈多。但反過來，商家是否虧愈多？並不會，店家薄利卻多銷，最終仍是賺錢。再反過來，顧客自己必須顧慮，回數券會不會是一個陷阱，為了貪便宜，而過度消費，吃過多的冰淇淋。這一點，老闆是不會幫我們斟酌的。

完

廣告表示

1942 年，戰火隆隆，電影業仍然蓬勃，花蓮的戲院「太洋館」也推出「映畫觀賞回數券」。

# 一九一九年（大正八年）十月十九日

廣告表示：有許多現代人熟悉的行銷手法，其實有的早在一個世紀前，就已熱烈展開，回數券就是一個例子。廣告中的「臺灣自動車株式會社」成立於一九一九年，屬於私人經營，一九三〇年台北市才有市營公車系統。

臺灣製腦株式會社（變更）監査役渡邊信之介ハ大正八年拾月五日死亡ス
株式會社川北電氣企業社（變更）取締役野口遵ハ大正八年九月參拾日住所ヲ廣島縣廣島市八丁堀參拾貳番地ノ貳ニ移轉ス
大正八年拾月拾六日登記
臺北地方法院

合名會社（設立）
商號　臺北屋根屋合名會社　○本店　加蚋堡艋舺西門外街貳丁目百貳番　○目的　一、屋根葺　二、屋根葺用材料製造及賣買　三、前二項ニ關聯スル業　○設立ノ年月日　大正八年拾月五日　○代表社員ノ氏名　田宮伊之助　○社員ノ氏名住所出資ノ種類及格　大加蚋堡艋舺西門外街貳丁目貳番戶　一金壹萬圓　田宮伊之助　北城內府後街貳丁目拾壹番戶　一金壹萬圓　三島重吉　同堡大稻埕下奎府街參拾八番戶　一金壹萬圓　增田伊三　○存立ノ時期　設立ノ日ヨリ滿貳拾個年
大正八年拾月拾八日登記
臺北地方法院

宮內省各宮殿下
賜御買上の光榮
臺灣特產
蜜餞
●體裁好キ罐入モ出來仕リ候
臺北（電話一五六〇番）
元祖ビリッケン商會

回數乘車券發賣
本日ヨリ
二十回券　金壹圓八拾錢
三十回券　金貳圓五拾錢
經濟デ便利、贈答ニ好適意匠ハ優雅
車內ニテ便宜發賣仕リ候
十月十九日
臺灣自動車株式會社

和文歐文
櫻正宗
販賣元　臺北石黑商會　電話五二

○看護婦入用
看護婦長月收三十六圓迄一人
同二十六圓迄四人
右臺東醫院ニ於テ採用候條十一月四日迄ニ總督府衞生課內臺東醫院長宛履歷書相添至急申出ラルヘシ

除蟲菊　種子分配
（資本金壹百萬圓）
除蟲菊花ハ歐米需用殺到
大ニ栽培巨額ノ產出ヲ希望

品質優良
COOK BRAND
MOSQUITO KILLER
雞冠印
效力非凡
大阪西區

# 一九三〇年（昭和五年）

## 四月十九日

**廣告表示**：除了搭車，咖啡館跟電影院也推出回數券。一概十錢的冰淇淋（アイスクリーム）用回數券，只要七錢多，令人心動。商家雖然是薄利多銷，卻能預收現金，也有維繫顧客忠誠度的效果。

---

の有志は親類同志争ふ[illegible]する事を條件とし和[illegible]報道したが蔡[illegible]森は最のゝ如く裝ひ陳鴻[illegible]外々恐喝し身に覺ない金を恐喝として告訴した

[illegible]和田博氏の[illegible]會

[illegible]務部長故和田博氏の[illegible]

## 少年轢殺
### 五百圓で落著

【高雄電話】既報高雄州東港郡林[illegible]庄林潮州經營の乘合自動車が同郡林[illegible]庄羅[illegible]（一〇）を轢死した事件は一時地方の問題となり郡警察課で取調べ中であつたがこのほど萬丹庄長が奔走して自動車經營者から被害者側に金五百圓の慰藉料を出すことになつた

## [illegible]客業者の
## 健康診斷を開始

[illegible]に備へるために十五日[illegible]の飲食店[illegible]を[illegible]は[illegible]スピードで今度も又[illegible]向ふ三日間大稻埕方面[illegible]の健康診斷を舉行する[illegible]、十七日は[illegible]者[illegible]七九名の中、肺結核[illegible]一名の外内科病患な[illegible]く、トラホームは主として[illegible]に多く全數の二割を占めた、十八日は飲食店料理屋合せて百八十名の多數を午後四時迄にはばた〳〵と片附ける豫定、十九日は[illegible]一六〇名を[illegible]で診斷するとの事

## 刑事に化け
## 各所で飲み倒す
### 仕事にあぶれた三人

[illegible]去る[illegible]四日午前三時[illegible]一一〇飲食店[illegible]松田セクなを叩き起こして二人連れの男が飛込み[illegible]の竹下[illegible]

---

八致[illegible]出版社で發賣して居ます（愛大生）▲水谷大[illegible]の[illegible]を譲り受けたし（新[illegible]生）▲十三日夜鐵道ホテルにて釣錢お忘れの方お預かりしてます（松井呉服店）▲仕立物さして下さる方たきや（H子）▲家政婦として四十歳以下の内地人雇ひたし富方重人（電七七八）▲内地人女中さん廿歳前後の方雇ひたし（電二六三三）▲渡邊正様の住所知りたし（父兄）

**廣告**

**魚油安賣** 約三千斗アリ 詳細ハ御照會 [illegible]澎湖廳南方澳水産會社内 [illegible]

**恩給** 低利立替 **電話** 金融 賣買 **三成社** 臺北本町二ノ一四（電話三六二六番）◉市内商品券高價買入〇賣は割引

純良 **アイスクリーム** 十錢均一

**割引回數券發賣** 十二回分 九十錢 廿六回分 一圓九十錢

新品質本位 特許 [illegible]特約店 便利な[illegible]

お散策の節是非一度お[illegible]寄を願上ます（御[illegible]）

臺北市榮町三丁目 **ヒカル** 商出 電話三〇〇二番 出前迅速

---

**かば燒 天ぷら 寄なべ** 臺北 **中惣** 電話八六八番

**蒲燒 天ぷら** 西門町二ノ一五 **江戸長** 電話一三九八番

**西洋御料理** 臺北市表町二ノ三 カフエー **ボタン** 電話一六一三番

**西洋御料理 カフエー 黑猫** 電話二〇三九番

**一品食堂 カフエー スズラン** 臺北榮天地 電話二八二三

**父 清儀**臺北醫院に入院中の處[illegible]一時永眠致候[illegible]追而葬儀は明十九日午後一時[illegible]町淨願寺に於て相營申候
男 池田豐吉
弟 池畑武大
親戚 池田森右衛門
代表 藤木長龍雄

---

台湾 北 基 宮 新

有田ドラッグ 本店 全[illegible] 大阪 内本町

有田

# ●商品券

商品券

日本時代，台灣使用一圓、十圓等鈔票，由臺灣銀行發行，但以下小額則用日本通行的銅板，偏偏一般生活用品多在三錢、五錢，上個世紀一〇年代，一度市場上流通的銅板太少，店家收錢找錢變得異常緊澀。

於是，金融怪現狀出現了。郵票被拿出來代用，充作貨幣。一九一七年，台南就有劉姓鄉下人挑柴、帶兩隻雞上街叫賣，走到東門外，有人跟他討價還價，最終以七十五錢賣掉雞。客人拿四張二十錢郵票付帳，他找客人五錢，銀貨兩訖。進了城，換劉先生拿郵票要交易，別人卻告知，那是已用過的郵票，行同廢紙了。

更糟糕的，台籍商人還發行「商品券」替代貨幣。報紙說道，台北大稻埕與艋舺台灣商人濫發商品券，「已臻極點。一錢二錢三錢四錢五錢之紙單。表書金額及發行人姓名。蓋印一個。便見通用。」結果，弊端叢生，有人偽造商品券，有人存心不負責任，發了商品券就準備破產倒店。

從一九一七年秋冬到一九一八年春天，幾個月之間，台灣全島金融次序大亂，官方下令禁止，商家也開始回收，慢慢才恢復平常。

除此不正常的商品券，與今天禮券同性質的商品券，則從一〇年代起，有規模、有信用的大店即有發行。例如一九一四年，盛進商行的商品券廣告就說，買商品券當年末送禮，「無上便利」，店內的洋酒、洋菓子、鐘錶、鞋子等等，都可以持商品券來換購。

到了三〇年代，商品券已經非常發達，特別到年終，百貨公司就大推商品券來當年節禮物。楊蓮生醫師出身高雄阿蓮，小時候去台南就讀，一九三七年考中學時，荒井老師在家自備桌椅給學生，每晚免費補習，老師的母親也每晚燒熱水讓他們一群學生泡澡，結果，楊蓮生考上台灣人的第一志願台南二中。為了感謝荒井老師，楊蓮生的父親帶他去台南的「小出書店」，購買了二十圓的商品券。到荒井家，老師的母親來應門，卻堅持不收。這是商品券能有的最好結局了。

曾任彰銀、一銀董事長的陳寶川也曾回憶說，一九三一年，他在台北念小學六年級時，曾代表學校參加演講比賽。臺北放送局（廣播電台）因此請他去錄音講故



30年代後期，商品券仍然非常發達，一到年終，百貨公司就猛刊商品券廣告。

## 一九一四年（大正三年）十二月二十二日

**廣告表示**：一九一〇年代起，有規模、有信用的大店就已發行商品券。盛進商行的廣告說使用商品券非常方便，而且還附送贈品券。

年末贈答 商品券
無上便利
左記各商品中不論何品隨便得以商品券交換利便無比
和洋雜貨各種、洋酒、洋菓子
貴金屬 時計 履物 茶 茶道具
一壹圓以上商品券納之以匣體裁高尚
一本年中添附景品券
臺北 盛進商行
府中街 電話二〇七 二三五番

事，每次講完，就獲贈「台北最大百貨公司的禮券」。

一般所知，日本時代台北最大百貨公司是「菊元」，但菊元於一九三二年十一月才開幕，陳寶川拿到的商品券，應該另自他店。不過，後來的菊元，攻勢凌厲，商品券盛行到讓大稻埕的台灣大商人大傷腦筋。一九三六年的報紙指出，近幾年，年節餽贈，流行用商品券，到年末十二月中旬，買商品券，跟買車票一樣。菊元賣出的商品券，「一年不下數十萬圓」。大稻埕的商人力挽頹勢，於是準備聯合發行商品券。

不過，不用大稻埕的商人煩惱，才沒幾年，炸彈就把商品券打得粉碎了。

一九四一年底，日本偷襲珍珠港，美國宣戰，日本的戰況吃緊，前線的波濤，一紋一紋盪到後方的岸上，口號如雨下，物質生活愈趨緊縮。當節儉、儲蓄變成政治正確，送禮、回禮就淪為罪惡的「虛禮」，有鼓勵消費之嫌了。

一九四二年七月初，皇民奉公會中央本部對全台最高級的十家商店發出通牒，即日起，禁止再發賣商品券。中南部也幾乎同步，七月間全面停售。商品券就這樣帶著一身的不合時宜，揮別日本時代。

完

# 一九一七年（大正六年）十二月二十四日

廣告表示：從一九一七年秋冬到一九一八年春天，幾個月之間，台灣全島金融次序大亂，官方下令禁止，商家也開始回收代替貨幣的紙券。老店乾元藥行曾發行二十錢的紙券，結果發現因形式粗陋，容易被人假冒。

…願前面一對男女。握手而
…曰。前面美姝非君所最愛
夫人乎。其男則德之駐英
華公爵。公爵最抱有英德
及一切睦鄰信念。公爵爲
…不使英德兩國間。平和破
…德華諳諸港。爲德人所有
見魯爾敎。方與一偉岸男
談。知道是臺閣有聲之赫
…赫書華公爵。而來魯爾敎
敎爲之介紹。赫不眼湛徼
…。慇懃與哈齊男爵夫人。
…安娜曰。余來倫敦。每得幸
…拜晤內相閣下。眞與有榮

壇

八十壽序　鄭以庠

乙　八　斗六…　堂
辮子維虞豚尾誚。鞋兒新腿鳳頭形。
對仗工穩句亦清切

乙　九　臺北陳　淑　堯
復古維蛇無畫足。生今新鳳不吹毛。
詞意新頴不拾人牙慧

第　號

乾元換印

敝行曩所發行之暫用貳拾錢紙券如左記之形式者因粗陋恐被人假造自前日即暫收回改用商品券兹今特聲明以後諸君不可收用如[illegible]之紙券爲幸若有者存則限五天內速持到敝行對換商品券也

金弍拾錢

乾元藥行
陳茂通
陳茂通印

臺北大稻埕南街九番戶
乾元藥行謹告
電話一〇六七番

友人總代
新原龍太郎
村井惠之助
陳信齋
魏清德
劉克明
張式穀
何宅五
周家修

一九一八年（大正七年）

二月一日

**廣告表示**：苗栗頭份的店家廣告說，他們在前年十一月聯合發行的十錢商品券將回收，而且只在特定期間接受兌換現金，逾期無效。

現代國產製品中の隨一也

元賣　大阪　東原　店

第二回株金拂込廣告

當銀行第二回株金ハ壹株ニ付金貳拾五圓宛來ル二月十六日ヨリ二月二十日迄ニ當銀行本店竝ニ出張所ニ御拂込相成度候

大正七年二月一日

株式會社　新高銀行

東京　さくら餅

例年の通り本日から賣出し

臺北府中街三丁目　岡女庵

電話四六六番

商品券回收廣告

小生等名義ニテ大正六年十一月發行頭份中港聯合商店ノ商品券金拾錢也ハ來ル二月五日ヨリ二月二十日迄ニ聯合商店事務所ヘ現金ト引換請求相成度期限後ハ無效ニ付茲ニ謹告候也

大正七年二月一日

頭份中港聯合商店

代表者　陳羹梅

擔當者　黃維生

男女　毛深き方へ

ひげ●むなげ●うでげ●すねげ凡て毛深くして御困りの方へ三錢切手封入申越あれば毛生止藥を御知らせす

東京府淀橋町柏木三六二池田はな子

# 一九二〇年（大正九年）十二月八日

**廣告表示**：鐘錶店「和泉時計舖」廣告推銷買商品券做為年末送禮。和泉時計舖位於台北市文武街一丁目，原址即今衡陽路五十八號（全祥茶莊），仍保有當年的建築外觀。

容
呑める灘の生一本
●樽、瓶詰、品揃へ乞御注文
店

證盜難無效廣告
株式 壹枚 林淸需名義
同月十四日午前四時迄自宅ニ於
無效トス
新高銀行

自拾貳圓
至八拾參圓
自參圓貳拾錢
至六百五拾圓
自拾五圓五拾錢
至四拾參圓八拾錢
自七圓五拾錢
至拾八圓五拾錢
丁目
時計部

歳末贈答品大賣出し
一、優美ナル銀製品器具　金五圓以上
一、卓上用流金爐置時計　金五圓以上
一、高尚ナル拾八金製羽織紐　金七圓以上
一、商品券　金壹圓以上
外ニ金、銀、白金、懐中時計、寶石指環、美術裝身具、澤山取揃へ居り候間何卒御用命ノ程願上候
KI
和泉時計舖 中央本店
臺北市文武街一丁目
電話二八〇番

銃と異り、誰にも、小鳥聚捕可能
實用と娛樂と、一舉兩得!!
●最上絹絲製・博覧會受賞逸品
捕鳥 手軽
カスミ網
博道

# 一九三六年（昭和十一年）十二月十六日

**廣告表示**：一九三〇年代，商品券購買或是做為餽贈蔚為風氣，像是當時台北最大百貨公司「菊元」、著名的商家「盛進」，以及位於台南末廣町、只比菊元晚七天開幕的林百貨（ハヤシ）都曾廣告促銷商品券。

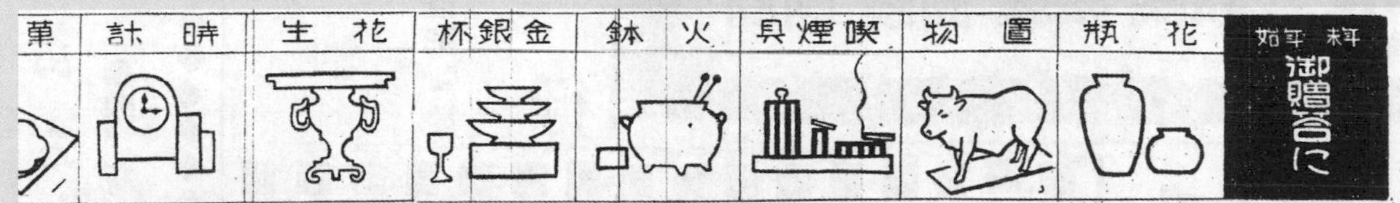

年末御贈答用品
と
御正月用品

最も便利な國の
商品券
を御利用下さい

盛進商行
臺北市本町
電話二五二番二〇七番

歳末福引券附大賣出し
流行尖端フレンチ型

歳末御贈答に
用途廣汎なる
商品券
臺南市
ハヤシ百貨店

御買上品の配達
御贈答に
最も御便利な
菊元の商品券
御買上品は正確迅速にお届けする様発送の準備を整えて居ります
菊元の品を
流行に、實用に、嗜好に、あらゆるお好みに適する品を豊富に揃へて居ります。
菊元
代表電話
四三五〇番

# ●折價券

## 割引クーポン

廣告表示●

台北靠近總統府那邊，一九一一年，有一棟兩層木造黑瓦樓房，二樓開著大窗，從外頭看，兩片布簾襬尾向兩邊拉開，窗口瞬間變成一幅富士山一般的風景。

這是一家日本人的商店，窗的下沿橫著看板「歐米雜貨商」。看板的字體搬到二十一世紀來看，仍然新潮。這家店叫「黑田屋」，賣洋服、舶來化妝品。

外頭一陣一陣不停吹向樓窗的風，黑田屋主人聞到了。這一年，台灣人正在經歷一場幾百年才一次的身裝大改造，風潮滾滾，他嗅到錢也滾滾。

一八九五年日本開始統治台灣，帶來西方思維，日本男人都剪現代的髮型，台灣人還留著長辮子。慢慢，學生在校受新思維洗禮，開啟剪辮風潮，特別是總督府醫學校的菁英。一九一一年一月九日，正在念醫學校的蔣渭水就剪掉辮子了。二月，大稻埕的區長黃玉階中醫師發起剪辮，一、兩個月後，台中霧峰的名紳林獻堂立即換髮型，那年年底，名門板橋林家的代表人物林熊徵也跟上風潮了。

祝御剪髮大割引（限持有本廣告之紙者）

文明之世辮髮之不便或不體裁自不待論各位能以英斷實行剪去殊深感服敝店特將

皮靴大行減價藉表祝意伏祈剪髮前後諸君賜顧謹布區々

臺灣特約店

最新式高等靴及鞄製造並販賣

東洋製革株式會社製品

日本皮革株式會社調革

臺灣唯一　加納屋靴鞄店

臺北府前街（西門通）

電話六四六番振替二一八番

台北城內的皮鞋店加納屋也來參一腳，
廣告說，慶祝剪髮大減價，剪下報紙就能享受皮鞋折扣。

三、四年後，農曆五月十三日台北城隍遶境，向來都要有人披頭散髮扮鬼，一九一五這一年，男人的辮子已剪得差不多了，扮鬼的人竟然十個有九個光頭；連鬼都不得不跟著變髮。

黑田屋賣洋服，知道要抓緊台灣人改穿西服的機會，於是，在報上中文版推出大減價。減價不稀奇，黑田屋的做法有點創新。一九一一年二月登廣告，先說了好多話，盛讚黃玉階發起的剪辮運動是「破除蠻習」，有助於台灣步向文明，黑田屋怎能不「歡天喜地高舉雙臂」贊成呢！所以，大家可以去黃玉階那邊拿減價票，買洋帽子打八折。如果看到報紙，剪下廣告，拿到黑田屋一樣有效，也等同於打折券。

西洋打扮不能少皮鞋，台北城內另一家皮鞋店「加納屋」也抓住這波熱潮，登廣告表示佩服台灣人「英斷」剪去髮辮，加納屋將大減價以表祝賀之意，但「限持有本廣告之紙者」，一樣要剪下報紙，才能享受皮鞋折扣。

完●

# 一九一一年（明治四十四年）二月二日

**廣告表示**：賣洋服、舶來化妝品的黑田屋看準台灣人擺脫傳統、西化的趨勢，推出大減價活動，除了可以跟大稻埕區長黃玉階拿減價票，也可以剪下報紙廣告，同樣有效。

七六一番）

賣商　街六番戶　酒商會

二二六二番地　乙商店

南街八十八番戶　成金商

桂發售　杉記路　北街廿六番戶

新街六番戶

減價票

花開爛漫鳥弄笙簧維新江湖顧客俱依時納福迎祥可恭可賀茲有啓者欣聞各位諸番爲臺島空前之壯舉勇躍爭先結成剪髮大會斯不獨爲我國誇張破除辮習將來可偉我臺島之文明進步識難以升斗測量也吾人可不歡天喜地高舉双臂以助養成之聲氣乎敝號深體此旨謹以其重用物品廉價發售藉表微衷其賣法如左

一物品單以帽子爲限減二成之價

一此減價票有效期間限自舉行開發式前十日起至六十日間爲止

臺北文武街一丁目二十番戶

黑田屋商店

電話五七七番

振替臺灣二八二番

右減價單是大稻埕區長黃玉階氏業望携帶來店惠顧是所切禱又爲列位便宜計即以此新聞紙票視持到店亦自有效

恭賀新

特許專賣　阿井膏　關東鹿角　龜版膠　熊油膏　狗皮膏　救苦丹　痧氣靈丹

臺北大稻埕太平街廿九番　裕源綢莊

恭賀新年

集

# ●料理券

料理券

現在做生意，各種券滿天飛，有一類的券，本質相同，都是禮券，只因個別行業或不同商家，使用不同的化妝，變出不同的面貌。

連鎖咖啡店就推咖啡券，火鍋店的叫火鍋券，大賣場搞提貨券，旅館則住宿券，其他還有泡湯券、按摩券、健身券、遊樂券、提油券、圖書禮券。券、券、券，券多到每個人打開皮夾，都有那麼一張券藏在其中。

當前最熱的餐飲業，更不會錯過「券之推銷術」，推出所謂的餐券或美食券。回顧日本時代，也有餐廳、酒樓推出餐券，當時稱為料理券。

發行料理券的正是台北大稻埕的大酒家江山樓。一九二四年底，江山樓廣告宣傳，他們的料理券最適合送禮，而且「體裁優美」。

魚文の壽司
壽司券
節句の贈答用に至極輕便の好適品
是非御利用を
會席料理　一人前（五品付）　一圓五十錢以上
折詰辨當　一重　五十錢以上
模擬店料理各種取揃へ御引受
◎料理店の最も自慢とする處で如何樣とも大勉强して御注文に應じます
京町都通り　魚　文（電話一五一八）

台北市內的日本料理名店「魚文」也推出壽司券，內容包括一人份的宴席料理與盒裝便當。

廣告表示●

以江山樓的響亮名號，送其餐券，確實會讓受贈者高興到心坎裡，自己消費享受，或設宴款待客人，都很實用。

二〇年代當時的江山樓，無能匹敵。一九二一年，台灣第一位醫學博士杜聰明獲任總督府醫專的助教授兼總督府中央研究所技師，是第三個出任高等官的台灣人，士紳們就在江山樓設宴慶祝。一九二三年江山樓更受命為裕仁皇太子精製一桌台灣料理，十三道菜，據報載，太子「一一下箸」，最後的甜點八寶飯，特別喜歡，幾乎要吃光，用了八分之多。一九二八年，皇族成員久邇宮訪台，老闆吳江山再度奉命掌廚，帶了兩名助手與一位翻譯赴任務去。

就在同樣的一九二八年，台北市內的日本料理名店「魚文」也登廣告，推出了壽司券，一樣強調適合年節贈禮。

魚文之有名，在於老闆早川出身軍旅，打過日俄戰爭，來到台灣，以退伍老士官長之姿開設食堂，顯得別具特色，也受到許多人的愛顧。

完●

一九二四年（大正十三年）十二月九日

**廣告表示**：江山樓廣告宣傳，他們的料理券最適合年節送禮，而且「體裁優美」。

大當千圓也

忘年會送別會歡迎會ニ
經濟的高尚支那料理
贈答品ニ最モ
體裁優美ナル料理券
江山樓ニ御用命下サイ
今ノ際ハ一層調理ヲ完全ニシテ各位樣ノ御便利ヲ圖リ御滿足ノ得ラル樣努力致シ居リマス
永樂會聯合大賣出し
江山樓
電話 一九五五
三一六三

各種ボタン卸商
藤本栄商店
見本郵券要五十錢
大阪市南區大道一丁目四五（但大王寺西門東側）振替口座大阪六八一〇一

藤澤商店
ヵが澤山あります
榮町三本店（電話四五一番）
西門市場支店（電話三千三番）
利用下さいませ

無休刊
夕刊と合せて十頁

高雄港内の汽艇衝突

# 牛奶券

日本時代後期，商品券彷彿被百貨公司專用，如同現在的「禮券」。一般商店若要推出同樣性質與作用的禮券，似乎都另外取名。

像是台北的一家大牧場，就發行「牛乳券」。日本人也用漢字，戰前使用漢字又多於戰後。戰前，日本人幾乎不稱「牛奶」，都用「牛乳」。

## 牛乳券

牛乳券發行的時間頗早，一九二〇年底，位於今天台北市八德路、新生南路口附近的「臺灣畜產株式會社」刊登優格廣告，附帶推銷了牛乳券，聲稱合適做為歲暮送禮與回禮。

日本人特愛送禮，禮物是人際關係的基本款潤滑油，歲末年終送禮更是第一要緊。現代人喝牛奶如喝水，很日常，戰前，牛奶仍屬高級品，要進入上流家庭，才變成日常生活的食物。因此，若買牛奶券送給親友長官，表達感謝，應該頗有誠意。當然，餽贈自用兩相宜，買牛奶券犒賞自己，增加營養，又享受折扣，也是很不錯。

廣告表示

完

臺灣總督府研究所御指導

ヨーグルド（一名酸乳）一瓶十四錢

不老長壽ノ良劑ニシテ繼續之ヲ用ユレバ最良ノ保健營養品ニシテ病者之ヲ服スレバ快復促進ノ良劑タリ毎朝一瓶ヲ服用セラレ競爭場裏ニ於ケル勝者タラン事ヲ希望ス（御注文次第即時配達可仕候）

牛乳券（何升ニテモ御望ニ應ズ）

歲暮御贈答品ニハ家庭的實用品ナリ

臺北市三板橋埤仔腳七番地

臺灣畜產株式會社

電話（六一一五番）牛乳專用（電話七四〇番）

臺灣畜產株式會社刊登優格廣告，
附帶推銷牛乳券；
不過，日文拼錯了，
應該是ヨーグルト才對。

## ●讀書券

一般商店發出的紙券，多半附帶條件，買了一定金額才送打折優待券或抽獎券，或者根本是早付了錢的商品券。消費者與商業券之間，幾乎是有付出才有獲取的關係。

但讀書獎勵券不一樣。

日本時代，台灣第一大報社《臺灣日日新報》非常活躍，推動許多有意義的大型活動。一九三七年初，臺日社舉辦「臺灣讀書週」，一月十一日到十七日，總督府圖書館也參與協辦，與全台一百一十三家書店合作，發行一萬張「讀書獎勵券」，不需消費，只要人踏進書店或參加演講會，就送讀書券。

當然不是任何人跑一趟書店就能拿到獎勵券，就像現在早鳥優惠，例如台北最大的書店新高堂就限制前一百名。

拿到讀書券有什麼好處呢？值得衝前一百名去書店嗎？券上有編號，抽中號碼的有獎。總共有七種獎項，第一大獎是日本平凡社《大百科辭典》，價值一百零八圓。究竟有無吸引力呢？如果是李登輝，

## 図書券

小時候他曾經熱切跟爸爸要四圓去買一套兒童百科全書，拿到讀書獎勵券一定很高興。

但可能不是有那麼多李登輝，隔一年開春，又辦了一次讀書週，獎品全改成圖書兌換券，第一獎十圓，讓愛書人自己挑選喜愛的書。

完●

廣告表示

拿到讀書券有什麼好處呢？
券上有編號，抽中號碼的有獎。
從廣告中可以看到當時讀書券的形式。

# 一九三七年（昭和十二年）一月十日

**廣告表示**：臺日社舉辦「臺灣讀書週」，總督府圖書館也參與協辦，與全台書店合作，發行一萬張「讀書獎勵券」，不需消費，只要人踏進書店或參加演講會，就奉送讀書券。

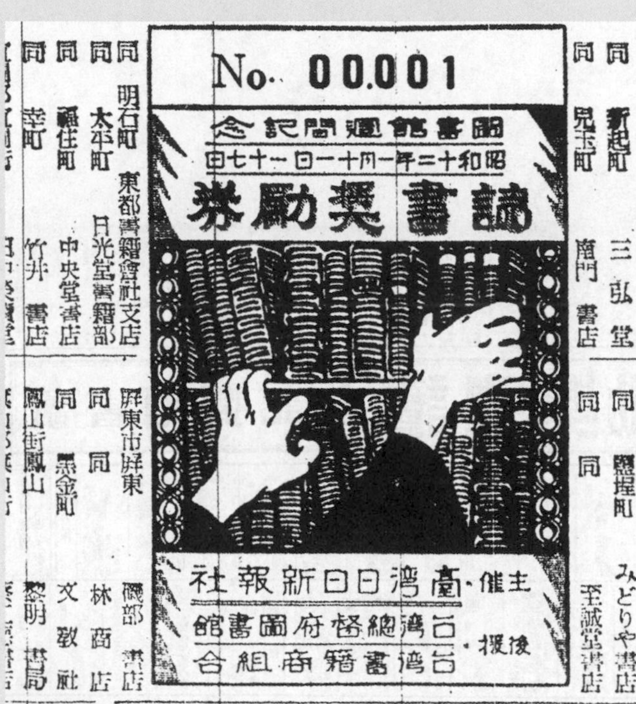

No. 00.001
圖書館週間記念
昭和十二年一月十一日—十七日
讀書獎勵券
主催・臺灣日日新報社
後援・台灣總督府圖書館
台灣書籍商組合

讀書週間中全台灣左記書店の手を経て汎く讀書子に頒布し、抽籤によつて賞品を進呈する（頒布方法は各地書店に問合せられたし）

基隆市義重町　新柳堂
同　同　基隆堂
同　同　基隆書店
臺北市榮町　新高堂書店
同　同　文明堂書店
同　同　杉田書店
同　表町　臺灣子供世界社
同　御成町　永盛堂
同　新起町　東陽堂書店
同　同　松坂書店
同　表町　太陽號書店
同　京町　次高書店
同　新起町　三弘堂
同　兒玉町　南門書店
同　明石町　東都書籍會社支店
同　太平町　日光堂書籍部
同　永住町　中央堂書店
同　幸町　竹井書店

同　同　山陽堂支店
北門郡北港街　芳賀商店
東石郡朴子街　穎川商店
斗六郡斗六街　信興堂
虎尾郡虎尾街　世家書店
新營郡新營街　日昇書店
曾文郡麻豆街　廣文堂書店
虎尾郡虎尾街　方家良古堂
北港郡北港街　みなもと商會
北門郡佳里街　穎川商會
虎尾郡虎尾街　共日社書店
斗六郡斗六街　高橋商店雜誌部
高雄市新濱町　脩組商店
同　鹽埕町　振文書店
同　平和町　高津書店
同　新濱町　山形屋
同　鹽埕町　みどりや書店
同　同　至誠堂書店
屏東市屏東　磯部書店
同　同　林商店
同　黒金町　文敬社
鳳山街鳳山　黎明書局

新竹市東門町二丁目一九二一九三　犬塚商店
臺中市錦町二丁目三七　柳澄書店
臺南市末廣町二丁目百五　小出商行
高雄市新濱町一丁目一　山形屋
屏東市屏東二九六　林商店
花蓮港廳花蓮港街黒金通り五　並木學生堂

讀書講演會

十三日午後七時より本社三階講堂に於て講演會を開催、講師は次の如し

台灣總督府圖書館長　山中樵氏
台北帝大講師　島田謹二氏
本社文藝部　西川滿氏

新刊紹介

## 一九三八年（昭和十三年）一月十一日

**廣告表示**：臺日社把參與讀書週活動的全台書店依照各州廳別，幾乎都列了出來。「新高堂書店」是當時台灣最大的書店，兼營出版業務，戰後蛻變為東方出版社；「太陽堂書店」則位於今重慶南路，戰後由商務印書館接手；電影《KANO》的重要場景「山陽堂書店」也沒有缺席。

讀書週間記念 "讀書獎勵券" 贈呈全島書店名

各州廳別（順序不同）

臺北州：新高堂書店　杉田書店　文明堂書店　松坂書店　三弘堂書店　日光堂商會　太陽號書店　竹井書店　中央堂書店　臺灣子供世界社代理部　東陽堂書店　永盛堂　大高書店　南門書店　東都書籍株式會社臺北支店　三弘堂支店　澤井書店　基隆書店　新原書店　和田書店　朝日屋　本商店　丸善商店　文化堂書店　田中榮積堂

新竹州：木原書店　清水商行　萬得商店　丸善商店新聞雜誌部　大塚商店　苗栗書店　松尾商店　榮文堂書店　新桂書店

臺中州：青英堂書店　中央書局　昭月堂書店　豐文社書店　炳耀堂書店　山下書籍店　草屯活版所　明哲書局　三勇社　保生堂　范陽書店　文明堂號祝融書店　天壽堂　伊藤文具店　善光堂　棚邊支店　秋山耕文堂　南投活版社　文進堂　金子書店　石渡商店　池ケ谷商店　大石丸善堂　棚邊書店

臺南州：穎川商會　慶文堂書店　浩然堂書店　慶文堂書店　信興堂書店　日昇堂書店　世家堂書店　良古堂書店　英文堂書店　高橋商店　崇文堂書店　みなもと商會　山陽堂　共同社書店　穎川商會　山陽堂支店　啓文堂書店　振文堂書店　エヒメ商會　芳賀商店　龍泉堂　小出商行

高雄州：黎明堂書店　宮添文教社　潮陽堂書店　高津書店　更新商店　至誠堂書店　みどりや書店　永新豐書店　蔡仁德書店　ハレルヤ　振文書局　南里商店　山形屋　磯部書店　林商店

花蓮港廳：フミヤ學用品店　並木學生堂　尾龍福々堂　中山太陽堂　仙波書店

臺東廳：榮昇堂　林書店　寶山堂書店

澎湖廳：坂井商店

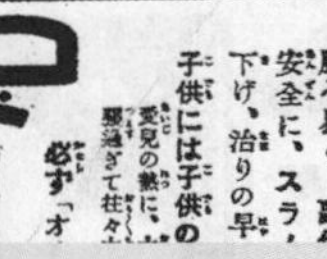

# 打折

商人跟顧客之間，基本上存在一種「勾引」關係。商人有時得像孔雀，驕傲展示漂亮華麗的羽毛，但也不能永遠這麼高貴矜持，只顧著展露形象而已。誘之以利，雖然庸俗，卻也是最直接的方式，能夠有效吸引消費者。

怎麼對消費者送利呢？千百方法中，最一秒鐘快速、最一公分短距的就是直接打折。

不能沒事打折，不然，原來訂的價格就顯得亂來又故意了。打折需要許多理由。一八九六年，日治第二年，台北就有一家西洋料理店「臺灣樓」，以週年慶為由，特賣三天打八折優待。開店每逢週年，一般要慶祝，但也有像現在一樣，要對顧客「謝恩」，所以特價打折。

從顧客的角度看，商店謝恩特賣，說法揪感心，但還有更令人感心的打折動機。一九一四年，台北城內的松井商店登廣告說，日本東北農作歉收，九州鹿兒島的活火山櫻島又大爆發，幾萬人無家可歸，無米可炊，慘狀堪憐，松井因此全店打九折，活動共十二天。最後，松井會抽籤選出一天，而義捐那一日的所有營業額。

## 割引

跳樓大拍賣而打折就讓人要掬一把同情的淚了。一九一七年，新公園附近的日本布店竟然登報說要「廢業大見切」，準備關門大吉，打折打得比一般都厲害，五折都跑出來了。

緊貼著民間活動，順勢特價打折，不失為上策。一九一九年，今天迪化街上的中藥老店「乾元」廣告說，要對顧客稍表謝意，剛好農曆五月十三日大稻埕要恭迎城隍，來店買一圓，僅收九十五錢。

乾元的廣告全中文，卻沒有「打九五折」之類的用語，讓人不禁思考台灣在清代有打折的觀念與做法嗎？以一九一三年另一個廣告來看，答案可能是否定的。

當時，大日本製糖會社在雲林的平原上築起鐵道，連結了西螺、北港、二崙、林內等地，方便運輸甘蔗，同時也載客營利。北港媽祖朝天宮香火鼎盛，糖廠抓住這個地緣好機會，從一九一三年二月六日到六月五日，為期四個月，打出到北港拜媽祖乘車大減價的宣傳，來回票打七折，單程票則打八折。

但仔細找廣告的文字，裡頭並沒有「七折」、「八折」的字眼，反而使用了日文的「割引」，以「三割引」與「減三割」、「二割引」與「減二割」來表示七折、八折。

一九一三年，台灣脫離清廷統治已經十八年，沒有該當的中文來說明，卻使用了日文的割引。事實上，中國一九一五年出版的《辭源》，也收入「割引」一詞。種種似乎都指證，一割引代表減價百分之十，而以百分之十為單位打折的概念與做法，應該從日本時代才開始。

廣告表示

完

一八九六年（明治二十九年）

十一月

二十八日

**廣告表示**：日治第二年，還是十九世紀，台北就有一家西洋料理店「臺灣樓」，以週年慶為由，特賣三天打八折優待，廣告還強調「有很多料理，敬請光臨」。（《臺灣新報》）

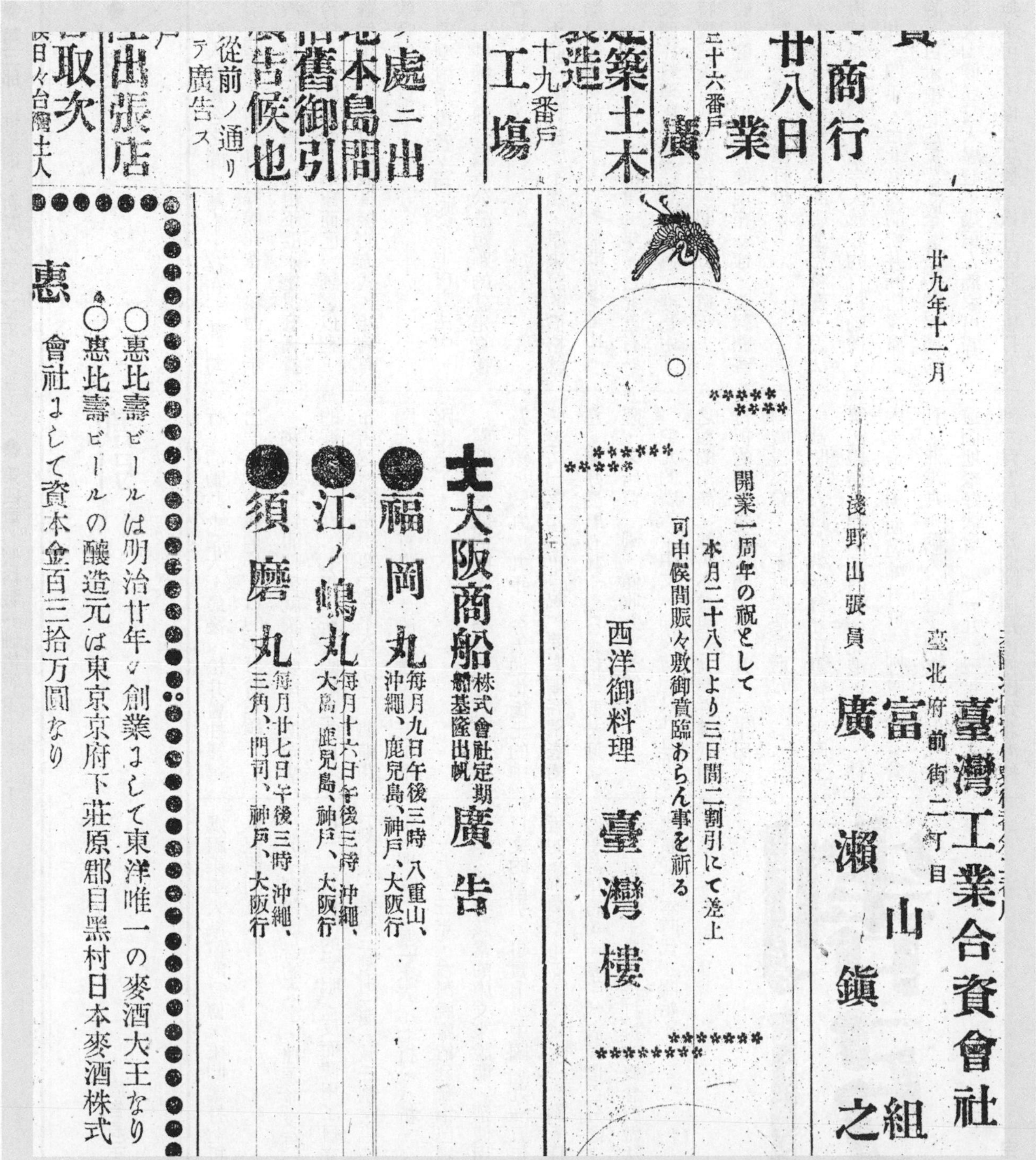

廿九年十一月

臺灣工業合資會社

臺北府前街二丁目

富山組

淺野出張員　廣瀨鎮之

開業一周年の祝として

本月二十八日より三日間二割引にて差上

可申候間賑々敷御賁臨あらん事を祈る

西洋御料理　臺灣樓

大阪商船株式會社定期廣告

船基隆出帆

●福岡丸　每月九日午後三時　八重山、沖繩、鹿兒島、神戶、大阪行

●江ノ嶋丸　每月十六日午後三時　沖繩、大島、鹿兒島、神戶、大阪行

●須磨丸　每月廿七日午後三時　沖繩、三角、門司、神戶、大阪行

○惠比壽ビールは明治廿年ゥ創業まして東洋唯一の麥酒大王なり

○惠比壽ビールの釀造元は東京京府下荏原郡目黑村日本麥酒株式

會社まして資本金百三拾万圓なり

惠

# 一九一三年（大正二年）二月七日

**廣告表示**：北港媽祖朝天宮香火鼎盛，糖廠抓住這個地緣好機會，打出到北港拜媽祖乘車大減價，往復（來回）三割引，片道（單程）二割引；路線圖中的「他里霧」，二〇年才改稱斗南，糞箕湖則是奮起湖的舊稱。仔細看，屋頂的廟牌竟誤植為「天朝宮」，不知道媽祖會不會不開心？

北港媽祖宮來詣者乘車賃大減價

天朝宮

北港媽祖宮來詣者乘車賃大減價

為圖北港媽祖宮來詣者之利便自大正貳年貳月六日起至同年六月五日止限於來詣者乘當社鐵道自各驛至北港往復乘車者對於來詣者由普通乘車賃金發賣減三割之乘車券又自他里霧至北港相互間及自西螺至北港相互間單回者發賣減二割之乘車券殊於前開期限內他里霧線一日五回北港線四回西螺線三回之定時列車運轉如於他里霧線各列車俱與本線上下列車連絡尚有團體來詣旅客多數乘車之時於前開定時列車以外特發臨時列車運轉爲專圖來詣者之利便特此廣告

大日本製糖株式會社臺灣工場

其減價賃金如左

| | 往復（三割引） | 片道（二割引） |
|---|---|---|
| 一、自他里霧至北港 | 六十九錢 | 金四拾錢 |
| 一、自西螺至北港 | 金八拾六錢 | 金四拾九錢 |
| 一、自二崙仔至北港 | 金八拾六錢 | 片道（單回）無減價 |
| 一、自田尾至北港 | 金七拾七錢 | 同上 |
| 一、自間厝至北港 | 金六拾貳錢 | 同上 |
| 一、自土庫至北港 | 金四拾七錢 | 同上 |
| 一、自糞箕湖至北港 | 金參拾四錢 | 同上 |
| 一、自元長至北港 | 金拾九錢 | 同上 |

大日本製糖株式會社鐵道線路圖

一九一四年（大正三年）

一月

三十一日

**廣告表示**：台北城內的松井商店登廣告說，為了賑災，在促銷活動結束後，會抽籤選出一天，捐出那一日的所有營業額。

# 義捐大賣出し

一月二十五日より二月五日迄

天の我同胞に災する殊に甚敷東北の凶作に次ぐに今回又櫻島の大爆發あり幾萬の住民食するに米なく住するに家なく其慘狀實に同情の至りに不堪候に付小店左の方法を設け各位の御同情の下に此等災厄に遭ゐる人々へ義捐仕度候間何卒多少に拘はらず御購求被成下度此段希上奉候

方法

右日數中公平なる抽籤を以て一日間の現金賣上金全部を義捐可仕事

◉賣出中は何品を問はず一割引にて販賣仕候

◉利益を得るの目的に無之候間一應御來店御一覽被下候へば安いか高いか明瞭に御座候

臺北府前街四丁目
（電話四一三番）

松井商店

# 一九一七年（大正六年）

## 四月三十日

**廣告表示：**店家「廢業大見切」，準備關門大吉。廣告說，「有貼紅色紙條的都超便宜，有打五折以上的便宜和服」，最後還註明「拍賣最後一天的隔日，會把店內的用具全部賣掉」。

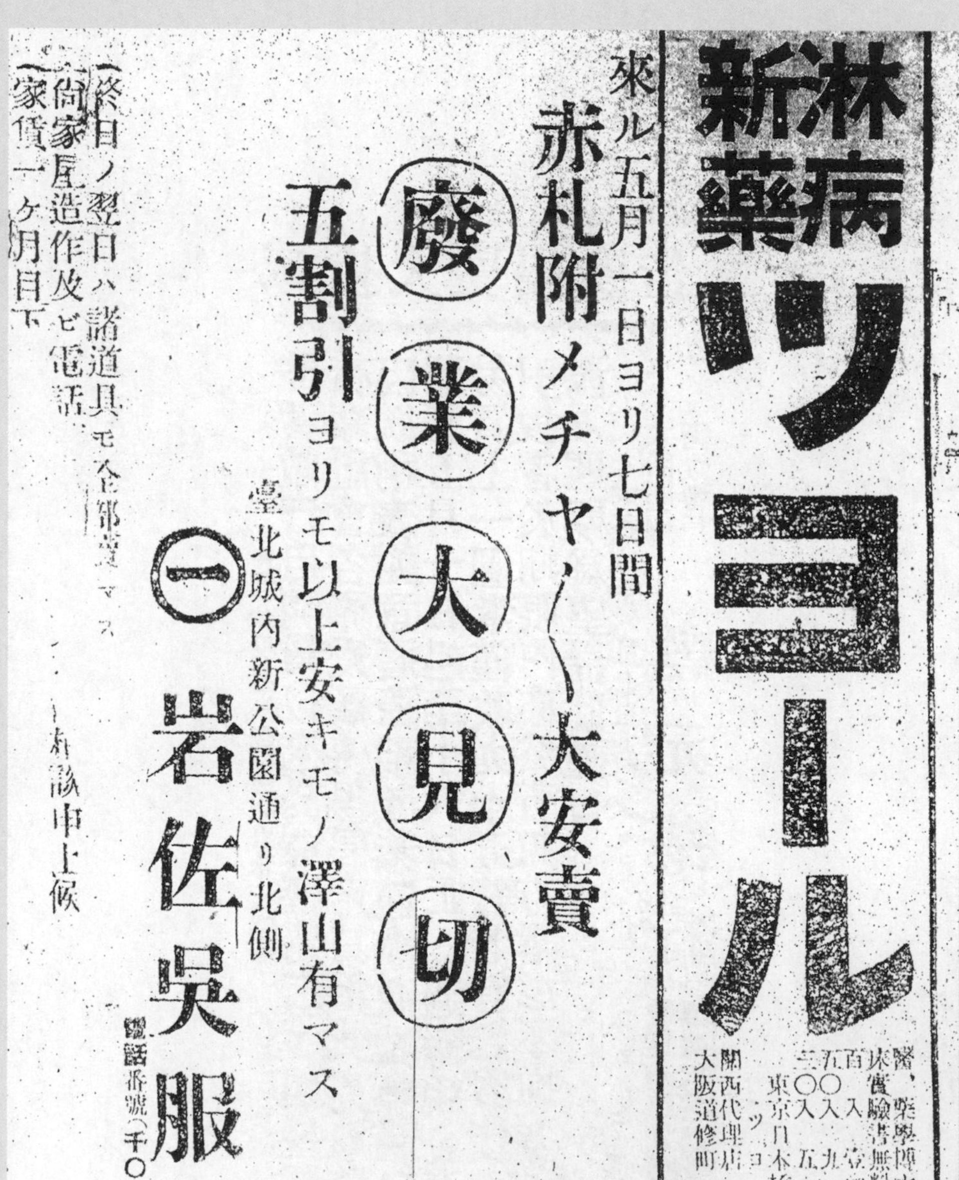

# 一九一九年（大正八年）

## 六月八日

**廣告表示：**要辦促銷活動，總免不了給個說法。中藥鋪「乾元」就廣告說，剛好農曆五月十三日大稻埕要恭迎城隍，來店買一圓，僅收九十五錢。

減折大賣出廣告

（現金交易一圓僅收九十五錢）

啓者敝行自開業以來於茲經過二十四星霜荷蒙社會各界愛顧倶得信用日增貿易順調因欲稍表謝意適際稻江恭迎霞海城隍謹於舊曆五月十日起至十六日止一週間現金交易買上一圓者僅收九十五錢若有遠客代金引換者於期限內亦然祈四方諸彥不拘多少源源賜顧為望耑此謹告

大正八年六月七日

大稻埕南街九番戶　乾元藥行

**一九二八年**（昭和三年）

**十月二十九日**

廣告表示：基隆哨船頭的商店慶祝開店滿十七週年，所以舉辦「謝恩特賣九折」。

臺灣日日新報

●法人登記公告

謝恩 特賣

十月二十九日至十一月十二日

開店滿拾七週年

記念ノ爲メ一割引

基隆市哨船頭

電話一八五番 振替九八八九番

教育玩具商 化粧雜貨商

小倉屋商店

●ノーシン！ノーシン！頭痛に「ノーシン」●

本町三丁目賣地

臺北市内第一等店舗敷地、表大通りに面する角地

●樂天地共榮組合店舗敷地内

一坪數　五十五坪八七五

一代金　八、六六〇圓六二〇

但し内金一、七三〇圓六二〇殘金六、九三〇圓十ケ年（月賦利息年一割附）毎月九十一圓八十一錢拂にてよろし

一家屋建築費は低利資金を利用し得

臺北共榮株式會社

臺北市北門町建物會社三階

自動車參考書總目錄

ハガキで申込め無代で送る

昭和三年

新荷著……

バット

臺日運動具部

物品拂下廣告

專賣局臺中支局

臺灣コークス株式會社

廣告は宣傳の近道也

◎賞藥サフランを倍加特製す

小粒仁丹

大粒

仁丹は茲に改正し、常備護身藥として益々愛用せらる

十一月新學期開始

農村獨學者へ推奬す

本邦唯一權威と信用を重んずる講義錄

# 一九三四年（昭和九年）

## 五月一日

**廣告表示**：台南一家喫茶店則是為慶祝改裝及二十週年做八折回饋，廣告還請大家「請散步經過時，過來看看」。

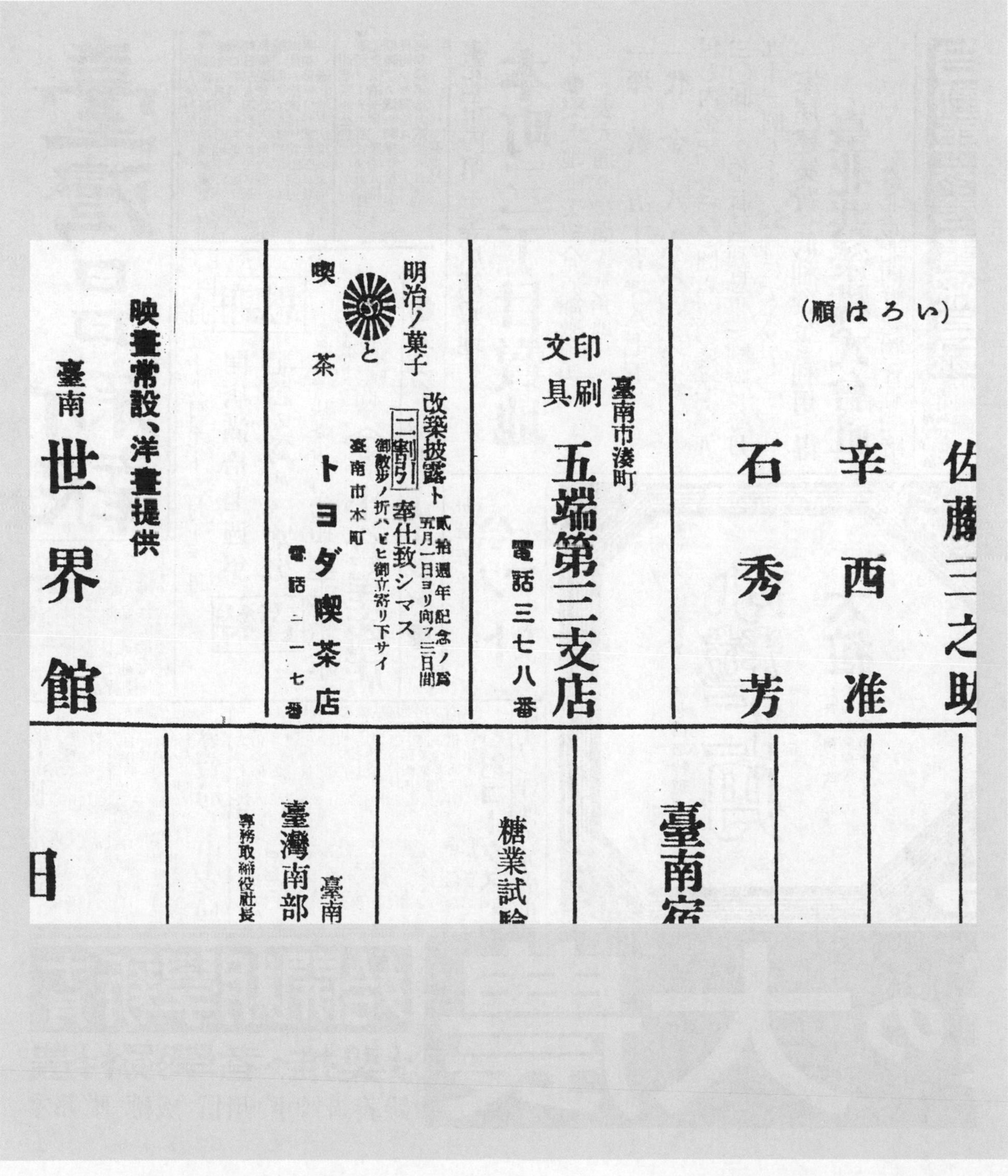
(いろは順)
佐藤三之助
辛西准
石秀芳
臺南市湊町
印刷 文具
五端第三支店
電話三七八番
明治ノ菓子と喫茶
改築披露ト貳拾週年記念ノ為
五月一日ヨリ向フ三日間
二割引奉仕致シマス
御散歩ノ折ハ御立寄リ下サイ
臺南市本町
トヨダ喫茶店
電話二一七番
映畫常設、洋畫提供
臺南
世界館
臺南宿
糖業試
臺南
臺灣南部
專務取締役社長
日

# 限女性

## 女性限定

第一次世界大戰結束，像是一條起跑白線，現代女性從此大舉往前衝刺，不斷不斷擺脫舊式概念下的女性外表與內在。台灣的女性開始自由戀愛，開始成為職業婦女，身體露出的部分愈來愈多，也與男性手握手跳舞，三〇年代，台灣更有了專門的女性雜誌《臺灣婦人界》。

一九三七年初，日本名導演成瀨巳喜男的作品《女人哀愁》首映，三月，台灣也要上演。劇中女主角遵從父母嫁給有錢人，但也鼓勵妹妹自由戀愛。這種情節正足以打動轉變時代中的女性。電影院與臺灣婦人界雜誌社於是合作辦活動，限女性參加。看完電影，在明信片寫下感想，頗有姐妹淘關起門來私語的味道。除了心靈交流，也有實益；入選的十篇佳作，將刊載於婦人界雜誌，還可以獲贈半年份雜誌及電影回數券。

同一年四月，法國片《巴里の女》與女星約瑟芬・哈欽森（Josephine Hutchinson）主演的美國片在台北的大世界館上映，四月六日的白天與晚上各一場，也限女性觀賞。

電影院似乎是台灣最初偏愛女性限定活動的商家。日本的電影院到現在仍然盛行女性日，例如東宝的電影院，一般大人票價一千八百圓，但每逢週三，女性入場只需一千一百圓。

目前，日本女性日的做法非常廣泛。旅館會對入住女客特別給小禮物；汽車公司除了送洗髮精等小物，還會招待咖啡點心；職棒賽也對女性大打折。台灣不太流行優待女性，偶爾有的也以餐廳居多。

完

廣告表示

"女人哀愁"

東寶とPCLの傑作……日本映畫界の推進力＝成瀨巳喜男監督

入江たか子が現代女性に何を描き出してくれたでせうか？一番痛切に胸に響いた感想を……女性の皆様から募ります……

宛名・臺北市本町一丁目臺灣婦人界編輯部

締切・三月十日（用紙ハガキに限る）

發表・臺灣婦人界四月號誌上

賞品・佳作十名に『臺灣婦人界』半年分贈呈

副賞・國際館二等回数券一冊宛

女性に限る懸賞 三月四日迄國際館上映

國際館

電影院與臺灣婦人界雜誌社合作辦活動，限女性參加；看完緊扣女性觀眾心弦的電影《女人哀愁》後，在明信片寫下感想，入選作品除了刊登於雜誌上，還可以拿到不錯的獎品。

# 一九二七年（昭和二年）

## 二月

## 二十六日

**廣告表示**：除了女性日，也有兒童日（子供デー），特別優惠小朋友看電影十錢。

自分の考へでは左記
定したい卽ち
鷺庄澳底間の鐵道線
間脚後龍間の鐵道線
並に保安林
林草湖海岸の保安林
山路竹間卽ち大崗山
附近の下淡水溪上流
・
風區としておけば雉
の杞憂はない、そ
禁獵期間は附近作物
雉繁殖率の程度によ
べきもので一概に論
出來ないけれども、
州は最少三箇年以上
高雄各州は
・位でもいゝやう
それで愈々禁獵區
とすれば今までの雉
保護期間を十五日位
日より十月十五日

ない
と雉を五六羽獲た時よりも痛快な
口調で語つてゐた

## 基隆記事

**方面委員講習會**　基隆市方面委員會では督府囑託杵淵嘉房氏を聘し二十六日より二十八日まで三日間每日午後六時より同九時まで公會堂に於て方面委員事務及事業に關する講習會を開催し全員聽講すると

**町名改正委員總會**　基隆市町名改正委員會は來る三日四日午前十時より公會堂に於て總會を開催し市當局並に實行委員會にて審議せる原案に基き打合せの上決定

いになるのだと（神戶又新）

**特別廣告**

**草山桃の花**
臺北發は午前八時三十分
片道一圓　同午後四時
大型片道貸切十圓
小型同上八圓
廿八日迄大勉強
**巴自動車へ**

州保安課、教育課市教育
社會課絕大なる御後援により
第十七回 **子供デー** 開催
**廿六日**
新世界館（午後一時より）
2 世界館（午後一時より）限回一
両館で同じ寫眞を上映致しますから御近い方へいらつしやいませ
●小公學生十錢、其他三十錢●
2 新世界館

## 一九三四年（昭和九年）十月二十日

**廣告表示**：新世界館電影院的兒童日（コドモデー）減價優惠，似乎維持多年。

新興舞踊派の完成した舞踊として知
られてゐるので、學校各種團體で
岡本嬢來るの日に期待する向か

天氣
△北部地方　東の
曇後晴
（臺北觀測所發表）

コドモデー　開催
明日曜日午前八時半より・一回限り
小兒拾錢
其他卅錢
新世界館

文部省推薦映畫・蛇が蛇を喰
喰ふか喰はれる
トーキー大記錄映畫不滅の足
元帥東郷平八郎

大探偵
フオックス社日本版コナンドイル原作
クライブ、ブルクス主演ウイリアム、K、ハワード監督
シャーロックホルムズ
名探偵ホルムズ現る！モリアテイの破獄！
全篇興奮と興味の渦……
新興キネマ時代劇　大衆料金二十日より
伊達事變
萬華芳明館

# 一九三七年（昭和十二年）四月六日

**廣告表示**：法國片《巴里の女》與女星約瑟芬・哈欽森主演的美國片在台北的大世界館上映，四月六日的白天與晚上各一場，也限女性觀賞。

---

すること
人
ふ
就タク
同タク
武雄の
円を横
相町に
部長、
地に高
より基
を揃へ
送され
賞金の
て居た

聞の製作に努力しようと言ふにあるが、漢文欄の廢止、紙面の刷新と共に大いに意義深いものがある訳で全島寫眞班の今後の活躍が期待されてゐる、因に同聯盟には河村本社社長、羅新民報專務、宮本台灣日報社長、松岡台灣新聞社長を名譽顧問に、大澤台日、林新民報兩編輯局長及加藤日報、佐藤台灣、蒲田大朝、平野大每の各台北支局長を顧問に推戴し聯盟全員は台日四名、民報四名、台灣四名、日報四名、大每二名、大朝二名の二十名となつてゐる

**商業講習所で**
**新入所生募集**

夜間を利用して短期間に商業知識を授ける目的で昭和四年台北商業学校内に設置されて以來既に七万四千二百五十名の修了者を出した商業講習所は今年も引續き開講することとなり講習生を募集してゐる、締切は來る八日

**大浦北一師校**
**長神社に參拜**

大浦北一師校長は新任

事業主友七大抱酌婦〇枝こと池田シヅ(三)との逢瀬を阻まれたのに憤激興奮の餘り、同家帳場で剃刀で以て頸部を切り自殺を企てたが

**天氣**

△昨日の最低氣溫
一二度八分（午前五時）
（台北觀測所發表）

臺北全女性に捧ぐる二大名篇！

6日より4日間
•上映•

**巴里の女**
シックな巴里社交界のフランス映畫！
マルセル・シャンタル主演

**忘れじの歌**
戀愛・音樂・母性愛の一大麗卷！
ジョセフィン・ハッチンスン主演

特別上映 "ハリキレ日活"

第2回「女性に限る有料試寫會」
四月六日晝夜二回女性に限り全館四拾錢開放！
男子のお方は普通料金（大衆席四拾錢）頂きます

**大世界館**

より6日より9日まで
ファンク版
（獨逸版）
特別公開
RKOラヂオ超特作
ウキリアム・ポーエル 主演
ジイン・アーサー
斷じて！ファンク版
パラマント漫畫
臺日發聲ニュース

## ●均一價　均一セール　廣告表示●

近年來，超商的關東煮十元均一價，迴轉壽司也每盤均一價三十元，四處可見「均一」，顯然，這個日本來的商賣名詞已經本土化，成為台灣慣用的語彙了。

把有等級之分的商品，打成一種價格，這種吸客術在日本時代已經非常普遍了。譬如一九一一年，時間距今已超過一百年了，西門町、長沙街這邊，當時有一家日本料理店芳野亭，為了一週年慶，一人份全部十五錢均一。北門、延平南路那邊，也有一家旅館改名，從國旗館改成松屋，住宿費一時都一圓均一。

日本時代，與台北市民生活最接近的均一制，應該是公車票價。一九三〇年以前，北市公車仍由民間私營；一九一九年，本來票價有遠近之別，例如艋舺到大橋頭就要二十錢，但九月起採行十錢均一。不到一個月，就發現均一制的效果顯著。本來一天一部車營收多在七、八十圓左右，有時最高也只到一百二十圓，但受均一制刺激，動輒超過百圓，最高也逼近兩百圓了。

不計遠近的還有海外電話費。一九三九年，台灣打國際無線電話到日本，一通電話以三分鐘為限，一通六圓。緊急電話則收兩倍錢、十二圓。這些到日本的電話，採均一價，不計算距離遠近，打到九州南端的鹿兒島和本州最北的青森，電話費都一樣。

二〇〇一年，日本大創來台展店，除食物外，全部商品三十九元均一，一炮而紅，現在的台灣消費者對均一店不陌生。其實，日本戰前即有十錢均一店，流行於一時。台灣老一輩總是說，戰前與戰後幣值大約差一千倍；十錢的一千倍是一百圓，所以，戰後，十錢均一店就進化成百円均一店。

戰前，台北有一家日本人經營的「臺灣オフセット印刷株式會社」，專賣局的酒與香菸的標籤用紙，都由他們承印。一九二七年，這家印刷公司捉住均一店的潮流，另闢販賣部，跨足百貨業，九月一日，也在今天重慶南路一段、衡陽路口附近開了均一百貨店，取名「マーケット」，也就是「市場」之意。後來，基隆哨船頭也有分店。

當年十二月，這家均一店刊了廣告，特別強調店內有兩百多種商品，應該頗為自豪。但是，相距了八、九十年，今天來看，這樣的均一店也太迷你、古錐了。

完●

# 一九一一年（明治四十四年）

## 六月五日

**廣告表示**：距今一百多年前，今西門町、長沙街一帶有家日本料理店芳野亭，為慶祝一週年慶，祭出一人份全部十五錢均一。

廣告

**物品購買廣告**

第一類　維木綿外一點
第二類　白小倉外五點
第三類　カタン糸黑十番外十九點

入札保證金各自見積價格百分ノ五入札者ハ二ヶ年以來引續其業ニ從事スル者ニ限ル

右競爭入札ニ付シ購買ス入札望ノ者ハ當部通信局ニ就キ入札人心得書及契約書案等熟覽ノ上六月二十二日午前十時同局ヘ出頭入札スベシ卽時開札ス

但契約ハ民政長官內田嘉吉擔當ス

明治四十四年六月五日

臺灣總督府民政部

**汽車運轉從事員（內地人）ヲ募ル**

志願者ハ試驗ノ上採用ス年齡滿十五才以上滿二十五歲以下詳細ハ當部汽車課ニ付キ問合スヘシ

明治四十四年六月三日

臺灣總督府鐵道部

**保險金領收廣告**

亡父李宗範儀豫テ日清生命保險株式……

急遽歸省之途ニ上リ候爲メ御暇乞ノ禮ヲ缺キ候段不悪御諒察被下度候

宇都宮規矩夫

辱知諸君

**吳服**……

廣告

**一週年祝**として御一人前**十五錢均一**にて御間に入れ升何卒續々御光來の程願上升

六月四日より

新起横街　**芳野亭**

四方各位

**花蓮港旅館　近江屋**

特色 ▽新築壯麗 ▽町內廉價 ▽空氣新鮮 ▽親切勉强

花蓮港街二三五（停車場前）

主　岡本秀一

支店　特色 ▽驛へ壹丁 ▽海岸へ壹丁 ▽停車場前 ▽郵便局壹丁

酒　白鹿　ビール　エビス

帽子……

明治……

一船主の……

本機ハ其……構造ニ工……等ノ構機ヲ以テ價……邊ハ発カ……ルモ其差……年ヲ出ズ……油ノ節減……テ優ニ償……ヲ得ベシ

一九二七年（昭和二年）
十二月
九日

廣告表示：日本人經營的印刷公司跨足百貨業，開起均一店，還在頭版廣告說，因為「廉價販賣，廣受好評」。

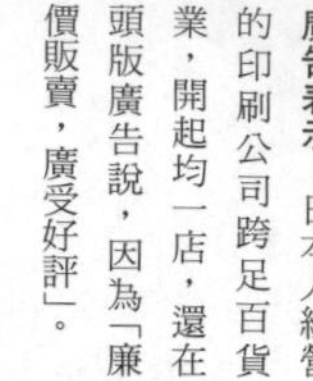

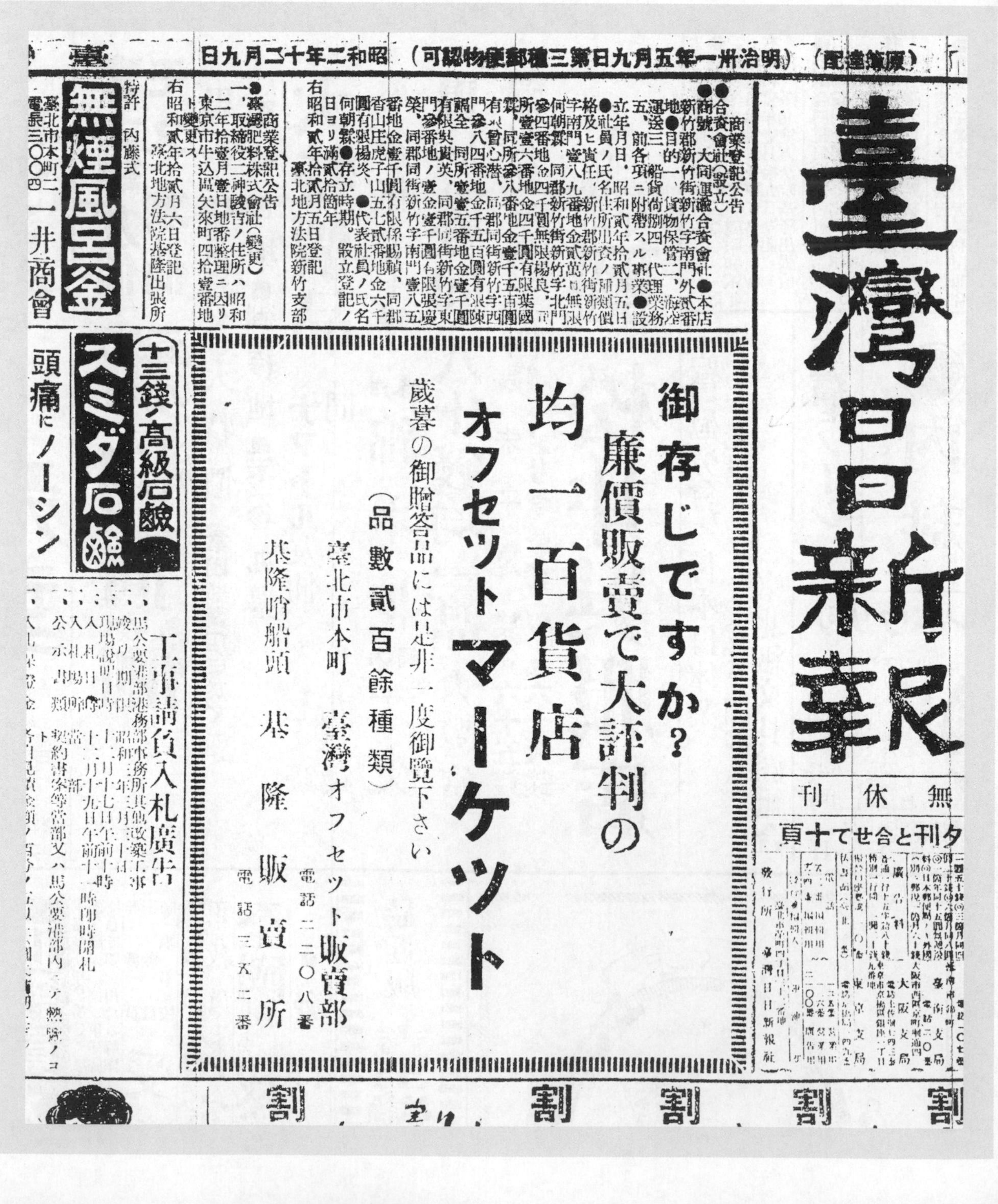

臺灣日日新報

（原簿達配）（明治卅一年五月九日第三種郵便物認可）昭和二年十二月九日

無休刊

夕刊と合せて十頁

御存じですか？
廉價販賣で大評判の
均一百貨店
オフセットマーケット
歳暮の御贈答品には是非一度御覧下さい
（品數貳百餘種類）
臺北市本町　臺灣オフセット販賣部　電話二二〇八番
基隆哨船頭　基隆販賣所　電話三五二番

特許　内藤式
無煙風呂釜
臺北市本町二　電話三〇〇四　一井商會

十三錢ノ高級石鹸
スミダ石鹸

頭痛にノーシン

工事請負入札廣告

一九二八年（昭和三年）

一月

二十二日

**廣告表示**：位於今衡陽路的松井吳服店在頭版登廣告說，店內一圓及八十錢均一價的商品非常豐富，除了有「大特價品」，還要顧客「不要太驚訝，白色法蘭絨一丈只要五十錢」。

富士絹友仙
モス友仙
新柄揃
思い切つた大特價（第四部賣店に於て）
御紋付地・御袴地・朱珍丸帶
大特價品
ナフトル友仙 大 七錢
同 幅 九錢
驚く勿れ僅か五十錢の 白綿ネル 大幅一丈
裏店の壹圓・八十錢均一品大豐富
朱子足袋 二足 六十五錢
メリヤスシャツ 二枚 六十六錢
榮町通り裏店の友仙モス 小幅 十四錢
臺北 榮町 京町 松井吳服店

商業登記公告
●基隆船渠株式會社（變更）
一 取締役全員任期滿了ノ處昭和貳年拾貳月參拾日各重任ス
右昭和參年壹月拾九日登記
臺北地方法院基隆出張所
●臺灣合同電氣株式會社（變更）
取締役川北榮夫ハ昭和參年壹月拾日住所ヲ大阪市天王寺區堂ケ芝町百五番地ニ移轉ス
右昭和參年壹月貳拾日登記
臺北地方法院桃園出張所
産業組合登記公告
●有限責任羅東信用販賣利用組合

店員慰勞會ニ付本日休業
（北投ニ於テ開催ス）
臺北紙文具商組合

頭痛にノーシン

# 一九三三年（昭和八年）十一月三日

廣告表示：「料理每盤五十錢」、「圖書均一特賣」、「唱片五張一組，一圓七十錢均一」……從廣告中可以看到均一價的概念在日本時代已經非常普遍。

になつた

## 接客業者の健康を調査

新竹署は去る三十、三十一の兩日管內接客業者（藝妓酌婦を除く）千二百二十二名について健康調査を行つたが中二百三十七名がトラホーム患者であつた

## 厭世自殺を企つ

【嘉義電話】嘉義市北門町六ノ十一月圭衛木の妻曾郭氏紀(五七)は二日午後一時頃自宅の寢室にて石炭酸二グラムを嚥下苦悶中を家人に發見され醫師の手當を受けた結果一命は取りとめた、原因は紀が夫の妾と折合惡く家庭不和が續いて厭世の念をおこしたものである

## 野犬藥殺

【宜蘭電話】宜蘭郡警察課にては三十一日二日の兩日に亙る野犬藥殺を行つたが兩日で約八十頭を藥殺した尚近く時期を見て第三回を行ふと

産話

於る排日は傳ものではなく政略的の年中腰氣（腰氣搖）られてゐる一動がその原因見られてゐるの程度の排日してゐない際した上麻の代イザルが歡迎者間に大恐慌

## 會事

△新竹基督教青年會では四日午後七時から市公會堂で大音樂會を催すがプログラムはピアノ、ヴァイオリンの演奏、獨唱等盛り澤山である

た

## 人事

△山內鱒中氏 馬公要港部司令官

因か

番戶岡田武男

新築貸家 樺山町五三番地 價二五圓 瓦斯設備 北門町八原川

電話 賣買 金融 恩給 低利 即時立替 築地町一の四 電八八 旭屋

全国 図書祭 昭和八年

—圖書祭記念—

圖書均一特賣開催

特賣圖書3000點

期間＝十一月一日ヨリ七日マデ

均一特賣目錄は全國各地書店にて無代進呈

主催 全國書籍商聯合會 東京出版協會

性器強大へ

人生の危機！ 性器障碍を解決せよ！ 生き甲斐ある人生、幸福なる生活はそこに初めて生れる。

今まで不治の難症といはれた、性器の短小、陰○、早○、夢○、中年期の老衰萎縮等が、今こそ完全に救はれる時が來た

說明書送呈

臺北市榮町一丁目二〇（電話二〇一・三三三〇番）

一九三六年（昭和十一年）
五月
十五日

**廣告表示**：阪急百貨的郵購廣告，「浴衣（ゆかた）特別回饋。一圓均一價」，還將布面花色直接秀出來。

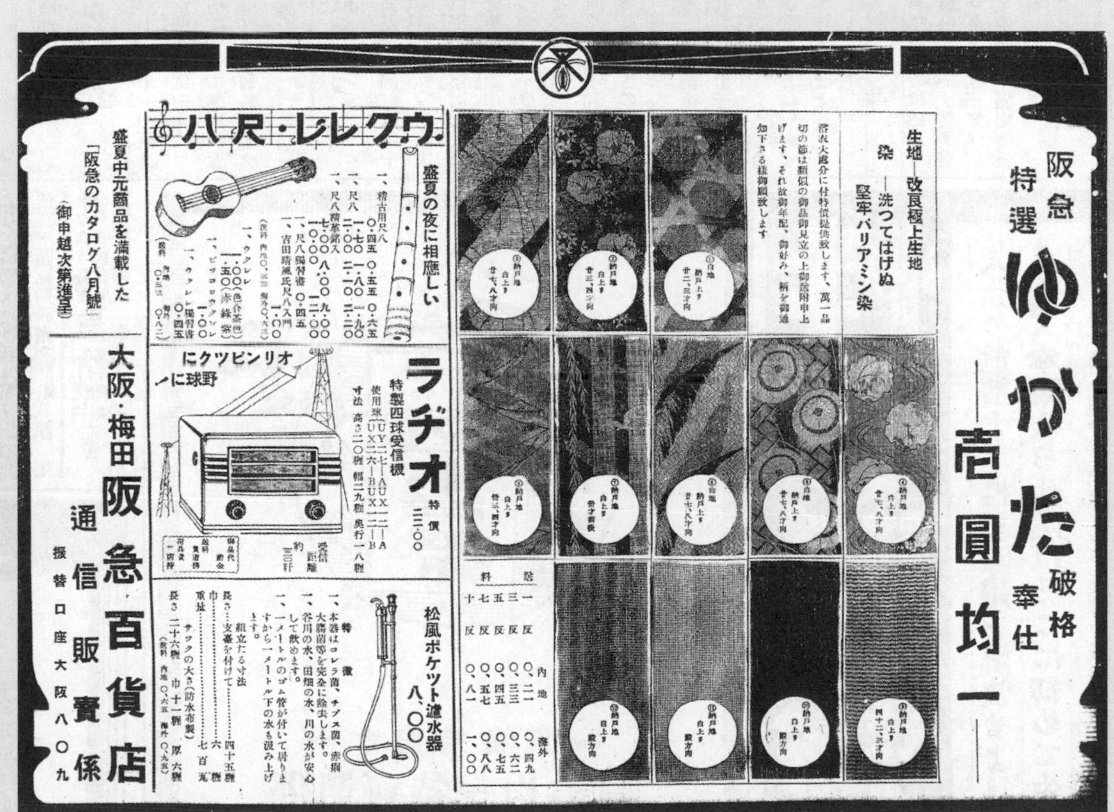

# 一九三七年（昭和十二年）十二月七日

**廣告表示**：阪急百貨促銷郵購唱片，主打由一流藝術家錄製，眾人一致好評、嘖嘖稱讚的優秀唱盤，現在五張一組，一圓七十錢均一。

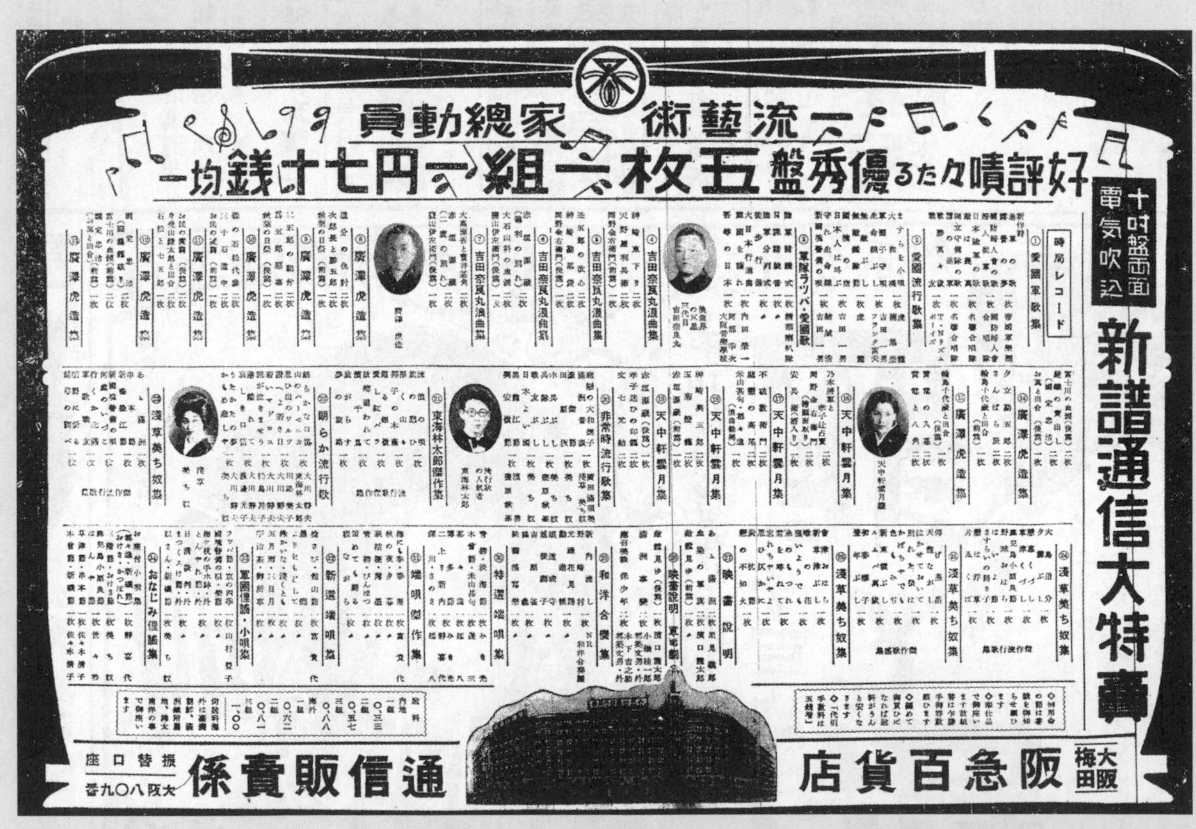

# 一九四三年（昭和十八年）一月十一日

**廣告表示**：看電影也有均一價，入場一律五十錢。一九四三年，大世界戲院與台灣劇場（簡稱台劇）以「令人懷念的經典電影」為主題，推出由法國導演執導的《罪與罰》，以及德國電影《離別曲》。

永久に發毛を止む 博士發見官許 說明書大阪住吉 旭町テーオー社

株式 相談所 臺北表町一ノ二〇電四九〇五 川本

社債償還公告
貳回物上擔保附社債金六百五拾萬圓也
二十日期日第壹次償還額面金拾六萬貳
也八當會社ニ於テ買入銷却致候ニ付此段
年一月十一日 鹽水港製糖株式會社

重高等農林學校
農學科四十名、農業土木學科八十名、林學科四十名
三月二十三日・二十四日・二十五日
國語（國文解釋、作文）國史、數學、理科生物
津、東京、福岡

高等無線電信學校
沖貞男

許及商標 出願及鑑定等
鈴江特許事務所
石川區江戶川町（電話小石川一四六八）
東京市囑託 辨理士 鈴江近太郎

匠・商標・懇切取扱
辨理士 井上清子特許事務所

んそく 根切り藥
無料進呈
頒藥所 聽松閣

想ひ出の名畫祭
東和商事提供二大巨作
十一日同時上映
罪と罰
ピエール・シュナール監督
ピエール・ブランシャール主演
臺北合同興行會社
大世界 均一 50セン 税共

獨逸トビス作品
ジャン・セルヴェ ジャン・クリスパン主演
別れの曲
台劇 均一 50セン 税共
城南映劇・武藏坊弁慶 均一 40セン 税共

今日も決戰明日も決戰

# 分期付款

## 分割払い

廣告表示

一九六一年，台灣省主席周至柔訪問美國兩個月，回來對省議員談見聞感想，提到美國為了鼓勵消費、刺激生產，孕生分期付款的辦法，讓普通工人也可以買到電冰箱、電視機，甚至汽車和房子。

過了兩年，《中央日報》有個專欄寫道，「分期付款這個名詞是舶來品，近幾年在台灣也極流行。」又說，現在幾乎所有商品，都能分期付款，「看情形分期付款買汽車的日子也不遠了」。

如果回到六〇年代，讀到這樣的報導與文章，真的會以為當年分期付款才在台灣新鮮上市，歷史事實卻完全不是這樣。單以汽車來說，一九二八年在台灣買福特，一九二九年買別克，都可以按月分期付款。

福特和別克都是美國車，追溯起來，美國也可說是台灣分期付款的發源地。十九世紀中期，美國的勝家公司就推出分期付款了，一般民眾即使收入不豐，也可以買得起高價的裁縫車。到一九三〇年代初期，美國小賣店的年營業額中，有一成五以分期付款購買。

一九〇一年，勝家初到橫濱設分店，按月分期付款的商業模式也到了日本，被稱為「月賦販賣」。隔年，知名書店丸善跟進，也以分期付款推銷《大英百科全書》，結果大成功，伊藤博文、後藤新平、新渡戶稻造等名人都是月賦販賣的利用者。

月賦販賣

這時候，台灣剛進入日本時代沒幾年，一九〇八年，台灣第一家房屋建設公司「臺灣土地建物株式會社」創立，同時推出五年分期付款的購屋辦法，台北南門外的六棟房屋一下子就賣光光。

一九一一年，屏東買腳踏車，可分期；一九一四年，在台北西門町買皮鞋、西裝，可分期。二〇年代，更多想像不到的商品可以分期購買，台北萬華有家日本人的「熊谷製桶工場」，售出洗澡用的風呂桶，依買主希望，要分幾個月付帳，都隨客便。新竹州廳前的日向商事會社，也以分期付款吸引顧客買他們的漆器、銅器、九谷燒等商品。一九二五年，台南州為了預防瘧疾，更運用這招，獎勵民眾買蚊帳。

日本時代，汽車、鋼琴、風琴、腳踏車、縫紉機、衣櫥、毛布、鞋子衣服、播放唱片的蓄音器等動產，都可先享受後付款，分期慢慢還清。大部分動產的付款期數都在一年以內，有五個月、八個月、十個月不等。

不動產的分期才比較長，但類似現在房屋貸款可三十年分期攤還的辦法，日本時代並沒有。初期有分五年六十期者，三〇年代有十年者，而一九二九年，台灣第一位醫學博士杜聰明買下大正町（今林森北路兩側、南京東路以南一帶）的一百坪土地和房屋，則是十五年期。

完

# 一九〇九年（明治四十二年）六月二十九日

**廣告表示**：台灣第一家房屋建設公司「臺灣土地建物株式會社」賣房子，廣告說，在南門外有大小五間新屋落成，其中已經有兩間賣掉了，剩下三間的大小就如左側所記載。仔細看，相鄰的廣告上下倒置了，過去的報紙偶爾會出現這種錯誤。

月賦賣却家屋

月賦にて賣却する家屋の見本として南門外に大小五戸を新築落成致し其内二戸は賣却濟に有之左記の三戸御覽の上御心に協ひ候はゞ御申込被下度候

八疊、六疊、四疊半、二疊の分　六十箇月賦にて毎月拂込金二十九圓五十錢

八疊二間、六疊、三疊、二疊の分　六十箇月賦にて毎月拂込金三十六圓八十七錢五厘

六疊二間、三疊、二疊（水道敷設）の分　六十箇月賦にて毎月拂込金二十一圓八十六錢七厘

臺北停車場前ホテル北側

臺灣建物株式會社臺北支店

# 一九一〇年（明治四十三年）十一月十七日

**廣告表示**：從房屋平面圖來看，竹籬笆內有庭院，從玄關進到屋內有含衣櫥的客廳與起居室、茶室、廚房。臺灣建物株式會社的廣告標題寫說，「用月付房租的方式就能買房子」。

!!! 家賃デ家ガ買ヘマス !!!

●家賃ヲ何十年間拂ッテモ家ハ決シテ自分ノモノニハナリマセヌ

●本社ノ月賦賣却法ニヨレバ少々格高ノ家賃位デ僅カ數年後ニハ家ハ自分ノモノニナリマス

●若シ御都合デ中途解約ノ場合ハ買戻シノ法モアリマス

●下ノ見取圖ニ示ス樣ナ家ハ月賦金二十三圓八十錢位ヲ五箇年拂ヘバ自分ノモノニナリマス此位ノ家ハ普通家賃二十二三圓ハ取ラレマス

詳細ハ御一報次第御知ラセシマス



臺北北門街　臺灣建物株式會社（電話四九八）

司法大臣子爵岡部長職君題辭
前大藏大臣男爵法學博士坂谷芳郎君題辭
警視總監龜井英三郎君題辭
法學士和田垣謙三君序文
（既製本成）
好評嘖々初版忽ち賣盡す
增訂第貳版出來
●本書内容見本は郵券二錢送れ呈す

農刷新の先覺者

# 一九一二年（明治四十五年）五月十二日

**廣告表示**：在新高堂書店附近，賣衣櫥的「石田たんす屋」也說可以分期數月付款，一天只需二十錢。從廣告圖中可以看到日本時代的錢幣樣式。

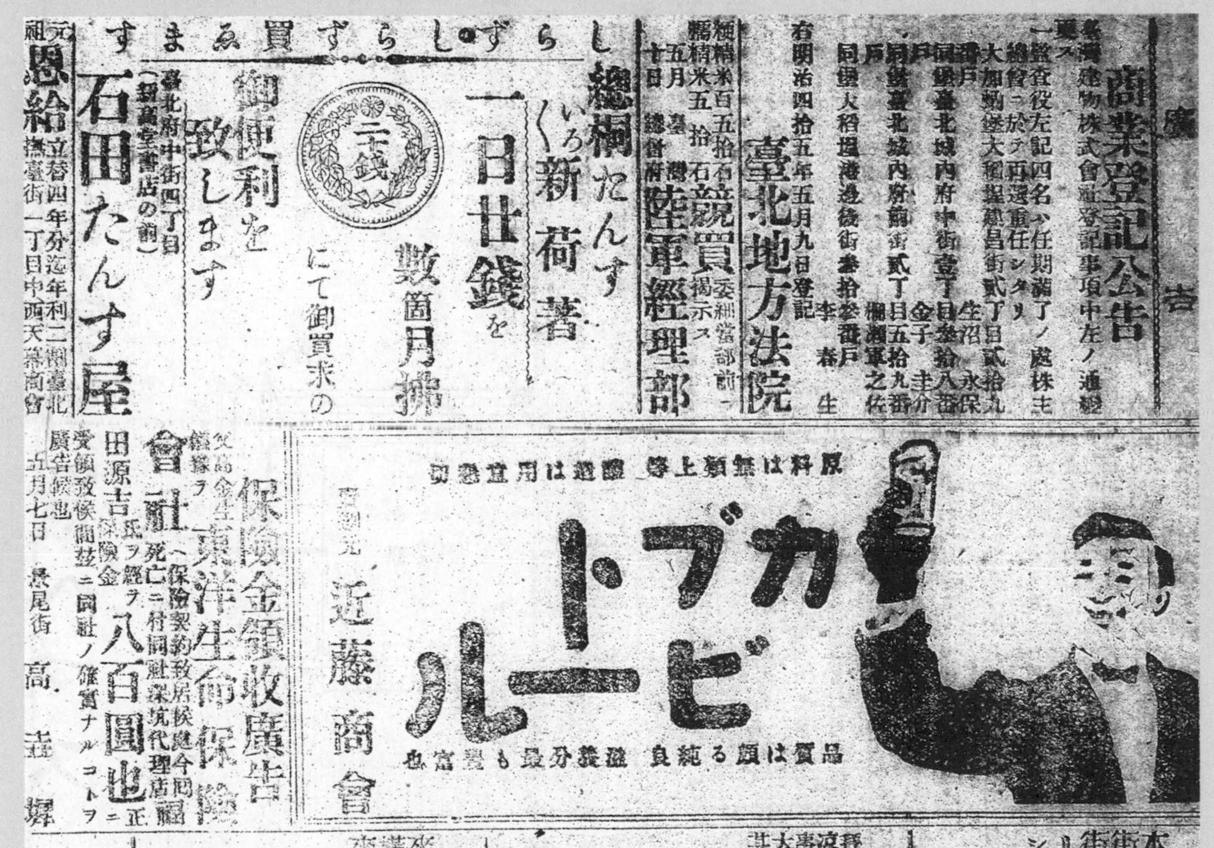

廣告

商業登記公告

臺北地方法院

陸軍經理部

しらず○しらず買ゑます

總桐たんす

いろいろ新荷着

一日廿錢を

數箇月拂

にて御買求の

御便利を致します

二十錢

臺北府中街四丁目

（新高堂書店の前）

石田たんす屋

保險金領收廣告

東洋生命保險

會社

八百圓也

近藤商會

# 一九二四年（大正十三年）十月十六日

廣告表示：文案強調，新式RUDGE（ラーヂ）自轉車齒輪大改良，絕對不會發生騎不動的情況，堅牢無比，是真正理想的實用車。日米商店推銷手牌腳踏車的新款，可以分期付款，還有機會抽到五百圓現金。

一九二八年（昭和三年）

十月二十九日

**廣告表示**：一九二〇年代，美國汽車龐蒂克也鼓勵消費主用分期付款的方式購車。

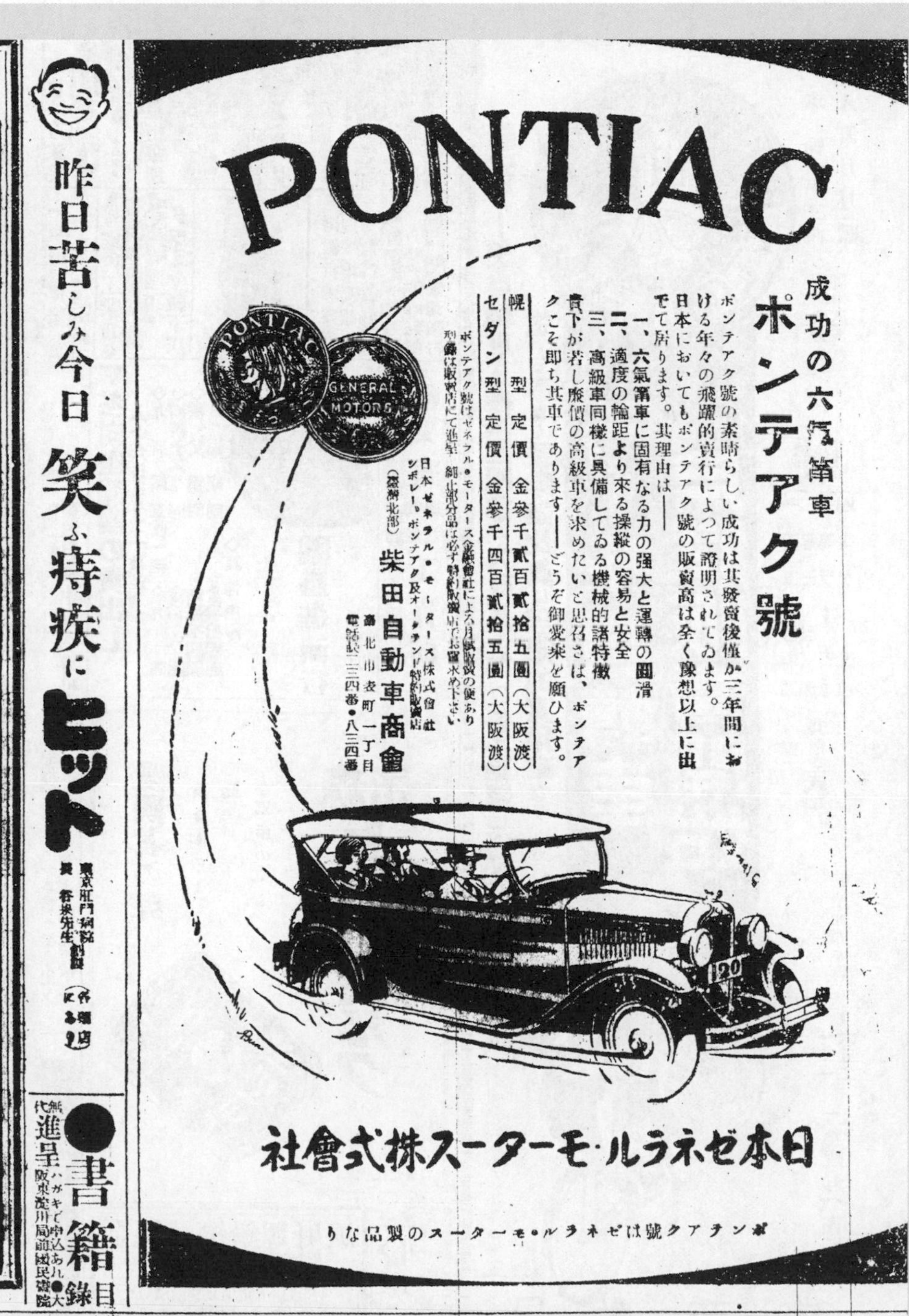

# 一九二八年（昭和三年）十一月三十日

**廣告表示**：福特汽車的台灣代理商「日星商會」廣告福特的諸多優點。標題「十目十指」意指通過眾人的考驗，獲得認可。仔細看，廣告最末則有個小框寫，「請利用月賦販賣」，可以用分期付款買汽車。

東西映畫社提供映畫　名女優ネル・ハートレー主演　下水道（近日公開）

……從事してゐる。氏の實驗の結果る、此研究家に年齡滿十六歲か女九十名で、各のを取りまぜ研あつたから相當あるとしなければン氏によるとその三分の一をら人生僅か五十睡眠說を主張すは一寸異彩を示氏はあとの三分

特異な外部變化に對し

**覺醒**　してゐることを示すものであつて覺醒してゐる時でも各瞬間を採つて考へれば周圍のいくつかの事實にのみ覺醒してゐるのであつて、無意識の事物に對しては眠つてゐるのである。ジョンソン氏が二十二人の大學生について實驗した所によると、睡眠中自發的動作を爲す事の最も少ないものは二十五分間に一回身動きをし、激しいものになると、七分四分の三の間に一回動く、普通は十三分半に一回であると云ふ

## 振つた葬式
### 骨を灰にして河へ流す

【ニユー・オリーンズ發電通郵信】ルイス・ライグノニと云ふイタリア人は九十一歳で今年の正月ぽつくり死んで行つたが後の知己たちは遺言狀の指定通り次の如き葬式を行つたミシシツピ河を傳うて當地に流れついた私だからやはり河を傳つてあの世への旅もつゞけ度いと云ふのがこの老人の願であつた友人たちは死體をひそかにセントルイスに運んで火葬にし骨壺を携へてミシシツピ河の渡し舟に乘つて舟の上から灰を河の中に流したのである乘合せた數十人の人たちは妙な事をする一團の人を見成つてゐたがそれが一個の人間の葬式だとは氣がつかなかつたと云ふのであるこの爺さんよほどのかはり物と見えて二人の娘に會はない事一人とは三十五年、も一人とは四十年だつたと

千分一臺灣地形圖
○北部ヨリ嘉義附近迄

臺灣總督府度量衡所編纂
メートル法のかゞみ
●送料不要
發行所　臺灣日日新報社

Ford

# 十目十指

(イ)幅廣薄葉にして撓曲性に富める横置式前部發條

(ロ)一新機軸を劃せるフルカンチレバー式後部發條

(ハ)フーダイ水壓式震動抹消器（新車の標準裝置）

是等の合同作用に依つて新フオード・トラツクは靜肅圓滑な運送を行ひます。安靜な走行

夫は積載物が毀損されない事を意味します。

新フオード・トラツクを使用して居られる運送店主は此點を顧客に力說して下さい。顧客は安心して新フオード・トラツクを使用して居る運送店に貨物をお託し下さい。

月賦販賣を御利用下さい
詳細は最寄特約販賣店へ

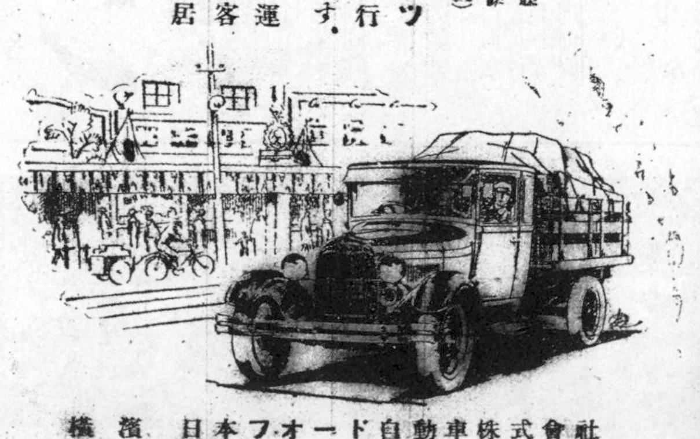

横濱　日本フオード自動車株式會社
臺北特約販賣店　日星商會
關係特約販賣店　臺北　臺中　臺南　花蓮港　高雄

一九二八年（昭和三年）十二月十六日

**廣告表示：**日本樂器會社（即山葉）推出「山葉風琴按月分期付款（六個月）大促銷」活動，首期金額每一圓還送一張贈品券。廣告中間就舉例，像是山葉四號風琴定價八十五圓，第一期付三十五圓，其餘只要每期十圓。

襲撃

土と大亂闘

に駐在所を襲ふ

窓ガラスを破壊し凱歌をあげて揚げんとする所を馳つけた宇津久留里署長以下署員十餘名のた一網打盡に検擧された襲撃の際地人土工安田善藏(三四)は脳天をられて即死し外二名は瀕死の重鮮人土工も三名重輕傷を負つた因は田中請負人が土工を酷使し三日晝鮮人土工一名が怠けてゐとてさんぐ毆つたのが動機で頃から差別待遇をひがんで居り綿に不平を抱いてゐたものら

聯合景品券付（第一回拂込金額に對し金壹圓毎に一枚宛進呈）

# 山葉オルガン

## 特別月賦六ヶ月大賣出し

賣出期間　十二月十日より十二月三十一日まで

| | 定價 | 第一回拂込 | 第二回以後毎月 |
|---|---|---|---|
| 山葉オルガン四號 | 八十五圓 | 三十五圓 | 十圓 |
| 同　五號 | 百十二圓 | 四十五圓 | 十五圓 |
| 同　六號 | 百五十圓 | 六十圓 | 十八圓 |
| 同　七號 | 百八十圓 | 八十圓 | 二十圓 |
| 同　八號 | 二百圓 | 八十五圓 | 二十圓 |

日本樂器會社出張所

臺北市新起町一丁目　電話二一一一番

# 一九二九年（昭和四年）五月四日

廣告表示：柴田商會推出新款雪佛蘭，主打用四汽缸的價格，就能買到六汽缸的車，而且車體比舊款來得大，這樣的車一台售價兩千多圓，也可以按月分期付款。

CHEVROLET

新シボレー號

四氣筩車値段の六氣筩車

六氣筩車となつた新シボレー號は動力において三割二分、速力と加速度において二割一分を增し、そしてガソリン一ガロンにつき優に二十哩を出します。之に準じて車體も從前より大きく長く廣くなりました。一見高級車のやうに見へる堂々たるラジエーターの威風を御覧下さい。

定價（大阪渡）

| | |
| --- | --- |
| 幌型 | 金貳千百貳拾四円 |
| 二扉セダン型 | 金貳千參百九拾五円 |
| 四扉セダン型 | 金貳千六百五円 |
| タクシー・セダン型 | 金貳千六百七拾八円 |

シボレー號はゼネラル・モータース金融會社による月賦販賣の便あり…純正部分品は必ず特約販賣店でお買求め下さい

日本ゼネラル・モータース株式會社
シボレー、ポンテアク、オークランド特約販賣店

柴田自動車商會

臺北市榮町一丁目

日本ゼネラル・モータース株式會社

新シボレー號六氣筩車はゼネラル・モータースの製品なり

新シボレー六氣筩車の夥しき需要に對し工場の大擴張を行へるに拘らず四月及五月には到底註文の全部をお引渡出來ません、其代り六月中には從來の約二倍即ち[illegible]臺のシボレーを製出し其後每月如何なる大註文にも應ずる事が出來ます

# 一九三一年（昭和六年）

## 五月十三日

**廣告表示：**日本時代，可以先享受後付款的商品五花八門，像是一台九十圓的腳踏車可以日付三十錢，分十個月慢慢付款；四十圓的留聲機，也可以用月付五圓的方式購買。

るに付き十二日閣議は左の如く大藏省人事異動を決した

任廣島税務監督局長（二等）　國税課長　野津高次郎

廣島税務監督局長

奉迎打合會

係者全部並に軍部より小林高級副官も加つて慎重協議を重ねた結案を練つた上具體的決定を見る筈

命京都支店長　臺北支店長　龍夫

### 遞信省人事異動

【電通東京十二日發】遞信省人事異動左の如く發表さる

任遞信監察官（二等）　遞信省秘書課長　清水　順治

監察課長を命す　監察課長　久慈　茂

任廣島遞信局長（二等）　廣島遞信局長　淺野　平二

補大阪遞信局長　保險課長　高曳　直道

秘書課長を命す　簡易保險局監督課長　猪熊　貞治

保險課長を命す　大阪遞信局長　牧野　寶一

依願免本官

### 督府辭令

總督秘書官　小林鐵太郎

總督官房秘書課長を命ず　同　石川　軍男

總督官房秘書課長を免ず　督府事務官　円村　直岡

總督官房文書課長兼總督官房調

十二日出府（朝陽號）

▲川口傳左衛門氏（近江織物會社重役）十二日來臺（日の丸館）

門司神戶行

大和丸　五月十四日午前十時發

吉野丸　五月十九日午前十時發

朝日丸　五月廿三日午前十時發

# 一九三三年（昭和八年）六月二十二日

**廣告表示**：戰後崛起的家電業實業家，國際牌的洪建全和聲寶的陳茂榜都曾在文明堂擔任過小店員，在那裡學得唱片、留聲機、收音機等相關知識。

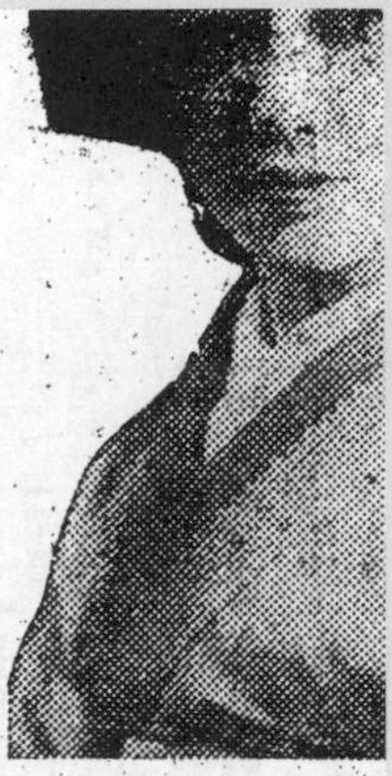

す
進出
…之家喜代

三と云へば、その美貌と美聲に近來頗に人氣を博しつつある人、先づ妓藝の點からも「名妓」と稱されていい。喜代三、先頃日本ポリ…

…ぬ」てある一わしや知らぬ」は
飲めば忘れる　心が晴れる
淚なんぞに　用はない
景氣不景氣や　わしやしらぬ
明日の天氣は　なほ知らぬ
金がないとて　くよくよするな
運はその日の　風まかせ
景氣不景氣や　わしや知らぬ
明日の天氣は　なほ知らぬ

といふ歌詞が示す通り、まことに現代大衆にピッタリ來る所謂流行歌だ

## 陽情景

臺北　額田如狂

…に飽きが…のは宜蘭…ろが豚と…たか大皿…酢物の料…ない、日…言はれて…あるが先…ものである…で食ひ荒…なくてはな…藝妓二人…先生に探…、而し俚…て三味線…の三味線…はよいとし

深い印象となつて忘れられない、懷かしさがある、又其の昔藥師尾旅館にお春とかいふ女中がゐて、其の女が戀人に逢ひたさに俚謠子を傀儡として觀劇に誘ひ出したナンセンスも殘つてゐる、その時作つた俚謠は半切にものして川上君に與へたことなども思ひ出になる、伊藤君は最後まで踏み止てゐたのであるから此の農場を引渡すに際しては人情味の上から淚なくてはゐられなかつたものと察せられる

それを知つてか苧麻は萎れて哀愁の情を深め、又果樹園の露は泣いた淚とも見えて切ない惱みを抱かせる、川上君も伊藤君も臺北近郷に居るので相會する機會もあり共に倶に昔の事を談じて牛飲馬食に慰めることも出來やう、嗚呼戀しい宜蘭の紅酒のかをりかなだ。（終り）

李可愛や青葉のかげで誰に逢ふとて紅つけた
醉うた紅酒を醒してくれる宵田千町の餘り風
三味は聞けない料理は食へぬ何んで氣樂に居らりやうか

## 名家敗退將棋（一其）

（鈴木氏二回勝三人目）

六段　△飯塚勘一郎



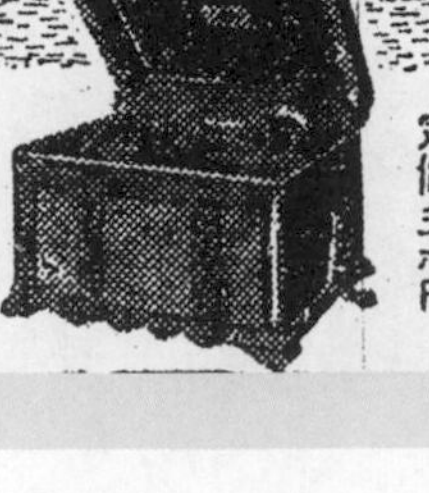

# 一九三六年（昭和十一年）十月十七日

**廣告表示**：按月分期付款的商業模式，在戰前便已蓬勃展開，連毯子（毛布）都可以分五個月購買。

行はれる、多數の參觀を希望してゐる

**鄭築基氏夫人逝去**

市の鄭築基氏夫人張氏款（三三）は去る二月四日鄭氏が暴漢の襲撃を受けた際、敢然身を以て鄭氏を守つた爲め重傷を受け、爾來病臥中であつたが、十五日遂に逝去し葬儀は來る二十日佛式で營まれる由

**總督府圖書館開館**　總督府圖書館は去る七日から曝書の爲休館してゐたが十六日で終了したので十八日から平常通り開館することになつた。但し館外貸出は日曜祭日の外はないことになつてゐるから九日からである、尚十七日は祭日であるので兒童室は午前八時から開く由

ニッポン塔

富士寫眞部分品一手販賣　富士モートル　表町　電二三六三　サクラ電氣商會

寫眞

8ミリ　小型映畫時代來る　コダック續々入荷　臺北市榮町　西尾商會

新鋭カメラ續々入荷特賣　臺北市榮町貳　フタバ寫眞機部

各種カメラ及材料　京町一　電四〇五〇番　二宮寫眞機店

植物寫眞　毎月十日一回會費　熱帶植物寫眞刊行會

速成寫眞　新設　二時間　西門町　すわらじ寫眞館

時計、眼鏡

和田はメガネ專門　臺北本局前商銀通り　電四壹五〇番

メガネ專門　日光堂　臺北市表町二ノ一〇　電貳九九七番

メガネ專門　金光堂　學生優待　兒玉町貳　電話九九八番

藥種商　活性炭素　釀造用ニ製糖用ニ其他總テ脱色劑トシテ　御照會　臺北兒玉町一　南門藥局

紙文房具　ヱビスヤの萬年筆

メイセンの御用は　秩父屋　表町二ノ一〇　電四〇三七

金網入襖　臺北末廣町二　電貳貳九〇　高見表具店

白蟻驅除作業　臺北新起町一ノ一〇　電參〇參八番

毛布五ヶ月月賦販賣　臺北本町　電壹壹貳　松原商行

（カゴメケチャップの姉妹品）
カゴメソース
台湾移入元　宅商會　台北・台南・嘉義

腸消毒藥　適應症　小兒用　定價

一九三七年（昭和十二年）六月二十日

廣告表示：山葉鋼琴也廣告說，有月付十九圓這種方便的方法。

てゐる

一、政務官問題　政務官は置くか置かぬかまた置くとしてもその時期は決つてゐない、人選についても政黨との關係のみを問題として摩擦を避けることのみ考へて行く訳に行かぬ、根本方針は來週中には何とか決まらう、この問題は政黨出身閣僚と書記官長に一任してある、尚新黨との關係等考慮に入れる必要はあるまい

一、明年度豫算編成の基調財政經濟三原則に依つて日滿を一丸とした綜合的計畫經濟を基調とし國防と財政との調和を圖る方針の下に滿洲國の五ケ年計畫と照し合せてやつて行きたい、之らの一部は通常議會に豫算となつて現はれやう

一、中央經濟會議の設置については早晩人選を決定しこれを開きたい

一、文官任用令の改正、大體馬場君の意見と同じで改正には贊成である大いに自由任用の途を拓いて專門家の進路を展げ人事の行詰りを根本的に打開したい

一、政黨が時勢に目覺め眞面目に更生するといふなら大いに贊成である、新黨問題については今の所考へてゐない、しかし革新政策の具體案を政府が掲げた場合政民兩黨の態度如何では新黨が出來るものとも考へられるが今から豫測は出來ぬ

輸入超過六億

臺灣瓦斯株式會社

株式名義書換停止公告

來ル七月一日ヨリ定時株主總會終了ノ日迄株式名義書換ヲ停止ス

株式會社臺灣貯蓄銀行

山葉ピアノ

YAMAHA

月19圓拂の便法あり

（カタログ月賦案内書進呈）

全國に特約店有り

日本樂器會社

臺北出張所

臺北榮町

大阪商船 臺灣出帆

基隆出帆（△印船客扱）

門司・神戸行　高千穗丸　蓬萊丸　高砂丸

上海・福州行　長沙丸　盛京丸

廈門・汕頭・香港行　廣東丸　香港丸

福州・廈門行　大球丸

長崎・鹿兒島行

大賣出し

パラソル均一

最廉價にて提供……

手持品を特におつとめし

一圓五〇錢　二圓五〇錢

三圓五〇錢　五圓均一

（四階）

（三階）

（階）

（子供用）

# 一九三七年（昭和十二年）七月二十三日

**廣告表示**：臺北土地建物株式會社賣土地，廣告說，「臺北市內獨一無二的開發地『日之出村』」有眾多優點，「地勢高又乾燥、風景絕佳、夏期清涼、環境良好設備完全、交通至便」。從地圖看，果然地點很好，與幸小學校（今幸安國小）相鄰，附近還有第三中（今師大附中）。

右昭和拾貳年七月貳拾壹日登記　臺北地方法院

●臺灣勸業無盡株式會社變更（支店）昭和拾貳年七月拾貳日苗栗郡苗栗街苗栗貳百貳拾番地ノ支店ヲ同郡同街苗栗貳百九番地ノ壹ニ移轉ス

右昭和拾貳年七月貳拾日登記　臺北地方法院宜蘭支部

**大阪商船　臺灣出帆**

◎基隆出帆（◇印船客お斷り）

門司神戸行　高砂丸　高千穗丸　蓬萊丸
福州上海行　長沙丸　盛京丸
廈門・香港・汕頭行　香港丸　廣東丸
福州廈門行　大球丸
鹿兒島、長崎、博多、北鮮行　河南丸
沖繩行　慶運丸
蘇澳、花蓮港、台東行　でいり丸　めなど丸
高雄・廈門比律賓行　がんじす丸　めきしこ丸
但シがんじす丸ハ廈門不寄港
西貢盤谷行　バタビヤ丸
タワオ爪哇行　バンドン丸
（南洋海運）

◎高雄出帆
馬公行　鳳山丸（毎奇數日前十時發）
廈門、汕頭、香港、廣東行　福建丸
東京直行　屏東丸
其他船便多數アリ臺北電五八五〇

**近海郵船　基隆出帆**

門司神戸行　大和丸　七月廿三日前十時發
富士丸　七月廿七日正午發
朝日丸　七月卅一日前十時發
上海內地行　諏訪丸　八月十七日前九時發
香港廈門行
大連仁川行　七月廿九日前十時發

**辰馬汽船　出帆**

織殿丸　七月廿二日基隆發
喜春丸　七月廿四日高雄發　七月廿六日基隆發

**大連汽船　基隆出帆**

大連直行　東丸　七月廿一日午前十時
西丸　八月十一日午前十時

---

**土地と住宅**

**市內唯一無二ノ發展地**

**日の出村住宅地推薦**

新設東門町一條通リ　中央排水溝　文化村　火藥庫　幸小　文　日の出村住宅地　東門行バス終點目下工事中　第三中

昨今諸種住宅地紛出ノ折柄弊社經營上記住宅地コソ**安心**シテ御買取願ヘル住宅地デアリマス御承知ノ通リ本年四月一日臺北州令第十四號ヲ以テ市計畫令ニ依ル建築物制限規則ニ基キマシテ建築指定済ノ箇所ニ非ザレバ家屋建築ハ出來ナイノデアリマス然ルニ弊社經營ノ日の出村住宅地ハ建築線ノ指定済ナリタルヲ以テ直チニ建築ニ着手スルコトヲ得ル而已ナラス（市區計畫線ハ既ニ決定シ）同時ニ區畫整理線モ決定シタル故**安心**シテ御買取ヲ願ヘル次第デアリマス。

位置　臺北市大安字十二甲幸小學校隣接地
價格　坪貳拾壹圓
坪數　八拾坪、九拾坪、百坪、百貳拾坪
設備　道路、側溝、水道、電燈線完備
支拂　（土地即金又ハ拾ケ年迄ノ月賦拂家屋ハ拾ケ年迄ノ月賦拂利率年八分五厘）

土地高燥、風景絕佳、夏期清涼、環境良好設備完全、交通至便、東門町バス終點ヲ日の出村入口ニ移轉ノタメ目下工事中、以上ノ通リ郊外快適ノ住宅地トシテ御推薦申上マス

**貸地**

位置（臺北市御成町五丁目宮前町天理教臺灣本部北隣接地（建築線指定済ニ付直チニ建築スル事ヲ得））
地代　坪月拾六錢
坪數　百坪、百貳拾坪
設備　道路、側溝　水道　電燈線完備

右御希望ノ御方ハ弊社ヘ御來談下サイ

臺北市大安字十二甲三〇九番地幸小學校西側

**臺北土地建物株式會社**

電話六三三四番

# 一九四二年（昭和十七年）七月十七日

**廣告表示**：房屋建設公司「常盤住宅會社」祭出「只要便宜的月付金就可以蓋房子」。不分時空，這真是好多人的夢想。

無自覺な輩への警鐘

香久忠俊氏談

副委員長　三卷俊夫氏談

故八田技師告別式

ラジオ

萬媒

新世界館

安い掛金で我が家が建つ!!

月掛の家は

常盤住宅會社へ

案内書贈呈

臺北市千歳町二ノ一二

支店　臺南　高雄　花蓮港

## 電話外送

一八九八年九月，台北一批官方機構一起申設了三十支電話，號碼從一號開始。十四年過去，到一九一二年底，台北只有九百七十八個電話門號。

但是，已經有商人把這個科技新利器運用到生意上了。

「江戶長」是台北一家老字號的日本料亭，有藝妓，以鰻魚料理見長。一〇年代初期，位於八甲庄（今貴陽街二段以南一帶），這裡會辦新年宴，書畫會在此揮毫，將棋、圍棋會也在這裡對戰。

江戶長另設「仕出部」，也就是外送部。一九一三年，江戶長的廣告指出，他們有九〇〇與九九〇號兩支電話，打電話去，隨時候命，不管訂多少個鰻丼，親子丼、天丼、天婦羅、信玄便當，一收到預訂，馬上派人騎腳踏車快速送達。

到了三〇年代，台北最繁華的榮町（衡陽路兩側），靠二二八公園口這邊，有一家桐田商會，專賣水果有名，在屏東還自擁鳳梨、木瓜果園，也利用電話外送，做土產生意。

## 電話で出前注文

日本人有送禮的傳統，不論來台觀光、辦事、訪友，或久居台灣，要返鄉探親或回日本，不免都要帶台灣土產。受歡迎的土產水果，文旦、鳳梨與西瓜都很能代表台灣的風情。一九一四年，台灣總督佐久間左馬太要回日本，就帶了新竹苗栗產的美國種西瓜，要獻給宮內。因為之前大正天皇的侍從武官公差來台灣，就曾奉命買西瓜回去，可見大正天皇特別鍾愛西瓜。

一九三七年，桐田商會就刊廣告說，西瓜半個以上，只要一通電話，隨時送達。要帶鳳梨當伴手禮，也是一通電話，就可直接送到返航日本的船上。

完

廣告表示

内地みやげ

●南洋種 パインアップル

お手荷物は船室までお屆け致します……

●甘イトテモ 冷し西瓜

半分からお電話次第

卽時配達致します……

臺北市榮町一丁目 桐田商會 電話一六九六番

桐田商會刊廣告，提醒大家買南洋種鳳梨（パインアップル）當做土產（みやげ），可以幫你送到船上客艙。還有超甜的冰西瓜，只買半個也能一通電話送到家。

# 一九一一年（明治四十四年）七月二十日

**廣告表示**：大稻埕牛埔仔街的薩摩屋牧場「給有牛乳需求的人的緊急公告」，大意是說，承蒙各位一直以來的惠顧，因為現在剛好是乳牛的分娩期，牛乳供應不及，但過了這段時間就會恢復正常了，打電話或是寄明信片來，就會馬上配送。

PIN
罐詰販賣店
臺北　近藤商會
同　後藤商品部
岡村工場
振替口座三七一番
電話三一三番

牛乳需用
各位ニ急告
従來各位ノ御引立ヲ以テ多數牛乳ノ御申込ニ對シ分娩ノ時期ヲ誤リ候為メ乍遺憾御註文ニ應ジ兼居候處今回續々分娩致シ暫ク多量ノ純良乳ヲ得候ニ付此際何卒多少ニ不拘御用命ノ程奉希上候
◎電話又はハがきニテ御一報次第早速配達可仕候
大稻埕牛埔仔街（圓山通リ）
薩摩屋牧場
（電話六二三番）

電話八百七十七番
御通振替口座臺灣三一七番
臺北西門外街三丁目
古川洋服店

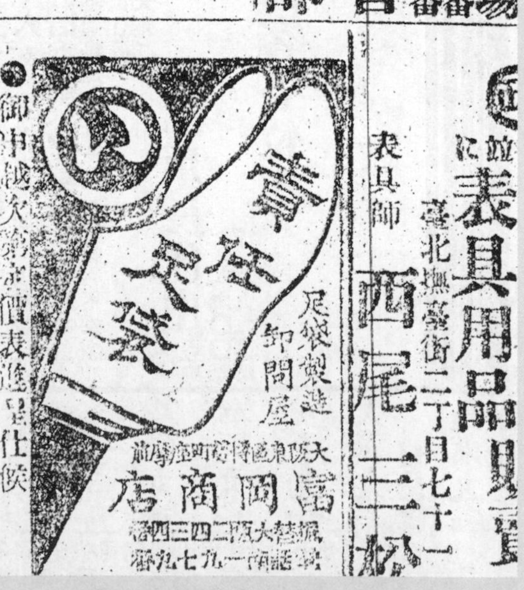


表具用品販賣
臺北撫臺街二丁目七十一
表具師　西尾三松

臺南
鶯遷閣
會席料理
（電話長五二番）

精々勉強仕候間多少不拘御註文の程に御願上候
京都市佛具屋町五條上る

染元
廣瀨商店

# 一九一三年（大正二年）

## 九月三十日

**廣告表示**：日本料亭「江戸長」登廣告說，以前店裡曾經有外賣，後來因為搬家暫時停止，現在在客人建議之下，趁這個秋天的季節恢復外送……即使只有一個，都會用腳踏車快速送到。請打九〇〇號這支專用電話，如果打不通，請撥九九〇號。

臺北地方法院

保管人　土屋理喜治

電話交換手ヲ募集ス

臺北郵便局

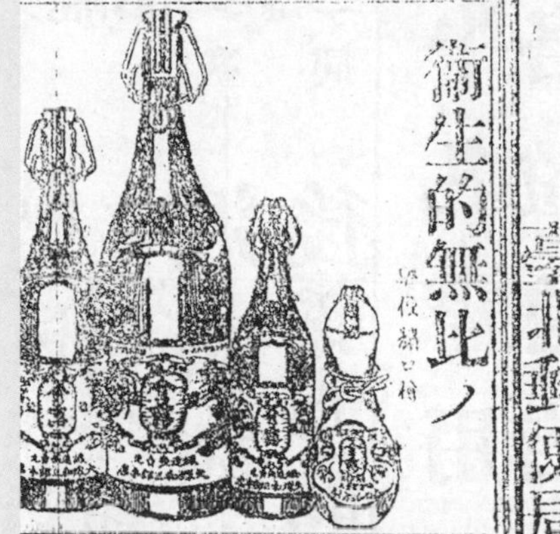


謹告

弊店儀從來料理仕出仕居候處住所移轉後多忙ノ爲メ暫ク中止致居候然ルニ今回御客樣方ノ御勸メモ有之季節モ秋冷ニ向ヒ候ニ付此時機ヲ以テ更ニ料理仕出部ヲ設ケ精々勉强ヲ旨トシ御注文ノ節ハ假令一箇ニテモ自轉車ニテ急速御用ヲ辨ジ候間多少ニ不拘御用命ノ程偏ニ奉希候

追テ電話ハ（九〇〇番）ヲ專用致候得共差支ノ場合ハ（九九〇番）ニ御用命被下度候

一鰻丼壹箇　並代五拾錢

一親子丼壹箇　代貳拾參錢

一天丼壹箇　代貳拾錢方

一天ぷら壹人前　代參拾錢方

一信玄辨當壹箇　代貳拾錢方

其他御料理御好ニ隨ヒ多少ニ不拘調進仕候

大正二年十月

江戸長仕出部

電話（九〇〇番）（九九〇番）

御客各位樣

新竹代理店　日向

保險金領收

笠戸丸

亞米利加丸

桃園丸

新高丸

基隆丸

奉天丸

安平丸

大義丸

上海天津大

臺東丸

一九三六年（昭和十一年）

十二月

十六日

**廣告表示**：水果名店桐田商會做土產生意，買椪柑（ポンカン）還能直接配送到東京、九州、關西等地。

盛
用途廣汎なる
商品券
臺南市
ハヤシ百貨店

歳末福引券附大賣出し
流行尖端フレンチ型……
高級紳士禮服用靴・中學生靴
女學生靴・子供用靴・ハンドバック
其他新式流行型靴　鞄豐富荷揃
臺北市京町一
電話二二四番
大正堂靴鞄店

歳末内地御贈答に
ポンカンの御用命は果物專門の
桐田商會へ
台北市榮町
電話一六五六番
例年の通り神戸出張内地再檢查濟を嚴撰じて御指定通り發送致しますから絶對安全に到着致します
定價表
一、椪柑小包（十八個乃至二十個詰 一貫六百匁迄）化粧箱入 送料共 三圓
一、椪柑鐵道便
三十個入 送料共　九州關西方面 四圓　東京方面 四圓二十錢
五十個入同　九州關西方面 六圓五十錢　東京方面 六圓八十錢
百個入同　九州關西方面 十二圓五十錢　東京方面 十三圓
其他白柚・西螺のザボン・小茄子・筍・屛東木瓜・野菜・カラスミ等豐富に取揃へて居ります御用命の程御願申上ます
島内御贈答にポンカン籠詰果物盛籠便利な商品券を御利用下さい

# 專車接送買地

## 土地を買うなら車でお迎え

一般對台北三〇年代後期，乃至於四〇年代初期的想像，都偏於政治與戰爭，好像除了皇民化運動，社會呈現停滯與陷落。事實上，土地開發反而一度往上升溫。好幾家土地住宅株式會社異常成功，他們獵地、買地、整地，把電燈、下水道、水溝、道路、電話等基礎建設都理好，棋盤式切出房地，大受歡迎。

那幾年，台北市出現好多新興的住宅地，動輒兩萬多坪、四萬多坪。例如，一九三六年，台北市和平東路二段國立台北教育大學當時還是臺北第二師範學校，校園正對面，有兩萬多坪土地要釋出，一個單位最少要一百二十坪。單坪售價有四種，落在五圓半到七圓之間，大約兩打汽水就可以買一坪，一般中上等級月薪也可以買個四、五坪。

一九三八年，八德路、光復南路、延吉街那邊，有四萬五千坪的住宅用地。隔年，新北投站下車往北走七分鐘，有一萬多坪「溫泉住宅地」。一九四〇年，一樣在和平東路二段上，這次靠瑞安街這邊，當地稱為三笠町，有四千坪土地要讓出。相隔四年，價格已跳到一坪十八到二十一圓。當然，這邊更接近臺北帝大、臺北高校（今台灣師大）、第三中學（今師大附中），又緊鄰數萬坪的第七公園預定地（今大安森林公園），條件更優。

土地開發商中，最成功的應是「常盤土地住宅株式會社」，一九三六年推出「常盤第一經營地」，到一九四〇年二月，已經衝到「第十五經營地」了。常盤有一套策略，販賣土地的單位面積大，但單坪價格壓低，刺激買氣，結果，每次一推出新案，再大片的土地，也是一、兩週就完售。

常盤還有一個小妙招，刊登的廣告裡，一定表達招待的熱忱，凡在銷售期間，都提供免費汽車接送。像北投那種案子，離市區太遠，就負擔客人來往的車資。

近來，台灣的房屋仲介的宣傳手法推陳出新。北部成交量萎縮，業者轉戰南部，而為了讓潛力客戶願意動身南下，仲介商推出看房旅遊團，全程玩景點、品小吃，費用都由業者承擔。顧客看房，除了花時間、體力，不需花半毛錢。

乍比之下，日本時代的建設公司能提供的看地服務，相形有點陽春。但是，那個年代，台北市汽車牌照號碼從一開始排，快到一九四〇年，還在一千多號徘徊。有私家汽車的沒幾戶，能免費坐汽車來去看地買地，客人應該很有受尊寵的感覺。

廣告表示

常盤土地住宅株式會社

完

一九三六年（昭和十一年）十一月十五日

**廣告表示**：「請不要太驚訝!!土地每坪五圓半到七圓之間」，地點在臺北第二師範學校正對面，搭巴士到市中心榮町只要十多分鐘。廣告最末註記了一項服務（サービス），凡在銷售期間，都提供免費汽車接送。

常盤住宅地第六區分讓開始!!

破格の提供　理想的健康地　絶好の投資

坪五円半より七円迄……四種

勿驚!!

◉場所　臺北市　臺北第二師範學校直前　都心榮町へバスで僅々十分餘

◉一口　百二十坪より

◉今回分讓地　二萬二千坪

◉賣出期間　十二月卅一日まで

◉御契約法　1、即金　2、分割拂

簡易確實　第一主義

〔詳細は御申越次第圖面と共に御送りします〕

◉サービス　賣出期間中は現場案内に往復自動車サービスを致します。

三大社是　1、新興的氣魄　2、道義的商法　3、合理的經營

臺北土地住宅株式會社

# 一九四〇年（昭和十五年）

## 二月二十三日

**廣告表示**：常盤土地住宅株式會社廣告說，「慶祝皇紀（日本開國）兩千六百年（按，即一九四〇年）破天荒大放送！請勿錯過這個好機會！」地點就在三笠町（今大安區和平東路二段一帶），這次的銷售期間也很短，從二月十七到二月底，時間不到半個月。

# 喝咖啡聽爵士

## 喫茶店でジャズを聴く

是哪家咖啡店出手這麼豪華，有專屬的爵士樂團在店內現場演奏？

不是現代，而是八十幾年前，台北一家新開幕的「日活」咖啡館。

**日活**

一九三一年六月，日活咖啡館在末廣町（今漢中街、武昌街二段一帶）張起新招牌，七月中旬就登出廣告，他們從日本特別招聘爵士樂團到台灣，一週三天，每週三、六、日的晚上，六點半準時開演。

咖啡館取名日活，當年，應該會讓人直覺聯想到電影，而有一種時髦感。那個時候，日本知名的電影公司東宝、東映都還未出現，名氣最大的就是松竹與日活。日活於一九一二年創立，當時稱電影為活動寫真，日活即「日本活動寫真株式會社」的簡稱。

其實，不需店名與電影連結才有時髦感，咖啡館（カフェー）本身就是摩登的代名詞。

日本時代有兩種咖啡館，一種近似現今的咖啡店，日文稱「喫茶店」，另一種就是咖啡館（カフェー），營業內容非常不一樣，雖然也賣咖啡，但近乎酒店，卻又是餐廳；霧峰豪門的林獻堂於一九三三年日記曾說到，他去日活咖啡館「午餐」。咖啡館（カフェー）營業的風情更不同，內有「女給」，就是陪吃、陪喝、陪聊天的女郎，她們剪著最流行的短髮，日活還有女給小姐刺青。

日活電影、咖啡館，再加上爵士，三〇年代摩登的幾個元素都匯在一起了。

爵士源於美國非洲裔音樂，一九一〇年代後期傳入日本，台灣再透過日本人初識爵士。

一九二五年十一月底，日本魔術界的天團「天勝」又到台灣，這一次，有七十幾位團員。前一年，天勝才遠赴美國巡迴，博得大人氣，返回東方，帶回許多西方新潮的東西，因此，表演內容除了天勝經典本業的魔術，還有美國的爵士樂團與爵士舞。

一九三〇年，爵士音樂在台灣踏出一個大步，新聞大幅報導日本爵士發展，接著，知名的爵士歌星二村定一也來台灣公開登台。

沒兩年，台北原有的細田管弦樂團，加入日本、上海的樂手，組成「細田爵士樂隊」，一九三三年專駐在台北兩大舞廳之一的羽衣會館演出。樂團陣仗擺出來，正中間鼓面有圖案，是個黑人小孩，上方寫著細田爵士樂團的洋名「HOSODA JAZZ BAND」。

一九四一年，爵士樂就被發出禁足令了。那年十二月，日本偷襲美國的珍珠港基地，美國宣戰，爵士立刻變成敵國音樂。從大稻埕台灣人開的維特咖啡店樓上傳來爵士樂音，只能封存在三〇年代的記憶裡了。

完

廣告表示

一九二五年（大正十四年）

十二月一日

**廣告表示**：從一九二〇年代報紙的速寫來看，天勝不只表演魔術，還有爵士樂團（ジャズバンド）、中國雜耍、草群舞，也有歐美女歌手的演唱。

# 一九三〇年（昭和五年）

## 十月二日

廣告表示：「爵士、民謠與舞蹈會，毫無疑問是日本第一，我們的爵士王來了！看那走在東都爵士界尖端的陣容」，「即將在今晚開演」。

---

をお詫びして參つた
告は山梨の秘書である
領持なんか出來ぬ男で
ではない相談役です自
告は山梨が朝鮮總督に
に就ても何等かの働き
か
が總督に就任したのに
中義一男に閣下を推擧

更さる

夜に入つて逆風となつ
頃まで三時間半も費し
めにガソリンも臺北ま
北となりきた。

者 の時刻が夜とな
場が不完全なため至難
村の木隊から無電で石
陸し二日一氣に馬公に
中したのであるが臺北
が低くて十日延期した
様に思はれる

金を出す餘裕があるので
訊問は漸次事件の中心に進んで行く

裁判長 山梨は被告に取引所問題に就て意見を言つた事があるか

肥田 總督は可なり非難ある中を總督になつたのですから大に腕を揮ひたく思はれ內地の信用ある實業家の投資に待つて大に朝鮮の產業を發達せしめるため之に付ては出來る限り保護しやうと思ふと云はれたが思ふやうにはならぬ一つの悩みがあつた

裁判長 その悩みとは何か

肥田 池上政務總監の如き山梨總督が爲さんとすることを事毎に妨げんとする風あ

裁判長 ……東萊溫泉と釜山取引所の認可運動に就て話された時被告は東萊の方は大丈夫だが取引所の方は大問題だから簡單に答へられぬと云つたさうだが事實か

肥田 そんな事は云はないどちらにも大丈夫等とは言はない

主催 新聞合同通信社

# ジャズと民謠と舞踊の會

斷然日本一！我等のジャズ王來る

見よ東都ジャズ界の尖端を行くとの顔ぶれを！

愈々今夕開演

出演者
テノール 二村定一氏
ソプラノ 羽衣歌子孃
ジャズ舞踊 南榮子孃
新舞踊 東綾子孃
作曲家 井田一郎氏指揮
日本ポリドールジャズバンド

期日 十月二、三、四日（三日間）每夕六時半

會場 於 臺北榮座

會員券 A券三圓 B券二圓 C券一圓 學生券八十錢

日活千惠プロ聯盟特作映畫 監督 振津嵐峽氏
主演 片岡千惠藏 竹久〇子
助演 久米譲 市川小文治 ……

蒲田獨得ナンセンス映畫
處女入用 五卷
川崎弘子、吉谷久雄主演

阪東壽之助、淺間昇子主演
無言 ……

世界館

日曜祭日外の晝間興行は新世界館にて本番組上映

男性的名篇！
蒲田特作映畫 監督 牛原虚彦氏
主演 鈴木傳明 田中絹代
大都會 爆發篇
公開 切迫
新世界館

# 一九三一年（昭和六年）七月十八日

廣告表示：日活咖啡館刊登廣告，「這次從內地特別聘請『專屬日活的爵士樂團演奏』」。

税金を徴收するこで決定した、之はれてはゐないが若は當業者の苦痛一れは臺灣から行くバナナ、鳳の如甲板に積まねば

て民國政府へ交渉し至急解除するやう努力して貰ふことゝする

また第二の件については

外務省に依頼して民國政府に對して實施せざるやう交渉して貰ふことに諮まつき十一時散會した

## 月潭工事の場視察記……（八）

### 調査の精密に驚く

說明が終つて再びな路を引返して今つた、この取入口地にあつて天然自成してゐる、このンに登るに廻り路たが邦人はそんないず近路に路をつ路は又一丁か二丁內的の險阻なのでを突くと云ふ有樣で　もスベルの

堰堤は左方の山の突角の要手になつてあの堰堤によつて濁水溪を引止めると、この濁流はあの邊迄增水し今說明してゐる我々の居る位置も沒水區域になるのである、この大天惠の自然を利用した事は姉妹ケ原の急流に比して緩にして貯水區間が廣く、且つ沈砂地の關係は實にこゝを置いては他に見られない、この地點を選ぶまでには各權威者の衆知を集め且つ調査の結果計數的に斷然この地點を選定し、最後の結論が出來たのであ

深山に多くの犧牲を拂つて調査する事茲に十星霜そゞろ昔日の勞苦多かつた人々の爲めに感慨無量であつた（石川生）

### 辭令

七月十六日

總督府技手正七位勳六等　田邊一郎

高登山の話だが此の間第三高女生が新高山へ登り歸りに日月潭へ廻つたさうだが此の一行について行つた同校の鄕原古統君『朝には新高の絶頂に登つて旭光を拜し、夕には日月潭の漪碧に泛びて杵歌を聽く』と詠じ『どんなもんです』とある全くどんなもンですか

一九三八年（昭和十三年）

一月

一日

**廣告表示**：關西一流的探戈樂團（タンゴバンド）與爵士樂團，每晚都有演出，地點就在今延平北路一帶的「臺灣第一舞廳」。（《臺北商工協會報》）

臺北市永樂町三丁目
和洋雜貨商
㊝ 新集益商行
電話四二八一番
振替臺灣九〇六

關西一流タンゴバンド・ジャズバンド
每夜演奏!!
臺灣一の娛樂殿堂
臺灣第一ダンスホール
臺北市太平町四丁目
電話二七七四番

臺北市港町三丁目
株式會社臺北永樂座
電話五五九七番

臺北市永樂町二ノ五八
米穀肥料商
合資會社榮隆
代表社員 黃
電話二四

各種機械ト電機器具
各式發動機及部分品
傳導裝置及ベルト
虎標各式ゴムロール
揚水ポンプ並ホース
卸商
和揚
劉
營業部 臺北市太 電話四 振替臺灣
商品陳列所 臺北市太
倉庫 臺北市下 電話五

◎移轉御通知

意匠登錄番號
第六五九〇七號
第六五九〇八號
第六八二二二號
第六九一五六號
第六九一五八號
第六九一五七號
第六九八三二號
蠶糸靴下製造元
臺北市太平町四ノ一
中華針織
吳衡

正老山高麗參
自辨川廣
生熟藥材
參茸燕桂
馳名丸散
臺北市永樂町二ノ九四
錦元
錦元藥
電話四〇
振替臺座四

# 小費與服務費

## チップとサービス料

一九二八年，《臺灣日日新報》做了一個專題「小費之禍」，評論了台灣社會各個場所漫流的小費（日文寫做チップ）文化。咖啡館（カフエー，雖有咖啡，更近似酒店）裡，賣十五錢的咖啡，女給（女服務生）可能從擺闊的客人那裡拿到一圓的小費。行走於日台間的船上，船艙分等，最貴的一等艙，幾天航程下來，乘客大約要花十五圓小費，三圓給提行李的小弟，五圓給餐桌服務生，七圓給客房服務生。營業租賃車的司機月薪十圓、二十圓而已，但加上小費，月收入卻會爆漲到一百到一百五十圓左右。

報導又提到，旅館一般都有收一成小費的慣例，旅館總經理統收，再平均分配出去。火車上的列車食堂歸臺灣鐵道旅館（舊址位於今館前路新光摩天大樓）經營，收費高昂，客人本來就少，又要收小費，客人更少。

鐵道旅館在火車食堂收小費，是否言明在先又在冊，不得而知。如果像蓬萊閣這樣，事先直接表明有收取付者服務的費用，似乎就不是客人自由賞與的小費，而是今天我們熟悉的服務費了。

日本時代後半期，蓬萊閣與江山樓並稱，共繪台北高級料理的盛景。蓬萊閣的老闆陳水田原是永樂町的食材批發商，接手蓬萊閣後，曾為料理壯遊，行腳到北京、天津、南京、福州、廣東、香港，再到東京以西各城市，遍尋名餐廳一窺堂奧，得到台灣料理絕對不輸的感想。並且特聘好幾位大廚，有已故中華民國大總統孫文的廚師，也有廚師追隨過開國元勳黃興好幾年，另一位杜子釗，更有名氣，曾被駐美大使顧維鈞請到美國去，待了七年。

一九三六年，蓬萊閣另設副牌餐館「グリール」（念音近似古利露），走大眾化路線，取食堂的形式，價格也比較親民。主推定食，一個人自有一份。現在講A套餐、B套餐，當年蓬萊閣的食堂仿日式，以松、竹、梅區分，松竹各有五種菜色，梅定食有六種，價格是松定食的兩倍。

蓬萊閣在廣告裡講了這麼多內容後，有

廣告表示

**草山林間學校案內**

**位置**　聚樂園の上方、山麓極めて眺望の開けた高燥なる土地で温泉の湯量豐富です。

**使用料**　臺灣教育會々員及び其の家族は一泊一・〇〇日歸・五〇同伴の兒童半額小兒は免除一室三人以上は二人分額他は半額

**賄料**　朝・三〇晝夕・五〇

**給仕料**　支拂額の約一割他に茶代心付不要

臺北州草山
草山林間學校
電話草山一六番

草山林間學校的指南介紹說，位於聚樂園的上方，在可眺望廣闊山景的乾燥高地上，溫泉的水量也相當豐沛。

日本時代，提供臺灣教育委員會的會員做為休憩場所的草山林間學校（今中山樓位址）也收服務費，支付額的一成左右，飲茶小費則免。

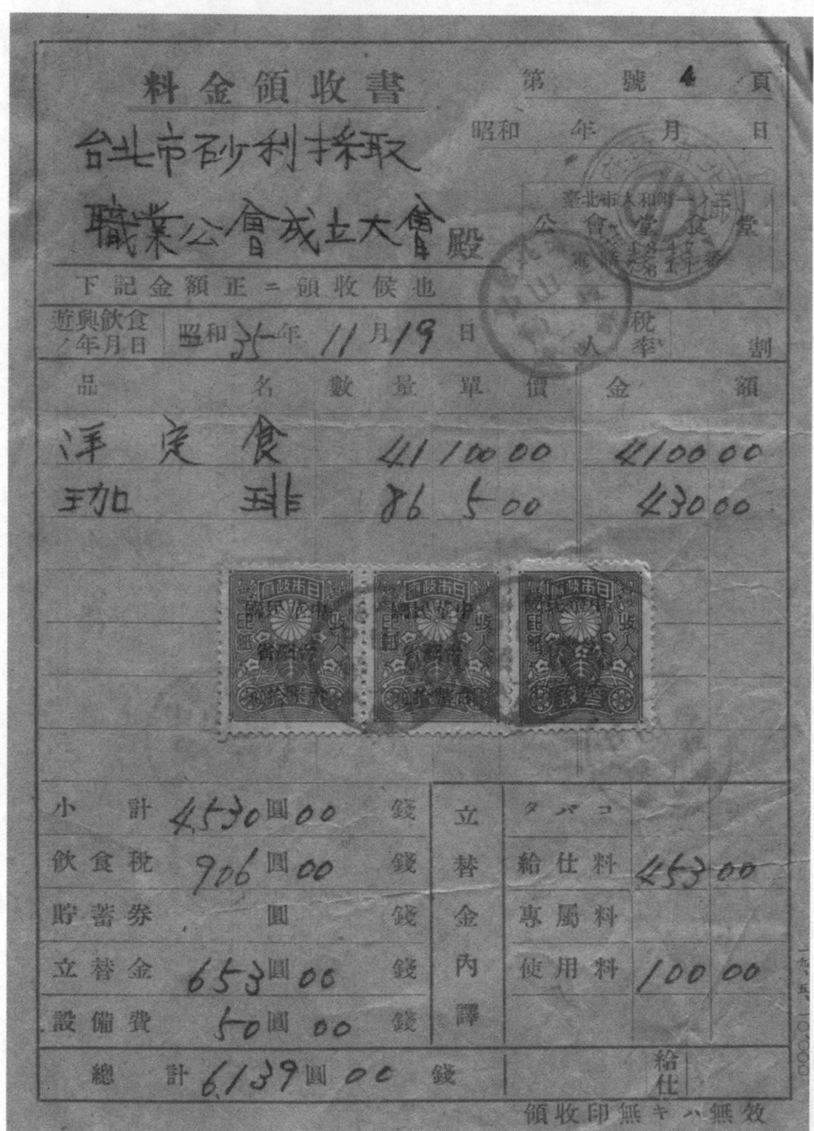

料金領收書　第 4 號 頁

昭和　年　月　日

台北市砂利採取職業公會成立大會 殿

公會堂食堂

下記金額正ニ領收候也

遊興飲食ノ年月日　昭和35年11月19日　稅率　割

| 品名 | 數量 | 單價 | 金額 |
| --- | --- | --- | --- |
| 洋定食 | 41 | 100 00 | 4100 00 |
| 珈琲 | 86 | 5 00 | 430 00 |

| | | | 立替金內譯 | |
| --- | --- | --- | --- | --- |
| 小計 | 4530圓00錢 | | タバコ | |
| 飲食稅 | 906圓00錢 | | 給仕料 | 453 00 |
| 貯蓄券 | 圓 錢 | | 專屬料 | |
| 立替金 | 653圓00錢 | | 使用料 | 100 00 |
| 設備費 | 50圓00錢 | | | |
| 總計 | 6139圓00錢 | | 給仕 | |

領收印ナキハ無效

# 蓬萊閣新設の
## グリール食堂へ

本場の臺灣御料理を御紹介の目的でグリール食堂の御料理は毎日變ります

定食

| | | | |
| --- | --- | --- | --- |
| 松 | 御一人前 | 金壹　圓也 | (五品) |
| 竹 | 同 | 金壹圓五拾錢也 | (五品) |
| 梅 | 同 | 金弐　圓也 | (六品) |

一品料理金壹圓也

食堂ボーイのサーヴス料は一割申受けます

●開設以來常に御好評を頂き盛況を呈してゐることを深く感謝致します

●殊に御家族様御揃ひで、皆様の食堂としてよく御出で下され誠に有り難く厚く御禮申上げます尙一層御利用の程！

臺北市日新町

御料理　蓬萊閣

電話　二九四七六

**右圖**｜1936年，蓬萊閣為新設的「グリール」食堂登廣告，廣告中有排小字寫「酌收boy（ボーイ）的一成服務費」。

**左圖**｜從一張收據也可以看出，不只蓬萊閣，日本時代的知名餐飲業收服務費已成習慣。圖為戰後第二年的中山堂延用戰前台北公會堂的食堂收據。'

一排小小的字，酌收boy的一成服務費。

從一張收據也可以看出，不只蓬萊閣，日本時代的知名餐飲業收服務費已成習慣。一九四五年，戰爭結束，原來的台北公會堂改名中山堂，公會堂原有的食堂照樣開張，不因統治政權改變而關閉。中山堂可能不想浪費前朝的物資，開立收據，還用日本時代留下來的空白「料金領收書」。領收書上就有固定一欄，印著「給仕料」；餐廳的「給仕」意指服務生，給仕料即服務費。換句話說，日本時代，公會堂的食堂有收服務費。

一九四六年十一月十九日，台北市砂石業公會在中山堂食堂成立，收據上使用的語言仍維持日式，他們吃了「洋定食」，喝了「珈琲」。服務費也照舊，一樣收消費金額的一成，不因時代換新而改變。

完

# 跨海受訂

## 海外注文

日本時代，台灣終究不及日本本土發達，許多物質、技術、人才，都要依靠日本輸入。義肢就是一個明顯的例子。

義手・義足・人体矯正器

廣告表示

一九三六年，大阪有一家專門做義肢、身體矯正器的公司，派技術員渡海來台出差，住宿在台北龍山寺附近的日本人民家，準備停留一週，接受各方訂製。

日本人早在一八六七年，就裝了美國來的義肢。當時有個歌舞伎的名角「三代目澤村田之助」，專長扮演女性。有次表演不幸摔傷，細胞壞死，被日本醫生判斷應該切除。最後跑到横濱，求助「黑朋博士」（James Curtis Hepburn）。黑朋博士跟台灣馬偕醫生一樣，同屬北美長老教會，到海外以醫療傳教；他使用了麻醉，這在日本是破天荒的醫療行為，最後再動手術，切除澤村田之助的左腳。二十二歲的澤村田之助才能穿上美國來的義足，重新登上舞台。

十九世紀末到二十世紀初，日本打了甲午戰爭和日俄戰爭，傷兵促動了義肢研發的必要性。曾有一位石黑男爵在一九〇六年就聲稱，他與東京砲兵工廠的軍官合作，發明了新型義手，讓失去手臂的人可以再度自由抽菸、吃和菓子、喝咖啡。

一九一〇年代初期，台灣開始有許多義肢相關的新聞，多因日本軍進入山區征伐台灣原住民，傷殘的兵士獲得來自大正皇后的「恩賜義肢」。部分平地的台灣人隨軍隊擔任「隘勇」，吃了子彈；有的在左下腿部，有的在左側胳膊，都被貫穿，不得不截肢，也獲皇后下賜的義手。

慢慢，有義肢來幫忙重建新人生的不只軍隊人員。一九二八年，今天新北市中和區內，有位可憐的少女，她名字的最後一個字是「銀」，生命卻未銀閃閃。父母雙亡，她被送到堂叔家，又慘遭舊時的一種手推鐵軌車壓斷右手右腳，貧苦的叔叔也只能三聲無奈。少女十七歲了，臉蛋漂亮，報紙說，一些「輕薄男子」會來戲弄她。還好，少女的人生有了轉機，庄長趙登旺出面為她募款，轉託東京的義肢製作所，少女終於能如常人活動。

如果當時就有大阪義肢的專門公司派人來台，中和的趙庄長就可以少些麻煩手續，以更快的速度讓少女擁有義肢了。

完

# 一九三六年（昭和十一年）十一月十七日

**廣告表示**：日本一家專做義肢、矯正器專門技術所的「渡臺問候」廣告說，這次派技術員來台出差一週，有義肢調整、製作需求的人，可以過來洽談。

〇、同右
最も要領を得たる日本歴史、外
洋史、西洋史、日本地理、外
地理(諏訪徳太郎)定價一・六
、二・〇〇、一・七〇、一・六
、二・〇〇、發行所東京市神
區錦町三丁目大修館書店
作文精講(竹野長次)定價一・
〇、昭九、東京市神田區神保
三省堂—321—116
法經に關しては(5)の答を參
して下さい。參考書は汗牛充
もただなりません、大體右の
などを精讀すればよいでせう
●印は総督府圖書館にて閲覧
便あるもの、数字は同分類
號

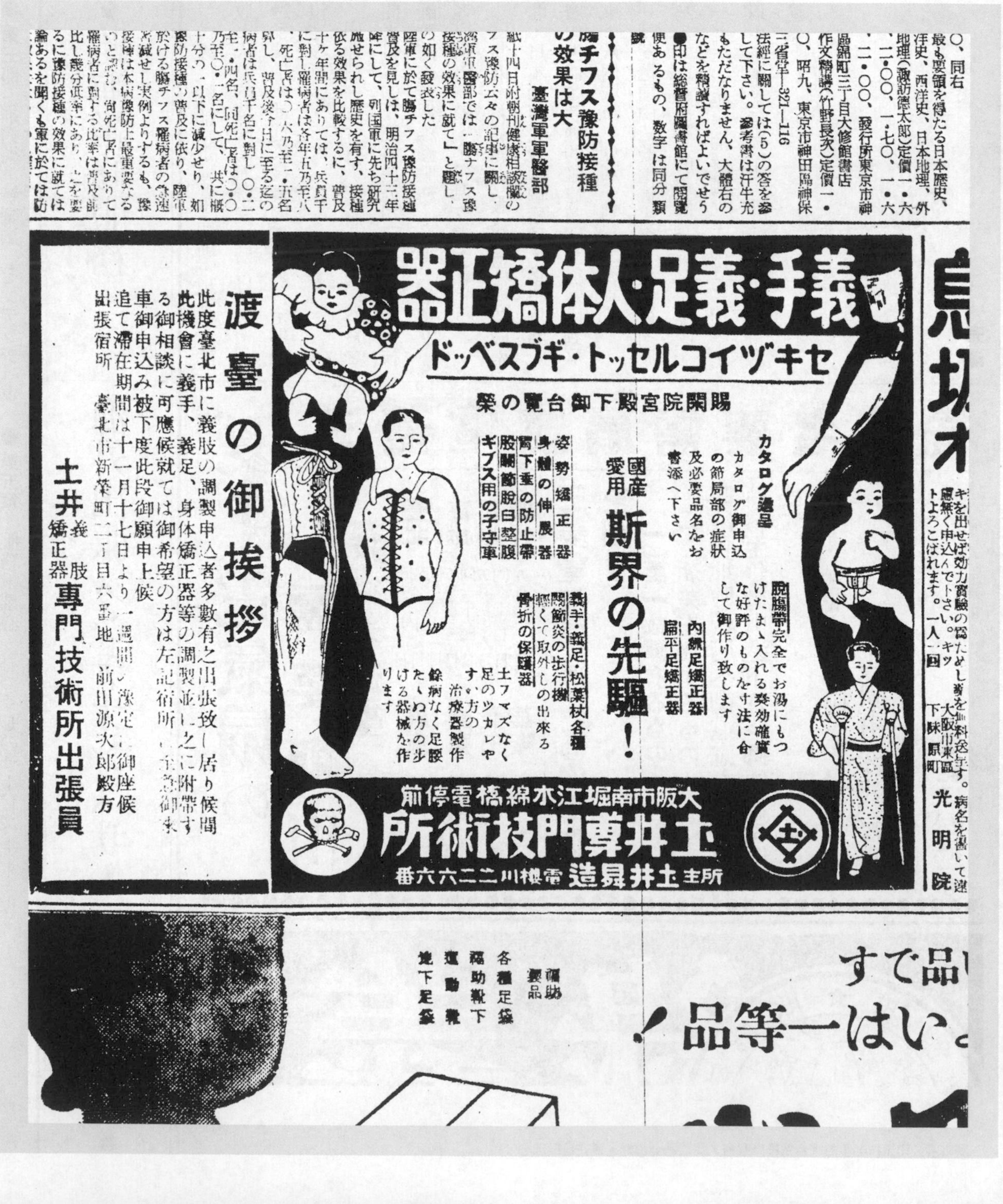

**腸チフス豫防接種の效果は大**
臺灣軍軍醫部

紙十四日附朝刊健康相談欄の
チフス豫防云々の記事に關し、
灣軍軍醫部では「腸チフス豫
接種の效果に就て」と題し、
の如く發表した
陸軍に於て腸チフス豫防接種
普及を見しは、明治四十三年
降にして、列国軍に先ち研究
施せられし歴史を有す、接種
依る效果を比較するに、普及
十ケ年間にありては、兵員千
に對し罹病者は各年五乃至八
、死亡者は〇・六乃至一・五名
算し、普及後今日に至る迄の
病者は兵員千名に對し〇・二
至一・四名、同死亡者は〇・〇
乃至〇・一名にして、共に概
十分の一以下に減少せり、如
豫防接種の普及に依り、陸軍
於ける腸チフス罹病者の急速
減せし實例よりするも、豫
接種は本病豫防上最重要なる
のと認む、尚死亡者にありて
罹病者に對する比率は普及前
比し幾分低率にあり、之を要
るに豫防接種の效果に就ては
論あるを聞くも軍に於ては防

**義手・義足・人体矯正器**
セキヅイコルセット・ギブスベッド
賜閑院宮殿下御台覽の榮

カタログ進呈
カタログ御申込の節局部の症状及必要品名をお書添へ下さい

國產愛用 **斯界の先驅！**

脱腸帶 完全でお湯にもつけたまゝ入れる奏効確實な好評のものを寸法に合して御作り致します
內鰐足矯正器
扁平足矯正器
姿勢矯正器
身體の伸長器
胃下垂の防止帶
股關節脫臼整腹
ギブス用の子守車
義手・義足・松葉杖各種
關節炎の歩行機
輕くて取外しの出來る
骨折の保護器
土フマズなく足のツカレやすい方の治療器製作
餘病なく足腰たゝぬ方の歩ける器械を作ります

大阪市南堀江木綿橋電停前
**土井専門技術所**
所主 土井昇造 電樓川二二六六番

**渡臺の御挨拶**
此度臺北市に義肢の調製申込者多數有之出張致し居り候間此機會に義手、義足、身体矯正器等の調製並に之に附帶する御相談に可應候就ては御希望の方は左記宿所へ至急御來車御申込み被下度此段御願申上候
追て滯在期間は十一月十七日より一週間の豫定に御座候
出張宿所　臺北市新榮町二丁目六番地　前田源次郎殿方
**土井**義肢矯正器**專門技術所出張員**

息切
オ
キを出せば効力實驗の爲ためし薬を無料送呈す。病名を書いて遠
慮無く申込んで下さい。キッ
トよろこばれます。一人一回
大阪市東區
下味原町　光明院

福助製品
各種足袋
福助靴下
運動靴
地下足袋
品等一はい…！
すで品

# 跨海維修服務

## 海外出張メンテナンスサービス

台灣一般都說，端午節前，棉被不能收，天氣的情緒還沒鬧完，時冷時熱。但過了端午，就進入長長的夏天，一定熱到沒完沒了了。

一九三一年五月，農曆落在三、四月之間，日本的三菱電扇公司已經預先指派技師渡海來台做維修服務，免得天氣轉熱，客戶拿出電扇，才發現故障。

這個揪感心的貼心服務還巡迴台灣南北，日本師傅在台兩個禮拜，馬不停蹄。廣告上清楚各地的維修時間，從基隆到屏東，八個城市，分別一到三天不等。

三菱電扇由三菱電機生產，這家公司原為三菱造船底下的部門「電機製作所」，一九二一年，抽離獨立。創立之初，正以生產電風扇為主，前三年有一萬台的產量。

完

三菱電氣扇需要者福音

夏！電氣扇の需要期!!!

技術者渡臺

臺北　五月九日　同十日　同二十一日
高雄　五月十三日　同十四日
嘉義　五月十六日　同十七日
新竹　五月二十日
屏東　五月十一日　同十二日
臺南　五月十五日　同十六日
臺中　五月十九日
基隆　五月二十二日

三菱電氣扇使用者の御便宜を圖り
(一)萬一故障有るもの
(二)油差を要するもの
等は各地販賣店へ御遠慮なく現品御持參至急御申込下さい御便利を圖ります

臺北市大和町貳丁目五
南北商事株式會社
臺灣支店
電話(一八二六)(一五二五)番

廣告表示

三菱電扇公司派技師渡海來台做維修服務，還巡迴全台灣，實在是揪感心。

# ●跨海展售會

## 海外展示会

廣告表示●

上個世紀，大批日本人來台灣任官、當老師、開店、移民開墾，他們成了東京、大阪商人的標的，於是出現許多所謂的「出張販賣」。

出張是日文「出差」之意，出張販賣就類似店家出去設臨時櫃；而遠從日本搭船載貨來台灣，那就是跨海展售會、特賣會了。

日本商人來台特賣，多半選擇在旅館舉辦，可能考慮免去搬遷，旅館又是開放空間。一九二五年，大阪一家進口商來台販售西洋輕型速克達與馬達式三輪載運車，就選擇了本町（重慶南路一段）最近火車站的旅宿「攝津館」。

一九〇八年，東京的小林時計店（鐘錶店）曾來台出張特賣，北中南都跑，也全以旅館為臨時店鋪，台北在重慶南路、武昌街附近的朝陽號，台中在丸山館，嘉義在青柳旅館，台南在旭館，高雄在打狗旅館。

鐘錶店是來台灣辦出張特賣的常客，早在一九〇一年，銀座老店「天賞堂」就渡海而來，讓沒有銀座的台北，也能置身魔幻寫實劇場，買到銀座名店的高級商品。天賞堂十九世紀就創業了，現今仍在銀座四丁目，建築一角，微微歪頭窺看的小天使銅像，一同訴說銀座不變的繁華。

其他，還有從日本本土來賣英國腳踏車的，甚至有人來賣法律書籍。真正最大宗的出張販賣行動團是吳服店。吳服店聽起來很沒有氣勢，好像只是賣和服與日本布的商號而已，但如果知道那些吳服店就是後來的大百貨公司，三越、高島屋、白木屋（東急百貨的前身），所帶來的特賣會，就顯得很有看頭了。

一九〇八年，三越打頭陣，過沒兩年，高島屋和白木屋也隨後駕到。此後一直到一九三〇年代後期，這幾家百貨公司幾乎年年報到，一年春秋兩回，地點還選擇最高級、氣派的臺灣鐵道旅館。雖然每次只來個三天、六天，一樣造成轟動。以一九一〇年高島屋的特賣會來說，台北市街區的人口不及十萬的時代，一個上午就可以有兩千人殺到。

日本名店來台特賣，顧客歡迎之至，但是，此長彼消，本地商家的生意明顯受擠壓，商人看出張販賣可就看到眼冒血絲，各地紛紛傳出阻擋的敵意動作。

一九三三年，高島屋準備前進屏東，當地商人團結起來，不分日籍台籍，讓市內可能辦展售會的場所，無一可出借給高島屋。隔年春天，換三越來闖關，竟然借到戲院「屏東劇場」了。屏東商工會群情激憤，一問才知道還是自己商工會的副會長黑木彌之進居中牽的線，三越才借到台灣老闆林進興的戲院。

一九一〇年（明治四十三年）十一月八日

**廣告表示**：東京日本橋的白木屋百貨公司來台舉辦特賣會，地點曾選在台北車站前的鐵道旅館與萬華的女紅場。

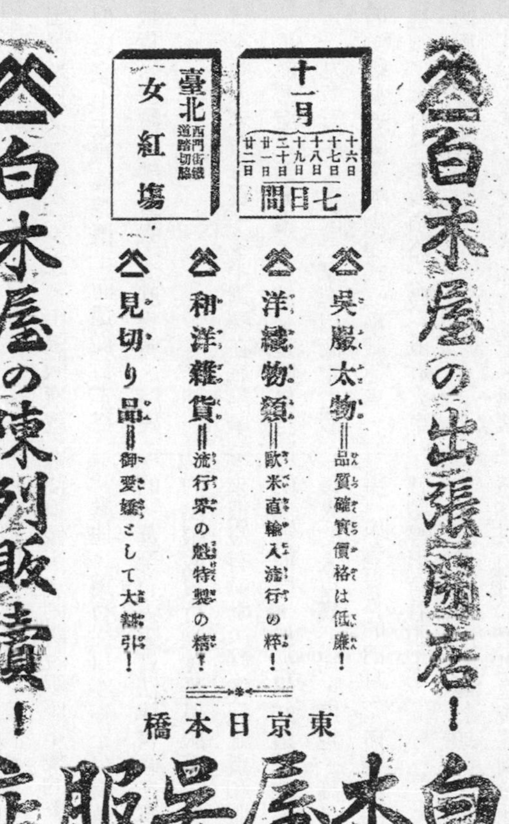


一群人跑去興師問罪，林進興很冤枉，他拒絕過兩次，第三次，既是黑木出面，想必已經取得會員諒解，才勉強同意。林進興後來說，如果黑木願意取消約定，他就不出借場地了。商工會的人帶著滿意的答案回過頭來找黑木，卻碰了壁。黑木的不上道，逼使商工會馬上召開臨時會，強硬決議退出商工會，並拒絕某兩家輪船公司寄取貨物。

大體來說，日本來的出張販賣，恐慌的多是在台的日籍商人，台灣人經營的商店客群自成一格，台灣老闆看著跨海來的出張販賣，據報紙說，有點「無關痛癢」。

出張販賣的推銷法，台灣島內後來也效法了。台南的就跑去澎湖，台北的就跑去宜蘭，高雄的就跑來台北賣烏魚子。台北的有時在自己市內也搞出張。

台北的艋舺與大稻埕是台灣人集中的區域，城內是日本人的商業區，台灣民眾平常不大進去買賣。城內的松井吳服店主動出擊，曾挺進大稻埕最熱鬧的南街（今迪化街一段）出張販賣。

南街原本也有許多綢布莊，但台灣老闆友善多了，報紙說，松井去，帶動了人潮，所以，大家「亦有歡迎之意」。

完

# 一九一一年（明治四十四年）三月十四日

**廣告表示**：三越來了！一九一一年，大阪高麗橋的三越百貨來台特賣，地點選在台北府後街（今館前路一帶）的吾妻旅館。

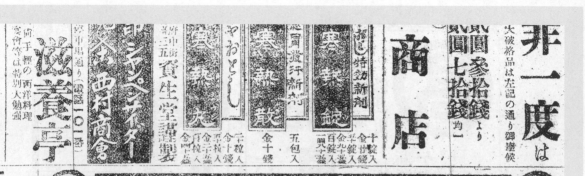

非一度は
大破格品は左記の通り御座候
貳圓參拾錢より貳圓七拾錢迄

商店

寒熱錠　おとし特効新剤
寒熱散　感冒發汗新剤　五包入金十錢
寒熱丸　やおとし
府中街三五　資生堂諸藥舗

シャンペンサイダー　西村商會

滋養亭
市場通り（電話一〇一番）
簡易輕便の西洋料理
宴會等は特別大勉強

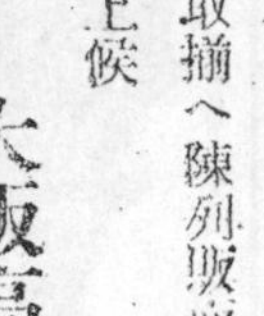

## 三越來る

三月十九日、二十日、廿一日、三日間
臺北府後街
吾妻に於て
流行季節向呉服太物、セル地、子ル地、浴衣地、洋傘、化粧品、小間物、指輪、子キタイ其他種々
取揃へ陳列販賣仕候間賑々敷御光來奉希上候

大阪高麗橋
三越呉服店

何故に諸君は

清心丹

定價　千百粒入壹圓　五百五十粒入五拾錢　二百粒入廿錢　九十五粒入拾錢

清心丹は胃及び腸に起因する諸病に大效あり故に平素食後に二三粒ずつ服用すれば飲食物停滯の患なし又咽喉を潤濕す故に音聲を清らかにすること妙なり

主治效能
○頭痛○眩暈○胸痛○腹痛○過酒○食傷○惡心○嘔吐○溜飲○宿食○痰咳○中暑○痢病○疝痢○船車不快等に奇效あれば旅行の節は必らず携帯すべし

近來同名類似の模擬藥夥多相見え候間御求めの際は左の人魚の商標及び高木與兵衛の名義と御認め被下度

元大阪町八番地　高木與兵衛

東京市日本橋區元大阪町八番地
清心丹本舗　高木與兵衛
本劑は全島到る所に取次所あり
臺灣代理　賣藥師　臺北府中街四丁目（電話一七五）
資生堂藥舗

耳を病める人

# 一九二九年（昭和四年）

## 五月

### 三日

**廣告表示：**高島屋在台北的「出張大賣出」廣告說，新品與低價商品堆積如山，還有意想不到的便宜價格。

五月五日(日)・六日(月)・七日(火)…三日間限り

台北にて髙島屋の出張大賣出

台北市 鐵道ホテルにて

大阪・京都・東京三都…今夏の流行品…

盛夏用新柄呉服・實用雜貨…

新製品と格安品山積み

ケタ外れの安値大提供

營業時間 午前八時より 午後六時まで

品質に於て、價格に於て…

髙島屋ならでは出來ぬこの大提供

夏の御仕度…全く又とないお買時

本出張大賣出しの六大呼び物…

◇金梅染ゆかた宣傳大會

◇近代調婦人單帶競技大會

◇からむし上布と絹麻着尺提供

◇新生ジョウゼットン着尺宣傳會

◇明石上布と小倉縮逸品會

◇夏の雜貨一円均一提供

大阪 京都 東京 髙島屋呉服店

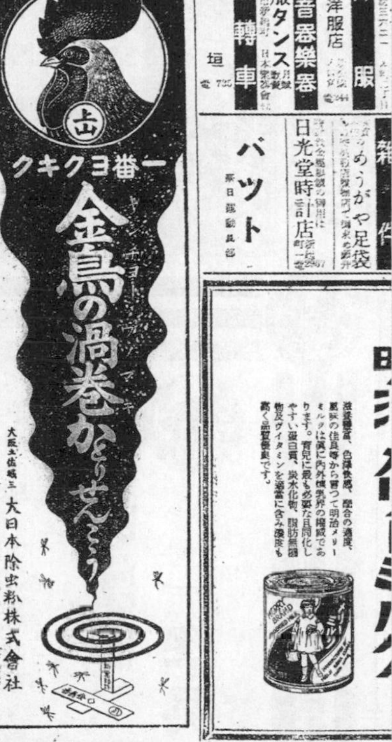

# 一九三三年（昭和八年）三月十六日

**廣告表示**：一九三〇年代後期，高島屋幾乎年年報到，一年春秋兩回，地點還選擇最高級、氣派的臺灣鐵道旅館。這樣的黑底廣告在當時比較少見。

君が代
赤毛染
山吉商店
白玉ホワイトワイン
絶対に着色せぬ純良白葡萄酒
御内裡に白玉參る

ガオガン服めば頭ハツキリ齒痛も治る

來る三月廿四日・廿五日・廿六日（三日間）

大阪高島屋出張大賣出し

會場　台北市驛前鐵道ホテルにて

季節呉服・雜貨…本年の流行品と特價品豊富に提供

大賣出しの內容詳細は…來る廿三日本紙朝刊に發表…

大阪　高島屋

# 一九三八年（昭和十三年）

## 九月

### 十日

**廣告表示：**白木屋廣告說，正價品還有特價再九折，只有兩天。

……餘名を囮
……捲き上ぐ
……州下を股に荒稼ぎ

盗賊となつて
女給に貢ぐ
秀才崩れの青年

酒と煙草の
賣上増進へ
賣捌人の奬勵規定を制定

歐洲航路の基隆寄港變更さる

タイピスト孃が白衣の勇士慰問

## ●郵購

十九世紀中期，西方就出現郵購，買東西不再非親自到店頭不可。

台灣受日本統治後，一九一〇年代，也已經有台灣人運用這種新型態交易在購物了。日文稱之為「通信販賣」。

一九一二年，大甲富商之子杜香國從總督府國語學校畢業，會讀說日語。短暫教書後，隔年就隨父親的腳步踏入商界，二〇年代還當了大甲的商工會長。中研院臺灣史研究所藏了杜香國的舊文書，其中有一封一九一八年的信函，就是他向東京的三越百貨公司郵購了三樣物品，其中有一塊發亮的白色絲光綿布匹，他買了「一反」，大約可裁製一件大人穿的和服。

一九一四年台灣的報紙上，確實也見得到東京三越的郵購廣告。廣告如同商品型錄，上有皮鞋、洋傘、夏季女帽、懷錶的圖案。最特別的賣物是蚊帳，三越花廣告很大的篇幅來標示蚊帳六種材質、七種大小的幾十種價格，似乎監聽到台灣濕熱夏天出動的蚊子大軍。後來，大阪的大丸百貨也曾刊登郵購廣告，專賣蚊帳。

## 通信販売

東京 白木屋

臺灣特別通信販賣

廣告表示●

二〇年代，大丸與高島屋加入郵購行列。三〇年代初，日本大大流行逛百貨公司，那裡變成流行的燈塔，望著它，就知道時尚的方向。當時也是日本百貨在台灣刊登郵購廣告最熱烈的幾年。東京的白木屋、松屋，大阪的三越、高島屋、阪急，都在報紙刊出郵購廣告，不是半版，就是整版，手筆大又俐落。

大阪梅田的阪急百貨最積極，登廣告的頻率最高，把廣告直接當型錄，羅列商品與價格，搭配十幾個插圖，提高讀者的購買慾望。

早期的郵購，只能憑手繪圖或報紙上模糊的相片，來想像商品，終究不及觸摸到實物來得安心，一九三三年，高島屋就提供了特別的服務，在台北市最熱鬧的榮町，選了賀田組充當代理部，陳列商品樣本，彌補郵購的不足。

完●

# 一九一四年（大正三年）五月五日

**廣告表示**：郵購廣告中，最特別的賣物是蚊帳。三越花廣告很大的篇幅來標示蚊帳六種材質、七種大小的幾十種價格，似乎監聽到台灣濕熱夏天出動的蚊子大軍。

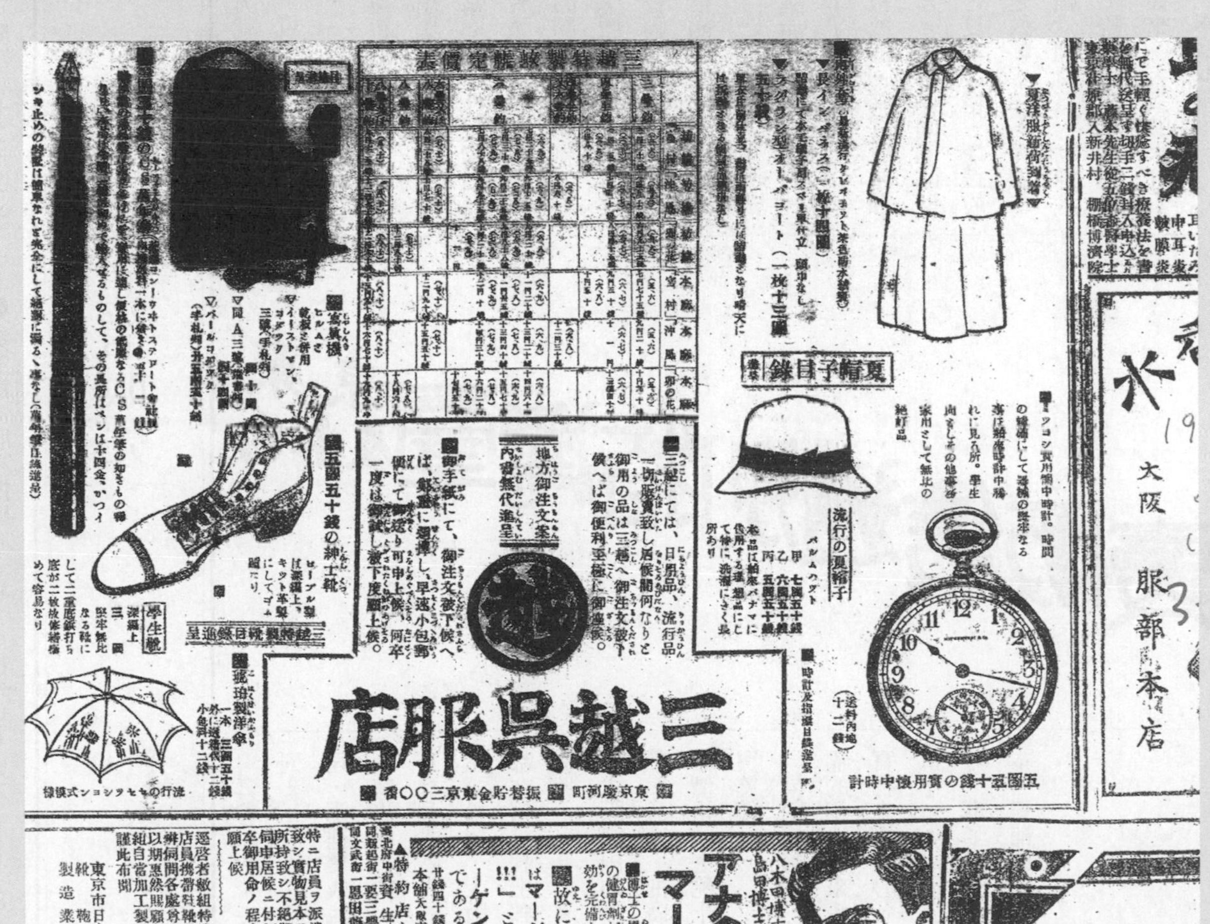

三越特製蚊帳定價表

夏帽子目録

流行の夏帽子

五圓五十錢の實用懐中時計

五圓五十錢の紳士靴

學生靴

三越呉服店

大阪　服部本店

# 一九二四年（大正十三年）三月五日

廣告表示：高島屋的通信販賣，廣告主打男女學生服促銷，依照年齡有不同的優惠價格。廣告最末有行小字，建議顧客，訂購產品用匯款是最安全的。

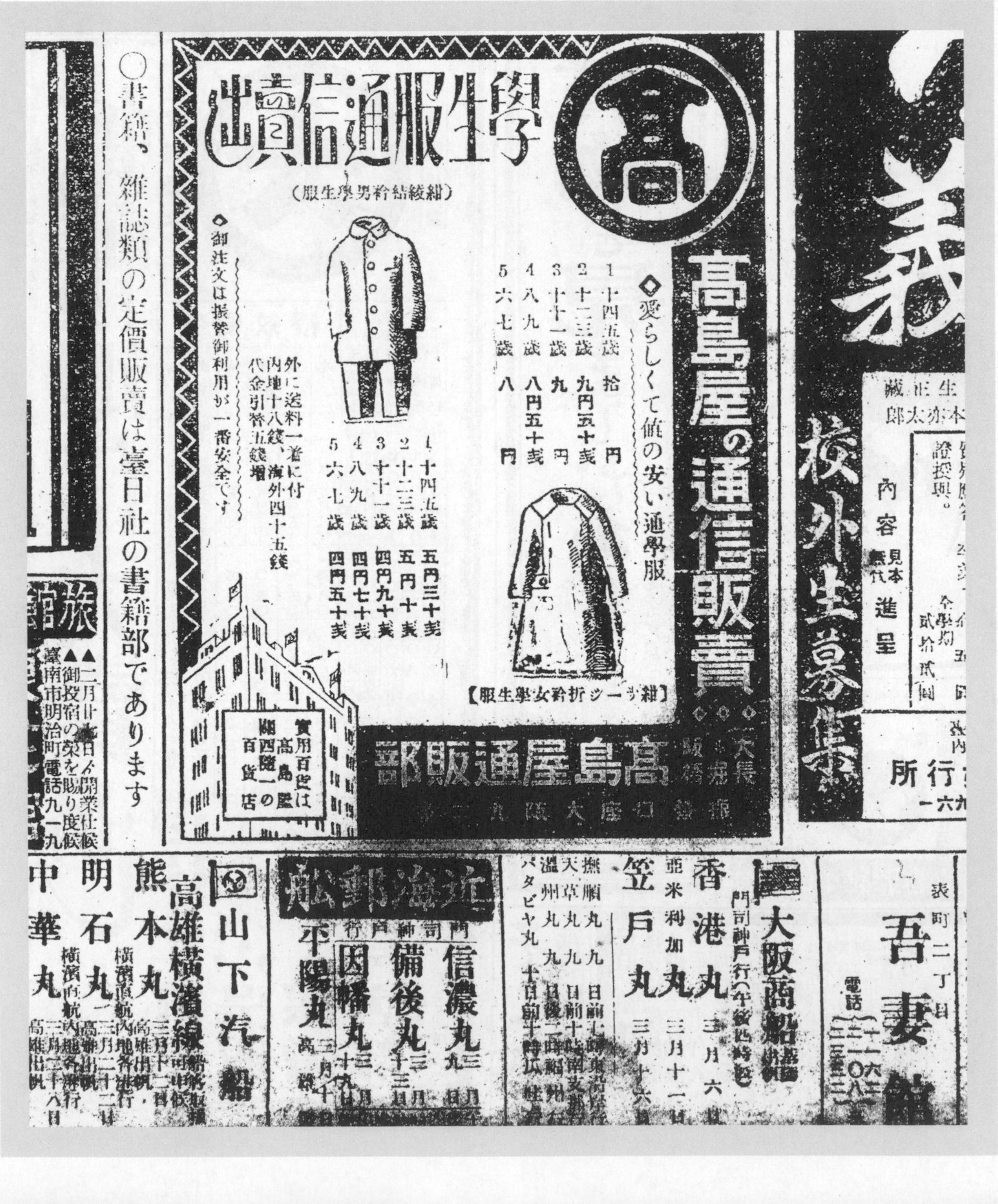

學生服通信販賣

高島屋の通信販賣

◇愛らしくて値の安い通學服

【紺サージ折衿女學生服】

1 十四五歲 拾円
2 十二三歲 九円五十錢
3 十十一歲 九円
4 八九歲 八円五十錢
5 六七歲 八円

（紺綾結衿男學生服）

1 十四五歲 五円三十錢
2 十二三歲 五円十錢
3 十十一歲 四円九十錢
4 八九歲 四円七十錢
5 六七歲 四円五十錢

外に送料一着に付 内地十八錢、海外四十五錢 代金引替五錢増

◇御注文は振替御利用が一番安全です

實用百貨は高島屋 關西隨一の百貨店

大阪長堀 高島屋通販部

○書籍、雜誌類の定價販賣は臺日社の書籍部であります

# 一九二七年（昭和二年）五月十三日

**廣告表示**：蚊帳在日本時代早期曾是著名百貨郵購廣告的主角。大阪的大丸百貨也曾刊登郵購廣告，專賣蚊帳。

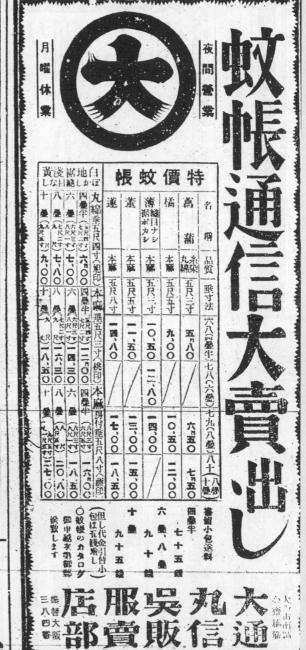

蚊帳通信大賣出し

夜間營業

月曜休業

特價蚊帳

| 名稱 | 品質 | 垂寸法 | 六八（四疊半） | 七八（六疊） | 七九（八疊） | 八十（八疊十疊） |
|---|---|---|---|---|---|---|
| 鳶蒲 | 糸染丸綿 | 五尺三寸 | 五、八〇 | / | 六、五〇 | 七、五〇 |
| 橘 | 本麻 | 五尺五寸 | 九、〇〇 | / | 一〇、五〇 | 一二、〇〇 |
| 薄（縫目ナシ裾ボカシ） | 本麻 | 五尺二寸 | 一〇、五〇 | 一二、八〇 | 一四、〇〇 | / |
| 萱 | 本麻 | 五尺五寸 | 一一、五〇 | / | 一三、〇〇 | 一五、〇〇 |
| 蓮 | 本麻 | 五尺八寸 | 一四、八〇 | / | 一七、〇〇 | 一八、五〇 |

白地ぼかし　裾縫目なし　淺黄

| | 四疊半 | 六疊 | 八疊 | 十疊 |
|---|---|---|---|---|
| 丸綿垂五尺四寸（旭印） | 六、〇〇 | 七、〇〇 | 七、八〇 | 九、〇〇 |
| 本麻垂五尺三寸（桃印） | 一二、〇〇 | 一四、三〇 | 一六、三〇 | 一八、五〇 |
| 本麻身付垂五尺八寸（藤印） | 一六、〇〇 | 一八、五〇 | 二〇、八〇 | 二二、七〇 |

荷留小包送料　四疊半　七十五錢　六疊、八疊　九十錢　十疊　九十五錢

（但し代金引替小包は五錢増し）

○蚊帳のカタログ御申越次第御郵送致します

大阪市南區心齋橋筋

大丸呉服店通信販賣部

振替大阪三八四番

實物を見ましたか

全國の主なる書店に大日本百科全集の實物見本が行亘りました

どんなに良い本か御一覽下さいまし

貧血症　腺病質　虚弱質

小兒胎毒丸

# 一九三三年（昭和八年）一月十九日

**廣告表示：** 高島屋、白木屋、三越等幾家有規模的日本百貨在當時都下重本刊登整版或半版廣告，秀出商品圖樣，用力促銷。

(四) 昭和八年一月十九日　臺灣日日新報　第一万一千七百七十六號

臺北市をはじめ 臺灣全土の皆樣へ 大阪高島屋の特別サービス

大阪長堀橋・高島屋通信販賣部に於きましては内地各地方は勿論遠く臺灣地方より御愛顧を賜り取り分け御當地の皆樣より格別の御用命に接しお蔭樣で日々隆盛に赴き居ります事は是偏に皆樣の一方ならぬ御引立と存じ深く感謝に堪えません就而は全台灣の皆樣の御厚情による御用命も遠隔のため送料甚だ高額と相成りますので今回當高島屋通信販賣部は本紙に廣告の商品に限り

臺北市榮町四丁目 賀田組

を臺灣代理部と致し今後皆樣よりの御註文に就では當代理部へ一括して送付いたし臺北市内は代理部より無料にて御屆けいたし市外及全土の御地方へは代理部より臺灣相互間の書留小包料を頂き御送り申上げます。

各種見本は賀田組に備へ付けてありますから御覽を願ひます。何卒當に倍して御懇情御下命の程偏に御願申上げます。

◇御注文品は總て代金引換にて御屆ひ致します
◇書留小包にて御送附申上る品は台灣相互間小包料金にて御送り申上げます
◇現品御意に召さぬ節は御取替又は御返金申上ます
◇御注文は品名、價格、品番、數量御明記願います
◇御注文は直接に大阪長堀橋 高島屋通信販賣部へ
◇御注文品の御屆け發送は「台北市榮町四丁目 高島屋台灣代理部 賀田組より」

別記商品の御注文は 一月廿五日まで

大阪・長堀橋 高島屋 通信販賣部 振替口座・大阪九二番

大阪高島屋 臺灣特別通信販賣

本場 長良大島紬 一反 五円三十銭均一

春の男合シャツ

腕巻時計二種特賣

ポータブル蓄音器

春の男靴下

特製 ワ井シャツ

萬年筆特價

生地は一等・柄は卓越 一反 四円三十銭均一

春モスリン特選優秀品

# 一九三三年（昭和八年）十二月十日

**廣告表示**：一九三〇年代初期，是日本百貨在台灣刊登郵購廣告最熱烈的幾年。

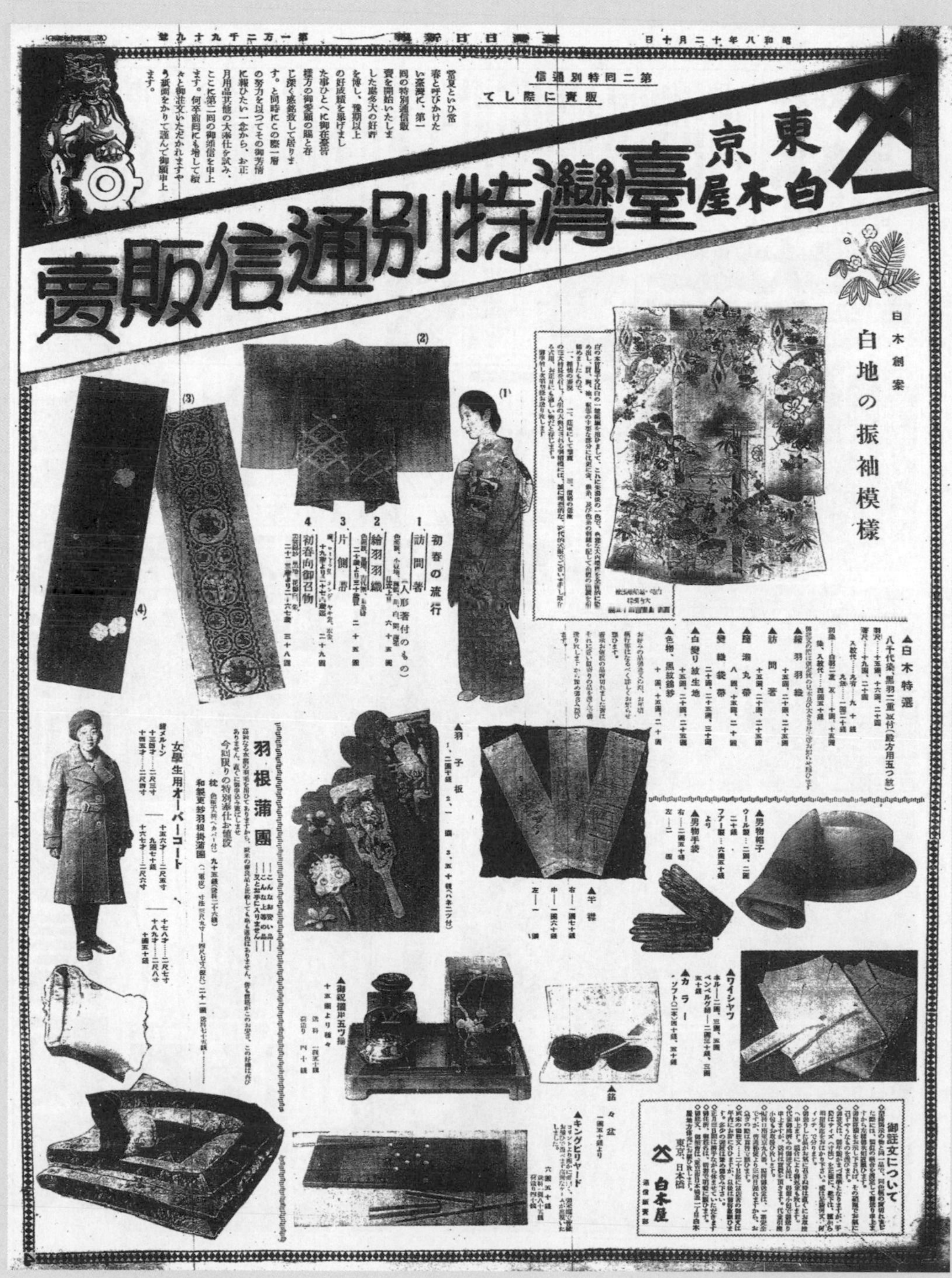

昭和八年十二月十日　臺灣日日新報　第一萬二千九十九號

東京　白木屋

臺灣特別通信販賣

第二回特別通信販賣に際して

常夏といひ常春と呼びかけたい臺灣に、第一回の特別通信販賣を開始いたしました處多大の好評を博し、豫期以上の好成績を舉げました事ひとへに御在臺諸樣方の御愛顧の賜と存じ深く感銘致して居ります。と同時にこの際一層の努力を以つてその御芳情に報ひたい一念から、お正月用品其他の大奉仕を試み、ここに第二回の御通信を申上ます。何卒前回にも增して續々と御註文いただかれますやう紙面をかりて謹んで御願申上ます。

白木創案

白地の振袖模樣

▲白木特選

八千代染、黑羽二重紋付（殿方用五つ紋）

羽尺……十五圓、十六圓、二十圓

着尺……十九圓、二十圓

入紋代……丸有……九十錢

丸無……一圓二十錢

羽染……白羽二重　反……十圓、十五圓

染、入紋代……四圓五十錢

▲綸羽羽織　十五圓、二十圓、二十五圓

▲訪問着　十五圓、二十圓、二十五圓

▲羅瀬丸帶　八圓、十五圓、二十圓

▲變織袋帶　二十圓、二十五圓、三十圓

▲白變り紋生地　十五圓、二十圓、二十五圓

▲色物、黑紋錦紗　十圓、十五圓、二十圓

初春の流行

1、訪問着（人形着付のもの）　六十五圓

2、綸羽羽織　二十五圓

3、片側帶　二十九圓

4、初春向御召物　三十八圓

▲羽子板　1、二圓十錢　2、一圓　3、五十錢（ハネ二ツ付）

羽根蒲團

——こんなお安い品——

——こんな上等の品——

——又とお手に入りません——

今回限りの特別奉仕お値段

和製更紗羽根掛蒲團

女學生用オーバーコート

紺メルトン

十三四才……二尺三寸

十四五才……二尺四寸

十五六才……二尺五寸

九圓七十錢

十六七才……二尺六寸

十七八才

十八九才

十圓五十錢

▲半襟

右——二圓七十錢

中——一圓六十錢

左——一圓

▲男物帽子

ウール製……二圓、二圓二十錢

ファー製……六圓五十錢より

▲男物手袋

右——二圓五十錢

左——二圓

▲ワイシャツ

キルー——二圓、三圓、五圓

ベンベルグ絹——二圓三十錢、三圓五十錢

▲カラー

・ソフト（二本）四十錢、五十錢

▲御祝儀用五ツ揃

十五圓より種々

▲銘々盆

一圓五十錢より

▲キングビリヤード

御註文について

東京、日本橋

白木屋

# 一九三四年（昭和九年）
## 七月十三日

**廣告表示**：阪急百貨在報紙推銷的商品有海水浴用品、登山帳篷與登山露營參考書、昆蟲採集組、Bonton冰淇淋製造機等，而且連寵物也能郵購。仔細看，廣告左上角有個「犬」字，小框內寫說，每頭附有健康診斷書，還有目錄介紹。

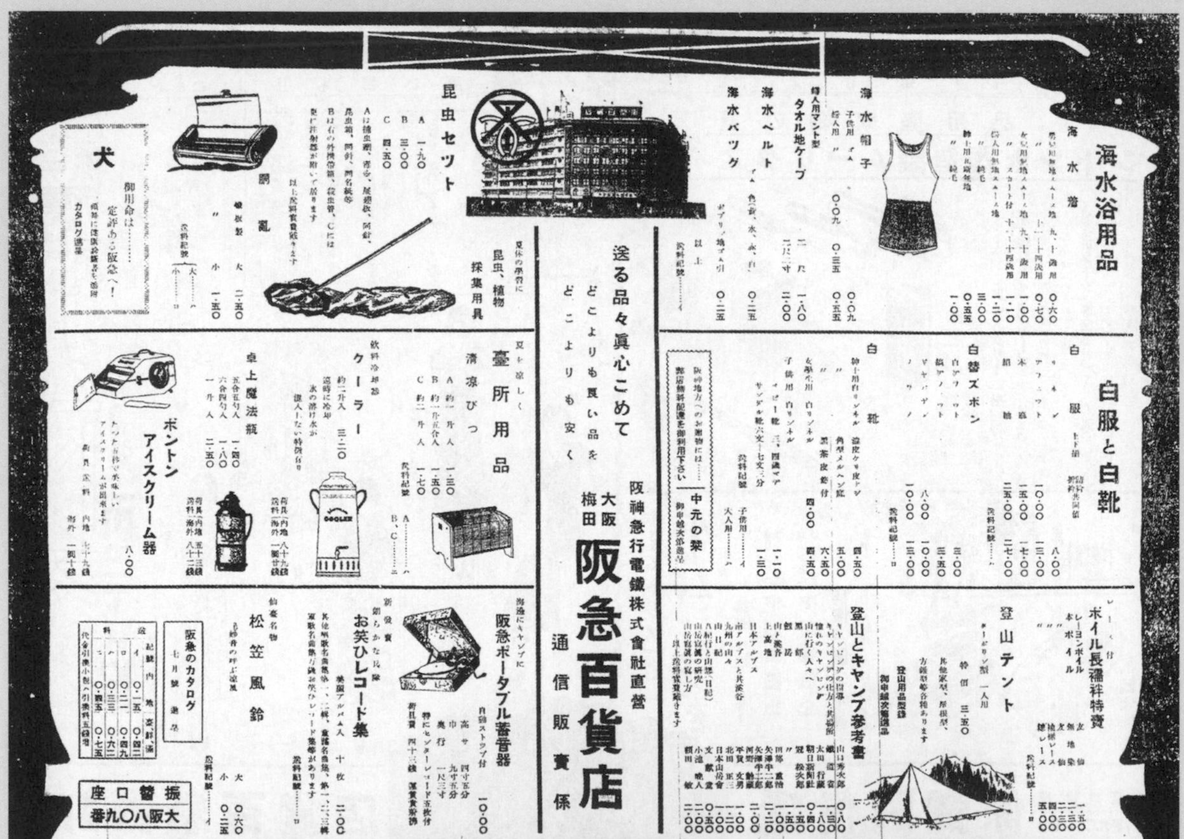

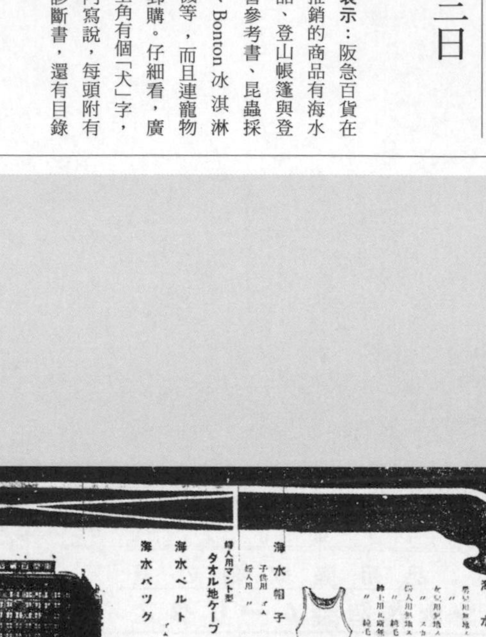

海水浴用品
海水着
海水帽子
婦人用マント型タオル地ケープ
海水ベルト
海水バッグ
白服と白靴
白服
白替ズボン
白靴
ボイル長襦袢特賣
登山テント
登山とキャンプ參考書
送る品々眞心こめて
どこよりも良い品を
どこよりも安く
中元の栞
阪神急行電鐵株式會社直營
大阪梅田
阪急百貨店
通信販賣係
昆虫セット
A　一・九〇
B　三・〇〇
C　四・五〇
胴亂
夏休の學習に
昆虫、植物採集用具
犬
御用命は……
定評ある阪急へ！
カタログ進呈
臺所用品
清凉びつ
クーラー
卓上魔法瓶
ボントン
アイスクリーム器
阪急ポータブル蓄音器
お笑ひレコード集
松笠風鈴
阪急のカタログ
振替口座
大阪八〇九番

# 一九三七年（昭和十二年）七月十一日

**廣告表示**：適逢夏天，阪急的郵購廣告主打兩項涼爽的產品，女性長裙夏裝與冰淇淋製造機。廣告說，把冰塊放到冰淇淋製造機轉個五、六回，美味的冰淇淋就完成了。

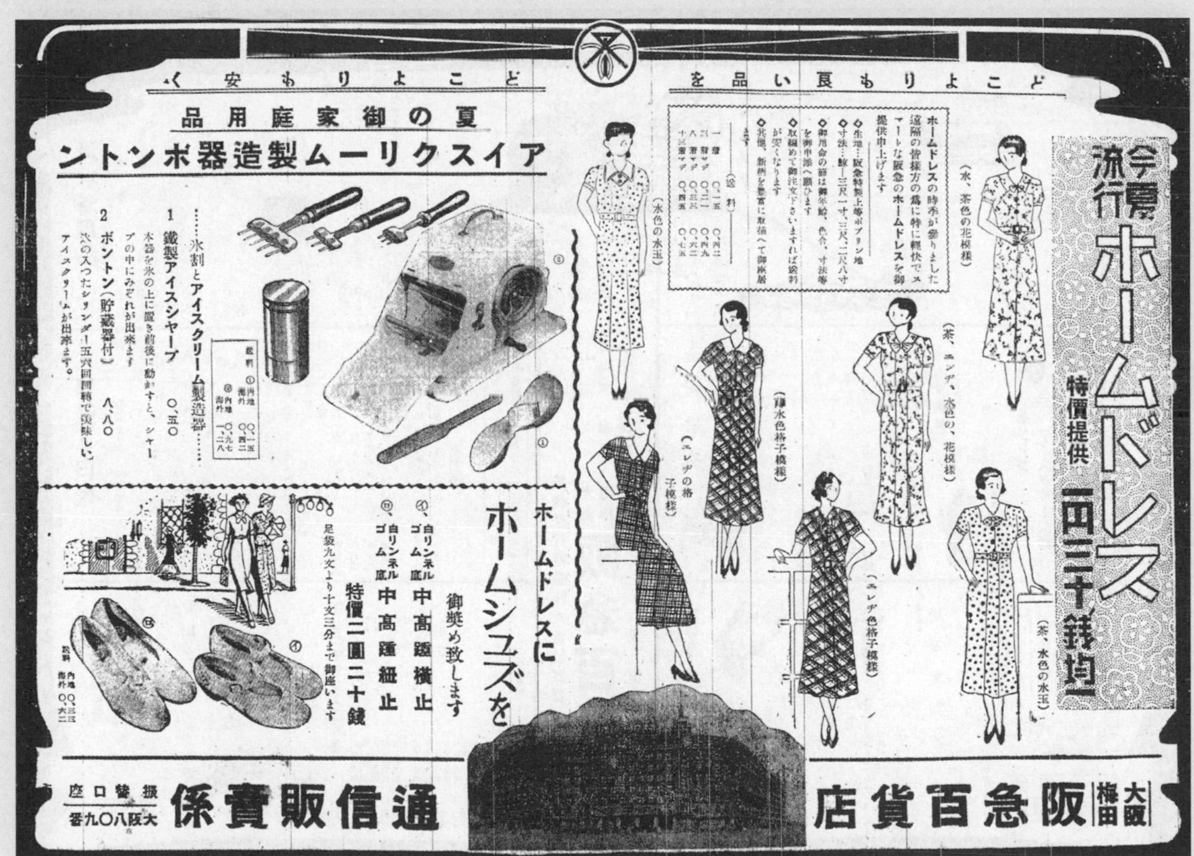

## ●找名人加持

## 有名人が太鼓判

推銷商品，找名人加持，也是目前熱門的招數。

一九一七年，台北的資生堂藥鋪請來美國籍的表演飛行家史密斯（Art Smith），推薦他們代理的法國波爾多葡萄酒。

史密斯冒險式的飛行特技表演，讓他聞名世界。一九一六到一九一七年，他高價受邀到日本各城市演出，一九一七年六月底，曾來過台灣。第一個開飛機的台灣人謝文達就是著迷於史密斯的表演，開始他的飛行夢。

資生堂藥鋪推銷葡萄酒的廣告上，刊出史密斯信件全文。他強調，到日本表演飛行，北從北海道，南到台灣，不眠不休，持續活動，一點都不覺得累，相信就是這個「靈酒」所賜。資生堂藥鋪還安排得非常有臨場感、真實感，史密斯最後簽名時，還表示人在橫濱的天洋丸的甲板上。這樣的推文，實在說服力十足。

一九一〇年代，另有一種名人加持法。

一九一六年六月六日，袁世凱去世，黎元洪繼任中華民國大總統，十月底，國會補選，馮國璋十一月八日就任副總統。知名的日本仁丹公司捉到機會，創辦人森下博當月馬上把兩人過去題贈的書法拿出來充分利用。黎元洪題「効驗如神」，馮國璋寫「應我急需」，無疑是為仁丹說了好話、掛了保證。

廣告表示●

中華民國
正副大總統と仁丹

黎元洪閣下　馮國璋閣下

完●

# 一九一六年（大正五年）十一月二十八日

**廣告表示**：仁丹趁著馮國璋才就任副總統，新聞正熱，拿出馮國璋與黎元洪過去題贈的匾額，說這是他們「為了仁丹揮毫的真跡」，無疑是為仁丹掛了保證。廣告最後，還透露出仁丹積極拓展中國市場的決心。

黎元洪閣下

馮國璋閣下

此の寫眞は
中華民國大總統
黎元洪閣下仁丹の爲め
揮はれたる眞筆

此の寫眞は
中華民國副總統
馮國璋閣下仁丹の爲め
揮はれたる眞筆

# 中華民國 正副大總統と仁丹

本月八日、馮國璋將軍は愈々副總統の就任式を擧げらる。

爽邁なる新副總統閣下は大總統黎元洪閣下と倶に民國に於ける反正の偉業を成せるの人、而かも期せずして與に年來我仁丹に特甚の同情を眷注せらる。曩に賜りし上揭の大扁額は共一表徵なり。

仍ち弊舗は更新の意を張り、倍々民國に仁丹の擴賣を念とし、此機に於て日華の親善と兩閣下の健康を祈る。

仁丹 本舖主 森下博

仁丹 特有の機能

## 一九一七年（大正六年）十二月二十三日

**廣告表示**：資生堂藥鋪推銷葡萄酒，請美國著名的特技飛行員史密斯當見證人，並在廣告刊出史密斯的信件全文。他說，自己能夠在日本和台灣做長時間的表演，一點都不覺得累，相信就是拜此「靈酒」所賜。

等の良藥を苦心研究せり希望者貳錢切手封入申込あれ説明書を進呈す
東京府西大久保　東京吃音藥院

中風・せき（い）病
此種病症自療法專攻の京都市粟田御門内▲川崎自療法研究所宛病名込申ば無料回答

スミスみやげ……（近日入荷）……

滋養無比の美味葡萄酒

ヘモグロポートワヰン（黑船印）

HAMOGLO-VIN D'OPORT

Brewered by C. M. STEVANS & Co.
BORDEAUX, FRANCE.

親愛なる日本の愛友諸彥に!!!

拙者の諸兄に見る事毎に貳回拙なる私の飛行に對し、常に常に多大の同情ご賞贊を辱し誠に光榮に存ます。今度本國政府の命に據り歸國直ちに遠く歐洲の戰野に眞劍飛行をやるべく從軍せねばなりまん、就ましては又戰功を荷ふて再び皆樣の御目に懸るか又は戰場の露こ消るか解りまん、今御別れに當て聊か諸兄に謝意を表すべく拙者今日迄愛飲一日も離さざりし「ヘモグロポートワヰン」(Hamoglo-vin D'oport)を置土產ご致して歸る考です、拙者貴國に入著以來南は遠く臺灣より北は北海道にご到る處夜を日に繼ぎて不眠不休活動し續けて更に疲勞を覺へなかつたのは一に此靈酒の賜だご信じます。美味忘れる事の出來ぬ此强壯飲料を日常御用になれば拙者の樣に病なるものを知らぬ頑健無比、若者されなる事請負ます、私の忘れ形見こして御上りください、さよなら、願くば幸福なれ諸兄よ。

橫濱天洋丸の甲板にて
飛行家 アート、スミス Art Smith

日本一手輸入元　大阪　日光社　電話南一七四四長四九九四

臺灣總代理店　臺北　資生堂藥舖　電話長一七五、一一七五、三七二

三代將軍家光公…の宮八幡宮で…藏人、孰れ劣…

廣告表示●

## ●專家推薦

顧客的信賴，是買賣之本。

日本在幕府時期，做生意的人仍不知廣告的效用，只知品質好，就受信賴，客人就會上門。明治時代，西化以後，日本人學會了西方現代的商業術，他們會找名人代言，也會透過專家推薦，更快速取得顧客的信賴，並取得更多消費者的信賴。

二〇年代，台灣的報紙就已出現專家推薦的廣告，不過，廣告主都屬於日本大品牌的公司。

一九二六年，獅王牙膏登出德國柏林大學齒科教授，理學博士檢測自家牙膏的報告，結論指出，獅王牙膏完全符合牙齒保健劑該有的所有條件。日本現代醫學源自德國，找德國博士想必更具說服力。廣告上，直接呈現德國博士顯微鏡下的影像，雖然沒幾個人看得懂，但也沒幾個人能否定其中的佐證力。

三〇年代，化妝品公司也採行了相同的辦法。

對化妝品界來說，「巴里」（巴黎）兩字就是權威、先進的代表。戰前知名的品牌

## 專門家イチオシ

ミツワ把一個巴黎專家的信放入廣告，有幾個讀者看得懂手寫法文呢？但擺上去，有信有真相，說服力的分數立刻往上加。

雖然經過日文翻譯，巴黎專家也只不過說，白粉和乳液兩種產品都很優良，如此而已。

有件事滿有趣，巴黎專家在同一天，也寫信給另一家日本洗髮精公司「葛原工業所」。葛原是日本最早使用「シャンプー」（shampoo，洗髮精）一詞的公司，一九二六年，出產了「摩登」洗髮精。一九三二年，巴黎專家就是針對摩登洗髮精做測試。葛原跟ミツワ一樣，把法文信登上報紙廣告，聲稱得到世界的誇讚。

葛原與ミツワ是不同公司，但是，都刊登巴黎專家研究室的實驗相片，入照的是同一批人，唯一東方臉孔的男性不知道是誰，但他既做白粉測試，又參與洗髮精測試。真不知道當年這是一項什麼內容的國際合作，究竟是怎麼安排出來的。

不論如何，商人向來努力，總是使出渾身解數。戰前日本的廣告大戶味之素自然也沒有錯過洋專家推薦這招。一九一七年，味之素就到紐約設事務所，雖一度關閉，一九二六年再開。他請來的洋專家就是紐約餐廳主廚了。

廣告上，洋廚戴著廚師帽，側著身，挺個胖肚子，一手捧著味之素的盒子，一手舀味素準備入鍋。一旁有紐約洋廚的信，已譯成中文，他說，味之素對於「各種料理皆得好結果，驚喜莫甚，深感味素之為物，誠最新理想之調味料」，無論什麼簡單料理，加了之後，就會有一種獨特氣味，他「喜極不忍自秘」，不能藏私，因此「奉勸」掌廚人「速用此味素，勿失良機」。

這是一九三〇年味之素的廣告，八十幾年後的我們，都被說服了嗎？

完●

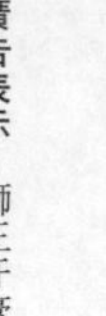

一九二六年（大正十五年）十月十四日

**廣告表示**：獅王牙膏登出德國柏林大學齒科教授、理學博士檢測自家牙膏的報告，廣告中，黑色的圓圈是顯微鏡下的影像，旁邊搭配測試結果的譯文。

ベルリン大學歯科學教授理學博士シエーンベツク氏は夙に斯界の泰山北斗を以て目せられ、其所説は實に學界の權威として常に世界的の重きを成しつゝあり。博士、頃日遠く一書を寄せて、我ライオン歯磨の絶對性を述べ、博士自ら手を下して試驗せられたる顯微鏡的結果を圖し、其歯牙保健劑として完全至極なるを證明せられたり。今左に博士の好意懇意を謝しつゝ、愛用者各位に此福音を齎すと同時に、我邦ライオン歯磨あるを滿天下と共に慶ばむと欲する者なり。

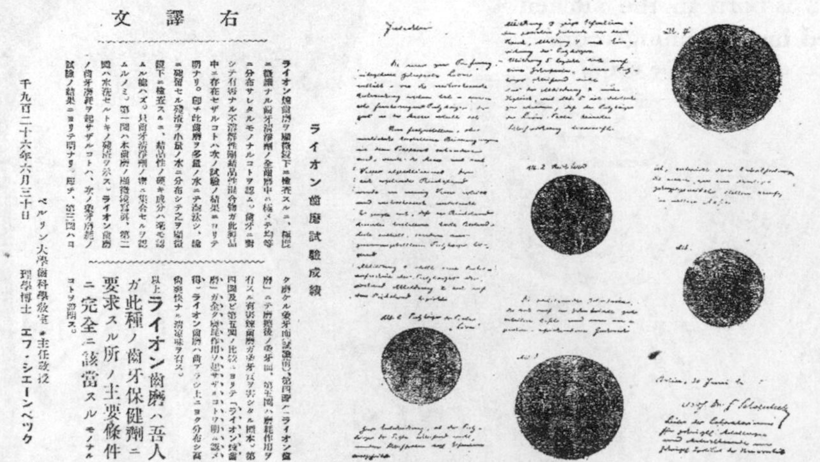

右譯文

ライオン歯磨試驗成績

ライオン煉歯磨ヲ顯微鏡下ニ檢査スルニ、極微ニ微細ナル歯牙清淨劑ノ全歯磨中ニ極メテ均等ニ分布サレタルモノナルコトヲ認ム。歯牙ニ對シテ有害ナル不溶解性硬結晶性混合物ガ此製品中ニ存在セザルコトハ次ノ試驗ノ結果ニヨリテ明ナリ。即チ此歯磨ヲ多量ノ水ニテ淘汰シ、爾ニ殘留セル殘渣ヲ小量ノ水ニ分布シテ之ヲ顯微鏡下ニ檢査スルニ、結晶性ノ硬キ成分ハ毫モ認ムル能ハズ。只歯牙清淨劑ノ僅ニ集合セルヲ認ムルノミ。第一圖ハ本歯磨ノ顯微鏡寫眞、第二圖ハ水洗セルトキノ殘渣ヲ示ス。ライオン歯磨ノ歯牙琺瑯ヲ毀サザルコトハ、次ノ象牙磨耗ノ試驗ノ結果ニヨリテ明ナリ。即チ、第三圖ハヨク磨ケル象牙面（試驗前）、第四圖ハ「ライオン歯磨」ニテ磨擦後ノ象牙面、第五圖ハ磨耗作用ヲ有スル有害煉歯磨ガ象牙ヲ害シタル圖。第四圖及ビ第五圖ノ比較ニヨリテ「ライオン歯磨」ガ全ク磨耗作用ヲ起サザルコトヲ明得。「ライオン歯磨」ハ歯ブラシ上ニヨク分布シ歯爽快ナル清涼味ヲ有ス。

以上**ライオン歯磨ハ吾人ガ此種ノ歯牙保健劑ニ要求スル所ノ主要條件ニ完全ニ該當スル**モノナルコトヲ證明ス。

千九百二十六年六月三十日

ベルリン大學歯科學教室　主任教授
理學博士　エフ・シエーンベツク

一九三〇年（昭和五年）

三月十二日

**廣告表示**：料理用味素已成為全世界的共識，紐約愈來愈多一流的餐廳、旅館及俱樂部愛用，皆獲得最高讚譽。廣告左下方還有紐約洋廚的信，他說，無論什麼簡單料理，加了之後，就會有一種獨特氣味，沒有其他東西可比擬。

世界的
讚譽之聲日高
味素之販出於海外逐日見
浩盛料理則味素既成爲
全世界通用語尤如紐育一
等料理店及旅館倶樂部等
賜用益盛皆蒙最上讚辭矣
味の素
あぢのもと
FAME is born in the kitchen
served in the dining room
(and travels, throughout the world!)
宮內省御用達 味の素本舗
株式會社 鈴木商店

# 一九三四年（昭和九年）五月二十六日

廣告表示：日本洗髮精公司「葛原工業所」聲稱，自家的產品通過法國最高美容研究所Nazaire的測試，品質絕對優秀。廣告還刊出巴黎專家的信函，以及實驗時的照片。

學藝

事蹟　村上直次郎

麗はしき五月のストックホルム　J・G・ヘミング

# 世界に誇るモダン・シャンプー　洗ひ髪

化粧品の本場パリーに於いてもモダン・シャンプーはその品質の絶對優秀なることを證明されました

下の寫眞は佛國最高美容研究所ナゼイル會社に於ける實驗中の寫眞とその推奬文です

世界に誇り得るモダン・シャンプー是非御愛用下さい！

丸之內美容院主　山野千枝子先生談

『私もシャンプーの品質に就いては隨分研究致して居りましたがモダン・シャンプーによつて多年要求して居た理想的シャンプーを發見して嬉しく思ひます。私自身實驗致しまして最も優秀なシャンプーであると自信ある推奬を致すことが出來ます。洗つた後しつとりとしなやかにあがつてその上ほんとに美しい艶が出ます。モダン・シャンプーならば佛國に於いて好評を得たのも當然と存じます』

固形　一個入五錢　七個入卅錢

粉製　二回分入十錢　八回分入卅錢

モダン・シャンプーとフランス製シャンプー　比較實驗中

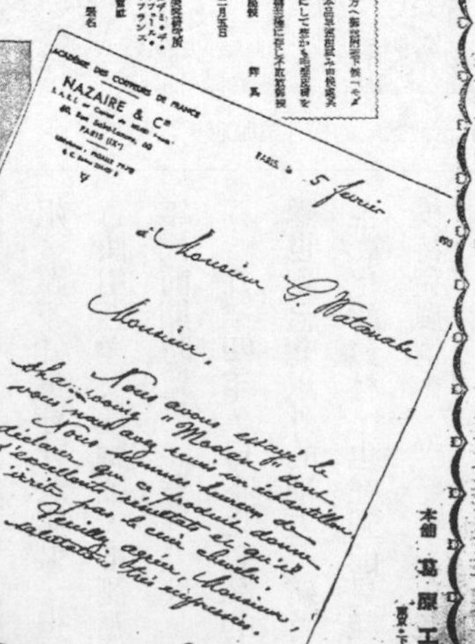
ACADÉMIE DES COIFFEURS DE FRANCE

NAZAIRE & Cie

PARIS

5 février

à Monsieur G. Watanabe

Monsieur,

Nous avons essayé le shampooing "Modern" ...

Veuillez agréer, Monsieur, nos salutations ...

本舖　葛原工業所

# ●真人模特兒　マネキン

廣告表示●

汽車展的SHOW GIRL所帶動的熱烈人氣，正足以說明近代模特兒崛起成為新行業的理由。

一九二八年，以慶祝昭和天皇登基大典為名，東京上野公園舉行了產業博覽會。高島屋吳服店（即當今的高島屋百貨公司）打宣傳戰，率先推出真人模特兒助陣。

當時稱真人模特兒為「マネキン」，念音近似「ma-ne-kin」，語源來自法文的模特兒「mannequin」。因早三年出現的假人模特兒叫「マネキン人形」，人形即口語的人偶，去掉假人偶，真人的模特兒就叫「マネキン」了。

高島屋打出真人模特兒的商戰牌，馬上震驚廣告界，引發仿效熱潮，模特兒變成女性新興的職業，也是時髦的流行語。那股熱風吹到台灣，台北榮町（衡陽路兩側）的松井吳服店輸人不輸陣，一九二九年九月，也登出廣告，徵募模特兒。

四天之後，記者好奇去詢問結果，松井老闆難過說，「一個人也沒有。」時髦女性對這行心存疑慮。大概老闆有點緊張，前一天，跑去問萬華的女妓，願不願意兼差三小時，傍晚五點到晚上八點，酬勞五圓，一樣找不到人。

位於台北榮町的松井吳服店。

所幸，十月一日，台灣史上第一次模特兒出場秀，仍順利上演。有三位模特兒，都是日本人，一位是來自高雄的戶田小姐，她本來就對這類職業有興趣。另兩位從台北市的咖啡館（カフェー）覓來。咖啡館（カフェー）雖也賣咖啡，更近似酒店，有「女給」陪坐，松井找來的就是姿態、氣質優雅的咖啡館女給。

模特兒初登場，站的是松井吳服店的台，穿的自是日本和服。之後。台北再出現「マネキン」，是擔任化妝品的廣告小姐，雖不知道穿什麼服裝，但廣告圖案刻意使用西洋女性臉龐，推測應該穿著三〇年代前期時髦的洋裝。

一九三四年，日本化妝品的模特兒宣傳隊也到台北以外的地方，新竹、台中，甚至彰化的員林，也在戰前見識了最早期的模特兒風情。

完●

一九二九年（昭和四年）

十月四日

**廣告表示**：松井吳服店刊廣告說，緊急通知：包準可以看到每個模特兒小姐，請盡情欣賞，時間就在廣告當天的下午一點半和晚上六點半開始的兩個時段；又說，上次錯過的人，這次要趕緊來看。

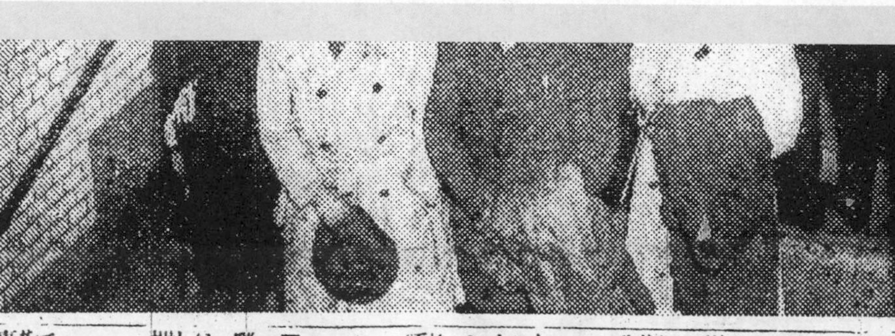

## 文士連の槍玉にあがる

【電通鶴岡二日發】先月三十日山形縣鶴岡市で鐵道從業員慰問大會が開催された際出席の伊藤仙臺鐵道局の一行は特に一行のため展望車を連結し大名行列をなして乘込んだ所同列車に乘合せたのが折柄山形市の文藝講演會を終へて湯田川溫泉に行く三上於菟吉、吉井勇田中純、白鳥省吾氏等一行八名で政府の緊縮を叫ぶ折柄江木鐵相さへ二等室に納るのに一局長がわざわざ展望車を連結せしむるは怪しからぬと直ちに右文士連の名を以て伊藤局長彈劾決議を江木鐵相の手許に發送した

## 埤圳で幼兒溺死

【新竹電話】新竹州竹東郡竹東庄雞油井一九何智南の孫何溫棟（三）は二日午前十一時ごろ自宅附近の埤圳に墜落溺死した

## 樂々園

大正十五年頃渡臺して好評を博した史實講談とお伽噺專門の廣田正太氏が此程渡臺したが四日午後七時から市內樂々園で講演することゝなつた演題は幕末

本の人傑』で幕末時代より明治、大正に及ぶ人傑譚を上演すると

一九三四年（昭和九年）

一月

二十八日

**廣告表示**：タンゴドーラン是戰前知名的化妝品品牌，主打用乳液和白粉，只要三十秒就會有閃耀的妝容，適合忙碌於公司或家庭的女性；一九三四年，還派出模特兒宣傳隊到台北、基隆、新竹各地做現場示範。

# 一九三五年（昭和十年）十一月十九日

**廣告表示**：當時稱真人模特兒為「マネキン」，念音近似「ma-ne-kin」，語源來自法文的模特兒「mannequin」。

カナダの
商條約內容
ル大統領の發表

檢查
萬類か
所の新設により
肉類を引受ける

丸糯又躍騰

臺米現物相場

大阪期米後場

東京期米後場

神戸期米後場

堂島前場先限立會

大阪短期後場

大阪長期後場

東京短期後場

東京長期後場

美と魅力の
近代化粧料

# タンゴドーラン

街頭にオフイスに家庭に多忙なお仕事をもおもちの
女性に最適の短時間化粧料

出演場（臺北市）
十一月二十日
午後一時より九時迄
榮町 菊元百貨店
榮町 村井商行
本町 盛進商行

十一月二十一日
午後一時より九時迄
榮町 菊元百貨店
榮町 村井商行
榮町 小島屋

十一月二十二日
午後一時より九時迄
榮町 菊元百貨店
かもじや
池森商店

和裝にも洋裝にもほんとうによくマッチして素晴しい個性的魅力を發揮する白粉とクリームと化粧水の綜合作用をもち絕體化粧崩れせぬ理想品

# マネキン宣傳隊來る

## 化妝實演
## 化粧実演

老牌化妝品蜜絲佛陀來自美國好萊塢，之所以這樣命名，因為創辦人就叫蜜絲佛陀。以中文看這幾個字，產品又是女人世界的化妝材料，想必由一位女性所創。事實真讓人意外，蜜絲佛陀名叫 Max Factor，是一位如假包換的先生；如果這是男明星的名字，中文可能就要翻譯成麥斯法特了。

蜜絲佛陀先生一八七二年於俄國出生，曾在那裡開過美容美髮用品店。到了美國，正迎接燦爛的電影時代來臨，他為電影明星化妝，追求大螢幕的效果，因而有許多創新。一九二〇年，他創了 make-up（彩妝）這個字，也研發一套供社會大眾士女們使用的彩妝系列，稱為 SOCIETY MAKE-UP，中國翻譯成「浮世情懷」系列。

當年，台灣正處於日本統治的時代，日

四月一日午後一時
特ニ淑女ノ爲ニ公會ス
中山太陽堂整容美粧術
實演講演大會
出演師
中村久榮先生
齋藤梅子技師
井上好枝技師
井村冬子
津久井糸子
三卷まさ江
主催

**右圖**｜中山太陽堂曾透過化妝實演來推銷產品。
廣告中間提到，這是特別為女士舉辦的「整容美妝術」實演大會。
**左圖**｜中山太陽堂的クラブ產品多樣，
有白粉、護膚霜、口紅、香水、牙膏、髮油等。

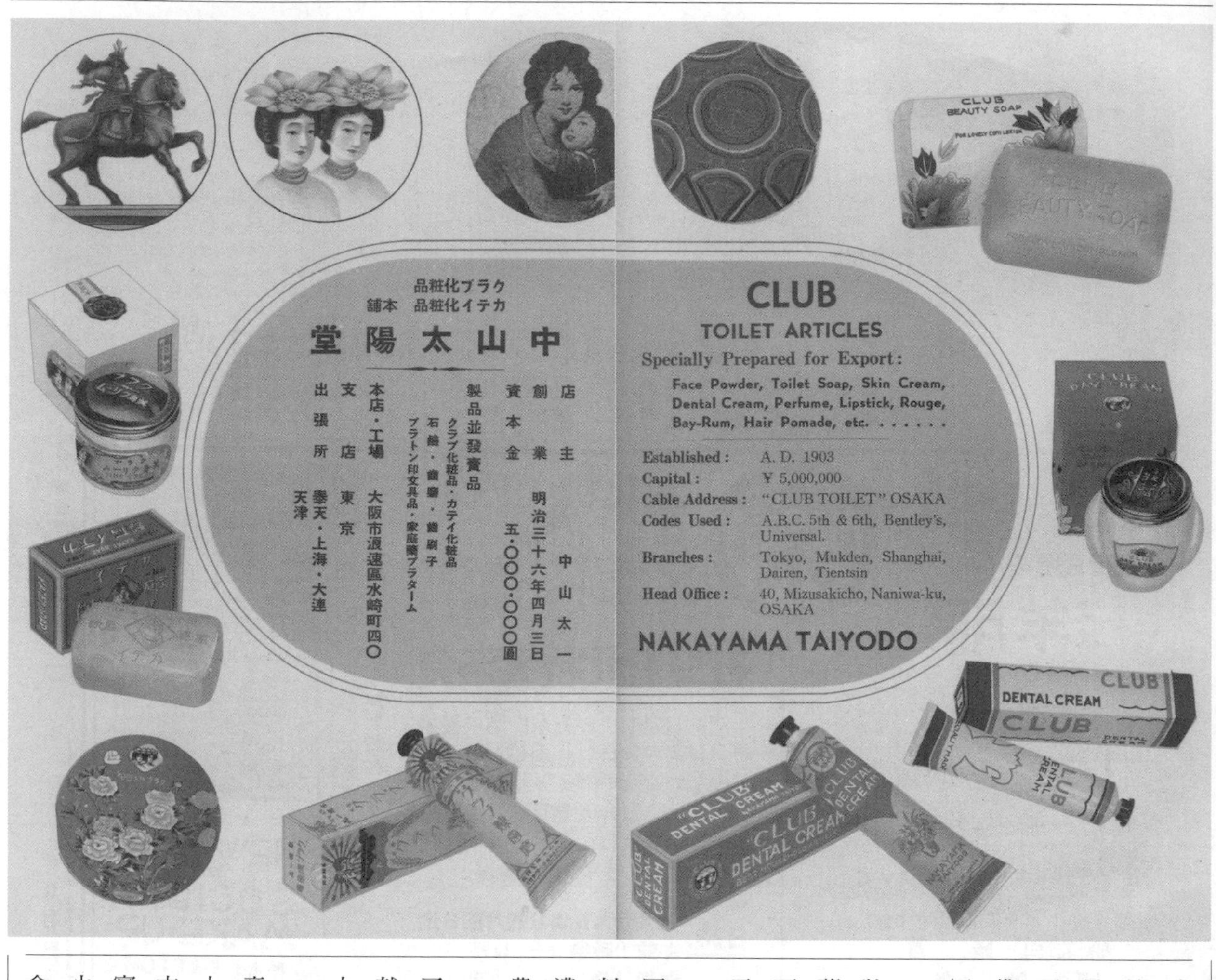


本本土的化妝品牌子愈來愈多，市場擁擠，難得看見美國品牌的蜜絲佛陀。但是，一九三六年春天，台北最大的百貨公司菊元七樓的大展間，出現了一場蜜絲佛陀的化妝實演會，特別主講SOCIETY MAKE-UP。

菊元的廣告上，稱蜜絲佛陀先生為「化妝之王」，來台主講的是他的高徒緬因特蘭特夫人，她如明星般的照片，也登在上面。實演會安排得很密集，為期七天，每天早中晚三場，幾乎沒有喘息的時間。

菊元本來就有化妝品部門，所以，緬因特蘭特夫人的化妝實演，雖是「講習無料」，免費聽講完了，現場也有被推銷的濃濃氣氛。就跟現在辦演講意在賣書、賣農產品、賣保險一樣。

日本品牌透過化妝實演來推銷的就更多了。中山太陽堂跑得最早，一九二六年，就有教授級的大師來開實演大會，推銷中山太陽堂的クラブ白粉等化妝品。

台灣現在已經完全借用日文的「實演」，意指推銷商品時所做的示範演出。事實上，實演的日文本意範圍更廣泛，所以日本時代，大型展覽會上會有製作大甲帽的實演；消防隊會舉辦實演，讓民眾了解滅火實務；從美國載譽歸台的撞球好手，也會在大旅館實演，大秀絕技。

完

# 一九三六年（昭和十一年）三月二十八日

**廣告表示**：菊元的廣告上，稱蜜絲佛陀（マツクスファクター）先生為「化妝之王」，來台主講的是他的高徒細因特蘭特（メイトランド）夫人，要示範「讓生活更加開朗的美妝魔術」。

色調ハ……明快
容姿ハ……端麗
三四月頃の
洋服
東都流行製作品三ツ揃……
ウステツド・サキソニー
スポーテツド……
17圓ヨリ　30圓マデ
御別誂ハ時節柄大奉仕ニテ
特價 37圓ヨリ　45圓マデ
最上仕上ニテ御奉仕申上候……
時節向　斷然
國防色
其他
スプリングコート……
パンツ・ニツカー　等
（二階）

お化粧の王様
として有名な
マツクスファクター氏の高弟
メイトランド夫人の
"社交お化粧実演会"
生活を明朗にする美くしさの魔術を、おやつを召し上る様な極くお氣輕なお氣持で御會得遊ばしませ
主要品は講習會後弊店化粧品部にて特約販賣致しますから精々御用命をお願致します（講習無料）
日時　三月廿九日より四月四日迄
午前 9時半 — 12時
午後 1時 — 5時
午後 6時 — 8時半
場所　七階ホール

The NEW ART OF SOCIETY MAKE-UP
by MAX FACTOR
HOLLY WOOD
臺北　菊元　榮町

# 料理實演

## 料理実演

耳朵掛著小麥克風，手忙不停，嘴巴更講個不停，天花亂墜，他可能正在推銷平底炒鍋，煎煮出各種菜色；她可能一邊打黃豆，一邊誇耀果汁機的馬達有多強，可以把堅果打成細粉。

以前，百貨公司有的料理實演（或稱武場），現在電視購物台也必須來一段。或者是多層蒸鍋，一次煮多樣料理，省時省瓦斯，又或者是菜刀一把橫切過四、五顆鳳梨和白蘿蔔，滑利如切紙。這種演給你看的推銷術，二〇年代，台北已有所聞。

以前店家分工不細，營業項目多元，基隆有家和服店「岸田吳服店」，就代理進口了發糕粉，做發糕只需二十分鐘左右，不再工序繁瑣。一九二七年五月十二日中午，在臺灣日日新報社（位於今中華路、衡陽路口）的三樓，就舉辦了免費實演。實演蒸出來的發糕，當然也免費試吃。

三〇年代前半期，經濟更好，社會更開放，料理實演更多了。現今衡陽路、博愛路口，彰化銀行這一側，一九三四年五月，有一家「酒卷」商店，舉辦西洋料理的實演會，特別推銷咖哩與白醬，以做出居家簡單美味的料理。每天實演三場，早中晚各一場。沒有特別標明活動期間，似乎長時間開演。

站在酒卷門口，路口對角的氣派高樓，正是台北最代表性的百貨公司菊元，若要銷售高級品，那裡是絕好商場。一九三六，共同商事株式會社來菊元辦五天的實演，要賣一台冰淇淋機，聲稱五秒就可打出冰淇淋。是噱頭，還是真功夫，實演會上就可見真章；眼見為憑，實演的好處就在這裡。

完

廣告表示

洋式 榮養料理の實演

調味料
ドミポーダ
榮養カレー
ホワイトソース
を使用して……

御家庭で手軽に美味しくできる料理法

毎日午前、午後、夜間と三回に實演致します

場所　榮町　電話五一七番　酒卷本店

現品は到る處の食料品店購買にあります

全島賣捌元　臺北市　電話一〇五〇　藤田商店

一家位於榮町的商店舉辦西洋料理的實演會，

要示範如何用咖哩與白醬等調味料，在家輕鬆做出美味的料理。

# 一九三六年（昭和十一年）

## 五月

## 二十二日

**廣告表示**：不論是啤酒或蘇打，放進任何飲料水都能立即結凍，五秒就能做出幾人份的冰淇淋。

BONTON

五秒で凍る
ボントン
アイスクリーム製造機

Bonton

アイスクリームは勿論・ビール・サイダー
砂糖水等如何なる飲料水でも・・・
五秒毎に何人前でも出來ます・・・
▼—カタログ進呈—▲

自二十二日至二十七日六日間
菊元百貨店にて・・
・・・・實演

定價小型八圓　大型拾圓（百貨店有名食料品店にあり）

全島總代理店
臺北市明石町二丁目電話二四五〇番
共同商事株式會社
製造元　大阪北山製罐工場

# 試飲會

## 試飲会

不管在百貨公司，或甚至在市場，小小的白色塑膠杯，一站出場，不用介紹，眾人已知角色。小白杯是商家與客人間的善意緩衝，先試飲了，確知商品合乎需求，再決定是否購買。看起來好像商家吃虧，但若對自己的產品有信心，試飲反而是招徠客人的絕佳辦法。

戰前雖然沒有小塑膠杯，但已有各種試飲會。

一九三九年春，以牛奶糖聞名的森永製菓派遣三位年輕女孩子抵台，森永稱呼她們為「スウィート・ガール」(sweet girl)，特別二月十四、十五兩日，要在台北最大的百貨公司菊元，舉辦森永奶粉的免費試飲會。

菊元一直是最高級的宣傳地點，一九三三年底，就有日本的滋養飲料在五樓的食堂辦試飲，看好不收，還延長三天。

更早以前，一九三一年，台北西門町也有一家咖啡館(カフヱー)「美津屋」辦過一日免費果汁試飲的活動。

日本時代，規模最龐大的要屬台灣專賣局的啤酒試飲會。一般的試飲，主要在於讓消費者試新品，打開新商品的知名度。一九三四年，專賣局在高雄辦過試飲會，特別讓小賣商試試新的台製生詰清酒「瑞光」。一般清酒出廠前要經兩次加熱殺菌，但生詰酒僅貯藏前殺菌一次，這樣更適合冷飲。那天，與會的小賣老闆試飲之後，覺得冷瑞光缺乏香氣，可以再研究改進。

專賣局販賣的啤酒廠牌不外那幾款，說是試飲會，更像招待會。以一九三六年六月六日的台北試飲會來說，專賣局接觸到的客人不會是最後端的消費者，所以，主要招待兩百位小賣業者與料理飲食店的老闆，並非開放給不知名的散客暢飲。

那一天，試飲會玩了一個遊戲，擺了麒麟、朝日、惠比壽等五種日本進口啤酒，外加台灣本地產的高砂啤酒，供客人暢飲，但遮去品牌，只放號碼，最後，再請大家猜哪個號碼是哪一種啤酒。

結果，大出意外。六種啤酒都猜對的只有兩人，都是台灣人，一位是小賣商王有祥，一位是咖啡館(カフヱー，性質近乎酒店)的老闆林慶芳。高砂啤酒會社(即戰後的建國啤酒廠)的技師長是專家中的專家，反而才猜對四種。猜對五種的則沒有半個。

完●

廣告表示●

果汁 ツルチユク 發賣
榮養價值一〇〇パーセント
●無料御試飲日五月十日(自午前十一時至午後四時)
大コップ一杯十錢(大瓶一本一圓四十錢 小瓶一本七十錢)
●御家族御同伴で御立寄下さい
カフヱー美津屋
西門町新世界館前向角　電話一四七四番

台北西門町的咖啡館「美津屋」辦過一日免費果汁試飲的活動。

# 一九三三年（昭和八年）十二月二十一日

**廣告表示**：日本的滋養飲料在菊元百貨五樓的食堂辦試飲，因為大受好評，活動還延長了三天。除了試飲外，商家還祭出宣傳期間五折的優惠。

---

頭取森廣藏氏に決
田副總裁より會社
いて報告あり、改
は案外質問者なく
た總會も意外に呆
程に三時閉會

**總領事**

電通】須磨南京總
上海發汽船で福州
民政府及び同地方
上臺灣經由本省と
る東上の筈

**長退京**
**のふ東京發**

本社支局特電】中
務問題も大體片付
日東京驛發歸任の
中大阪に於いて本
狀況を視察二十三
船で歸任の筈、そ
大要左の如く語

居る事は既報の通りであるが安武文敎局長は十九日在京中の平塚長官、岡田財務局長宛電報を發し臺北帝大醫學部設置の件は今日に於いては實に緊急を要する重要計畫であり是非とも右實現に盡瘁を乞ふ旨を依賴した

**大和丸より**

（來航）季節風稍強く波高かりしも今朝來漸次平穩となれり、新山馬公要港部司令官、下條中研技師、平田末治、林馥祥、葛岡陽吉氏の諸氏外多數、二十一日午後一時半岸壁著の豫定（二十日著無電）

**米日爲替反落**　【ニユーヨーク十九日發聯合】本日の當地米日爲替は十九仙方反落し三十一弗六仙となつた、引際氣配は呆り

**人事**

▲中瀨殖產局長　二十日夜東京發二十六日歸臺の豫定

---

# 試乘會

## 試乗会

現在買車，一踏進汽車門市，都可看見宣傳單、布條或立牌，寫著歡迎試乘。

八十幾年前，買車也有試乘。

戰前，專跑陽明山的客運由「巴自動車」會社經營，這家公司位於今天中山堂附近，面向中華路，整個店面加車庫，從武昌街橫亙到漢口街口，比一般店面大很多。巴自動車會社也賣車，一九二七年底，走進巴自動車店內，可看見正在展示的一九二八年新型別克汽車，店員會招呼是否有意願試乘。只是，新型別克的售價，從四千九百圓到八千四百圓不等，對一般上班族來說，月薪二十圓左右，一部別克車等於他們工作超過二十年的辛苦所得，要踏進去觀覽一下，恐怕想都不想想，更別提試乘了。

別克當時屬於美國通用集團，同集團的雪佛蘭汽車則由另一家車商「柴田」代理。柴田自動車商會位於今台北館前路，一九三〇年四月十七日開始發賣年度新款，雪佛蘭的售價幾乎是別克的對砍斬半，落在兩千多圓之間；發賣首日刊出廣告，也客氣向顧客喊話，請一定來店試乘。

1934年，位於今長安西路上，代理經銷日產汽車的海野商店。

當年買車試乘，有無潛規則，如何進行，從廣告上看不出細節。不過，日產汽車（NISSAN）的試乘會，就能一窺舊時代的風格。

一九三四年，今天的長安西路，當時還像紅磚老街一樣。街上有一家「海野商店」代理經銷日產汽車，剛來的日產小車，就一部一部停在平房騎樓下。八月，新車要發賣，海野也登廣告，表示「試乘歡迎」。只不過，試乘會限定八月十、十一日兩天，每天的試乘時間也非從早到晚，僅限早上八點到下午五點，有意一探的人真的要請早。古今試乘會真的不太一樣，至少，八十年前要試日產小車，不是人隨時來，車可以隨時開出去。

廣告表示

試乘會 自八月十日至八月十一日（二日間）
午前八時より午後五時
（試乘歡迎）

完

# 一九三〇年（昭和五年）

## 四月十七日

**廣告表示**：柴田自動車商會發賣新款雪佛蘭，在廣告最末，客氣向顧客喊話，請一定來店試乘。

---

CHEVROLET

本日發賣！

一九三〇年式新シボレー號セダン型

シボレー史上空前の大傑作！

新美の香り高きフヰツシヤー會社製の長く低いボデー、魅力に富むその色彩美、傾斜せる新式風除、その他外觀に加へられた諸改良により一九三〇年式新シボレー號は斷然低廉價格級車中の第一車となりました。

絕妙の乘心地と善美を盡せる車內調度とは、到底高級車ならでは望み得られぬものです——座席は深く廣くなり、內張も資澤味と耐久性を增し器具裝置盤にはガソリン計器等の制禦器具を一層體裁よく取附けました。

其の他外套掛、肘掛、足置台、室內燈開閉自在のドーア・ハンドル、攔み紐、喫煙具、大形ドーア・ポケツト等は愈よ本車の光輝を增しました。

加之、早き出足と操縱の容易は相俟つて一段と安全感を與へます。

是非一度御來店の上御試乘願ひます。

六窓四扉附セダン型　金貳千六百五圓（大阪渡）　附屬品一切完備（飛泉除けを含む）

四窓四扉附セダン型　金貳千四百五拾圓（大阪渡）　附屬品一切完備（飛泉除けを含む）

日本ゼネラル・モータース株式會社　シボレー、ポンテアク、オークランド特約販賣店

柴田自動車商會　臺北市表町一丁目

シボレー號はゼネラル・モーターズ金融會社による金融の便あり

左　六窓四扉附セダン　右　四窓四扉附セダン

日本ゼネラル・モータース株式會社

賣捌元　臺灣日日新報社運動用品部　優美箱入一組七十五錢

淋疾に　多數醫家の實驗推奬　絕對的奏效　複方ノボノール球

一九三四年（昭和九年）

八月十日

**廣告表示**：日產小車DATSUN新車發賣，刊廣告歡迎有興趣的人前往試乘。只不過，試乘會限定八月十、十一日兩天，每天的試乘時間也非從早到晚，僅限早上八點到下午五點，不是人隨時來，車就能隨時開出去。

さる

等に

司支店長

附を命す

長阿部吟次郎氏は明治

京高商出身者である、

氏は先月來上京中であ

繼ぎの爲め本月下旬歸

ある、菅沼氏の後任は

る

に

來臺

らの歸途

め計十名來朝同大會に

與の終了後同一行は

九州各方面の視察を爲

ジャム文部省參事官に

とになつた、同會社の事業は綿布綿布等の染織その他である

臺北市の戸稅

三萬圓增額

臺北市本年度の戸稅調定額は九十六萬三千六百三十圓にて前年に比

絨氈、敷物類一式
緞子、カッサン張地
窓掛地、椅子張地
テーブル掛、膝掛
覆物類加工
壁紙レザー
リノリューム
和洋家具一式
室內裝飾請負

臺北市榮町參丁目九番地
秋本商店裝飾部
電話參九壹八番

京町貳丁目　秋本絲店
榮町參丁目　秋本ふとん店

ニッサンジドウシャ

ダットサン

新車發賣！

フェートン
セダン
兩型陳列中

試乘會　自八月十日　至八月十一日（二日間）
午前八時より午後五時
（試乘歡迎）

製造元　日產自動車株式會社

臺灣代理店

臺北市建成町四丁目一番地

海野商店自動車部

電話貳六參七番

# 一九三七年（昭和十二年）十一月二十六日

**廣告表示**：海野商店登廣告表示代理的DATSUN的汽車與卡車車款，店內均有實車展示，並且「試乘歡迎」。

【日本社特電】
五五五厘
四八〇厘　七七厘
六一円〇〇錢
三〇七円五〇錢　七円六五錢
六円八五錢
四八円〇〇錢
一一〇円〇〇錢
二九五円〇〇錢
八八円〇〇錢
一円二〇錢
一円〇〇錢
六円五八錢
一円七五錢
一〇円〇〇錢
二円四〇錢
九円八〇錢

…六円八十錢まで親鐘も二百三十九円三十錢まで引落され、今朝配當落の倉紡親子、日レとも振はず配當後も更に低落を示した、日魯は買物一巡で利喰ひ小刻み、日滊は依然頑強を失はず、全般の人氣としては主力株を中心に押目買が潜在してゐるので手詰賣一巡後は深押しなく落付くものと見られる

## 財界株界

【東京二十五日發本社特電】繰上げ受渡しで長期は前後場とも休會、短期のみの開立會で商内は極く薄い、併し相變らず底意のシッカリな所が窺はれて頗母しい限りである▲往年の花形株だつた日魯とか日産工業等が返り咲き[illegible]生的人氣者となつて居る事は何更頼もしい▲就中日滊が如何にも威勢がよい、派手な所がなくヂリヂリ新値を切つて居る、特配一分で氣をよくした強氣の腰入れもあらうが何と云つても大陸の重工業開發と云ふ大きな鳴り物が入つて居るので一層妙味がある譯だ▲新東は事變前の値頃に還元して一寸足踏みの形だ、大局は何等悲觀する必要はないが目先のものが今少しはつきりして來ぬ事にはこの儘無條件には買へぬと見える▲戰爭には勝つてもその後に來る國際問題も全然無視する事も出來ぬだらうし又對内的な諸重要案件殊に明年度の豫算編成がどんな事になるか是も一應考慮に入れねばなるまい何れにしても東株の今期業績は二…

替

（二十五日）
一志二片
一九弗
七七留
〇二圓
五一厘八分七
七五圓
八五圓四分三
三三圓
〇三圓
〇八圓四分

不味

…機極味を缺き新…案じから百五十…四円八十錢の安値の餘燼を殘し

# 玩遊戲

## ゲームを遊ぼう

日本時代有一種廣告，現在似乎已經難再見了。不直接宣傳商品優點，而是讓一則平面的廣告變成免費玩具，供讀者遊戲。

固力果（グリコ）一九三九年就有個廣告，畫滿動物，獅子、大象、猴子、馬、雞、豬、鴿子、袋鼠、長頸鹿等，大大小小十五隻，身上都被標記分數，最少「10」，最多「100」。原則上，動物愈被畫得小的，分數愈高，唯獨兔子，面積不小，卻也「100」分。

這樣能怎麼玩遊戲呢？廣告一角有玩法解說。參與遊戲的人，每位發給五根火柴，然後在距離廣告一公尺外的地方坐下來。以火柴為箭，將點火的那端瞄準前方，射向廣告，看黑點留在哪隻動物，就得幾分，總分最多的人獲勝。

兔子大又分數高，瞄準兔子似乎最有利，但是，緊貼兔子的大象才「10」，豬仔才「20」分，梅花鹿也才「30」分。可以想像，跟動物們玩一趟下來，應該頗刺激，歡呼與扼腕聲連連。

可爾必思也在一九三九年推出遊戲廣告，設計的是迷宮。題目有點挑戰的味道，「你可以嗎？」。

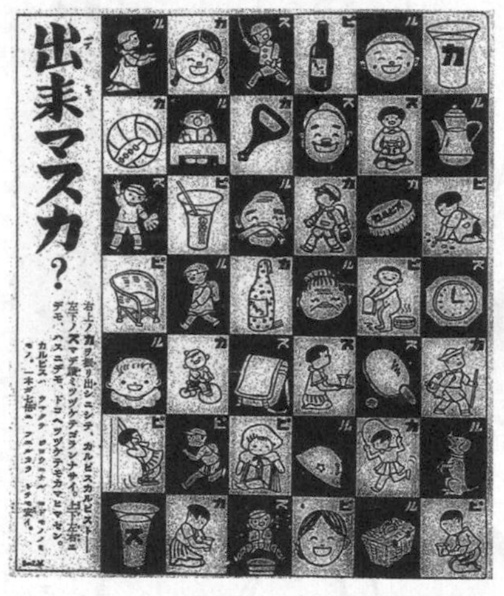


可爾必思推出標題「你可以嗎？」的迷宮遊戲廣告，從右上角出發，循著「カルピス」的字母排序走，最後要抵達左下角的圖，才能踏出迷宮。

整面廣告畫成四十二個小方格，每格都有可愛的圖案，日本書包、白鬍子的老阿公、開罐器、跳木箱的小孩等等。每格的右上角還寫著一個日文片假名，不出カ、ル、ピ、ス四字，「カルピス」就是日文的可爾必思。

迷宮遊戲開始了，從右上角出發，循著「カルピス」的字母排序走，最後要抵達左下角的圖，才能踏出迷宮。

遊戲廣告似乎到三〇年代才出現，味之素於一九三六年也有個「趣味測試」的廣告。味素的生命舞台屬於廚房，大約因此之故，廣告畫滿烹調用具，刀、叉、杯、瓶、鍋、爐，加上擺在正中央的味之素，總共三十二種。

廣告有火柴圖案，但讀者不需要拿出火柴，需要的是動頭腦。目光掃描廣告一分鐘之後，看能記得多少器具圖案。記得二十五種以上才及格。

我已經試過了，感想是，一點兒都不想當這個廣告是測試，當遊戲就好。完

## 一九三六年（昭和十一年）十一月二十八日

**廣告表示**：味之素在一九三六年有個「趣味測試」的廣告，要讀者試試自己能記得幾種廣告上的器具圖案，限時一分鐘，要記得二十五種以上才及格。

この廣告を一分間見て下さい
面白いテスト
こゝに台所の必要品が三十二種書いてあります一分間よく見てからこれを隱して何種覺えてゐたか御自分の記憶力を試して御覽なさい。
二十五種以上覺えてゐれば及第
味の素
食塩
胡椒
11—A

# 一九三九年（昭和十四年）一月三日

**廣告表示**：固力果的廣告標題說，「這是可以拿來玩的動物遊戲」。要怎麼玩呢？原來，動物身上的數字是分數，用火柴頭瞄準丟擲，看黑點留在哪隻動物，就得幾分。

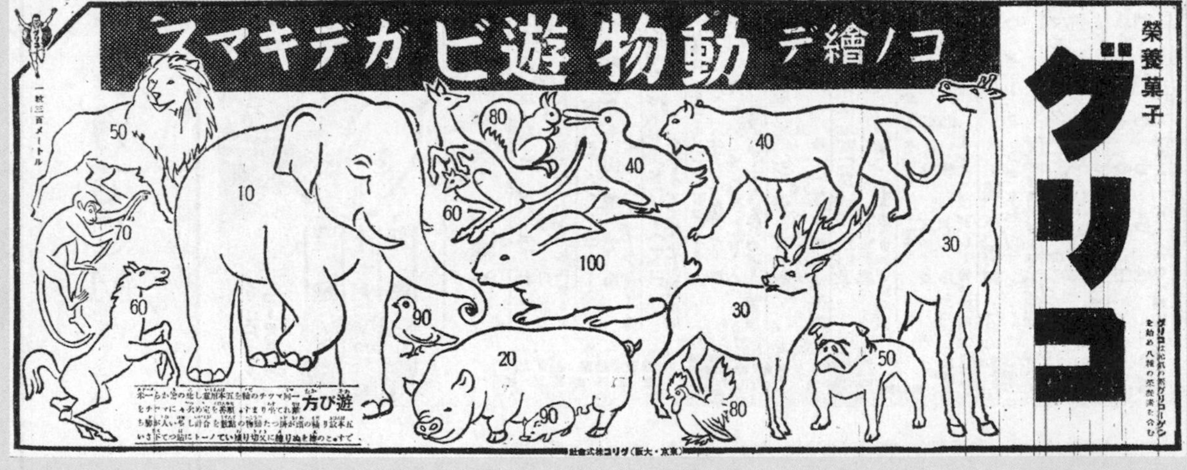

廣告表示

# 卡通入廣告

## マンガでCM

一九二八年，米老鼠的影片上映，美國觀眾在電影院裡笑聲不斷，看完最後一秒，觀眾忍不住起立鼓掌，米老鼠隨即走紅。吃菠菜的大力水手卜派晚生一年，一九二九年登場。貝蒂娃娃（Betty Boop）的卡通片緊接在後，一九三〇年面市。

這幾個紅遍美國的卡通人物，透過影片，隔著太平洋，也感覺到熱度了。此後的幾年，台灣的書刊偶爾會看見美國卡通人物當裝飾性的圖案，日本銷到台灣的商品，廣告更是大量運用卡通主角。

米老鼠還是最受歡迎。台灣的大進口商「辰馬商會」，總代理神戶的一種殺蟲劑，廣告就讓四隻米老鼠張嘴笑著，分別拿著古早的推進式噴霧殺蟲器，擊斃跳蚤、蚊子等四種家庭害蟲，一邊講，「吵死人的跳蚤，用這個就能消滅！」、「吸血鬼，瘧疾的媒介者，一擊必死！」有米老鼠出擊，廣告上的害蟲們看起來沒那麼面目可憎，也變得很好對付的樣子。

米老鼠成了通用的廣告咖，拿過仁丹，帶狗朋友布魯托一起現身龜甲萬醬油廣告，一九三三年，西門町更開了一家以他為名的米奇酒吧。一九三六年，大阪藥廠出品的健胃固腸丸廣告，美日卡通人物大會串，米奇和他的女朋友米妮、卜派、貝蒂之外，日本的野良犬黑吉也來湊一腳。

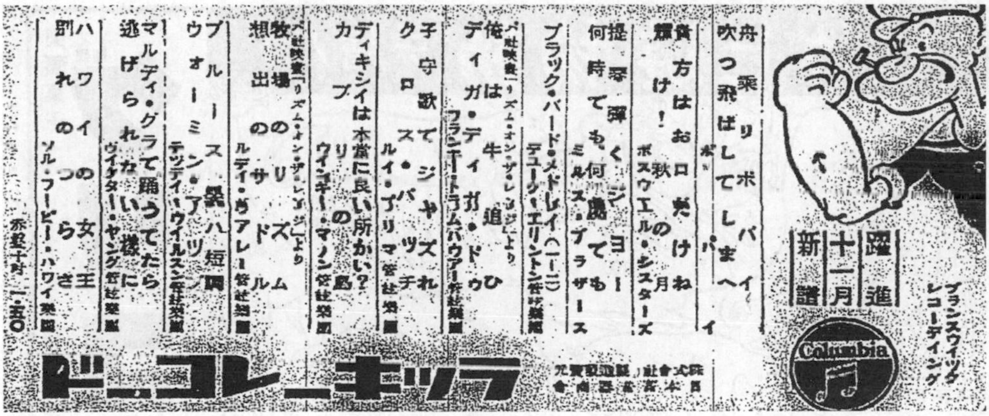

日本漫畫家田河水泡創造出野良犬黑吉（のらくろ，意指流浪犬小黑）這個卡通角色，一九三一年，開始在《少年俱樂部》雜誌連載。戰前，野良犬黑吉非常火紅，一九三五年，臺北高校（已廢校，今台師大承接其校舍、校園）的畢業紀念冊就有兩張活動照片，一大群學生全戴上野良犬黑吉的面具，在大操場表演。

大力水手卜派也為唱片代言。仔細看，古倫美亞唱片的新品介紹，第一張就是卜派（ポパイ）。

商人選擇何種卡通，搭配自家商品，似乎沒有一套邏輯思維。醬油、殺蟲劑、仁丹都選米老鼠，大力水手卜派為鋼筆、唱片代言，淺田錠則把米奇和貝蒂娃娃一起找進去。商人的邏輯不外是，大家喜愛卡通人物，出現在廣告，會吸聚目光，讀者看到了，也可能產生移情作用，跟著喜愛商品。至於哪個卡通人物的屬性與商品的契合度就不那麼重要了。

完

# 一九三三年（昭和八年）

## 三月十六日

**廣告表示**：米老鼠拿著仁丹說，「今後的生活，請務必把仁丹做為口香劑，可以助消化又消毒。」

……藝者町（ウオンター）一……歩きま
……粉大匙五杯、重曹……
……胡麻油一合半、片……砂糖七十匁、食……

紹介

……論（三月號）主な……進化と政治の職能……太平洋問題の過去……破産に瀕した口……現狀（五來欣造）防……（四王天延孝）東京……

……市疑獄の種々相と買電契約更改問題の眞相（永江眞一）村の報告書（櫻井忠温）遊劇化されたる貞操帶（佐藤紅霞）（東京京橋銀座一の六皆川ビル世界公論社發行定價四十錢）

△美術新論（三月號）例によつて原色版寫眞、口繪寫眞が本誌の大半を飾つてゐる、論文に△美術教育雜感（和田三造）東洋畫の線（小林古徑）次ぎに光風會評（宮田茂雄）外數點、隨筆に新英雄『東光會』現れたり（兒玉花外）南文風景（瀬谷國四郎）等々（定價壹圓貳拾錢・京市豐島區巣鴨町三ノ二六美術新論社發行）

青年（五）

曙光（257）

生方敏郎作
中野修二畫

……後足繁く春田を訪問……來る前には必ずハガ……し合はせ、來る時に……の利いた土産物を……まぐ興味あるニウ……

「計算係りですから、面白いこともありませんか、いやでもございません。忙しく仕事してゐる日に

「御馳走さま。遠慮なしに頂戴します。」

と、曉は早速一つつまんで。

「こりや、實にうまいですねえ。」

と大聲をあげて、澄江の手際を讃めた。そして。

「奥さん、こんどの日曜に皆さん御一緒に摘み草に行からといふ、動議が提出されてゐるんですが、御賛成下さいますか？」

と、訊いた。

澄江はニッコリして。

「さうねえ、結構ですわ。」

「御賛成下さいますか？」

と、曉はまた訊いた。

「ええ、賛成しますわ。」

すると、靜子は小聲で兄の耳元に何事かを私語いた。曉は。

「一日くらゐ休んだつていいだらう。他ぢやないんだもの。先生たちのお伴をするんだもの。」

「でも……」

「休めよ、休めよ、何だい？教會なんか、すつぽかしちまへ。」

曉はしきりに妹に説いた。

# 一九三三年（昭和八年）

## 五月

## 十三日

**廣告表示**：米老鼠成了通用的廣告咖，帶狗朋友布魯托一起現身龜甲萬醬油廣告。

キッコーマン醬油

只今景品付賣出中

## 一九三五年（昭和十年）

### 一月三日

廣告表示：大力水手ト派為「セーラー」（即sailor，水手之意）鋼筆代言。水手推銷水手，ト派最適格了。

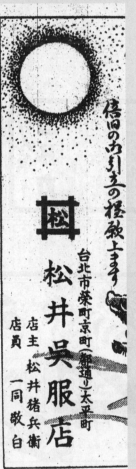

# 一九三五年（昭和十年）二月十六日

**廣告表示**：戰前，日本有許多漫畫以動物為主角，淺田飴的廣告就匯集了許多卡通人物，還設計口白：貝蒂說，「聲音要好就是一定要吃淺田飴」；驢子說，「若是感冒了，有淺田飴唷」；米老鼠則說，「滑雪時來顆讓喉嚨舒爽的淺田飴」。

◎臺灣全土總代理店ヲ求ム

トップコースター
商工省推定　優良國產品
福岡精工所

夫婦生活の障害
男女生〇器病の治療と性愛增進の秘訣

ミカド複寫紙
耐久　鮮明

漢方りん藥ゴルカ（試驗進呈）
本舖　大輪盟寶堂

子供は正直
寒氣と病苦にかくせぬ泣顏
良藥一粒時計一分
ケロリ忘れてかくせぬ笑顏
金粒は正直

小兒良藥
樋屋奇應丸
無代進呈　育兒之友

# 一九三五年（昭和十年）

## 四月六日

**廣告表示：**位在西門町的戲院「榮座」上映卡通，廣告曾用貝蒂娃娃吸聚目光。

# 一九三六年（昭和十一年）三月二十二日

**廣告表示**：進口商「辰馬商會」代理來自神戶的殺蟲劑「インピレス」（蠅必立死），號稱是最強大的殺蟲劑，可以把家庭害蟲殺光光。廣告中，四隻米老鼠手拿殺蟲器，擊斃傳染病的媒介者蒼蠅，還讓夜晚的流氓床蝨投降。

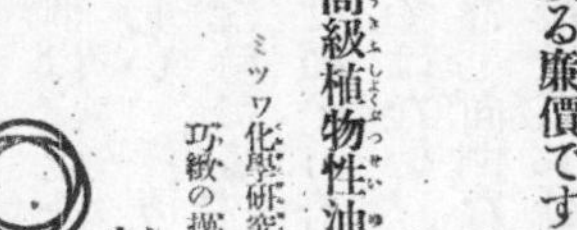


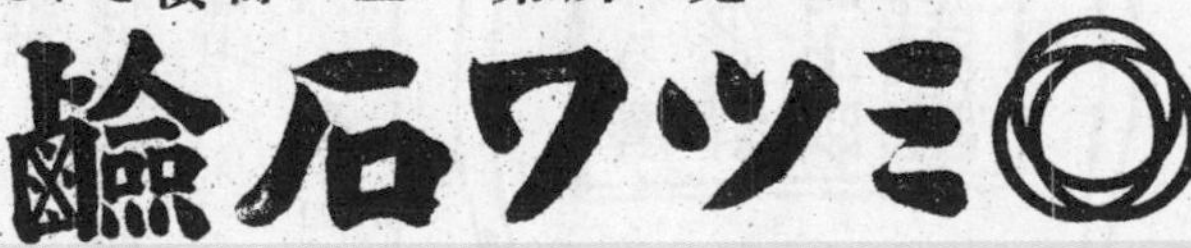

# 一九三六年（昭和十一年）五月二十四日

廣告表示：西門開了一家以米奇為名的酒吧。廣告說現在也不遲，米奇酒吧恭候大駕光臨。

……臨五反田の自邸……日午後二時半……した享年六十三

## ……開く

……んとして所轄基……刑事課の主力……ケ月に亙り不眠……死の陣を敷いた……の逮捕を見た難……注視を惹いたも……は羅北地方法院……檢長、磯谷檢察……

粟文庄長村上虎雄……に係る業務上横領事件で之は前者と異なり昨年十月犯罪發覺と同時に預金者の取付及び一般金融界への影響を考慮し羅北州山下刑事課長が極秘裡に特派され取調べを爲し電光石火的に羅北地方法院檢察局に身柄を送付し起訴と共に豫審に廻付、勝山豫審判官の鋭意取調べに依り銀行帳簿の整理の結果、當初五十萬圓の行金費消と推測されたのが、實際に於て十萬圓程度の業務横領の犯罪事實明確となり約一週間前豫審終結

愈々その公判が開かれる事になつたものである、期日は六月十八日開廷の豫定で裁判長は前同樣刑事合議部の山脇部長で係檢察官も楊振聲事件と同じく磯谷檢察官である同村上の犯罪事實は二三年前より行金を利用、株期米に手を出し失敗に終つた爲め遂に銀行帳簿に曖昧な記載をなし上記の如き大穴をあけるに至つたものであると

臺日案內

今からでも遲くはないです
バー・ミツキーでは皆樣を
お待ちしてゐます
味覺・美給・サーヴイス
オールタイホクの NO・1
西門町アミューズメント
電話2958 バーミツキー

類似品に御注意を！
臺北名物
元祖メローは
メロー商會へ
京町二丁目

外科
性病科
レントゲン科
專門
梅野醫院
院長

頭腦

# 一九三六年（昭和十一年）六月三十日

**廣告表示：**健胃固腸丸的廣告更是美日卡通人物大會串，有米奇、米妮、卜派、貝蒂，還有日本的野良犬黑吉。

肺結核に
ファゴール

東京帝國大學教授
醫學博士 故高橋順太郎氏協力
藥學博士 下山順一郎氏創製

適應症
肺結核。腸結核
肺尖カタル
氣管支カタル
肺炎。肋膜炎
結核性腹膜炎
慢性腸カタル
腸異常醱酵
其他結核性諸症

代表的
結核新藥として

治療に
結核患者に連續服用せしむれば、微熱を去り、食慾を進め、體重を増加し、盗汗及び喀痰の量を輕減し、喀痰中の結核菌の出現の量を減少し、漸次病症を輕快治癒に向はしむ。

豫防に
境遇上、體質上、感染の不安ある者、又は既に初期の疑ひある患者に、常に之を服用せしむれば、よく感染を豫防し、また初期の症狀を平常に復さしむ。

東京市日本橋區本町三ノ一
一手販賣元　友田合資會社
製造元　三共株式會社

下痢腹痛
健胃整腸劑

健胃固腸丸

健康な腸胃に映ゆる笑顔

本舗 合資會社 谷田春堂

## 一九三八年（昭和十三年）四月二十四日

**廣告表示**：米老鼠電影上映後，由於大受歡迎，一九三八年，Victor唱片便收錄片中的歌曲。廣告說，電影裡大家熟悉的曲子全都集中在一張專輯中，另外，還附有影片簡介、原文對話與翻譯、電影片段，以及漂亮的繪本。

廣告表示

# 廣告歌
# コマーシャルソング

戰後，電視的時代來臨，傳播媒介大轉變，聲音與影像可以同時呈現。商品的廣告因此更活潑，有許多專屬於某項單一商品的電視廣告歌。大同、乖乖、綠油精的廣告歌，中年以上的台灣民眾到現在應該都還可以脫口唱出來。電視廣告歌的魔力，足以穿透時間的厚牆。

戰前呢？沒有普及化的電視，報紙也創造得出廣告歌來。

二〇年代，歌仔戲隨著唱片發達而興盛，過去走唱人的歌仔，被灌去唱片。其中，〈安童哥買菜〉、〈梁山伯與祝英台〉，都成了歌仔戲唱片的紅曲目，只是歌詞內容隨不同主唱而不同。一九二六年，歌仔戲唱片明星汪思明與溫紅土的新片，就有〈安童賣菜〉與〈三伯英臺書記〉。

台灣的龜甲萬醬油銷售系統於一九二九年改組，新支配人(總經理)首度由台灣人出任，名叫黃鐵，出身艋舺。後來，他的女兒嫁給了台北帝大的農學博士、台灣第一位農學博士徐慶鐘。徐慶鐘戰後又歷任農林廳長、內政部長與行政院長副院長。自從黃鐵成為龜甲萬經營的操盤手，日本品牌的龜甲萬，廣告也開始明顯在地化，推出許多具有台灣味的廣告，安童哥與梁祝這些市井熟悉的戲目被拿來運用。

例如龜甲萬一九三五年有個廣告，全篇是歌仔戲的台詞，講述瑞香姊上菜市場。一般熟悉的凌波主演版的黃梅調梁祝，祝英台家的婢女叫銀心，但台灣的歌仔冊裡，梁山伯變「三伯」，而陪英台女扮男裝，去祭拜三伯的婢女，不叫銀心，就叫瑞香。龜甲萬的廣告便穿著台語歌仔戲的外衣，藉瑞香的嘴，唱出龜甲萬的好，「清香好味素。用了有主顧。實在真正好。三當(三餐之意)不可無。」瑞香還唱說，龜甲萬是好醬油，也可以滷豬腳，也可以煮白菜，廣告讓你知道，要買的話跟我來。

三〇年代，龜甲萬另有以當時流行的台語歌〈黑貓團跳舞歌〉填詞，還強調是小快板，搭配穿裙子跳舞的貓咪漫畫，唱出「醬油千萬款」，都比不上龜甲萬。

除了龜甲萬，味之素也有相同手法，廣告本身就是一曲。不過，味之素戰前行銷中國，用力做了很多中文廣告，再拿到台灣刊登，因此，台灣報紙所見的廣告歌是京劇和中國兒歌。

一九二七年，兒歌〈小孩兒歌〉歌詞被味之素填寫如下：

「小妹妹　小妹妹
倆吃什麼飯　倆吃什麼菜
什麼東西倆最愛
好哥哥　好哥哥
我也不愛葷　我也不愛素
只要加些味の素
好姊姊　好姊姊
我也不吃魚　我也不吃雞
加了味の素能把滋味提」

不論是黑貓歌舞、瑞香歌仔戲或小孩的童歌，現在讀來趣味萬分，當年應該也能產生商業宣傳的效果。

完●

# 一九二七年（昭和二年）八月十日

**廣告表示**：味之素的廣告用京戲的唱腔填詞，這首〈姑嫂問答〉生動表現味之素在生活中的不可或缺。

一九二七年（昭和二年）

十月三日

**廣告表示：**兒歌〈小孩兒歌〉歌詞被味之素填寫成有趣的問答。

## 一九三一年（昭和六年）

## 十月三日

**廣告表示：**龜甲萬的廣告非常在地化，以民間歌謠「安童哥」填詞做廣告文案，意思是，龜甲萬醬油合胃口，眾人一試成主顧。

# 臺南商品陳列館

## 土俗玩具陳列會

## 由全國蒐集珍品

臺南州商品陳列館。自來二十四日起十一月間。開第二回全國土俗玩具陳列會。由全國各地。寄到許多珍奇有趣之玩具數千點。顧會期已迫。同館目下。急行準備。內地由商工會議所。商品陳列所竝個人商店。運入多數出品物。至最近出品申入地方。即以京都大阪二府爲中心。北自奧羽地方。南至四國九州等。達二十餘縣。又至同會開期。其出品申入數。諒必更爲增加也。

豫定列者。同往新竹市滿雅。視察農事試驗場。併竹州種畜場。然後散會。

## 竹州農務主任

# 會議續報

既報新竹州二十二日上午八時半起。在州衙。召集農務主任九名。開會議。定刻由劉課長。先敍會辭及本原內務部長訓示後。乃入議事。議案係諮商事項六件。指示事項二件。注意事項五件。計十三件。後暫時休憩至下午一時。討議各郡提出之宿案三十件。至下午三時。由島田州技師。宣告畢會。後參

## 新竹理髮組

# 總會紛擾

## 料金不降

既報新竹理髮組。十七日上午八時。開總會。日之參列者。分爲組合長反對。及擁護兩派。席上。即由反對派。提議組合長不信認案。時而甲論乙駁。致會場騷然。後依投票。結果得半數以上之擁護派。由多數決。將該不信認案棄却。畢由木村組合長。提議規約改正案。附于一同審議。始得照原案可決。最終計議理髮料金降下之懸案。乃由名數採決。凡理髮店料金。照現行組合之定價維持。出擯營業之理髮料給。要降下五錢。最終由警署臨監官。就理髮營業之遵守。訓示一番。及組合員講理髮衛生所關事項。止午畢議。

入之賍品云。

## 臺中節孝祠

## 廿一日秋祭

臺中節孝秋祭。九月二十一日。於彰化公園內本祠。舉盛大祭典。主祭官爲古澤彰化郡守。陪祭官爲大河原彰化高女校長。彰化郡庶務課長。吳汝祥林有信諸氏。其他由各地而來參祭者。凡七十餘名。自午前九時半。至同十時二十分。祭畢。續飲福散會。

# 溺死少女

## 疑係他殺

臺中州東勢郡東勢庄黃飛氏河園同居人林氏金春十歲。去二十日午後三時半。溺死於附近池中。何阿興報後。由郎公醫往檢視。查明顏面數傷外。有被歐打痕。疑是他殺。付解剖。目下調查中。

# 法院書記

# 懲役年半

## 追徵二千餘圓

臺北地方法院會計課書記（前報供託局書記誤也）岡本博。橫領費消罰金二千

余年垂九十。回首憶平生。大禮凡三度。總護參列榮。

余年垂九十。來訪舊門生。展示詩三五。殷勤請品評。

一九三四年（昭和九年）

五月二十一日

**廣告表示**：一九三〇年代，台語的「黑貓團跳舞歌」廣告，搭配穿裙子跳舞的貓咪漫畫更顯得趣味。歌詞說，「醬油有許多種，都比不上龜甲萬，你若不信，請你買一罐試看看，不論是煮魚、焄肉、燒鰻、燉鱉，都省時、省工、省配料」。

萬
亀甲萬醬油
黑猫團跳舞歌
（小快板）
醬油總是
料理用
醬油千萬款
比不得龜甲萬
爾那不信
請爾買一壜
來、試試看看
煮魚焄肉
燒鰻燉鱉
省工省費
省配頭
美味好食
快入喉
氣味清香
眞正好
各家各戶
不使無
好。
醬油總是
料理用
醬油千萬款
比不得龜甲萬

一九三五年（昭和十年）二月二十六日

廣告表示：龜甲萬一九三五年有個廣告，全篇是歌仔戲的台詞，講述瑞香姊上菜市場。

請用萬醬油

瑞香姊上菜市（歌仔戲）

多天過了是春天。阮娘叫阮上菜市。
卜買菜色滿々是。總着醬油來配比。
配比豆油龜甲萬
清香好味素。用了有主顧。
實在眞正好。三當不可無。
三當料理眞香派。美味好食人人愛。
豆油着用龜甲萬。小桶大矸隨咱愛。
隨咱愛的好豆油
也通炕猪脚。也通焐白菜。
廣告乎恁知。卜買塊阮來。

B—10

## 廣告就是食譜

## 広告はレシピなり

現在料理熱正熾，有百貨公司在超市口陳列一張一張的食譜，印製精美，讓人想馬上動手做做看。超市巧妙激起顧客的料理慾望，而滿足顧客的食材，早已就位，在伸手可及的地方等著他們。

日本時代，還不見這種做法，但已見報紙廣告本身就是一張食譜，而企圖推銷給客人的商品，當然是其中重要的材料。

味素的元祖品牌味之素善於做這樣的廣告。譬如把整個蛋捲食譜登上廣告，密密麻麻的字寫著，一人份的蛋捲，需雞蛋兩顆，與鹽、胡椒、味之素充分攪拌云云；才第一個的步驟，廣告的標的商品已經浮出了。

十一月底，寒天即將到來，味之素又推出「冬季戀鍋」廣告。廣告包含了三種火鍋的食譜，以豬肉為主的狸鍋、清淡的鮮魚鍋（ちり鍋）以白肉魚為主，還有蛤蠣鍋，全部食譜文快五百字。火鍋的靈魂湯底，正是味之素的主舞台。廣告前，特別說明湯底「八方汁」的作法，除了醬油、砂糖和酒，再加少量的味之素，一起煮沸，就是萬能湯底了。

味之素的食譜廣告都在一九三〇年後半期出現。二〇年代，美國葡萄乾名牌聖美多已有食譜廣告。依食譜所教，葡萄乾要先浸泡幾個小時，加砂糖煮二、三十分鐘，放冷，取三十顆左右置於冰上，淋上葡萄酒或葡萄蜜汁，所謂葡萄乾冰就完成了。

完

味の素
使ふとトテモ
うまくて経済

廣告表示

# 一九二四年（大正十三年）

## 八月十日

**廣告表示**：美國葡萄乾聖美多教授葡萄乾的冰涼吃法，先把葡萄乾泡水幾小時，加入砂糖煮二、三十分鐘後，放置冷卻；吃的時候，加在冰上即可。

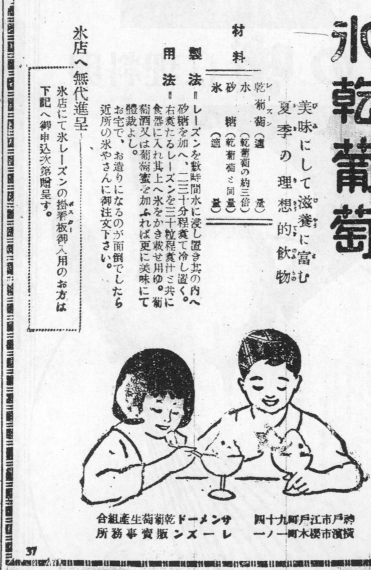

好評を博せる

**氷乾葡萄（レーズン）**

美味にして滋養に富む夏季の理想的飲物

材料＝乾葡萄（レーズン）（適量）
水（乾葡萄の約三倍）
砂糖（乾葡萄と同量）
氷（適量）

製法＝レーズンを數時間水に浸し置き其の内へ砂糖を加へ、二三十分程煮て冷し置く。

用法＝右煮たるレーズンを三十粒程煮汁と共に食器に入れ其上へ氷をかき載せ用ゆ。葡萄酒又は葡萄蜜を加ふれば更に美味にて體裁よし。

お宅で、お造りになるのが面倒でしたら近所の氷やさんに御注文下さい。

**氷店へ無代進呈**

氷店にて氷レーズンの掛看板（ポスター）御入用のお方は下記へ御申込次第贈呈す。

神戸市江戸町九十四　横濱市櫻木町一ノ一

サンメード乾葡萄生産組合　レーズン販賣事務所

37

式諸取引大阪象龍太郎商店
米ノ賣買大阪象忠次郎商店
臺北市壽町一丁目

肺病ロクマク心臟病者の福音
悲觀する勿れ新發見の川ウソの膽あり

地期米　各地正米

倫敦銀塊相場
九日臺灣銀行建値

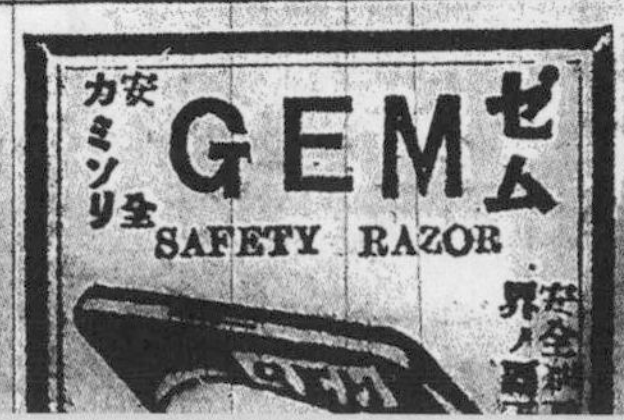


荊妻えつ
生不相叶
五分死去
大正十三年八

臺中電話
は極力掃除に努めてゐ

# 一九三七年（昭和十二年）二月二十七日

**廣告表示**：味之素在廣告中仔細說明蛋捲的作法：將蛋打入一人份的配料中，加入少許鹽和味素攪拌均勻，接著將平底鍋擦乾，放入一茶匙的奶油並開火，鍋子加熱的同時倒入蛋液，等蛋液呈現半熟狀態時，用筷子將蛋液集中至鍋子前端呈現半月形狀，然後不停翻動鍋子並利用筷子保持形狀，最後趁全熟之前盛入盤中（又或者在蛋液半熟時，不斷往同一方向集中捲入加熱亦可）。

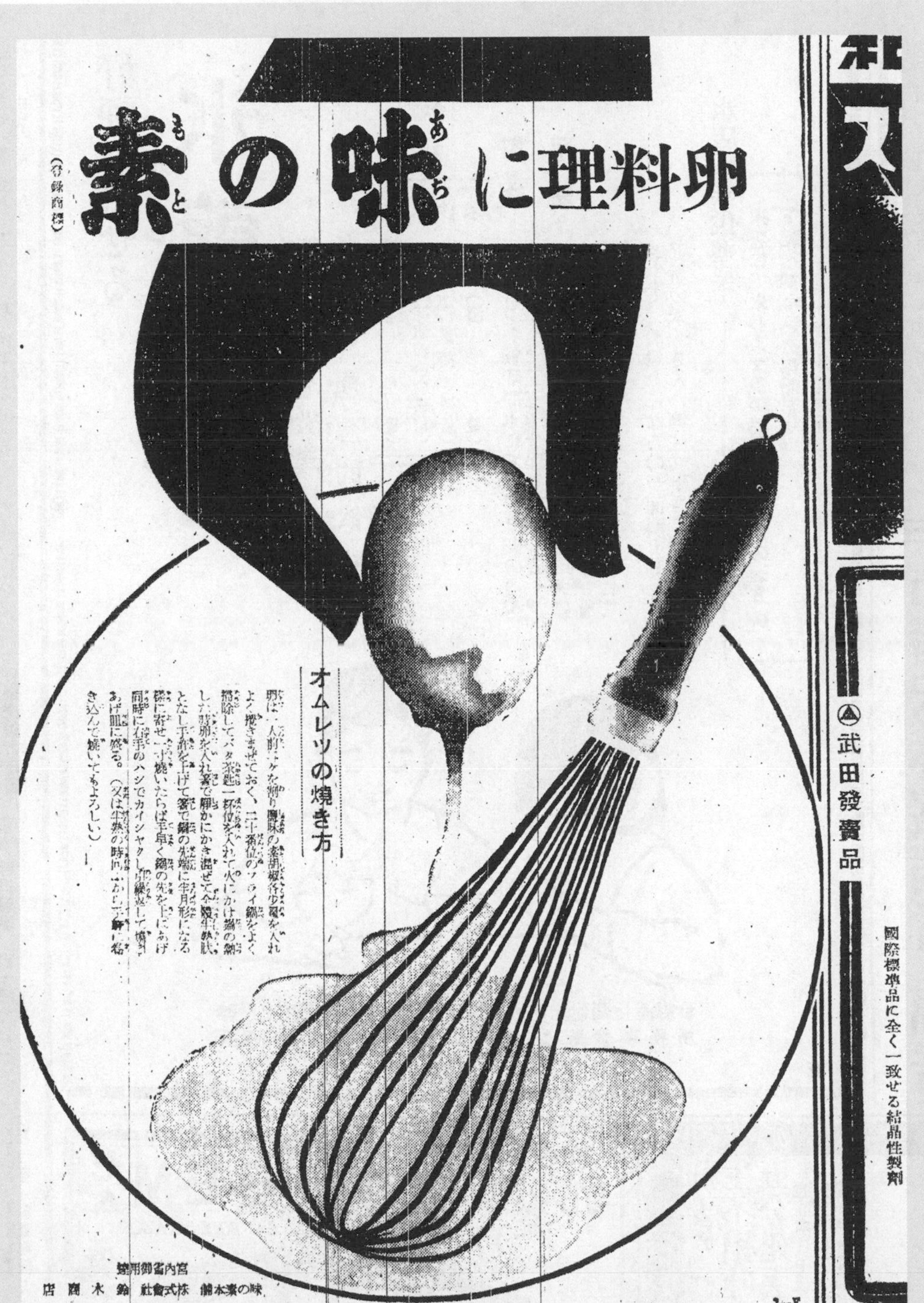

# 一九三七年（昭和十二年）十一月二十一日

**廣告表示**：味之素推出食譜廣告，推銷用味之素煮火鍋，如何美味又經濟。右下角的文案寫說，「鍋物料裡都需要八方汁這樣的湯底，鹹淡請依個人喜好做調整」；八方汁（五人份）的作法：將二番出汁（按，即二次高湯，較濃郁的柴魚高湯）兩升、醬油三匙、酒五匙、砂糖一大匙、味素少許混合後，沸騰備用即可。

冬來りなば鍋類
戀し！

味の素
使ふとトテモ
うまくて経済

**八方汁（タレ）**（五人前）

鍋類には八方汁（タレ）と謂ふ煮汁が必要です、濃淡はお好みに從つて加減して下さい。

◆二番だし二合、醤油三勺、酒五勺、砂糖大匙一杯、味の素少量。

◆二番だし、醤油、酒、砂糖、味の素を合せて沸騰させて用ひます

**狸鍋**

◆豚肉百匁、葱百匁、油揚二枚、八方汁二合、粉山椒少量、味の素少量。

◆豚肉は薄く切つて置き葱は斜に切り、油揚は細かく切つて置きます。

◆濃い目の八方汁を鍋に入れ諸材料を追々に入れて粉山椒と味の素を藥味として食べます

**蛤鍋**

◆蛤剝身三合、燒豆腐一丁、甘味噌二十匁、薄い八方汁一合、砂糖、味の素、少量

◆蛤はよく洗つて置き、燒豆腐は細かく切り、味噌は庖刀にて細く切つて置きます。

◆鍋に蛤、燒豆腐を並べ八方汁を入れ、味噌、砂糖を入れて七輪にのせ、煮過ぬうちに味の素適量入れて食べます。

**ちり鍋**

◆鯛二百匁、豆腐一丁、三葉少し、白味噌五十匁、昆布だし五合、橙一個、醤油一合、味の素少量。

◆鯛又はおこぜ、皮剝ぎ等煮て身の引締る魚を選び、洗ひあげて適宜に切つて置き豆腐は六七分の賽の目形に切り、三葉は一寸位の小口切とし、白味噌は濾して置き、橙は横に中央を鉢巻したやうに表皮を剝き、その中央から二ツ切として汁を絞り、橙酢を取り、醤油味の素と混ぜ合せて置きます。

◆魚、豆腐、三葉を皿に盛り味噌、昆布だしの各半を鍋に溶き、七輪にかけ沸騰した時材料を入れ橙酢をつけて食べ、順次味噌、煮出し、或は材料を加へ、煮ながら食べます。

宮内省御用達　味の素本舖　鈴木商店

11—D

# 懸疑吊胃口

## 謎めいた広告

廣告表示

廣告都是為了捉住顧客的心、消費者的目光而存在；一般都是正面表述，但有個手法有點討厭，它就是「不先告訴你」，存心吊胃口，讓注意力的濃度升高。

一九一七年底，報紙下方有個橫幅大廣告，標題寫著「台灣漢方大醫黃玉階大先生卓効證明」。黃玉階醫師確實有全島性的名聲，參與許多社會公益，倡導女性解開纏足、男人剪掉辮子，也當監獄的教誨師，又擔任大稻埕的區長。但找他這位專家推薦還不是廣告的「主謀」，內文才是策略的重點。

文案說，明天本報上，將出現大光明，如暗夜的燈火，讓身陷婦女疾病痛苦深淵的人得到重生。讀者看到這裡，已經問號直湧上心頭了，「是什麼？是什麼？」

吊胃口的文案繼續加馬力，說這一帖神祕靈藥來自石崎杏蔭，他是大阪從江戶時代以來大大有錢的財閥「鴻池」家族的主治醫生。而「這個貴重靈藥叫什麼名字呢？」廣告自問卻不答，「請看明天的這個廣告，每一字、每一句都不要漏看漏讀喔！」

隔天拿到報紙，就想趕快找到答案的一定大有人在。隔天同一版的同一個位置，確實有同樣大小的廣告，答案揭開了，「安神藥」。被吊了一整天的胃口，等待了一整天的答案，鐵定是牢牢記到腦海了。

一九二一年，台北有家商店也玩了相同的手法，連登四天廣告。第一天，廣告很簡單，一個像小鳥尖嘴的圖案，附帶一句話，「各位，這是什麼？」第二天，跟第一天一樣的廣告再登一次，繼續懸疑。第三天，廣告變黑底，小鳥尖嘴下，有個大問號，旁邊小字寫著「明天解答」。第四天，答案揭曉，小鳥尖嘴正是日進商會的標誌的左半部，原來是為了日進新成立的洋傘專門店而登廣告。被迫等了三天的讀者，大概永遠不會忘記日進洋傘店了。

車商預告新車即將發表，
刻意用這種方式營造神祕感。
廣告中的代理店海野商店不只經銷日產汽車，
也代理克萊斯勒集團旗下的 Plymouth（プリムス）。

完

## 一九一七年（大正六年）十二月十九日

**廣告表示**：商人賣神祕，先刊廣告說，「明天本報上，將出現大光明，讓身陷婦女疾病痛苦深淵的人得到重生」，還強調「這是大阪鴻池家族的主治醫生、漢方泰斗石崎杏蔭以救助婦人為目的，將創業兩百年的某藥房之奧祕做成藥劑」，最後問說，這「藥名」是什麼呢？吊足讀者胃口。

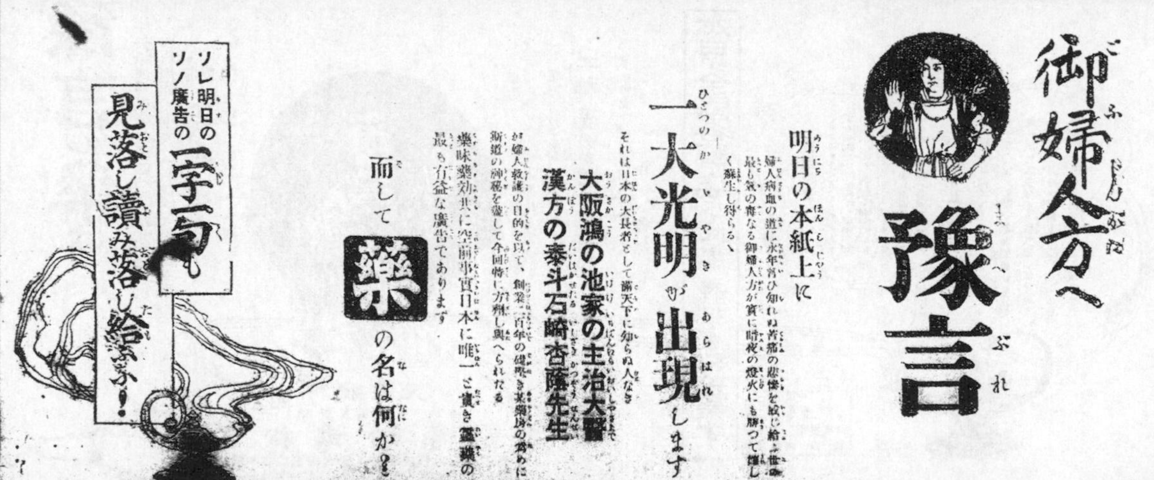

## 一九一七年（大正六年）十二月二十日

**廣告表示**：到了隔天，答案揭曉，原來廣告說的貴重靈藥叫做「安神湯」。文案加碼強調，這是子子孫孫到末代都可以服用，不會有誤的新婦人良藥，服用安神湯只要一週，就會感覺由暗轉明！

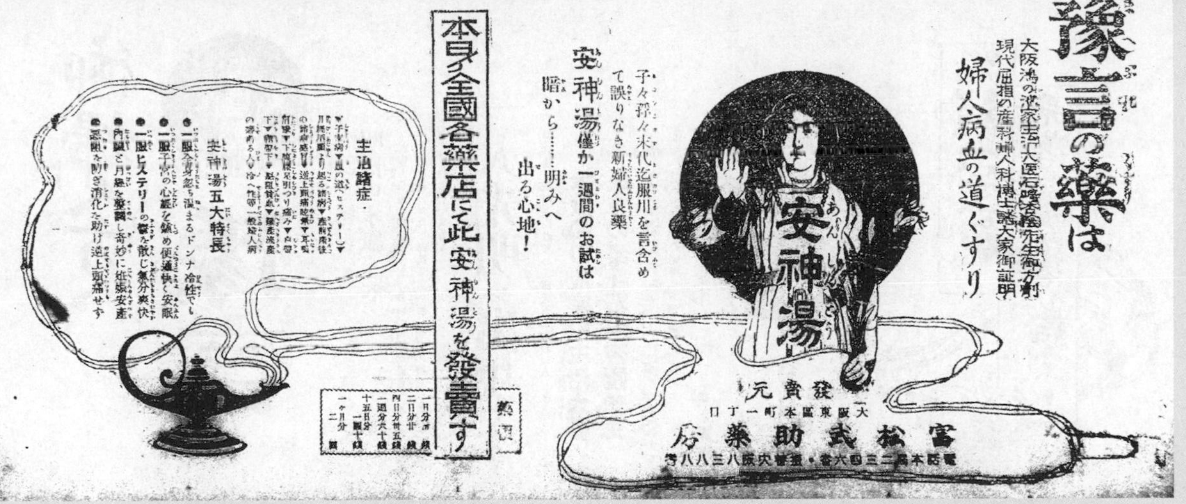

一九二一年（大正十年）

三月十九日

廣告表示：台北有家商店也賣關子，要大家猜猜看，廣告中僅露出像小鳥尖嘴的圖案是什麼？

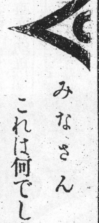

臺灣日日新報

（無　休　刊）

みなさん

これは何でしょう？

商業登記公告

臺北地方法院

臺東出張所

產業組合登記公告

臺北地方法院

學生諸君ニ急告

今般弊店調製の男女學生靴五百足に限り特價提供仕候間賣切ざる中に至急御購求願上候

●萬一現品御希望に添はざる節は御返金可申上候

臺北市北門街三丁目

大正堂兄弟靴店

振替二五七六　電話一二一四番

胡ノ糊

家庭工業用重寶品

一名硫酸いらず獨逸ハンダ

どんな金物も手輕に接合!!

說明書呈上

東京本町一丁目

ANTIENURESIN

夜尿

アンチ

かつけ

一九二一年（大正十年）
三月
二十日

廣告表示：繼續前一頁的懸疑廣告，表示明天即將揭曉。

臺灣日日新報

（無休刊）

商業登記公告

臺北地方法院

糯米購買

臺灣軍經理部

私立臺北幼稚園

卒業生諸子ニ告ク

臺北高等女學校

今般堀內中將ノ來臺ヲ機トシ同中將歡迎會ヲ兼春季大會ヲ開催致候間會員諸君ニ御通知申上候

信濃會

カメリヤ原料　名譽ホマード

疑問ハ明日發表

?

樂器値下廣告

ピアノ（定價一割引）

（地方行ハ荷造費要ス）

絃樂器

オルガン（定價一割五分引　荷造費不要）

耐火煉瓦

品質優良　價格低廉

優美の靴　廉價

新株第一回拂込

割烹

株式名義

御

フォード　ハップフォーター

一九二一年（大正十年）三月二十一日

**廣告表示**：答案揭曉！小鳥尖嘴正是日進商會標誌的左半部。被迫等了三天的讀者，大概永遠不會忘記日進洋傘店了。

（無休刊）

卒業生諸子ニ告ク
來ル三月二十二日午前十時第十五回卒業證書授與式擧行致候間御列席相成度候
大正十年三月二十日
臺北高等女學校

保險金領收廣告
一金六千圓也
大正十年三月廿日
臺灣水產株式會社

電話開通二一七二番
臺北北門街四丁目文武街通り
寶香齋出張店

株式名義書換停止公告
大正十年三月十九日
東洋木材株式會社

上海床

みなさん

◇？

三月十八日よりの
疑問の廣告は
元日進商會小賣部の事です
●しかし今度獨立して一ツのものとなりました

◇日進洋傘店!!

●所は府中街三丁目、電話四六六番

洋傘は此處に、いつでも充分揃へて居ります

◎移轉廣告
三月二十二日左ノ場所へ移轉致候
臺北市臺北城內府後街貳丁目五番戶

●信託預

御注意

待遇法

無廣告主

果可否

## ●登報謝罪文
## 謝罪広告

商場理該正直競爭或河井不相犯，但是，偏偏就有人利慾薰心，佔現成的便宜，侵害他人的權利。面對這可恨又尷尬的一頁，百年前的商人，就會以登報道歉解決。日本時代，不稱道歉啟事，而叫「謝罪廣告」。

一九三九年，台北日新町一丁目（今南京西路圓環附近）的蓬萊裁縫車商會，楊老闆好大膽，竟然偽製勝家裁縫車的商標，貼在中古的勝家裁縫車上，以為變魔術，神不知鬼不覺，就當新品要出售。

台南的台籍大布商侯基也刊登過道歉啟事。

戰後至今，台灣商界有所謂「台南幫」，他們擁有統一企業、台南紡織及環球水泥等公司。前董事長吳修齊曾在回憶錄指出，「嚴格說起來，台南幫由侯基先生創始，而有徒子徒孫。」

侯基從北門貧瘠的家鄉到台南開創事業，經營新復發布行，他的侄子侯雨利從他那裡出去，再獨立創設新復興。吳修齊小時在侯雨利的新復興任職，弟弟吳尊賢也出身侯基的新復發。

一九二九年，侯基在謝罪廣告裡說，姜太公商標為台北盛進商行所有，授權彰化的裕隆商行總經銷，新復發「將姜太公商標偽造販賣」，「敝號自知不是」。

一般謝罪廣告都把侵權事實講完，不會有太多形容詞，新復發還稱「自知不是」，已屬措辭稍烈的了。遇到虎標萬金油，皮就要繃緊一點，沒那麼容易過關了。新加坡來的萬金油在三〇年代暢銷台灣，仿造者眾，一九三四年，乾脆派遣專人來台，長住祕密調查，再向警方舉發。這一年，在台南捉到三個偽造人，他們刊登的謝罪廣告，就要痛打自己「一時利慾薰心竟昧天良模仿偽造」，「自知此種昧良手段欺騙世人不獨天地不容罪亦難赦」。

在謝罪啟事的最後，大家都會聲稱不再違犯，事實證明，有人依然再犯。

日治前期，進口石油銷售最多的是美國紐約的三達石油，三達假冒品也就最多。惡質商人經常以別種油混充謀利，三達石油的人也經常輕騎出動，到處搜查。向三達謝罪的廣告，在一九一〇年代的報紙上時有所見。一九一七年，台南的和發號蔡老闆，已是累犯，這一次，三達直接告到法院。

蔡老闆託人居中和解，最後才以一百圓謝罪金了事。三達石油對侵權而得的謝罪金，跟現在名人告毀謗官司求償捐做公益一樣，向來悉數捐給慈善機構或社會法人，這次也一樣，一百圓分捐給台北與台南的兩家幼稚園各五十圓。

完●

一九一五年（大正四年）

四月十八日

**廣告表示**：基隆有商人仿冒殼牌石油的子公司「旭生產」（Rising Sun）的油品圖利，被發現後，刊登謝罪廣告說，誓不再犯。

來僅派陸軍在彼。專係而設。值此。則白龍港重要之區。第三營。迅馳往該處海以昭周密。

紀。事。

新軍　滿鐵拔中村氏名新任駐滿之將。及在連長以下之高日前正午在歡飲。並有主盡歡而散

因時局之影響。船賃日見昂騰。近日締約之船賃。小型船六割騰貴。大型船八割騰貴。八幡丸月賃費二萬三千圓。帝國丸月賃費三萬六千圓。即最小之英丸。尚月賃八千圓之巨額云

▲會人旋里之預備　刻下日支交涉遲々不決。兩國人心頗形動搖。有謂不久即可決解。有謂不久即行開仗者。流言蜚語。一夕數議。因而本埠之會人。近日均商酌旋里之辦法云。

叢　談

李義堂

當前淸咸豐季年。紅巾竄擾江浙。所至淪陷。幾無一片乾淨土。其時枕戈蹈刃。斷頭捐軀。與賊相抗者。雖所在多有。但具



## 謝罪廣告

鄙人曾將貴公司馳名日影嘜水油罐用以下等水油裝內假作貴公司所產混售希圖漁利事屬胡爲茲蒙貴公司寬免是案不呈法廷嗣後鄙人誓不敢復將貴公司商標仿用謹此謝罪

旭日生產石油株式會社御中

基隆草店尾街十六番地

許[illegible]

謹啓基隆月眉山住持善慧師令祖江順德君享壽八十有六齡於本月十五日[illegible]

# 一九一五年（大正四年）五月二十一日

**廣告表示**：同樣是混充謀利，被擒的新竹商人偽造的是三達石油，做錯了事，於是刊廣告謝罪說，自己企圖從中獲取不正當的利益的行為，是任意亂來。

詳細査驗。以阨

文

## 客解

之客。稱之曰恩客。他人見而謂之曰。恩得來。而鴇往往效秦王之下逐客令。么。則指桑罵槐。極端詬。情恩客。不惜嬌隋弱者。就其牀上。痛施鞭撻焉。之錢使用。而又軟估一皮肉營業也。向嘗聞之熱當然曰情客。胡爲不曰大嫖之間。亦不曰情愛。於義。有所未合。因詳加說文訓恩爲惠。男女結徐氏說恩字。從因從心。。心愛其人。因而固結不乃涉勉強。又訓愛訓澤。。澤義益遠。惟廣韻訓涉。無不隱蔽。斷無有當航倍恩銜。以勞村狎妓。

乃未幾自強行動。又被壓於西太后。新政之萌芽。中途摧折。支那復活之時機於是乎。一蹶不復振矣。若我日本因日淸之役。其文物逐年顯然煥發。其精神逐月勃然奮興。支那因日淸之役。見短處。示弱處。疇昔謂之睡眠獅子者。一變將爲垂死之老豚焉。支那人不自覺其爲垂死老豚。尚欲爲睡眠之獅子。其言



## 謝罪廣告

鄙人曾將貴公司馳名掃標水油罐用以ト等水油裝內假作貴公司所產混售希圖漁利事屬胡爲茲蒙貴公司寬免是案不呈法廷嗣後鄙人誓不敢復將貴公司商標仿用謹此謝罪

新竹街土名南門十番地

大安棧　李昭見

紐育三達水油公司御中

# 一九二九年（昭和四年）十二月十九日

**廣告表示**：台南的台籍大布商侯基因為偽造商標，刊登過道歉啟事。侯基在謝罪廣告裡說，姜太公商標為台北盛進商行所有，授權彰化的裕隆商行總經銷，新復發「將姜太公商標偽造販賣」，「敝號自知不是」。

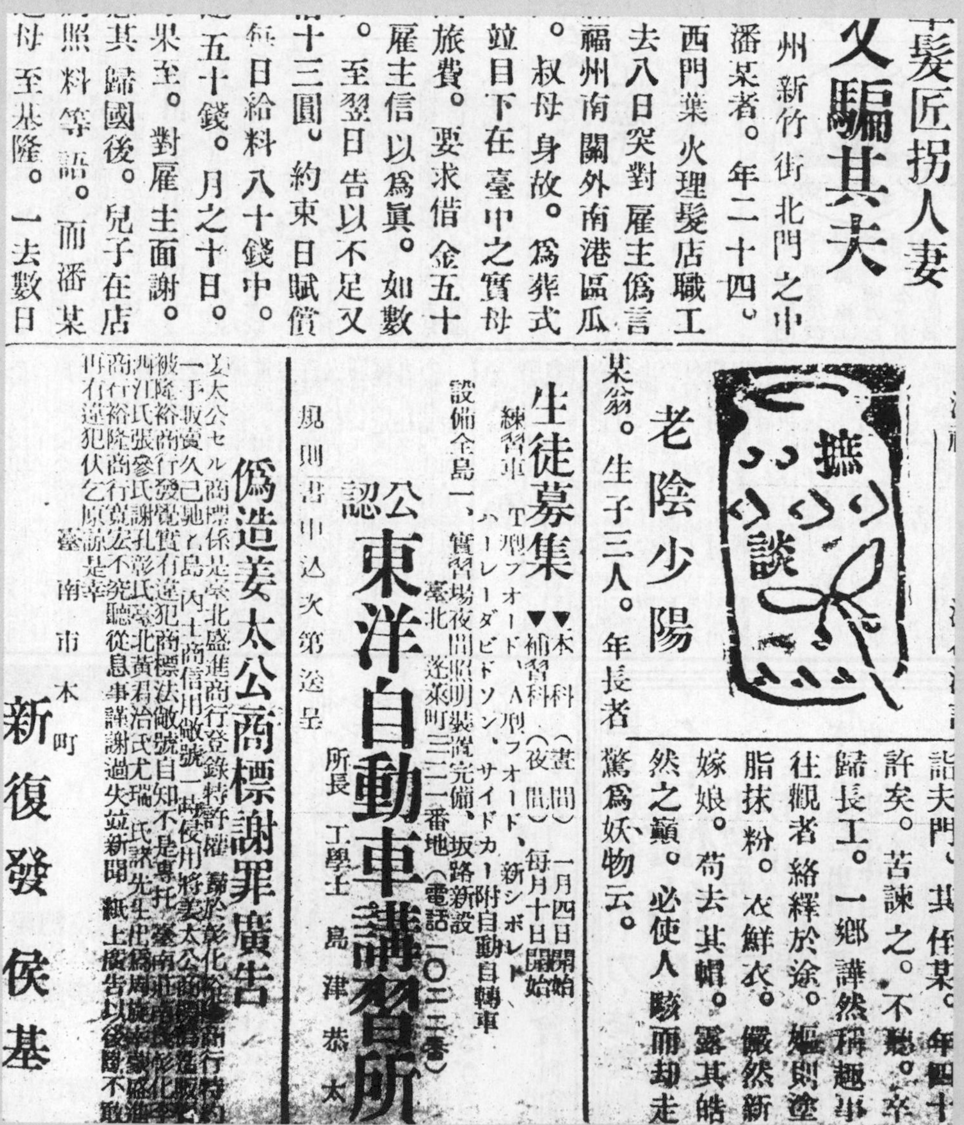

髮匠拐人妻 又騙其夫

州新竹街北門之中潘某者。年二十四。西門業火理髮店職工去八日突對雇主僞言福州南關外南港區瓜。叔母身故。爲葬式並目下在臺中之實母旅費。要求借金五十。雇主信以爲眞。如數。至翌日告以不足又十三圓。約東日賦償每日給料八十錢中。五十錢。月之十日。果至。對雇主面謝。其歸國後。兒子在店照料等語。而潘某母至基隆。一去數日

撫ッッ談

老陰少陽

某翁。生子三人。年長者

詒夫門。其任某。年四十許矣。苦諫之。不聽。卒歸長工。一鄉譁然稱趣事往觀者絡繹於途。嫗則塗脂抹粉。衣鮮衣。儼然新嫁娘。苟去其帽。露其皓然之巔。必使人駭而却走驚爲妖物云。

生徒募集

▼本科（晝間）一月四日開始
▼補習科（夜間）每月十日開始

練習車　T型フォード、A型フォード、新シボレー、ハーレーダビドソン、サイドカー附自動自轉車

設備全島一、實習場夜間照明裝置完備、坂路新設

臺北蓬萊町三二一番地（電話一〇二三番）

公認 東洋自動車講習所

所長 工學士 島津恭太

規則書申込次第送呈

偽造姜太公商標謝罪廣告

姜太公セル商標係是臺北盛進商行登錄特許權歸於彰化裕隆商行特約一手販賣久已馳名島內土商信用敝號一時誤使用將姜太公商標僞造販賣被裕隆商行發覺實有違犯商標法敝號自知不是專托臺南[illegible]彰化西江隆氏張參行氏謝孔彰氏臺北黃君治氏尤瑞氏諸先生代爲周旋[illegible]盛進商行[illegible]裕隆商行宏孔[illegible]不究聽從息事謹謝過失並新聞紙上廣告以後[illegible]不敢再有違犯伏乞原諒是幸

臺南市本町 新復發 侯基

# 一九三九年（昭和十四年）二月六日

**廣告表示**：蓬萊裁縫車商會的老闆偽製勝家商標，貼在中古的勝家裁縫車上，以為變魔術，神不知鬼不覺，就當新品要出售。

## 謝罪廣告

臺北市日新町壹丁目壹八八番地

蓬萊ミシン商會　楊　方　進

拙者儀貴會社の登錄に係る商標並に意匠をシンガー中古ミシンに貼用し恰かも新なるシンガーミシンなるかの如く再製したるを發見告訴せられ既に相當の處分を受くべきの處貴會社の寬大の處置に預り申候就ては將來斷じて此の種行爲を爲さざることを誓ひ申候

昭和拾四年貳月六日

シンガー裁縫機械會社御中

## 藤田前知事が挨拶電

## 僑新民公會で二周年の記念式　きのふ盛大に開かる

國策線を行く熱と力と修養劇團

**倉橋仙太郎一黨**

小笠原茂夫……木村泰山

伊川八郎……中島千代子

外男女優五十餘名

本六日神戶出帆蓬萊丸に乘船　九日來着十日より開演……榮座

高雄興行部

# 電線桿貼廣告
## 電柱広告

廣告表示

日本統治台灣前，台灣小孩常以放風箏為樂。斷了線，一群小孩拚命跑去搶墜落的風箏，更是刺激。日本人來後，到處架電線桿，風箏開始有了路窄冤家。

一百多年前，新竹地區幾個小孩放風箏，墜掛在電線，竟被警察擒去罰了五十錢。一九二九年，嘉義朴子的午後一點半，一群小孩在媽祖廟前的十字路口放風箏，又與電線桿的電線糾纏。好心的年輕大兄，姓侯名能琴，二十一歲，見狀即跳上電線桿。誰知一伸手，風箏未解，幾個指頭已觸電燒傷，疼痛難耐，砰一聲落地，不省人事。

一物剋一物，風箏怕電線桿，電線桿卻怕汽車。台北熱鬧市街自從十九世紀末開始廣植電線桿（時稱「電柱」）以來，每隔四五家店，就有一柱。駕駛汽車稍一不慎，偏了方向盤，衝向路邊，與電柱撞個正著的機率很高。一九二九年，一個姓三尾的日本人酒後駕車到台北西門町這邊，突然前有幼童橫過街，他一急，方向盤一轉，直直撞上小旅館「吉川屋」前的電柱。以前電線桿非強壯的水泥身，而是高高瘦瘦的杉木體，這一撞，幾十支桿線應聲斷裂。

從照片可以清楚看到，日本時代已有商家利用電線桿廣告宣傳。

日本時代，電線桿最可喜的角色，莫過於胸前貼廣告。一九〇五年，官方開放電線桿張貼廣告，但是不能隨人愛怎麼貼怎麼貼，一要付費，二要尺寸正確，三要貼對地方，總督官邸前的電線桿就是地雷區，此處也是台北市唯一被禁刊電柱廣告的地方。

一九一〇年，台南市那邊也出現電線桿廣告，用的是兩尺長、一尺寬的鐵片，油漆寫著某店某商品，其中，賣藥的愛生堂為廣告最大戶。

二〇年代，臺灣電力會社已有特約的廣告公司負責經營電線桿廣告，就像現在捷運公司釋放廣告代理權給媒體公司一樣。這家廣告公司位於今天的台北市館前路，叫「臺灣都市文化社」，底下有一個「電柱廣告部」。

完

一九二八年（昭和三年）
七月
二十四日

**廣告表示**：臺灣電力會社已有特約的廣告公司負責經營電線桿廣告。這家廣告公司位於今天的台北市館前路，叫「臺灣都市文化社」，底下有一個「電柱廣告部」。

臺灣日日新報

【無休刊】夕刊共十二頁

臺灣電力會社特約
公認 電柱廣告取扱開業
臺北市表町一ノ三二（電話一一五一番）
臺灣都市文化社
本店 電柱廣告部
代表者 大山彥熊
中南部總代理店
嘉義街大通り
明治屋商店
電話八〇八番

▲內科▼
臺北市築地町一ノ五
吉田內科醫院
電話 醫院 二八五二
院長宅 二八五四

第拾五回決算報告
自昭和三年一月一日
至昭和三年六月三十日
貸借對照表
資產之部

| 科目 | 金額 |
|---|---|
| 預金 | [illegible]円 |
| 建物 | [illegible] |
| 地 | [illegible] |
| 道勘定 | [illegible] |
| 作業勘定 | [illegible] |
| 林林地 | [illegible] |
| 材工場 | [illegible] |
| 木 | [illegible] |
| 在高 | [illegible] |

◉二十二日入港の
蓬萊丸で荷著の

# 辦活動

## イベントを開催する

廣告表示

一九三九年五月四日，晚上打開「拉機歐」(radio，收音機)，當廣播電台報時，「九點四十分」，那是個信號，要大家一起去睡前刷牙，免得蛀牙。

不是官方下的命令，也非學校或老師的要求，這是獅王牙膏辦的活動。獅王牙膏推動健康週的概念，把五月四日訂為齲齒預防日。現在衛生觀念普及，睡前刷牙已成天經地義，七、八十年前，可還需要努力宣導才行。獅王牙膏當時即倡導兩個觀念，「從小就要刷牙」、「睡前要刷牙」；而五月四日那晚，就號召全日本，千萬人同一時間一起來刷牙。

獅王牙膏花那麼多經費登廣告，辦公益活動，提升企業的形象，最終，好印象又會轉化成曲線上升的銷售數字。

一九四〇年五月二十六日，已經是五月的第四個禮拜天，但以牛奶糖聞名的森永公司，仍在臺北圓山遊園地(戰後的兒童樂園)舉辦母親節活動。午後一點開始，免費入場，有兒童舞蹈、唱童謠、吹奏口琴等節目，還有禮讚母親的儀式，包括朗誦詩、唱謝謝媽媽之歌。

跟現在企業辦活動一樣，以前也會找許多單位協辦，共襄盛舉；森永的母親節活動，就請來官方的臺北市社會課(等同現在的台北市社會局)充任後援。

反過來，一九三四年，森永反主為客，《南瀛新報》在臺北公會堂(今中山堂)前的空地舉辦夏天消暑納涼的活動，名為「森永日」，三天活動期間，除了免費看魔術團體「天華」的演出，還有駱駝和獅子可看，而且，來就送上森永的糖果。

日本時代，報社辦活動可能是最厲害的，尤其臺灣日日新報社，從一〇年代到三〇年代，辦過無數大型活動，引領風騷有之，呼應潮流有之，無一不為台灣社會拓展了新視野、新經驗。

臺灣日日新報社
位於今台北市衡陽路、中華路口，
為日治時代發行量最大的報社。

一九一六年，臺日社就辦了台灣第一次大型馬拉松，跑了舊城門拆毀後的長方形「三線道路」，之後有許多繞著三線道路跑的賽事，跑成台北的「名物」。臺日社也辦過全島網球大賽、新年棒球賽、縱貫線競走、腳踏車競技大會等等許多運動比賽。

臺日社鼓吹旅行，有許多創新活動。舉辦全民票選台灣八景之外，現在很熱門的「小旅行」，臺日社也在一九三六到一九四〇年之間，企畫了許多台北近郊的「一日清遊」行程，吸引了一團一團的人參加。

看起來，似乎都是大公司在辦活動，其實不然，小店依然可以生龍活虎，自辦有特色的公益活動，就像現在永和的「小小書房」，身在永和，就徵募永和老照片，再辦小型展覽會；一九一一年，日本人西田龜次郎就在自己的腳踏車店內，舉辦過飛機模型觀覽會。

完

# 一九一一年（明治四十四年）

## 十月

## 二十六日

**廣告表示**：日本人西田龜次郎在位於台北市場內的腳踏車店裡，舉辦了飛機模型觀覽會，並強調當時世上所有機種的飛機模型在現場都可以看到。

大飛行機を見んとせば
臺北市場内に來れ

▲其他現時世界に行はるゝ飛行機は一も洩す事なく悉く其模型を陳列觀覽に供す

來る拾月廿七日より十一月三日迄機械を操縦して其模型觀覽會を催す

双輪商會

西田龜次郎

公論

痛快號（一月一日發行）

截取山河四百餘州

凡調を破れ鐵火的人物鐵棒主義

東京駒込 新公論社

新報社

内地牛肉

公毛牛肉店

青酸瓦斯用天幕

全勝誘蛾燈一手

望月式豆粕粉削機

水野縫之助

村山胃散

胃病、溜飲、其他胃弱症の特効藥

模範的石鹸

都の花石鹸

毛生液

耳

笠戸丸

亞米利加丸

印度丸

臺北丸

# 一九二七年（昭和二年）六月二十七日

**廣告表示**：臺日社在報上舉辦票選「臺灣八景」活動，活動時間為期一個月。以明信片寄出，每張明信片「連記二景以上無效。一人投票數張者無妨」。最後，投票景點有入選者可參加抽獎，一等獎為金手錶。

……山嘉義往中。……員前導。視察農場。芭蕉市場。農……。定廿六日。視……圖云。

## ……區學校 學藝會

……學校創立十週年紀念會。於二十五日……。有唱歌。祝辭。然後來客一同……成績品。午後再開……。同夜七時。開……會。來觀者。後……人。母堂等。其他……名。二十七番順……至十時散會。備……。

## ……州水產會 ……節製造講習

……水產會。訂自七月……。向後五箇月間……產試驗船事務所……鰹節製造講習會……為州下漁業家徒……產補習學校出身……。講師現業指導……產係中谷技師。……熊谷技手其他云……

## ……組合 ……成立

……南支局。今次為……賣人遵守法令及……進。特囑轄下酒類……各就其區域。組……賣組合。以為監督……處均遵照實行。

而各處小賣。莫不極力贊襄。因可以杜絕劣酒之私混。矯正價格之競爭。有益而無損。故於斯舉。深為期待。閻玉井定來二十六日。學甲定來月十一日將順次設立云。

## 臺中州農家副業 獎勵養蠶

臺中州。為農家副業。獎勵養蠶。認為適地者。北斗。南投。新高。能高各郡。蠶紙無償配布。對於稚蠶及桑苗養成。交付補助金。夏蠶掃立百餘枚。成育良好。此後欲秋蠶々紙三百枚。又本年春蠶。掃立三百枚。成績殊佳。

## 澎湖廳復活周年 計畫開廉賣日 同地商工會奔走

澎湖廳民。以來七月一日。為澎湖廳復活周年。最為有意義之日。而澎湖商工會。計畫開廉賣日。欲假公園內。與社會奉仕的大廉賣。聯合內臺商店。三十餘間。自期七月一日向後五日間。此間連日有活寫。藝妓。舞蹈等餘興。並欲開澎湖廳教育會主開之學校展覽會。其他催物七月一日。有廳下莊丁團定期檢閱。並運動會。同二日。廳會議室。有通俗講演會。同三日。街庄事務研究會。同五日武術比……

……十日。五二、〇八五石。二一日。五一、四八〇石。二十二日。五二、九六五石。二十三日五四、〇一〇石。二十四日五六、二一〇石。殆傾其全能力。一面取入口水量。反益減去。互一里水路。使用四十馬力電機。高其水位。當局頗費苦心云。

## 永樂座中國電戲 日本起開映孟姜女

啓明影戲公司。在永樂座開映西遊記盤絲洞。甚得好評。今又自本夜起。開……

……收藏額頗多云。

## 納涼展 廿七夜餘興

納涼展覽會。于二十七日餘興。有松山福樂社。登臺演技如左。

一、斬蛟龍（狄青會見狄太后）

二、華公遊十殿（西遊記華公練資下地獄救母。

附記松山福樂社所演華公遊十殿一齣。乃其絕技。獄之閻其中之裝做奇異。情形。饒有趣味。此劇只演五六時間。又其他餘興有世界館活寫。角力。本町變裝搜索。而搜索者。各有相當賞品。

## 臺灣八景投票者之賞品與紀念品

**社告**

本社募集中之臺灣八景。對彼投票者。以左記方法。贈呈紀念品與賞品。

**贈呈紀念章**

投票截止。對彼決定臺灣八景候補地二十景之投票者。每一景嚴密抽籤。抽出投票三張。對該投票者。贈呈紀念章。即每一景各三名。二十景。總計六十名贈呈紀念章

**贈呈賞品**

照投票確定臺灣八景候補地二十景。附諸審查委員會嚴密審查。將臺灣八景選擇決定。對此八景之投票者。每一景由嚴密抽籤。抽出一等至五等之投票。對該投票者。贈呈左記賞品。

一等　金腕時表（一箇）
二等　上布（一反）
三等　債券（拾圓券壹枚）
四等　債券（五圓券壹枚）
五等　鬧鐘（一箇）

即對一景贈呈前記賞品。八景即金腕時表八箇。上布八反。其他三等八組。四等八組。五等八組。各以為贈。藉表微意。

臺灣日日新報社

……月。倪炳煌君逃北投過艷趣事。葉鍊金君新自高雄歸。逃遊小琉球嶼。風景殊勝。議秋八月波平。再結伴往遊。與曾淋漓。至九時許乃散。林知義君席散後。附車往新竹云。

……經於日前。在地方法院。判決懲役四年。聞者大快云

## 南部漁況

南部地方。本月上半月。梅雨連綿。安平近海漁船漁獲。頗受打擊。近已天候恢復。各石油發動機漁……

## 一拳斃命 犯人入監

花蓮港海區新城一四一番地霄旺。年三十。去五月二十四。因選擇鰹魚與同地吳阿溪。年四十二。生口角。而霄竟揮拳毆其部。致脾臟破裂斃命。捕送入臺北地方法院。前判決。入監懲役三年。

## 一屍畢命 懷八箇月身孕

基隆郡……庄王金水妻王周氏員年二十二。去二十六日前二時。縊死於自宅臥。懷有八箇月身孕。闔家之間。頗相得第不知何原因。而自萌厭世之念云。

## 風吁如此 安宮聖母 嘗丹救民

臺中州員林郡二水庄二水媽祖廟德宮。自數年前改築以來。廟貌煥然一新。地方參者。絡繹不絕。風評有屋陳水泉。年三十五。難來。身罹固疾。行走不自由。雖經名醫診察。商奏效。忽一夜夢見聖指點。命以爐丹混水服。醒後一如所言謹慎服四回。果得復原……

一九三四年（昭和九年）

八月

十一日

**廣告表示**：由《南瀛新報》主辦，森永協辦，在臺北公會堂前的空地舉辦夏天消暑納涼的活動，名為「森永日」。三天活動期間，除了免費看魔術團體「天華」的演出，還有駱駝和獅子可看，而且來就送上森永的糖果。

廬山會議では
對內策も協議
憲法發布や國民黨の
解體改組に付意見交換

「……日發電通」確實なる方面に據れば廬山會議の目的は第五次全體會議に對する支那の內治外交に關する策を決定するにありと云ふ對內策としては憲法發布に伴ふ國民黨自體の解消或は改組問題に付いて意見の交換が極秘裡にある模樣である、然し當局側との關係改善と云ふ程度であるが、對日折衝問題の解決に留め其他の重要會議後に讓ると云ふ消極方針を取るらしく關係方面では會議の成行に深甚の注意を……

蔣氏廬山へ

「……日發電通」黃郛氏は九日……山、南京經由午後四時……號にて廬山に向った

汪一行
山著
蔣氏と會議の
下打合せ

「……日發」廬山會議に……ため汪精衛、陳紹寬、黃紹竑、曾仲鳴等一行は九日午後三時九江着、午後九時廬山に登り蔣介石と會見會議下打合せをなした

全體會議は
十一月十二日
南京に召集

「南京九日發電通」九日の中央政治會議に於いて第五次全體會議は來る十一月十二日南京に召集することに正式決定した

紐育株式一齊昂騰

【ニューヨーク九日發電通】株式市場は銀國有宣言により一齊に昂騰しスチール四分の三高、アナコンダ一弗八分一高その他主力株は一弗內外高、工業株三十種平均二弗三十八仙高、鐵道株二十種平均七十二仙高に引けた

シナチク

小塚長官の上京が、政府の對臺灣方針を打診する爲めであったことは、本紙の眞先に報道した通りだが、岡田首相兼拓相のお腹を打診した小塚長官には既に明確な打診がついたものと觀るべき理由がある▲もっと手っ取早く言ふと、



森永デー（三日間）

台北大納涼園

主催 南瀛新報社

八月十一日（土）ヒル 十一時 ヨル 六時 開園
八月十二日（日）ヒル 十一時 ヨル 六時 開園
八月十三日（月）休 ヨル 六時 開園

當日御入場者におみやげ贈呈
但し御招待券は無效
（おみやげ）大人樣へ森永の菓子 拾錢贈呈
小人樣へ森永の菓子 五錢贈呈

各餘興全部無料
大餘興 天華移動劇場出演
大パノラマ 月光の臺北
動物園 ライオン駱駝・小動物
大瀑布 投光變色
大イルミネーション 不夜城

場所 公會堂橫空地

森永デー（三日間）

# 一九三七年（昭和十二年）

## 三月二十三日

**廣告表示**：為了普及航空知識，同時，為了紀念日俄戰爭對馬海峽海戰勝利三十二週年，由臺日社主辦，臺灣軍司令部及遞信部協辦第一屆「全臺灣模型飛行機競技大會」，地點在臺北飛行場（即今松山機場）。出賽機種限橡皮筋動力的螺旋槳模行飛機，比賽項目有比速度、停留空中的時間，以及最遠距離。參賽者需繳交報名費一圓，獲勝者有獎盃或獎品，沒得獎的人，也有銀製動章一枚。

……務課では既報の如く本年……に台中州北斗街及び秋津村隣……地に招致す可き農業移民に就て……中の処二十二日採用者を決定……本人に通知を發した、是を地……別に見れば左の通り

……鹿兒島二十名、熊本十五名、佐……賀十二名、長崎二名、福岡六名……大分二名、宮崎二名

……九州合計五十九名の外に愛媛……、高知三名、德島四名、香川……、岡山二名、廣島七名、山口……以上四國、中國合計二十八名……九名、總計九十六名、右被採……は四月十五日から月末迄に入……終る事になつて居る

……信中央局の開業式當日電信中央局と工部大学校との間に始めて電話が設けられ、その夜祝宴の席上エルトン教授指揮のもとに工部大学校の学生の手に依つて我國最初のアーク燈が点ぜられてより五十九年、來る二十五月はその第五十九……

### 電氣記念日
#### 廿五日に記念放送

……十一年三月二十五日東京の電……回電氣記念日に當つてゐる、爾來電信、電話、電燈、電熱、電力、ラヂオ等その發達はまことに目覺ましいものがあるが台灣電氣協會に於ては當日を記念するため宣傳パンフレットを配布し當夜台北放送局より左の記念講演を全島に放送することになつた

一、電氣界の今昔（中繼）　九州帝大總長　荒川文六

一、電氣に關する演藝　東京中央放送局作

### る……養成

……月から同醫大教授となり今日……んでゐたものである當局の……べに對し深く恥ぢ同醫大教授……及び附屬醫院耳鼻科部長を辭職……當局にもらしひたすら謹慎

### 一師生徒が内地旅行

台北第一師範學校の普通科第五學……

### 廿九名の溺死體

……年生二十二名は小……引率の下に二十四日出港の大和丸……れるが本年は新に遞信……並に家族慰安會を同日正午から……夕では……社長の講演に引續き……で茶……

……壇で眞の日本音樂が要求されてゐる、日本にはきつとよい音樂……

……藏一棟を破壞する等被害地としては稀有の大火であつた

# 第一回全臺灣模型飛行機競技大會

本社は航空思想普及の一助として臺灣に於ける模型飛行機の速度、滯空、距離記錄作成を目的として最初の全臺灣模型飛行機競技大會を日本海海戰卅二周年記念に臺灣軍司令部及び遞信部後援の下に左の要領により開催する

一、競技期日　五月三十日（日）（天候不良の場合は順延）

一、競技種目　速度競技　滯空競技、距離競技

一、競技會場　臺北飛行場

一、參加機　必ず自作製機にしてプロペラーはトラクター式のもの一個、動力はゴム、着陸裝置を備へ（主翼の長さ一米以内、胴體（全部を絹張）長さ一米以内

一、參加制限　一人二機二種目

一、出發方法　手放し、滑走何れにても可なるも、手放しの場合は一定の踏台上にて出發せしむ

一、競技回數　一機一回、再放出を認めず

一、參加資格　本年四月十五日限り參加料金一円を添へ本社に正式申込み登錄せし者に限る

一、賞　各種目毎に優秀順位第三位までカップ第四位より第十位までそれぞれ賞を又參加者には銀製の參加章を與ふ

一、審査長　遞信部航空官　佐倉光一氏

本競技の詳細は追つて發表

**臺灣日日新報社**

# 一九三九年（昭和十四年）

## 五月四日

**廣告表示：**獅王牙膏為推動健康週的概念所刊登的廣告。自一九三九年起，將五月四日訂為齲齒預防日（在此之前是六月四日）。獅王牙膏當時即倡導兩個觀念，「從小就要刷牙」、「睡前要刷牙」；而五月四日那晚，就號召全日本，千萬人同一時間一起來刷牙。

ムシ歯豫防デー

健康週間（五月二日より五月八日まで）とムシ歯豫防デー

全國的健康行事として汎く大衆に親しまるゝムシ歯豫防デーは、當局の御提案により、本年は之を健康週間中に舉行せらるゝ事になり、本日（四日）を以て其日と定められました。（從來は六月四日）

我社に於きましては、之を機として、我社の凡ゆる機能を總動員し、全國各地に或は歯磨教練大會、或は講演映畫會、或は展覽會を開催し、以て「國民體位向上」の國策に副ふべく微力を竭して居ります。

既に各位御承知の如く、我社が年來唱道して居ります「子供の時から歯を磨け」、「寢る前にも歯を磨け」は「國民の營養改善」と共に、歯を强健ならしめ、國民體位の向上に最も有效適切なる方法と信じます。

今や國を擧げて東亞の新秩序建設に向つて邁進しつゝある時、一億日本總健康の爲に、我社の提唱に御協贊下され、本日のムシ歯豫防デーをして實に意義あるものと爲さしめ給はん事を切に冀ひ上げ奉ります。

昭和十四年五月四日

ライオン歯磨本舗敬白

ライオン歯磨本舗　提唱

全國の皆樣――

ラヂオの時報（午後九時四十分）を合圖に

寢る前の歯磨　千萬人實行大運動

寢る前にもライオン歯磨で歯を磨きませう．

◇本年の標語◇

歯牙の愛護に輝く體位！

昨年迄は……六月四日―ムシ歯豫防デー
今年からは……五月四日―護歯普及デー

潤製ライオン歯磨は、適度の潤ひで、粉が飛ばない事、香味が佳い事、容量が豐富で經濟的な事等、凡て歯磨の理想を實現し、生活必需品として大衆の壓倒的人氣を博して居ります。

潤製ライオン歯磨

ライオン歯磨

## 一九四〇年（昭和十五年）

### 五月二十五日

**廣告表示**：森永公司在臺北圓山遊園地（即戰後的兒童樂園）舉辦母親節活動。廣告說，午後一點開始，免費入場，有兒童舞蹈、唱童謠、吹奏口琴等節目，還有禮讚母親的儀式，包括朗誦詩、唱謝謝媽媽之歌。此次活動協辦單位有官方的臺北市社會課、愛國婦人會、國防婦人會等單位。

## 一般參考資料


- 大阪發明協會編，《新興日本商標總覽》，大阪發明協會，1937。
- 木村昌人，《日本史小百科—近代— （外交）》，東京堂，1999。
- 生活情報センター編集部，《創業の逸品：日本の食文化を彩る厳選 88 品》，生活情報センター，2004。
- 《臺灣日報》，1896 ～1897。
- 長澤小輔，《產業日本建設史》，1938。
- 陳月娥，《近代日本對美協調之路》，中國社會科學出版社，2005。
- 《臺灣日日新報》（大鐸）全文檢索系統
- 《臺灣日日新報》（YUMANI）全文檢索系統


## 各部參考資料

### 第一部


- 中將湯
  - 津村順天堂，《津村順天堂七十年史》，津村順天堂，1964。
- 武田
  - en.jd.com/product/chinese-books/10031315.html
  - www.takeda.co.jp/company/history/trademark.html
  - www.takeda.com.tw/
- 龍角散
  - www.planet-van.co.jp/planetta_sk/ryukakusan.html
  - www.ryukakusan.co.jp/kigyou/enkaku.html
- 仁丹
  - ameblo.jp/rediscovery/theme-10009604374.html
  - www.jintan.co.jp/museum/index.html
  - www.musashino-ad.co.jp/column/newspaperad_history.html
- 虎標萬金油
  - cn.hawpar.com/about-us/heritage.html
- 資生堂
  - 資生堂，《資生堂社史》，資生堂，1957。
- 花王
  - 「花王とともに」編纂委員會，《花王とともに》，花王會，1969。
  - 林忠勝，《劉盛烈回憶錄》，前衛，2005。
- 獅王牙膏
  - www.lion.co.jp/ja/company/history/
  - www.lion.co.jp/ja/support/faq/category09/q06_1.htm
- 吉列刮鬍刀
  - 葉石濤，《府城瑣憶》，派色文化，1996。
- 麒麟啤酒
  - www.kirinholdings.co.jp/company/history/table/index.html
- 可爾必思
  - www.calpis.co.jp/corporate/history/
  - 高騰蛟、盧世祥，《做餅的人生，明天有夢》，遠流，2001。
- 雀巢
  - www.nestle.com/aboutus/history/
  - www.referenceforbusiness.com/history2/52/Nestl-S-A.html
- 箭牌
  - www.wrigley.com/global/about-us/the-story-of-wrigley.aspx
- 明治
  - 上野雄次郎編纂，《明治製糖株式會社三十年史》，明治製糖，1936。
- 森永
  - www.morinaga.co.jp/company/rekisi.html
  - www.morinaga.co.jp/caramel/history/topics/topic_02.html
  - 森永太一郎，《台湾を一週して》，森永製菓，1927。
- 雪印
  - www.rakuno.ac.jp/hp/wp/wp-content/themes/aplan/pdf/principles_01.pdf
  - www.meg-snow.com/corporate/history/yukijirushi01.html
- 味之素
  - www.ajinomoto.com/jp/aboutus/history/?scid=av_ot_pc_comjheadbp_aboutus_history
  - www.ajinomoto.com/jp/aboutus/history/chronicle_2014/10.html
  - 味の素沿革史編纂會，《味の素沿革史》，味の素，1951。
- 龜甲萬
  - 林進發，《臺灣產業大觀》，民眾公論社，1936。
- 可果美
  - www.kagome.co.jp/company/about/history/index.html
- 勝家
  - 謝雪紅口述，楊克煌筆錄，《我的半生記》，楊翠華，1997 年。
- 日立
  - 長谷川俊雄編，《日立製作所史》，日立評論社，1949 年。
- 山葉鋼琴
  - tw.yamaha.com/zh/about_yamaha/
  - www.archives.go.jp/exhibition/digital/hatsumei/contents/photo.html?m=36&ps=1&pt=6&pm=1
  - 《報知新聞》，1934（1206 ～1209）。
- 美津濃
  - www.mizuno.co.jp/history/
- 日產
  - www.nissan-global.com/GCC/Japan/History/index.html
  - www.nissan-global.com/JP/COMPANY/PROFILE/HERITAGE/HISTORY/
  - www.tanken.com/nissan.html
  - 佐佐木烈，《日本自動車史》，三樹書房，2004。
- 哈雷
  - www.harley-davidson.com/content/h-d/en_US/home/museum/explore/hd-timeline.html
  - www.harley-davidson.com/content/h-d/en_US/home/museum/explore/hd-history.html

- motorclothes.harley-davidson.asia/education/heritage/2012/
- 普利司通 ………………………………………………………………………………
  - www.bridgestone.co.jp
  - 163.13.223.164/ts/lishi.txt
  - 張蒼松，《典藏艋舺歲月》，時報，1997。
  - 韮山修太郎，《裸一貫から成功へ》，1958。

第二部

- 口香糖 ………………………………………………………………………………
  - 小菅桂子，《近代日本食文化年表》，雄山閣，2002（二版）。
- 咖啡 ………………………………………………………………………………
  - 杜聰明，《回憶錄》，龍文，2001。
- 優格 ………………………………………………………………………………
  - 《臺灣畜產株式會社二十週年誌》，1939。
- 煉乳 ………………………………………………………………………………
  - 王純瑞，《拚命三郎：江丙坤的台灣經驗》，聯經，2003。
  - 許雪姬訪問，《藍敏先生訪問紀錄》，中研院近史所，1995。
- 咖哩 ………………………………………………………………………………
  - www.housefoods.com.tw/knowledge/currycourse.html
  - www.hachi-shokuhin.co.jp/founder/index.html
  - 片岡巖，《臺灣風俗誌》，臺灣日日新報社，1921。
- 沙拉油 ………………………………………………………………………………
  - www.nisshin-oillio.com/q_a/5_q5.shtml
- 香菸 ………………………………………………………………………………
  - ndaip.sinica.edu.tw/content.jsp?option_id=2441&index_info_id=3444
  - www.jti.co.jp/Culture/museum/collection/tobacco/t19/index.html
  - 張守真主訪，臧紫騏紀錄，《葉石濤先生訪問紀錄》，高市文獻會，2002。
  - 黃朝琴，《我的回憶》，龍文，2001。
- 冷氣機 ………………………………………………………………………………
  - 葉榮鐘，《半壁書齋隨筆（下）》，晨星，2000。
- 瓦斯爐 ………………………………………………………………………………
  - www.rinnai.co.jp/corp/history/index.html
- 鋼鐵家具 ………………………………………………………………………………
  - 吳德功，《吳德功先生全集》，國史館台灣文獻館，1992。
  - 黃朝琴，《我的回憶》，龍文，2001。
  - 富塚清，《日本のオートバイの歷史》（新增修訂版），三樹書房，2004。
- 賽馬 ………………………………………………………………………………
  - 黃朝琴，《我的回憶》，龍文，2001 年
  - 彭明敏口述，《自由的滋味：彭明敏回憶錄》，玉山社，2009。
- 外國電影 ………………………………………………………………………………
  - 呂赫若，《呂赫若日記》，國家臺灣文學館，2004。
  - 杜淑純口述，《杜聰明與我》，國史館，2005。
  - 高俊明、高李麗珍口述，胡慧玲撰文，《十字架之路：高俊明牧師回憶錄》，望春風，2001。
  - 王瑋等專文撰述，黃建業總編，《跨世紀台灣電影實錄（上）》，文建會，2005。
  - 黃天橫口述，陳美蓉、何鳳嬌訪問記錄，《固園黃家：黃天橫先生訪談錄》，國史館，2008。
  - 葉龍彥，《台灣老戲院》，遠足，2004。
  - 楊孔昭口述，《楊孔昭博士回憶錄》，台灣基督長老教會雙連教會附設台北縣私立雙連安養中心，2005。
  - 鍾肇政，《鍾肇政回憶錄（一）》，前衛，1998。
- 波蘭芭蕾舞團 ………………………………………………………………………………
  - 陶德（John Dodd）原著，陳政三譯述，《北臺封鎖記》，原民文化，2002。
- 馬戲團 ………………………………………………………………………………
  - www.kinoshita-circus.co.jp/htmls/prof/prof-02.htm
- 魔術 ………………………………………………………………………………

蔡廷棟，《回想八十八》，極東行貿易公司，2007。
- 黑膠唱片 ………………………………………………………………………………
  - qianqiustreetshop.blogspot.tw/2012/11/blog-post_21.html
  - 山口龜之助，《レコード文化發達史》，錄音文獻會，1936。
  - 川添利基，《日蓄（コロムビア）三十年》，日本蓄音器商會，1940。
- 口琴 ………………………………………………………………………………
  - 陳繁首，《我的人生之旅》，陳繁首，2008。
  - 曹永洋，《都市叢林醫生：郭維租的生涯心路》，前衛，1996。
- 帆布鞋 ………………………………………………………………………………
  - 熊秉真、江東亮訪問，鄭麗榕紀錄，《魏火曜先生訪問紀錄》，中研院近史所，1997（再版）。
- 男士帽 ………………………………………………………………………………
  - 李末子，《空谷足音：我的父親李水車》，李路加，1994。
  - 楊金虎，《七十回憶》，龍文，1990。
- 口紅 ………………………………………………………………………………
  - inventors.about.com/od/lstartinventions/a/Lipstick.htm
  - www.lipstickhistory.com/lipstick-history/timeline-of-lipstick/
  - www.enjoy-your-style.com/history-of-lipstick.html
  - 石田かおり，沈美雪譯，《美麗是妝出來的》，時報，2005。

第三部

- maxfactor-international.com/heritage
- www.miyatabike.com/miyata/premium/
- www.kuai-kuai.com.tw
- 沈國威，〈《辭源》與現代漢語新詞〉，《或問》第 12 號，2006。
- 吳修齊，《吳修齊自傳》，遠景，1993。
- 吳銅編，《臺灣醫師名鑑》，臺灣醫藥新聞社，1954。
- 東方白，《真與美》，前衛，1995。
- 相倉久人，《至高の日本ジャズ全史》，集英社，2012。
- 陳寶川口述，卓遵宏、歐素瑛訪問記錄整理，《陳寶川先生訪談錄》，國史館，1999。
- 黃德寬譯，《天主教在臺開教記》，光啟，1991。
- 楊蓮生，《診療祕話六十年》，元氣齋，2008。

李鎮源家族提供：558 右
張超英家族提供：15 下、373
張寬敏提供：246
陳柔縉提供：9、177 下、234、297、533 左、563、607 左
羅福全提供：219
國立臺灣大學圖書館藏：212

《斗六家政女學校卒業記念》：177 右
《日本地理風俗大系》：558 左
《木村匡君口演集》：322
《津村順天堂七十年史》：19、20
《島都評判記》：333
《產業日本建設史》：202 上左
《新營公學校創立二十周年記念誌》：369
《資生堂社史》：69 上、69 下、294
《臺中第二中學校友會雜誌》：371
《臺北寫真帖》：186
《臺南市大觀》：29
《臺灣の專賣》：176
《臺灣日日寫真畫報》：177 上
《臺灣自動車界》：202 上右、202 中、202 下、209 全、225、569
《臺灣建築會誌》：182、280 左、280 右、327、335、532 左、607 右
《臺灣畜產株式會社二十週年誌》：245
《臺灣婦人界》：135、143、317
《臺灣教育》：532 右
《臺灣產業大觀》：52,167
《臺灣博覽會誌》：3 上、451
《臺灣新聞史》：609
《臺灣實業家名鑑》：342
《樂園台灣の姿》：53、532 右
《競馬成績書》：321

陳柔縉

台灣大學法律系司法組畢業，曾任記者，
現為知名專欄作家，專事歷史寫作。

主要著作有《總統的親戚》（1999）、《台灣西方文明初體驗》（2005，榮獲聯合報非文學類十大好書、新聞局最佳人文圖書金鼎獎）、《宮前町九十番地》（2006，榮獲中國時報開卷中文創作類十大好書）、《人人身上都是一個時代》（2009，獲頒新聞局非文學類圖書金鼎獎）、《台灣幸福百事：你想不到的第一次》（2011）、《舊日時光》（2012）、《榮町少年走天下：羅福全回憶錄》（2013）等。

本書獲文化部一〇三年度
編輯力出版企畫補助

文化部 MINISTRY OF CULTURE

廣告表示：
老牌子・時髦貨・推銷術，
從日本時代廣告看見台灣的摩登生活

作者　陳柔縉
責任編輯　林如峰
美術設計　王志弘
國際版權　吳玲緯
行銷　陳麗雯　蘇莞婷
業務　李再星　陳玫潾　陳美燕　枏幸君
主編　蔡錦豐
副總經理　陳瀅如
編輯總監　劉麗真
總經理　陳逸瑛
發行人　涂玉雲

出版　麥田出版
地址：台北市中山區（一〇四—八三）
民生東路二段一四一號五樓
電話：〇二—二五〇〇—七六九六
傳真：〇二—二五〇〇—一九六六
網站：http://www.ryefield.com.tw

發行　英屬蓋曼群島商家庭傳媒股份有限公司
城邦分公司
地址：台北市中山區（一〇四—八三）
民生東路二段一四一號十一樓
網址：http://www.cite.com.tw
客服專線：〇二—二五〇〇—七七一八
〇二—二五〇〇—七七一九
二十四小時傳真專線：
〇二—二五〇〇—一九九〇
〇二—二五〇〇—一九九一
服務時間：週一至週五
〇九：三〇—一二：〇〇
一三：三〇—一七：〇〇
劃撥帳號：一九八六—三八一三
戶名：書虫股份有限公司
讀者服務信箱：service@readingclub.com.tw

香港發行所　城邦（香港）出版集團有限公司
地址：香港灣仔駱克道一九三號
東超商業中心一樓
電話：＋八五二—二五〇八—六二三一
傳真：＋八五二—二五七八—九三三七
電郵：hkcite@biznetvigator.com

馬新發行所　城邦（馬新）出版集團
Cite(M) Sdn. Bhd. (458372U)
地址：41, Jalan Radin Anum,
Bandar Baru Sri Petaling,
57000 Kuala Lumpur, Malaysia.
電話：＋六〇三—九〇五七—八八二二
傳真：＋六〇三—九〇五七—六六二二
電郵：cite@cite.com.my

印刷　漾格科技股份有限公司
初版一刷　二〇一五年七月
初版七刷　二〇二一年十一月
定價　新台幣九九〇元整
ISBN　九七八—九八六—三四四—二四二—四



國家圖書館出版品預行編目（Cataloging in Publication）資料

廣告表示：＿＿＿。老牌子・時髦貨・推銷術，從日本時代廣告看見台灣的摩登生活／陳柔縉著．——初版．——臺北市：麥田出版：家庭傳媒城邦分公司發行，2015.07　面；　公分
ISBN 978-986-344-242-4（平裝）

1. 生活史　2. 廣告作品　3. 臺灣

733.409　　104008996

The Advertisement Says: "______"

Old Brands. Chic Goods.
Marketing Strategies.
A Look at the Modern Life of Taiwan
Through Advertisements
During Japanese Colonial Period

Old advertisements are not just
an advertising game or design show,
but an important
medium to sense an era.

Rou-jin Chen, "the best storyteller"
mastering in the history of everyday life in Taiwan
A complete collection of her research on the history
of everyday life during Japanese colonial period!

Another masterpiece of cultural exploration following
Taiwan's First Encounter with Western Civilization

With the consistent idea that the context and the story are the core of what's fun about history, author Rou-jin Chen probes into the newspapers during Japanese colonial period, examines all sorts of advertisements during this period of 50 years one by one, looks at the details, along with news reports, digs up the modern stuff circulating between high street shops and households from as many as 600 to 700 thousand advertisements, reveals the miscellaneous persuading strategies and ways of wordplay adopted by the sellers, and leads the readers to inspect the traces of everyday life left by people in Taiwan and connect with the world that once existed so truly.

---

The book is divided into three main parts:
"Old Brands • Into Taiwan", "Chic Goods • New Arrivals",
and "Marketing Strategies • New Magic"

---

Re-discussing multifarious marketing strategies from the viewpoint of stuff closely related to everyday life (medicine and cosmetics, drinks, food, electric appliances, furniture, recreational equipment and transportation vehicles), linking the dots (individual incidents and products) to draw a timeline, and seeing the modernized features of Taiwan's commercial life.

The Advertisement Says: "______"
by Rou-jin Chen


First published in Taiwan in 2015 by Rye Field Publications,
a division of Cité Publishing Group Ltd, Taipei.


---

This book is granted with MOC Power-of-Editing Publishing Project Grant of 2014

早川齒科醫院
ASAHI BEER
味の素
キッチンカレー